Druck von Metzger & Wittig in Leipzig

Inhalt.

I. Bürgerliches Recht.

a. Reichsrecht.

b. Landesrecht.

II. Öffentliches Recht.

III. Gerichtliches Verfahren.

Anhang: Entscheidungen des Staatsgerichtshofs.

1. 1. Haften die früheren Deutschen Schutzgebiete noch aus den vor dem Kriege ausgegebenen Deutschen Schutzgebietsanleihen? Haftet das Deutsche Reich hierfür als Bürge?

2. Nach welchen Grundsätzen ist die Aufwertung der daraus hergeleiteten Forderungen zu bestimmen?

BGB. §§ 242, 765, 773. AufwG. § 63. Reichsgesetz über die Einnahmen und Ausgaben der Schutzgebiete vom 30. März 1892 (RGBl. S. 369)/18. Mai 1908 (RGBl. S. 207) §§ 1, 4, 4a, 4e, 5. Versailler Vertrag Art. 22, 119, 254, 257. Haager Abkommen vom 20. Januar 1930 über die endgültige Annahme des Sachverständigenplans vom 7. Juni 1929 (RGBl. II S. 83).

IV. Zivilsenat. Urt. v. 14. April 1932 i. S. Sch. (Kl.) w. Deutsches Reich (Bekl.). IV 306/31.

I. Landgericht I Berlin.
II. Kammergericht daselbst.

Der Kläger ist Inhaber von Teilschuldverschreibungen der von der Reichsschuldenverwaltung in den Jahren 1908, 1909 und 1913 ausgegebenen Anleihen für die Deutschen Schutzgebiete im Gesamtnennbetrage von 8000 M. Die Stücke lauten auf Reichswährung. Sie tragen den Aufdruck:

aufgenommen für die Schutzgebiete Deutsch-Ostafrika, Kamerun, Deutsch-Südwestafrika unter Bürgschaft des Deutschen Reichs für die Verzinsung und Tilgung.

Der Kläger verlangt Aufwertung. Im Rechtsstreit fordert er in erster Linie Zahlung von 8000 RM. nebst Zinsen, notfalls die Feststellung, daß das Reich ihm gegenüber verpflichtet sei, für die Einlösung und die Verzinsung der in seinem Besitz befindlichen Schuldverschreibungen der Deutschen Schutzgebietsanleihen in Höhe von 8000 RM. nebst Zinsen einzustehen.

Das Landgericht wies die Klage ab. Die Berufung des Klägers wurde durch Teilurteil in Höhe von 7200 RM. zurückgewiesen. Seine Revision hatte teilweise Erfolg.

Gründe:

Der Berufungsrichter hat die Frage, ob das Reich dem Kläger aus den Teilschuldverschreibungen der Deutschen Schutzgebietsanleihen von 1908, 1909 und 1913 als Garant oder als Bürge haftbar geworden ist, offen gelassen. Er meint, daß es darauf nicht ankomme, weil die Haftung der früheren Deutschen Schutzgebiete für den Anleihedienst durch den Versailler Vertrag untergegangen sei, und nunmehr das Reich als Hauptschuldner der Anleiheverpflichtungen einzutreten habe. Diese Auffassung ist nicht zutreffend. Es bedarf einer Stellungnahme zu der Frage, ob das Reich Bürge geworden ist. Die Frage ist zu bejahen.

Die Deutschen Schutzgebiete waren weder für sich Deutsche Staaten noch waren sie Bestandteile des Reichsgebiets. Sie unterstanden der Souveränität des Reichs, waren ihm aber staatsrechtlich nicht einverleibt. In der Rechtsprechung des Reichsgerichts (SeuffArch. Bd. 52 Nr. 236) und in der Wissenschaft sind sie als Pertinenzen des Reichs betrachtet worden. Jedoch wurden sie durch das Reichsgesetz vom 30. März 1892 als selbständige Träger von Vermögensrechten und -pflichten anerkannt, womit der Begriff des Schutzgebietsfiskus geschaffen wurde. Deutsche Bundesstaaten wurden die Schutzgebiete dadurch nicht. Nach § 1 jenes Gesetzes ist ihr Haushalt von dem Reichshaushalt getrennt und nach § 5 haftet für die aus der Verwaltung eines Schutzgebiets entstehenden Verbindlichkeiten nur das Vermögen des Gebietes selbst. Im Grundsatz ist durch § 4 das. auch das Anleiherecht der Schutzgebiete anerkannt, und zwar wird auf dem Wege der Gesetzgebung eine Anleihe aufgenommen, wenn außerordentliche Bedürfnisse eines Schutzgebietes es erfordern. Diesen Bestimmungen sind durch das Reichsgesetz vom 18. Mai 1908 die §§ 4a bis g hinzugefügt worden. Nach § 4a Abs. 1 Satz 1 sind, soweit nicht in den Etats der Schutzgebiete über die Deckung der als außerordentlich gekennzeichneten Bedürfnisse anderweite Bestimmung getroffen ist, die für diesen Zweck bewilligten Summen in den erforderlichen Nennbeträgen im Wege der Anleihe zu Lasten der Schutzgebiete flüssig zu machen. Für die Verzinsung und Tilgung dieser Anleihen haftet nach § 4e Abs. 2 jedes der daran beteiligten Schutzgebiete den Gläubigern als Gesamtschuldner; im Verhältnis der beteiligten Schutzgebiete zueinander sind die einzelnen Schutzgebiete nur nach Maßgabe der ihnen überwiesenen Anleihebeträge haftbar, und nach Abs. 3 das. übernimmt für die Verzinsung und Tilgung der Anleihen das Reich die Bürgschaft. Dementsprechend tragen die Anleihestücke den Aufdruck: „aufgenommen durch die Schutzgebiete Deutsch-Ostafrika, Kamerun, Deutsch-Südwestafrika unter Bürgschaft des Deutschen Reichs für die Verzinsung und Tilgung."

Es kann danach kein Zweifel bestehen, daß die primäre Haftung aus den Anleihestücken die Schutzgebiete und nicht das Reich trifft, und daß auch dann, wenn der in § 4e a. a. O. gebrauchte Ausdruck „Bürgschaft" als Übernahme einer Reichsgarantie gegenüber den Gläubigern verstanden werden müßte, diese Garantie nur als eine subsidiäre Verpflichtung des Garanten aufgefaßt werden könnte (vgl. Huber Die Staatensukzession Nr. 74; Freund Die Rechtsverhältnisse der öffentlichen Anleihen S. 165; Laband im Jahrbuch des öffentlichen Rechts 1909 S. 418). Ob nun eine Haftung des Reichs als Bürge, d. h. als Übernehmer einer akzessorischen Verbindlichkeit, oder als Garant sich — wenigstens für die hier vorliegende Frage — decken würde oder inhaltlich verschieden wäre, braucht nicht untersucht zu werden. Wird auch im Rechtsverkehr zwischen Bürgschaft und Garantie nicht scharf unterschieden und ist daher da, wo rechtsgeschäftlich die eine oder andere Bezeichnung verwendet wird, diese allein nicht entscheidend für den Inhalt der übernommenen Verpflichtung, so ist doch die in einem nach Inkrafttreten des Bürgerlichen Gesetzbuches erlassenen Reichsgesetz angeordnete Verbürgung des Reichs nach den §§ 765flg. BGB. zu beurteilen, es sei denn, daß sich begründete Zweifel dagegen entweder allgemein aus der Eigenart staatlichen Eintretens für fremde Anleiheverpflichtungen öffentlichrechtlicher Körperschaften oder aus der Entstehungsgeschichte des Gesetzes selbst herleiten ließen. Weder das eine noch das andere ist der Fall. Auch die Sicherheit für die Erfüllung von Verpflichtungen einer öffentlichrechtlichen Körperschaft aus einer Anleihe kann durch einen Dritten, und zwar sowohl durch eine Privatperson wie durch eine öffentlichrechtliche Körperschaft, in der Form einer Pfandbestellung, einer Bürgschaft oder durch Übernahme einer Garantie geleistet werden. Die letztere kann sich auf eine Verpflichtung gegenüber dem Schuldner beschränken. Sie braucht eine Haftung zu Gunsten der Anleihegläubiger nicht zu enthalten. Auch die Reichsverfassung vom 16. April 1871 (Art. 73) sah die Übernahme einer Garantie zu Lasten des Reichs im Wege der Gesetzgebung vor, worunter auch der Bürgschaftsvertrag zu verstehen war (vgl. Freund a. a. O.). Es ergeben sich daher keinerlei Bedenken gegen die Auffassung, daß es sich hier um eine echte Bürgschaft handelt. Die im Schrifttum vertretene Meinung, daß privatrechtliche Garantien bei Staatsanleihen nicht möglich seien, ist abzulehnen. Sie wird auch vom Reich nicht geltend gemacht. Das Entstehen einer Bürgschaftsverpflichtung setzt voraus, daß der Bürge sie schriftlich gegenüber den Gläubigern der Anleihe eingeht (§ 765 BGB.). Diese Erklärung gegenüber den Gläubigern liegt in dem Aufdruck der Schuldverschreibungen, der das Reich als Bürgen der Anleiheverpflichtungen bezeichnet. Zweifel an der akzessorischen Natur der Verpflichtung des Reichs bestehen aber auch nach der Entstehungsgeschichte des Gesetzes vom 18. Mai 1908 nicht. Sie werden im Gegenteil durch sie beseitigt. Denn nach dem unbestrittenen Vortrage des Reichs enthielt der ursprüngliche Entwurf das Wort „Gewähr", das jedoch noch in dem Entwurf selbst geflissentlich, um die Rechtslage zu kennzeichnen, durch das Wort „Bürgschaft" ersetzt worden ist. Demgegenüber ist es ohne Bedeutung, wenn, wie der Kläger hervorgehoben hat, in den parlamentarischen und Kommissionsverhandlungen, selbst von dem zuständigen Regierungsvertreter, ständig das Wort Garantie verwendet worden ist. Denn auch die Bürgschaft ist eine Garantie in weiterem Sinne, und daß man sich durch den Gebrauch des Wortes Garantie hätte in Gegensatz zu dem Entwurf stellen wollen, ergeben diese Verhandlungen nicht.

Sind sonach die drei Schutzgebiete Hauptschuldner geworden, so hat sich hieran nichts dadurch geändert, daß das Reich durch Art. 119 des Versailler Vertrages zu Gunsten der alliierten und asoziierten Hauptmächte auf alle seine Rechte und Ansprüche bezüglich seiner überseeischen Besitzungen verzichtet hat und daß diese nach Art. 22 (Völkerbundssatzung), Art. 257 Abs. 1 das. unter die Verwaltung der Mandatarmächte getreten sind. Denn da nach Art. 257 Abs. 2 alles dem Reich oder den deutschen Staaten gehörige und in solchen Gebieten belegene Gut und Eigentum zugleich mit den Gebieten selbst auf die Mandatarmacht als solche übergeht und aus Anlaß dieses Übergangs keinerlei Zahlung oder Gutschrift zu Gunsten jener Regierungen zu leisten ist, so wäre nach völkerrechtlichen Grundsätzen die Folge die, daß alle zu Lasten der Schutzgebiete eingegangenen Schulden Gebietsschulden geblieben wären, ein Standpunkt, der auch von beiden Parteien vertreten wird. Dieses Ergebnis soll nach Auffassung des Berufungsrichters zwar nicht für örtliche Verwaltungsschulden, wohl aber für die Anleiheverpflichtungen der Schutzgebiete durch Art. 257 Abs. 1 VV. ausgeschlossen werden, weil nach dieser Bestimmung, „was die bisher deutschen Gebiete einschließlich der Kolonien, Protektorate und zugehörigen Gebiete anlangt, ... weder das Gebiet noch die Mandatarmacht einen Teil des Schuldendienstes des Reichs oder der deutschen Staaten übernimmt". Zwar nicht dem Wortlaut, aber dem Sinn dieser Bestimmung soll es nach Auffassung des Berufungsrichters entsprechen, daß die Anleiheverpflichtungen der Schutzgebiete aus der Haftung des Gebiets oder der Mandatarmacht ausgeschieden sind.

Was den Wortlaut dieser Bestimmung anlangt, so steht schon bezüglich ihres Inhalts der Text der englischen und der französischen Fassung nicht im Einklang. Während die englische Fassung von „any portion of the debt of the German empire or States", also von der Schuld Deutschlands oder der Deutschen Staaten spricht, enthält die französische Fassung die Worte „aucune partie de Service de la Dette de l'empire ou des états allemands", spricht also von dem Schuldendienst Deutschlands oder der Deutschen Staaten. Daß durch keine dieser Wortfassungen die Schulden der Schutzgebiete selbst, als eigener Rechtspersönlichkeiten, erfaßt werden, bedarf keiner weiteren Ausführung. Und zwar läßt sich ein Unterschied auch nicht zwischen örtlichen Verwaltungsschulden und sogenannten Finanzschulden (Anleihen) machen, da diese zu Lasten der Schutzgebiete begeben sind, also hinsichtlich dieser primären Haftung weder Schulden des Reichs bilden noch durch dessen Schuldendienst abzuwickeln sind. Dem hält das Kammergericht entgegen, daß das Deutsche Reich überhaupt keine Anleihen für die Kolonien in eigenem Namen aufgelegt habe, daß daher in Art. 257 VV. nicht die Anleihen des Reichs gemeint sein könnten. Diese Meinung ist insofern irrig, als nach § 4a Abs. 2 des Reichsgesetzes vom 30. März 1892/18. Mai 1908 der Reichskanzler für den Fall, daß zur Deckung außerordentlicher Bedürfnisse der

Schutzgebiete Darlehen des Reichs diesen zur Verfügung gestellt werden, ermächtigt worden ist, die dazu erforderlichen Mittel im Wege des Kredits flüssig zu machen. Solche Darlehen sind den Kolonien mehrfach aus Anleihemitteln des Reichs zur Verfügung gestellt worden, die 1914 noch nicht abgedeckt waren (vgl. Schnee Koloniallexikon Bd. 3 S. 314). Die Deutsche Friedensdelegation hat nun in ihrer Note vom 29. Mai 1919 (Klaus-Rödiger Urkunden zum Versailler Vertrag Bd. 5 Teil I S. 475) das Verlangen gestellt, daß die abzutretenden Gebiete selbst mit den von ihnen aufgenommenen Verbindlichkeiten belastet blieben und daß der übernehmende Staat dem Deutschen Reiche alle Aufwendungen erstatte, die es zu Gunsten der betroffenen Schutzgebiete und ihrer Verwaltung gemacht habe. Die alliierten Mächte haben in ihrer Antwort vom 16. Juni 1919 (Klaus-Rödiger a. a. O. S. 606) darauf folgendes erwidert:

Elles ne sont pas d'avis que les colonies doivent supporter une partie quelconque de la Dette Allemande ni rester débitrices envers l'Allemagne des dépenses faites par l'administration impériale du protectorat. Elles estiment en effet qu'il serait injuste de faire peser sur les indigènes la charge de ces dépenses, qui paraissent avoir été faites surtout dans l'intérêt de l'Allemagne, et non moins injuste d'en faire assumer la responsabilité par les puissances mandataires, qui étant constituées fidéicommissaires par la Société des Nations ne tireront aucun bénéfice de ce fidéicommis.

Hiernach haben die alliierten Regierungen, und zwar sowohl für die Gebiete selbst wie für die Mandatarmächte, die Übernahme der örtlichen Verwaltungsschulden der Schutzgebiete abgelehnt. Gleichwohl hat der Berufungsrichter mit Recht angenommen, daß diese Stellungnahme keinen Ausdruck in Art. 257 VV. gefunden hat und daher auch nicht deutsches Reichsgesetz geworden ist. Nicht anders liegt es aber mit den Anleiheverpflichtungen der Schutzgebiete. Nicht einmal die Note der alliierten Mächte, geschweige denn der Art. 257, stellt klar, daß diese Anleiheverpflichtungen der Schutzgebiete nicht übernommen werden sollten. Die Note ist auch nicht deshalb auf die eigenen Anleihen der Schutzgebiete zu beziehen, weil das Reich, wie das Kammergericht meint, keine eigenen Anleihen für die Schutzgebiete aufgenommen habe. Denn sie kann bedeuten, daß die Gebiete — anders als die Mächte, an welche sonst deutsche Gebiete abgetreten wurden und die nach Art. 254 VV. einen Teil der Schuld des Reichs nach ihrem Stand vom 1. August 1914 übernahmen — keinen Teil der Dette Allemande, also der Schuld des Deutschen Reiches, auf sich nehmen wollten, also auch nicht einen Teil derjenigen Anleihen, aus denen vom Reich den Kolonien in deren Interesse Darlehen gegeben worden sind. Sollten die Alliierten von der irrtümlichen Meinung ausgegangen sein, daß aus den Schutzgebietsanleihen ausschließlich oder in erster Linie das Reich hafte und nicht die Schutzgebiete selbst, so wäre das unerheblich. Nach der Rechtsprechung des erkennenden Senats (Urt. v. 27. Februar 1930 IV 910/28) kommt es für die Auslegung des Versailler Vertrages darauf an, was beide Teile gleichmäßig mit einer Vertragsbestimmung haben sagen wollen, und dafür kann nur der objektive Sinn der Bestimmung maßgebend sein. Zweifel in der Auslegung aber wenden sich gegen diejenige Partei, von der die Fassung herrührt. Da die Fassung des Art. 257, die nicht von Deutschland herrührt, zum mindesten solche Zweifel übrig läßt, so kann nicht anerkannt werden, daß durch ihn der Untergang der primären Haftung der Schutzgebiete aus deren Anleihen von 1908, 1909 und 1913 herbeigeführt worden sei. Diese Auffassung steht im Einklang mit RGZ. Bd. 113 S. 285, 286, wo der VI. (jetzt VII.) Zivilsenat — wenn auch nur nebenbei und für die Frage der reinen Verwaltungsschulden — ausgeführt hat, über die Frage der Haftung für die eigenen Schulden der Schutzgebiete sei durch Art. 257 VV. nichts bestimmt worden und es sei daher vorerst von der Annahme auszugehen, daß das südwestafrikanische Schutzgebiet als Träger eigener Rechte und Pflichten fortbestehe und somit selbst Schuldner geblieben sei. Auch der III. Zivilsenat hat an seiner in RGZ. Bd. 105 S. 261/262 vertretenen Meinung, daß nach dem Versailler Vertrag die privatrechtlichen Verbindlichkeiten des ehemaligen Deutschen Schutzgebietes Deutsch-Ostafrika auf den annektierenden Staat (England) nicht übergegangen seien, in RGZ. Bd. 108 S. 298 insofern nicht festgehalten, als er dort (S. 300) anerkannt hat, daß sich die Bestimmung des Art. 257 VV. nach Wortlaut und Sinn nur auf den Schuldendienst des Reichs und der Deutschen Staaten beziehe.

Die Haftung der Schutzgebiete für die Hauptschuld ist nach Auffassung beider Parteien auch nicht mit dem Inkrafttreten des Haager Abkommens vom 20. Januar 1930 (RGBl. II S. 83) erloschen. Auch das Kammergericht vertritt diese Ansicht. Es meint, daß dieses Abkommen für die vorliegenden Ansprüche deswegen nicht in Frage komme, weil es sich nur über die Forderungen des Deutschen Reichs verhalte. Dem ist im Ergebnis beizupflichten.

In Art. III B. a) dieses Abkommens ist folgendes bestimmt:

In Anwendung der Ziffer 143 des Sachverständigenberichts vom 7. Juni 1929 erklärt Deutschland ... in den Grenzen der nachstehenden Aufzählung auf jeden, auf eine Zahlung oder einen Vermögensgegenstand gegen die Reparationskommission oder eine der das gegenwärtige Abkommen unterzeichnenden Gläubigermächte gerichteten Anspruch zu verzichten: ...

1. ...
2. ...
3. Ansprüche wegen der von den früheren Deutschen Schutzgebieten ausgegebenen Anleihen.

In der deutschen Denkschrift zu diesem Abkommen (Materialien zu den Gesetzen über die Haager Konferenz vom 13. März 1930 S. 333, 334) ist hierzu folgendes ausgeführt worden:

Dabei vertraten die Gläubigermächte den Standpunkt, daß Deutschlands Verzicht sich auf alle Ansprüche, mochten sie solche des Staates oder solche von Privatpersonen sein, erstrecken müsse und daß er sein Gegenstück lediglich in der Anerkennung des Grundsatzes finde, nach dem die Annuitäten des Youngplans alle Ansprüche der Gläubigermächte und ihrer Staatsangehörigen aus dem Kriege grundsätzlich decken. Deutschland war bereit, den Verzicht auf Ansprüche des Staates für eigene Rechnung auszusprechen. ... Dagegen hat Deutschland es abgelehnt, auch die Ansprüche für Rechnung deutscher Privatpersonen, insbesondere die Ansprüche auf Liquidationsüberschüsse, in den Verzicht allgemein einzubeziehen. Das Ergebnis der Verhandlungen war die Annahme der deutschen These, daß der Verzicht auf bestimmt umschriebene Ansprüche beschränkt und unter die Bedingung der Gegenseitigkeit gestellt werden müsse. Der in Art. III ... vorgesehene Verzicht umfaßt daher in erster Linie reine Staatsforderungen, zu denen auch die unter Nr. 2 aufgeführten Ansprüche des Reichs auf Erstattung der Debetsalden aus dem Ausgleichsverfahren gehören. Darüber hinaus ist nur auf 2 Gruppen von Ansprüchen verzichtet, und zwar einmal auf die noch nicht geregelten Ansprüche der

Kriegsgefangenen und auf die Ansprüche aus den Schutzgebietsanleihen... Was das rechtliche Schicksal der Ansprüche aus den Schutzgebietsanleihen angeht, so ist durch die Rechtsprechung des Reichsgerichts festgestellt, daß Deutschland für Schulden seiner ehemaligen Schutzgebiete nicht in Anspruch genommen werden kann. Von deutscher Seite ist der Standpunkt vertreten worden, daß die Mandatsgebiete für die Anleihen haften. Die Mandatsmächte haben dies stets abgelehnt. Selbst wenn aber die Mandatsmächte zu einer anderen Haltung hätten veranlaßt werden können, wären noch die Fragen zu klären gewesen, ob den Anleihen Goldcharakter zukommt und im Falle der Verneinung, ob sie aufzuwerten wären.

Diese Begründung ist nicht ganz durchsichtig und könnte immerhin Zweifel erwecken, ob nicht das Reich auf die Ansprüche aus den Schutzgebietsanleihen auch für Rechnung seiner Staatsangehörigen verzichtet hat und, wenn nicht, ob nicht wenigstens eine besondere völkerrechtliche Vereinbarung dahin zustandegekommen ist, daß die Mandatsgebiete für die Anleiheschulden nicht aufzukommen haben, wodurch die allgemeine völkerrechtliche Norm, wonach die Mandatsgebiete mit diesen Schulden belastet blieben, ausgeschlossen würde. Allein da die Begründung doch so viel ergibt, daß das Reich es einerseits abgelehnt hat, für Rechnung von Privaten allgemein zu verzichten, und anderseits auf der fortdauernden Haftung der Mandatsgebiete bestanden hat, so kann nur dem objektiven Sinn des Abkommens selbst ausschlaggebende Bedeutung beigelegt werden. Aus diesem Wortsinn ergibt sich jedenfalls nicht, daß das Reich einen privatrechtlichen Verzicht zu Lasten seiner Staatsangehörigen ausgesprochen hätte. Die gegenteilige Auffassung verbietet sich nicht allein deshalb, weil diese Staatsangehörigen — anders als sonst in internationalen Verträgen, wo ein solcher Verzicht beabsichtigt war — nicht genannt sind, sondern auch, weil nicht auf Ansprüche „aus" den Anleihen, sondern „wegen" der Anleihen verzichtet worden ist, woraus geschlossen werden kann, daß das Reich völkerrechtliche Ansprüche gegen die Unterzeichner des Abkommens wegen dieser Anleiheverpflichtungen aufgegeben hat. Sind demnach die privatrechtlichen Ansprüche der Anleihegläubiger — die ja auch nicht deutsche Staatsangehörige zu sein brauchten — durch den Verzicht des Reichs nicht berührt worden, weil sie nicht Gegenstand des Abkommens sind, so ist auch die Auslegung nicht möglich, daß die Haftung der Mandatsgebiete, die überdies in dem Abkommen gar nicht berührt ist, vereinbarungsgemäß beseitigt worden sei.

Ist sonach anzunehmen, daß die Haftung der ehemaligen Deutschen Schutzgebiete für die Anleiheschulden weder infolge des Versailler Vertrags noch infolge des Haager Abkommens erloschen ist, so könnte von einem Wegfall des Hauptschuldners nur gesprochen werden, wenn die Schutzgebiete — ohne daß eine Rechtsnachfolge eingetreten wäre — aufgehört hätten, als Träger eigener Rechte und Pflichten fortzubestehen. Das ist dem Versailler Vertrag nicht zu entnehmen. Denn mit seinem Inkrafttreten haben die ehemaligen Schutzgebiete nur aufgehört, in ihrer bisherigen Gestalt als Deutsche Schutzgebiete zu bestehen. Ihre Rechtspersönlichkeit als solche ist nicht dadurch erloschen, daß sie unter die Verwaltung fremder Mandatarmächte getreten sind. Die Gebiete haben also nur aufgehört, selbständige Gebilde des deutschen Rechts zu sein. Wären sie, wie der III. Zivilsenat in RGZ. Bd. 105 S. 261 für Deutsch-Ostafrika angenommen hat, auf den annektierenden Staat übergegangen, so würde es weder an der Rechtsnachfolge fehlen, noch würde zufolge völkerrechtlicher Grundsätze die Haftung des Rechtsnachfolgers für die Schulden der annektierten Gebiete verneint werden können. Es kann daher die Frage offen bleiben, ob es sich bei der Rechtsnachfolge in die Rechte und Pflichten der Schutzgebiete ausnahmslos um eine Verwaltungssukzession oder teilweise auch um eine Gebietssukzession gehandelt hat.

Besteht sonach die Hauptschuld fort, so ist die vom Kammergericht bejahte Frage gegenstandslos, ob beim Wegfall des Hauptschuldners das Reich statt als Bürge nunmehr selbst als Hauptschuldner in Anspruch genommen werden könnte. Im Gegensatz zu dem Standpunkt des Kammergerichts ist sie übrigens für friedensmäßige Verwaltungsschulden der Schutzgebiete vom III., VII. und VIII. Zivilsenat des Reichsgerichts verneint worden (RGZ. Bd. 113 S. 281 [286]; Urteile v. 9. Juli 1929 VII 637/28, 638/28 und v. 24. März 1930 VIII 33/30), und für die primäre Haftung des Reichs aus den Schutzgebietsanleihen würde nichts anderes zu gelten haben, da diese Haftung, wie diejenige für reine Verwaltungsschulden, nur die Schutzgebiete selbst trifft. Der Wegfall des Hauptschuldners würde daher nicht bewirkt haben, daß das Reich selbst Hauptschuldner geworden wäre; er würde nur die Frage aufwerfen, ob damit auch die Bürgenverpflichtung als akzessorische Verbindlichkeit hinfällig geworden wäre.

Ist demnach von der Bürgenhaftung des Reichs auszugehen, so ist das Recht der Hauptschuld dafür maßgebend, was der Bürge zu leisten hat, das Recht des Bürgschaftsvertrages aber dafür, ob er zu leisten hat. Denn die Bürgschaftsverpflichtung wird nach § 765 BGB. durch einen zwischen dem Gläubiger und dem Bürgen abgeschlossenen Vertrag begründet, der vom Gesetz nach Form und Inhalt besonders geregelt ist, seine eigene tatsächliche und rechtliche Grundlage hat und insoweit selbständige Verpflichtungen erzeugt. Die Verpflichtung des Bürgen ist daher mit der Hauptschuld nicht identisch, sondern sie besteht neben ihr. Nur ist für sie als akzessorische Verbindlichkeit in der Regel der jeweilige Bestand der Hauptverbindlichkeit maßgebend (vgl. RGZ. Bd. 71 S. 56; Bd. 73 S. 262). Der Bürge hat daher da zu erfüllen, wo er zur Zeit der Eingehung der Bürgschaftsverpflichtung seinen Wohnsitz hatte (§ 269 BGB.). Danach ist das örtliche Recht, dem die Bürgschaftsverpflichtung des Reiches untersteht, das deutsche Recht.

Gegenüber dem Bürgschaftsanspruch des Klägers steht das Reich auch für den Fall, daß die Hauptschuld nicht erloschen sei, auf dem Standpunkt, daß die Trennung der Schutzgebiete vom Mutterland seine Befreiung von der Bürgenhaftung herbeigeführt habe. Voraussetzung für die Übernahme der Bürgschaft, so meint das Reich, sei seinerzeit die staatsrechtliche Zusammengehörigkeit zwischen dem Reich und den Schutzgebieten oder deren staats- und völkerrechtliche Stellung zum Reich gewesen; eine Trennung dieser Gebiete vom Mutterland habe für die damalige Anschauung außerhalb des Bereichs der Möglichkeit gelegen. Mit solchen Erwägungen läßt sich indes die Bürgenhaftung nicht verneinen. Sollten die Schutzgebietsanleihen auf dem Anleihemarkt zu gleichen oder ähnlichen Bedingungen wie die Reichsanleihen untergebracht werden, so bedurfte es, da die Schutzgebiete allein primär haftbar sein sollten, einer Sicherung der Gläubiger durch das Reich. Aus diesem Grunde trat es als Bürge hinter die Schutzgebiete. Hätte das Reich zwar bürgen, seine Bürgschaft aber für den Fall ablehnen wollen, daß die Schutzgebiete vom Reich abgetrennt würden, so würde ein unter solchen Bedingungen erfolgtes Anleiheangebot mutmaßlich den Anleihekurs gedrückt haben. Denn Kriegsgefahren lagen in jenen Zeiten (1908, 1909, 1913) auch für die damalige Betrachtung keineswegs fern. Wer daher solche Anleihestücke unter den Bedingungen des Reichsgesetzes vom 18. Mai 1908 erwarb, rechnete damit und durfte dem wirtschaftlichen Zweck der Bürgschaft entsprechend damit rechnen, daß er jedenfalls so lange durch die Bürgschaft des Reichs vor der Zahlungsunfähigkeit des Hauptschuldners geschützt sei, als dieser selbst noch haftete. Eine gegenteilige Auslegung des Bürgschaftsvertrags, die wegen der Abtrennung der Gebiete vom Reich dieses von seiner Verpflichtung trotz Fortdauer der Haftung der Gebiete befreien würde, müßte sich entweder auf das Gesetz vom 18. Mai 1908 oder auf die Anleihebedingungen stützen können. Für eine solche Auslegung gibt dieses Gesetz keinerlei Anhalt. Nach ihm sind die Bürgenverpflichtungen diejenigen, die das Bürgerliche Gesetzbuch aufgestellt hat. Keine dieser Regeln steht der behaupteten Befreiung des Reichs zur Seite. Daß in den Anleihebedingungen etwas von jenem Gesetz Abweichendes vereinbart wäre, hat auch das Reich nicht behauptet. Es bedarf hier auch keiner Auseinandersetzung mit der von dem schweizerischen Völkerrechtslehrer Meyer-Balding in Niemeyers Zeitschrift Bd. 26 S. 426 vertretenen Auffassung — auf die sich das Reich beruft — daß nämlich im Falle einer Staatensukzession die Verpflichtung des Garanten einer Anleihe erlösche. Abgesehen davon, ob hier von einer Staatensukzession gesprochen werden könnte (vgl. Köbner in JW. 1923 S. 472; Gerstmeyer das. 1931 S. 612 zu Nr. 30), behandelt Meyer-Balding a. a. O. die Frage unter allgemeinen völkerrechtlichen Gesichtspunkten, während die Haftung des Reichs gegenüber den Anleihegläubigern nicht nach völkerrechtlichen Normen, sondern nach den unter deutschem Recht stehenden Bedingungen des Bürgschaftsvertrags zu beurteilen ist.

Nach diesem Recht entscheidet sich auch die Frage, ob dem Reich die von ihm erhobene Einrede der Vorausklage zusteht. Diese Frage ist mit der Revision zu verneinen. Nach § 773 Abs. 1 Nr. 2 BGB. ist die Einrede der Vorausklage ausgeschlossen, wenn die Rechtsverfolgung gegen den Hauptschuldner infolge einer nach Übernahme der Bürgschaft eingetretenen Änderung des Wohnsitzes, der gewerblichen Niederlassung oder des Aufenthaltsortes des Hauptschuldners wesentlich erschwert ist. Diese Bestimmung ist hier entsprechend anzuwenden. Daß die Rechtsverfolgung gegen den Hauptschuldner durch ein nach Übernahme der Bürgschaft eingetretenes Ereignis wesentlich erschwert ist, weil er im Auslande belangt werden muß, bedarf keiner weiteren Erörterung. Insoweit besteht nicht nur Rechtsähnlichkeit, sondern Gleichheit des Tatbestandes. Da jedoch streng genommen nur eine natürliche Person einen Wohnsitz haben kann, ist die unmittelbare Anwendung der Vorschrift nicht möglich. Ihre entsprechende Anwendung verbietet sich nicht deshalb, weil, wie das Reich meint, bei Schaffung des Bürgerlichen Gesetzbuchs nicht an die Möglichkeit einer Trennung der Schutzgebiete vom Reich gedacht worden sei. Denn die Gesetzesanalogie beruht darauf, daß wesensgleiche Tatbestände nach demselben Rechtssatz zu beurteilen sind, auch wenn die Gesetzesfassung nur den einen wesensgleichen Tatbestand trifft. Wie die natürliche Person, so hat auch eine juristische Person einen Mittelpunkt ihres Wirkens, und zwar entspricht der ständigen Niederlassung einer natürlichen Person an einem Ort bei der juristischen Person der Ort des Sitzes der Verwaltung. Da § 773 Abs. 1 Nr. 2 BGB. eine ausgesprochene Schutzbestimmung zu Gunsten der Gläubiger ist, so würde jeder innere Grund dafür fehlen, diesen Schutz zu gewähren, wenn der Hauptschuldner eine natürliche Person ist, ihn aber zu versagen, wenn er eine juristische Person des öffentlichen Rechts ist. Es müßte sich denn sagen lassen, diese verschiedene Behandlung der Gläubigerinteressen werde durch anderweitige Bestimmungen des Bürgschaftsrechts gerechtfertigt; das ist aber nicht der Fall. Der Änderung des Wohnsitzes einer natürlichen Person entspricht bei einer juristischen Person die Änderung des Sitzes ihrer Verwaltung. Bis zum Inkrafttreten des Versailler Vertrages war die oberste Verwaltungsbehörde der Schutzgebiete der Reichskanzler als der verantwortliche Reichsminister, da die Ausübung der Schutzgewalt im Namen des Reichs dem Kaiser übertragen war. Die Schutzgebiete wurden im Rechtsstreit durch den Reichskanzler vertreten (RG. in SeuffArch. Bd. 52 Nr. 236 und in JW. 1902 S. 418 Nr. 4). Ob für örtliche Verwaltungsschulden ein anderes galt, braucht hier nicht untersucht zu werden. Auch für die im Wege der Reichsgesetzgebung zu Lasten der Schutzgebiete ausgegebenen Anleihen war der Reichskanzler diejenige Behörde, die den Schutzgebietsfiskus im Rechtsstreit vertrat. Dieser Fiskus hatte daher gemäß § 18 ZPO. in Berlin Recht zu geben, während der Sitz der Verwaltung der Gebiete seit Inkrafttreten des Versailler Vertrags im Auslande liegt. Daher ist der Wohnsitzveränderung einer Privatperson, die sich nach Übernahme der Bürgschaft durch Ortswechsel vom Inland ins Ausland vollzieht, bei einer juristischen Person des öffentlichen Rechts die aus Anlaß der Verschiebung der politischen Grenzen erfolgte Veränderung des Verwaltungssitzes gleichzustellen, sofern nur der Hauptschuldner im Inlande nicht mehr zu belangen und dadurch eine wesentliche Erschwerung der Rechtsverfolgung eingetreten ist.

Auch dem Bürgschaftsvertrage selbst ist, entgegen der Meinung des Reichs, kein dem entgegenstehender Parteiwille zu entnehmen. (Wird näher ausgeführt.)

Auch die Hauptschuld untersteht, wie das Kammergericht zutreffend angenommen hat, deutschem Recht. Sie ist in Reichswährung begründet worden, und sie ist, gleichviel ob sie in Berlin oder in den unter deutscher Hoheit und unter deutschem Recht stehenden Schutzgebieten zu erfüllen war, nach deutschem Recht zu beurteilen. In gleicher Weise richtet sich daher die Frage der Aufwertung, die zum Inhalt der Schuld gehört, nach deutschem Recht. Die Tatsache, daß die Schutzgebiete vom Reich abgetrennt worden und unter die Verwaltung fremder Mandatarmächte getreten sind, hat nach deutschem internationalen Privatrecht die Anwendbarkeit fremden Rechts nicht herbeigeführt. Da sich jedenfalls der Kläger auch nach dieser Abtrennung weder einem fremden Recht unterworfen hat noch zur Zeit der Währungsproklamationen der fremden Mandatarmächte, auf die sich die Revision beruft, in einem früheren Schutzgebiet gewohnt hat und daher dem fremden Herrschaftsbereich nicht unterworfen war, so ist von der fortdauernden Geltung deutschen Rechts für die Hauptschuld auszugehen. Nur wenn beide Parteien zur Zeit des Erlasses dieser Proklamationen innerhalb des fremden Machtbereichs domiziliert gewesen wären oder sich dem neu eingeführten fremden Recht unterworfen hätten, könnte nach der Rechtsprechung des Reichsgerichts die Anwendbarkeit dieser Proklamationen in Frage kommen (RGZ. Bd. 131 S. 41). Da ferner in den Schuldverschreibungen, wie das Kammergericht zutreffend und von der Revision nicht beanstandet angenommen hat, keine Goldobligationen verbrieft sind, sind für die Ansprüche gegen die Hauptschuldner nur die deutschen Aufwertungsgrundsätze maßgebend.

Wäre nach diesen Grundsätzen die Hauptschuld überhaupt nicht aufzuwerten, so müßte dies in der Regel auch dem Bürgen zugute kommen (RGZ. Bd. 134 S. 126). Das Kammergericht hat jedoch den Einwand des Reichs, daß eine Aufwertung deshalb ausgeschlossen sei, weil in den Schuldverschreibungen eine abstrakte Verbindlichkeit verbrieft sei, für unbegründet erachtet, weil die Rechtsprechung nur für Geldscheine und Wechselforderungen die Aufwertung abgelehnt habe. Die Gründe, die für diese Ausschließung maßgebend gewesen seien, träfen aber für Forderungen aus Anleihen nicht zu. Dieser Auffassung ist beizupflichten. Es ist zwar richtig, daß das Reichsgericht in RGZ. Bd. 110 S. 40 die Aufwertung einer Wechselforderung abgelehnt und diese Auffassung u. a. damit begründet hat, daß der Wechsel nur eine rein abstrakte Verpflichtung begründe. Ob dieser Umstand allein ausreichen würde, die Nichtaufwertbarkeit einer Wechselforderung zu begründen, ist hier nicht zu untersuchen. Richtig ist ferner, daß der erkennende Senat in RGZ. Bd. 114 S. 27 und Bd. 125 S. 275 ausgesprochen hat, daß die alten Banknoten, wenn sie als Schuldverschreibungen auf den Inhaber aufzufassen sein sollten, wegen der abstrakten Natur des Schuldversprechens nicht aufzuwerten seien. Allein Wechsel und Schecke vertreten, ebenso wie die alten Banknoten, soweit diese nicht schon reine Geldzeichen geworden sein sollten, nach der Verkehrsanschauung die Stelle baren Geldes und sind daher nicht anders als dieses zu behandeln. Dagegen unterliegen Grundschulden, Ansprüche aus Schuldverschreibungen, die auf den Inhaber lauten oder durch Indossament übertragbar sind, und Pfandbriefe privatrechtlicher oder öffentlichrechtlicher Grundkreditanstalten nach den §§ 31, 33, 51, 47 AufwG. unter den dort genannten Voraussetzungen ungeachtet ihrer abstrakten Natur der Aufwertung. Es besteht daher auch da, wo weder diese Vorschriften noch das Anleiheablösungsgesetz Anwendung finden, wegen der abstrakten Natur einer Anleihe-Schuldverschreibung kein Bedenken gegen ihre Aufwertung. Das ist vom erkennenden Senat schon in RGZ. Bd. 118 S. 370 und Bd. 126 S. 215 anerkannt worden.

Wie nun die Bürgschaftsforderung aufzuwerten ist, darüber hat sich das Kammergericht nicht ausgesprochen, da es eine Forderung gegen das Reich als Hauptschuldner annahm und sich daher nur mit deren Aufwertung zu befassen hatte. Irrig ist nicht nur die Auffassung, das Reich sei als Hauptschuldner zu betrachten, sondern rechtlich zu beanstanden sind auch die aufwertungsrechtlichen Grundsätze, welche der Vorderrichter für die Aufwertung der Hauptschuld anwendet. Er will die Aufwertung nach Lage des Einzelfalles nach freiem Ermessen bestimmen, wobei er vom Höchstsatz des § 63 Abs. 1 AufwG. ausgeht, weil der Kläger selbst vortrage, daß er die Anleihestücke zum Zwecke der Kapitalsanlage schon vor dem Kriege erworben habe. Innerhalb dieser Höchstgrenze will der Berufungsrichter über eine Aufwertung von 10% nicht hinausgehen, jedoch soll dieser Prozentsatz wiederum nur in Betracht kommen, wenn der Kläger die Stücke zu dauernder Kapitalsanlage erworben habe und im übrigen infolge seiner Mittellosigkeit auf die Einkünfte aus dieser Kapitalsanlage angewiesen sei. Soweit damit dem Kläger 10% seiner Forderung offengehalten sind, ist er zwar nicht beschwert. Allein es kann, wie die Revision mit Recht geltend macht, hier nur eine schematische Aufwertung, die für alle Gläubiger gleichmäßig gilt, in Frage kommen.

Die Schuldverschreibungen des Klägers sind Teilbeträge größerer Anleihen aus den Jahren 1908, 1909, 1913. Stehen nun auch die Gläubiger solcher Teilschuldverschreibungen an sich dem Schuldner als Einzelpersonen gegenüber, so ergibt sich doch aus der Einheitlichkeit der Kreditaufnahme und aus den den Schuldverschreibungen aufgedruckten Bedingungen, daß die Teilbeträge, mögen sie auch nicht gleich hoch sein, doch nach dem Verhältnis ihrer Nennwerte gleichberechtigt wegen der Verzinsung und Tilgung sein sollen. Dieser vertragsmäßigen Gleichwertigkeit der einzelnen Teile der Anleihen entspricht es, daß über die Höhe der Aufwertung nicht je nach der Vermögenslage oder den sonstigen besonderen Verhältnissen der einzelnen Gläubiger verschieden entschieden werden kann, sondern nur gegenüber allen Gläubigern gleichmäßig. Wie im Aktienrecht die Aufwertung von rückständigen Einlagen auf Aktien nur schematisch, d. h. für alle betroffenen Aktionäre gleichmäßig erfolgen muß, weil die allgemeinen Aufwertungsgrundsätze, die eine besondere Berücksichtigung der Verhältnisse des einzelnen Schuldners verlangen, zurücktreten müssen hinter den das Aktienrecht beherrschenden Grundsatz von der gleichmäßigen Behandlung der Aktionäre (RGZ. Bd. 113 S. 156), so müssen hier die allgemeinen Aufwertungsgrundsätze, soweit sie eine Berücksichtigung der Verhältnisse des einzelnen Gläubigers erfordern, zurücktreten hinter die Besonderheit, daß die Eigenschaft der Schuldverschreibungen als Teile einer größeren Anleihe die einheitliche Aufwertung verlangt. Das hat der erkennende Senat schon in RGZ. Bd. 117 S. 148 ausgesprochen, wo es sich um Teile eines Gesamtdarlehns handelte. Von dem Grundsatz der Gleichstellung aller Gläubiger einer Anleihe ist der Senat auch in seiner Entscheidung RGZ. Bd. 126 S. 196 ausgegangen, die eine internationale Anleihe betraf (vergl. insoweit auch § 46 AufwG.).

Hiernach kann nicht in Frage kommen, daß ein Anleihegläubiger Aufwertung nach § 63 Abs. 1 AufwG., der andere nach § 242 BGB., also ohne Beschränkung auf den Höchstsatz des § 63 Abs. 1 AufwG., beanspruchen könnte. Darüber, ob etwa grundsätzlich alle Gläubiger Aufwertung nur nach § 63 Abs. 1 AufwG. verlangen könnten, hat sich das Kammergericht nicht ausgesprochen. Es hält diese Vorschrift für anwendbar, weil der Kläger nach seiner Behauptung die Stücke zum Zwecke der Kapitalsanlage vor dem Kriege erworben habe. Jedoch ist zu fragen, ob alle Ansprüche unterschiedslos als Vermögensanlage zu behandeln oder ob sie nach § 242 BGB. aufzuwerten sind.

Die Frage ist in ersterem Sinne zu beantworten. In der Rechtssprache war der Begriff der Vermögensanlage früher nicht gebräuchlich. Während die Dritte Steuernotverordnung in § 1 Abs. 2 eine Anzahl von Ansprüchen ohne weiteres als Vermögensanlagen bezeichnete, sagt das Aufwertungsgesetz in den Absätzen 2 und 3 des § 63 nur, was nicht als Vermögenslage zu gelten hat, aber im 1. Absatz, der einen Höchstsatz für Vermögensanlagen vorschreibt, nicht, was eine Vermögensanlage sei. Nach rein objektiven Merkmalen ist der Begriff, der an sich ein wirtschaftlicher ist, bisher in der Rechtsprechung des Reichsgerichts nicht bestimmt worden. Das Reichsgericht ist vielmehr ständig von einem subjektiven Merkmal, nämlich von dem Zweck des Geschäfts — von der Gläubigerseite aus gesehen — ausgegangen und hat jede auf eine gewisse Dauer berechnete Verwendung von Vermögensstücken, die zum Zwecke der Erhaltung und Nutzung des Kapitals erfolgt ist, als Vermögensanlage angesehen. Danach müßte der Anspruch aus einer Schuldverschreibung als Vermögensanlage aufgefaßt werden, wenn sie der Inhaber zum Zwecke dauernder Kapitalsanlage erworben hat; anderenfalls müßte der Anspruch nach § 242 BGB. aufgewertet werden. Sollen aber die Gläubigerrechte aus einer Anleihe gleichmäßig bestimmt werden, so ist diese Unterscheidung nicht möglich. Anzuwenden ist vielmehr ausnahmslos § 63 Abs. 1 AufwG. Denn es ist, da es sich um eine langfristige Anleihe handelt, anzunehmen, daß die Anleihestücke in der Hand der ersten Erwerber als Vermögensanlage zu betrachten sind, weil dies erfahrungsmäßig im Regelfalle den Absichten des Erwerbers entspricht. Danach ist, wie die Forderung gegenüber den ehemaligen deutschen Schutzgebieten, so auch die Bürgschaftsforderung gegen das Reich nach Maßgabe des § 63 Abs. 1 AufwG. aufzuwerten, und zwar kommt auch für die Bürgenhaftung des Reiches nur eine gleichmäßige Aufwertung allen Gläubigern gegenüber in Frage.

Sollte hiernach etwa die Hauptschuld auf 25% aufzuwerten sein, was der Berufungsrichter zu ermessen haben wird, so würde daraus nicht folgen, daß auch der Bürge in dieser Höhe aufzuwerten hätte. Denn der erkennende Senat hat den Grundsatz der Akzessorietät der Bürgschaft bei der Frage der Aufwertung nicht festgehalten, sondern wiederholt ausgesprochen, daß nach den Grundsätzen der Billigkeit, auf denen das Aufwertungsrecht wesentlich beruht, im Verhältnis des Bürgen zum Gläubiger ein Interessenausgleich vorzunehmen sei, wobei die Vermögensverhältnisse des Hauptschuldners außer Betracht zu lassen seien (so zuletzt im Urt. vom 21. Januar 1929 IV 631/28). Wie sich demnach der leistungsfähige Bürge u. U. nicht auf die beim Hauptschuldner etwa vorliegenden Abwertungsgründe berufen kann, so darf anderseits der in ungünstiger Vermögenslage befindliche Bürge geltend machen, daß er nicht in gleicher Höhe aufzuwerten brauche wie der leistungsfähige Hauptschuldner. Das gilt auch, wenn ein Staat der Bürge ist.

Kommt es sonach auf die Vermögensverhältnisse des Bürgen an, so ist die Meinung der Revision zwar richtig, daß die Schutzgebietsanlagen als Sicherung für den Regreßanspruch des Reichs nicht zu betrachten waren; gleichwohl ist es nicht rechtsirrig, wenn das Berufungsgericht den Umstand mitberücksichtigt hat, daß diese Anlagen für das Reich entschädigungslos verloren gegangen sind. Denn dieser Verlust steht nicht außerhalb der zu beurteilenden Gesamtvermögenslage des Reichs, weil die entschädigungslose Abtretung der Schutzgebiete mit ihren Anlagen, obschon sie selbständige Träger von Rechten und Pflichten waren, schon insofern auch das Reich traf, als ihm seine Aufwendungen für die Kolonien (Darlehen), wofür diese seine Schuldner geworden waren, nicht ersetzt worden sind. Dabei mag ganz davon abgesehen werden, daß die Finanzkraft von Deutsch-Ostafrika, Kamerun und Deutsch-Südwestafrika in den letzten

Jahren vor dem Kriege in unerwartet starkem Grade gewachsen war und deshalb der entschädigungslose Verlust dieser Kolonien, die anfangs Zuschußgebiete waren (vgl. Schnee Koloniallexikon Bd. 3 S. 312flg.), für das Reich eine Schwächung auch in vermögensrechtlicher Hinsicht in sich schloß.

Die Revision beanstandet sodann die Mitberücksichtigung der Regelung des Anleiheablösungsgesetzes. Auch darin ist ihr nicht beizutreten. Als Richtlinien bei der Aufwertung nach § 63 Abs. 1 AufwG. kommen zwar weder die Sätze jenes Gesetzes noch seine Unterscheidung zwischen Alt- und Neubesitz in Betracht, die ja auch eine ungleiche Behandlung der Gläubiger zur Folge haben müßte. Das schließt indessen nicht aus, daß im Rahmen des § 242 BGB., der innerhalb der Grenzen des § 63 Abs. 1 AufwG. anwendbar bleibt, auch bei der Frage nach der Bürgenhaftung des Reiches der Umstand Berücksichtigung finden kann, daß die Not der Staaten und Gemeinden im Anleiheablösungsgesetz Anerkennung gefunden hat (vgl. RGUrt. vom 15. Mai 1931 IV 7/31).

Schließlich meint die Revision, die Bürgschaft sei gerade dazu bestimmt gewesen, den Kläger vor den Gefahren des Krieges zu schützen. Da die finanziell ungünstige Lage des Reiches eine Folge des Krieges, also gerade desjenigen Ereignisses sei, vor dessen nachteiligen Folgen der Kläger durch die Bürgschaft habe geschützt werden sollen, so entspreche es nicht dem Grundsatz des § 242 BGB., daß die Bürgschaftsschuld unter die Hauptschuld herabgesetzt werde. Dem ist nicht beizustimmen. Der wirtschaftliche Zweck der Bürgschaftsverpflichtung ist die Sicherung des Gläubigers für den Fall, daß der Schuldner nicht erfüllen wird. Die Verpflichtung des Reiches hat nur zum Inhalt, daß der Bürge den Gläubigern für die Markverbindlichkeiten des Hauptschuldners in der damaligen Reichswährung einstehen will. Es kann aber nicht darüber hinaus angenommen werden, daß sich der Bürge den Gläubigern verpflichtet hätte, alle Kriegsfolgen auf sich zu nehmen und diese auszugleichen. Das käme auf eine Goldobligation hinaus, die weder Gegenstand der Anleihe noch der Bürgschaft ist.

Welchen Aufwertungssatz der Berufungsrichter unter Beachtung vorstehender Grundsätze innerhalb der Grenzen des § 63 Abs. 1 AufwG. für die Bürgschaftsschuld des Reiches gemäß § 242 BGB. feststellen will, unterliegt seinem tatrichterlichen Ermessen; nur muß dieser Satz einheitlich für alle Gläubiger festgestellt werden. Dabei wird, soweit eine Verurteilung zur Zahlung in Frage steht, der Einwand des Reiches nachzuprüfen sein, daß die im Besitze des Klägers befindlichen Anleihestücke nicht ausgelost worden seien und daß daher der Hauptantrag der Klage schon wegen mangelnder Fälligkeit abgewiesen werden müsse.

Hiernach war das angefochtene Urteil nur insoweit zu bestätigen, als es die Klage in Höhe von 6000 RM. (75% des Nennbetrags der der Klage zugrunde liegenden Anleihestücke) abgewiesen hat. Im übrigen war es aufzuheben und die Sache an das Berufungsgericht zurückzuverweisen.

---

2. 1. Zur Klagbegründung bei Schadensersatzansprüchen wegen fahrlässiger Amtspflichtverletzung.

2. Kann der durch eine fahrlässige Amtspflichtverletzung Geschädigte gegen den schuldigen Beamten auf Feststellung klagen, daß dieser ihm zum Schadensersatz verpflichtet sei, soweit er, der Geschädigte, auf andere Weise keinen Ersatz zu erlangen vermöge?

3. Zum Verjährungsbeginn bei Schadensersatzansprüchen wegen Amtspflichtverletzung.

BGB. §§ 839, 852.

III. Zivilsenat. Urt. v. 3. Juni 1932 i. S. B. H. Gesellschaft mbH. (Kl.) w. G. (Bekl.). III 18/32.

I. Landgericht Cottbus.
II. Kammergericht Berlin.

Durch Vertrag vom 2. November 1927, den der verklagte Notar G. beurkundete, verkaufte der im ersten Rechtszug mitverklagte Rittergutsbesitzer S. sein Rittergut an den Diplomlandwirt K. und den Kaufmann M. Der Beklagte G. wirkte auch bei der Abwicklung des Vertrages mit. 315000 RM., welche die Klägerin den Gutskäufern für das an sie, die Klägerin, mitveräußerte Holz des Gutsforstes zu zahlen hatte, vertraute sie dem Beklagten G. als Treuhänder an. Er zahlte das Geld an S., jedoch nach Behauptung der Klägerin ohne Einhaltung der verabredeten Bedingungen. Sie will dadurch um 30000 RM. geschädigt sein und macht dafür sowohl den S. als auch den Beklagten verantwortlich. Mit der Klage hat sie die Verurteilung des S. zur Zahlung der genannten Summe und gegen den Beklagten G. die Feststellung seiner Verpflichtung begehrt, ihr den durch die abredewidrige Auszahlung der 315000 RM. entstandenen Schaden zu ersetzen, soweit sie auf andere Weise keinen Ersatz zu erlangen vermöge.

Das Landgericht gab dem gegen den Beklagten G. gerichteten Feststellungsantrage statt. Auf seine Berufung wies das Kammergericht die Klage gegen ihn ab. Die Revision der Klägerin wurde zurückgewiesen.

Aus den Gründen:

Die Klage stützt sich in erster Reihe auf § 839 Abs. 1 BGB. Insoweit steht ihr jedoch, wie das Berufungsgericht mit Recht angenommen hat, Satz 2 das. entgegen. Danach kann der Beamte, sofern ihm, wie das bei dem verklagten Notar der Fall sein soll, nur Fahrlässigkeit zur Last fällt, nur dann in Anspruch genommen werden, wenn der Verletzte nicht auf andere Weise Ersatz zu erlangen vermag. Die Unmöglichkeit, anderweit Ersatz zu erlangen, bildet in solchem Fall einen Teil des Tatbestandes, aus dem der Schadensersatzanspruch hergeleitet wird, und gehört daher zur Klagbegründung (RGZ. Bd. 81 S. 430; JW. 1930 S. 1304 Nr. 6 mit Nachweisungen). Sie muß von der klagenden Partei behauptet und bewiesen werden. Daran hat es, worauf das Berufungsgericht mit Recht entscheidendes Gewicht legt, die Klägerin fehlen lassen. Sie hat, wie die Tatbestände der Instanzurteile und die dort in Bezug genommenen Schriftsätze ergeben, keine dahingehende Behauptung aufgestellt.

In den Entscheidungsgründen des landgerichtlichen Urteils findet sich zwar der Satz, es könne bereits als festgestellt gelten, daß der Ersatz des der Klägerin entstandenen Schadens von anderer Seite, insbesondere von S. oder von den Käufern K. und M., wie gerichtsbekannt sei, voraussichtlich nicht erlangt werden könne. Indessen kann hieraus nicht in Ergänzung des tatbestandlichen Parteivorbringens darauf geschlossen werden, daß die Klägerin die Leistungsunfähigkeit der ihr sonst etwa haftenden Personen geltend gemacht habe. Dem steht entscheidend ihr eigenes Klagbegehren entgegen. Sie fordert die Feststellung einer Schadensersatzverpflichtung des Beklagten nur, „soweit sie nicht auf andere Weise Ersatz zu erlangen vermag". Mit dieser wesentlichen Einschränkung ihres Antrags sowohl wie mit der Tatsache, daß sie in diesem Rechtsstreit zugleich den S. auf Zahlung des von ihr auf 30000 RM. bezifferten Schadensersatzes verklagt hatte, würde eine Behauptung unvereinbar sein, sie könne von niemand sonst als dem Beklagten Ersatz erlangen. Sie kann eine solche Behauptung nach Sinn und Zweck ihrer Klage und nach deren Verbindung mit der Klage gegen S. nicht aufgestellt haben. Die übrigens auch nur „voraussichtlich" die Möglichkeit anderweitigen Ersatzes verneinende, also dem § 839 Abs. 1 Satz 2 BGB. nicht einmal voll entsprechende Wendung des Landgerichts ist daher für die Beurteilung der Klage ohne Belang. Sie gab auch dem Berufungsgericht keine Veranlassung, in Anwendung des Fragerechts nach § 139 ZPO. die Klägerin zu einer Ergänzung ihres Vorbringens zu veranlassen. Der Klagantrag mit seiner Beschränkung ließ von vornherein deutlich erkennen, daß die Klägerin die entscheidende Behauptung aufzustellen nicht in der Lage war oder nicht beabsichtigte. Es kann deshalb dahingestellt bleiben, ob die Klägerin, wenn sie die Unmöglichkeit, sonst befriedigt zu werden, geltend gemacht hätte, nicht überhaupt statt einer Feststellungsklage eine Leistungsklage hätte erheben müssen.

Die Klägerin führt allerdings noch aus, es stehe fest, daß sie sich bei den ihr sonst haftenden Personen keinen vollen Ersatz verschaffen könne, nur die Höhe ihres Ausfalls sei ungewiß; sie müsse deshalb das Recht haben, schon jetzt diesen Ausfall gegen den Beklagten geltend zu machen, der dafür einstehen müsse. Diese Erwägungen werden jedoch der durch § 839 Abs. 1 Satz 2 BGB. geschaffenen Sonderstellung der nur einer Fahrlässigkeit schuldigen Beamten nicht gerecht. Der Geschädigte hat nach dieser Vorschrift zunächst die ihm sonst haftenden Personen in Anspruch zu nehmen. Die fahrlässig handelnden Beamten soll er nur haftbar machen können, wenn, also auch soweit er anderweit nicht befriedigt wird. Deshalb ist das Bestehen eines Ausfalls des Geschädigten, wie schon eingangs bemerkt, ein Tatbestandsmerkmal des gegen den Beamten gerichteten Anspruchs. Das gilt nicht nur für den Fall, daß der Geschädigte von anderer Seite überhaupt keinen Ersatz erlangen kann, sondern auch für den Fall, daß er ihn sonst nur teilweise findet. Die Höhe seines nach Inanspruchnahme anderer Haftpflichtiger noch verbleibenden Schadens muß er beziffern, ehe er einen bestimmten Anspruch gegen den schuldigen Beamten geltend machen kann. Würde gegen diesen schon dann geklagt werden dürfen, wenn nur irgendein Ausfall des Geschädigten, nicht aber seine Höhe feststände, so würde der Schutz, den die mehrgenannte Vorschrift den Beamten gewähren soll, in einer mit diesem Zweck des Gesetzes nicht verträglichen Weise beschränkt werden. Es mag also bei ungewisser Höhe des von dem Beamten zu ersetzenden Restschadens zwar ein der Feststellung an sich zugängliches Rechtsverhältnis vorliegen. Sachlich ist aber, ehe die Höhe dessen feststeht, was der Geschädigte nicht auf andere Weise einbringen kann, weder eine Leistungs- noch eine Feststellungsklage gegen den Beamten gerechtfertigt.

Dabei soll noch bemerkt werden, daß die kurze Verjährung des § 852 BGB. erst dann ihren Lauf beginnt, wenn der Schadensersatzanspruch entstanden ist, bei einem Anspruch aus § 839 Abs. 1 BGB. also erst dann, wenn der Ausfall, für den der Beamte aufzukommen hat, auch seiner Höhe nach feststeht und diese Höhe dem Geschädigten bekannt ist. Solange und soweit sie ungewiß ist, kann er nicht gegen den Beamten klagen und braucht es deshalb auch nicht. Einen Verlust seines Anspruchs gegen den Beamten durch Ablauf der kurzen Verjährung hat der Gläubiger demnach nicht zu befürchten, wenn ihm eine Feststellungsklage, wie sie hier erhoben ist, versagt wird. . . .

3. Zur Anwendung des § 933 BGB.

VII. Zivilsenat. Urt. v. 10. Juni 1932 i. S. M. AG. (Kl.) w. H. K. u. F. GmbH. (Bekl.). VII 304/31.

I. Landgericht Hannover.
II. Oberlandesgericht Celle.

Die klagende Aktiengesellschaft stellt Lastkraftwagen her. Sie hatte der Firma Gebr. Sch. in H. ihre Vertretung übertragen und mit ihr ausgemacht, daß sie bis zum 31. Dezember 1929 25 Zugwagen auf eigenes Risiko abzunehmen habe. Einen dieser Wagen verkaufte die Firma Sch. im Juni 1929 an den Fuhrunternehmer Schw. Dieser bezahlte einen Teil des Kaufpreises, im übrigen finanzierte die Beklagte den Kauf auf folgende Weise: Sie gab den Rest des Kaufpreises der Firma Sch. als Darlehen; wogegen ihr diese zur Sicherung die Rechte aus dem Kaufvertrag abtrat, ferner erklärte, daß sie ihr das Eigentum an dem Kraftwagen übertrage — wobei die Übergabe durch Abschluß eines Verwahrungsvertrages ersetzt wurde, sodaß die Firma Sch. den bei ihr stehenden Wagen behielt — und sich verpflichtete, den Wagen unter Vorbehalt des Eigentums an Schw. zu geben. Schw. erklärte sich mit diesen Abmachungen einverstanden, vereinbarte mit der Beklagten einen Leihvertrag über den Wagen, übernahm die gesamtschuldnerische Haftung für das der Firma Sch. gegebene Darlehen und gab der Beklagten zur Bezahlung des Kaufpreises eine Reihe von Wechseln. Die Firma Sch. übergab sodann dem Schw. den Wagen unter Vorbehalt des Eigentums. Schw. konnte aber die Wechsel nicht einlösen, und die Beklagte nahm im Oktober 1929 den Wagen auf Grund einer Bestimmung ihres Vertrags mit Schw. an sich.

Die Klägerin behauptet, sie habe der Firma Sch. den Wagen nur unter Vorbehalt des Eigentums bis zur vollen Bezahlung des Kaufpreises gegeben, dieser sei aber noch nicht voll bezahlt. Sie verlangt deshalb Herausgabe des Wagens. Die Beklagte bestreitet den Eigentumsvorbehalt und macht geltend, der Wagen sei auch bezahlt; auf alle Fälle habe sie infolge ihres guten Glaubens das Eigentum daran erworben.

Das Landgericht hat die Beklagte zur Herausgabe des Wagens verurteilt. Auf ihre Berufung hat das Oberlandesgericht die Klage abgewiesen. Die Revision der Klägerin hatte keinen Erfolg.

Gründe:

Das Oberlandesgericht nimmt an, die Beklagte habe infolge guten Glaubens das Eigentum an dem Kraftwagen nach § 933 BGB. erlangt. Die Übergabe an Schw. als den Stellvertreter der Beklagten stelle die in § 933 geforderte Übergabe dar, und zu der Zeit habe die Beklagte geglaubt, die Firma Sch. sei Eigentümerin des Wagens. Die Revision meint, wenn Schw. Stellvertreter der Beklagten gewesen sei, so komme es auf dessen guten Glauben an; § 933 erfordere auch den Erwerb des unmittelbaren Besitzes durch den neuen Eigentümer, einen solchen habe jedoch die Beklagte durch die Übergabe an Schw. nicht erlangt.

Dem Berufungsgericht ist im Ergebnis beizutreten. Der gutgläubige Eigentumserwerb nach § 933 BGB. setzt neben der Einigung über den Eigentumsübergang und der Vereinbarung eines Besitzmittlerverhältnisses zwischen Veräußerer und Erwerber nicht den Erwerb des unmittelbaren Besitzes durch den neuen Eigentümer voraus, sondern, wie der Wortlaut des Gesetzes ergibt, eine Übergabe vom Veräußerer an den Erwerber. Erfolgt diese Übergabe, so liegt dann ebenso wie im Falle des § 929 BGB. eine Einigung und eine Übergabe vor (RGRKomm. Anm. 1 Abs. 1 a. E. zu § 933 BGB.), und das Gesetz hatte keinen Anlaß, für diesen Fall etwas anderes zu bestimmen als beim sonstigen Erwerb des Eigentums infolge guten Glaubens mittels Einigung und Übergabe (§ 932 BGB.). Unter

Übergabe im Sinne des § 933 kann man also nichts anderes verstehen als Übergabe nach § 929, d. h. Übertragung des unmittelbaren Besitzes. Dies bedeutet aber nicht, daß der Veräußerer mit eigener Hand die Sache in die eigene Hand des Erwerbers geben müßte, wie man etwa daraus entnehmen könnte, daß Besitz die Innehabung der tatsächlichen Gewalt über eine Sache ist (§ 854 BGB.). Die gesetzliche Regelung besagt nur folgendes: Es muß a) eine Übertragung des Besitzes, d. h. der tatsächlichen Gewalt, stattfinden, der Veräußerer darf also nicht mehr den geringsten Rest eines Besitzes (im Sinne der tatsächlichen Gewalt) in der Hand behalten und der Erwerber muß in vollem Umfang den Besitz ergreifen. Dazu muß der Wille des Veräußerers kommen, daß der Erwerber den Besitz ergreife, weil sonst verbotene Eigenmacht vorliegen würde. Sodann darf b) diese Besitzübertragung, wie das Wort „unmittelbar" in der oben gegebenen Begriffsbestimmung der Übergabe besagen soll, nicht darin bestehen, daß der Erwerber aus der Hand des Veräußerers mittelbaren Besitz erwirbt, sei es durch Abtretung eines mittelbaren Besitzes, der schon in der Hand des Veräußerers bestand, sei es durch Neuschaffung solchen Besitzes auf dem Wege der Begründung eines Besitzmittlerverhältnisses zwischen Veräußerer und Erwerber, sodaß dem Veräußerer der unmittelbare Besitz verbliebe. Die erwähnte Bestimmung des Begriffes „Übergabe" sagt also nichts darüber, ob auf der Seite des Veräußerers oder des Erwerbers ein Mittelsmann für den einen oder den anderen auftreten darf oder nicht. Auf der Seite des Erwerbers kommt nur die Ergreifung der tatsächlichen Gewalt in Frage, es kann sich also insoweit nur darum handeln, ob jemand für ihn die tatsächliche Gewalt ergreifen kann, ohne daß die Gewaltergreifung durch ihn dadurch in Frage gestellt würde. Dies ist zunächst beim Besitzdiener der Fall, d. h. dem Angehörigen eines Haushalts, Erwerbsgeschäfts oder dergleichen, der „für" den Besitzherrn die tatsächliche Gewalt über eine Sache ausübt und dessen Weisungen unterworfen ist (§ 855 BGB.). Ergreift er für seinen Herrn die tatsächliche Gewalt, so ist er auf Grund des dort bezeichneten Verhältnisses in Ansehung der Sache Besitzdiener, und nur sein Herr ist Besitzer im Sinne des Gesetzes. Ebenso kann aber jemand für einen anderen Besitz ergreifen, wenn er dies tut, um sich den unmittelbaren, dem anderen aber zugleich den mittelbaren Besitz zu verschaffen, etwa auf Grund eines vorher vereinbarten Besitzmittlerverhältnisses

(RGRKomm. Anm. 3 zu § 929 BGB.; RGZ. Bd. 100 S. 190). Es handelt sich in diesem Falle nicht um eine Stellvertretung bei der Erlangung des unmittelbaren Besitzes; der Besitz ist als Innehabung der tatsächlichen Gewalt eine Tatsache, es kann also eine Stellvertretung beim Besitz nicht geben. Die §§ 164 flg. BGB. beziehen sich ihrem Wortlaut nach auch nur auf Willenserklärungen; und mag man diese Vorschriften noch soweit auslegen, einer Anwendung auf die Tatsache der Besitzerlangung werden sie nicht fähig. Etwas der Stellvertretung Ähnliches hat hier das Gesetz nur in der Besitzdienerschaft geschaffen: der Besitzdiener übt die tatsächliche Gewalt „für" seinen Herrn aus. Bei der Hergabe der Sache an den Besitzmittler des Erwerbers erwirbt der Besitzmittler den Besitz nicht in Stellvertretung des Erwerbers, sondern er allein wird unmittelbarer Besitzer und der Erwerber wird nur mittelbarer Besitzer; es findet also eine Übertragung unmittelbaren Besitzes statt, und zwar, wenn auch nicht an den Erwerber selbst, so doch auf die Seite des Erwerbers in der Person seines Besitzmittlers mit der Wirkung, daß auch der Erwerber Besitzer (mittelbarer Besitzer) wird. Wenn also der Erwerber die Sache nicht selbst haben will, so ist nicht der Umweg nötig, daß der Veräußerer sie dem Erwerber in die Hand gäbe, damit die Übergabe erfüllt sei, während dieser sie erst dem Besitzmittler aushändigen müßte, sondern es genügt die unmittelbare Hingabe der Sache vom Veräußerer an den Besitzmittler. Diese Auffassung ergibt sich aus den Bestimmungen des Bürgerlichen Gesetzbuches als Inhalt des Gesetzes; sie wird auch allein den Erfordernissen des Verkehrs gerecht. Zudem entspricht sie der Auslegung, die das Reichsgericht dem zweiten Falle des § 934 BGB. gegeben hat. Nach dieser Bestimmung erwirbt jemand gutgläubig Eigentum an einer Sache, wenn eine Einigung zwischen ihm und dem Veräußerer vorliegt, wenn der Veräußerer, der nicht mittelbarer Besitzer ist, seinen vermeintlichen Anspruch auf Herausgabe gegen einen Dritten an den Erwerber abtritt und wenn der Erwerber den Besitz der Sache von dem Dritten erlangt, sofern er zu dieser Zeit gutgläubig war. Auch hier bedarf es, wenn der Erwerber die Sache nicht selbst in die Hand bekommen will, nicht erst einer Hingabe der Sache an den Erwerber, dem es dann überlassen bliebe, die Sache an den Besitzmittler zu geben, es genügt vielmehr, wenn der Veräußerer die Sache unmittelbar dem Besitzmittler aushändigt; ja es genügt zur Übergabe, wenn derjenige, der als neuer Besitzmittler die Sache in die Hand bekommen soll, sie schon als Besitzmittler eines anderen in der Hand hat, ganz allein die Vereinbarung eines Besitzmittlerverhältnisses nach § 868 BGB. zwischen dem Erwerber und dem Besitzmittler (RGZ. Bd. 89 S. 348, Bd. 135 S. 75). Die §§ 933, 934 Fall 2 BGB. lassen das Vertrauen, das der wahre Eigentümer dem Inhaber der Sache entgegengebracht hat, vor dem guten Glauben des Erwerbers zurücktreten; es soll dies aber nur dann der Fall sein, wenn der Veräußerer den Besitz völlig verliert und der Erwerber den Besitz aus der Hand des Veräußerers bekommt. Ob dieser Besitz des Erwerbers durch einen Besitzmittler vermittelt wird, ist für die Frage, ob das Vertrauen des bisherigen Eigentümers oder der gute Glaube des Erwerbers den Vorzug verdient, ohne Bedeutung, wenn nur der Veräußerer selbst nicht dieser Besitzmittler ist.

Mit dem Berufungsgericht muß man annehmen, daß es im vorliegenden Falle auf den guten Glauben des Geschäftsführers der verklagten Gesellschaft mbH. und nicht auf den des Schw. ankommt, wenn die Beklagte infolge guten Glaubens das Eigentum erlangt haben soll. Daß eine Erlangung von Eigentum durch einen Stellvertreter zulässig ist, erscheint nicht zweifelhaft; es ist auch anerkannten Rechtens, daß es in diesem Falle bei gutgläubigem Erwerb auf den guten Glauben des Vertreters und nicht auf den des Vertretenen ankommt (Planck BGB. 4. Aufl. § 932 Anm. 2 viertletzter Absatz; RGRKomm. 6. Aufl. § 932 Anm. 1 Abs. 2; Staudinger BGB. 9. Aufl. § 933 Anm. 1 Abs. 4). Dies gilt aber nur für den in den Erläuterungswerken vorausgesetzten Fall, daß der Vertreter die Einigung vornimmt und auch die Sache in die Hand bekommt. Der Eigentumsübergang setzt Einigung und Übergabe voraus. Die Einigung besteht aus Willenserklärungen, es finden hier also die §§ 164 flg. BGB. unmittelbar Anwendung und demnach auch § 166, der im Falle der Stellvertretung für die rechtlichen Folgen einer Willenserklärung die Kenntnis oder das Kennenmüssen des Vertreters für maßgeblich erklärt. Bei der Übergabe aber gibt es, wie oben ausgeführt, keine Stellvertretung. Der Eigentumserwerb durch guten Glauben des Vertreters beruht also darauf, daß es bei der Einigung eine Stellvertretung gibt; die Übergabe ist für die Frage, wessen guter Glaube vorhanden gewesen sein muß, ohne Bedeutung, sie verschiebt nicht die Regel der §§ 932 flg. BGB., daß der Erwerber gutgläubig gewesen sein müsse. Wenn sich nun Einigung und Übergabe (richtiger Entgegennahme) auf der Seite des Erwerbers nicht in derselben Person vollziehen, so kann nur dann eine Abweichung von der Regel, daß der Erwerber selbst gutgläubig gewesen sein muß, eintreten, wenn eine Stellvertretung bei der Einigung vorliegt, nicht aber wenn die Übergabe an einen Mittelsmann des Erwerbers geschieht. Denn nur bei der Einigung gibt § 166 BGB. die entsprechende Bestimmung, die Übergabe ist für die Vorschrift des § 166 unzugänglich, sie vollzieht sich rein auf dem Gebiete der Tatsachen. Dies kann auch nicht um deswillen Befremden erregen, weil der Erwerb des Besitzes beim gutgläubigen Eigentumserwerb im Vordergrund steht als der Umstand, der diesen Erwerb überhaupt erst rechtfertigt, im Falle der Übergabe an den Besitzmittler des Erwerbers der neue Eigentümer aber den tatsächlichen Verhältnissen ziemlich fern steht, ja von der Übergabe vielleicht erst später erfährt. Das ist ebenso, wenn der Erwerber unmittelbarer Besitzer wird und seine tatsächliche Einwirkung auf die Sache zwar möglich ist — wäre sie das nicht, so erhielte er nicht unmittelbaren Besitz — aber infolge besonderer Umstände stark erschwert ist, z. B. wenn ein Brief in den Briefkasten einer Wohnung geworfen wird, deren Inhaber auf weiten Reisen von langer Dauer ist, oder wenn in der Wohnung abredegemäß ein Paket niedergelegt wird. Stellte man auf den guten Glauben des Besitzmittlers ab, so legte man die Entscheidung in die Hand einer Person, die dem Erwerber gegenüber weiter nichts als ein Recht oder eine Pflicht zum Besitz hätte, und doch wäre ihr Verschulden in bezug auf ganz andere Umstände als das Besitzrecht oder die Besitzpflicht für den Erwerber von ausschlaggebender Bedeutung. Hält man jedoch den Stellvertreter in der Einigung für die maßgebliche Person, so wird dies dadurch gerechtfertigt, daß ein Innenverhältnis zwischen Erwerber und Stellvertreter besteht, auf Grund dessen man das Verschulden des Vertreters dem Vertretenen anrechnen kann. Auch hier gibt die Auslegung, die § 934 Fall 2 BGB., also eine Bestimmung mit ähnlichem Gedankeninhalt, erfahren hat, eine starke Stütze für die Richtigkeit der vorher gegebenen Auslegung des § 933 BGB. Das Reichsgericht hat wiederholt entschieden, daß es bei § 934 Fall 2 BGB. auf den guten Glauben des Erwerbers selbst ankomme, nicht aber auf den des Besitzmittlers, der an seiner Statt die Sache in Empfang nimmt (RGZ. Bd. 89 S. 348, Bd. 135 S. 75). Man muß also im Falle der Übergabe der Sache an einen Besitzmittler des Erwerbers auf den guten Glauben des Erwerbers und nicht auf den des Besitzmittlers abstellen.

4. In welchem Sinn besteht und wie wirkt das Formerfordernis des § 313 BGB., wenn ein schriftlicher Mietvertrag seine Geltung von der Bedingung abhängig macht, daß es zur notariellen Beurkundung des in dem Mietvertrag vorgesehenen Vorkaufsrechts kommt?

VIII. Zivilsenat. Urt. v. 13. Juni 1932 i. S. 1. Firma Gebr. D. GmbH., 2. Louis Sch. u. Josef Sch., 3. Firma Gebr. A. AG. (Bekl.) w. 1. H., 2. Frau Sp. (Kl.). VIII 145/32.

I. Landgericht Essen.
II. Oberlandesgericht Hamm.

Die beiden Kläger sind Eigentümer der Grundstücke B.-Straße 36/38 in der Stadt G. Sie hatten die Grundstücke durch Verträge von 1920 und 1924 an die Erstbeklagte sowie an deren Teilhaber Louis und Josef Sch., die Zweitbeklagten, bis zum 31. Juli 1930 vermietet. Nachdem ein Geschäftsaufsichtsverfahren über die Erstbeklagte durch Zwangsvergleich beendet worden war, haben die Kläger am 25. Mai 1926 mit den genannten Beklagten und zum Teil auch mit der Drittbeklagten eine Mietvereinbarung in zwei Teilen privatschriftlich getroffen.

In dem ersten Teil werden zu Ziffer 1 die Mieten der alten Verträge ermäßigt. Nach Ziffer 2 sind die Mieter verpflichtet, das Mietgrundstück mit einem Aufwand von 25000 bis 30000 RM. zu „modernisieren". Ziffer 3 lautet:

> Die Mieter erhalten ein Vorkaufsrecht, welches nur binnen zehn Tagen nach Mitteilung durch Einschreiben von dem Kaufvertrag ausgeübt werden kann. Das Vorkaufsrecht soll nicht ins Grundbuch eingetragen und gleichzeitig mit dem Abschluß des Vertrages in besonderer Urkunde auf Kosten der Mieter notariell bestätigt werden.

In Ziffer 4 übernimmt die Drittbeklagte „für alle Verbindlichkeiten der Mieter aus diesem Vertrag" die selbstschuldnerische Bürgschaft.

Den zweiten Teil des Mietvertrags schlossen die Kläger, und zwar für die Zeit vom 1. August 1930 bis zum 31. März 1940, außer mit den bisherigen Mietern auch mit der Drittbeklagten als Mieterin. Auch in diesem Vertragsteil, der — abgesehen von der Aufstellung neuer Mietzinsstaffeln — auf die schon getroffenen Mietvereinbarungen verweist, bestimmt § 4, daß die Mieter ein Vorkaufsrecht erhalten, und regelt dessen Ausübung sowie ein Kündigungsrecht des Vermieters im Falle des Verkaufs und der Nichtausübung des Vorkaufsrechts. Am Schluß des § 4 steht:

> Das Vorkaufsrecht soll nicht ins Grundbuch eingetragen werden und gleichzeitig mit dem Abschluß des Vertrages in besonderer Urkunde auf Kosten der Mieter notariell bestätigt werden.

Erst nach weiteren Verhandlungen kam es laut Notariatsniederschrift vom 17. Juni 1926 zur Bestellung des Vorkaufsrechts zwischen den Beteiligten, indes ohne Mitwirkung der Zweitbeklagten für ihre Person. In der Urkunde wurde zunächst vermerkt, daß die Kläger an die Beklagten die Häuser B.-Straße 36/38 bis zum 31. Juli 1930 bzw. bis zum 31. März 1940 vermietet haben. Dann heißt es weiter:

> Für die Dauer dieser beiden Mietverträge, also bis zum 31. März 1940, räumen die Vermieter den Firmen Gebr. D. GmbH. und Gebr. A. AG. [also nicht, wie nach dem Mietvertrage, auch den Brüdern Sch.] ein dingliches Vorkaufsrecht für alle Verkaufsfälle an den vermieteten Grundflächen ein mit der Maßgabe, daß jeder der beiden Berechtigten für sich allein zur Ausübung des Vorkaufsrechts befugt ist.

Geregelt werden ferner die Ausübung der Vorkaufsrechts und dessen Folgen, ein Kündigungsrecht der Vermieter im Falle der Nichtausübung des Vorkaufsrechts und dessen Erlöschen. Schließlich heißt es: „Die Eintragung des Vorkaufsrechts soll nicht erfolgen."

Die Kläger erhoben aus den Mietverträgen Klage auf Zahlung der seit dem 1. Juni 1931 rückständigen und der bis zum 31. März 1932 fällig werdenden Miete. Das Landgericht verurteilte die sämtlichen Beklagten antragsgemäß. Das Oberlandesgericht wies ihre Berufung mit Maßgaben zurück, die hier nicht von Belang sind. Die Revision der Beklagten führte zur Aufhebung und Zurückverweisung.

Aus den Gründen:

... Die Revision hält den der Klage zugrunde liegenden Mietvertrag für formnichtig, weil die den Mietvertrag und die Bewilligung des Vorkaufsrechts umfassenden Abmachungen ein einheitliches Abkommen seien und deshalb sämtlich der Formvorschrift des §313 BGB. unterlägen. Der Berufungsrichter verkennt nicht, daß die Vereinbarung des Vorkaufsrechts an einem Grundstück der Formvorschrift untersteht. Er scheidet dabei das persönliche Vorkaufsrecht nicht von dem dinglichen. Ersichtlich geht er davon aus, daß troß der Wendung der Notariatsurkunde vom 17. Juni 1926, es werde „ein dingliches Vorkaufsrecht für alle Verkaufsfälle an den vermieteten Grundflächen" bestellt, sich der Wille auf Einräumung eines persönlichen Vorkaufsrechts klar aus der mit den Vermerken des Mietvertrags übereinstimmenden Abrede ergebe, eine Eintragung des Vorkaufsrechts solle nicht erfolgen. Insoweit sind auch Angriffe gegen das Berufungsurteil nicht erhoben.

Der Berufungsrichter meint, wegen der Vorkaufsbestimmung würde der Mietvertrag vom 25. Mai 1926 nach § 139 BGB. nichtig sein, wenn nicht anzunehmen sei, er wäre auch ohne den nichtigen Teil vorgenommen worden. Den Beklagten sei zuzugeben, daß sie den Mietvertrag wegen der ihnen auferlegten Aufwendungen von 25000 bis 30000 RM. nicht ohne ein Vorkaufsrecht geschlossen hätten. Aus dem Inhalt des § 139 BGB. ergebe sich indes, daß es von dem Willen der Parteien abhänge, ob bei Nichtigkeit des einen Teils der andere gültig sein solle. Danach müsse es aber auch im Belieben der Parteien stehen, den von der Nichtigkeit nicht betroffenen Teil für den Fall und unter der Bedingung aufrechtzuerhalten, daß die vorgesehene Behebung der Nichtigkeit des anderen Teils erfolgt. Im vorliegenden Falle hätten die Parteien durch die sie beratenden Juristen gewußt, daß das Vorkaufsrecht zu seiner Gültigkeit notariell beurkundet werden müsse und daß die Gültigkeit des Mietvertrags von der Gültigkeit des Vorkaufsrechts abhänge. Die mit dem Abschluß des Mietvertrags „gleichzeitige" notarielle Beurkundung des Vorkaufsrechts sei beim Abschluß des Mietvertrags begrifflich nicht mehr möglich gewesen. Es habe aber offensichtlich dem Willen der Parteien entsprochen, die Mietverträge für den Fall und unter der Voraussetzung als gültig zu behandeln, daß das Vorkaufsrecht demnächst gültig, d. h. notariell beurkundet werde. Sie hätten also die nachträgliche Beurkundung des Vorkaufsrechts erkennbar zu einer Bedingung für die Gültigkeit des Mietvertrags gemacht, derart, daß der Vertrag in vollem Umfange gültig werden sollte, wenn die Beurkundung des Vorkaufsrechts demnächst erfolgen würde. Die Zulässigkeit eines in solcher Weise bedingt geschlossenen Mietvertrags ergebe sich aus den Urteilen RGZ. Bd. 122 S. 138 [S. 142 am

Schluß] und Bd. 79 S. 434 [S. 437]; sie entspreche auch dem Rechtsgedanken des § 308 Abs. 1 BGB. Durch die am 17. Juni 1926 vorgenommene notarielle Beurkundung seien also die Mietverträge vom 25. Mai 1926 ihrem ganzen Inhalt nach gültig geworden. Der Umstand, daß das Vorkaufsrecht später nur für die Beklagten zu 1 und 3 bestellt worden sei, während es der Mietvertrag für alle Mieter vorsehe, ändere die Rechtslage nicht. Denn die Parteien seien nachträglich übereingekommen, die betreffenden Paragraphen der beiden Mietverträge entsprechend zu ändern; die dafür nach § 566 BGB. vielleicht erforderliche schriftliche Form werde durch die notarielle Beurkundung ersetzt.

Demgegenüber erhebt die Revision zunächst eine Rüge nach den §§ 286, 139 ZPO. (Die Rüge wird abgelehnt.)

Ist danach die verfahrensmäßige Grundlage für die Auslegungserwägungen des Berufungsrichters nicht zu beanstanden, so ist auch sonst nicht ersichtlich, daß er in der Auslegung des Mietvertrags vom 25. Mai 1926 das Gesetz verletzt habe oder insoweit zu einem unmöglichen Ergebnis gekommen sei. Folgerecht ist mit dem Berufungsrichter davon auszugehen, beide Parteien hätten gewußt, daß die Einräumung des Vorkaufsrechts nur in notarieller Form wirksam sei, und hätten von diesem Standpunkt aus die Mietvertragsabreden getroffen. Damit scheidet aber gerade nach der auch vom Vorderrichter angezogenen Rechtsprechung des Reichsgerichts (RGZ. Bd. 79 S. 434, Bd. 122 S. 138) und den im gleichen Sinne später ergangenen Urteilen RGZ. Bd. 125 S. 209, WarnRspr. 1930 Nr. 29 die Vorschrift des § 139 BGB. als richtunggebend aus, weil den Parteien bei den mietvertraglichen Abreden über die Bestellung des Vorkaufsrechts der Wille der Bindung und damit der rechtsgeschäftliche Wille fehlte. Rechtsgeschäftlich bedeutsam sollte nach der Feststellung des Berufungsgerichts diese Abrede nur in dem Sinne sein, daß von der formgültigen (sei es auch späteren) Einräumung des Vorkaufsrechts, als von einer aufschiebenden Bedingung nach § 158 BGB., die Geltung des Mietvertrags abhängig gemacht wurde. Daß bei solcher Verknüpfung eines dem § 313 BGB. an sich nicht unterfallenden Vertrags mit einer danach formpflichtigen Abrede jene Formvorschrift für den so bedingten Vertrag nicht gilt, sagen die vom Berufungsrichter in diesem Sinne angezogenen Urteile RGZ. Bd. 79 S. 434 [S. 437] und Bd. 122 S. 138 [S. 142] allerdings nicht.

Sie fassen vielmehr nur Fälle ins Auge, in denen die (künftige) Bestellung des Vorkaufsrechts als Leistungspflicht im Mietvertrage bedungen war. Indes ist der Revision nicht darin beizutreten, daß der Mietvertrag dieser Verknüpfung wegen formpflichtig würde. Denn die Rechtsprechung unterwirft das persönliche Vorkaufsrecht der Form des § 313 BGB. nur deshalb, weil sich der Eigentümer mit dem Abschluß zur Übertragung des Eigentums (bedingt) verpflichtet (Ver. Zivilsenate in RGZ. Bd. 72 S. 385 [S. 392]). In dem Mietvertrage, dessen Geltung durch die formgültige Einräumung des Vorkaufsrechts aufschiebend bedingt wird, gebricht es aber an einer auch nur mittelbaren Verpflichtung solchen Inhalts.

Mit der Verneinung der Formnichtigkeit des Vertrages ist indes die Entscheidung dieses Rechtsstreits nicht gegeben. Stehen auch nur Ansprüche aus dem Mietvertrag zur Entscheidung, so zwingt doch eben die vom Berufungsrichter festgestellte Abhängigkeit der Geltung des Mietvertrags von der endgültigen Vorkaufsabrede auch zu der Prüfung, ob denn der Vorschrift des § 313 BGB. bei der Bestellung des Vorkaufsrechts am 17. Juni 1926 Genüge geschehen ist. Die Frage in dieser Form hat sich der Berufungsrichter nicht gestellt. Sie ist mit der Revision zu verneinen. Die notarielle Vereinbarung vom 17. Juni 1926 beschränkt sich darauf, den Mietvertrag der Parteien ohne Angabe des Datums und ohne urkundliche Bezeichnung anzuführen als den Vertrag, „für dessen Dauer, also bis zum 31. März 1940" das Vorkaufsrecht gelten soll. Im übrigen wird in der Urkunde Form und Frist für die Ausübung des Rechts sowie das Kündigungsrecht des Vermieters im Falle der Nichtausübung geregelt. Die Revision nimmt zutreffend an, daß damit nicht die Beurkundung vorgenommen ist, auf die es nach § 313 BGB. ankommt, nämlich die des Grundvertrags über die Veräußerung, der die gesamten Abreden dieses Geschäftes umfaßt (vgl. RGZ. Bd. 51 S. 181, Bd. 65 S. 392, Bd. 76 S. 34, Bd. 93 S. 220, Bd. 97 S. 219, Bd. 103 S. 297, Bd. 107 S. 357, Bd. 110 S. 328; JW. 1925 S. 2237 Nr. 10). Ist die Regel des § 313 BGB. auch auf Verpflichtungen zur Vorkaufsbewilligung anwendbar, so folgt daraus, daß die notarielle Beurkundung auch dieser Verpflichtung das Grundgeschäft in seiner konkreten Gestalt unter Beachtung von Leistung und Gegenleistung wiedergeben muß und sich nicht — wie es etwa gegenüber den Formvorschriften der §§ 518, 761, 766 BGB. hinreichend wäre — mit der Niederlegung der Verpflichtungserklärung begnügen darf. Es kann dahinstehen, ob zu diesem als Ganzes der Beurkundung bedürfenden Veräußerungsgeschäft notwendig der Mietvertrag mit allen seinen Klauseln gehört (vgl. RG. in LZ. 1921 Sp. 419). Die Revision weist aber mit Recht darauf hin, daß nicht einmal die Pflicht der Mieter zur Vornahme des Umbaues Aufnahme in die notarielle Urkunde gefunden hat, obwohl sie nach der Feststellung des Berufungsurteils mit der Einräumung des Vorkaufsrechts in dem unmittelbaren Zusammenhang von Wert und Gegenwert stand. Es mag sein, daß der Verkehr vielfach in Fällen der vorliegenden Art die Vorkaufsbestimmung wirtschaftlich als bloßen Bestandteil des Mietvertrags und nicht als selbständiges Veräußerungsgeschäft ansieht. In anderen Fällen kann indes die wirtschaftliche Bedeutung des Vorkaufsrechts und damit der Veräußerungscharakter des Gesamtgeschäfts stärker hervortreten. Jedenfalls folgt aus der Anwendung des § 313 BGB. auf die in der Vorkaufsverpflichtung liegende bedingte Veräußerung die Beurkundungspflicht auch für die vertraglichen Bedingungen, unter denen es eingeräumt worden ist oder werden soll. Das mag die Mietvertragsabreden dann nicht angehen, wenn insoweit bereits ein endgültiger Abschluß vorliegt, sodaß die darin wirtschaftlich dem Vorkaufsrecht gegenüberstehenden oder mit ihm verbundenen Leistungen abgeschlossen und rechtlich von der Vorkaufsabrede gelöst sind (vgl. WarnRspr. 1930 Nr. 29). Es gilt aber nicht in dem vorliegenden Falle, wo das schließliche Zustandekommen des Mietvertrags von dem der Vorkaufsverpflichtung rechtlich abhing.

Diese Erwägungen führen zu dem Ergebnis, daß das Vorkaufsrecht durch die Urkunde vom 17. Juni 1926 nicht wirksam bestellt worden ist. Damit wird aber nach der Auslegung des Berufungsrichters auch der Mietvertrag gemäß seiner Bedingung hinfällig. ...

---

5. 1. Kann der Bürge die Befriedigung des Gläubigers nach § 770 Abs. 2 BGB. verweigern, wenn dem Gläubiger die Befugnis zur Aufrechnung gegenüber dem Hauptschuldner gemäß § 393 BGB. fehlt?

2. Kann der Bürge wegen einer Forderung des Hauptschuldners, gegen die der Gläubiger nicht aufrechnen darf, das Zurückbehaltungsrecht nach § 768 Abs. 1 BGB. geltend machen, wenn sie auf demselben rechtlichen Verhältnis beruht wie der Anspruch gegen den Bürgen?

VIII. Zivilsenat. Urt. v. 16. Juni 1932 i. S. K. (Bekl.) w. W. (Kl.). VIII 662/31.

I. Landgericht Freiberg.
II. Oberlandesgericht Dresden.

Der Kläger verpachtete sein Erwerbsgeschäft durch Vertrag vom 19. Oktober 1927 an Albin L., der sodann mit dem Beklagten unter Mitwirkung des Klägers einen Vertrag vom 27. Dezember 1927 schloß. Hiernach trat der Beklagte vom 1. Januar 1928 ab als persönlich haftender Gesellschafter in das Geschäft ein und übernahm die selbstschuldnerische Bürgschaft für die Verbindlichkeiten des L. aus dem ersten Vertrage. L. ist verstorben. Der Beklagte ist als Bürge zur Zahlung von 6196,93 RM. samt Zinsen an den Kläger verurteilt worden. Seine Revision führte zur Aufhebung des Berufungsurteils und zur Zurückverweisung.

Aus den Gründen:

... Die Aufrechnung des Beklagten mit einer Schadensersatzforderung läßt das Berufungsgericht nicht durchgreifen. Er hatte diesen Gegenanspruch damit begründet, daß der Kläger den Abschluß des ersten Vertrages vom 19. Oktober 1927 durch Wucher und arglistige Täuschung erreicht, daß infolgedessen L. für ein wertloses Geschäft 1750 RM. Pachtzins gezahlt habe. Da kein Gewinn erzielt worden sei, so sei in dieser Höhe ein Schaden entstanden. Das Berufungsgericht geht zutreffend davon aus, daß der Beklagte an jenem Vertragsschluß nicht beteiligt war und daß infolgedessen dieser Schadensersatzanspruch nur dem L. oder seinen Rechtsnachfolgern zustehen kann. Der Beklagte kann deshalb mit dieser Forderung nicht gegenüber dem Kläger aufrechnen.

Dem Berufungsrichter ist auch darin zuzustimmen, daß der Beklagte als Bürge im Hinblick auf diese angebliche Forderung der Erben des L. nicht die Einrede aus § 770 Abs. 2 BGB. erheben kann. Die Forderung würde eine solche aus einer vorsätzlich begangenen unerlaubten Handlung des Klägers sein. Gegen eine solche ist aber nach § 393 BGB. die Aufrechnung nicht zulässig. Nach § 770 Abs. 2 das. kann der Bürge die Befriedigung des Gläubigers verweigern, solange sich der Gläubiger durch Aufrechnung gegen eine fällige Forderung des Hauptschuldners befriedigen kann. Nach diesem Wortlaut setzt die Einrede des Bürgen die Aufrechnungsbefugnis des Gläubigers, hier also des Klägers, voraus. Sie besteht nicht, weil der Kläger gegen die angebliche Schadensersatzforderung der Erben nicht aufrechnen könnte.

Es ist streitig, ob nicht trotz des Wortlauts der Vorschrift der Bürge schon dann zur Leistungsverweigerung befugt ist, wenn nur der Hauptschuldner aufrechnen könnte. Wenn diese Ansicht auch nicht die herrschende ist, so wird sie doch im Schrifttum häufig vertreten. Ihr ist nicht zuzustimmen. Zunächst spricht der Wortlaut der Vorschrift klar für die herrschende Meinung. § 770 Abs. 2 BGB. fordert, daß sich der Gläubiger durch Aufrechnung befriedigen kann. Es ist nicht anzunehmen, daß trotzdem die Aufrechnungsbefugnis des Hauptschuldners gemeint sein sollte. Gerade nachdem im ersten Absatz von dem Anfechtungsrecht des Hauptschuldners gehandelt war, muß es eine besondere Bedeutung haben, daß das Gesetz im nächsten Absatz nicht wiederum vom Hauptschuldner, sondern vom Gläubiger spricht. Aus den Verhandlungen, die zur Aufnahme der Vorschrift führten (Prot. Bd. II S. 470flg.), ist ersichtlich, daß sie den Bürgen vor der Inanspruchnahme schützen soll, soweit der Gläubiger sich durch Aufrechnung unmittelbar Befriedigung vom Hauptschuldner verschaffen kann. Das ist aber nur möglich, wenn der Gläubiger selbst zur Aufrechnung befugt ist.... Eine vom Wortlaut des § 770 Abs. 2 BGB. abweichende Auslegung kann auch nicht hinreichend durch Erwägungen der Billigkeit oder durch den Hinweis auf die dem Bürgen günstigere Rechtslage im gemeinen Recht gestützt werden. Es ist vielmehr daran festzuhalten, daß dem Bürgen die Einrede nicht zusteht, wenn dem Gläubiger die Aufrechnung aus irgendeinem Grunde, insbesondere durch §§ 393, 394, 395 BGB., verwehrt ist.

In Übereinstimmung hiermit hat der Senat bereits im Urteil vom 27. Januar 1930 VIII 337/29, wenn auch ohne ausführliche Begründung, ausgesprochen, soweit der Bürge sich darauf berufe, daß dem Hauptschuldner eine Aufrechnungsforderung zustehe, dürfe ihm dieses Recht nur in den Schranken des § 770 Abs. 2 BGB., d. h. so bewilligt werden, daß er die Befriedigung verweigern könne, solange sich der Gläubiger durch Aufrechnung gegen eine fällige Forderung des Hauptschuldners befriedigen könne. Auch das Urteil vom 26. November 1931 VIII 352/31 enthält nichts Abweichendes. Dort ist zwar allgemein gesagt, wenn dem Hauptschuldner gegen den Gläubiger ein Anspruch zustehe, so sei der Bürge nach § 770 Abs. 2 zur Weigerung der Befriedigung wegen einer etwaigen Aufrechnungsmöglichkeit befugt gewesen. Indessen ist dort nirgends zum Ausdruck gebracht worden, daß die Aufrechnungsbefugnis des Gläubigers fehlen dürfe, sondern nur eine etwaige Aufrechnungsbefugnis ohne jeden Zusatz erwähnt, die Prüfung, ob eine nach der genannten Vorschrift ausreichende Befugnis zur Aufrechnung vorliegt, also offen gelassen.

Auch bei der zutreffenden Auslegung des § 770 Abs. 2 BGB. bleibt noch zu erwägen, ob etwa bei der Forderung aus einer vorsätzlich begangenen unerlaubten Handlung Folgerungen zu Gunsten des Beklagten aus § 393 BGB. gezogen werden könnten. Doch ist diese Frage zu verneinen. Wenn demjenigen, der aus einer vorsätzlich begangenen unerlaubten Handlung haftet, die Aufrechnung gegen diesen Schadensersatzanspruch untersagt ist, so ist das offenbar mit Rücksicht auf den Geschädigten geschehen. Dieser soll den Ersatz für den ihm vorsätzlich zugefügten Schaden durch eine Leistung des Täters erhalten und davor geschützt werden, daß er mittels Aufrechnung befriedigt wird und tatsächlich keinen Ersatz in die Hand bekommt. Diese Regelung ist ohne weiteres verständlich. Hingegen fehlt es an einem Grunde dafür, daß auch der Bürge gegenüber dem Gläubiger eines besonderen Schutzes nach § 393 BGB. bedürfte, wenn er von den Folgen der vorsätzlich begangenen unerlaubten Handlungen gar nicht betroffen worden ist.

Hat das Berufungsgericht dem Beklagten hiernach zu Recht die Einrede aus § 770 Abs. 2 BGB. aberkannt, so hätte es doch prüfen müssen, ob durch dessen Vorbringen nicht zugleich ein Zurückbehaltungsrecht wegen derselben Gegenforderung der Hauptschuldner geltend gemacht und seine Einrede nach § 768 Abs. 1 BGB. begründet war. Steht den Erben des L. der Schadensersatzanspruch aus dem Verhalten des Klägers beim Abschluß des Vertrages vom 19. Oktober 1927 in der Tat zu, so beruht er auf demselben rechtlichen Verhältnis wie der Klaganspruch, weil der die Anfechtung des Vertrages begründende Tatbestand zugleich die Voraussetzungen für die angebliche unerlaubte Handlung bildet. Hat aber der Hauptschuldner eine Forderung aus demselben rechtlichen Verhältnis, mit der er selbst aufrechnen könnte, so kann der Bürge seine Leistung nach § 768 Abs. 1 BGB. zurückhalten (vgl. RGRKomm. Anm. 2 zu § 770 BGB.). . .

---

6. Haftet der Preußische Staat, wenn ein Gerichtsvollzieher Amtspflichtverletzungen bei Zwangsvollstreckungen begeht, welche er im Auftrag einer Landschaft ausführt?

RVerf. Art. 131. Preuß. Verordnung betr. das Verwaltungszwangsverfahren wegen Beitreibung von Geldbeträgen vom 15. November 1899 (GS. S. 545)/12. April 1924 (GS. S. 209) § 6.

III. Zivilsenat. Urt. v. 17. Juni 1932 i. S. Ostpreuß. Landschaft (Kl.) w. Preuß. Staat (Bekl.). III 425/31.

I. Landgericht Elbing.

Die klagende Landschaft ließ im Jahre 1929 auf verschiedenen Gütern durch den von ihr beauftragten Obergerichtsvollzieher Ch. Pfändungen wegen rückständiger Zinsbeträge vornehmen. Er zog dabei auch Beträge ein, und zwar insgesamt fast 3900 RM. Diese Gelder lieferte er aber nicht an die Klägerin ab. Sie macht nunmehr den verklagten Staat auf Grund von § 839 BGB., Art. 131 RVerf. ersatzpflichtig und hat zunächst einen Teilbetrag eingeklagt. Der Beklagte vertritt den Standpunkt, daß der Gerichtsvollzieher einer fremden Verwaltung, nämlich der der Klägerin, als Vollziehungsbeamter zugeteilt gewesen sei, die deshalb selbst für seine hierbei begangenen Amtspflichtverletzungen einzustehen habe.

Das Landgericht hat die Klage abgewiesen. Die von der Klägerin unmittelbar eingelegte Revision führte zur Aufhebung des angefochtenen Urteils und zur Verurteilung des Beklagten nach dem Klagantrag.

Gründe:

Nach Art. 131 RVerf. trifft die Verantwortlichkeit für einen Beamten, der in Ausübung der ihm anvertrauten öffentlichen Gewalt seine Amtspflicht verletzt, grundsätzlich denjenigen öffentlichen Verband -- den Staat oder die Körperschaft —, in dessen Dienst der Beamte steht. Nach der Rechtsprechung des erkennenden Senats (RGZ. Bd. 125 S. 11, Bd. 126 S. 83) ist für die Frage, in wessen Dienst der Beamte steht, regelmäßig seine Ernennung entscheidend, während es nicht von Bedeutung ist, wessen Hoheitsrechte er im einzelnen Fall ausgeübt hat (vgl. auch Urt. v. 31. Mai 1927 III 394/26, abgedr. JW. 1927 S. 2203 Nr. 21). Es kann sich daher nur fragen, ob bei der Beauftragung des Gerichtsvollziehers durch die Klägerin ein Sonderfall gegeben ist, der eine andere Auffassung rechtfertigt. Dies muß entgegen der Ansicht des Landgerichts verneint werden. Es kommt weder eine Doppelstellung des Gerichtsvollziehers (wie beim Landrat: RGZ. Bd. 100 S. 190, Bd. 111 S. 13) noch sein Ausscheiden aus seiner Stellung als staatlicher Vollstreckungsbeamter für die ihm von der Klägerin erteilten Vollstreckungsaufträge in Frage. Vielmehr ist lediglich durch die Landesjustizverwaltung (vgl. § 154 GVG.) der Dienst des Gerichtsvollziehers dahin bestimmt, daß er die ihm von der Landschaft erteilten Vollstreckungsaufträge in seiner Eigenschaft als amtliches Vollstreckungsorgan auszuführen hat (§ 6 Abs. 4 Satz 1 Halbsatz 2 der Verordnung betr. das Verwaltungszwangsverfahren und Art. 17 der dazu ergangenen Ausführungsanweisung vom 28. November 1899, CentrBl. d. Abgaben-Gesetzg. u. Verw. 1900 S. 44). Es ist rechtsirrig, wenn der Beklagte und mit ihm das Landgericht annimmt, daß die Klägerin den Gerichtsvollzieher nicht in seiner Eigenschaft als amtliches Vollstreckungsorgan in Anspruch genommen, sondern daß sie ihn zu ihrem eigenen Vollstreckungsorgan gemacht habe.

Auf Grund von § 10 Abs. 1 der Ostpreußischen Landschaftsordnung vom 7. Dezember 1891 in Verbindung mit § 3 des preußischen Gesetzes betr. die Zwangsvollstreckung aus Forderungen landschaftlicher (ritterschaftlicher) Kreditanstalten vom 3. August 1897 (GS. S. 388) ist die Klägerin berechtigt, ihre durch jene Ordnung begründeten Forderungen ohne jedes gerichtliche Verfahren mit den ihr zustehenden Zwangsmitteln beizutreiben. Im besonderen steht ihr nach § 2 Nr. 1 der Landschaftsordnung als Zwangsmittel die Zwangsvollstreckung in das gesamte bewegliche Vermögen ihrer Schuldner zu. Die Vollstreckung findet gemäß § 6 der Verordnung betr. das Verwaltungszwangsverfahren statt. Nach dieser Bestimmung hat im allgemeinen die Vollstreckungsbehörde das Zwangsverfahren durch die ihr beigegebenen eigenen Vollziehungsbehörden oder durch diejenigen Beamten auszuführen, deren sie sich als solcher zu bedienen hat. Als Beamte dieser Art kommen die Gerichtsvollzieher jedoch nicht in Frage. In § 6 Abs. 4 Satz 1 der genannten Verordnung ist dagegen angeordnet, daß die Ausführung der Zwangsvollstreckung wegen der in Angelegenheiten der Justizverwaltung beizutreibenden Geldbeträge durch den Gerichtsvollzieher stattfindet. Dies erklärt sich daraus, daß die Gerichtsvollzieher an sich die Vollstreckungsorgane der Justizverwaltung sind. Wenn nun im zweiten Halbsatz weiter bestimmt ist, daß dem Gerichtsvollzieher die Ausführung einer Zwangsvollstreckung auch in anderen Fällen übertragen werden kann, so handelt es sich dabei um eine allgemeine Anordnung des Gesetzes, ohne welche die Vollstreckungsbehörden nicht befugt wären, dem Gerichtsvollzieher Vollstreckungsaufträge zu geben. Anderseits bedarf es aber auch noch der Zustimmung durch die in Betracht kommenden Verwaltungsbehörden. Dementsprechend bestimmt Art. 17 der Ausführungsanweisung vom 28. November 1899, daß den Ressortchefs die Bestimmung der Voraussetzungen vorbehalten bleibt, unter denen die Ausführung einer Zwangsvollstreckung einem Gerichtsvollzieher übertragen werden kann. Diese Verwaltungsanordnungen gründen sich somit lediglich auf die gesetzliche Ermächtigung des § 6 Abs. 4 a. a. O., wonach die Behörden, welche die Zwangsvollstreckungen im Verwaltungszwangsverfahren betreiben, außer ihren eigenen Organen auch den Gerichtsvollzieher als anderweitiges amtliches Vollstreckungsorgan (§ 154 GVG.) in Anspruch nehmen können.

Dementsprechend ist in den maßgebenden allgemeinen preußischen Verwaltungsanordnungen die Stellung des Gerichtsvollziehers bei dieser Tätigkeit im einzelnen geregelt. Im ersten Teil der preußischen Gerichtsvollzieherordnung vom 23. März 1914 (JMBl. S. 289), der vom Amt des Gerichtsvollziehers handelt, sind in § 17c und e und in § 18b die Aufträge aufgeführt, welche der Gerichtsvollzieher gemäß § 6 Abs. 4 der Verordnung betr. das Verwaltungszwangsverfahren auszuführen hat, und im § 134 Abs. 1 der Geschäftsanweisung für die Gerichtsvollzieher vom 24. März 1914 (JMBl. S. 343) ist in Anlehnung an die Verordnung gesagt: „Dem Gerichtsvollzieher kann ferner nach Maßgabe der Anordnungen der Ressortminister die Ausführung einer Zwangsvollstreckung auch in anderen Fällen übertragen werden." Zugleich sind die weiteren Vorschriften für das Verfahren erlassen (vgl. auch § 6 Abs. 4 Satz 3 a. a. O.). Hieraus ergibt sich, daß es zu den Aufgaben des Gerichtsvollziehers als amtliches Vollstreckungsorgan gehören soll, falls die etwa erforderlichen Genehmigungen der Ressortminister vorliegen, auch Aufträge von Behörden im Verwaltungszwangsverfahren entgegenzunehmen. So wenig aber der Gerichtsvollzieher, der Vollstreckungsaufträge von Privatleuten entgegennimmt, zu diesen in ein Vertragsverhältnis tritt (vgl. RGZ. Bd. 82 S. 85), sondern ihnen gegenüber als Amtsperson, als selbständiges Organ der Rechtspflege handelt, ebensowenig tritt er durch den Auftrag einer öffentlichen Behörde zur Vornahme einer Zwangsvollstreckung im Verwaltungszwangsverfahren zu ihr in Beziehungen, die eine öffentlichrechtliche Unterordnung ergäben, sodaß er eigenes Vollstreckungsorgan der betreffenden Behörde würde. Vielmehr erledigt er nur die der Behörde zustehenden hoheitsrechtlichen Beitreibungsrechte als eigene, ihm vom Gesetz und von der Verwaltung zugewiesene Aufgabe unter eigener Verantwortung und nur nach Maßgabe des Gesetzes und der dazu ergangenen Bestimmungen, mag er dabei auch an die ihm für die Durchführung der Vollstreckung gegebenen besonderen Anweisungen in gewisser Weise gebunden sein. Es ergibt sich somit aus diesen Bestimmungen nichts dafür, daß der Gerichtsvollzieher die Vollstreckung nicht in seiner Eigenschaft als amtliches Vollstreckungsorgan auszuführen habe. Nur in sachlicher Beziehung kann die Erledigung der Beschwerden über Mängel des Zwangsverfahrens der betreffenden Vollstreckungsbehörde übertragen werden (vgl. z. B. Runderlaß des Preuß. Finanzministers vom 9. April 1927 betr. die vom Gerichtsvollzieher im Auftrage der Kreiskassenverwaltung ausgeführten Amtshandlungen, mitgeteilt durch Allg. Verfügung des Preuß. Justizministers vom 18. Mai 1927, JMBl. S. 174; ferner Allg. Verfügung über Heranziehung der

Gerichtsvollzieher zur Beitreibung von Geldbeträgen für andere preußische Staatsverwaltungen oder Anstalten und Körperschaften des öffentlichen Rechts vom 14. April 1930, JMBl. S. 113 zu III). Hierdurch wird aber nichts daran geändert, daß der Gerichtsvollzieher diese Handlungen in der amtlichen Dienststellung als solcher vornimmt. Als preußischer Beamter bezieht er nach Maßgabe der Besoldungsgesetze vom Staate sein festes Gehalt und erhält auch in dieser Eigenschaft als weitere Teile seines dienstlichen Einkommens die gesetzlich bestimmten Anteile an den aus Parteiaufträgen erwachsenen Gebühren (§§ 28, 29 GerVollzO.). Dementsprechend sind auch die Aufträge nach § 17c und e, § 18b GerVollzO. den anderen Aufträgen gleichgeordnet an die Seite gestellt (vgl. auch die für die Gebührenberechnung ergangenen Bestimmungen in § 54 Abs. 1 und § 56 Abs. 5 das.). Die Unterscheidung von Parteiaufträgen und amtlichen Aufträgen dient nur dazu, diejenigen Geschäfte zu kennzeichnen, für deren Erledigung der Gerichtsvollzieher einen Anteil an den Gebühren erhält. Aus den gemäß § 17e GerVollzO. von den Landschaften erteilten Parteiaufträgen erhält somit der Gerichtsvollzieher ebenfalls nur vom Staate die besonderen Anteile an den Gebühren.

Diese Aufträge stehen ferner rechtlich auch allen denjenigen Vollstreckungsaufträgen gleich, welche dem Gerichtsvollzieher auf Grund anderweitiger gesetzlicher Bestimmungen übertragen werden können (§ 143 RVG.; Teil I § 31 Abs. 6 der Personalordnung der Deutschen Reichsbahn-Gesellschaft vom 10. Dezember 1924, RMBl. 1925 S. 98; § 333 Abs. 3 RAbgO. in der Fassung der Bekanntmachung vom 22. Mai 1931, RGBl. I S. 161). In allen diesen Fällen wird der Gerichtsvollzieher lediglich als amtliches Organ der Preußischen Justizverwaltung tätig.

Somit gibt die maßgebende gesetzliche Bestimmung des § 6 Abs. 4 der Verordnung vom 15. November 1899 in Verbindung mit der Gerichtsvollzieherordnung keinerlei Veranlassung, für die Beauftragung durch die landschaftlichen Kreditanstalten eine Sonderstellung der Gerichtsvollzieher anzunehmen. Ebensowenig ist dies der zur Zeit des von der Klägerin erteilten Vollstreckungsauftrags geltenden Allg. Verfügung über die Ausführung von Zwangsvollstreckungen durch Gerichtsvollzieher in Angelegenheiten der landschaftlichen (ritterschaftlichen) Kreditanstalten vom 24. April 1911

(JMBl. S. 177) zu entnehmen. Dabei mag es dahingestellt bleiben, ob es überhaupt zulässig wäre, durch eine besondere Verwaltungsverfügung die Haftung des Preußischen Staates als anstellender Behörde abzuändern, die sich aus Art. 131 RVerf. in Verbindung mit dem Gesetz und der allgemeinen Verwaltungsanordnung ergibt. Die Verfügung hat, wie auch die zahlreichen Verfügungen, welche über die Vollstreckungsaufträge durch andere Behörden (z. B. durch die Forstverwaltung, die Landesbanken, die Domänenverwaltung, die staatlichen Kreiskassen) ergangen sind (vgl. die Übersicht in der schon genannten zusammenfassenden Allg. Verfügung vom 14. April 1930), nach dem vorher Gesagten nur die Bedeutung, die nach § 6 Abs. 4 der Verordnung betr. das Verwaltungszwangsverfahren erforderliche Genehmigung der Ressortminister (Art. 17 der Ausführungsanweisung) zu geben. Demgemäß lautet auch der Wortlaut der Verfügung vom 24. April 1911 — ebenso wie der der anderen entsprechenden Verfügungen — dahin, daß die Ressortminister genehmigen: „daß mit der Ausführung von Zwangsvollstreckungen in das bewegliche Vermögen . . . die Gerichtsvollzieher beauftragt werden." Der Gerichtsvollzieher wird also den Landschaften und den anderen Behörden nicht als eigenes Vollstreckungsorgan zugewiesen, sondern es wird nur auf Grund der Ermächtigung des Gesetzes gestattet, daß der Gerichtsvollzieher in ihrem Auftrag als Vollstreckungsorgan tätig wird. Die Folgerungen, die der Beklagte aus der Allg. Verfügung vom 24. April 1911 zieht, finden daher in ihr keine Grundlage. In der Allg. Verfügung über die Beitreibung von Geldbeträgen aus dem Bereiche der Domänenverwaltung durch die Obergerichtsvollzieher vom 21. Juli 1924 (JMBl. S. 282) ist auch ausdrücklich hervorgehoben, daß die Gerichtsvollzieher die Aufträge in ihr Dienstregister einzutragen und gemäß §§ 18b, 54 Abs. 1a GerVollzO., § 134 Geschäftsanweisung, also als Aufträge in der Eigenschaft als amtliches Vollstreckungsorgan, zu behandeln haben.

Es ist deshalb rechtsirrig, wenn das Landgericht ausführt, daß die Landschaften bei ihren Vollstreckungsaufträgen nicht als dritte Privatpersonen den Vollziehungsbeamten gegenüberträten und nach der Allg. Verfügung vom 24. April 1911 die Befugnis hätten, selbst den Gerichtsvollzieher als eigenes Vollstreckungsorgan mit Zwangsvollstreckungsmaßnahmen zu beauftragen. Daß sie die Durchführung ihrer Vollstreckungen ebensogut einem eigenen Beamten übertragen können, beruht lediglich auf dem Gesetz (§ 6 Abs. 1 der Verordnung betr. das Verwaltungszwangsverfahren), ergibt aber nichts über die Natur der daneben vom Gesetz weiter gestatteten Beauftragung der Gerichtsvollzieher. Unerheblich ist auch, daß in der erwähnten Verfügung des Finanzministers vom 9. April 1927 über die Aufträge der Kreiskassenverwaltung von einer „Zurverfügungstellung als Vollziehungsbeamter" und von einer Entgegennahme der Aufträge als Vollziehungsbehörde, der er „zugeteilt worden ist", die Rede ist. Diese Wendungen sind offenbar nur gebraucht, um die Unterstellung in sachlicher Beziehung für die Entscheidung über Beschwerden durch die fragliche vollstreckende Behörde näher zu begründen. Anderseits wird aber zugleich hervorgehoben, daß der Gerichtsvollzieher in persönlicher und disziplinarer Hinsicht seiner vorgesetzten Behörde unterstellt bleibt. Außerdem war zu der vorliegend allein in Betracht kommenden Allg. Verfügung vom 24. April 1911 keine derartige Anweisung ergangen. Für die Entscheidung ist ebenfalls unerheblich — worauf die Klägerin hingewiesen hat — daß in der Allg. Verfügung vom 24. April 1911 Abs. 2 die von den Kreditanstalten erteilten Aufträge als Parteiaufträge bezeichnet worden sind. Diese Bestimmung wiederholt nur die Anordnung in § 17 GerVollzO. und hat die gleiche, schon erwähnte Bedeutung, daß der Gerichtsvollzieher von den Aufträgen die in der Verordnung bestimmten Gebührenanteile als staatlichen Diensteinkommensteil erhält.

Schließlich hat auch keinesfalls durch die erst später erlassene Allg. Verfügung vom 14. April 1930 die vorher bestehende Rechtslage geändert werden können.

---

7. Kann der Eigentümer, der bei der Errichtung eines Gebäudes auf dem ihm gehörigen Grundstück A die Grenze des ebenfalls in seinem Eigentum stehenden Grundstücks B überschritten hat, das Grundstück A derart mit einer Hypothek belasten, daß sich diese auf das Gebäude auch insoweit erstreckt, als es auf dem Grundstück B aufgeführt ist?

BGB. §§ 93, 94, 95, 912.

V. Zivilsenat. Urt. v. 18. Juni 1932 i. S. Firma H. & Co. (Bekl.) w. H. Landesbank (Kl.). V 163/32.

I. Landgericht Hechingen.
II. Oberlandesgericht Stuttgart.

Der Kaufmann J. St. in N. sowie die Kaufleute E. St. und R. C. daselbst betrieben unter der Firma J. St. & Co. seit dem Jahre 1910 eine Trikotwarenfabrik. Nachdem E. St. Anfang 1914 ausgeschieden und der Gesellschafter R. C. im Jahre 1916 im Kriege gefallen war, setzte sich J. St. mit den Erben des R. C. durch einen notariell beurkundeten Vertrag vom 9. September 1916 derart auseinander, daß J. St. das von der Gesellschaft betriebene Handelsgeschäft mit Aktiven und Passiven als Alleininhaber unter der bisherigen Firma übernahm und fortführte.

J. St. errichtete im Jahre 1924 auf dem im Grundbuch auf seinen Namen eingetragenen Grundstück VIII 344 in N. ein Gebäude. Dabei wurde zum Teil auf das Grundstück VIII 1051/1 hinübergebaut, das im Grundbuch auf den Namen der Firma J. St. & Co. eingetragen war.

Das Grundstück VIII 344 ist im Grundbuch als „bebauter Hofraum", das Grundstück VIII 1051/1 als „Acker und Weide, überbaut von Gebäude Nr. 344" bezeichnet.

Auf dem Grundstück VIII 344 wurden am 14. Mai 1926 zu Gunsten der Klägerin folgende Hypotheken in Abt. III eingetragen: unter Nr. 4 eine Darlehnshypothek von 10000 GM., unter Nr. 5 eine Sicherungshypothek zum Höchstbetrage von 6500 GM.

Für die Beklagte wurde auf dem Grundstück VIII 344 in Abt. III unter Nr. 8 am 21. November 1929 eine Sicherungshypothek zum Höchstbetrage von 60000 RM. eingetragen. Diese Hypothek ist als Gesamthypothek auf weiteren Grundstücken eingetragen, namentlich auch auf dem Grundstück VIII 1051/1, und zwar ebenfalls am 21. November 1929 unter Nr. 8 der Abt. III des Grundbuchs.

Mit der Klage hat die Klägerin beantragt:

1. festzustellen, daß das Gebäude Nr. 344 der Gemarkung N., auch soweit es auf der Parzelle Nr. 1051/1 daselbst erstellt ist, als Bestandteil des Hausgrundstücks Nr. 344 zu gelten habe,

2. die Beklagte zu verurteilen, anzuerkennen, daß das ganze Gebäude Nr. 344, also auch insoweit es auf Parzelle Nr. 1051/1 steht, in erster Linie für die beiden Hypothekenguthaben der Klägerin als Pfand mitverhaftet sei,
3. demgemäß einzuwilligen, daß auf Antrag der Klägerin das ganze Gebäude Nr. 344 zum Zwecke der Befriedigung der Klägerin für ihre vorerwähnten beiden Guthaben im Wege der Zwangsvollstreckung versteigert und der Erlös des ganzen Hausgrundstückes in erster Linie zur Befriedigung der vorerwähnten Hypothekenguthaben der Klägerin verwendet werde.

Die Klägerin macht geltend, es handle sich bei dem Gebäude Nr. 344, soweit es auf die Parzelle 1051/1 durch J. St., der damals schon alleiniger Inhaber der Firma gewesen sei, hinübergebaut sei, um einen Überbau im Sinne des § 912 BGB., sodaß der übergebaute Teil des einheitlichen Gebäudes lediglich zu der Hausparzelle 344 gehöre, auf der sich auch der Haupteingang in das Gebäude befinde.

Die Beklagte bestreitet, daß im vorliegenden Falle der § 912 BGB. Anwendung finde, weil J. St. ein ihm gleichfalls gehöriges Grundstück überbaut habe. Insoweit als das Gebäude auf der Parzelle 1051/1 stehe, sei es wesentlicher Bestandteil dieser Parzelle. Auf dieser stehe auch der größere Teil des Gebäudes; das Haus habe übrigens nicht nur einen Eingang von der Parzelle 344 aus, sondern auch von der Parzelle 1051/1.

Das Landgericht wies die Klage ab. Auf die Berufung der Klägerin, mit der diese den Klagantrag wiederholte, änderte das Oberlandesgericht das landgerichtliche Urteil dahin ab:

Es wird festgestellt, daß das Gebäude Nr. 344 von N., auch soweit es auf der Parzelle Nr. 1051/1 errichtet ist, wesentlicher Bestandteil des Hausgrundstücks VIII 344 ist und daß die zu Gunsten der Klägerin eingetragenen Hypotheken — 10000 GM. und Sicherungshypothek bis zum Höchstbetrage von 6500 GM. — das Hausgrundstück VIII 344 auch insoweit, als dieses auf der Parzelle 1051/1 steht, belasten, und zwar mit dem Vorrang vor der Hypothek der Beklagten.

Die Revision der Beklagten führte zur Wiederherstellung des ersten Urteils.

Gründe:

Das Grundstück VIII 1051/1 ist dem Grundstück VIII 344 nicht als Bestandteil zugeschrieben. Demnach können sich die allein auf dem letzteren Grundstück für die Klägerin eingetragenen Hypotheken nicht auf das Grundstück VIII 1051/1 erstrecken (§ 890 Abs. 2, § 1131 BGB.). Es kann sich nur fragen, ob die Hypotheken das auf VIII 344 errichtete Gebäude auch insoweit mitergreifen, als dieses auf VIII 1051/1 hinüberreicht. Ein solcher Rechtszustand wäre nur dann möglich, wenn das Gebäude, soweit die Grenze der Parzelle VIII 344 überschritten ist, nicht wesentlicher Bestandteil des Grundstücks VIII 1051/1 wäre. Denn wesentliche Bestandteile können nicht Gegenstand besonderer Rechte sein (§ 93 BGB.). Nun ist aber ein mit dem Grund und Boden fest verbundenes Gebäude regelmäßig wesentlicher Bestandteil des Grundstücks (§ 94 das.). Ausnahmen sieht das Gesetz nur im § 95 vor; eine derartige Ausnahme ist jedoch hier nicht gegeben. Wie das Oberlandesgericht zutreffend annimmt, war J. St. zu der Zeit, als er das Gebäude auf VIII 344 aufführte und hierbei auf VIII 1051/1 hinüberbaute, Alleineigentümer des letztgenannten Grundstücks. Demnach hat er dieses nicht in Ausübung eines Rechts an einem fremden Grundstück bebaut, sondern auf Grund seines Alleineigentums. Nun wird zwar die Ausnahmevorschrift des § 95 BGB. auch dann entsprechend angewandt, wenn im Falle des Überbaues gemäß § 912 das. eine Duldungspflicht des Nachbarn besteht (vgl. RGRKomm. Anm. 3 zu § 94 BGB. und Anm. 10 zu § 912 das.). Das Reichsgericht hat jedoch in ständiger Rechtsprechung die Anwendbarkeit des § 912 BGB. verneint, wenn der Eigentümer beim Bauen die Grenze eines anderen ihm gehörigen Grundstücks überschritten hat (RGZ. Bd. 65 S. 361, Bd. 130 S. 264; WarnRspr. 1910 Nr. 335). Von dieser Rechtsprechung abzugehen, bieten die Gründe des Berufungsgerichts und die Ausführungen der von ihm angezogenen Schriftsteller keinen hinreichenden Anlaß. Der § 912 BGB. setzt, wie sein klarer Wortlaut ergibt, ein Nachbarverhältnis voraus. Zudem kann von einer Duldungspflicht begrifflich nur gesprochen werden, wenn der Berechtigte und der zur Duldung Verpflichtete verschiedene Personen sind. Wirtschaftliche Erwägungen und Billigkeitsgründe können aber nicht dazu führen, die sinngemäße Anwendung der Ausnahmevorschrift des § 95 BGB. auf die Ausnahmevorschrift des § 912 das. noch weiter auf einen Tatbestand auszudehnen, der von der letztgenannten Bestimmung nicht umfaßt wird. Hiernach ist der Teil des Gebäudes, der auf der Parzelle VIII 1051/1 steht, gemäß § 94 BGB. wesentlicher Bestandteil dieses Grundstücks und kann daher nach § 93 das. nicht Gegenstand einer besonderen Belastung sein. Darauf, ob J. St. und die Klägerin den Willen hatten, das Gebäude in seiner Gesamtheit mit den für die Klägerin eingetragenen Hypotheken zu belasten, kommt es nicht an, da die §§ 93, 94 BGB. zwingenden Rechts sind. Wenn zur Zeit der Eintragung der Hypotheken das Grundstück VIII 1051/1 als „überbaut von dem Gebäude Nr. 344" im Grundbuch beschrieben war, so handelt es sich hierbei um eine rein tatsächliche Kennzeichnung des Grundstücks, die das Grundbuchamt von Amts wegen auf Grund der Fortschreibungsverhandlungen des Katasteramts eingetragen hatte, jedoch nicht um die Eintragung eines Überbaurechts im Sinne des § 912 BGB., die ja auch unzulässig gewesen wäre. Eine Unrichtigkeit des Grundbuchs und ein gutgläubiger Erwerb der Klägerin kommen daher nicht in Frage. Ebensowenig kann aus diesem Grundbuchvermerk geschlossen werden, daß bei der Bestellung der Hypothek der Beklagten sich die Einigung auf das Gebäude, soweit es auf VIII 1051/1 steht, nicht erstreckt habe; dies um so weniger, als jene Hypothek als Gesamthypothek auch auf VIII 344 eingetragen ist. Ein vertragliches Verhältnis besteht unter den Parteien nicht. Die Beklagte kann daher auch nicht nach den Grundsätzen von Treu und Glauben für verpflichtet erachtet werden, im Falle der Zwangsversteigerung mit ihrem Rechte zu Gunsten der Klägerin zurückzutreten.

Der Klagantrag ist somit in vollem Umfange unbegründet. Hiernach war das Urteil des Landgerichts zu bestätigen.

---

8. Muß derjenige Ehegatte, welcher dem Ehebruch des anderen Teils zugestimmt haben soll, das Fehlen seiner Zustimmung beweisen?

BGB. § 1565 Abs. 2.

VII. Zivilsenat. Urt. v. 21. Juni 1932 i. S. Ehefrau R. (Kl.) w. Ehemann R. (Bekl.). VII 18/32.

I. Landgericht Dessau.
II. Oberlandesgericht Naumburg.

Aus den Gründen:

Die Revision rügt in erster Reihe, daß die Beweislast vom Berufungsrichter verkannt sei; hinsichtlich der Frage, ob der Beklagte dem Ehebruch oder der unsittlichen Handlung der Klägerin zugestimmt habe oder nicht, sei der Beklagte beweispflichtig.

Mit diesem Angriff kann die Revision nicht durchdringen. Allerdings hat der IX. Zivilsenat des Reichsgerichts in seinem Urteil vom 17. Dezember 1930 IX 313/30 (abgedr. JW. 1932 S. 1345 Nr. 2) den Grundsatz ausgesprochen, der Ehegatte, der dem Ehebruch des anderen Teils zugestimmt haben solle, müsse das Fehlen seiner Zustimmung nachweisen. Aber der IX. Senat hat bereits selbst diese Ansicht wieder aufgegeben, als er am 4. Juni 1932 den das Armenrecht für die Revisionsinstanz versagenden Beschluß in der Ehesache W. IX A. 319/32 faßte. Das ist damals aktenkundig gemacht worden. Die hier ausgesprochene Rechtsauffassung ist auch richtig. Der Ehegatte, der die Zustimmung des anderen Teils zu seinem Ehebruch behauptet, leugnet damit nicht sein Verschulden. Auch der vom anderen Ehegatten gestattete Ehebruch ist, wie der IV. Zivilsenat des Reichsgerichts im Urteil vom 2. Juni 1910 IV 372/09 (WarnRspr. 1910 Nr. 283) zutreffend ausführt, nach allgemeinen sittlichen Anschauungen und so auch vom Standpunkte des Rechts eine der gröblichsten Verletzungen der durch die Ehe begründeten Pflichten. Das Gesetz entzieht nur dem Ehegatten, der sich mit dem Ehebruch einverstanden erklärt, durch eine positive Vorschrift das Recht, wegen dieser Eheverfehlung die Scheidung zu verlangen, weil er durch seine Zustimmung die Handlung des anderen Teils sich zu eigen macht. Bei der Behauptung der Zustimmung handelt es sich also um eine wahre Einrede, und für diese ist derjenige beweispflichtig, der sie vorbringt. In dieser Richtung kann auch nichts anderes gelten, wenn es sich — wie hier — um einen verziehenen oder verjährten Ehebruch handelt, der nur gemäß § 1573 BGB. zur Unterstützung einer auf andere Tatsachen gegründeten Scheidungsklage geltend gemacht wird. Wenn auf einen solchen verziehenen Ehebruch zurückgegriffen wird, so ändert das nichts an der Beweislast. Auch der verziehene Ehebruch bleibt Ehebruch; der Eheteil, der ihn begangen hat, muß seine Eigenschaft als Scheidungsgrund auch dann beseitigen, wenn der andere Teil das Scheidungsverlangen nicht auf § 1565 BGB. gründet, sondern den Ehebruch nach § 1573 BGB. nur zur Unterstützung einer auf andere Tatsachen gegründeten Scheidungsklage geltend macht.

Ob die Beweislastfrage ebenso zu beantworten ist, wenn es sich um die Zustimmung zu einem ehewidrigen Verhalten nach § 1568 BGB. handelt, braucht hier nicht entschieden zu werden. Denn die Klägerin hat nicht behauptet, daß der Beklagte ihrem ehewidrigen Verhalten Anfang März 1923 zugestimmt habe, und der Berufungsrichter hat wegen dieses Verhaltens auch nur ausgesprochen, der Beklagte würde es dann nicht als ehewidrig empfunden haben, wenn er dem Ehebruch zugestimmt hätte. . .

---

9. Welche Wirkung hat die Einrede der Unzulänglichkeit des übernommenen Vermögens im Falle des § 419 BGB.?

BGB. §§ 419, 1975, 1990 flg. ZPO. § 786.

VI. Zivilsenat. Urt. v. 20. Juni 1932 i. S. Witwe N. (Kl.) w. Stadtgemeinde B. (Bekl.). VI 67/32.

I. Landgericht Hamburg.
II. Oberlandesgericht daselbst.

Für die Klägerin und einen anderen Gläubiger war im Grundbuch eines in C. gelegenen Grundstücks eine Restkaufgeldhypothek von 150400 M. eingetragen, die aus einem mit dem Gärtnereibesitzer Sch. im Jahre 1921 geschlossenen Kaufvertrag herrührte. Am 2. Juli 1927 wurde die Aufwertungssumme für diese Hypothek mit 472,40 RM. eingetragen. Durch einen zwischen Sch. und den beiden Gläubigern am 18. August 1926 geschlossenen Vergleich wurde die persönliche Forderung auf 2000 RM. festgesetzt. Am 25. Juli 1927 verkaufte Sch. das Grundstück an die verklagte Stadtgemeinde für einen Preis von 32000 RM.

Im Rechtsstreit verlangt die Klägerin Feststellung, daß die Beklagte Schuldnerin der der erwähnten Hypothek zugrundeliegenden persönlichen Forderung sei. Das Landgericht entsprach dem Klagantrage. Das Berufungsgericht traf die von der Klägerin verlangte

Feststellung nur wegen der eingetragenen Aufwertungshypothek von 472,40 RM. und wies im übrigen die Klage ab.

Auf die Revision der Klägerin wurde dieses Urteil insoweit, als die Klage abgewiesen war, durch Urteil des erkennenden Senats vom 29. Januar 1931 VI 299/30 aufgehoben. In diesem Umfange wurde die Sache an das Berufungsgericht zur anderweiten Verhandlung und Entscheidung zurückverwiesen. In der neuen Verhandlung machte die Beklagte hilfsweise die Beschränkung ihrer Haftung gemäß § 419 Abs. 2 BGB. geltend. Die Klägerin stellte den Hilfsantrag, die Beklagte zu verurteilen, die Zwangsvollstreckung in das Grundstück wegen der persönlichen Forderung der Klägerin zu dulden. Das Berufungsgericht erkannte erneut zu Ungunsten der Klägerin, soweit es noch mit dem Rechtsstreit befaßt war, und zwar auch in bezug auf den Hilfsantrag. Auf die Revision der Klägerin wurde das Berufungsurteil in der Hauptsache insoweit aufgehoben, als die Klagabweisung den Klagegrund des § 419 BGB. betrifft, und die Sache in diesem Umfang zurückverwiesen.

Aus den Gründen:

Das Oberlandesgericht weist die Klage aus § 419 BGB. in seinem jetzigen Urteil im wesentlichen mit folgender, von der Auffassung des früheren Berufungsurteils völlig abweichenden Begründung ab. Auch wenn man annehme, daß die Beklagte gemäß § 419 BGB. persönliche Schuldnerin der Klägerin geworden sei, so sei die Klage doch unbegründet, weil es der Klägerin an jedem Feststellungs- und Rechtsschutzinteresse fehle. Sie könne jetzt nicht besser gestellt werden, als wenn ihr das Grundstück zur Zeit des Abschlusses des Kaufvertrags zu Zwecken der Zwangsvollstreckung zur Verfügung gestellt worden wäre. Dann hätte sie aber wegen ihrer die dingliche Sicherung übersteigenden Forderung keine Befriedigung erlangt. Denn das Grundstück sei mit 31102,40 GM. Hypotheken belastet gewesen, die dem Klaganspruch vorgegangen seien. Der Sachverständige L. sei der Ansicht, daß es im Jahre 1927 keinen Verkaufswert von 32000 GM. gehabt habe. Weder bei freihändigem Verkauf noch bei einer Zwangsversteigerung hätte das Grundstück mehr als die Belastung gebracht. Auch die Beklagte habe bei dem Kaufpreis von 32000 RM. nur die Belastung übernommen, da nach der Kenntnis des Berufungsgerichts die überschießenden 897,60 RM. für die Kosten hätten aufgewendet werden müssen. Die Beklagte könne daher die Erschöpfungseinrede erheben und brauche eine Zwangsvollstreckung in das Grundstück solange nicht zu dulden, als nicht die der Klageforderung vorgehenden dinglichen Rechte gedeckt seien. Dabei könne es keinen Unterschied machen, ob diese Rechte noch beständen oder ob sie von der Beklagten abgelöst worden seien.

Diese Ausführungen des Berufungsgerichts können die Entscheidung nicht tragen. Übernimmt jemand durch Vertrag das Vermögen eines anderen, so können dessen Gläubiger gemäß § 419 Abs. 1 BGB. ihre zu dieser Zeit bestehenden Ansprüche auch gegen den Übernehmer geltend machen. Die Haftung des Übernehmers beschränkt sich nach Abs. 2 das. auf den Bestand des übernommenen Vermögens und die ihm aus dem Vertrage zustehenden Ansprüche. Beruft er sich auf die Beschränkung seiner Haftung, so finden die für die Haftung des Erben geltenden Vorschriften der §§ 1990, 1991 BGB. entsprechende Anwendung. Das übernommene Vermögen einer Person hat im Sinne des § 419 BGB. zum Gegenstand die Gesamtheit der ihr zustehenden Rechte; die Schulden des das Vermögen Übertragenden stehen seinen Rechten als Belastung gegenüber, sodaß sie als Bestandteil des Vermögens selbst nicht angesehen werden können. Es kommt aber auch für die Ermittlung des Aktivvermögens nicht die Gegenleistung des Übernehmers in Betracht; denn diese liegt außerhalb des Rahmens der Übertragung des Vermögens selbst; sie bildet ein neues Vermögen, gehört aber nicht zum übertragenen Vermögen. Das alles ist seit der Entscheidung des Reichsgerichts in RGZ. Bd. 69 S. 283 feststehende Rechtsprechung (RGRKomm. Anm. 2 zu § 419 BGB.; RGZ. Bd. 82 S. 277; RGUrt. vom 16. Dezember 1913 VII 385/13). Die Ausführungen des Berufungsgerichts gehen also zunächst insofern fehl, als sie die Kosten heranziehen, welche die Beklagte aus Anlaß des von ihr mit Sch. geschlossenen Kaufvertrags hat aufwenden müssen. Sodann ergibt die entsprechende Anwendung der §§ 1990, 1991 BGB. folgendes: Nach § 1975 das. beschränkt sich die Haftung des Erben für die Nachlaßverbindlichkeiten auf den Nachlaß, wenn eine Nachlaßverwaltung angeordnet oder der Nachlaßkonkurs eröffnet ist. Sind nun solche Maßnahmen wegen Mangels an Masse nicht tunlich oder werden sie aus diesem Grunde aufgehoben, so kann der Erbe nach § 1990 BGB. die Befriedigung eines Nachlaßgläubigers insoweit verweigern, als der Nachlaß nicht ausreicht. Der Erbe ist dann aber verpflichtet, den Nachlaß zum Zwecke der Befriedigung des Gläubigers im Wege der Zwangsvollstreckung herauszugeben. Der Beschränkung der Haftung des Erben entspricht die beschränkte Haftung des Übernehmers eines Vermögens nach § 419 BGB. Darin, daß der Schuldner die Haftung auf die von dem Sondervermögen noch vorhandenen Gegenstände bei der vom Gläubiger betriebenen Zwangsvollstreckung beschränken kann, liegt das Wesen der auf ein bestimmtes Sondervermögen sich beschränkenden Haftung (vgl. Planck Anm. b zu § 1990 BGB.). Demzufolge kann der Übernehmer eines Vermögens bei der Zwangsvollstreckung den Gläubiger auf die Bestandteile des übernommenen Vermögens verweisen. Will er darüber hinaus die Befriedigung des Gläubigers mit der Begründung verweigern, daß das übernommene Vermögen nicht ausreiche, so muß er dieses Vermögen zum Zwecke der Befriedigung des Gläubigers im Wege der Zwangsvollstreckung herausgeben. Diese Herausgabe bedeutet das Geschehenlassen der Zwangsvollstreckung in die zum Sondervermögen gehörenden Gegenstände (vgl. Staudinger Anm. II B 1 zu §§ 1990 bis 1992 BGB.; Planck Anm. 6 zu § 1973 BGB.; Riesenfeld Erbenhaftung Bd. 2 S. 236). Die Vorschrift, daß die Befriedigung des Gläubigers im Wege der Zwangsvollstreckung zu erfolgen habe, ist offenbar im Interesse der Gläubiger erlassen worden (vgl. Riesenfeld a. a. O. S. 233). Würde der Schuldner das Sondervermögen dem einen Gläubiger, der gerade eine Forderung geltend macht, herausgeben, so wäre nicht festzustellen, ob nicht dieser Gläubiger zum Nachteile der später hervortretenden bevorzugt wurde; durch die Zwangsvollstreckung, also die Versteigerung wird eine sachgemäße Befriedigung gesichert. Es bedarf dazu nicht immer einer Klage, wie Riesenfeld a. a. O. ausführt; der Schuldner kann sich zur Vermeidung von Kosten der sofortigen Zwangsvollstreckung gemäß § 794 Nr. 5 ZPO. unterwerfen (vgl. Kretzschmar in Seuff. Bl. f. Rechtsanwendung 1909 S. 197).

Für die Regelung des Verfahrens im Falle der beschränkten Haftung ist folgendes zu bemerken: Auf die nach § 419 BGB. eintretende beschränkte Haftung findet gemäß § 786 ZPO. die Vorschrift des § 780 Abs. 1 ZPO. entsprechende Anwendung. Danach kann der als Erbe des Schuldners verurteilte Beklagte die Beschränkung seiner Haftung nur geltend machen, wenn sie ihm im Urteil vorbehalten ist. Das Gericht kann sich also darauf beschränken, im Urteil den Vorbehalt der beschränkten Haftung auszusprechen. Für die Rechtsstellung des Erben ist aber anerkannt, daß das Prozeßgericht im Rechtsstreit über den sachlichrechtlichen Anspruch auch die Frage entscheiden kann, ob der Erbe beschränkt oder unbeschränkt hafte (RGZ. Bd. 77 S. 245 u. a.). Darüber hinaus wird für den Fall der nach § 1990 BGB. erhobenen Einrede der Unzulänglichkeit des Nachlasses angenommen, daß der Erbe auch die Unzulänglichkeit schon im Rechtsstreit dartun und damit die Abweisung der Klage erreichen kann; er müsse dann beweisen, welche Gegenstände im Nachlaß verblieben seien und welche noch für die Zwangsvollstreckung in Betracht kämen; ergebe sich daraus die Unzulänglichkeit des Nachlasses, so sei die Klage abzuweisen (Planck Anm. 2b zu § 1991 BGB.). In der Erläuterung von Staudinger Anm. II B 1 zu §§ 1990/1992 wird die Frage so gefaßt: der Erbe könne dartun, daß überhaupt vom Nachlaß nichts mehr vorhanden sei oder daß er nur zur Duldung der Vollstreckung in gewisse Gegenstände verurteilt werden könne, welche den Nachlaß bildeten und zur Zeit der Klagezustellung noch vorhanden gewesen seien; je nachdem sei die Klage abzuweisen oder der Erbe nur unter Beschränkung der Vollstreckung auf bestimmte Gegenstände zu verurteilen, ersteres natürlich nur bei sofortigem Nachweis der Erschöpfung des Nachlasses. In der Rechtsprechung des Reichsgerichts ist, soweit ersichtlich, die Frage, wie sich die Wirkung der Einrede der Unzulänglichkeit des Vermögens im Falle des § 419 BGB. gestalte, noch nicht grundsätzlich behandelt worden. In RGZ. Bd. 69 S. 292 ist ausgeführt, das Berufungsgericht sei nicht gehindert, schon in dem Urteil — über den Anspruch selbst — über das Vorhandensein der materiellen Voraussetzungen der Beschränkung zu entscheiden; in dem damals der Beurteilung unterliegenden Falle war die Beschränkung der Haftung vorbehalten worden.

Die Frage, ob die Einrede der Unzulänglichkeit des Vermögens zur Abweisung der Klage führen kann, hängt von der Art der Bestandteile des vorhandenen Vermögens ab. In den Vordergrund ist die Vorschrift des Gesetzes zu stellen, daß der Schuldner zur Herausgabe des Vermögens zum Zwecke der Befriedigung des Gläubigers im Wege der Zwangsvollstreckung verpflichtet ist, wenn er die Befriedigung deshalb verweigert, weil das Vermögen dazu nicht ausreiche. Die Zwangsvollstreckung hat, wie dargelegt, den Zweck der

Sicherung sachdienlicher Befriedigung des Gläubigers; auf diesem Wege wird eine einwandfreie Grundlage dafür geschaffen, welcher Bestand des Vermögens der Befriedigung eines Gläubigers zugrundezulegen ist. Die vom Gesetz angeordnete Herausgabepflicht kann nicht etwa allgemein dadurch beseitigt werden, daß der Wert des einzelnen Gegenstandes ermittelt und die Pflicht zur Erstattung des Wertes an die Stelle der Herausgabepflicht gesetzt wird. Daß eine solche Maßnahme grundsätzlich für § 1990 BGB. der Absicht des Gesetzgebers widerspricht, ergibt deutlich die Vorschrift des auf § 419 das. nach seinem klaren Wortlaut nicht anwendbaren § 1992, wonach dem Erben nur für die dort bezeichneten Ansprüche aus Vermächtnissen und Auflagen die Befugnis gegeben wird, die Herausgabe der noch vorhandenen Nachlaßgegenstände durch Zahlung des Wertes abzuwenden; diese Vorschrift entspricht der Regelung in § 1973 Abs. 2 BGB. — Befriedigung eines im Aufgebotsverfahren ausgeschlossenen Nachlaßgläubigers —, ist aber auf den für die Vermögensübernahme nach § 419 in Betracht kommenden § 1990 nicht anwendbar (vgl. auch Staudinger Anm. IIB 2 a. a. O.; Riesenfeld a. a. O. S. 235). Dagegen wird es unbedenklich sein, die Zwangsvollstreckung in ein zum Sondervermögen gehörendes Vermögensstück dann auszuschließen, wenn ein Gegenstand, der früher dazu gehörte, vor der Geltendmachung des Anspruchs aus § 419 in Geld umgesetzt worden ist. So lag der Fall, den das Reichsgericht in RGZ. Bd. 82 S. 273 zu beurteilen hatte; dort wurde (S. 276, 277) besonders betont, die Parteien seien darüber einig, daß das übernommene Vermögen nicht mehr in Natur vorhanden, sondern daß der Erlös in Geld an seine Stelle getreten sei. Standen sich Geldforderungen gegenüber, welche von den Parteien geltend gemacht wurden, so konnte allerdings von einem unpraktischen Ergebnis gesprochen werden, zu dem das Festhalten an der Form der Zwangsvollstreckung führen würde. Dann kann zweifelsfrei festgestellt werden, daß der Anspruch selbst weggefallen ist. Es mag auch sein, daß man für geringwertige Gegenstände im Einzelfalle zu demselben Ergebnis gelangen kann. Aber so liegt der gegebene Fall nicht. Es handelt sich um ein wertvolles Grundstück. Das Berufungsgericht will den Klaganspruch im vollen Umfange dadurch zu Falle bringen, daß es die Ansicht eines Sachverständigen anführt, das Grundstück habe im Jahre 1927 keinen Verkaufswert von 32000 RM. gehabt; daß dieser Betrag ziffernmäßig über den Betrag der dinglichen Belastung hinausgeht und das Berufungsgericht dazu die Kosten des Vertrages hinzurechnet, ist bereits dargelegt. Die Bedenklichkeit der Stellungnahme des Vorderrichters ergibt sich wegen des hier in Frage stehenden Grundstücks noch besonders daraus, daß in dem von der Beklagten mit Sch. geschlossenen Kaufvertrage vom 25. Juli 1927 als mitübernommen auch eine Sicherungshypothek aufgeführt ist. Darüber, ob und in welchem Umfange die dieser Sicherungshypothek zugrundeliegende Forderung begründet ist, brauchte die Klägerin im vorliegenden Verfahren keine Erklärungen abzugeben. Sie konnte insoweit das Ergebnis des Zwangsversteigerungsverfahrens abwarten. In einem Falle solcher Art ist daran festzuhalten, daß durch die Einrede aus § 419 Abs. 2 BGB. nur die Verwirklichung des bestehenbleibenden Anspruchs diesem Schuldner gegenüber eingeschränkt wird (vgl. Staffel im Sächs. Archiv f. bürgerl. Recht 1900 S. 676). Die Annahme des Berufungsgerichts, daß ein Rechtsschutz- oder Feststellungsinteresse der Klägerin nicht vorhanden sei, ist hiernach unbegründet. Die angefochtene Entscheidung kann daher nicht aufrechterhalten werden, soweit § 419 BGB. die Grundlage des Anspruchs bildet.

Für die künftige Verhandlung sei noch folgendes hervorgehoben: Das Berufungsgericht führt ganz allgemein aus, daß die Beklagte berechtigt gewesen sei, die der jetzigen Klageforderung vorgehenden dinglichen Rechte abzulösen. Geschützt sind aber durch § 419 BGB. nur diejenigen Gläubiger, deren Ansprüche zur Zeit des Abschlusses des Übernahmevertrages bereits bestanden (vgl. RGZ. Bd. 69 S. 421). Es wird daher insoweit zu prüfen sein, ob und welche Ansprüche auf die Beklagte übergegangen sind. Daß sich der Übernehmer mit der dargelegten Beschränkung auch aus eigenen Forderungen befriedigen darf, ist nicht zu bezweifeln, da das Gesetz eine konkursmäßige Befriedigung der Gläubiger nicht vorgeschrieben hat. Eine solche Befriedigung hat nach § 1991 Abs. 4 BGB. nur wegen der Ansprüche aus Pflichtteilsrechten, Vermächtnissen und Auflagen zu erfolgen; eine entsprechende Anwendung dieser Vorschrift auf § 419 BGB. kommt nicht in Betracht (vgl. das angeführte RGUrt. vom 16. Dezember 1913 VII 385/13, das insoweit im „Recht" 1914 Nr. 471 abgedruckt ist)...

10. 1. Zur Rechtsstellung der Deutschen Reichspost auf Grund des Reichsmonopols am Fernsprechwesen.

2. Unterliegt die Deutsche Reichspost wettbewerbsrechtlichen Grundsätzen, wenn sie das ihr für Herstellung von Fernsprechanschlüssen zugegangene Anschriftenmaterial nach Verwendung hierfür einem Privatunternehmen zur Herstellung eines „Branchen-Fernsprechbuchs" gegen Entgelt überläßt, dieses Buch durch ihre Beamten vertreiben läßt, es amtlich empfiehlt und die Verwendung des Bildes des Reichsadlers auf dem Umschlag und dem Titelblatt des Buches gestattet?

RVerf. Art. 88. UnlWG. § 1.

II. Zivilsenat. Urt. v. 21. Juni 1932 i. S. Sch. Adreßbuch-GmbH. (Kl.) w. 1. Deutsche Reichspost, 2. Deutsche Reichs-Postreklame GmbH., 3. BTB (Branchen-Telephonbuch) GmbH. (Bekl.). II 471/31.

I. Landgericht I Berlin
II. Kammergericht daselbst.

Die Klägerin verlegt das seit 1896 jährlich neu erscheinende Berliner Adreßbuch. Dieses enthält auch ein „Branchenverzeichnis". Die Zweitbeklagte, deren Geschäftsanteile sich sämtlich im Besitz der Erstbeklagten befinden, und die Drittbeklagte geben gemeinsam auf Grund eines Vertrags vom 21. März 1927 das BTB. (Branchen-Telephon-Buch) heraus, das ein nach dem Alphabet aufgestelltes Verzeichnis der gewerblichen Fernsprechteilnehmer — nach Geschäftszweigen geordnet — sowie der Fernsprechteilnehmer der freien Berufe und in gewissem Umfange die Anschriften wichtiger Behörden enthält. Nach § 4 jenes Vertrags „erfolgt die Werbung der Eintragungen und Anzeigen, die Herstellung und der Verkauf des Branchen-Telephon-Buches" durch die Drittbeklagte, während ihr die Zweitbeklagte „die Unterlagen für die Veränderungen der Fernsprechnummern gegen Erstattung der Unkosten zur Verfügung zu stellen hat". Nach § 5 des Vertrags erhält die Zweitbeklagte im ersten Vertragsjahre 20000 RM., im zweiten 10% der Bruttoeinnahmen aus Eintragungen, Anzeigen, Buchverkauf und aus etwaigen sonstigen sich aus dem BTB. ergebenden Erlösen, im dritten Jahre 15%, im vierten Jahre 20%, im fünften Jahre 25% dieser Bruttoeinnahmen der Drittbeklagten. Der Vertrag ist auf fünf Jahre abgeschlossen, er soll sich aber stets um ein weiteres Jahr verlängern, wenn er nicht spätestens innerhalb eines Vierteljahres nach Erscheinen eines BTB. durch eine der Parteien gekündigt wird (§ 7 a. a. O.). In den ersten Jahren wurde das BTB. im allgemeinen gegen einen Preis von 6 RM., an darin Anzeigende für 3 RM. und an die Besteller großer Anzeigen kostenlos abgegeben. Im Gegensatz hierzu wurde die Ausgabe des BTB. für das Jahr 1931 zusammen mit dem „Amtlichen Fernsprechbuch" kostenlos an alle Berliner Fernsprechteilnehmer ausgegeben; es erschien in einer Auflage von 250000 Stück. Das gleiche sollte mit der Ausgabe für 1932, die in derselben Stärke erscheinen sollte, geschehen. Auf dem Umschlagdeckel und dem Titelblatt ist entsprechend einer Bestimmung in § 1 des Vertrags der amtliche Reichsadler abgedruckt. Weiter befindet sich der amtliche Reichsadler auf allen Bestellscheinen, Werbeschriften, Postkarten und Briefbogen der Drittbeklagten bei dem Hinweis auf das von ihr (zusammen mit der Zweitbeklagten) herausgegebene Branchen-Fernsprechbuch. Der Titel des Buches lautet: „BTB Branchen-Fernsprechbuch für Groß-Berlin, nach amtlichen Unterlagen bearbeitet. — Herausgeber und Verleger Deutsche Reichs-Postreklame GmbH. Berlin und BTB. Branchen-Telephonbuch GmbH. Berlin". Nach Ausstattung und Format, Spaltenzahl und Spaltenbreite ist das Buch dem Amtlichen Fernsprechbuch angenähert.

Die Erstbeklagte stellt der Zweit- und Drittbeklagten für das Branchen-Fernsprechbuch ihre amtlichen Unterlagen einschließlich aller Veränderungsanzeigen zur Verfügung und gestattet die Benutzung des Reichsadlers. Weiter gibt sie die Branchen-Fernsprechbücher zusammen mit dem Amtlichen Fernsprechbuch durch ihre Postanstalten an sämtliche Fernsprechteilnehmer aus, legt die ersteren auch in ihren Schalterräumen zur Ansicht aus und weist in der Benutzungsanweisung zum Amtlichen Fernsprechbuch auf S. IX und S. XXII besonders auf das BTB. hin. Sie läßt dieses dauernd durch amtliche Stellen für Groß-Berlin empfehlen.

Die Klägerin sieht in dieser Betätigung der Erstbeklagten zur Förderung des Wettbewerbs der Drittbeklagten einen schweren Mißbrauch ihrer behördlichen Autorität und Machtfülle, wodurch sie gegen § 1 UnlWG. verstoße. Die Klägerin macht insbesondere geltend, die kostenlose Verbreitung des BTB. sei für das übrige Adreßbuchgewerbe vernichtend; sie sei nur durch amtliche Förderung möglich, denn es bestehe ein erheblicher Fehlbetrag, den die Drittbeklagte nur durch Anlehnung an das Kapital der Zweitbeklagten, in Wahrheit also mit stärkster finanzieller Unterstützung der öffentlichen Hand (d. i. der Erstbeklagten) habe auf sich nehmen können. Die Klägerin behauptet endlich, die Erstbeklagte lasse das BTB., soweit es nicht an den Postschaltern abgeholt werde, unter dem amtlichen Gebührensatz von 0,40 RM. den Fernsprechteilnehmern zustellen.

Die Klägerin hat mit der Klage, die nach der ausdrücklichen Erklärung der Parteien nur das Berliner Adreßbuch betrifft, beantragt:

1. der Erstbeklagten zu untersagen:
   a) der Zweit- und Drittbeklagten amtliches Material für den Inhalt des von ihnen herausgegebenen Branchen-Fernsprechbuches zur Verfügung zu stellen;
   b) durch öffentliche Beamte den Vertrieb dieses Buches zu bewirken oder zu unterstützen;
   c) sich an der Werbung für das Branchen-Fernsprechbuch in amtlich herausgegebenen Nachschlagewerken oder sonstwie zu beteiligen;
   d) einem Unternehmen des Privatrechts das Recht zu überlassen, auf einem von ihm in den Verkehr gebrachten Branchen-Fernsprechbuch den deutschen Reichsadler anzubringen.
2. Der Drittbeklagten zu untersagen:
   a) den deutschen Reichsadler auf dem von ihr in den Verkehr gebrachten BTB. sowie auf Druckschriften, die für das BTB. werben, anzubringen;
   b) ihr Branchen-Fernsprechbuch nach Ausstattung (Farbe), Format, Spaltenzahl und Spaltenbreite dem Amtlichen Fernsprechbuch anzunähern, wie das bei dem BTB. 1931 der Fall ist;
   c) das BTB. kostenlos oder zu einem Preise abzugeben, dessen geringe Höhe nur dadurch erklärbar ist, daß die Erstbeklagte die unter 1a bis 1b verfolgten Handlungen vornimmt.
3. Die gesamtschuldnerische Verpflichtung aller drei Beklagten zum Schadensersatz festzustellen.

Das Landgericht gab den Klaganträgen zu 1a bis 1d und zu 2a statt, wies aber im übrigen die Klage ab. Gegen das Urteil wurde von beiden Seiten Berufung eingelegt. Das Kammergericht wies unter Zurückweisung der Berufung der Klägerin die Klage in vollem Umfang ab. Die Revision der Klägerin hatte keinen Erfolg.

Gründe:

Der Rechtsweg ist, wie beide Vorinstanzen zutreffend angenommen haben, auch für die Klage gegen die Erstbeklagte gegeben, was diese auch niemals bezweifelt hat. Die Ansprüche gegen sie sind auf Unterlassung und Schadensersatz gerichtet. Sie stützen sich auf Verletzung des § 1 UnlWG. wegen angeblichen Mißbrauchs behördlicher Machtbefugnisse durch die Reichspost bei ihrer privatwirtschaftlichen Betätigung zwecks einseitiger Förderung eines einzelnen Privatunternehmers (der Drittbeklagten) auf Kosten der übrigen Gewerbetreibenden auf gleichem oder verwandtem Gebiet. Die Klägerin ist eine von diesen. Ihre Sachbefugnis gründet sich daher auf § 13 Abs. 1 UnlWG. Nach der Begründung der Klage hat das beanstandete Verhalten der Erstbeklagten mit der Ausübung eines Hoheitsrechts nichts zu tun. Auswüchse der Betätigung der öffentlichen Hand im Wirtschaftsleben, vor allem durch Einsetzung der öffentlichen Machtmittel zur Förderung des eigenen oder fremden Wettbewerbs würden gegen § 1 UnlWG. verstoßen.

Ein solcher Verstoß liegt aber hier nicht vor. Es handelt sich überhaupt nicht um eine wettbewerbsmäßige Betätigung der Reichspost. Der Grundgedanke der Klage, daß letztere durch Überlassung des amtlichen Materials an die Drittbeklagte zur Herstellung und Herausgabe eines Branchen-Telephonbuchs (BTB.) durch diese ein fremdes Unternehmen fördere, ist schon verfehlt. In Wirklichkeit fördert die Reichspost gar kein fremdes Unternehmen, sondern nur ihr eigenes. Das ist ihr Recht. Denn nach Art. 88 RVerf. ist das Fernsprechwesen ausschließlich Sache des Reiches. Behufs Ausnutzung dieses Monopols zum Besten der Allgemeinheit ist die Reichspost zur Verwertung des ihr auf Grund dieses ausschließlichen Rechts auf dem Gebiete des Fernsprechwesens ständig zufließenden Materials berechtigt und verpflichtet. Kraft ihres Monopols steht ihr das Recht zu, darüber zu entscheiden, in welcher Weise das im Interesse der Allgemeinheit am günstigsten zu geschehen hat. Ihr Monopol schließt jeden Anspruch privater Unternehmer solcher Werke auf Aushändigung des amtlichen Materials an sie — entgegen der von der Klägerin auch in der Revisionsinstanz vertretenen Ansicht — ohne weiteres aus. Wenn es die Reichspost für das Gesamtwohl für wünschenswert hält, nicht nur das allgemeine Fernsprechbuch, sondern auch die Branchen-Fernsprechbücher allein auf Grund des in ihrem eigenen Betriebe erwachsenen amtlichen Materials bearbeiten zu lassen, so will sie, daß ein Wettbewerb mit diesen Büchern überhaupt nicht mehr stattfindet. Denn Werke von Privatunternehmern müssen, im Vergleich zu dem nach amtlichen Unterlagen bearbeiteten BTB., falls sie auf Grund eigenen Materials geschaffen würden, an der Ungenauigkeit ihres Inhalts und an den Kosten ihrer Herstellung, falls sie sich aber auf dem mit dem amtlichen Material der Reichspost geschaffenen BTB. aufbauen würden, an dem zu späten Zeitpunkt ihres Erscheinens (nämlich lange nach dem BTB.) scheitern. In ihrem auf Ausschließung des Wettbewerbs privater Unternehmer gerichteten Bestreben wird die Reichspost auch durch die Erwägungen geleitet, die in § 14 Abs. 1 der Ausführungs-Bestimmungen zur Fernsprechordnung ihren Niederschlag dahin gefunden haben, daß die Herausgabe von Fernsprechteilnehmer-Verzeichnissen durch Private und deren Benutzung durch die Fernsprechteilnehmer vom Standpunkt des Fernsprechbetriebs aus unerwünscht sei, weil sie Unrichtigkeiten enthielten, und daß daher jede amtliche Förderung derartiger Unternehmungen zu unterbleiben habe. Daher hat die Reichspost, zugleich um der hiernach aus der Herausgabe von Teilnehmer-Verzeichnissen durch Private sich ergebenden Verwirrung im Verkehr zu begegnen, nunmehr auch die Herausgabe der nach Geschäftszweigen geordneten Fernsprechbücher selbst in die Hand genommen (im vorliegenden Rechtsstreit kommt es nur auf das Berliner BTB. an). Unerheblich ist, daß sie sich dabei der Hilfe der Drittbeklagten bedient, und die Art und Weise, wie sie dies tut (Einschaltung der von ihr beherrschten Zweitbeklagten, welche die Drittbeklagte durch den Vertrag vom 21. März 1927 binden mußte). Im Rechtsstreit hat die Erstbeklagte dieses Vorgehen dadurch zu erklären gesucht, daß sie auf die Interessen der als unabhängiges Unternehmen schon eine Zeitlang vorhanden gewesenen Drittbeklagten Rücksicht genommen habe. Auch wenn man in dieser Beziehung Zweifel hegen und den wahren Grund in den Vorzügen finden würde, welche die privatrechtliche Organisation vor dem Behördenapparat bietet, so bleibt das Ergebnis dasselbe. Hätte doch auch die kapitalistische Beteiligung der Erstbeklagten an einer Aktiengesellschaft oder an einer Gesellschaft mit beschränkter Haftung (Form der gemischtwirtschaftlichen Unternehmung) zur Herstellung und zum Vertriebe des Branchen-Fernsprechbuchs benutzt werden können. Die Überlassung des amtlichen Materials an die Drittbeklagte, wie sie hier auf Grund des

Vertrags von seiten der Reichspost durch die wirtschaftlich mit ihr wesensgleiche Zweitbeklagte geschehen ist und geschieht, entspricht auch der Pflicht der Reichspost, das ihr zustehende ausschließliche Recht am Fernsprechwesen in einer für die Allgemeinheit vorteilhaften Weise auszunutzen. Das ist der Fall. Denn einmal steht ihr seit dem Beginn des fünften Vertragsjahres als unmittelbares Entgelt für die Überlassung der nicht unbedeutende Anspruch auf Zahlung von 25% des Bruttogewinns aus der Herausgabe des BTB., d. h. aus den der Drittbeklagten für dieses erteilten umfangreichen Anzeigenaufträgen zu. Außerdem aber hat die Reichspost durch den Vertrag vom 21. März 1927 mittelbar insofern erheblichen Vorteil, als sie wegen der Einrichtung des BTB. unzweifelhaft auch ihren Fernsprechbetrieb durch Gewinnung weiterer gewerblicher Teilnehmer für einen Anschluß an ihr Fernsprechnetz fördert, da von einem solchen Anschluß ja die Aufnahme in das BTB. abhängt.

Soll aber, wie ausgeführt, ein Wettbewerb mit den Branchen-Fernsprechbüchern, welche die Reichspost allein auf Grund des in ihrem eigenen Betriebe erwachsenen amtlichen Materials hat bearbeiten lassen, überhaupt nicht mehr stattfinden, so ist die natürliche Folge, daß die bisherigen privaten „Branchenverzeichnisse" vom Markte verschwinden und daß auch die „Branchenabteilung" der Adreßbücher der Klägerin wegfällt. Diese Folge ist beabsichtigt und darf nach Lage der Gesetzgebung von der Reichspost herbeigeführt werden. Hier die Einhaltung von Wettbewerbsvorschriften zu verlangen, hätte keinen Sinn.

Aus den vorstehenden Darlegungen ergibt sich, daß ein — weder von der Klägerin noch vom Berufungsurteil richtig erkannter — grundlegender Unterschied zwischen dem vorliegenden Falle und dem vom erkennenden Senat in RGZ. Bd. 116 S. 29 behandelten besteht. Dieser Unterschied hängt nicht sowohl mit dem Umstande zusammen, daß dort die öffentliche Hand zur Förderung ihres wirtschaftlichen Unternehmens Beamte eingreifen ließ, als vielmehr mit der verschiedenen Natur der in Rede stehenden Tätigkeiten. Während die dort in Frage kommende Feuerversicherung auch von Privatunternehmern betrieben werden kann, ist das Fernsprechwesen, wie dargelegt, gemäß Art. 88 RVerf. ausschließlich Sache des Reiches. Gründet der Staat eine Landesfeuerversicherungsanstalt, so tritt er mit zahlreichen Gesellschaften in Wettbewerb. Da ist es nur recht und billig und daher seine Pflicht, daß er die Regeln des lauteren Wettbewerbs beobachtet und den Vorsprung, den er durch seine Machtmittel ohnehin schon hat, nicht zu einem unter privaten Wettbewerbern als unanständig geltenden Kundenfang mißbraucht. Wenn dagegen die Reichspost im Interesse der Allgemeinheit für erwünscht hält, neben dem allgemeinen Fernsprechbuch auch „Branchen-Fernsprechbücher" auf Grund ihres amtlichen Materials durch ein Privatunternehmen herstellen zu lassen, so soll ein Wettbewerb mit diesen Büchern, wie schon hervorgehoben, überhaupt nicht mehr stattfinden.

Hiernach scheidet die Berücksichtigung wettbewerbsrechtlicher Gesichtspunkte im vorliegenden Fall aus. Die Erstbeklagte bedient sich der Zweitbeklagten und der Drittbeklagten, von denen die erstere mit ihr wirtschaftlich wesensgleich ist, nur als Hilfe für die Herstellung des Werkes. Deshalb ist die Sachlage rechtlich nicht anders zu beurteilen, als wenn die Reichspost das Werk — so wie sie es bei den amtlichen Fernsprechverzeichnissen tut — unter ihrer amtlichen Bezeichnung selbst herausgeben würde. Daß sie hierzu berechtigt wäre, ergibt sich nach den vorstehenden Darlegungen aus Art. 88 RVerf. und § 14 Abs. 1 AusfBest. zur FernsprO. Danach würde übrigens eine Verurteilung nach den Klaganträgen für die Klägerin praktisch ohne jede Bedeutung sein. Denn die Erstbeklagte würde, wie sie schon angekündigt hat, dann einfach nach außen hin als Herausgeberin und Verlegerin des „Branchen-Fernsprechbuchs" auftreten und sich der Angestellten der beiden Mitbeklagten nur im inneren Geschäftsbetriebe bedienen.

Demgegenüber hat die Klägerin in der Revisionsinstanz noch geltend gemacht, daß die Reichspost, wenn sie auch an sich zur Herausgabe und zum Vertriebe eines amtlichen „Branchen-Fernsprechbuches" berechtigt sein sollte, deshalb doch nicht befugt sei zur Herausgabe und zum Vertrieb eines solchen in der Aufmachung des vorliegenden von 1931 mit seinen Reklamen (in verschiedener Größe des Druckes und des Raumes) einer großen Zahl von Gewerbetreibenden je nach dem Umfang ihrer Anzeigenaufträge. Die Klägerin behauptet, derartige Reklamen seien der Reichspost durch Vorschriften des inneren Dienstes verboten. Auch dieser Angriff der Revision konnte keinen Erfolg haben. Zunächst handelt es sich um ein — übrigens von der Beklagten bestrittenes — neues tatsächliches Vorbringen in der Revisionsinstanz, das nach dem Gesetz keine Berücksichtigung finden konnte. Im übrigen entspricht die Behauptung aber auch nicht den

Tatsachen, wie ein Blick in den Abschnitt „Branchen-Fernsprechbuch für den Oberpostdirektionsbezirk Leipzig" des Fernsprechteilnehmer-Verzeichnisses dieses Bezirks ergibt. Jener Abschnitt und das „Amtliche Fernsprechbuch" sind hier in einem Einband mit einander vereinigt; der bezeichnete Abschnitt ist von der Zweitbeklagten, das übrige von der Erstbeklagten herausgegeben. Sowohl das „Amtliche Fernsprechbuch", wie auch das „Branchen-Fernsprechbuch" enthalten reichliche Reklamen, und zwar das erstere vor Beginn und auf den meisten Seiten oberhalb und unterhalb der jeweiligen Namensverzeichnisse, das letzere aber im Text bei einer großen Zahl von gewerblichen Unternehmen. Für die Veranstaltung von Reklame in ihren Diensträumen, Anlagen, auf ihren Fahrzeugen, Druckschriften und sonstigen Einrichtungen hat die Reichspost ja gerade die an zweiter Stelle verklagte Gesellschaft mbH. geschaffen, die für sie die gesamten Reklame-Angelegenheiten besorgt, deren sämtliche Geschäftsanteile sie besitzt, und die daher nur das Werkzeug ist, mittels dessen sie auf dem Gebiete ihres Reklamewesens handelt, die aber anderseits eine privatrechtliche Gesellschaft des Handelsrechts ist.

Da nach den vorstehenden Ausführungen die Reichspost zur „Überlassung" des amtlichen Materials an die Drittbeklagte behufs Herstellung des BTB. berechtigt ist, so ist nicht nur der erste, sich unmittelbar gegen die Zulässigkeit dieser „Überlassung" wendende Klaganspruch unbegründet. Das gleiche gilt auch von allen übrigen Anträgen, die in rechtlicher Beziehung nur einheitlich mit dem ersten Klaganspruch beurteilt werden können und von der Klägerin nur in Verbindung mit der von ihr vertretenen Unzulässigkeit des durch den ersten Klaganspruch beanstandeten Verhaltens der Erstbeklagten gemeint sein können.

---

11. 1. Muß der Patentanmelder, um die Wirkung des Ausstellungsschutzes zu erlangen, bereits im Erteilungsverfahren eine entsprechende Ausstellungspriorität beanspruchen?

2. Gilt der Ausstellungsschutz für Erfindungen auch dann, wenn nicht der spätere Anmelder, sondern sein Lizenznehmer oder der Zweiterwerber der Lizenz die Erfindung ausstellt?

PatG. § 2. Gesetz betr. den Schutz von Erfindungen, Mustern und Warenzeichen auf Ausstellungen vom 18. März 1904 (RGBl. S. 141).

I. Zivilsenat. Urt. v. 24. Juni 1932 i. S. P. GmbH. (Bekl.) w. S. GmbH. (Kl.). I 213/31.

I. Reichspatentamt.

Die Klägerin forderte Vernichtung des am 22. September 1925 vom Erfinder G. angemeldeten Patents Nr. 464469, weil die ihm zugrundeliegende Erfindung im Inland offenkundig vorbenutzt worden sei. Die offenkundige Vorbenutzung sollte u. a. darin liegen, daß die Erfindung auf der Leipziger Herbstmesse vom 30. August bis zum 9. September 1925 durch eine Firma F. & V. öffentlich vorgeführt worden sei. Die Beklagte als Rechtsnachfolgerin des Anmelders berief sich darauf, daß diesem der zeitweilige Schutz, den das Gesetz über den Schutz von Erfindungen usw. auf Ausstellungen vom 18. März 1904 dem Anmelder gewährleiste, auch dann zugute kommen müsse, wenn — wie im vorliegenden Falle — die Schaustellung von einem Lizenznehmer vorgenommen worden sei. Das Reichspatentamt vernichtete das Patent. Die Berufung der Beklagten führte zur Abweisung der Nichtigkeitsklage.

Aus den Gründen:

Die angefochtene Entscheidung sieht für erwiesen an, daß auf der Leipziger Herbstmesse 1925 die Firma F. & V. Vorrichtungen öffentlich vorgeführt hat, die in ihrer grundsätzlichen Einrichtung dem Anspruch 1 des Streitpatents entsprachen und die Ausführungsform der Ansprüche 3 und 4 aufwiesen. Darüber besteht auch Einvernehmen unter den Parteien. Wenn also diese Vorführung nicht nach dem Gesetz vom 18. März 1904 als neuheitsschädlich ausscheidet, so ist der Gegenstand der Erfindung insoweit auf der erwähnten Messe offenkundig vorbenutzt worden.

(Nach Erörterung einer behaupteten anderweitigen Vorbenutzung heißt es weiter:) Der angefochtenen Entscheidung ist in der von der Klägerin auch noch im zweiten Rechtszuge bekämpften Rechtsauffassung beizustimmen, daß man, um die Wirkung der Vorschriften des erwähnten Gesetzes zu erreichen, nicht genötigt ist, eine entsprechende Priorität im Erteilungsverfahren zu beanspruchen, sondern daß diese Priorität auch noch nach Erteilung beansprucht werden kann. Darüber kann nach der Fassung des Gesetzes im Gegensatz zu den Bestimmungen der Pariser Übereinkunft Artikel 4 zu d kein Zweifel obwalten.

Es handelt sich sodann um die Frage, ob die Beklagte als die Rechtsnachfolgerin des Anmelders G. die Schaustellung auf der Leipziger Messe durch die Firma F. & V. als offenkundige Vorbenutzung gegen sich gelten lassen muß oder ob sie für diese Schaustellung die Vorteile in Anspruch nehmen kann, die das erwähnte Gesetz unter gewissen Voraussetzungen durch die Beseitigung der Wirkungen einer offenkundigen Vorbenutzung gewährt.

Nach der Aussage der im ersten Rechtszuge vernommenen Zeugen lag die Sache so, daß der Erfinder G., der die Erfindung auch innerhalb der in jenem Gesetz vorgeschriebenen sechs Monate seit Schaustellung zum Patent angemeldet hat, an die Firma F. & V. vor der Schaustellung das Alleinvertriebsrecht übertragen hatte und daß danach die Schaustellung auf der Messe im Rahmen dieser Vereinbarung der Lizenzinhaberin, die Erwirkung des Patentrechts dagegen dem Erfinder zufiel. Hieran hat die im zweiten Rechtszuge vorgenommene Beweisaufnahme nichts geändert... (Wird ausgeführt.)

In der angefochtenen Entscheidung ist die Anwendbarkeit des Gesetzes vom 18. März 1904 verneint worden, weil die Beweisaufnahme nicht ergeben habe, daß die ausstellende Firma das ihr durch die Schaustellung erwachsene Prioritätsrecht auf den späteren Anmelder übertragen und dadurch die Schaustellung für die Anmeldung unschädlich gemacht habe. Dieser Auffassung kann nicht zugestimmt werden. Sie gründet sich auf den Wortlaut des Gesetzes, wonach die vorgesehenen Wirkungen der Schaustellung dem Aussteller und dessen Rechtsnachfolger bei Anmeldung binnen bestimmter Frist zukommen. Sie legt jedoch der Wortfassung zu großes Gewicht bei und wird dem im Gesetz verfolgten Rechtsgedanken nicht gerecht. Das Gesetz hat, wie seine Begründung ergibt (PMZBl. 1904 S. 182), die Sicherstellung des Erfinders gegen die mit der Bekanntgabe der Erfindung auf Ausstellungen verbundenen rechtlichen Nachteile im Auge; die Schaustellung soll der Erlangung des Schutzes nicht entgegenstehen. Berücksichtigt ist, wenn dies auch in der Begründung nicht zu besonderem Ausdruck gelangt, ersichtlich der Gedanke, daß die Schaustellung einer Erfindung auf Ausstellungen dazu mitwirkt, den in ihr offenbarten Fortschritt für die Technik dienlich zu machen. Damit dieser Vorteil nicht durch die Besorgnis vor den Rechtsfolgen einer mit der Schaustellung verbundenen offenkundigen Vorbenutzung beseitigt werde, schafft das Gesetz die Regelung, daß der Schaustellung die Wirkung der Neuheitsschädlichkeit genommen wird. Es ist kein ausreichender Grund erkennbar, warum diese Rechtswohltat nicht auch dem Erfinder zuteil werden sollte, der bereits durch vertragliche Abmachungen Schritte getan hat zur Verwertung seiner Erfindung in einer Weise, wie sie häufigem wirtschaftlichen Geschehensablauf entspricht, indem er das Recht zur Benutzung der Erfindung ganz oder teilweise einem Dritten überträgt, während ihm als dem besonders Sach- und Fachkundigen die Erwirkung des Patents überlassen bleibt. Wird die Schaustellung in solchem Falle vom Lizenznehmer bewirkt, so handelt der Erfinder mittelbar als Aussteller. Es ist daher billig, daß ihm die Rechtsvorteile des Gesetzes von 1904 zukommen. Die abweichende Auffassung führte zu einer Folge, die von jenem Gesetze nach dem von ihm verfolgten Rechtsgedanken nicht gewollt und daher abzulehnen ist, nämlich dazu, daß dem späteren Anmelder die Schaustellung seiner eigenen Erfindung, die im Rahmen der Verwertung der Erfindung stattfindet, als neuheitsschädlich entgegengehalten werden könnte. Von den in Frage kommenden Wirtschaftskreisen, die — wie die Beweisaufnahme zeigt — über die Bedeutung der Ausstellungspriorität häufig nicht unterrichtet sein werden, zur Sicherung gegen Nachteile den Abschluß eines besonderen Übereinkommens über die Übertragung der Priorität zu verlangen, wie es die angefochtene Entscheidung möchte, heißt dem Rechtsverkehr unnötige formale Fesseln auferlegen. Nichts anderes kann gelten, wenn — wie im vorliegenden Falle — der erste Erwerber einer Vertriebslizenz diese weiterüberträgt und der zweite Erwerber die Schaustellung vornimmt. War das Recht zur Patenterwirkung beim Erfinder verblieben, so kann der in Verfolgung dieses Rechts eingereichten Anmeldung die von einem Lizenzerwerber veranstaltete Schaustellung nicht entgegengehalten werden. Ob die Lizenznehmer geglaubt haben, daß es sich um eine bereits angemeldete Erfindung handelt — wie nach den Zeugenaussagen in Frage kommen könnte — ist dabei ohne Bedeutung.

Danach kann die Schaustellung auf der Leipziger Messe der Beklagten in dem Umfang, wie sie geschah, nicht als neuheitsschädlich entgegengehalten werden. Ebenso wirkt nach gesetzlicher Bestimmung in solchem Falle eine anderweitige spätere Benutzung oder Veröffentlichung nicht mehr als neuheitsschädlich...

---

12. Wie ist die Vollmacht zur Stellung des Antrags auf Eintragung der Abtretung einer Grundschuld — Briefgrundschuld oder Buchgrundschuld — zu verstempeln?

Preuß. Stempelsteuergesetz vom 27. Oktober 1924 Tarifstellen 1, 19.

VII. Zivilsenat. Urt. v. 24. Juni 1932 i. S. E. K. AG. (Kl.) w. Preuß. Staat (Bekl.). VII 90/32.

I. Landgericht I Berlin.

Im Grundbuch von Berlin-Schöneberg waren auf dem Miteigentumsanteil der Terraingesellschaft M. GmbH. in Abteilung III unter Nr. 20 und Nr. 21 zwei Darlehnshypotheken von 24000 RM. und 10000 RM. für die Witwe B. eingetragen. Über die Post von 24000 RM. war kein Hypothekenbrief gebildet worden. Die Terraingesellschaft M. zahlte beide Posten an die Gläubigerin zurück und erhielt von ihr eine löschungsfähige Quittung vom 31. Oktober 1928. Mit Urkunde vom 30. September 1931 trat die Gesellschaft die beiden auf sie als Eigentümergrundschulden übergegangenen Posten nebst Zinsen vom 30. September 1931 unter Umwandlung in Fremdgrundschulden an die Klägerin ab. Für letztere beantragte der Rechtsanwalt R. in Berlin am 6. Oktober 1931 Eintragung der Umwandlung und der Abtretung beider Posten im Grundbuche unter Überreichung der Löschungsquittung, der Abtretungsurkunde, des Hypothekenbriefs über die Post Nr. 21 von 10000 RM. sowie einer von der Klägerin am 2. Oktober 1931 auf ihn ausgestellten Vollmacht folgenden Wortlauts:

> Wir bevollmächtigen hierdurch Herrn Rechtsanwalt R., bei dem Grundbuchamt Berlin-Schöneberg die Umschreibung der in der Abteilung III unter Nr. 20 und 21 eingetragenen Belastungen auf uns zu beantragen und uns auch in etwaigen weiteren Instanzen zu vertreten.

Für diese Vollmachtsurkunde wurde ein preußischer Landesstempel von 34 RM. zu den Gerichtskosten erhoben. Die Klägerin verlangt Rückzahlung von 32,50 RM. nebst Zinsen, indem sie die Auffassung vertritt, der Wert des Gegenstandes der Vollmacht sei nicht schätzbar, es sei deshalb nur ein Feststempel von 1,50 RM. zu entrichten.

Das Landgericht wies die Klage ab. Die von der Klägerin unmittelbar eingelegte Revision blieb erfolglos.

Gründe:

Nach Tarifst. 19 Abs. 1 StStG. in der Fassung der Bekanntmachung vom 27. Oktober 1924 und des Änderungsgesetzes vom 26. Juli 1926 sind Vollmachten zur Vornahme von Geschäften rechtlicher Natur für den Vollmachtgeber einem Steuersatz von $^{1}/_{10}$ v. H. des Wertes des Gegenstandes, höchstens von 1000 RM. unterworfen. Nach Abs. 3 das. ist ein Feststempel von 1,50 RM. zu erheben, wenn der Wert des Gegenstandes der Vollmacht nicht schätzbar ist.

Die Revision meint, das angefochtene Urteil beruhe auf Verletzung dieser Vorschriften; denn die Vollmacht habe den Bevollmächtigten nicht zu einer Verfügung über die Rechte berechtigt. Der Umschreibungsantrag stelle im Gegenteil keine Verfügung dar. Die Revision glaubt, sich hierfür auf RGZ. Bd. 122 S. 145, Bd. 128 S. 235 berufen zu können, wo der erkennende Senat dargelegt hat, daß es für die Wertsberechnung einer Vollmacht darauf ankomme, welche Berechtigungen und welche Möglichkeiten des rechtlichen Handelns sie dem Bevollmächtigten verleihe. Den Ausführungen der Revision ist nicht zu folgen.

Der Eintragungsantrag, der auf Grund der Vollmacht vom 2. Oktober 1931 beim Grundbuchamt gestellt worden ist, war allerdings keine Verfügung im materiellen Sinne. Der § 13 GBO., welcher vorschreibt, daß eine Eintragung regelmäßig nur auf Antrag erfolgen soll, ist eine Ordnungsvorschrift. Auch wenn der Antrag nicht vorliegt, ist die Eintragung gültig, sofern sie nur sonst der wirklichen Rechtslage entspricht. Der Antrag ist auch keine Eintragungsvoraussetzung im Sinne des § 29 GBO. und bedarf deshalb nach § 30 das. der öffentlichen Beurkundung oder der öffentlichen Beglaubigung nur dann, wenn durch ihn zugleich eine zu der Eintragung erforderliche Erklärung ersetzt werden soll. Der Tatbestand, der den Erfolg des Rechtsüberganges einer Grundschuld infolge Abtretung bewirkt, ist bei der Briefgrundschuld und der Buchgrundschuld verschieden (§§ 1192, 1154 BGB.). Bei der Briefgrundschuld ist hierzu Erteilung der Abtretungserklärung in schriftlicher Form und Übergabe des Briefes erforderlich, wobei die schriftliche Form der Abtretungserklärung dadurch ersetzt werden kann, daß die Abtretung im Grundbuch eingetragen wird. Bei der Buchgrundschuld finden auf die Abtretung die Vorschriften der §§ 873, 878 BGB. Anwendung, d. h. zum Eintritt der Rechtsänderung ist außer der Einigung die Eintragung im Grundbuch erforderlich. Während also bei der Briefgrundschuld der Eintragungsantrag regelmäßig nur der Berichtigung des Grundbuchs dient, führt bei der Buchgrundschuld erst die durch den Antrag veranlaßte und herbeigeführte Eintragung zur materiellen Rechtsänderung. Es liegt auf der Hand, daß deshalb im zuletzt genannten Falle dem Eintragungsantrag erhöhte Bedeutung beizulegen ist. Das darf aber nicht dazu führen, diesem Umstand einen Einfluß auf die Bemessung des Stempels einzuräumen, der für eine Vollmacht zur Stellung des Umschreibungsantrags zu verwenden ist. In Tarifst. 1 Abs. 4flg. StStG. ist bestimmt, daß unter den dort genannten Umständen der Antrag auf Eintragung der Abtretung einer Grundschuld mit $^1/_{10}$ v. H. des Betrages der Grundschuld zu versteuern ist. Dabei unterscheidet das Gesetz — wie auch sonst in Tarifst. 1 — nicht zwischen Briefhypotheken und Briefgrundschulden einerseits und Buchhypotheken und Buchgrundschulden anderseits. Eine Unterscheidung dieser Art ist daher auch bei der Frage nach der Verstempelung der Vollmacht zu solchen Umschreibungsanträgen abzulehnen.

Bei der Vollmacht bestimmt Tarifst. 19 Abs. 1 StStG., daß der Wert des Gegenstandes, soweit er schätzbar ist, für ihre Verstempelung Maß gibt. Grundsätzlich ist Gegenstand der Vollmacht das Recht, auf das sich die Vollmacht bezieht. Ist dieses schätzbar, so ist auch der Wert des Gegenstandes der Vollmacht im Sinne des Stempelrechts schätzbar. Da hier die Umschreibung das ganze Recht ergriff, so ist die Vollmacht grundsätzlich nach dem Betrage der beiden Grundschulden zu verstempeln (Tarifst. 1 Abs. 4). Etwas Gegenteiliges ergibt sich nicht aus der von der Revision angezogenen Rechtsprechung des Senats. Dort ist nicht gesagt, daß der Bevollmächtigte in der Lage sein müsse, Rechte für den Vollmachtgeber zu begründen oder aufzugeben. Nach der Stellungnahme des Senats genügt es jedenfalls, daß die Handlungen des Bevollmächtigten auf das Recht einwirken, wenn auch nur mittelbar durch Herbeiführung einer Rechtsänderung, wie bei der Buchgrundschuld, oder durch Herbeiführung einer Grundbuchberichtigung, wie bei der Briefgrundschuld.

13. Wie ist über die Kosten zu entscheiden, wenn der Konkursverwalter einen Aussonderungsanspruch nach der Aufnahme des Rechtsstreits sofort anerkennt? Wann ist sein Anerkenntnis kein „sofortiges" mehr?

KO. § 11. ZPO. § 93.

VI. Zivilsenat. Urt. v. 27. Juni 1932 i. S. Witwe L. (Kl.) w. W. als Verwalter im Konkurs über das Vermögen des K. (Bekl.). VI 129/32.

I. Landgericht Halle.
II. Oberlandesgericht Naumburg.

Der Ehemann der Klägerin hatte im Jahre 1920 drei Grundstücke in Halle an den Fabrikbesitzer K. verkauft und übereignet. Mit der Behauptung, daß ihr inzwischen verstorbener Ehemann geisteskrank gewesen sei, erhob die Klägerin als seine Vorerbin gegen K. Klage auf Berichtigung des Grundbuchs und auf Herausgabe der Grundstücke. Vom Landgericht abgewiesen, legte sie Berufung ein. Im Laufe der Berufungsinstanz wurde über das Vermögen des K. das Konkursverfahren eröffnet und der jetzige Beklagte zum Konkursverwalter bestellt. Die Klägerin nahm mit Schriftsatz vom 30. November 1931, der dem Beklagten am 14. Dezember 1931 zugestellt wurde, das unterbrochene Verfahren gegen ihn auf und lud ihn vor das Oberlandesgericht. Der Vorsitzende beraumte darauf Termin zur mündlichen Verhandlung „über die Aufnahme des Rechtsstreits" an. In einem vorbereitenden Schriftsatze vom 31. Dezember 1931 erklärte der Beklagte: er lehne die Aufnahme des Rechtsstreits ab; auch sei keineswegs klar, auf welche Bestimmungen der Konkursordnung die Klägerin ihr Aufnahmeverlangen stützen wolle. Im Termin vom 6. Januar 1932 erklärte er gleichfalls, daß er die Aufnahme des Rechtsstreits ablehne. Das Berufungsgericht entschied durch alsbald verkündetes Zwischenurteil, daß der Rechtsstreit durch die Klägerin aufgenommen sei, und stellte in den Gründen fest, daß sie ihn durch Zustellung ihres Schriftsatzes vom 30. November 1931 nach § 11 KO. und § 250 ZPO. ordnungsmäßig aufgenommen habe. Die Klägerin lud von neuem, und nunmehr erkannte im Termin vom 24. Februar 1932 der Beklagte den Anspruch der Klägerin unter Verwahrung gegen die Kostenlast an. Das Berufungsgericht verurteilte ihn gemäß seinem Anerkenntnis und legte die Kosten des Rechtsstreits dem Gemeinschuldner mit der Maßgabe auf, daß die Kostenforderung Konkursforderung sei.

Gegen diese Kostenentscheidung richtet sich die Revision der Klägerin, mit der sie, entsprechend ihrem im zweiten Rechtsgang gestellten Antrage, die Kosten der Konkursmasse als Masseschuld auferlegt haben will. Das Reichsgericht hat nach diesem Antrage erkannt.

Gründe:

Da der Gemeinschuldner K. durch sein Verhalten zur Erhebung der Klage Veranlassung gegeben hatte, so ist § 93 ZPO. nicht anwendbar und es kann sich, wie das Berufungsgericht im Einklang mit der herrschenden Auslegung des § 11 Abs. 2 KO. (Jaeger Anm. 15; Mentzel Anm. 4; Wolff Anm. 6) zutreffend angenommen hat, nur darum handeln, ob die Kosten des Rechtsstreits der Konkursmasse als Masseschuld aufzuerlegen sind oder ob sie eine gewöhnliche Konkursforderung bilden. Der Berufungsrichter hat das letztere angenommen, weil er in dem Anerkenntnisse des Konkursverwalters vom 24. Februar 1932 ein sofortiges Anerkenntnis im Sinne des § 11 Abs. 2 KO. gefunden hat. Mit Recht wird das von der Revision beanstandet.

Es kann dahingestellt bleiben, ob schon das von der Klägerin in der Vorinstanz geltend gemachte außergerichtliche Verhalten des Beklagten, nämlich das Unterlassen der Beantwortung eines Aufforderungsschreibens vom 16. November 1931, die Annahme eines sofortigen Anerkenntnisses ausschloß (vgl. Jaeger Anm. 14 zu § 11 KO.). Denn der Beklagte hatte seine anfänglich ablehnende Haltung in den Rechtsstreit hinein fortgesetzt. Die Klägerin hatte durch Zustellung des Schriftsatzes vom 30. November 1931 den Rechtsstreit ordnungsmäßig gegen ihn aufgenommen (§ 11 KO., § 250 ZPO.). Warum auf den Eingang des Schriftsatzes nicht alsbald Termin zur Verhandlung über die Hauptsache anberaumt worden ist, sondern zunächst nur zur Verhandlung über die Aufnahme des Rechtsstreits, ist nicht ersichtlich. Eines neuen Sachantrags bedurfte es — entgegen der Meinung des Revisionsbeklagten — zur Aufnahme des Rechtsstreits nicht; der Parteiwechsel auf der Seite des Beklagten ergab ohne weiteres die abgeänderte Fassung des Antrags, wie sie von der Klägerin später vorgenommen wurde.

War aber der Termin zur Verhandlung über die Aufnahme des Rechtsstreits bestimmt, so konnte das doch dem Beklagten keinen Anlaß geben, gegen die Fortsetzung des Rechtsstreits unbegründeten Widerspruch zu erheben. Das hat er aber getan. Seine Erklärung im Termin vom 6. Januar 1932, daß er die Aufnahme des Rechtsstreits ablehne, war in Verbindung mit seinem Schriftsatze vom 31. Dezember 1931 nur dahin zu verstehen, daß der Rechtsstreit nach seiner Ansicht nicht ordnungsmäßig aufgenommen worden sei. So ist die Erklärung auch vom Berufungsgericht verstanden worden, denn andernfalls wäre der Erlaß des Zwischenurteils unverständlich. Ob dem Beklagten zuzumuten gewesen wäre, daß er schon am 6. Januar 1932 den Anspruch anerkannte, mag dahinstehen, da dieser Termin nun einmal nicht zur Verhandlung über die Hauptsache bestimmt war, wenn er auch im Einverständnis der Parteien zu einer solchen Verhandlung hätte verwendet werden können. Aber keinesfalls konnte das Anerkenntnis des Beklagten noch als sofortiges gelten, nachdem er der Fortsetzung des Rechtsstreits widersprochen hatte und dieser Widerspruch durch Zwischenurteil als unbegründet hatte zurückgewiesen werden müssen. Es ist zwar für die Anwendbarkeit des § 93 ZPO. als unschädlich erachtet worden, wenn der Beklagte vor Abgabe seines Anerkenntnisses die Unzuständigkeit des Gerichts gerügt hatte und der Rechtsstreit zunächst an das zuständige Gericht verwiesen worden war (vgl. Sydow-Busch Anm. 2 zu § 93 ZPO.). Ähnliches mag auch bei Erhebung anderer Prozeßrügen anzunehmen sein, wenn sie begründet sind. Hier hat aber der Beklagte eine unbegründete Prozeßrüge erhoben und dadurch ein Zwischenurteil veranlaßt. Erkannte er erst danach den Anspruch an, so läßt sich sein Anerkenntnis nicht mehr als sofortiges bezeichnen.

Die Kostenentscheidung des Berufungsgerichts mußte daher aufgehoben und gemäß § 565 Abs. 3 Nr. 1 ZPO. durch die richtige ersetzt werden.

---

14. 1. Sind Beitrittserklärungen zu einer Genossenschaft mit unbeschränkter Nachschußpflicht wirksam, die einen dem § 127 GenG. entsprechenden ausdrücklichen Hinweis nicht enthalten?

2. Kann ein solcher Mangel der Form der Beitrittserklärungen durch Eintragung der Beitrittslustigen in die gerichtliche Liste der

Genossen oder durch deren jahrelange Betätigung als Genossen geheilt werden?

3. Über die Rechtslage im Falle solcher nichtigen Beitrittserklärungen.

GenG. §§ 120, 127.

II. Zivilsenat. Urt. v. 28. Juni 1932 i. S. Bank für Landwirtschaft und Gewerbe, eingetr. Gen. m. u. N. in Liqu. (Bekl.) w. Sch. u. Gen. (Kl.). II 443/31.

I. Landgericht Rostock.
II. Oberlandesgericht daselbst.

Die Beklagte ist im Jahre 1913 als eingetragene Genossenschaft mit unbeschränkter Haftpflicht unter der Firma „Landwirtschaftliche Spar- und Darlehnskasse R., e. G. m. u. H." gegründet und demgemäß im Genossenschaftsregister eingetragen worden. Im Jahre 1923 ist sie in eine Genossenschaft mit beschränkter Haftpflicht umgewandelt worden. Im Frühjahr 1924 ist ihre Umwandlung in eine Genossenschaft mit unbeschränkter Nachschußpflicht erfolgt. Dabei ist der Geschäftsanteil der Genossen auf 100 GM. festgesetzt worden. In den Jahren 1925 bis 1929 ist der Geschäftsanteil wiederholt, zuletzt bis auf 2200 RM. erhöht worden, die sofort voll einzuzahlen waren. Im November 1929 ist die Auflösung der Genossenschaft beschlossen worden.

Am 4. April 1930 hat der Registerrichter an über 200 in der gerichtlichen Genossenliste der Beklagten eingetragene Genossen eine Verfügung erlassen, in der es heißt, daß die Eintragungen in die Liste der Genossen auf Grund vorgedruckter, unterschriftlich vollzogener Beitrittserklärungen geschehen seien, in welchen zwar die Eigenschaft der verklagten Genossenschaft als einer solchen mit unbeschränkter Nachschußpflicht hervorgehoben sei, jedoch der durch § 127 GenG. weiter vorgeschriebene ausdrückliche Vermerk fehle, daß die einzelnen Genossen mit ihrem ganzen Vermögen verpflichtet seien, der Genossenschaft die zur Befriedigung ihrer Gläubiger erforderlichen Nachschüsse dem Gesetz gemäß zu leisten; deshalb seien die auf solcher Grundlage vollzogenen Eintragungen in die Genossenliste unzulässig gewesen; es bestehe daher die Absicht, sie nach §§ 142, 147 FGG. von Amts wegen zu löschen; zur Erhebung eines etwaigen Widerspruchs werde eine Frist von zwei Monaten gegeben. Diese Verfügung ist auch den zwölf

Klägern zugestellt worden, deren Beitrittserklärungen an dem vom Registerrichter bezeichneten Mangel litten. Widerspruch gegen die in Aussicht gestellten Löschungen in der Liste der Genossen hat, wie es scheint, nur die Beklagte erhoben. Durch Beschluß vom 4. Juni 1930 hat aber der Registerrichter ihren Widerspruch als unbegründet zurückgewiesen. Die Löschungen in der Liste der Genossen sind demnächst erfolgt; so sind insbesondere auch die Eintragungen der Kläger gelöscht worden.

Die Kläger, die nach der Umwandlung der Beklagten in eine Genossenschaft mit unbeschränkter Nachschußpflicht ihre Beitrittserklärungen abgegeben haben, sind der Meinung, daß sie überhaupt nie Genossen der Beklagten gewesen seien; sie haben Rückerstattung der von ihnen in Erfüllung vermeintlicher Einzahlungspflichten auf Geschäftsanteil gemachten Zahlungen, Befreiung von der Haftung aus den von ihnen deswegen sicherungshalber eingegangenen Wechselakzeptverbindlichkeiten sowie Rückübertragung bestellter Grundschulden verlangt. Einzelne Kläger haben auch Feststellung begehrt, daß sie nicht Genossen der Beklagten gewesen seien, oder daß sie ihr auf Geschäftsanteil nichts schuldeten.

Das Landgericht hat den Feststellungsbegehren, den Anträgen auf Rückübertragung der Grundschulden sowie den Ansprüchen der in Betracht kommenden Kläger auf Befreiung von der Haftung aus den Wechselakzepten stattgegeben, im übrigen die Kläger abgewiesen. Das Oberlandesgericht hat die Berufung der Beklagten zurückgewiesen, jedoch auf die Berufungen oder Anschlußberufung der Kläger im wesentlichen auch ihren Zahlungsansprüchen gemäß erkannt. Die Revision der Beklagten hatte keinen Erfolg.

Aus den Gründen:

1. Die Revision bittet zunächst um Nachprüfung der Frage, ob der Mangel einer den Erfordernissen des § 127 GenG. genügenden Beitrittserklärung in der Tat zur Folge haben müsse, daß die Kläger weder Genossen der Beklagten geworden noch ihr gegenüber zur Abgabe einer formrichtigen Beitrittserklärung verpflichtet seien. Sie meint, gerade der vorliegende Fall sei geeignet, gegen die Richtigkeit der in RGZ. Bd. 97 S. 307 zur Auslegung des § 120 GenG. entwickelten Grundsätze Bedenken zu erwecken. Eine entsprechende Vorschrift sei in dem Gesetz von 1868 nicht enthalten gewesen; dieses sei,

obwohl es nur Genossenschaften mit unbeschränkter Haftpflicht gekannt habe, davon ausgegangen, daß jeder, der einer solchen Genossenschaft beigetreten sei, sich selbst über die möglichen gefährlichen Folgen habe unterrichten müssen. Der Gesetzgeber von 1889 habe durch die neuen Vorschriften der §§ 120, 127 GenG. eine Gewähr dafür schaffen wollen, daß der Beitretende vor dem Beitritt über die rechtliche Tragweite seines Schrittes möglichst aufgeklärt werde. Es sei aber keineswegs ausgeschlossen, daß dieser Aufklärungszweck auf andere Weise nicht ebensogut erreicht werden könne. Die Kläger hätten die Satzung der verklagten Genossenschaft erhalten; die Lebenswahrscheinlichkeit spreche dafür, daß sie diese auch durchgelesen und verstanden hätten; nötigenfalls hätte dieser Punkt gemäß § 139 ZPO. vom Vorderrichter aufgeklärt werden müssen. Die Kläger hätten selbst gar nicht behauptet, daß sie sich unter der unbeschränkten Nachschußpflicht, die auch in der von ihnen unterschriebenen Beitrittserklärung hervorgehoben sei, irrtümlicherweise etwas Unrichtiges vorgestellt hätten. Wären sie Mitgründer gewesen und hätten sie zum Zeichen ihres Einverständnisses die Satzung unterschrieben, so wären sie auch ohne weitere Belehrung und ohne die Sicherungsvorschrift des § 127 GenG. wirksam Genossen geworden.

Weder der sachlichrechtliche noch der Prozeßangriff der Revision schlägt durch.

In dem von ihr angeführten Urteil des erkennenden Senats RGZ. Bd. 97 S. 307 ist die Frage behandelt, wie es sich mit dem Erwerb der Mitgliedschaft verhält, wenn bei einer eingetragenen Genossenschaft mit unbeschränkter Haftpflicht eine der Vorschrift des § 120 GenG. genügende Beitrittserklärung fehlt, trotzdem aber die Eintragung in die gerichtliche Liste der Genossen erfolgt ist und die so Eingetragenen sich am genossenschaftlichen Leben beteiligt haben. Der Senat ist damals zu dem Ergebnis gelangt, daß die Beitrittslustigen nicht Genossen geworden seien, und daß hieran weder durch die Eintragung in die Liste noch durch die jahrelange Ausübung der genossenschaftlichen Rechte und die Erfüllung der genossenschaftlichen Pflichten etwas geändert werde. Dieses Urteil bezieht sich zwar auf eine Genossenschaft mit unbeschränkter Haftpflicht, während es sich hier um eine solche mit unbeschränkter Nachschußpflicht handelt. Es liegt aber auf der Hand, daß insoweit die Auslegung des § 127 GenG. keine andere sein kann als die des § 120. Das will auch die Revision nicht in Zweifel ziehen. Sie wendet sich deshalb gerade gegen die in RGZ. Bd. 97 S. 307 vertretene Rechtsauffassung. An ihr ist aber auch bei wiederholter Nachprüfung festzuhalten. Zunächst hat sie, soweit ersichtlich, im Schrifttum allseitige Billigung gefunden (s. z. B. Parisius-Crüger-Citron Genossenschaftsgesetz 12. Aufl. Anm. 2 zu § 120 und Verweisung bei § 127 GenG.; Nagel Genossenschaftsgesetz Anm. 1 zu § 120 und Anm. zu § 127; Rieß in Ehrenbergs Handb. des ges. Handelsrechts Bd. III 2 S. 90 und 91 oben; Werneburg in ZHR. 1930 S. 16flg.; auf demselben Rechtsboden standen früher schon Waldecker Die eingetragenen Genossenschaften S. 172 oben und S. 174 unter Ziff. 4b sowie Deumer Das Recht der eingetragenen Genossenschaften S. 134/135). Abgesehen davon liegt aber auch kein Grund vor, von der in RGZ. Bd. 97 entwickelten Rechtsauffassung abzuweichen. Dort ist zunächst im Anschluß an die bisherige Rechtsprechung ausgeführt, daß gemäß § 15 GenG. nach Anmeldung der Satzung zum Genossenschaftsregister der Erwerb der Mitgliedschaft einer von dem Beitretenden zu unterzeichnenden unbedingten Beitrittserklärung bedürfe, und daß die Beobachtung dieser Schriftform unerläßliche Voraussetzung für die Erlangung der Mitgliedschaft sei. Daran ist festzuhalten, zumal da man es trotz der inzwischen erfolgten mannigfachen Änderungen des Genossenschaftsgesetzes bei der Bestimmung des § 15 Abs. 1 das. belassen hat. Nach §§ 120, 127 GenG. müssen nun die Beitrittserklärungen den ausdrücklichen Hinweis enthalten, daß die einzelnen Genossen mit ihrem ganzen Vermögen für die Verbindlichkeiten der Genossenschaft in bestimmter Weise einzustehen haben. Diese Klausel ist vom Gesetz zwingend zum Bestandteil der Beitrittserklärung selbst gemacht worden und unterliegt ebenso dem Formzwang wie diese. Die amtliche Begründung zum Entwurf des Gesetzes von 1889 gibt als Grund für diese neue Bestimmung an, daß der Beitretende über die rechtliche Tragweite seines Schrittes tunlichst aufgeklärt werden solle, und hebt ausdrücklich hervor, daß ohne den Hinweis die Beitrittserklärung ungültig sei (Materialien zum Gesetz betr. die Erwerbs- und Wirtschaftsgenossenschaften vom 1. Mai 1889 S. 127). Es handelt sich also ganz offensichtlich um eine Formvorschrift zum Schutze gegen übereilte und unbedachte Beitrittserklärungen. Daß der Beitritt zu Genossenschaften mit unbeschränkter Haft- oder Nachschußpflicht die Übernahme einer erheblichen finanziellen Gefahr bedeutet und unter Umständen zum wirtschaftlichen Zusammenbruch auch der einzelnen Genossen führen kann, liegt auf der Hand. Sodann ist das Genossenschaftsgesetz gerade auf die Bedürfnisse der wirtschaftlich schwachen und vielfach auch geschäftsungewandten Bevölkerungskreise zugeschnitten, die sich häufig davon keine Vorstellung zu machen imstande sind, was es mit den rechtstechnischen Bezeichnungen „Genossenschaft mit beschränkter Haftpflicht“, „unbeschränkter Haftpflicht“ oder „unbeschränkter Nachschußpflicht“ eigentlich für eine Bewandtnis hat. Es ist deshalb sehr wohl verständlich, wenn der Gesetzgeber mit aus sozialpolitischen Gründen im Hinblick auf die minderbemittelten, einfachen und in solchen Dingen unerfahrenen Bevölkerungskreise eine besondere Schutzbestimmung für nötig erachtet und sie eben in der Einführung einer entsprechenden formellen Beitrittserklärung gefunden hat, mangels deren der Beitretende nicht Genosse wird und werden kann. Allerdings hätte die Aufklärung über die mit dem Beitritt zu Genossenschaften mit unbeschränkter Haftpflicht und mit unbeschränkter Nachschußpflicht verbundenen Gefahren auch auf anderem Wege erfolgen können. Eine solche Erwägung kann aber gegenüber einer Formvorschrift, wie sie hier gegeben ist, nicht durchschlagen. Mit ihrer gegenteiligen Auffassung verkennt die Revision eben den Charakter der Vorschriften der §§ 120, 127 GenG. als zwingender Formvorschriften. Gewiß hätte sodann das Gesetz so oder so eine spätere Heilung des Mangels zulassen können. Das ist aber gerade nicht geschehen, und dabei ist es auch bisher belassen worden. Mit Recht ist auch schon in RGZ. Bd. 97 S. 310 darauf hingewiesen, daß im Genossenschaftsgesetz eine dem § 189 Abs. 4 HGB. entsprechende Bestimmung fehlt, und daß die Eintragung in die Liste der Genossen einen Mangel der Beitrittserklärung, wie er hier vorliegt, nicht heilen kann. Davon abzugehen, liegt um so weniger Anlaß vor, als die berechtigten Belange der Genossenschaft in erster Reihe dadurch geschützt sind, daß der Vorstand kraft seiner Amtspflicht auf Beibringung formgerechter Beitrittserklärungen zu achten und sie daraufhin vor Weitergabe an das Registergericht pflichtmäßig nachzuprüfen hat. Ebenso liegt dem Registerrichter die Pflicht ob, sich von der Formrichtigkeit der Beitrittserklärungen zu überzeugen, ehe er die Einschreibung in die Liste verfügt. Wenn diese Kontrollstellen versagen, so folgt daraus noch keineswegs, daß etwa nun um deswillen die Anwendbarkeit der §§ 120, 127 GenG. zu Lasten der beteiligten

Genossen entfallen müßte. Ebensowenig handeln diese arglistig, wenn sie sich auf den Mangel ihrer Beitrittserklärung berufen, auf den sie hier unzweifelhaft erst durch die Verfügung des Registerrichters vom 4. April 1930 aufmerksam gemacht worden sind.

2. Mit Recht hat der Vorderrichter weiter angenommen, daß es auch an einem gültigen Vorvertrag auf Abgabe einer dem § 127 GenG. entsprechenden Beitrittserklärung fehlt. Insoweit kann gegenüber den Ausführungen der Revision auf RGZ. Bd. 97 S. 307 (319) Bezug genommen werden.

Schon aus dem bisher Ausgeführten ergibt sich, daß die Revision wegen des vom Kläger Sch. erhobenen Feststellungsbegehrens, er sei nicht Genosse der Beklagten gewesen, unbegründet ist. Das erforderliche Feststellungsinteresse ist insoweit vom Vorderrichter mit Recht bejaht worden.

3. Die Revision der Beklagten macht ferner geltend: auch wenn die Kläger nie Genossen der Beklagten gewesen seien, so seien doch ihre Bereicherungsansprüche nicht begründet; von 288 Genossen der Beklagten seien 208 in derselben Lage wie die Kläger; nach allgemeinen Rechtsgrundsätzen könne eine Gesellschaft des bürgerlichen Rechts oder des Handelsrechts, welche ihren Geschäftsbetrieb nach außen begonnen habe, nicht nach rückwärts hin vernichtet werden, sie könne nur liquidieren. Selbst wenn man nicht mit Parisius-Crüger GenG. Anm. 2 zu §§ 120, 127 einen eigentlichen Anfechtungsfall anzunehmen habe, so müsse jener Rechtsgrundsatz hier entsprechend gelten, mithin zu einer entsprechenden Anwendung der §§ 730 flg. BGB. oder des § 73 GenG. führen; äußerstenfalls läge Rechtsgemeinschaft im Sinne der §§ 741 flg. BGB. vor. Auch diese Revisionsangriffe sind nicht begründet. Daß der Mangel formgerechter Beitrittserklärung den Beitritt trotz des Eintrags in die gerichtliche Liste der Genossen schlechthin nichtig macht, ist schon oben unter Nr. 1 dargelegt; dort ist auch durch Bezugnahme auf Parisius-Crüger-Citron klargestellt, daß in der neuesten (12.) Auflage dieses Erläuterungsbuchs dieselbe Auffassung vertreten wird. Es ist sodann keineswegs an dem, daß die verklagte Genossenschaft als solche nichtig wäre. Davon kann keine Rede sein. Nach dem eigenen Vorbringen der Beklagten übersteigt die Zahl der zu Recht als Genossen in der Liste angeführten Mitglieder sogar noch um mehr als das Zehnfache die in § 80 GenG. genannte Ziffer. Ferner liegt hier weder einer

der in §§ 94flg. GenG. aufgezählten Nichtigkeitsgründe vor, noch treffen sonst die Voraussetzungen dieser Vorschriften zu. Für die entsprechende Anwendung des § 97 GenG. auf einen Tatbestand, wie er hier vorliegt, ist gleichfalls kein Raum. Ganz abgesehen von allen sonstigen Bedenken ist hier die Beitrittserklärung als solche nichtig und fehlt es deshalb an einer rechtsverbindlichen Haftungsübernahme. Ebensowenig ist eine entsprechende Anwendung der vom erkennenden Senat in RGZ. Bd. 85 S. 311 für den Fall der Nichtigkeit einer im Handelsregister eingetragenen Kapitalerhöhung bei der Gesellschaft mit beschränkter Haftung aufgestellten Grundsätze auf den Fall der Nichtigkeit der Beitrittserklärung eines Genossen möglich. Vollends ausgeschlossen ist eine solche Anwendung der §§ 730flg. BGB. oder der §§ 741flg. das. Die Kläger, die nicht Mitglieder der verklagten Genossenschaft geworden sind, stehen ihr wie beliebige Dritte gegenüber. Die Beklagte hat auch trotz der inzwischen eingetretenen Auflösung nach wie vor ihre juristische Persönlichkeit behalten. § 73 GenG. endlich setzt ein rechtsgültig zur Entstehung gelangtes Genossenverhältnis voraus; daran fehlt es aber hier gerade. Auch diese Bestimmung findet daher auf einen Tatbestand, wie er hier gegeben ist, keine, auch keine sinngemäße Anwendung. Im übrigen würde die Anwendung der von der Revision vertretenen Grundsätze folgerichtig dazu führen, daß sich die Kläger, die rechtlich überhaupt nie Genossen der Beklagten waren, so behandeln lassen müßten, wie wenn sie dies geworden wären. Das liefe darauf hinaus, daß der Schutzzweck der §§ 120, 127 GenG. im Ergebnis so gut wie vereitelt würde. Das verbietet aber der Charakter dieser Vorschriften ohne weiteres.

4. Demnach ist bei der weiteren rechtlichen Beurteilung davon auszugehen: die Kläger sind in Wirklichkeit nie Genossen der Beklagten gewesen und haben die Leistungen, welche sie zur Erfüllung angeblich übernommener genossenschaftlicher Verpflichtungen bewirkt haben, ohne Rechtsgrund an die Beklagte gemacht; letztere hat also die Leistungen ohne Rechtsgrund hinter sich. Daß die Kläger bei Bewirkung ihrer Leistungen den Mangel des rechtlichen Grundes gekannt hätten, behauptet die Beklagte selbst nicht; ebensowenig hat sie geltend zu machen vermocht, daß die Kläger etwa später auf ihre Rückforderungs- und Befreiungsansprüche verzichtet hätten. Diese Ansprüche sind auch im übrigen begründet. (Wird näher ausgeführt.)

15. Welchen Einfluß hat das Inkrafttreten des Dritten Gesetzes über Änderungen in der Unfallversicherung vom 20. Dezember 1928 mit Wirkung vom 1. Juli 1928 an auf den Schadensersatzanspruch eines Beamten gegen seinen Dienstherrn aus einem Unfall, den er in der Rückwirkungszeit erlitten hat?

Drittes Gesetz über Änderungen in der Unfallversicherung vom 20. Dezember 1928 (RGBl. I S. 405) Art. 3, 35 Abs. 1. RVO. § 539b. Unfallfürsorgegesetz für Beamte vom 18. Juni 1901 (RGBl. S. 211) § 10.

III. Zivilsenat. Urt. v. 28. Juni 1932 i. S. D. (Kl.) w. Deutsche Reichsbahn-Gesellschaft (Bekl.). III 264/31.

I. Landgericht Münster.
II. Oberlandesgericht Hamm.

Der Kläger macht die Beklagte für die Folgen eines Unfalls haftbar, den er am 18. Oktober 1928 erlitten hat. Er war damals als Beamter der Beklagten auf dem Wohlfahrtsbüro der Reichsbahndirektion M. im Direktionsgebäude beschäftigt. Auf der Treppe dieses Gebäudes ist er, als er es nach Dienstschluß verlassen wollte, zu Fall gekommen, nach seiner Darstellung, weil er an einer locker gewordenen Metallschiene, die zum Schutz der Stufenkanten gegen Abnutzung diente, hängen geblieben ist. Er will infolge dieses Falls Körperschaden erlitten und zu dessen Behebung Arzt- und andere Kosten aufgewendet haben; weiter behauptet er, es sei ihm infolge der durch den Sturz verursachten Arbeitsunfähigkeit eine Leistungszulage entgangen. Er hat Klage auf Zahlung eines Teilbetrages von 200 RM. nebst Zinsen erhoben.

Das Landgericht wies die Klage ab. Die Berufung des Klägers war ohne Erfolg. Seine Revision führte zur Aufhebung und Zurückverweisung.

Gründe:

Der Kläger stützt, was das Berufungsgericht verkannt hat, seinen Anspruch auf zwei selbständige Klagegründe: einmal auf sein Beamtendienstverhältnis und den in den §§ 618, 278 BGB. zum Ausdruck gekommenen, nach der ständigen Rechtsprechung des Reichsgerichts auch für öffentlichrechtliche Dienstverhältnisse geltenden

Rechtsgedanken, daneben — unter Beiseiteschiebung des Beamtendienstverhältnisses — auf die bürgerlichrechtlichen Vorschriften über Schadensersatz wegen unerlaubter Handlungen. Nur soweit die erste Klagbegründung in Frage steht, ist eine Nachprüfung des angefochtenen Urteils in der Revisionsinstanz möglich, da nur insoweit die Revision ohne Rücksicht auf den Wert des Beschwerdegegenstands zulässig ist (§ 547 Nr. 2 ZPO.).

Der Berufungsrichter meint, der Klaganspruch sei durch § 10 UnfFürsG. ausgeschlossen. Er nimmt an, daß der Kläger von § 539b RVO. erfaßt worden sei, somit das Recht auf die im Unfallfürsorgegesetz für Beamte geregelte Unfallfürsorge erworben habe, zugleich aber gemäß § 10 Abs. 1 UnfFürsG. aller anderen, aus allgemeinen Rechtssätzen begründeten Schadensersatzansprüche verlustig gegangen sei. Es braucht nicht erörtert zu werden, ob die Voraussetzungen des § 539b RVO. im vorliegenden Fall erfüllt waren. Auch wenn man diese Frage mit dem Berufungsrichter bejaht, ist die von ihm daraus gezogene Folge nicht begründet. Der Betriebsunfall des Klägers ist am 18. Oktober 1928 geschehen. An diesem Tage war das Reichsgesetz vom 20. Dezember 1928, das in Art. 3 den § 539b RVO. geschaffen hat, noch nicht erlassen. Das Wohlfahrtsbüro der Beklagten war also noch nicht unfallversicherungspflichtig, der Kläger genoß noch nicht den Schutz des Unfallfürsorgegesetzes, er konnte nur nach beamtenrechtlichen oder nach allgemeinen bürgerlichrechtlichen Grundsätzen Schadensersatzansprüche gegen die Beklagte geltend machen, insbesondere dann, wenn er den Nachweis einer schuldhaften Verletzung der beamtendienstlichen Fürsorgepflicht führte. Lag aber der Tatbestand solcher Schadensersatzansprüche vor, so stand ihrem Erwerb auch nicht die Vorschrift des § 10 UnfFürsG. entgegen. Nach dem für die Revision zu unterstellenden Sachverhalt hat der Kläger mithin am 18. Oktober 1928 einen beamtenrechtlichen Anspruch auf Ersatz des ihm durch den Unfall entstandenen Schadens erworben.

Es fragt sich also nur noch, ob dieser wohlerworbene Anspruch dem Kläger dadurch wieder verloren gegangen ist, daß sich das Gesetz vom 20. Dezember 1928 in Art. 35 Abs. 1 rückwirkende Kraft vom 1. Juli 1928 ab beigelegt hat. Die Frage ist zu verneinen. Bei gesetzlichen Neuregelungen, die sich rückwirkende Kraft beilegen, kann im allgemeinen nicht vermutet werden, daß sie Rechte vernichten wollen, die in der Rückwirkungszeit erworben worden sind. Auch bei Anordnung der rückwirkenden Kraft des § 539b RVO. hat der Gesetzgeber nicht beabsichtigt, wohlerworbene Ansprüche nachträglich zu beseitigen, ohne einen Ersatz dafür zu geben. Letzteres aber würde im vorliegenden Fall die Folge sein, wenn der Sachverhalt in jeder Beziehung so beurteilt werden müßte, als wäre die Vorschrift des § 539b RVO. bereits am 1. Juli 1928 in Kraft getreten. Sie bezweckte eine Besserstellung der von ihr betroffenen Beschäftigten. Diese sollten auch aus schon vor dem Inkrafttreten des Gesetzes erlittenen Unfällen, soweit sich diese nach dem 30. Juni 1928 ereignet hatten, der Fürsorge der Sozialversicherung teilhaftig werden, die sie nach dem bisherigen Rechtszustand nicht beanspruchen konnten. Diesem Zwecke würde es zuwiderlaufen, wenn einem Unfallbeschädigten ein schon erworbener Schadensersatzanspruch genommen oder auch nur geschmälert werden würde. Dieser Auffassung läßt sich auch nicht entgegenhalten, daß nach ihr die Anordnung der Rückwirkung ohne praktische Bedeutung sein würde. Bedeutung behält sie unter allen Umständen für diejenigen Versicherungsfälle, in denen Ansprüche gegen die Betriebsverwaltung, gegen den Betriebsleiter oder gegen sonstige haftpflichtige Personen nicht in Frage kommen.

§ 10 UnfFürsG. steht also dem Klaganspruch nicht entgegen, soweit er auf das Beamtendienstverhältnis gestützt ist. Es muß demnach geprüft werden, ob seine tatsächlichen Voraussetzungen erfüllt sind.

---

16. Erzeugt das Gewährleistungsversprechen eines Architekten, daß ein von ihm übernommener Bau eine bestimmte Bausumme nicht überschreiten werde, für den Bauherrn einen Erfüllungsanspruch oder einen Schadensersatzanspruch? Welche Rechtsfolgen treten ein, wenn Bestellungen des Bauherrn über den ursprünglichen Bauplan hinaus zu einer Überschreitung der Bausumme führen?

BGB. § 611.

III. Zivilsenat. Urt. v. 28. Juni 1932 i. S. G. (Bekl.) w. Frau J. (Kl.). III 293/31.

I. Landgericht Nordhausen.
II. Oberlandesgericht Naumburg.

Vom Juli 1927 ab ließ die Klägerin auf ihrem Grundstück in N. ein Wohnhaus errichten. Die Leitung des Baues hatte sie dem Beklagten übertragen. Nach ihrer Behauptung soll er es bindend auf sich genommen haben, den Bau für eine feste Gesamtsumme — anfänglich 28000, später 30000, schließlich endgültig 31000 RM. — auszuführen. Unter Berufung auf diese Zusage fordert die Klägerin vom Beklagten die Erstattung von 9036,39 RM. nebst Zinsen, welchen Betrag sie als Bauherrin über die Gewährleistungssumme von 31000 RM. hinaus an die Lieferer und Unternehmer habe entrichten müssen, sowie die Feststellung, daß dem Beklagten gegen sie kein Anspruch auf die von ihm weiter geforderten 2025 RM. Vergütung und 1866,06 RM. Auslagen zustehe.

Das Landgericht verurteilte den Beklagten nach dem Klagantrage. Das Oberlandesgericht wies die Berufung des Beklagten im wesentlichen zurück. Seine Revision führte zur Aufhebung und Zurückverweisung.

Gründe:

Das Rechtsverhältnis zwischen den Streitteilen hat der Berufungsrichter, im Einklang mit der Rechtsprechung (RGZ. Bd. 63 S. 313, Bd. 86 S. 76), zu Gunsten des Beklagten und daher unter Billigung der Revision als Dienstvertrag, nicht als Werkvertrag beurteilt. Dabei hat er als erwiesen angesehen, der Beklagte sei bindend dafür eingestanden, daß die Bausumme von schließlich 31000 RM. nicht werde überschritten werden. Wie er weiter feststellt, sind die Parteien von dieser Vertragsbedingung auch nicht etwa nachträglich abgegangen, sondern haben bis zum Schluß daran festgehalten. Die Zusage des Beklagten würdigt der Berufungsrichter als die Übernahme einer besonderen, neben den Dienstvertragspflichten einhergehenden (Neben-) Verpflichtung, „bei deren schuldhafter Nichterfüllung der Beklagte die Klägerin in vollem Umfange schadlos halten muß".

Richtig ist die Auffassung, daß die Zusage als Nebenverpflichtung zu den Dienstvertragspflichten des Beklagten verschärfend hinzutrat (RGZ. Bd. 72 S. 137). Dagegen ist der hervorgehobene zweite Halbsatz nach zwei Richtungen bedenklich. Die Zusage bedeutete ein Gewährleistungs- (Garantie-) Versprechen. Seiner Natur nach ging es darauf, daß der Beklagte für eine Überschreitung der Bausumme schlechthin einzustehen hatte, ohne Rücksicht auf ein etwaiges Verschulden (wie auch ohne Rücksicht auf eine etwaige Unmöglichkeit;

vgl. RGUrt. vom 23. September 1919 VII 81/19, abgedr. SeuffArch. Bd. 75 Nr. 9). Dieser Rechtsverstoß beschwert indessen den Beklagten nicht. Anderenteils haftete er aus dem Gewährleistungsversprechen nicht auf Schadloshaltung in vollem Umfang, sondern nur auf den Betrag, um den die wirklichen Baukosten die Gewährleistungssumme überstiegen. Die Annahme des Berufungsrichters wäre, wenn sie buchstäblich genommen werden müßte, geeignet, den Beklagten zu belasten. Indessen hat die Klägerin selbst ihre Berechnung auf der richtigen Grundlage aufgemacht; sie berechnet den Klagebetrag nur aus denjenigen Summen, die sie über den Gewährleistungsbetrag von 31000 RM. hinaus hat entrichten müssen. Insofern beruht das Berufungsurteil nicht auf der beanstandeten Annahme. Aber diese führt auf ein anderes Bedenken.

Der Klaganspruch ist richtigerweise als ein Erfüllungsanspruch, nicht als ein Schadensersatzanspruch anzusehen. Der Beklagte ist dafür eingestanden, daß die Bausumme von 31000 RM. nicht überschritten werde. Darin liegt nicht bloß die Verpflichtung (verneinenden Inhalts), daß die Bausumme nicht überschritten werden solle, sondern zugleich die weitere Verpflichtung, persönlich dafür einzustehen, daß dies nicht geschehe. In ihrem letzteren Teil bedeutet die Zusage doch nur die Verpflichtung, bei gleichwohl eintretender Überschreitung den Unterschied persönlich zu tragen, dafür „aufzukommen". Die Klage verlangt nichts anderes als die Erfüllung dieses Teils der vom Beklagten übernommenen Verpflichtung. Es handelt sich in der Sache nur um eine besondere Art eines Strafversprechens; die Klage auf Erfüllung eines Strafversprechens ist aber sicherlich Erfüllungs-, nicht Schadensersatzanspruch. Das nämliche Ergebnis tritt klar zutage in verwandten Fällen, in denen der Verkehr die Gewährleistungszusage als Nebenbestandteil eines anderen (Haupt-) Vertrags kennt. So wenn bei der Abtretung einer Forderung der bisherige Gläubiger gegenüber dem Erwerber die Haftung für die Einbringlichkeit der Forderung übernimmt; hier wird man nicht wohl auf den Gedanken kommen, die Geltendmachung dieses Versprechens schließe einen Schadensersatzanspruch in sich. Diesen Erwägungen gegenüber muß die wirtschaftliche Ähnlichkeit zurücktreten, die zwischen der Gewährleistung und dem Schadensersatze besteht.

Eine erste aus dieser Auffassung abzuleitende, dem Verfahrensrecht angehörende Folgerung ist die, daß für den Berufungsrichter nicht etwa § 287 Abs. 1 ZPO. maßgebend ist. Er hat freilich jene Vorschrift nicht eigens angeführt, aber er läßt doch mehrfach erkennen, daß er den Klaganspruch als Schadensersatzanspruch beurteilt. Daher besteht das Bedenken, ob er der Beurteilung durchweg gerecht geworden ist.

Zur Sache selbst führt der Vorderrichter aus: Inhalt des unter den Parteien geschlossenen Vertrags sei nur die Einhaltung der Bausumme geworden, nicht die Vorberechnungen oder die Kostenvoranschläge des Beklagten. Namentlich sei nicht die bescheidene Bauweise der „Heimsiedelungsgesellschaft" dem Vertrage zugrundegelegt worden. — Die letztere Feststellung ist tatrichterlicher Art und daher für das Revisionsgericht bindend (§ 562 ZPO.). Auch die erstere Feststellung, die allgemeiner lautet, befaßt sich zunächst mit demjenigen, was die Parteien beim Vertragsschluß einverständlich gewollt und zum Ausdruck gebracht haben, und scheint insofern gleichfalls dem Gebiete der tatrichterlichen Würdigung anzugehören. Gleichwohl bestehen gegen sie gewisse Rechtsbedenken, wie die Revision mit Grund rügt. Deutlich erhellt das aus den nun folgenden Ausführungen des Berufungsrichters.

Nach seiner Ansicht mag es zutreffen, daß der Bau im weiteren Verlauf eine kostspieligere Ausgestaltung erfahren hat, als zunächst gedacht war. Das ändere jedoch — so meint er — nichts daran, daß der Beklagte für die Überschreitung der Bausumme einstehen müsse. Habe infolge der Wünsche der Klägerin der Bau eine Gestaltung zu nehmen gedroht, die mit den begrenzten Mitteln nicht zu erreichen gewesen wäre, so habe es dem Beklagten, der allein die Verhältnisse habe beurteilen können und dem die Klägerin stets die Entscheidung überlassen habe, obgelegen, rechtzeitig Einhalt zu gebieten und die für ihn vertretbare Ausstattung durchzusetzen. Hier liege der grundlegende Fehler des Beklagten, dessen Folgen ihm zur Last fallen müßten. Er habe nicht der Klägerin überlassen dürfen, die Innenausstattung nach ihren Wünschen zu bestimmen, und er habe sich nicht der Erwartung hingeben dürfen, daß sie die durch ihre Sonderwünsche verursachten Mehrkosten schon selber tragen würde, sondern er habe die Höchstsumme aufmerksam im Auge behalten und in Überwachung des fortschreitenden Baues die Klägerin nötigenfalls darauf hinweisen müssen, daß er diesen oder jenen Wunsch nicht billigen könne und die Verantwortung ablehne. Soweit die Klägerin einen solchen

Einwurf nicht beachtet hätte, wäre er von der Verantwortung frei geworden und die Klägerin würde die Mehrkosten zu tragen gehabt haben (wie sie dies in einem Falle auch getan habe). Der Beklagte habe aber nicht nachweisen können, daß er sie während der Bauzeit gewarnt habe. Er habe mitangesehen, daß der Bau eine bedenkliche Entwicklung genommen habe, und habe nichts dagegen unternommen; er habe sogar noch Mitte März 1928, als die Innenausstattung im wesentlichen entschieden gewesen sei, seine Garantieerklärung (31000 RM.) wiederholt und damit die Klägerin in dem Glauben bestärkt, daß der Bau in der bisherigen Weise durchgeführt werden könne. Hiernach komme nichts darauf an, ob die Klägerin gewisse Bestellungen eigenmächtig vorgenommen habe oder nicht. Soweit diese Bestellungen vor der Aussprache vom März 1928 lägen, habe sie der Beklagte mit jener Erklärung sogar ausdrücklich genehmigt.

Die Schlußbemerkung ist rechtsirrtumsfrei. Hat sich der Beklagte noch im März 1928 erneut zu seiner Garantieerklärung bekannt, so konnte der Berufungsrichter darin eine Genehmigung der vor diesem Zeitpunkt liegenden sog. Sonderwünsche der Klägerin sehen; dies um so mehr, als die bis dahin aufgetretenen und durchgeführten Sonderwünsche, wie anzunehmen, in der wiederholten Erhöhung der Bausumme um insgesamt 3000 RM. einen gewissen Ausgleich gefunden hatten. Im übrigen zeigen sich jedoch in den Ausführungen des Berufungsrichters gewisse Widersprüche. Wäre es richtig, daß die Klägerin „die Entscheidung stets dem Beklagten überlassen habe", so müßte in allen Fällen der sog. Sonderwünsche dessen Zustimmung angenommen werden, und dann gingen die Ausführungen des Berufungsrichters voll in Ordnung. Damit stimmt es aber nicht überein, daß er an anderer Stelle ausdrücklich unterstellt, die Klägerin (oder ihre Vertreterin) habe gewisse Bestellungen eigenmächtig vorgenommen. Dazu stimmt weiter nicht, daß er in anderem Zusammenhang wiederholt ausführt, bei gewissen Sonderwünschen der Klägerin habe es sich um Posten gehandelt, „die zum Teil auf Abänderung bereits getroffener Einrichtungen gerichtet waren und bei denen ein Einverständnis des Beklagten nicht ohne weiteres vorauszusetzen war"; ebenso ist die Rede von Veränderungen, welche die Klägerin an genau im einzelnen bestimmten oder bereits fertiggestellten Einrichtungen „auf eigene Faust" habe vornehmen lassen, und der Berufungsrichter bemerkt hierzu, daß sie das Einverständnis des Beklagten nicht habe voraussetzen können. Es kann also nicht als einwandfrei festgestellt gelten, daß die Klägerin stets dem Beklagten die Entscheidung überlassen habe. Für wirklich eigenmächtige Abweichungen von dem feststehenden Bauprojekt kann aber die Klägerin vom Rechtsstandpunkt aus niemals den Beklagten verantwortlich machen. Das hat sie anerkannt, indem sie wenigstens in einem Einzelfall die Kosten selbst bezahlte. Das würdigt der Berufungsrichter, wenn er als glaubhaft bezeichnet, daß in gewissem Umfang übermäßige Malerarbeiten und Umtapezierungen ausgeführt worden sind, die bei gewissenhafter Beachtung der Stellung des Beklagten hätten vermieden werden können (und, wie im Sinne des Berufungsrichters hinzugefügt werden darf, hätten vermieden werden müssen). Hier hat er dann auch selbst, um einer schwierigen und langwierigen Beweisaufnahme zu entgehen, gemäß § 287 Abs. 2 ZPO. einen bestimmten Betrag geschätzt, den er dem Beklagten nicht zur Last legt. Letzteres ist, entgegen der Ansicht der Revision, rechtlich nicht zu beanstanden. Denn § 287 Abs. 2 ZPO. ist nicht auf Schadensansprüche beschränkt; die dort vorgesehene freiere Stellung kommt dem Gericht auch in anderen Fällen zu, soweit es sich — wie hier — nur um die Höhe des Betrags handelt.

Aber abgesehen von dieser Einzelheit, entbehrt es nicht der rechtlichen Begründung, wenn die Revision rügt, die Einhaltung der Bausumme setze notwendig voraus, daß sich der Bau in einem vertragsmäßig bestimmten Rahmen halte und diesen Rahmen auch im Verlauf der Bauausführung nicht überschreite. Zutreffend bemerkt die Revision, daß die Einhaltung einer bestimmten Bausumme auch ein bestimmtes „Bauobjekt" voraussetze. Es geht nicht an, daß der Bauherr durch Sonderwünsche den ursprünglich geplanten Bau allmählich umgestaltet und so schließlich zu einem anderen, wertvolleren Bau kommt, dessen ungeachtet aber den Architekten an der vereinbarten Bausumme festhalten will. Anderenteils geht es ebensowenig an, daß der Architekt hervortretende Sonderwünsche, wie sie erfahrungsgemäß bei vielen Bauten im Laufe der Ausführung zutage treten, dazu benutzt, um seine Gewährleistung völlig beiseite zu schieben. Die Abgrenzung zwischen den widerstreitenden Belangen des Bauherrn und des Architekten muß an der Hand der §§ 157, 242 BGB. gefunden werden. Dabei müssen aber die Anforderungen an Treu und Glauben gleichmäßig gegenüber beiden Teilen zur Anwendung kommen. Verstößt der Architekt gegen Treu und Glauben, indem er, etwa gerade um sich seines Gewährleistungsversprechens zu entledigen, Sonderwünsche des Bauherrn hingehen läßt und ihnen nicht entgegentritt (was nach der Annahme des Berufungsrichters der Beklagte getan haben soll), so ist es ebensowenig statthaft, daß der Bauherr Eigenmächtigkeiten begeht, auf eigene Faust Bestellungen macht oder gar schon getroffene Anordnungen wiederaufhebt. Der Revision kann nicht entgegengetreten werden, wenn sie ausführt, die Klägerin habe nicht das Recht gehabt, zu Lasten des Beklagten, und ohne ihn zu fragen, Bestellungen zu machen, die nicht durch den ursprünglichen Plan, durch die Kostenvoranschläge oder durch besondere Genehmigung gedeckt gewesen seien. Nun hat der Berufungsrichter teilweise Genehmigung des Beklagten festgestellt; dabei muß es sein Bewenden haben. Aber für die Zeit nach Mitte März 1928 bedarf es, um den Beklagten an der Bausumme festzuhalten, für jeden einzelnen streitigen Fall der richterlichen Feststellung, ob eine Maßnahme der Klägerin (oder ihrer Vertreterin) in dem festgelegten Gefüge des Bauplans oder in einer (vorgängigen oder nachträglichen, ausdrücklichen oder zwar stillschweigenden, aber nachweislichen) Zustimmung des Beklagten ihre Rechtfertigung findet. Insbesondere ist es nicht zu billigen, wenn sich der Vorderrichter, wie es den Anschein hat, damit begnügt, daß die Klägerin oder ihre Vertreterin gutgläubig annehmen durfte, der Beklagte werde einverstanden sein; es ist kein Grund ersichtlich, der die Klägerin dessen enthoben hätte, die vorgängige oder nachträgliche Zustimmung des Beklagten in der Tat auch einzuholen. Durfte sich nach Ansicht des Berufungsrichters der Beklagte nicht einfach der Erwartung hingeben, die Klägerin werde die eigenmächtigen Bestellungen schon aus eigener Tasche bezahlen, so ist ebensowenig einzusehen, warum diese oder ihre Vertreterin einfach des Glaubens sein konnte, der Beklagte werde sich unerachtet ungenehmigter Abweichungen an die Bausumme halten. Dies hat um so mehr zu gelten, als — worauf die Revision wieder mit Grund hinweist — im Falle eigenmächtiger Bestellung und dergleichen möglicherweise der Beklagte erst hinterher, wenn es zu einem Eingreifen von seiner Seite zu spät war, in der Lage war, den Sachverhalt wahrzunehmen.

Die dargelegten Bedenken nötigen dazu, das Urteil aufzuheben und die Sache an das Berufungsgericht zurückzuverweisen, das nunmehr, übrigens in voller Freiheit der Entscheidung, anderweit über die Sache zu befinden haben wird. Dabei wird auf die einzelnen streitigen Posten, soweit sie sich nicht durch das bisher Ausgeführte erledigen (wie z. B. die „Sonderwünsche" bis zum März 1928), noch näher einzugehen sein.

Eines Eingehens auf die weiteren Rügen der Revision bedarf es nicht mehr. Wenn sie Verletzung des § 551 Nr. 7 ZPO. gerügt hat, weil der Berufungsrichter unterlassen habe, den rechtlichen Gesichtspunkt der sog. Vorteilsausgleichung zu würdigen, so entbehrt dies Vorbringen als Verfahrensrüge insofern der Begründung, als es sich, wie eingangs dargelegt, um einen Erfüllungsanspruch handelt, bei dem für Vorteilsausgleichung kein Raum ist. Ob und welche Bedeutung dem Gesichtspunkt gleichwohl sachlichrechtlich beizulegen ist, wird das Berufungsgericht bei der erneuten Verhandlung zu prüfen haben. Er ist hier insofern schon erörtert worden, als zu Gunsten des Beklagten allerdings davon ausgegangen werden muß, daß sich die Klägerin nicht durch ohne sein Wissen und ohne seine nachträgliche Genehmigung gemachte Bestellungen einen wesentlich wertvolleren Bau verschaffen und dessen ungeachtet den Beklagten an seiner, für einfachere Bauausführung gegebenen Garantiezusage festhalten darf.

---

17. 1. Zur Frage, wann nach § 625 ZPO. ein Urteil von Amts wegen zugestellt werden muß.

2. Kann eine Restitutionsklage nur dann auf § 580 Nr. 3 ZPO. gestützt werden, wenn durch das Straferkenntnis gerade der Teil des Zeugnisses als unrichtig nachgewiesen ist, auf welchen sich das Urteil des Zivilgerichts gründet?

VII. Zivilsenat. Urt. v. 28. Juni 1932 i. S. Ehemann O. (Bekl.) w. Ehefrau O. (Kl.). VII 61/32.

I. Landgericht Dessau.
II. Oberlandesgericht Naumburg.

Die Parteien sind seit dem 14. Mai 1927 miteinander verheiratet und leben seit dem 3. Mai 1928 getrennt. Die Klägerin hat die Scheidungsklage erhoben, der Beklagte hat Klagabweisung beantragt und im Wege der Widerklage Verurteilung der Klägerin begehrt, die häusliche Gemeinschaft wiederherzustellen. Ein Hilfsantrag des Beklagten ging dahin, die Klägerin für mitschuldig an der Scheidung zu erklären. Das Landgericht hat am 11. Januar 1930 die Ehe geschieden und beide Parteien für schuldig erklärt. Die Klägerin legte Berufung ein und bat, nur den Beklagten für schuldig zu erklären. Dieser beantragte Zurückweisung der Berufung, schloß sich ihr aber auch an und bat um Abweisung der Klage. Das Oberlandesgericht hat durch Urteil vom 26. Juni 1930 die Anschließung zurückgewiesen, der Berufung aber stattgegeben und die Ehe nur aus Verschulden des Beklagten geschieden. Er hatte der Klägerin u. a. ehewidrige Beziehungen zu einem gewissen M. vorgeworfen. Dazu führt das Oberlandesgericht aus:

M. hat eidlich abgeleugnet, mit der Klägerin ehewidrige Beziehungen unterhalten zu haben, und das übrige Beweisergebnis bietet keinen Anhalt, dieser Aussage zu mißtrauen. Wenn die Mutter des Beklagten, die Witwe O., bekundet, daß die Klägerin einmal den M. in ihrer Gegenwart empfangen habe, der ihr Blumen mitgebracht habe, so ist das harmlos, und die von Z. bekundete, von M. in Abrede gestellte Äußerung desselben, alle Frauen seien zu haben, auch Frau O., kann eine hohle Prahlerei sein.

Das Urteil des Oberlandesgerichts ist am 16. September 1930 rechtskräftig geworden. Am 16. April 1931 ist M. vom Schwurgericht in Dessau wegen fahrlässigen Falscheides, wegen Meineides und wegen Unternehmens der Verleitung zum Meineide zu einem Jahr und drei Monaten Zuchthaus verurteilt worden. Das Schwurgericht hat u. a. festgestellt, die Zeugenaussage des M. sei insofern wissentlich unrichtig gewesen, als er abgeleugnet habe, daß er die Äußerung, alle Frauen seien zu haben, auch Frau O., getan habe. Die Revision des M. ist vom Reichsgericht durch Urteil vom 18. September 1931 verworfen worden.

Am 19. Oktober 1931 hat der Beklagte gegen das Urteil des Oberlandesgerichts vom 26. Juni 1930 unter Berufung auf § 580 Nr. 3 ZPO. die Restitutionsklage erhoben und beantragt, das Urteil des Oberlandesgerichts aufzuheben und die Berufung der Klägerin gegen das landgerichtliche Urteil zurückzuweisen. Die Klägerin hat gebeten, die Restitutionsklage des Beklagten als unzulässig, mindestens als unbegründet zurückzuweisen. Das Oberlandesgericht hat dem Hauptantrage der Klägerin stattgegeben. Sein Urteil vom 7. Januar 1932 ist den Parteien von Amts wegen am 21. Januar 1932 zugestellt worden. Im Parteibetriebe ist die Zustellung von Anwalt zu Anwalt am 8. Februar 1932 bewirkt worden. Am 4. März 1932 wurde für den Beklagten die Revision eingelegt. Er hält die Zustellung vom 8. Februar 1932 für maßgebend und deshalb die Revision für rechtzeitig eingelegt. Für den Fall, daß die Zustellung vom 21. Januar 1932 in Betracht kommen sollte, hat er um Wiedereinsetzung in den vorigen Stand gegen die Versäumung der Revisionsfrist gebeten.

Die Revision führte zur Aufhebung und Zurückverweisung.

Gründe:

1. Die Revision ist rechtzeitig eingelegt.

Das angefochtene Urteil ist zwar in einem Rechtsstreit ergangen, in welchem es sich um die Scheidung der Ehe — nicht ihre Nichtigkeit — handelt, durch das Urteil ist aber nicht auf Scheidung erkannt. Deshalb fällt es nicht unter § 625 ZPO. und brauchte nicht von Amts wegen zugestellt zu werden. In dieser Weise durfte es also auch nicht zugestellt werden, und wenn dies gleichwohl geschehen ist, so bleibt das unbeachtlich. Die Revision vertritt dabei die Ansicht, daß durch die vorliegende Restitutionsklage nicht der Bestand der Ehe, sondern nur die Schuldfrage in den Streit gezogen worden sei. Das ist nicht richtig. Die Fragen der Scheidung und der Schuld lassen sich nicht voneinander trennen, in der Schuldfrage wird auch die Scheidungsfrage stets mitbehandelt (vgl. RGZ. Bd. 58 S. 318, Bd. 100 S. 101). Wenn der gegenwärtig erhobenen Restitutionsklage stattgegeben werden sollte, würde durch das ergehende Urteil die Entscheidung des Oberlandesgerichts vom 26. Juni 1930 aufgehoben, ihre Rechtskraft damit beendet und anderweit dahin erkannt werden, daß die Berufung der Klägerin gegen das Urteil des Landgerichts vom 11. Januar 1930 zurückgewiesen werde. Damit würde die Scheidung aus Schuld beider Parteien ausgesprochen sein. Dieses Urteil müßte von Amts wegen zugestellt werden. Schon das widerlegt die Ansicht der Revision. Entscheidend ist aber folgende Erwägung. Das angefochtene Urteil hat die Restitutionsklage als unzulässig verworfen. Das bedeutet im Ergebnis zwar, daß der Scheidungs- und Schuldausspruch des oberlandesgerichtlichen Urteils vom 26. Juni 1930 bestehen bleiben soll, aber dieser Ausspruch ist schon längst rechtskräftig, war in seiner Rechtskraft auch durch die erhobene Restitutionsklage nicht erschüttert und bleibt rechtskräftig, bis er etwa im Wiederaufnahmeverfahren aufgehoben wird. Deshalb läßt sich nicht sagen, daß durch das angefochtene Urteil die Scheidung auch nur mittelbar erst ausgesprochen worden sei. Schließlich hat das Urteil auch keinen Schwebezustand herbeigeführt, zu dessen baldiger Beseitigung eine Zustellung von Amts wegen erforderlich wäre. Es hat das ebensowenig getan, wie das ein Urteil tut, welches eine Scheidungsklage abweist. Maßgebend ist also die am 8. Februar 1932 im Parteibetrieb bewirkte Zustellung und dann ist die am 4. März 1932 eingelegte Revision noch innerhalb der Revisionsfrist erhoben.

2. Die Revision ist auch begründet.

Die Restitutionsklage ist auf § 580 Nr. 3 ZPO. gestützt. Danach findet sie statt, „wenn durch Beeidigung eines Zeugnisses oder eines Gutachtens, auf welche das Urteil gegründet ist, der Zeuge oder der Sachverständige sich einer vorsätzlichen oder fahrlässigen Verletzung der Eidespflicht schuldig gemacht hat". Der Berufungsrichter legt diese Vorschrift dahin aus, daß gerade der Teil des Zeugnisses durch das Straferkenntnis als unrichtig nachgewiesen sein müsse, auf welchen das Urteil des Zivilgerichts gegründet sei. Er meint, dieser Tatbestand sei hier nicht gegeben; das Urteil des Oberlandesgerichts vom 26. Juni 1930 beruhe auf der Bekundung des M., daß er mit der Klägerin keine ehewidrigen Beziehungen unterhalten habe, in diesem Punkte habe er aber seine Eidespflicht nicht verletzt; was er wirklich falsch beschworen habe, stehe mit dem Urteil in keinem ursächlichen Zusammenhang.

Diese Auslegung ist zu eng. Sieht man zunächst den Satzbau an, so wird in dem Wort „welche" der mitgeteilten Gesetzesstelle nicht das „Zeugnis" und das „Gutachten" zusammengefaßt, wie man bei oberflächlicher Betrachtung vielleicht meinen könnte. „Zeugnis" und „Gutachten" stehen dort sich ausschließend nebeneinander und es hätte, wenn an sie der Relativsatz hätte angeknüpft werden sollen, heißen müssen: „auf welches das Urteil gegründet ist." Das Wort „welche" weist vielmehr auf die „Beeidigung" zurück. Erfordert wird also, daß ein Zeugnis oder ein Gutachten beeidigt, daß auf diese Beeidigung das Urteil gegründet ist und daß der Zeuge oder der Sachverständige sich durch die Beeidigung einer Verletzung der Eidespflicht schuldig gemacht hat. Entsprechend heißt es im § 580 Nr. 1 ZPO., daß die

Restitutionsklage stattfindet, „wenn der Gegner durch Leistung eines Parteieides, auf welche das Urteil gegründet ist, sich einer vorsätzlichen oder fahrlässigen Verletzung der Eidespflicht schuldig gemacht hat". Hier kann ein Zweifel daran, daß das Wort „welche" auf die „Leistung" zu beziehen ist, überhaupt nicht auftauchen. In beiden Fällen ist es also der einheitliche und unteilbare Eid, welcher die Restitutionsklage eröffnet, wenn er als falsch nachgewiesen ist und das Urteil auf ihn gegründet war.

Die Revisionsbeantwortung hat die Ansicht des Oberlandesgerichts zu stützen versucht mit dem Hinweis darauf, daß unter dem beeidigten Zeugnis sowohl das ganze Zeugnis verstanden werden könne als auch der einzelne Satz der Aussage, auf welchem gerade das Urteil beruhe; sie meint, daß nur die zweite Auffassung richtig sein könne weil sonst das Wiederaufnahmeverfahren stattfinden müsse, wenn die beschworene Zeugenaussage auch nur in einem einzigen, für die Entscheidung völlig gleichgültigen Punkt unrichtig sei. Diese Schlußfolgerung ist in der Tat nicht abzulehnen, aber das Gesetz geht nun einmal davon aus, daß das Urteil nicht auf das „Zeugnis", sondern daß es auf die „Beeidigung" gegründet ist, und der Zeuge leistet nur einen Eid, er beeidigt nicht jeden Satz seiner Aussage einzeln. Das Gesetz nimmt an, daß der geleistete Eid für das eine beschworene Aussage verwertende Gericht stets bedeutungsvoll gewesen ist, und es läßt deshalb eine Nachprüfung zu, wenn diese Unterlage überhaupt als trügerisch erwiesen ist. Der in einem Punkt als falsch nachgewiesene Eid ist eben in seiner Beweiskraft im ganzen erschüttert. Für § 580 Nr. 1 — damals § 543 Nr. 1 — ZPO. hat das Reichsgericht diese Auffassung bereits in RGZ. Bd. 14 S. 325 ausgesprochen. Die fast wörtlich gleichlautende und jedenfalls gleichlaufende Vorschrift in Nr. 3 a. a. O. ist aber ebenso auszulegen.

Müßte man, wie der Berufungsrichter und die Revisionsbeantwortung meinen, vor Zulassung der Restitutionsklage immer erst nachprüfen, ob die Entscheidung auf den als falsch nachgewiesenen Satz der beschworenen Zeugenaussage gegründet ist, so würde damit dem Gericht eine besonders schwierige und manchmal kaum lösbare Aufgabe gestellt. Namentlich wenn die Besetzung des Gerichts gewechselt hat, wird es schwerlich in der Lage sein, sich völlig in die Gedankengänge des früher erkennenden Gerichts zu versetzen. Wie heikel die Aufgabe wäre, zeigt auch der gegenwärtige Fall. Nachdem der Berufungsrichter zweimal hervorgehoben hat, daß der falsch beschworene Satz der Zeugenaussage mit dem früheren Urteil in keinem ursächlichen Zusammenhang stehe, erkennt er schließlich doch an, daß sich die beiden Sätze in der Aussage des M., der als falsch nachgewiesene und der nicht als falsch nachgewiesene, innerlich berühren; der erstere sei aber „für das Beweisthema, ob M. mit der Klägerin ehewidrige Beziehungen unterhalten habe, nur von nachgeordneter Bedeutung gewesen". Auch die nachgeordnete Bedeutung ist immerhin eine Bedeutung. Und wenn die Schlüsse, welche aus dem als falsch nachgewiesenen Satz für jenes Beweisthema gezogen werden sollten, wie das Oberlandesgericht weiter ausführt, nicht zwingend waren und von ihm auch in seinem früheren Urteil nicht für zwingend erachtet wurden, so waren solche Schlüsse jedenfalls möglich, und die jetzt aufgeworfene Frage geht doch gerade dahin, ob das mit der Restitutionsklage befaßte Gericht diese Schlüsse ziehen wird oder nicht. Will man das, wie es das Oberlandesgericht anscheinend tut, schon bei der Erörterung, ob die Restitutionsklage zulässig ist, entscheiden, so wird ein Teil der sachlichen Entscheidung beim Prüfen der Förmlichkeiten vorweggenommen. Alle diese Schwierigkeiten und Bedenken fallen weg, wenn man das, was das Reichsgericht für § 580 Nr. 1 ZPO. schon ausgesprochen hat, auch für die Nr. 3 das. gelten läßt.

---

18. Zum gutgläubigen Erwerb einer nicht valutierten Briefhypothek.

BGB. §§ 892, 894, 1117, 1138, 1154, 1163, 1177.

V. Zivilsenat. Urt. v. 29. Juni 1932 i. S. H. (Kl.) w. St. (Bekl.). V 82/32.

I. Landgericht Stolp.
II. Oberlandesgericht Stettin.

Der Kläger bestellte am 14. Juli 1930 an seinem Grundstück eine Darlehnshypothek von 6000 GM. für Ernst D. mit der Vereinbarung, daß dieser berechtigt sein sollte, sich den Brief vom Grundbuchamt aushändigen zu lassen. Die Hypothek wurde am 19. Juli eingetragen. Den gleichzeitig gebildeten Brief hielt das Grundbuchamt bis zur Bezahlung der Kosten zurück. D. trat in öffentlich beglaubigter Urkunde vom 6. August 1930 die Hypothek an den Beklagten ab mit der Vereinbarung, daß dieser berechtigt sein sollte, sich den für D. bestimmten, noch beim Gericht liegenden Hypothekenbrief vom Grundbuchamt aushändigen zu lassen. Die Abtretung wurde am 8. August eingetragen. Der Beklagte zahlte für die Hypothek bei der Abtretung 5000 RM. an D., entrichtete später auch die beim Grundbuchamt entstandenen Kosten und erhielt von diesem daraufhin am 7. Oktober 1930 den Brief ausgehändigt. Bereits Ende September hatte er aber erfahren, daß der Kläger von D. kein Darlehen erhalten hatte.

Der Kläger begehrt mit der Klage die Einwilligung des Beklagten zur Umschreibung der Darlehnshypothek in eine Eigentümergrundschuld, die Herausgabe des Hypothekenbriefs und die Zahlung von 100 RM. Schadensersatz für verzögerte Erfüllung dieser Ansprüche. Die Klage ist in allen Rechtszügen abgewiesen worden.

Gründe:

Die Klage stützt sich auf § 894 BGB. (in Verbindung mit §§ 952, 985, 286 das.). Der Kläger meint, das Grundbuch seines Grundstücks stehe in Ansehung der für den Beklagten eingetragenen Hypothek mit der wirklichen Rechtslage nicht im Einklang; die Post sei eine Eigentümergrundschuld des Klägers, nicht eine Hypothek des Beklagten, weil die gesicherte Darlehnsforderung des D. gegen den Kläger nicht zur Entstehung gelangt sei. Das Berufungsgericht hat die Unrichtigkeit des Grundbuchs verneint, weil es dem Beklagten den gutgläubigen Erwerb der Hypothek nach Maßgabe der Grundbucheintragung zugesprochen hat. Diese Rechtsauffassung hält der Revision stand.

Das Berufungsgericht geht zutreffend davon aus, daß D. nicht Hypothekengläubiger geworden ist. Während der Eintragung des D. war das für ihn gebuchte Recht mangels Entstehung der gesicherten Darlehnsforderung in Wirklichkeit keine Gläubigerhypothek, sondern eine Eigentümergrundschuld des Klägers (§ 1163 Abs. 1 Satz 1, § 1177 Abs. 1 Satz 1 BGB.). Gegen D. wäre also während seiner Eintragung als Hypothekengläubiger eine Berichtigungsklage des Klägers durchgedrungen. Mit der Abtretung der Post an den Beklagten hat sich aber die Rechtslage zum Nachteil des Klägers geändert.

Der Vorderrichter leitet den gutgläubigen Rechtserwerb des Beklagten nur aus den §§ 1154, 1117 BGB. in Verbindung mit § 892 das. her. Er meint, die schriftliche Abtretungserklärung des D. vom 6. August 1930 und die gleichzeitig zwischen ihm und dem Beklagten getroffene Vereinbarung über die Aushändigung des noch beim Grundbuchamt liegenden Hypothekenbriefs an den Beklagten im Verein mit der unstreitigen Tatsache, daß damals der Mangel der Entstehung einer Darlehnsforderung des D. gegen den Kläger dem Beklagten noch unbekannt war, genüge zum wirksamen Erwerb der Hypothek durch den Beklagten. Der Kläger weist demgegenüber darauf hin, daß § 1154 Abs. 1 Satz 1 BGB., insbesondere die dort im zweiten Halbsatz durch Verweisung auf § 1117 Abs. 2 BGB. als Ersatz für die Briefübergabe zugelassene Vereinbarung über die Aushändigung des Briefs vom Grundbuchamt an den neuen Gläubiger, zur Voraussetzung habe, daß der abtretende Gläubiger die abgetretene, hypothekarisch gesicherte Forderung erlangt habe und somit wahrer Hypothekengläubiger geworden sei. Indes übersieht der Kläger dabei die auch vom Berufungsgericht nicht angezogene Vorschrift des § 1138 BGB., die in Verbindung mit § 892 BGB. den Erwerb des Beklagten an der Hypothek auch in Ansehung der ihm unbekannten Nichtentstehung der Forderung schützt, soweit um das dingliche Hypothekenrecht zwischen ihm und dem Grundstückseigentümer gestritten wird. Wie der Beklagte kraft dieses Schutzes die gutgläubig erworbene Hypothek dinglich gegen den Kläger geltend machen könnte, ohne einer Einrede aus der Nichtentstehung der Forderung ausgesetzt zu sein, so steht ihm auch gegenüber der dinglichen Berichtigungsklage aus § 894 BGB. die gesetzliche Vermutung zur Seite, daß das Grundbuch bei seinem Erwerb im August 1930 nicht nur bezüglich des eingetragenen dinglichen Rechts, sondern auch bezüglich der eingetragenen gesicherten Forderung richtig war. Der Erwerb des Beklagten ist mithin dem Kläger gegenüber rechtlich nicht anders zu beurteilen, als wenn damals die hypothekarisch gesicherte Darlehnsforderung des D. gegen den Kläger bestanden hätte (vgl. RGR-Komm. 6. Aufl. Bd. 3. S. 554 Anm. 3b zu § 1138; Wolff Sachenrecht 8. Aufl. S. 496flg., § 137 unter II 1b, 3 und unter III) und als wenn deshalb durch die Entstehung der Forderung, durch Einigung und Eintragung nach § 873 BGB. und durch die am 14. Juli 1930 getroffene Vereinbarung des Klägers mit D. nach § 1117 Abs. 2

BGB. das Gläubigerrecht aus der Hypothek für D. begründet gewesen wäre (RGRKomm. a. a. O. S. 510 Anm. 4 zu § 1117). Dann unterliegt aber der wirksame Erwerb des Beklagten an der Hypothek im August 1930 keinen Rechtsbedenken mehr. Denn alle Voraussetzungen nach § 1154 Abs. 1 Satz 1, § 1117 Abs. 2 BGB. sind nunmehr unter Berücksichtigung des Eingreifens der §§ 1138, 892 das. erfüllt. Das Grundbuch ist daher seit der Eintragung vom 8. August 1930 nicht mehr unrichtig. Der bereits im August vollendete Erwerb des Beklagten und die dadurch begründete Richtigkeit des Grundbuchs konnten durch die erst nachträglich im September vom Beklagten erlangte Kenntnis der unterbliebenen Hingabe des dem Kläger durch D. versprochenen Darlehns nicht mehr erschüttert werden.

---

19. 1. Kann der Besitzer ohne die im § 1003 Abs. 1 BGB. vorgesehene Fristbestimmung auf Feststellung der erstattungsfähigen Verwendungen klagen, wenn der Eigentümer seinem Anspruch gegenüber ernsthaft bestritten hat, daß solche Verwendungen überhaupt oder daß sie in der angegebenen Höhe gemacht worden seien?

2. Können mit dieser Feststellungsklage der Antrag auf gerichtliche Bestimmung der Frist des § 1003 Abs. 2 BGB. und die Klage auf Verurteilung zur Duldung der Befriedigung aus der Sache verbunden werden?

BGB. § 1003. ZPO. §§ 255, 259.

V. Zivilsenat. Urt. v. 29. Juni 1932 i. S. M. (Kl.) w. Frau W. (Bekl.). V 182/32.

I. Landgericht Elbing.
II. Oberlandesgericht Marienwerder.

Die Beklagte verkaufte im Jahre 1922 ihr Grundstück B. Nr. 31 und die Käufer verkauften es weiter. Aus dritter Hand kaufte es 1928 der Kläger; er ist seitdem im Besitze. Später wurde entschieden, daß die Beklagte das Grundstück ihren Käufern nur gegen Zahlung von 20000 RM. aufzulassen habe. Auch wurde die Zwangsversteigerung eingeleitet. Der Kläger behauptet, das Grundstück wesentlich verbessert zu haben. Er hat die Beklagte vergebens zur Erstattung seiner Aufwendungen gegen Rückgabe des Grundstüks aufgefordert und schließlich klagend beantragt, festzustellen, daß er wegen seiner Aufwendungen bis zur Höhe von 8800 RM. einen Anspruch darauf habe, in der schwebenden Zwangsversteigerung befriedigt zu werden. Die Beklagte bestreitet, daß der Kläger den Wert des Grundstücks erhöht und Ersatz von Verwendungen zu beanspruchen habe, hat ihn auch bereits anderweit auf Räumung verklagt.

Der Kläger ist in den ersten Rechtsgängen unterlegen. Seine Revision führte zur Aufhebung und Zurückverweisung.

Gründe:

Das Berufungsgericht begründet die Abweisung der Klage dahin: Das vom Kläger beanspruchte Recht setze nach § 1003 Abs. 1 BGB. voraus, daß der Besitzer den Eigentümer unter Angabe des als Ersatz verlangten Betrages auffordere, sich innerhalb einer von ihm bestimmten angemessenen Frist darüber zu erklären, ob er die Verwendungen genehmige. Der Kläger habe aber keine Frist gesetzt, sondern halte dies beim Standpunkt der Beklagten für überflüssig. Der Fall liege jedoch anders als zu § 326 BGB., wo die Nachfrist an die Stelle der ursprünglichen Leistungsfrist trete. Denn nach § 1003 BGB. habe der Besitzer den Anspruch auf Feststellung des Betrags seiner Verwendungen nur dann, wenn der Eigentümer die Ersatzpflicht bestreite, während bei dessen Schweigen der Anspruch entfalle und sofort auf Befriedigung aus dem Grundstück geklagt werden müsse. Die Fristsetzung sei deshalb für die Entstehung des Feststellungsanspruchs unentbehrlich und die Klage beim Fehlen der Voraussetzungen des § 1003 Abs. 2 BGB. abzuweisen. Diese Begründung trägt die angefochtene Entscheidung nicht.

Soweit dem Besitzer nach den §§ 994 bis 996 BGB. Ersatz seiner Verwendungen zusteht, kann er den Anspruch nach § 1001 das. immerhin nur geltend machen, wenn der Eigentümer die Sache wiedererlangt oder die Verwendungen genehmigt. Aber weder zu dieser Genehmigung noch zur Rücknahme der Sache ist der Eigentümer rechtlich verbunden, und solange er keins von beiden tut, entsteht ein Schwebezustand, während dessen der Besitzer auf die Ausübung des Zurückbehaltungsrechts gemäß § 1000 BGB. beschränkt ist. Die Verewigung dieses Schwebezustands würde rechtlichen und wirtschaftlichen Bedenken unterliegen. Deshalb ermöglicht das Gesetz dem Besitzer, ihm ein Ende zu machen und seinen Anspruch dann, wenigstens aus der Sache, zu verwirklichen. Der Besitzer kann nämlich den Eigentümer unter Angabe des als Ersatz verlangten Betrages auffordern, sich innerhalb einer vom Besitzer bestimmten angemessenen Frist darüber zu erklären, ob er die Verwendungen genehmige; nach Fristablauf ist der Besitzer berechtigt, Befriedigung aus der Sache — bei Grundstücken nach den Vorschriften über die Zwangsvollstreckung in das unbewegliche Vermögen — zu suchen, wenn nicht die Genehmigung rechtzeitig erfolgt (§ 1003 Abs. 1 BGB.). Bestreitet der Eigentümer dagegen den Anspruch vor Fristablauf, so kann sich der Besitzer erst dann befriedigen, wenn er nach rechtskräftiger Feststellung des Betrags der Verwendungen den Eigentümer unter Bestimmung einer angemessenen Frist zur Erklärung aufgefordert hat und die Frist verstrichen ist (Abs. 2 das.). Die in Abs. 1 vorgesehene Fristbestimmung bezweckt hiernach, den Eigentümer zu einem endgültigen Entschlusse zu nötigen. Bestreitet er den Anspruch vor Fristablauf, so darf der Eigentümer klagen, und zwar zunächst um seine Verwendungen feststellen zu lassen. Läßt hingegen der Eigentümer die Frist ohne Erklärung verstreichen, so gelten die Verwendungen in der beanspruchten Höhe als festgestellt und der Besitzer kann die Befriedigung aus der Sache suchen, ohne daß der Eigentümer später mit dem Bestreiten der Verwendungen gehört wird. Bei dieser Gestaltung des Rechts ist der volle Tatbestand des § 1003 Abs. 1 Satz 1 BGB., einschließlich der Stellung und des Ablaufs einer angemessenen Frist zur Erklärung auf den vom Besitzer verlangten Betrag, zwar erforderlich, um aus der Säumnis des Eigentümers gegen diesen die Rechtsfolge der Anspruchsfeststellung zu ziehen. Dagegen ist es rechtsirrig, darin eine Voraussetzung der Klage oder gar des Anspruchs auch für den Fall zu sehen, daß sich der Eigentümer zu der Forderung des Besitzers schon erklärt hat. Wenn der Eigentümer auf die, obschon ohne Fristbestimmung, erfolgte Aufforderung des Besitzers den Umständen nach ernsthaft und endgültig erklärt hat, er bestreite, daß erstattungsfähige Verwendungen im Sinne der §§ 994 flg. BGB. überhaupt oder in der geforderten Höhe gemacht worden seien, so wäre die Wiederholung der Aufforderung und deren Verbindung mit einer Erklärungsfrist eine zwecklose, die Rechtsverfolgung verzögernde Förmlichkeit. Denn die Entschließung des Eigentümers, die das Gesetz auf diesem Wege sichern will, hat schon stattgefunden. Vielmehr steht alsdann der sofortigen Erhebung der Klage auf Feststellung des Betrags der Verwendungen nichts im Wege. Der Fall liegt im entscheidenden Punkte nicht anders als bei § 326 BGB. und ähnlichen Vorschriften, wo die Rechtsprechung die Fristbestimmung für unnötig erklärt hat, nur daß die Entscheidung des Gegners, die durch die Frist endgültig geklärt werden soll, hier nicht gerade in einer Vertragserfüllung besteht. Das Reichsgericht hat zu der Rechtsfrage bisher keine Stellung genommen, insbesondere nicht dadurch, daß in RGZ. Bd. 71 S. 429 die Wiedergabe des Gesetzesinhalts mit dem Bemerken eingeleitet wird: Voraussetzung des Befriedigungsrechts sei usw. Das Bedenken gegen den Klagantrag, soweit er auf Feststellung der ersatzfähigen Verwendungen des Klägers geht, ist hiernach hinfällig. Allein zur Entscheidung ist die Sache noch nicht reif.

Zu prüfen bleibt, ob es etwa im übrigen bei der Klagabweisung bewenden muß. Der Kläger macht nämlich mit seinem einheitlich gefaßten Antrag auch bereits sein Recht auf Befriedigung geltend, obwohl sich der Besitzer aus der Sache erst dann befriedigen kann, wenn er nach rechtskräftiger Feststellung des Betrags seiner Verwendungen den Eigentümer unter Bestimmung einer angemessenen Frist vergebens zur Erklärung über die Genehmigung aufgefordert hat. Indessen kann nicht angenommen werden, daß das Gesetz damit die Notwendigkeit zweier besonderer Prozesse hätte festlegen wollen, was, abgesehen von der Kostenfrage, für den Besitzer eine gefährliche Verzögerung der endgültigen Entscheidung über sein Recht bedeuten würde. Es ist vielmehr auf Grund entsprechender Anwendung des § 255 ZPO. in Verb. mit § 259 das. zuzulassen, daß der Besitzer mit dem Antrage auf Feststellung des Betrags der Verwendungen das Verlangen nach gerichtlicher Bestimmung der in § 1003 Abs. 2 BGB. vorgeschriebenen Frist und für den Fall ihres fruchtlosen Ablaufs die Bitte um die Verurteilung zur Duldung der Befriedigung aus der Sache verbindet (vgl. Eckels in ZBlFG. Bd. 9 S. 230flg.; Endemann Lehrb. d. Bürg. Rechts 8./9. Aufl. Bd. II 1 S. 605 Anm. 42; Enneccerus-Wolff Lehrb. d. Bürg. Rechts 9. Aufl. Bd. 3 S. 304 § 86 Anm. 28; RGRKomm. 6. Aufl. Anm. 3 zu § 1003 BGB.; die Erläuterungswerke zur ZPO. § 255 von Baumbach, Förster-Kann, Stein-Jonas; Rosenberg Lehrb. d. Deutschen Zivilprozeßrechts 3. Aufl. S. 453 III 2; anders Biermann Sachenrecht 3. Aufl. Anm. 1c zu § 1003 BGB.; Staudinger-Kober BGB. 9. Aufl. Anm. 2c zu § 1003; Warneyer BGB. 2. Aufl. zu § 1003. — Planck-

Brodmann BGB. 4. Aufl. Anm. 3b zu § 1003 nimmt keine Stellung zu der Frage und irrt mit der Annahme, RGZ. Bd. 71 S. 429 habe sie entschieden). Im gegebenen Falle ist der Antrag zwar insofern mangelhaft, als er nicht die Fristbestimmung verlangt. Es hätte indes nach § 139 ZPO. auf die sachdienliche Ergänzung des Antrags hingewirkt werden müssen, wenn auch die von der Revision in dieser Richtung gerügte Verletzung des Prozeßgesetzes nicht vorliegt, weil das Berufungsgericht wegen seiner sachlich abweichenden Beurteilung nicht vor dieser Frage stand. Wenn die Beklagte in der mündlichen Verhandlung vor dem Revisionsgericht ausgeführt hat, das Berufungsgericht habe dem Kläger schon die Anregung gegeben, die Frist zu setzen, jedoch erfolglos, so beruht das auf einem Mißverständnis. Dem Kläger ist im zweiten Rechtsgang nur vorgehalten worden, er habe noch nicht die im § 1003 Abs. 1 BGB. bestimmte Frist gesetzt, was er mit Recht für entbehrlich erklärt hat. Ein Bedenken gegen die Zulässigkeit dieses Teils des Antrags ließe sich endlich daraus herleiten, daß festgestellt werden soll, der Kläger habe in dem schwebenden Zwangsversteigerungsverfahren einen Anspruch darauf, wegen seiner Verwendungen befriedigt zu werden, während nach den Gründen der angeführten Entscheidung des erkennenden Senats nur die Verurteilung des Eigentümers zur Duldung der Zwangsvollstreckung in das Grundstück in Betracht kommt. Immerhin kann der Antrag als hierauf gerichtet gelten.

---

20. 1. Genügt zur Begründung der Ehescheidungsklage aus § 1567 Abs. 2 Nr. 1 BGB. die Verurteilung des Ehegatten zur Herstellung der ehelichen Gemeinschaft?

2. Inwieweit kann der zur Eheherstellung verurteilte Ehegatte sein Fernbleiben damit rechtfertigen, daß er geglaubt habe, der andere Teil habe sich während des entscheidenden Jahres ehewidrig verhalten?

BGB. §§ 1353, 1567.

VII. Zivilsenat. Urt. v. 1. Juli 1932 i. S. Ehemann R. (Kl.) w. Ehefrau R. (Bekl.). VII 70/32.

I. Landgericht Breslau.
II. Oberlandesgericht daselbst.

Die Parteien haben am 26. Juni 1926 die Ehe geschlossen. Seit dem 25. Juli 1927 leben sie getrennt. In einem Ende 1927 von der Frau eingeleiteten Rechtsstreit erging am 20. Februar 1929 ein Urteil des Landgerichts Breslau, das die Scheidungsklage der Frau und die Scheidungswiderklage des Mannes abwies, auf den vom letzteren gestellten Hilfsantrag aber die Frau zur Herstellung der „ehelichen Gemeinschaft" verurteilte. Dieses Urteil erlangte die Rechtskraft am 10. April 1929. Mit der im Oktober 1930 erhobenen Klage verlangt der Kläger Scheidung der Ehe wegen böslicher Verlassung (§ 1567 Abs. 2 Nr. 1 BGB.). Die Beklagte erhob Widerklage mit dem Antrag auf Scheidung nach § 1568 BGB. Das Landgericht wies die Klage ab und gab der Widerklage statt, indem es auf Scheidung der Ehe aus alleiniger Schuld des Klägers erkannte. Die durch diesen eingewendete Berufung wurde vom Oberlandesgericht zurückgewiesen.

Die Revision des Klägers führte zur Aufhebung und Zurückverweisung.

Gründe:

1. Durch das rechtskräftige Urteil vom 20. Februar 1929, auf welches sich die gegenwärtige Klage stützt, ist die damalige Klägerin, jetzige Beklagte, verurteilt worden, „die eheliche Gemeinschaft mit dem Beklagten (Kläger) wiederherzustellen". Aus dem Umstande, daß hier nicht von der „Herstellung der häuslichen Gemeinschaft" die Rede ist, läßt sich kein Bedenken herleiten, das etwa der aus § 1567 Abs. 2 Nr. 1 BGB. begründeten Klage entgegenstände. Es handelt sich hier durchaus nicht um zwei gleichgeordnete Begriffe. Nach § 1353 Abs. 1 BGB., der die Grundlage eines jeden Herstellungsurteils darstellt, sind die Ehegatten einander zur „ehelichen Lebensgemeinschaft" verpflichtet. Diese Verpflichtung umfaßt alle dem sittlichen Wesen der Ehe entsprechenden Pflichten, namentlich auch die Pflicht zum Zusammenleben in häuslicher Gemeinschaft (vgl. RGZ. Bd. 97 S. 286/287). Denselben weiten Rechtsbegriff hat offenbar auch die Zivilprozeßordnung im Auge, wenn sie den Ausdruck „Herstellung des ehelichen Lebens" verwendet (§ 606 Abs. 1 ZPO. und sonst im Abschnitt „Verfahren in Ehesachen"); diese Auffassung hat das Reichsgericht im Anschluß an die Motive zum Entwurf eines Bürgerlichen Gesetzbuches (Bd. 4 S. 108flg.) und an die Protokolle der Kommission für die zweite Lesung (S. 5061 bis 5063) von jeher vertreten (vgl. RGZ. Bd. 51 S. 185, Bd. 97 S. 287). Wenn es bei An-

stellung von Klagen aus § 1353 Abs. 1 BGB. (in Verbindung mit §§ 606 flg. ZPO.) üblich geworden ist, den Antrag auf Verurteilung zur Herstellung der „ehelichen Gemeinschaft" zu richten, so soll auch damit unzweifelhaft nichts anderes gesagt sein, als was jene gesetzlichen Vorschriften zum Ausdruck bringen. Mindestens für die weit überwiegenden Regelfälle muß demnach angenommen werden, daß mit einer Klage auf Herstellung der ehelichen Gemeinschaft stets zugleich die Herstellung der häuslichen Gemeinschaft, die in jener enthalten ist, gemeint sein soll und daß somit der daraufhin ergehende, der Fassung des Klagantrags entsprechende richterliche Ausspruch auch in diesem Sinne zu verstehen ist. Freilich sind Ausnahmefälle denkbar, wo zwar aus bestimmten Gründen ein Zusammenleben der Ehegatten an demselben Orte oder in derselben Wohnung zeitweise ausgeschlossen sein mag, dennoch aber die Erhebung einer Klage auf Herstellung einer die häusliche Gemeinschaft nicht mit umfassenden ehelichen Gemeinschaft statthaft ist (vgl. RGZ. Bd. 51 S. 182, Bd. 59 S. 256, Bd. 95 S. 330). Nur dann wird man jedoch einen Herstellungsantrag in derart eingeschränktem Sinne auffassen dürfen, wenn sich dies aus dem Sachverhalt deutlich ergibt; im Zweifel wird die Herstellung der häuslichen Gemeinschaft stets als mit gemeint zu gelten haben. Anderseits ist es gewiß zulässig, unter Beiseitelassung der sonstigen ehelichen Verpflichtungen die Klage ausschließlich auf Herstellung der häuslichen Gemeinschaft zu richten; zur Begründung einer Scheidungsklage aus § 1567 BGB. genügt nach der Fassung seines 2. Absatzes (Nr. 1) auch eine so gefaßte Verurteilung.

Da im vorliegenden Falle nichts dafür spricht, daß der Mann als Widerkläger im Vorprozeß die häusliche Gemeinschaft von seinem Herstellungsverlangen hätte ausschließen wollen, so ist hier in der Verurteilung der Frau zur Herstellung der ehelichen Gemeinschaft unbedenklich ein solcher Richterspruch zu sehen, wie ihn § 1567 Abs. 2 Nr. 1 BGB. voraussetzt.

2. Den dort bezeichneten Tatbestand der böslichen Verlassung verneint indes der Berufungsrichter aus der Erwägung, daß die Beklagte innerhalb des seit Eintritt der Rechtskraft des Herstellungsurteils laufenden Jahres glaubwürdige Mitteilung vom Vorliegen eines Scheidungsgrundes gegen den Kläger erhalten habe und daß die subjektiv begründete Überzeugung hiervon bei ihrer Absicht, die Trennung vom Kläger fortbestehen zu lassen, die Böslichkeit aus-

schließe. Jene Mitteilung findet der Vorderrichter in folgenden Vorgängen: Die Beklagte hatte ein Breslauer Auskunftei- und Detektiv-Institut mit Ermittlungen über den Lebenswandel des Klägers beauftragt. Dieses übersandte am 7. März 1930 der in Dresden wohnhaften Beklagten sowie dem Rechtsanwalt S. in Breslau, der ihre Belange wahrnahm und sie später im ersten Rechtszuge vertrat, einen „Tätigkeitsbericht", aus dem sich ergab, daß ein Beauftragter des Instituts am 4. März 1930 zusammen mit dem Kläger in einer Gastwirtschaft verweilt und dort beobachtet hatte, wie in später Abendstunde eine dem Kläger bekannte Frauensperson mit Namen Else H. dorthin kam, mit dem Kläger Bier trank, sich mit ihm duzte und küßte, dem Beauftragten auf Befragen erklärte, sie sei die Braut des Klägers, und schließlich mit dem letzteren noch eine Verabredung traf. Rechtsanwalt S. sandte der Beklagten am 9. März 1930 einen Brief, in welchem er zu jenem Berichte bemerkte: „Es ist darin natürlich viel wertloses Zeug unnütz erzählt, aber wir scheinen damit doch einen wesentlichen Schritt weiter gelangt zu sein" und weiter, nachdem er der Beklagten zugeredet hatte, eine von dem Detektiv-Institut gestellte Geldforderung zu befriedigen, folgendes schrieb: „Es wäre schade, wenn wir so kurz vor dem Ziele scheitern würden. Ihr Interesse daran, Ihrem Manne eine Eheverfehlung nachzuweisen, ist doch sehr groß; wir können es unter Umständen erreichen, daß die Ehe aus dem alleinigen Verschulden Ihres Mannes geschieden wird und er Ihnen lebenslänglich Unterhalt zahlen muß." Eine weitere, nur an den genannten Anwalt gerichtete Zuschrift des Instituts vom 5. April 1930 stellte noch andere den Kläger belastende Angaben in Aussicht und wurde von dem Anwalt am 13. April abschriftlich der Beklagten übersandt, die sonach diese Mitteilung erst nach dem Ablauf des entscheidenden Jahres empfing, der am 10. April 1930 geschehen war.

Das Berufungsgericht würdigt diese Vorgänge wie folgt: Durch das Schreiben des Detektiv-Instituts vom 7. März 1930 und den Brief ihres Anwalts vom 9. März 1930 habe die Beklagte die haltbare Grundlage zu der Überzeugung bekommen, daß die Beziehungen des Klägers zur Zeugin H. schon damals einen Umfang angenommen hätten, der sich mit der ehelichen Treupflicht des Klägers nicht vertragen habe; diese Überzeugung habe die weitere begründet, daß ihr der Kläger mit seinen Beziehungen zu der Zeugin einen Scheidungsgrund gegeben habe, der sie berechtigte, dem Herstellungsgebot des Urteils nicht zu folgen. Die subjektive Berechtigung dieser Überzeugung der Beklagten ergebe sich auch aus dem ergänzenden Detektivbericht vom 5. April 1930. An anderer Stelle des Urteils räumt der Vorderrichter ein, daß die Beziehungen zwischen dem Kläger und der Zeugin H. bei ihrem Wiederbeginn am 4. März 1930 objektiv noch nicht ehewidrig gewesen sein mögen; er nimmt aber an, daß sie sich später, nach Ablauf des entscheidenden Jahres, ehewidrig gestaltet hätten, und gibt deshalb der auf § 1568 BGB. gestützten Widerklage statt.

Hiernach beruht die Entscheidung des Berufungsrichters zur Scheidungsklage aus § 1567 BGB. auf der Annahme, die Beklagte habe seit dem Empfang der Schreiben vom 7. und 9. März 1930 an ein ehewidriges Verhalten des Klägers geglaubt, das in Wirklichkeit damals nicht vorhanden war. Es ist in der reichsgerichtlichen Rechtsprechung anerkannt, daß bei solcher Lage die bösliche Absicht des Ehegatten, der dem Herstellungsurteil den Gehorsam versagt, verneint werden kann, was dann zur Abweisung der Scheidungsklage aus § 1567 Abs. 2 Nr. 1 BGB. führen muß (RGZ. Bd. 81 S. 298, Bd. 107 S. 333/334, Bd. 118 S. 192; WarnRspr. 1912 Nr. 263; RGUrt. vom 20. Dezember 1917 IV 278/17). Immerhin wird bei der Beurteilung derartiger Fälle stets auch der Gesichtspunkt beachtet werden müssen, daß es für denjenigen Ehegatten, der das Herstellungsurteil erstritten und während des entscheidenden Jahres keine Ehewidrigkeiten von Erheblichkeit begangen hat, eine grobe Unbilligkeit bedeuten würde, wenn ihm der gesetzlich gewährleistete Scheidungsanspruch versagt würde auf Grund rein subjektiver Vorstellungen, von denen sich der andere Ehegatte etwa hat beherrschen lassen. Deshalb wird der Richter mit besonderer Vorsicht zu prüfen haben, ob diejenigen Anhaltspunkte, auf die der zur Eheherstellung Verurteilte seine Überzeugung von ehewidrigem Verhalten des anderen Teils gegründet haben will, wirklich so beschaffen waren, daß daraus bei einer ohne jede Voreingenommenheit anzustellenden verständigen Erwägung der Schluß auf ein solches Verhalten, das ihn zur Scheidungsklage oder mindestens zur Verweigerung der Eheherstellung nach § 1353 Abs. 2 Satz 1 BGB. berechtigen würde, mit einiger Sicherheit gezogen werden konnte. Ob diese Voraussetzungen in dem hier gegebenen Falle erfüllt waren, kann zweifelhaft sein. Die Revision beanstandet die Annahme, daß die Mitteilung des Detektiv-Instituts vom 7. März 1930 ausgereicht habe, um bei der Beklagten die Überzeugung zu begründen, sie könne daraufhin gegen ihren Ehemann auf Scheidung (nach § 1568 BGB.) klagen. Diese Ausführung des Berufungsgerichts, bei der in unstatthafter Weise auch die Nachrichten hereingezogen werden, die der Beklagten erst nach Ablauf des entscheidenden Jahres zugegangen sind, muß in der Tat Bedenken erwecken, namentlich auch in der Richtung, ob die Beklagte ihre Ehe als durch das ihr berichtete Vorkommnis zwischen dem Kläger und der Zeugin H. zerrüttet angesehen haben mag. Doch liegt die Annahme des Vorderrichters, die Beklagte sei vom Vorhandensein eines Scheidungsgrundes überzeugt gewesen, immerhin zum großen Teile auf tatsächlichem Gebiet. Ob die hier geltend zu machenden rechtlichen Bedenken zur Aufhebung des Berufungsurteils ausreichen würden, braucht indes nicht entschieden zu werden, weil der erkennende Senat ohnehin dazu gelangt, der Revision stattzugeben.

Hierzu führt eine andere Erwägung, die jedoch mit dem bisher Erörterten im Zusammenhang steht. Der Umstand, daß der zur Eheherstellung verurteilte Ehegatte daran geglaubt hat, daß sich der andere Teil während des entscheidenden Jahres ehewidrig verhalten habe, kann nur dann sein Fernbleiben rechtfertigen, wenn dieser Glaube bestimmend oder wenigstens mitbestimmend war für seinen Entschluß, nicht zu dem Ehegatten zurückzukehren. Stand aber dieser Entschluß von vornherein fest, dann kann die darin liegende bösliche Absicht, wie sie § 1567 Abs. 2 Nr. 1 BGB. voraussetzt, keinesfalls dadurch ausgeschlossen werden, daß der Ehegatte von Verfehlungen des anderen Teiles Kenntnis erlangt, die ihm nach Lage der Dinge insoweit gleichgültig sein mußten. Als durchaus unstatthaft hat es zu gelten, daß etwa ein Ehegatte, der bereits fest entschlossen ist, dem Herstellungsurteil innerhalb des entscheidenden Jahres keine Folge zu leisten, ihm bekannt werdende Vorkommnisse, die auf ehewidriges Verhalten des anderen Ehegatten hindeuten, als Ausrede vorschützen und so die Scheidung der Ehe nach § 1567 BGB. abwenden dürfte. Dabei ist es ohne Belang, ob es sich um wahre Vorgänge handelt oder ob der Ehegatte sie nur für wahr und für erheblich gehalten hat. Diese Auffassung hat das Reichsgericht auch früher schon kundgegeben. In RGZ. Bd. 81 S. 296 (298) hat der IV. Zivilsenat ausgesprochen:

Tatsachen, die dem zur Herstellung Verurteilten als Gründe dienen könnten, die Rückkehr zu verweigern oder gar die Scheidung des anderen Teiles zu verlangen, kommen mithin für den Tatbestand der böslichen Verlassung lediglich unter dem Gesichtspunkt in Betracht, ob sie sein Glauben und Wollen beeinflußt haben, und davon kann wiederum nur die Rede sein, wenn er innerhalb des kritischen Jahres hiervon Kenntnis erlangt hat.

Ferner hat derselbe Senat in seinem Urteil vom 14. Dezember 1916 IV 266/16 (abgedr. LZ. 1917 Sp. 869 Nr. 14) darauf hingewiesen, daß der zur Eheherstellung Verurteilte den Vorwurf der Böslichkeit seines fortdauernden Getrenntlebens nicht schon dadurch allein entkräften kann, daß er ihm zur Kenntnis gekommene Eheverfehlungen des anderen Teiles nachweist, sondern daß diese Verfehlungen bestimmend oder doch zum mindesten mitbestimmend auf sein eigenes Verhalten, und zwar auf den Willen, nicht zurückzukehren, eingewirkt haben müssen.

Das Berufungsgericht hat — wie die Revision zutreffend ausführt — diesen wichtigen rechtlichen Gesichtspunkt ganz übersehen und jede Erörterung der Willensrichtung der Beklagten und der etwaigen Einwirkung der ihr am 7. März 1930 übermittelten Nachrichten auf ihren Willen unterlassen. Zu einer solchen Prüfung bot aber die Sachlage besonderen Anlaß. Die Beklagte war schon elf Monate lang dem Herstellungsurteil ungehorsam gewesen, ohne für diesen Zeitraum etwas zu ihrer Entschuldigung vorbringen zu können. Auch wäre die Beauftragung des Detektiv-Institutes möglicherweise in dem Sinne aufzufassen, daß es der Beklagten nur darum zu tun war, eine Rechtfertigung für ihren sonst schon feststehenden Entschluß, nicht zum Kläger zurückzukehren, zu finden. Dafür dürfte ferner noch der Inhalt der Briefe des Rechtsanwalts S. an die Beklagte vom 9. März und 13. April 1930 sprechen. Alle diese Umstände bedurften eingehender Erörterung durch den Tatrichter. Da eine solche bisher unterblieben ist, muß das angefochtene Urteil aufgehoben werden, und zwar wegen des Grundsatzes der Einheitlichkeit der Entscheidung in Ehesachen seinem gesamten Bestande nach.

21. 1. Ist der Konkursverwalter durch einen vom Gemeinschuldner geschlossenen Schiedsvertrag gebunden, insbesondere auch insoweit, als es sich um einen Streit über den Bestand von Rechten handelt, auf Grund deren im Konkurs Aussonderung oder abgesonderte Befriedigung begehrt wird?

2. Zum Begriff der Verurteilung zu einer der Genehmigung der Devisenbewirtschaftungsstelle bedürfenden Leistung im Sinne der Devisenbewirtschaftungsverordnung.

ZPO. § 1025. KO. §§ 43, 48. Verordnung über die Devisenbewirtschaftung vom 23. Mai 1932 (RGBl. I S. 231) §§ 12, 13, 14, 22, 24.

VII. Zivilsenat. Urt. v. 8. Juli 1932 i. S. v. B. als Verwalter im Konkurs über das Vermögen des Kaufmanns S. (Bekl.) w. P. H. u. F.-AG. (Kl.). VII 49/32.

I. Landgericht Hamburg.
II. Oberlandesgericht daselbst.

Der Gemeinschuldner S. war im November 1926 mit Einwilligung der Finanzdeputation in einen Vertrag vom 9. Oktober 1923 eingetreten, durch den der Hamburgische Staat einem Dr. B. ein Grundstück bis zum 30. Juni 1953 unter der Auflage vermietet hatte, darauf ein Geschäftshaus zu errichten, das mit dem Einbau Eigentum des Staates werden sollte. Am 25. April 1929 nahm S. bei der Klägerin ein Darlehen von 300000 GM. auf und vereinbarte zu dessen Sicherung, daß jener Vertrag mit dem von ihm einzuholenden, am 29. April 1929 erteilten Einverständnisse der Finanzdeputation auf den Kaufmann H. „übertragen" werden sollte, der dann als „Treuhänder" für die Klägerin und für S. den Mietern gegenüber Vermieter des Grundstücks sein, den Reinüberschuß der Mieten jeden Monat an S. abführen sollte, solange dieser die vereinbarte Verzinsung und Tilgung des Darlehns pünktlich bewirken würde, und nach dessen völliger Rückzahlung die „Rückübertragung des Vertrags" auf S. bei der Finanzdeputation zu beantragen hätte. Nach § 8 des Darlehnsvertrages sollten „alle etwaigen Streitigkeiten und Meinungsverschiedenheiten, die sich aus ihm ergeben würden," durch ein Schiedsgericht unter Ausschluß des ordentlichen Rechtsweges erledigt werden, soweit nicht die ordentlichen Gerichte ausschließlich zuständig sind, und es sollten „für das Schiedsgericht und den übrigen Vertrag die Bestimmungen des deutschen Rechtes gelten."

Nachdem S. im Februar 1931 in Konkurs geraten und der Beklagte zum Verwalter bestellt worden war, beanspruchte die Klägerin abgesonderte Befriedigung aus dem Reinertrage der Mieten und aus einer Veräußerung ihrer durch den Vertrag vom 25. April 1929 begründeten Rechte. Das von ihr unter Beitritt des H. angerufene Schiedsgericht verurteilte den Beklagten, dem H. gegenüber einzuwilligen, daß dieser den Reinüberschuß der Mieten an die Klägerin auf deren Zins- und Tilgungsforderung vergüte, und stellte ferner fest, daß die Klägerin berechtigt sei, ihre Rechte aus dem Vertrage vom 25. April 1929 an dem in Rede stehenden Grundstück durch einen Notar an der Börse öffentlich versteigern zu lassen. Auf Antrag der Klägerin erklärte das Landgericht gegen den Widerspruch des Beklagten diesen Schiedsspruch für vollstreckbar. Die Berufung des Beklagten wurde vom Oberlandesgericht zurückgewiesen. Auch seine Revision blieb erfolglos.

Aus den Gründen:

Das Berufungsgericht hält den Einwand der Unzulässigkeit des schiedsgerichtlichen Verfahrens für unbegründet, weil der Konkursverwalter im allgemeinen in die vom Gemeinschuldner abgeschlossenen Schiedsverträge eintrete und die etwa aus § 23 KO. herzuleitende Aufhebung des Treuhandverhältnisses mit H. durch den Konkurs den Darlehnsvertrag mit der Klägerin und die auf diesen bezügliche Schiedsgerichtsklausel nicht berühre. Die Revision beanstandet diese Ausführung einmal deshalb, weil der Gemeinschuldner den ordentlichen Gerichten die ausschließliche Zuständigkeit zur Entscheidung über den Bestand von Aussonderungs- und Absonderungsrechten nicht durch eine im voraus getroffene Vereinbarung entziehen könne, sodann weil das Berufungsgericht eine Prüfung darüber unterlassen habe, ob der Vertrag in solchem Sinne auszulegen sei. Die zweite Rüge ist deshalb unbegründet, weil sich aus den Ausführungen des Vorderrichters ohne weiteres ergibt, daß er der Schiedsklausel eben jene von der Revision als unzulässig bezeichnete Tragweite nach dem Willen der Parteien beimessen zu müssen geglaubt hat. Diese Auslegung ist für das Revisionsgericht deshalb nicht weniger verbindlich, weil ihr keine besondere Begründung beigegeben wurde. Aber auch die erste Rüge kann nicht als gerechtfertigt erachtet werden. Allerdings kann niemand vor der Konkurseröffnung einen Schiedsvertrag darüber schließen, ob in seinem künftigen Konkurs ein Aussonderungs- oder Absonderungsrecht anzuerkennen sei, wie er auch den Bestand eines solchen Rechtes nicht wirksam für den Konkursfall anerkennen kann. Aber wie der Gemeinschuldner durch einen vor dem Konkurs abgeschlossenen Vergleich Eigentum, Pfandrecht oder ein sonstiges Recht eines Dritten, aus dem sich im Konkursfall ein Aussonderungs- oder Absonderungsrecht ergeben würde, gültig begründen kann, so steht auch der Rechtswirksamkeit eines vor dem Konkurse geschlossenen Schiedsvertrags über den Bestand eines Rechtes jener Art rechtlich nichts entgegen, da nach § 1025 ZPO. ein Schiedsvertrag über alle Streitigkeiten rechtswirksam geschlossen werden kann, die den Gegenstand eines Vergleichs bilden können. Diese Rechtswirksamkeit wird auch durch die Konkurseröffnung nicht berührt, sondern sie erstreckt sich auf den Konkursverwalter. Die Konkursordnung geht davon aus, daß der Verwalter grundsätzlich die Rechtslage hinnehmen muß, die bei Eröffnung des Verfahrens besteht. Ausnahmen hiervon sind in den Anfechtungsvorschriften der §§ 29flg. KO. und wegen der Erfüllung der Rechtsgeschäfte in den §§ 17 bis 28 das. getroffen. Von den letzteren Vorschriften trifft keine auf den Schiedsvertrag zu. Sofern also nicht etwa im Einzelfalle die Voraussetzungen der Anfechtbarkeit bei ihm bestehen — was hier nicht behauptet ist und nach der allgemeinen Sachlage nicht in Frage kommt — ist der Schiedsvertrag für den Konkursverwalter bindend.

(Weiterhin werden mehrere Rügen zurückgewiesen, welche sich gegen die Ausführungen des Berufungsurteils über diejenigen Einwendungen des Beklagten richten, die sich auf den Inhalt und die Fassung des Schiedsspruchs und auf das Verfahren des Schiedsgerichts beziehen; sodann fährt die Begründung fort:)

Von Amts wegen bleibt noch zu prüfen, ob etwa die seit dem Erlasse des Schiedsspruchs ergangenen Vorschriften über die Devisenbewirtschaftung seiner Vollstreckbarerklärung entgegenstehen. Maßgebend ist hierbei nach den vom erkennenden (damals VI.) Zivilsenate in seinem Urteil vom 28. März 1924 (RGZ. Bd. 108 S. 139 [143]) aufgestellten Grundsätzen die beim Erlasse des Revisionsurteils geltende Fassung dieser Vorschriften, also die Verordnung vom 23. Mai 1932. Nach deren in erster Linie in Betracht kommendem § 24 darf ein Schiedsspruch, der den Schuldner zu einer im Sinne des § 22 genehmigungsbedürftigen Leistung verpflichtet, erst nach Erteilung der erforderlichen Genehmigung für vollstreckbar erklärt werden. Um einen solchen Schiedsspruch handelt es sich aber im vorliegenden Falle nicht. Eine Verurteilung zu einer im Sinne des § 22 genehmigungsbedürftigen Leistung, d. h. zu einer Leistung, die nach den Vorschriften der Verordnung oder einer Durchführungsverordnung nicht ohne Genehmigung der Devisenbewirtschaftungsstelle bewirkt werden darf, enthält weder der erste noch der zweite Teil der Schiedsspruchsformel. Die Einwilligung, zu deren Erteilung der Beklagte im ersten Satze der Formel verurteilt wird, soll zwar mit Bezug auf eine von H. beabsichtigte Vergütungsleistung an die Klägerin gegeben werden, sie ist aber nur eine durch die bürgerlichrechtlichen Beziehungen der Parteien erforderte Voraussetzung zur Ausführung dieser Absicht; durch die Verurteilung zu dieser Einwilligung wie auch durch ihre Erteilung wird die Vergütungsleistung noch nicht in Angriff genommen oder ihr vorgegriffen. Zudem ist weder im Schiedsspruch festgelegt noch durch die aus ihm ersichtliche Sach- und Rechtslage bedingt, daß H. die Vergütung seinerzeit mittels einer nach § 12 oder § 14 der angeführten Verordnung genehmigungsbedürftigen Handlung zu bewirken haben wird. Es wird, wenn er sich entschließen sollte, die Vergütung auf derartigem Wege zu leisten, lediglich seine Sache sein, die hierzu erforderliche Genehmigung der Devisenbewirtschaftungsstelle zu beschaffen. Der zweite Satz des Schiedsspruches enthält überhaupt keine Verurteilung des Beklagten zu einer Leistung, sondern stellt nur im Verhältnis zu diesem eine bürgerlichrechtliche Befugnis der Klägerin zu einer auf der Sicherungsabtretung beruhenden Verfügung fest. Diese Verfügung, nämlich die Veräußerung der ihr zur Sicherung abgetretenen Vertragsrechte, ist selbst noch keine Verfügung über ihre gesicherte Darlehnsforderung im Sinne des § 13 Abs. 3 Vo., sondern soll nur eine solche Verfügung nämlich die Empfangnahme des Veräußerungserlöses zur Tilgung der Darlehnsforderung, vorbereiten. Die Erteilung einer Genehmigung wird deshalb erst bei der Abführung des Erlöses durch den Käufer der Rechte oder durch den mit dem Verkaufe betrauten Notar in Frage kommen.

Da hiernach zur Vollstreckbarerklärung des Schiedsspruches keine vorgängige Genehmigung der Devisenbewirtschaftungsstelle erforderlich ist, so hat das Berufungsurteil auch insoweit als rechtlich unbedenklich zu gelten.

22. Welches Oberlandesgericht ist als Berufungsgericht zuständig, wenn das Landgericht nach Erlassung seines Urteils aufgehoben worden ist und die ihm zugehörig gewesenen Amtsgerichte anderen Landgerichten zugeteilt worden sind, die verschiedenen Oberlandesgerichtsbezirken angehören?

ZPO. §§ 518, 519b. Verordnung des Bayerischen Gesamtministeriums vom 15. Februar 1932 (Bayer. Staatsanzeiger Nr. 39).

VIII. Zivilsenat. Beschl. v. 11. Juli 1932 i. S. Eheleute St. (Bekl.) w. K. (Kl.). VIII B 23/32.

I. Landgericht Straubing.
II. Oberlandesgericht München.

Der Sachverhalt ergibt sich aus den nachstehenden

Gründen:

Der Kläger verlangt von den im Amtsgerichtsbezirk Bogen wohnenden Beklagten die Auszahlung eines Heiratsguts. Das Landgericht Straubing hat mit Urteil vom 16. März 1932 der Klage teilweise stattgegeben. Die Berechtigung des Klaganspruchs wurde insoweit auf vertragliche Verpflichtungen gestützt, welche die Beklagten bei Verhandlungen in Bogen übernommen hatten.

Zur Zeit der Erlassung des Urteils gehörte das Landgericht Straubing zu dem Bezirk des Oberlandesgerichts München. Jedoch wurde es durch § 45 der auf Grund des § 64 der Bayerischen Verfassungsurkunde und des Art. 48 Abs. 4 RVerf. erlassenen bayerischen Verordnung zum Vollzug des Staatshaushalts vom 30. Oktober 1931 (GVBl. S. 309) mit Wirkung vom 1. April 1932 aufgehoben. Dabei wurden durch Ausführungs-Verordnung des Gesamtministeriums vom 15. Februar 1932 vom Bezirke des Landgerichts Straubing die Amtsgerichtsbezirke Landau an der Isar und Mallersdorf dem Landgericht Landshut, das zum Bezirk des Oberlandesgerichts München gehört, die übrigen Amtsgerichtsbezirke, darunter der Amtsgerichtsbezirk Bogen, dem Landgericht Regensburg zugewiesen, dem das Oberlandesgericht Nürnberg übergeordnet ist.

Am 9. Mai 1932 legten die Beklagten durch Einreichung eines Schriftsatzes beim Oberlandesgericht München gegen das vorbezeichnete Urteil Berufung ein.

Mit Beschluß vom 19. Mai 1932 verwarf dieses Gericht die Berufung als unzulässig. Es nahm an, daß im Zeitpunkt der Berufungseinlegung auf Grund der am 1. April 1932 in Kraft getretenen Änderung der Gerichts-Organisation für den mit Urteil des aufgehobenen Landgerichts Straubing vom 16. März 1932 entschiedenen Rechtsstreit wegen dessen örtlicher Beziehung zu dem Amtsgerichtsbezirk Bogen das Landgericht Regensburg Nachfolgegericht und das Oberlandesgericht Nürnberg als das dem Landgericht Regensburg übergeordnete Gericht zuständig gewesen, die Berufung somit nicht beim zuständigen Berufungsgericht eingelegt worden sei.

Gegen diesen Beschluß legten die Beklagten sofortige Beschwerde ein. Sie machten geltend, das Oberlandesgericht München sei bis zum 31. März 1932 zur Verhandlung und Entscheidung über das Rechtsmittel der Berufung gegen sämtliche Entscheidungen zuständig gewesen, welche bis zu diesem Tage durch das Landgericht Straubing erlassen worden seien. Die Zuständigkeit des Oberlandesgerichts München sei dadurch nicht berührt worden, daß gegen solche vor dem 1. April 1932 vom Landgericht Straubing erlassene Entscheidungen erst nach dem 1. April 1932 Berufung eingelegt worden sei, auch wenn im Zeitpunkt der Einlegung des Rechtsmittels das Landgericht Straubing auf Grund der Verordnung vom 30. Oktober 1931 aufgehoben gewesen sei.

Die Beschwerde ist unbegründet.

Da nur die Berufungseinlegung bei einem zuständigen Berufungsgericht die Rechtsmittelfrist wahrt, so ist für die Zulässigkeit der Berufung ausschlaggebend, ob das angerufene Gericht gerade im Zeitpunkt der Einlegung des Rechtsmittels zuständig war (vgl. RGZ. Bd. 102 S. 304, Bd. 103 S. 294, Bd. 107 S. 382). Das kann jedenfalls dann nicht zweifelhaft sein, wenn der Bezirk des aufgehobenen Gerichts in seinem ganzen Umfang einem Gericht zugeschlagen wird, das demselben Berufungsgericht unterstellt ist; denn die obergerichtliche Zuständigkeit hat sich dann nicht geändert. Wird der Bezirk des aufgehobenen Gerichts ebenfalls ungeteilt einem anderen Obergericht unterstellt, so muß notwendigerweise dieses in Sachen angegangen werden, in denen von dem für die Änderung maßgebenden Zeitpunkt ab Berufung eingelegt wird. Auch bei solcher Sachlage ist es unerheblich, ob sich die Zuständigkeit des Untergerichts nach rein örtlichen oder nach anderen Gesichtspunkten bestimmt.

Anders aber gestaltet sich die Rechtslage, wenn eine Aufteilung der unteren Gerichtssprengel unter mehrere Obergerichte eintritt. Dann wird es Aufgabe der die Teilung vornehmenden Landesverwaltungsbehörde sein, auch für diejenigen Möglichkeiten Vorsorge zu treffen, wo sich die Zuständigkeit mehrerer, nach den dafür gegebenen Vorschriften zur Entscheidung berufener Gerichte nicht lediglich nach geographischen Gesichtspunkten beurteilen läßt oder wo die Zuständigkeit aus anderer Ursache zweifelhaft wird. Denn dann fehlt es beim Ausbleiben besonderer Regelung an der zweifellosen Zugehörigkeit einzelner Sachen zu einem der Untergerichte und deswegen wird auch nicht in jedem Fall ohne weiteres bestimmt werden können, zu welchem der mehreren Obergerichte die Sache gehört.

Welche besondere Regelung in der Verordnung vom 15. Februar 1932 enthalten ist, leitet der angegriffene Beschluß aus dem Umstande her, daß in ihr außer zwei ausdrücklich genannten, dem Landgericht Landshut zugeteilten Amtsgerichtsbezirken die übrigen dem Landgericht Regensburg zugewiesen worden sind. Daraus wird gefolgert, daß die bisher beim Landgericht Straubing anhängig gewesenen bürgerlichen Rechtsstreitigkeiten, für die seine Zuständigkeit ausschließlich durch deren örtliche Beziehungen zu den beiden erwähnten Amtsgerichtsbezirken begründet wurde, auf das Landgericht Landshut, die übrigen aber auf das Landgericht Regensburg übergehen sollten. Nur diese Regelung schließt es nach Meinung des Oberlandesgerichts München aus, daß die Zuständigkeit bezüglich einer Sache — z. B. bei Verschiedenheit des Wohnsitzes des Beklagten einerseits und des Erfüllungsortes oder des Ortes der unerlaubten Handlung anderseits — sowohl beim Landgericht Landshut als auch beim Landgericht Regensburg oder — z. B. bei Sachen mit vereinbartem Gerichtsstand — bei keinem der Landgerichte gegeben wäre. Die Eigenschaft der Landgerichte als Nachfolgegerichte begründe dann auch die Zuständigkeit der Berufungsgerichte.

Abgesehen davon, daß — z. B. dann, wenn beim Gerichtsstand des § 24 ZPO. das Grundstück auf zwei nunmehr verschiedenen Landgerichten unterstellte Amtsgerichtsbezirke übergreift (vgl. RGZ. Bd. 86 S. 278) — auch die vom Oberlandesgericht München gefundene Auslegung der Verordnung des Gesamtministeriums keine jeden Zweifel ausschließende Deutung gibt, wird diese Auslegung durch den Verordnungsinhalt, in dem von Ausschließlichkeit nicht die Rede ist, keineswegs getragen. Wohl aber mag das Herausheben zweier einzelner Amtsgerichtsbezirke aus einer größeren Zahl und die Zuteilung aller übrigen an das Landgericht Regensburg ohne Zwang dahin gedeutet werden können, daß die Landesbehörde beabsichtigt habe, den Bezirk des aufgehobenen Landgerichts nicht allein im weit überwiegenden Umfange, sondern auch grundsätzlich für alle zweifelhaften Fälle dem Landgericht Regensburg zu übertragen, dem Landgericht Landshut dagegen nur diejenigen Sachen, bei denen örtliche Beziehungen zum Bereich eines der beiden ausdrücklich erwähnten Amtsgerichte auf deren Zuständigkeit nach Maßgabe der einschlagenden Vorschriften der Zivilprozeßordnung hinweisen. Jedenfalls für den vorliegenden Sachverhalt wird durch die Verordnung die Erwägung des Oberlandesgerichts gedeckt, die Zuständigkeit des Landgerichts Straubing sei dadurch begründet gewesen, daß die Beklagten ihren Wohnsitz im Amtsgerichtbezirk Bogen hatten, und deshalb kämen ausschließlich das Landgericht Regensburg als Nachfolgegericht und das Oberlandesgericht Nürnberg als Berufungsgericht in Betracht.

Nicht mit Rechtsgründen zu belegen und deshalb zu verwerfen ist die von den Beschwerdeführern herangezogene Ansicht von Friedländer in JW. 1932 S. 1544, daß ein Urteil bei demjenigen Gericht anzufechten sei, das im Zeitpunkt seiner Erlassung das übergeordnete Gericht war, und daß deshalb für Urteile des aufgehobenen Landgerichts Straubing nur das Oberlandesgericht München als Obergericht in Betracht komme. Jener Ansicht ohne eine ihr entsprechende Verwaltungsverordnung zur Geltung zu verhelfen, verbietet das Gesetz; denn nur aus der maßgebenden Verwaltungsverordnung kann bei Organisationsänderungen entnommen werden, welches Gericht Berufungsgericht im Sinne von § 518 Abs. 1 ZPO. werden soll (vgl. Mot. z. GVG. S. 3), und nur die Einlegung der Berufung bei diesem Gericht wahrt die Frist des § 516 ZPO. Ergibt sich aber bei der Prüfung gemäß § 519b das., daß die Berufung an ein unzuständiges Gericht gelangt ist, so muß sie, in Übereinstimmung mit dem angegriffenen Beschluß, als unzulässig verworfen werden, weil mangels Anrufung des im Sinne von § 518 Abs. 1 ZPO. zuständigen Gerichts die gesetzliche Form nicht eingehalten worden ist.

Demgemäß war die Beschwerde zurückzuweisen.

23. 1. Setzt im Falle von baulichen Maßnahmen, die auf Wunsch des Mieters getroffen wurden, die Ausschließung des außerordentlichen Kündigungsrechts voraus, daß der Vermieter den damit verbundenen außergewöhnlichen Kostenaufwand getragen hat?

2. Steht die Vereinbarung, der Mieter solle den außergewöhnlichen Aufwand verzinsen und tilgen, der Ausschließung des Kündigungsrechts entgegen?

Vierte Notverordnung des Reichspräsidenten vom 8. Dezember 1931 Teil II Kap. III (außerordentliche Kündigung von Mietverträgen) § 2 Nr. 2 (RGBl. I S. 699, 708). Verordnung über die außerordentliche Mietkündigung vom 23. Dezember 1931 Art. 2 (RGBl. I S. 796).

VIII. Zivilsenat. Urt. v. 11. Juli 1932 i. S. Stadtgemeinde K. (Bekl.) w. E. AG. (Kl.). VIII 166/32.

I. Landgericht Köln.
II. Oberlandesgericht daselbst.

Durch Vertrag vom 10. November 1928 hat die Beklagte in einem Hause der Klägerin in K. Geschäftsräume auf die Dauer von sieben Jahren gemietet. Sie hat das Recht eingeräumt erhalten, das Mietverhältnis jeweils um ein Jahr bis zur Höchstdauer von drei Jahren zu verlängern. Der Mietpreis beträgt jährlich 120000 RM. Die Klägerin hat sich verpflichtet, auf ihre Kosten die von der Beklagten gewünschten Einbauten auszuführen. Die dadurch entstehenden Ausgaben sollten von der Beklagten mit jährlich 20000 RM. verzinst und getilgt und dieser Betrag sollte bis zum Ablauf von zehn Jahren auch dann bezahlt werden, wenn die Beklagte das Mietverhältnis nicht so lange erstrecken würde. Die Parteien gingen davon aus, daß ein Teil der Einbauten als „Dauerwerte" zu betrachten sei, d. h. auch für spätere Mieter „von Bedeutung sein" werde; sie schätzten diese Werte auf 84000 RM., während der Wert der nur für die Beklagte nutzbaren Einrichtungen auf 124000 RM. angenommen wurde.

Mit Schreiben vom 24. Dezember 1931 kündigte die Beklagte das Mietverhältnis unter Berufung auf die Vierte Notverordnung vom 8. Dezember 1931. Die Klägerin widersprach und begehrte Feststellung dahin, daß die Kündigung der rechtlichen Grundlage entbehre und unwirksam sei. Beide Vorinstanzen erkannten dementsprechend. Die Revision der Beklagten blieb erfolglos.

Gründe:

Das Berufungsgericht hält den Tatbestand sowohl des § 2 Nr. 2 in Teil II Kap. III der Notverordnung vom 8. Dezember 1931 wie der ergänzenden Vorschrift des Art. 2 MietKündVo. vom 23. Dezember 1931 für gegeben. Es stellt fest, die Klägerin habe sich verpflichtet, die von der Beklagten gewünschten Einbauten auf eigene Kosten auszuführen, und ist der Meinung, die von der Beklagten übernommene Verpflichtung zur Verzinsung und Tilgung ändere nichts daran, daß die Klägerin die Aufwendungen zu tragen habe. Ein Vermieter werde nur dann für Instandsetzungen, Einbauten und dergl. in den Mieträumen Aufwendungen machen, wenn er annehmen könne, sie durch entsprechende Festsetzung des Mietzinses wieder einzubringen. Werde auch regelmäßig die Tilgung und Verzinsung nicht neben dem Mietzins geleistet, sondern in den Mietzins eingerechnet, so mache es doch sachlich und rechtlich keinen Unterschied, wenn, wie hier, die Tilgung und Verzinsung gesondert festgesetzt werde. Der Mietzins im engeren Sinne und die Tilgung und Verzinsung seien als eine Leistung anzusehen. Der Vermieter trage die Kosten der Einbauten in der Hoffnung, durch das Entgelt des Mieters auch für seine Aufwendungen entschädigt zu werden. Der Umstand, daß die Beklagte die für die Verzinsung und Tilgung ausgeworfene jährliche Leistung von 20000 RM. bis zum Ablauf von zehn Jahren zu entrichten habe, selbst wenn sie nach sieben Jahren von ihrer Befugnis zur Weiterbenutzung der Mieträume keinen Gebrauch mache, könne auch keine andere Auffassung rechtfertigen. Die Verpflichtung zur Fortentrichtung der jährlichen Leistung von 20000 RM. über den Zeitpunkt der Beendigung des Mietverhältnisses hinaus stelle sich als eine Beschränkung des Wahlrechts der Beklagten dar. Denn sie habe wenigstens einen Teil des Mietzinses als eine Art von Abstandsgeld weiter zu zahlen übernommen für den Fall, daß sie ihr Recht auf Weiterbenutzung der Mieträume nicht ausüben wolle. Als besondere Arbeiten im Sinne des § 2 Nr. 2 NotVo. seien jedenfalls jene anzusehen, die nicht zu den sog. Dauerwerten gehörten. Diese Arbeiten seien, selbst wenn ihr Wert nur auf 110000 RM. angesetzt werde, mit einem außergewöhnlichen Kostenaufwand verbunden gewesen. Dafür spreche schon die Höhe von 110000 RM. an sich; außerdem sei aber der Betrag auch gemessen an dem Mietzins von 120000 + 20000 = 140000 RM. ungewöhnlich hoch.

Nach der weiteren Feststellung des Berufungsgerichts waren die Mieträume nach den Wünschen der Beklagten errichtet. Nicht der Gesamtraum war Gegenstand des Mietvertrags, sondern die einzelnen nach ihren Wünschen hergestellten Räume. Die Einbauten waren, soweit sie Dauerwerte darstellten, zur Vollendung des Gebäudes bestimmt. Aber auch die übrigen Arbeiten dienten zur Herstellung der vermieteten Räume für die Zwecke der Beklagten.

Die vom Berufungsgericht getroffenen Feststellungen rechtfertigen seine Annahme, daß die durch § 1 in Teil II Kap. III NotVo. zugelassene außerordentliche Kündigung nach den einschlägigen Vorschriften ausgeschlossen sei. Nach deren Fassung ist allein entscheidend, daß der Vermieter die besonderen, mit einem außergewöhnlichen Kostenaufwand verbundenen Arbeiten in den Mieträumen auf Wunsch des Mieters vorgenommen (§ 2 Nr. 2 NotVo.) oder die Räume nach den Wünschen des Mieters errichtet hat (Art. 2 MietkündVo.). Dagegen gibt nicht ohne weiteres den Ausschlag, daß der Mieter den Aufwand für die nach seinen Wünschen getroffenen baulichen Maßnahmen vertragsgemäß zurückvergüten muß. War es die Absicht der Notverordnung, einer unvorhergesehenen, seit Mitte Juli 1931 dringend und offenbar gewordenen wirtschaftlichen Bedrängnis weitester Kreise Rechnung zu tragen und die Mieter von der Fessel langfristiger Mietverträge zu befreien, die unter anderen wirtschaftlichen Verhältnissen geschlossen waren (vgl. RGZ. Bd. 136 S. 223), so sollte diese — allgemein und mit möglichst geringen Einschränkungen zu gewährende — Vergünstigung doch dann nicht eintreten, wenn der Mieter den Vermieter zu kostspieligen, außerhalb des Rahmens gewöhnlicher Instandsetzungsarbeiten liegenden Um- oder Ausbauten der Räume — z. B. für Geschäftszwecke — veranlaßt hat und der Vermieter sich dafür eine längere Vertragsdauer hat zusichern lassen (vgl. Brandis in JW. 1931 S. 3628, 1932 S. 23).

Daß dies hier der Fall ist, hat das Berufungsgericht ohne Rechtsirrtum angenommen. In aller Regel ist davon auszugehen, daß der Vermieter derartige mit erheblichem Kostenaufwand verbundene Arbeiten nur im Vertrauen auf die vorgesehene lange Mietdauer vornehmen lassen wird, gleichviel ob er kraft der vertraglichen Abmachungen in der Lage ist, sein nach den Wünschen des Mieters in die Mieträume verwendetes Kapital durch Tilgungsleistungen während des Mietverhältnisses oder — wie hier — auch noch nach dessen Beendigung wieder einzubringen. Es wäre unbillig, unter solchen Umständen dem Vermieter zuzumuten, daß er sich trotz des erheblichen Kapitalaufwandes, für den er einen Ausgleich in der langfristigen Mietdauer zu finden hoffen konnte, mit einer vorzeitigen Beendigung des Mietverhältnisses abfinde. Nicht bloß die den Wünschen des Mieters entsprechende, dauernde Festlegung des in die Mieträume verwendeten Kapitals, welche dem Vermieter eine anderweitige gewinnbringende Anlegung und Nutzung seines Geldes unmöglich macht, ist hierbei zu berücksichtigen. Vielmehr kommt auch weiter in Betracht, daß der Vermieter in Fällen der vorliegenden Art das Wagnis auf sich zu nehmen hat, daß die nach den Wünschen des Mieters errichteten oder ausgebauten Räume in solcher Gestalt nach Beendigung des Mietverhältnisses nicht wieder verwendbar sind, sondern nur unter Aufwendung neuer Mittel für einen anderen Gebrauchszweck umgeändert und anderweit benutzt werden können. Mangels besonderen Hinweises kann nicht angenommen werden, daß der Gesetzgeber, dem es auf den Schutz des Vermieters gegen unbillige Beeinträchtigung seiner Vertragsrechte ankam, den Ausschluß der Kündigung für den Fall hätte versagen wollen, daß der Vermieter den Bauaufwand zwar vereinbarungsgemäß zu tragen hat, neben der Miete aber in Teilzahlungen während der Mietdauer die Rückvergütung des aufgewendeten Betrags fordern kann. Der Berufungsrichter weist darauf hin, daß es keinen Unterschied machen könne, ob eine angemessene Verzinsung und Tilgung in den zu entrichtenden Mietzins eingerechnet wird oder ob die festgesetzten Zins- und Tilgungsbeträge neben der vereinbarten Miete zu zahlen sind. Er erachtet die unter anderer Bezeichnung vereinbarte Leistung des Mieters für einen Teil des Mietzinses. Diese auf Grund der tatsächlichen Verhältnisse gewonnene Auslegung der Vertragsabmachung läßt sich rechtlich nicht beanstanden. Auch wirtschaftlich laufen beide Arten der Vergütung für Gebrauchsüberlassung und Kapitalverwendung auf dasselbe hinaus. Für die wirtschaftlichen Nachteile, die mit der Festlegung des Kapitals in den vom Mieter gewünschten Arbeiten verbunden sind, konnte der Vermieter einen billigen Ausgleich in dem Vorteil finden, den ihm der langfristige Vertragsabschluß zu bieten geeignet war. Daß etwa bezweckt sein könnte, dem Vermieter ohne Rücksicht auf seine eigenen geldlichen Leistungen, mit denen er im Vertrauen auf die langfristige Bindung des Mieters dessen Wünsche zu erfüllen bereit war, jene Ausgleichsmöglichkeit zu entziehen, für diese Annahme fehlt es an jeglichem Anhalt.

Die Revision meint, der Gesetzgeber habe die dauernde Übernahme der Kostenlast durch den Vermieter im Auge gehabt; es genüge nicht, daß der Vermieter die Kosten nur vorgelegt habe, und es könne für die Beurteilung keinen Unterschied begründen, ob die Rückzahlung sofort oder in Teilbeträgen erfolge. Ihr ist zuzugeben, daß für die Anwendung des § 2 Nr. 2 NotVo. erfordert wird, der Vermieter müsse den außerordentlichen Kostenaufwand getragen haben. Ob dann, wenn der vom Vermieter vorgelegte Bauaufwand alsbald an ihn zurückgezahlt wird, noch von einer Ausführung der Bauarbeiten auf Kosten des Vermieters gesprochen werden kann, mag dahinstehen. Im gegebenen Falle liegt zweifellos der Sachverhalt anders. Der Vermieter hat nicht allein auch für spätere Mietverhältnisse berechnete Ausbauarbeiten ausgeführt, mit denen ein außergewöhnliches Wagnis oder ein außergewöhnlicher Geldaufwand nicht verknüpft war, sondern darüber hinaus noch nach Wunsch des Mieters unter Aufwendung eines außergewöhnlichen Kostenbetrags in den Mieträumen bauliche Arbeiten vorgenommen und damit Räume geschaffen, die gerade für die besonderen Gebrauchszwecke des Mieters geeignet sind. Sein Kapital ist insoweit auf Jahre hinaus festgelegt und dessen anderweitige nutzbringende Verwendung, insbesondere eine solche durch wiederholte Umsätze, für den Vermieter ausgeschlossen; auch ist die zukünftige Verwendbarkeit der Mieträume unsicher. Würde bei solcher Sachlage dem Mieter gestattet, außerordentlich zu kündigen und damit eine Ertragsberechnung des Vermieters einseitig zunichte zu machen, welche nicht nur die sachgemäße Tilgung des angelegten Kapitals, sondern auch die Gefährdung oder Erschwerung künftiger Vermietungen und das darin liegende Kostenwagnis ins Auge gefaßt hat, so würde gerade das eintreten, was die Regelung der Notverordnung zu verhindern beabsichtigte. Der Vermieter würde einseitig mindestens mit einem Teile der Kosten und der Gefahr belastet bleiben, die er im Vertrauen auf die Durchhaltung des langfristigen Mietvertrags und die darin begründete Durchführbarkeit seiner Ertrags- und Tilgungsberechnung auf sich genommen hat.

Unter den vorliegenden Umständen brauchte das Berufungsgericht, entgegen der Auffassung der Revision, auch kein entscheidendes Gewicht dem — von ihm nicht unbeachtet gelassenen — Umstande beizumessen, daß vereinbart war, die Zahlung der vorgesehenen Tilgungsbeträge solle für den vollen Zeitraum einer zehnjährigen Miete erfolgen, und zwar auch im Falle ihrer Beendigung nach nur siebenjähriger Dauer. Im Hinblick auf den Zweck der Vorschrift, den Vermieter vor dem Verlust des Vorteils zu schützen, den ihm der im langfristigen Mietvertrage liegende Ausgleich für den außergewöhnlichen Kostenaufwand zu bieten vermag, kann es bei der gegebenen Sachlage auf die im Laufe der Zeit erfolgende Tilgung des Baugeldes nicht entscheidend ankommen. Deshalb darf es auch dahingestellt bleiben, ob die Beklagte verpflichtet wäre, die bedungenen jährlichen Zins- und Tilgungsbeträge bei Zulässigkeit der außerordentlichen Kündigung, also im Falle der hierdurch bedingten vorzeitigen Auflösung des Mietvertrags, bis zum Ablauf der ganzen Zeit von zehn Jahren fortzuentrichten. Daß die Parteien in den Vorinstanzen über eine derartige Auslegung des Mietvertrags einig gewesen wären, hat das Berufungsgericht — entgegen der Auffassung der Revision — nicht festgestellt. In der Revisionsinstanz kann eine entsprechende Feststellung nicht getroffen werden, weil ein dahingehender Vertragswille der Parteien nur auf Grund der für die Vertragauslegung maßgebenden tatsächlichen Verhältnisse ermittelt werden könnte, die Tatsachenfeststellung indessen dem Vorderrichter vorbehalten ist (§ 561 ZPO.). Es kommt für die rechtliche Beurteilung aber nicht darauf an, ob jene Fortzahlungspflicht der Beklagten für den Fall der vorzeitigen außergewöhnlichen Vertragsauflösung besteht oder nicht. Denn auch wenn man die Fortdauer der Zahlungspflicht annehmen wollte, so würden doch die übrigen schon hervorgehobenen Nachteile des Vermieters fortbestehen, für die er einen Ausgleich nur in der Durchhaltung des langfristigen Mietvertrags zu finden vermag. Die Nutzlosigkeit eines wesentlichen Teiles des außergewöhnlichen Aufwands für seine Belange, wodurch er nach Mietende voraussichtlich zu neuem Umbau gezwungen sein wird, verweist den Vermieter gerade darauf, dessen Kosten aus dem Mietzins aufzusparen.

Die Revision kann deshalb mit ihrem auf Verletzung des § 2 Nr. 2 NotVo. gestützten Angriff keinen Erfolg erzielen. Auf die Frage der Anwendbarkeit der Anordnung in Art. 2 MietkündVo. braucht sonach nicht näher eingegangen zu werden, weil schon die zu § 2 Nr. 2 NotVo. getroffenen Feststellungen die Entscheidung rechtfertigen.

24. 1. War die Eisenbahn in der Zeit vom Januar bis zum Juli 1926 nach dem vom 1. August 1925 ab gültigen Deutschen Eisenbahn-Gütertarif Teil I Abt. B Nebengebührentarif Ziff. IX B, C berechtigt, bei der Ausfuhr von Gütern nach Frankreich, die keinem Ausfuhrzoll unterlagen, deren Ausfuhr aber behördlicher Bewilligung bedurfte, eine Abfertigungsgebühr oder eine Vorführungsgebühr zu erheben?

2. Zur Frage der Zulässigkeit ergänzender Auslegung von Eisenbahntarifen und über die rechtliche Bedeutung der Erläuterungen zu den Tarifstellen.

Deutscher Eisenbahn-Gütertarif vom 1. August 1925 Teil I Abt. B Nebengebührentarif Ziff. IX B, C. EVO. (1908) § 65.

I. Zivilsenat. Urt. v. 13. Juli 1932 i. S. Deutsche Reichsbahn-Gesellschaft (Bekl.) w. Frau G. (Kl.). I 26/32.

I. Landgericht Köln.
II. Oberlandesgericht daselbst.

In der Zeit vom Januar bis zum Juli 1926 führte der E. Bergwerksverein in K. 5439 Wagen mit Kohlen und Koks von Aachen nach Frankreich aus. Die Beklagte erhob hierfür 9790 RM. als Abfertigungs- und Vorführungsgebühr. Der Bergwerksverein meint, die Gebühren seien zu Unrecht erhoben worden. Er trat den Anspruch auf Rückerstattung an die Klägerin ab, die von der Beklagten Zahlung der 9790 RM. nebst 6% Zinsen fordert. Das Landgericht wies die Klage ab. Das Oberlandesgericht erklärte den Klaganspruch für beide Gebühren dem Grunde nach für gerechtfertigt. Die Revision der Beklagten hatte keinen Erfolg.

Gründe:

Die Gebühren, deren Erstattung im vorliegenden Rechtsstreit gefordert wird, sind erhoben worden nach dem Nebengebührentarif Ziff. IXB (Abfertigungsgebühr) und C (Vorführen der Güter) des vom 1. August 1925 ab gültigen Deutschen Eisenbahn-Gütertarifs Teil I Abteilung B. Die Ziffer IX des Nebengebührentarifs trägt die Überschrift „Gebühren für die Erfüllung der Zoll-, Steuer-, Polizei- und statistischen Vorschriften (§ 65 EVO.)". Unter Bb daselbst ist für jede Wagenladung eine Abfertigungsgebühr von 1,50 RM. und, wenn die Wagenladung im Zuge oder auf den Zuggleisen abgefertigt wird, von 1 RM. vorgesehen. Nach 1b der Anmerkung dazu wird diese Gebühr berechnet beim Grenzausgang für Ausfuhrgüter, deren Ausfuhr nachzuweisen ist oder die einer zoll- oder steueramtlichen Behandlung unterworfen sind, sowie für Durchfuhrgüter. Um Durchfuhrgüter handelt es sich im vorliegenden Falle nicht, sondern um Ausfuhrgüter, nämlich Kohlen und Koks, die von Deutschland nach Frankreich ausgeführt wurden. Diese Waren unterlagen unstreitig keinem Ausfuhrzoll, ihre Ausfuhr bedurfte aber, wie das Oberlandesgericht unangefochten festgestellt hat, in der Zeit vom Januar bis zum Juli 1926 einer behördlichen Genehmigung.

Das Oberlandesgericht ist der Ansicht, daß die Beklagte die Abfertigungsgebühr zu Unrecht erhoben habe, und begründet diese Auffassung mit folgenden Erwägungen: Die Einführung der Abfertigungsgebühr sei in der 99. Sitzung der Tarifkommission am 3. und 4. September 1909 beschlossen worden. Die demgemäß aufgenommene neue Tarifstelle habe auf Grund des Beschlusses der Tarifkommission in der 113. Sitzung am 23. und 24. Juni 1914 eine neue Fassung erhalten, die, abgesehen von dem Zusatz „sowie für Durchfuhrgüter", der heute gültigen entspreche. Aus dem der Tarifkommission erstatteten Bericht ergebe sich als Zweck der Neufassung die genauere Bezeichnung der Fälle, in denen eine Abfertigungsgebühr habe berechnet werden sollen. Einfuhrsendungen hätten ausnahmslos, Ausfuhrsendungen nur in bestimmten Fällen gebührenpflichtig sein sollen. Aus dem Bericht gehe auch hervor, für welche Güter im Sinne der Tarifstelle die Ausfuhr nachzuweisen sei. Es seien das die im Vereinszollgesetz (VZG.) erwähnten Güter, die im gebundenen Verkehr durchgeführt würden, also vom Zollausland durch das Zollinland wieder ins Zollausland gingen, oder deren Freilassung vom Zoll abhängig sei von dem Nachweis der Ausfuhr. Um ähnliche Fälle handle es sich in den §§ 41 bis 43 der Eisenbahnzollordnung (EZO.), die im Bericht als Fälle besonderer zollamtlicher Behandlung angezogen seien. Danach habe die Abfertigungsgebühr nur erhoben werden sollen bei einer Behandlung der Güter auf ihre Zollpflichtigkeit. Eine andere Behandlung von Ausfuhrgut sei in den Jahren 1909 und 1914, abgesehen von der statistischen Überwachung, auch nicht in Betracht gekommen. Insbesondere hätten damals keine Ausfuhrverbote bestanden. Eine Vorschrift, nach der die Ausfuhr ausfuhrbewilligungspflichtiger Güter nachzuweisen sei, bestehe nicht. Es widerspreche dem klaren, natürlichen Wortsinn, wenn die Beklagte die Erhebung der Abfertigungsgebühr bei den Kohlen- und Koks-sendungen damit zu rechtfertigen suche, daß die Ausfuhr dieser Sendungen nachzuweisen sei. Nicht ihre Ausfuhr, sondern das Vorhandensein einer Ausfuhrbewilligung für sie sei nachzuweisen. Diese Sendungen seien auch keiner zoll- oder steueramtlichen Behandlung im Sinne der Tarifstelle unterworfen. Nur ihre Ausfuhr unterliege der behördlichen Bewilligung und Aufsicht, bei der die Beklagte in der Weise mitwirke, daß sie durch ihre Beamten prüfe, ob die Ausfuhr bewilligt sei, beim Fehlen von Ausfuhrbewilligungen für ihre Beschaffung sorge, die Ausfuhrbewilligungen mit den übrigen Begleitpapieren in Verwahrung nehme und sie an der Grenzstation der Zollbehörde übergebe oder dieser doch Gelegenheit zur Entnahme gewähre. Wolle man den Begriff der „zollamtlichen Behandlung" im Sinne der Tarifstelle auch auf eine solche Tätigkeit erstrecken, so würde ihm ohne weiteres auch die dort genannte erste Gruppe, nämlich die der Güter, deren Ausfuhr nachzuweisen sei, unterfallen. Die unterscheidende Aufzählung beider Gruppen würde dann keinen Sinn haben. Mindestens aber beständen Zweifel, ob die Tätigkeit der Beklagten bei nur ausfuhrbewilligungspflichtigen Sendungen einer der beiden Gruppen zugerechnet werden könne, und diese Unklarheit müsse zu Lasten der Beklagten wirken.

Der Vorderrichter hat weiterhin untersucht, ob sich eine entsprechende Anwendung der Tarifstelle rechtfertige. Dabei hat er ihrer Entstehungsgeschichte entnommen, daß die Abfertigungsgebühr nicht ein Entgelt für eine bestimmte, im Einzelfall festzustellende Leistung, sondern eine Art pauschaler Entschädigung für allgemeine, durch die Einzelgebühren nicht erfaßte persönliche und sachliche Aufwendungen gewähren solle. Er hat bei näherer Betrachtung gefunden, daß die Leistungen der Beklagten bei den hier in Rede stehenden Sendungen gleichartig seien, führt aber im Anschluß hieran aus: In den Erläuterungen zu der Tarifstelle heiße es, daß die Fälle, in denen die Abfertigungsgebühr zu erheben sei, im Tarif in der Anmerkung zu B einzeln bezeichnet seien. Das sei ja auch der Zweck der Neufassung der Tarifstelle im Jahre 1914 gewesen. Man müsse also annehmen, daß die Aufzählung erschöpfend sein solle. Da aber die Tarifstelle nach ihrer Entstehungsgeschichte wie nach ihrem Wortsinn den Fall der Ausfuhrüberwachung nicht umfasse, würde ihre entsprechende Anwendung im Ergebnis die Einführung einer neuen Gebühr bedeuten. Eine ergänzende Auslegung, die Schaffung neuen Vertragsrechts, werde dann als geboten erachtet, wenn sonst das ganze Vertragswerk gefährdet wäre. So liege es hier aber nicht. Bei Einführung der Ausfuhrüberwachung habe man das gegebene Mittel einer Tarifänderung nicht ergriffen. Heute würde es nach § 33 Abs. 2 des Reichsbahngesetzes dazu der Genehmigung der Reichsbehörde bedürfen. Das verstärke die Bedenken gegen eine ergänzende Auslegung. Die Erhebung der Abfertigungsgebühr für Sendungen ausfuhrbewilligungspflichtiger Güter bedeute eine starke Mehrbelastung des Verkehrs. Wenn diese Mehrbelastung anscheinend zunächst widerspruchslos hingenommen worden sei, so möge sich das daraus erklären, daß sie infolge der bald einsetzenden Inflation weniger fühlbar gewesen sei. Dazu komme, daß nach den insoweit auf einer Entscheidung des Unterausschusses für die Tarifauslegung vom Jahre 1911 beruhenden und im Jahre 1926 noch gültigen Erläuterungen zu der Tarifstelle eine von der Zollverwaltung zum Zwecke der Warenstatistik vorgenommene Untersuchung nicht als zollamtliche Untersuchung im Sinne der Tarifstelle anzusehen sei.

Diesen Ausführungen ist im Ergebnis und im wesentlichen auch in der Begründung beizutreten. Der Vorwurf der Revision, daß darin an die Wortfassung des Tarifs ein zu strenger Maßstab angelegt werde, ist nicht gerechtfertigt. Daß die Ausdrucksweise des Tarifs dem Verständnis der zu seiner Anwendung berufenen Eisenbahnbeamten anzupassen war, hat das Berufungsgericht kaum verkannt; dafür liegt jedenfalls nichts vor. Seine Ansicht aber, daß die Tarifstelle gerade für Fälle der vorliegenden Art ausreichender Klarheit entbehre, ist nicht zu beanstanden.

Ohne Grund wirft die Revision dem Berufungsgericht ferner vor, daß es den Ausführungen des Berichters der Ständigen Tarifkommission vom Jahre 1914, soweit dieser von Einzelheiten spreche, Bedeutung beimesse, weil hiervon in den Beschluß der Ständigen Kommission nichts übergegangen sei, sondern die beschlossene Fassung des Tarifs allgemein von „zoll- oder steueramtlicher Behandlung" spreche. Der Bericht konnte vielmehr ohne Gesetzesverletzung zur Auslegung der Tarifstelle herangezogen werden. Es ist auch unbedenklich, wenn das Berufungsgericht daraus als Zweck der Neufassung die genauere Bezeichnung der gebührenpflichtigen Fälle entnommen hat. Tatsächlich ist auch die Fassung von 1914 gegenüber der von 1909 bestimmter und geht mehr ins Einzelne. Daß es sich bei der ersteren um eine erschöpfende Aufzählung der gebührenpflichtigen Sendungen handelt, unterliegt keinem Zweifel. Ebensowenig läßt sich die Beurteilung beanstanden, die das Berufungsgericht dem Verhältnis der beiden Tatbestände der Anmerkung 1b zur Tarifstelle IX B (Ausfuhrgüter, deren Ausfuhr nachzuweisen ist, und Ausfuhrgüter, die einer zoll- oder steueramtlichen Behandlung unterworfen sind) für den Fall hat zuteil werden lassen, daß man den Begriff der zollamtlichen Behandlung auch auf die Tätigkeit der Beklagten bei ausfuhrbewilligungspflichtigen Gütern erstrecken wollte.

Die Revision bezeichnet ferner die Darstellung des Berufungsgerichts über die Mitwirkung der Beklagten bei der Ausfuhrüberwachung insofern als unrichtig und ohne Grundlage im Parteivorbringen, als es dort heiße, daß die Ausfuhrbewilligung an der Grenzstation der Zollbehörde zu übergeben oder doch jedenfalls ihr Gelegenheit zur Entnahme zu geben sei. Es hat indessen für das Urteil des Berufungsgerichts augenscheinlich keine Rolle gespielt und kommt für die Entscheidung nicht darauf an, ob es der Beklagten in allen Fällen obliegt, die Ausfuhrbewilligung der Zollbehörde zu übergeben, oder ob es allgemein oder doch unter Umständen genügt, wenn sie der Zollbehörde Gelegenheit zur Entnahme gibt.

Die Revision rügt weiterhin, daß das Berufungsgericht aus der Stelle der Erläuterungen zur Tarifstelle:

> Die Fälle, in denen die Abfertigungsgebühr unter B für die bahnseitige Betreibung der zollamtlichen Abfertigung zu erheben ist, sind im Tarife in der Anmerkung zu B einzeln bezeichnet.

Schlüsse ziehe, obwohl dieser Satz unrichtig sei, weil sowohl in der Tarifstelle wie in dem der Tarifkommission im Jahre 1914 erstatteten Bericht jede Aufzählung von Einzelfällen fehle. Es kann indessen nicht zugegeben werden, daß der bezeichnete Satz der Erläuterungen unrichtig sei, zumal wenn man die ganz allgemeine Fassung der Tarifstelle vom Jahre 1909 in Betracht zieht. Im übrigen handelt es sich an der bezeichneten Stelle der Urteilsgründe weniger um eine Schlußfolgerung des Berufungsgerichts aus den Erläuterungen als um eine solche aus dem Zweck der Neufassung vom Jahre 1914, der dort aus der Entstehungsgeschichte der Tarifstelle, und zwar nach dem oben bereits Gesagten rechtsirrtumsfrei, hergeleitet wird.

Als wichtigen, vom Berufungsgericht nicht genügend berücksichtigten Auslegungsbehelf bezeichnet die Revision, daß die beteiligten Verkehrskreise, insbesondere die großen Kohlensyndikate, die Erhebung der Abfertigungsgebühr nicht nur in der Inflationszeit, wie das Berufungsgericht annehme, sondern auch später in den Jahren 1924 bis 1927 ohne Widerspruch hingenommen hätten, obwohl sie im Ausschuß der Verkehrsinteressenten stark vertreten seien. Für Sendungen nach Frankreich sei die Ausfuhrbewilligung seit 1920 stets vorgeschrieben gewesen und daher die Abfertigungsgebühr immer und ohne Unterbrechung erhoben worden. Eine Feststellung, daß die Verkehrsunternehmungen und die sonst in Betracht kommenden Kreise die durch Erhebung der Abfertigungsgebühr bei ausfuhrbewilligungspflichtigen Gütern entstehende Mehrbelastung widerspruchslos hingenommen hätten, ist indessen nicht getroffen und eine Prozeßrüge mit Bezug hierauf nicht erhoben worden. Aus diesem Grunde muß die Revisionsrüge versagen.

Die Revision beanstandet weiterhin die Ausführungen, die das Berufungsgericht zu der Erläuterung der Tarifstelle gemacht hat, wonach eine von der Zollverwaltung zum Zwecke der Warenstatistik vorgenommene Untersuchung des Gutes nicht als zollamtliche Untersuchung angesehen werden kann. Es kommt jedoch für den vorliegenden Fall nicht darauf an, ob die Beklagte, wie das Berufungsgericht anscheinend annimmt, rechtlich an die Entscheidung des Unterausschusses vom Jahre 1911, auf der die angezogene Stelle der Erläuterungen beruht, gebunden ist und ob diese Entscheidung sachlich zutrifft. Für die Auslegung der Tarifstelle ist mit Recht Gewicht darauf gelegt worden, daß die Entscheidung des Unterausschusses ergangen und von der Beklagten in die Erläuterungen zu der Tarifstelle aufgenommen worden ist.

Aus dem Erlaß des Reichsministers der Finanzen vom 15. Dezember 1924 läßt sich ein zwingender Schluß zu Gunsten der von der Beklagten vertretenen Rechtsauffassung nicht ziehen.

Zu eng ist dagegen nach allgemein anerkannten Rechtsgrundsätzen die Ansicht des Berufungsgerichts, daß eine ergänzende Auslegung nur dann geboten sei, wenn andernfalls das ganze Vertragswerk gefährdet werden würde. Aber eine ergänzende Auslegung der Tarife der Eisenbahn kann, wenn sie auch grundsätzlich nicht völlig ausgeschlossen sein mag, doch nur in sehr beschränkten Grenzen zugelassen werden. Zwar enthalten sie Vertragsrecht, sofern ihre bindende Kraft daraus fließt, daß sich die Parteien im Einzelfall ihren Bedingungen unterwerfen (vgl. RGZ. Bd. 99 S. 251). Da sie aber für jedermann in derselben Weise anzuwenden sind (§ 6 Abs. 1 Satz 3 EVO. vom 23. Dezember 1908), kann bei der richterlichen Ausfüllung von Vertragslücken dem Willen der Vertragsparteien nicht dieselbe Bedeutung zukommen, die ihm die Rechtsprechung sonst in solchen Fällen einräumt.

Die Revision steht auf dem Standpunkt, daß nicht eine entsprechende, sondern eine unmittelbare Anwendung der Tarifstelle auf die Kohlen- und Kokssendungen des Rechtsvorgängers der Klägerin geboten sei. Das ist vom Berufungsgericht mit Recht abgelehnt worden. Zu den Ausfuhrgütern, deren Ausfuhr nachzuweisen ist, können die Sendungen nicht gerechnet werden. Ihre Ausfuhr war nicht nachzuweisen, sondern nur mit behördlicher Bewilligung zulässig. In dem der Tarifkommission im Jahre 1914 erstatteten Bericht wird zur näheren Kennzeichnung der Güter, deren Ausfuhr nachzuweisen ist, auf die §§ 58 und 59 EZO. in der vom Jahre 1912 ab gültigen Fassung verwiesen. Die Eisenbahnzollordnung ist das in § 73 VZG. vorgesehene Regulativ, das die näheren Bestimmungen über die zollamtliche Behandlung des Güter- und Effektentransports auf den Eisenbahnen enthalten soll. Die Begriffsbestimmung der Güter, deren Ausfuhr nachzuweisen ist, muß daher dem Vereinszollgesetz entnommen werden. Dieses trifft in § 56 unter der Überschrift „Behandlung der Waren, deren Ausfuhr nachgewiesen werden muß" Bestimmungen über die zollamtliche Behandlung von Waren, bei denen es auf den Beweis der erfolgten Ausfuhr ankommt, und letzteres ist bei Waren der Fall, die im Begleitschein- oder Begleitzettelverfahren aus dem Ausland zollfrei durch das Zollinland wieder nach dem Ausland hindurchgeführt werden sollen (§§ 33, 43, 71 Abs. 2 VZG.), und ferner bei gewissen Deklarationsschein- und Marktgütern, Rückwaren und Gegenständen des Veredelungsverkehrs, die aus besonderen Gründen von der Erhebung eines Zolles befreit sein sollen (§§ 111 flg. VZG.). Hierunter fallen nicht die Warensendungen, die den Anlaß zu dem vorliegenden Rechtsstreit gegeben haben.

Es kann sich nur fragen, ob sie einer zoll- oder steueramtlichen Behandlung im Sinne der Tarifstelle IXB Anmerkung 1b unterlegen haben und daher der zweiten Gruppe der dort aufgeführten

Güter zuzurechnen sind. Das ist zum mindesten außerordentlich zweifelhaft. Eine Erhebung von Zoll kam bei ihnen nicht in Frage. Nur ihre Ausfuhr bedurfte behördlicher Genehmigung auf Grund der Verordnung über die Außenhandelskontrolle vom 20. Dezember 1919 (RGBl. S. 2128), in der erstmalig eine Ausfuhrbeschränkung zugelassen worden ist. Diese Verordnung sieht zwar in § 6 eine bei der Ausfuhrbewilligung zu erhebende, in die Reichskasse fließende Abgabe vor. Diese Abgabe wird aber im Schrifttum (Trautvetter im Handbuch des Reichssteuerrechts, herausgegeben von Strutz, S. 905), weil sie nach § 6 Satz 2 a. a. O. lediglich zur Förderung sozialer Aufgaben verwendet werden soll und weil der Grund ihrer Erhebung nicht in der Überführung der Waren über die Zollgrenze liegt, nicht als Ausfuhrzoll im Sinne des Zollrechts angesehen. Wenn daher die Zollbehörden und bei Beförderung mit der Eisenbahn deren Beamte mit der Durchführung der Außenhandelskontrolle in gewissem Umfang betraut worden sind, so handelt es sich dabei nicht um eine nach der Natur der Kontrolle notwendige, sondern um eine bloße Zweckmäßigkeitsmaßnahme. Wie zweifelhaft die Auslegung der Tarifstelle ist, erhellt am besten daraus, daß die Beklagte selbst im ganzen ersten Rechtszuge und anfangs auch noch in der Berufungsinstanz die Ansicht vertreten hat, daß es sich bei den Kohlen- und Koksendungen um Ausfuhrgüter handle, deren Ausfuhr nachzuweisen sei, eine Auffassung, die nach dem Gesagten nicht gebilligt werden kann, und daß sie erst ganz zuletzt dazu übergegangen ist, diese Sendungen den einer zoll- oder steueramtlichen Behandlung unterworfenen Ausfuhrgütern zuzurechnen. Die Gleichartigkeit der Leistungen, die das Berufungsgericht feststellen zu können glaubt, vermag diese Zweifel nicht auszuschließen. Die Eisenbahn muß aber, weil sie dem verkehrsbedürftigen Publikum gegenüber eine unangreifbare Monopolstellung einnimmt, jede unklare Fassung der von ihr selbst aufgestellten Tarifvorschriften gegen sich gelten lassen; das ist in der Rechtsprechung des Reichsgerichts schon oft gesagt worden (RGZ. Bd. 99 S. 253, Bd. 120 S. 271, Bd. 127 S. 295).

Hiernach hat die Beklagte die Abfertigungsgebühr unberechtigterweise erhoben. Denn nach den Allgemeinen Bemerkungen hat nur der Inhalt des Tarifs rechtsverbindliche Kraft, während die Erläuterungen dazu den Inhalt des Tarifs näher erklären, das Verständnis für ihn, seine Entstehung und Absicht fördern, seine richtige

Anwendung erleichtern und damit Frachterstattungsanträgen und Nacherhebungen zum Vorteil der Eisenbahn und der Verkehrtreibenden nach Möglichkeit vorbeugen sollen. Deshalb ist es unerheblich, wenn es in den Erläuterungen zu der Tarifstelle heißt, daß die Abfertigungsgebühr für die ausfuhrbewilligungspflichtigen Güter erhoben werden müsse.

Der Nebengebührentarif enthält unter IX C eine Gebühr für Vorführen der Güter, die bei Vorführung im Wagen und an Wagenladungen für den Wagen 2 RM., wenn der Wagen aber im Zug oder auf den Zuggleisen oder wenn der zur Entladung gestellte Wagen auf dem Entladegleis oder der zur Beladung gestellte Wagen auf dem Verladegleis vorgeführt wird, 80 RPf. beträgt. Nach der Anmerkung dazu soll diese Gebühr jedesmal erhoben werden, wenn das Gut von der Eisenbahn vorgeführt, d. h. zu einer zoll- oder steueramtlichen Beschau gestellt wird. In den Erläuterungen heißt es:

Im übrigen werden neben der Abfertigungsgebühr Nebengebühren nur dann erhoben, wenn die Eisenbahn die unter C—H des Abschnitts vorgesehene Tätigkeit wirklich leistet: u. a. namentlich die Vorführungsgebühren unter C, wenn und so oft die Eisenbahn die Güter vorführt. Wann das Gut vorzuführen ist, ist in der EZO. im einzelnen bestimmt. Vorführung ist die Gestellung des Zollgutes zum Zweck einer zollamtlichen (allgemeinen oder einzelnen) oder steueramtlichen Beschau, d. h. jede Tätigkeit der Eisenbahn, die vorgenommen wird, um die Untersuchung des Gutes zu ermöglichen, sei es eine körperliche Bewegung des Gutes, sei es die Mitwirkung der Eisenbahnbediensteten bei der Besichtigung. Hiernach ist die Vorführungsgebühr für Wagenladungen im besonderen auch für die Freischreibung zollfreier Massengüter im Zuge oder auf den Zuggleisen und bei Vorführung auf bestimmten Stellen des Bahnhofs zu erheben. Anderseits wird für das Vorführen der von der Eisenbahn gebildeten Stückgutwagen für die einzelnen darin verladenen Sendungen die unter C 1 des Nebengebührentarifs vorgesehene Vorführungsgebühr nicht erhoben, solange die einzelne Sendung tatsächlich nicht vorgeführt wird.

Das Berufungsgericht führt aus: Die in den Erläuterungen zur Tarifstelle angezogene Eisenbahnzollordnung kenne keine Vorführung von Ausfuhrgut aus Anlaß einer Ausfuhrkontrolle. Es sei indessen bedenklich, schon diese Erwägung als entscheidend anzusehen.

Andere Gründe führten jedoch zu dem gleichen Ergebnis. Aus der Anmerkung der Tarifstelle und den Erläuterungen dazu gehe hervor, daß die Vorführungsgebühr ein Entgelt sein solle für eine von der Eisenbahn im Einzelfalle wirklich geleistete Tätigkeit. Nach den Verhandlungen der Tarifkommission vom Jahre 1914 und dem in der 21. Sitzung des Unterausschusses erstatteten Bericht könne diese Tätigkeit bei Vorführung ganzer Züge, die hier in Frage stehe, entweder in Verschubbewegungen oder in der Unterstützung und Begleitung der Zollbeamten bei einer Beschau bestehen. Auf Grund einer Auskunft des Hauptzollamts in Aachen sei festzustellen, daß die Zollbehörde in der hier in Betracht kommenden Zeit vom 1. Januar bis Ende Juni 1926 keine Beschau von Kohlenzügen mehr vorgenommen habe. Verschubbewegungen zum Zweck einer Vorführung könnten aber naturgemäß nur gebührenpflichtig sein, wenn die Zollbehörde eine Vorführung verlangt habe. Das ergebe sich auch aus dem in der 21. Sitzung des Unterausschusses erstatteten Bericht und aus einer zu den Akten überreichten Äußerung der Reichsbahndirektion Berlin. Im Jahre 1926 habe kein Vorführungszwang mehr bestanden; er sei bereits durch den Erlaß des Reichsfinanzministers vom 15. Dezember 1924 beseitigt worden. Von diesem Erlaß habe die Beklagte auch Kenntnis gehabt, wie sich aus ihm selbst und aus den Veröffentlichungen der Beklagten in ihrem Tarif- und Verkehrsanzeiger ergebe. Nach dem Inhalt des Erlasses sei auf die Vorführung für die Regel verzichtet, dagegen sei es den örtlichen Dienststellen überlassen worden, ausnahmsweise eine Vorführung zu verlangen. Tatsächlich hätten die Zollbehörden nach der Auskunft des Hauptzollamts in Aachen im Jahre 1926 keine Vorführung mehr verlangt. Nach der Auffassung der Beklagten bestehe eine Vorführung schon in folgender Tätigkeit: Sie leite alle über die Grenze ein- oder ausgehenden Züge auf besondere Zollgleise und lasse sie an den für die Zollbeamten besonders leicht zugänglichen Stellen während einer für die Beschau erforderlichen Zeit halten. Die Zollgleise seien durchgehende Gleise, auf die also die Züge bei der Einfahrt durch eine Weichenstellung gelenkt würden. Diese Tätigkeit der Bahn, die Leitung der Züge auf Zollgleise und das Haltenlassen der Züge, könne den Begriff des Vorführens im Sinne der Tarifstelle nicht erfüllen. Andernfalls müßte die Vorführungsgebühr von allen über die Grenze ein- und ausgehenden Sendungen erhoben werden. Das würde dem Tarif widersprechen. Man könne deshalb unter einer Bewegung des Gutes, die nach den Erläuterungen die Gebührenpflicht entstehen lasse, nicht eine solche allgemein angeordnete Leitung auf durchgehende Zollgleise verstehen. Vielmehr müsse, wie auch die angeführten Berichtsstellen nahelegten, eine Verschubbewegung nach dem Einlaufen in den Bahnhof, eine Überführung an eine andere Stelle des Bahnhofs, wodurch Rangierleistungen nötig würden, stattgefunden haben. Warum für geschlossene Kohlenzüge, wie die Beklagte anzunehmen scheine, eine andere Auffassung begründet sein solle, sei nicht ersichtlich. Eher sei zu bezweifeln, ob es eine organisatorische Rücksicht erfordere, diese Züge in den Zollgleisen statt in den Zuggleisen beschauen zu lassen.

Diesen Ausführungen ist in allen wesentlichen Punkten beizupflichten. Unbegründet ist es, wenn die Revision dem Berufungsrichter vorwirft, daß er zur Entstehung der Vorführungsgebühr Verschiebung auf besondere Zollgleise erfordere. Davon steht in den Urteilsgründen nichts. Die Fassung der Tarifstelle und die Erläuterungen dazu sprechen durchaus für die Ansicht des Berufungsgerichts. Mindestens bleiben Zweifel, die nach dem schon Gesagten zu Lasten der Beklagten gehen müssen. Wie die Vorführungsgebühr zu berechnen ist, wenn aus Kohlenzügen nur einzelne Wagen zur Beschau vorgeführt werden, ist hier nicht zu entscheiden.

---

25. 1. Kann die Reichsanstalt für Arbeitsvermittlung und Arbeitslosenversicherung gegen die Errichtungsgemeinden eines Arbeitsnachweisamts, das in die Reichsanstalt eingegliedert worden ist, den Anspruch auf Zuführung nicht verausgabter Beitragsmittel im ordentlichen Rechtsweg verfolgen?

2. Ist der Rechtsweg zulässig, wenn die Reichsanstalt von den Errichtungsgemeinden Erstattung fehlender Beitragsmittel mit der Begründung fordert, die Verwaltungsgemeinde habe durch ungenügende Beaufsichtigung der Angestellten des Arbeitsnachweisamts die Veruntreuung erhobener Beiträge ermöglicht?

GVG. § 13. Gesetz über Arbeitsvermittlung und Arbeitslosenversicherung vom 16. Juli 1927 (RGBl. I S. 187) — AVAVG. — §§ 222, 244.

III. Zivilsenat. Urt. v. 27. Mai 1932 i. S. Reichsanstalt für Arbeitsvermittlung und Arbeitslosenversicherung (Kl.) w. Bezirke W., St. u. S. (Bekl.). III 297/31.

I. Landgericht München II.
II. Oberlandesgericht daselbst.

Für die drei verklagten Bezirke war auf Grund des Arbeitsnachweisgesetzes vom 22. Juli 1922 (RGBl. I S. 657) — ANG. — und der Verordnung über Erwerbslosenfürsorge vom 16. Februar 1924 (RGBl. I S. 127) — ErwlFürsVo. — das Arbeitsamt (Arbeitsnachweisamt) W. errichtet worden. Verwaltungsgemeinde nach § 6 ANG. war die Bezirksgemeinde W. Das Amt ist am 1. Oktober 1928 gemäß § 221 AVAVG. in die Reichsanstalt für Arbeitsvermittlung und Arbeitslosenversicherung, die jetzige Klägerin, eingegliedert worden. Bis dahin hat es gemäß § 222 AVAVG. die Aufgaben durchgeführt, die nach diesem Gesetz den Gliedern der Reichsanstalt obliegen. Ihre Angestellten A. und K. haben in der Zeit vom März 1926 bis 27. September 1928 von den ihnen amtlich anvertrauten Geldern des Amtes insgesamt etwa 42000 RM. unterschlagen. Die klagende Reichsanstalt ist der Ansicht, daß die entwendeten Beträge Beitragsmittel seien, die ihr nach § 244 Abs. 1 AVAVG zuzuführen seien und die ihr deshalb von den Beklagten als Gesamtschuldnern ersetzt werden müßten. Mit der Klage fordert sie einen Teilbetrag nebst Zinsen. Hilfsweise stützt sie die Klage auf die Behauptung, die Beklagten hätten durch ungenügende Beaufsichtigung der Angestellten die Unterschlagungen ermöglicht.

Das Landgericht und das Oberlandesgericht haben die von den Beklagten erhobene Einrede der Unzulässigkeit des Rechtswegs für durchgreifend erachtet und aus diesem Grunde die Klage abgewiesen. Die Revision der Klägerin blieb erfolglos.

Gründe:

Die Klage vor den ordentlichen Gerichten ist nach § 13 GVG. nur zulässig, wenn es sich um eine bürgerliche Rechtsstreitigkeit handelt und nicht entweder die Zuständigkeit von Verwaltungsbehörden oder Verwaltungsgerichten begründet ist oder reichsgesetzlich besondere Gerichte bestellt oder zugelassen sind. Eine bürgerliche Rechtsstreitigkeit liegt vor, wenn der mit der Klage verfolgte Anspruch auf bürgerlichrechtlicher Grundlage entstanden ist oder wenn er zwar im öffentlichen Recht wurzelt, der Rechtsweg aber — sei es reichsrechtlich, sei es landesrechtlich — eröffnet worden ist (RGZ. Bd. 121 S. 275 und früher).

Bei der Frage, ob hiernach für den geltend gemachten Anspruch der ordentliche Rechtsweg zulässig ist, entscheidet die rechtliche, sich aus der tatsächlichen Begründung ergebende Natur des Klaganspruchs. Gestützt wird die Klage in erster Reihe auf § 244 Abs. 1 AVAVG. Nach dieser Übergangsbestimmung sind Beitragsmittel, die auf Grund der Verordnung über Erwerbslosenfürsorge erhoben, aber bei Inkrafttreten des Gesetzes über Arbeitsvermittlung und Arbeitslosenversicherung noch nicht verausgabt sind, der Reichsanstalt für Arbeitsvermittlung und Arbeitslosenversicherung zuzuführen. Nach der Klagbehauptung sind die Beklagten dieser Verpflichtung nicht nachgekommen; sie sollen sich auch nach Auffassung der Klägerin nicht darauf berufen dürfen, daß sie dazu wegen der Unterschlagungen ihrer Angestellten nicht in der Lage gewesen seien. Es handelt sich also um die rechtliche Beurteilung des im § 244 Abs. 1 festgelegten Anspruchs der Reichsanstalt auf Zuführung noch nicht verbrauchter Beitragsmittel, die auf Grund des Arbeitsnachweisgesetzes vom 22. Juli 1922 und der Verordnung über Erwerbslosenfürsorge vom 16. Februar 1924 eingezogen worden sind. Die Bestimmung stellt auf den Zeitpunkt des Inkrafttretens des Gesetzes über Arbeitsvermittlung und Arbeitslosenversicherung vom 16. Juli 1927, den 1. Oktober 1927 ab. Am gleichen Tage sind jene Gesetze außer Kraft getreten (§ 220 Abs. 1, 2 AVAVG.). Es sollten also alle Beitragsmittel, die bis Ende September 1927 nicht für Zwecke der Erwerbslosenfürsorge verwendet worden waren, an die Reichsanstalt abgeführt werden. Nach dem Vorbringen der Klägerin sollen solche Beitragsmittel bereits vor dem 1. Oktober 1927 unterschlagen worden sein, aber auch noch nachträglich bis zum 27. September 1928, bis zu welcher Zeit das Arbeitsnachweisamt W. auf Grund des § 222 AVAVG. die Aufgaben der Reichsanstalt durchgeführt hat.

Mit Recht geht nun das Berufungsgericht davon aus, daß § 244 AVAVG. keine bürgerlichrechtliche Verpflichtung begründen will und begründet hat, sondern daß die Frage, was auf Grund dieser Gesetzesvorschrift und der Bestimmungen des § 222 a. a. O. abzuführen ist, auf öffentlichrechtlichem Gebiet liegt. Nach § 1 Abs. 3 des Gesetzes ist die Reichsanstalt eine Körperschaft des öffentlichen Rechts. Ihr sind vom Deutschen Reich zur selbständigen Erledigung die Aufgaben der öffentlichen Arbeitsvermittlung und Arbeitslosenversicherung übertragen worden (§ 1 Abs. 1). Insbesondere sind hiernach die Aufgaben, die bisher den Arbeitsnachweisämtern obgelegen hatten, auf die Reichsanstalt und ihre Organe übergegangen. Diese können nur in gewissem Umfang Gemeinden oder Gemeindeverbände mit Geschäften der Arbeitsämter beauftragen (vgl. § 205, § 172 Abs. 2, § 175 Abs. 2 AVAVG.). Der Übergang der bestehenden Arbeitsnachweisämter und ihre Eingliederung als Arbeitsämter in die Reichsanstalt wird denn auch im § 221 des Gesetzes ausdrücklich vorgeschrieben. Die Aufgaben der Reichsanstalt sind auch im übrigen (§ 1 Abs. 2) öffentlichrechtlicher Art. Der Übergang der Aufgaben der Arbeitsnachweisämter auf die Reichsanstalt brachte es mit sich, daß die Mittel, welche bisher zur Bekämpfung der Arbeitslosigkeit und zur Erwerbslosenfürsorge auf Grund der §§ 33flg. ErwlFürsVo. von den Gemeinden aufgebracht worden waren, und die man von den Arbeitgebern und Arbeitnehmern eingezogen hatte, dem gleichen Zweck durch Zuführung an die Reichsanstalt erhalten werden mußten. Diesem Zweck dienen die Bestimmungen des § 244 AVAVG.

Das nimmt auch das Berufungsgericht zutreffend an. Mit Recht weist es darauf hin, daß die bezirkseigenen Arbeitsnachweisämter noch nach dem 1. Oktober 1927 bis zu ihrer Eingliederung in die Reichsanstalt die örtliche Arbeitslosenfürsorge durchführen mußten (§ 222 AVAVG.). Seine Meinung, daß hiernach jene Beitragsmittel seit dem 1. Oktober 1927 nur für Zwecke der Reichsanstalt von den Nachweisämtern zu verwalten und zu verwenden waren, und zwar teils zu Unterstützungszwecken, teils zur Aufbringung der allgemeinen Verwaltungskosten, ist also nicht zu beanstanden. Aber bis zur Eingliederung blieben die öffentlichen Arbeitsnachweise, wie bisher, Behörden der Gemeinden oder der weiteren Gemeindeverbände, die sie errichtet hatten. Das folgt unmittelbar aus § 222 Abs. 1 AVAVG. Die Gemeinden hatten auch weiterhin wie bisher, und zwar bis zur Eingliederung der bisherigen Nachweis- und Landesämter, längstens freilich bis zum Ablauf eines Jahres nach dem Inkrafttreten des Gesetzes, also bis zum 30. September 1928, gemäß den Bestimmungen der §§ 36 bis 38 ErwlFürsVo. zu den Kosten beizutragen. Nur an die Stelle der Beiträge der Arbeitgeber und Arbeitnehmer zur Erwerbslosenfürsorge traten seitdem die Mittel der Arbeitslosenversicherung, d. h. der Reichsanstalt (§ 222 Abs. 2 Satz 1 AVAVG.). Die Arbeitsnachweisämter waren jedoch fortan an die Weisungen des Vorstandes der Reichsanstalt und des Landesamts für Arbeitsvermittlung gebunden (§ 222 Abs. 1 Satz 2). Hieraus schließt der Berufungsrichter auf ein sachliche Unterordnung unter die übergeordnete Behörde und entnimmt daraus, daß die rechtlichen Beziehungen ausschließlich dem Gebiete des öffentlichen Rechts angehörten und der ordentliche Rechtsweg ausgeschlossen sei. Er verkennt dabei nicht, daß den Dienststellen der Reichsanstalt nur eine sachliche Aufsichtsbefugnis eingeräumt worden ist, nicht aber eine staatsaufsichtliche Befugnis, daß sie insbesondere nicht mit unmittelbaren Zwangsmitteln gegen die Bezirksgemeinden bei der Durchführung der Arbeitslosenversicherung einschreiten können. Vielmehr hebt er hervor, daß nach allgemeinen Grundsätzen des Verwaltungsrechts die Sachaufsichtsbehörde kein unmittelbares Zwangsrecht gegenüber öffentlichrechtlichen Selbstverwaltungskörpern und deren Organen besitzt, sondern hierzu der Mitwirkung der zuständigen Staatsaufsichtsbehörden bedarf.

Diesen Ausführungen ist beizupflichten. Der Klaganspruch ist in erster Reihe auf die ausdrückliche Bestimmung des § 244 Abs. 1 AVAVG. gestützt, also auf eine Vorschrift des öffentlichen Rechts. Von einer bürgerlichen Rechtsstreitigkeit im Sinne des § 13 GVG. kann mithin keine Rede sein. Es handelt sich um die Überleitung von öffentlichrechtlichen Aufgaben, die bisher nach der Erwerbslosenfürsorge-Verordnung von den Gemeinden oder Gemeindeverbänden durchzuführen waren, auf die Reichsanstalt und deren Organe. Wie die bisher zur Erfüllung solcher Aufgaben, also zu öffentlichrechtlichem Zweck bestimmten öffentlichrechtlichen Beitragsmittel, soweit sie noch nicht verausgabt, also noch vorhanden waren, der Reichsanstalt zuzuführen waren und wie etwa aufgenommene Darlehen abzustoßen und zu tilgen waren, bedurfte der gesetzlichen Regelung. Sie ist im § 244 Abs. 1 und 2 AVAVG. getroffen worden. Daß dabei Zweifelsfragen entstehen konnten, welche Mittel unter die Bestimmung fallen und wer etwa vorhandene Verluste zu tragen hat, liegt auf der Hand. Wenn darüber, durch wen solche Streitfragen zu entscheiden sind, im Gesetz nichts gesagt ist, so mag eine Lücke des öffentlichen Rechts vorliegen, die jedoch nicht ohne weiteres das Verfahren vor den ordentlichen Gerichten eröffnet. Ihre Zuständigkeit wäre vielmehr nur gegeben, wenn sich die — ausdrückliche oder stillschweigende — Zulassung des Rechtswegs durch das Gesetz selbst ergäbe (vgl. auch RGZ. Bd. 121 S. 278, Bd. 133 S. 248). Dafür fehlt aber im Gesetz jeder Anhalt.

§ 244 AVAVG. bedeutet, wie bereits hervorgehoben, eine Regelung der Verhältnisse und Rechtsbeziehungen öffentlichrechtlicher Art, die durch den Übergang der früheren Arbeitsnachweisämter auf die Reichsanstalt erforderlich war. Nachdem in den §§ 225 bis 230 AVAVG. die Voraussetzungen für die Übernahme von Beamten, Angestellten und Arbeitern festgelegt worden sind, folgen in den §§ 231 bis 236 die Bestimmungen über die Eigentumsübertragung an Grundstücken, die Leistung von Entschädigungen für die Überlassung solcher Grundstücke, die mietweise Überlassung von Gebäudeteilen und den Übergang der beweglichen Sachen, die dem Dienstbetriebe der Arbeitsnachweisämter dienten. Dabei wird der Grundsatz der Leistung einer Entschädigung anerkannt. Für die dabei entstehenden Streitigkeiten hat jedoch § 237 a. a. O. den Rechtsweg ausdrücklich ausgeschlossen und die Entscheidung einem Schiedsgericht übertragen. Danach aber kann nicht angenommen werden, daß Streitigkeiten, die aus Anlaß der Durchführung des § 244 entstehen, dem ordentlichen Rechtsweg zugänglich sein sollen. Jene Regelung und die Natur des im § 244 gegebenen Anspruchs als eines auf öffentlicher Grundlage beruhenden, durch die anderweite Regelung öffentlichrechtlicher Aufgaben bedingten Anspruchs spricht gegen solche Annahme. Den ordentlichen Gerichten steht also die Entscheidung von Streitigkeiten nicht zu, die bei der Zuführung der Beitragsmittel entstehen, insbesondere darüber, ob bei festgestellten Kassenverlusten und Veruntreuungen der Verlust von der Reichsanstalt hingenommen werden muß oder ob sie Erstattung von der betreffenden Gemeinde oder dem betreffenden Bezirk beanspruchen kann. Dem Reichsarbeitsminister hat das Gesetz in weitem Umfang die Befugnis zu einer Regelung noch ausstehender Fragen eingeräumt. Durch Art. 1 Nr. 68 des Gesetzes zur Änderung des Gesetzes über Arbeitsvermittlung und Arbeitslosenversicherung vom 12. Oktober 1929 (RGBl. I S. 153) ist dem § 244 ein weiterer Absatz 3 hinzugefügt worden, wonach der Reichsarbeitsminister bei den für die unterstützende Erwerbslosenfürsorge aufgenommenen Darlehen mit Zustimmung des Reichsrats eine andere Regelung vorschreiben kann, als es im Abs. 2 geschehen ist. Nach dem neuen Abs. 3 Satz 2 können in gleicher Weise auch andere finanzielle Fragen der Erwerbslosenfürsorge, die noch nicht erledigt sind, geregelt werden. Diese Bestimmung ist darauf zurückzuführen, daß bisher mit den Ländern über gewisse finanzielle Fragen keine Einigung erzielt werden konnte (vgl. die Begründung zum Gesetz vom 12. Oktober 1929 bei Stier-Somlo Gesetz über Arbeitsvermittlung und Arbeitslosenversicherung 2. Aufl. 1930 § 244 Anm. 2 S. 440). Abs. 3 bringt damit deutlich zum Ausdruck, daß es sich bei allen diesen Fragen nicht um solche des bürgerlichen Rechts handelt, sondern um solche, die auf öffentlichrechtlichem Gebiet liegen und daher nicht durch die ordentlichen Gerichte entschieden werden können.

Die Revision verweist weiter darauf, daß fürsorglich der Klaganspruch auch auf ungenügende Beaufsichtigung der beiden Angestellten A. und K. gestützt worden sei. Sie rügt, daß insoweit der Klaganspruch auf die Zulässigkeit des Rechtswegs nicht geprüft und damit § 551 Nr. 7 ZPO. verletzt worden sei. Es ist richtig, daß das Berufungsgericht auf diese Behauptung nicht näher eingegangen ist. Aus seinen Ausführungen ergibt sich aber ohne weiteres, daß es auch einen Anspruch, soweit er auf die §§ 31, 89 oder 831 BGB. gestützt werden sollte, im ordentlichen Rechtsweg für nicht verfolgbar ansieht. Dem ist beizutreten. Denn nach der Rechtsprechung des Reichsgerichts kann für einen Anspruch, der auf öffentlichrechtlichem Gebiet liegt und daher der Verfolgung im ordentlichen Rechtswege nicht zugänglich ist, der Rechtsweg nicht dadurch eröffnet werden, daß zu seiner Begründung auf Vorschriften des bürgerlichen Rechts Bezug genommen wird (RGZ. Bd. 113 S. 131, Bd. 129 S. 288 und Bd. 133 S. 244).

Die Revision ist weiter der Meinung, das Berufungsgericht habe durch Ausübung des Fragerechts bewirken müssen, daß ein Anspruch aus § 839 BGB. tatsächlich näher begründet worden wäre. § 244 AVAVG. gebe einen unmittelbaren Rechtsanspruch gegen die verklagten Bezirke; demnach hafteten sie aus § 839 BGB. sowohl für das Verhalten von A. und K. selbst als auch dafür, daß deren Handlungen durch Unterlassung der Beaufsichtigung von Seiten des Vorsitzenden des Arbeitsamts ermöglicht worden seien. Indessen konnte das Berufungsgericht nicht annehmen, daß ein Anspruch aus § 839

BGB. geltend gemacht werden sollte. Ein solcher ist weder in tatsächlicher Beziehung behauptet worden noch auch ohne weiteres als gegeben anzusehen. Die Haftung aus § 839 BGB. setzt eine vorsätzliche oder fahrlässige Verletzung einer Amtspflicht voraus, die gegenüber einem Dritten besteht. Aber vor dem Inkrafttreten des Gesetzes über Arbeitsvermittlung und Arbeitslosenversicherung konnte gegenüber der Reichsanstalt, die damals ja noch gar nicht bestand, eine Amtspflicht für das Arbeitsamt W. überhaupt nicht in Frage kommen. Soweit aber eine Zuführungspflicht auf § 244 AVAVG. gestützt wird, ist nicht sie von den Ämtern verletzt worden; denn nicht bei Gelegenheit dieser Zuführung wurden die Unterschlagungen begangen, sondern bei der Verwaltung im Rahmen des § 222 AVAVG. Diese Verwaltung war jedoch nicht eine solche, die der Reichsanstalt gegenüber als einem Dritten erfolgte, sondern es handelte sich dabei um die Übertragung öffentlichrechtlicher Befugnisse und Aufgaben von der Reichsanstalt auf die Arbeitsnachweisämter, wie sie im öffentlichen Recht wiederholt vorkommt, die aber eine Beurteilung nach bürgerlichem Recht sowohl unter dem Gesichtspunkt des § 839 BGB. als auch dem des Auftrags ausschließt (vgl. auch wegen der Unzulässigkeit des Rechtswegs bei der Übertragung von Fürsorgeaufgaben vom Kreis auf ein Gemeinde RGZ. Bd. 133 S. 244). Daß das Arbeitsamt nach § 222 Abs. 1 Satz 2 AVAVG. etwa ihm gegebene Weisungen des Vorstandes der Reichsanstalt beachten mußte, kommt hier nicht in Frage. Denn welche Weisungen nicht beachtet sein sollen, ist nicht erkennbar.

---

26. Zum Rechte des Hilfsbaues nach preußischem Bergrecht.

Preuß. Allgem. Berggesetz — ABG. — v. 24. Juni 1865 (GS. S. 705) §§ 60 flg., 156 flg.

V. Zivilsenat. Urt. v. 18. Juni 1932 i. S. G. Bergwerks-AG. (Bekl.) w. Gewerkschaft V. M. G. (Kl.). V 59/32.

I. Landgericht Essen.
II. Oberlandesgericht Hamm.

Die klagende Gewerkschaft ist Eigentümerin des im Jahre 1928 aus der Zwangsversteigerung erworbenen Längenfeldes V. M. G., welches nach unten durch die Höhenlage der H.er Erbstollensohle begrenzt wird. Was unter dieser Sohle liegt, war mit anderen Feldern vereinigt zum Felde der Gewerkschaft A., deren Vermögen im Jahre 1909 auf die Beklagte übergegangen ist. Die Klägerin betreibt zur Zeit in ihrem Felde keinen Abbau.

Durch das Feld V. M. G. führte als Hilfsbau der Gewerkschaft A. ein Stollen, der um das Jahr 1864 angelegt worden war, um auf unterirdischem Wege die Förderung des im Felde A. niedergebrachten Schachtes R. zur Stollenmündung über der Ruhr und nach dem Bahnhofe D. zu schaffen. Für diesen Zweck war aber der Stollen von der Rechtsvorgängerin der Beklagten nicht mehr benutzt worden, seitdem der Schacht R. im Jahre 1899 stillgelegt und zugestürzt und seine Förderung nach einem anderen Schacht verlegt worden war. Dagegen hatte sich seiner in der Folge die damalige Gewerkschaft V. M. G. zeitweise für eigene Zwecke bedient.

Im Jahre 1922 hat die Beklagte in diesem alten Förderstollen, im Bereiche des Feldes der Klägerin, mit bergpolizeilicher Genehmigung, ein Sprengstofflager zur Aufbewahrung von Sprengstoff bis zu 24000 kg angelegt. Sie glaubt sich dazu berechtigt auf Grund des alten Hilfsbaurechts und erforderlichenfalls auf Grund eines neuen, im Jahre 1922 erworbenen Rechtes dieser Art. Die Klägerin dagegen will das Sprengstofflager in ihrem Felde nicht dulden, weil das alte, mit anderem Zweck und Inhalt begründete Hilfsbaurecht der Gewerkschaft A. erloschen und ein neues von der Beklagten nicht erworben worden sei. Sie hat Klage auf Räumung des errichteten „Zentralsprengstofflagers" erhoben und in beiden Vorinstanzen obgesiegt. Die Beklagte unterlag auch mit ihrer Revision aus folgenden

Gründen:

Die Klägerin verfolgt als Bergwerkseigentümerin einen Räumungsanspruch gegen die Beklagte, der sich rechtlich als die Abwehr einer Störung ihres Bergwerkseigentums darstellt. Voraussetzung ihrer Klagbefugnis ist daher das Fortbestehen ihres Bergwerkseigentums. Das Berufungsgericht hat den Fortbestand aus rechtlichen und tatsächlichen Gründen bejaht. Die Revision hat hiergegen zwar keinen ausdrücklichen Angriff erhoben, immerhin aber das angefochtene Urteil im vollen Umfange zur Nachprüfung gestellt. Die Begründung des Berufungsurteils ist jedoch bedenkenfrei. Es bedarf im vorliegenden

Falle nicht der Entscheidung, ob der Ansicht von Enneccerus-Wolff Sachenrecht § 96 III 2 beigetreten werden könnte, daß das Bergwerkseigentum durch völligen Abbau des verliehenen Minerals von selbst erlösche, wogegen auf die von der Aufhebung des Bergwerkseigentums handelnden ausdrücklichen Vorschriften im 6. Titel des Allgemeinen Berggesetzes für die Preußischen Staaten verwiesen werden könnte (vgl. auch §§ 389flg. des sächsischen Berggesetzes sowie Isay zu § 50 ABG. B IIId Anm. 18 Abs. 2, Bd. 1 S. 269). Denn das Berufungsgericht stellt tatsächlich fest, daß ein gänzlicher Abbau der Kohle im Felde der Klägerin bisher nicht stattgefunden hat und daß, wenn auch unter den augenblicklichen wirtschaftlichen Verhältnissen ein lohnender Abbau nicht möglich sein möge, doch nicht schon für alle Zukunft die Möglichkeit einer wirtschaftlich berechtigten Wiederaufnahme des Abbaues als ausgeschlossen erachtet werden könne.

Als ausschließliches Gewinnungsrecht an bestimmten Bodenbestandteilen (Mineralien) in einem bestimmten räumlich begrenzten Gebiet, dem Grubenfelde, (vgl. RGZ. Bd. 135 S. 94flg.) gewährt das Bergwerkseigentum grundsätzlich, d. h. soweit nicht fremdes Bergwerkseigentum in Mitbewerb tritt, auch das ausschließliche Recht, im verliehenen Felde bergbauliche Anlagen zu unterhalten. Die Unterhaltung fremder Anlagen in seinem Felde beeinträchtigt den Bergwerkseigentümer, ohne daß er seine Eigentumsfreiheitsklage mit dem Nachweis begründen müßte, daß jene Anlagen ihm nachteilig seien (Entsch. des Preuß. Obertrib. Bd. 71 S. 289). Der fremde Bergbautreibende hat sein besonderes Recht nachzuweisen. Nicht verschlossen ist ihm allerdings der allgemeine Einwand, daß die Ausübung des Rechtes des Bergwerkseigentümers nur den Zweck haben könne, ihm Schaden zuzufügen (§ 226 BGB.). Aber für den vollen negativen Tatbestand dieses Einwands trifft ihn die Beweislast. Mit der bloßen Darlegung, daß von der Explosionsgefahr dem Bergbau der Klägerin kein Schade drohe, wird der Schikaneeinwand nicht begründet. Zu Gunsten des Bergwerkseigentümers ist davon auszugehen, daß jede fremde bergbauliche Anlage in seinem Felde ihn in seiner bergbaulichen Bewegungsfreiheit beschränkt und behindert. Im übrigen sieht aber das Berufungsgericht auch eine Bedrohung des Bergwerkseigentums der Klägerin durch die vom Sprengstofflager der Beklagten ausgehende Explosionsgefahr als tatsächlich gegeben an. Es kann dahingestellt bleiben, ob seinen hierauf bezüglichen Ausführungen in allen Einzelheiten beigetreten werden könnte, insbesondere in der dabei zugrundegelegten rechtlichen Annahme, daß ein von dem fremden Bergbautreibenden aufgegebener Hilfsbau ohne weiteres von dem Bergwerkseigentümer, in dessen Felde er angelegt ist, als Bestandteil seines Bergwerkseigentums in Anspruch genommen werden dürfe, sodaß seine Gefährdung durch das Sprengstofflager der Beklagten zu deren Ungunsten mit ins Gewicht falle (vgl. auch § 163 ABG.). Denn wenn das Berufungsgericht zwar unterstellt, daß eigene Grubenbaue der Klägerin, die sich in etwa 1100 m Entfernung befinden, durch eine Explosion nicht berührt werden möchten, so stellt es doch anderseits fest, daß der streitige Förderstollen von dem Rechtsvorgänger der Klägerin zeitweise zu eigener Kohlenförderung benutzt worden ist und demnach mit deren Grubengebäude Verbindung gehabt haben muß. Als gefährdet sieht es aber weiter auch die unter dem Förderstollen befindliche Grubenanlage der Klägerin an. Wenn die Revision dagegen geltend macht, daß sich unter dem Förderstollen keine Grubenbauten der Klägerin befänden, so greift sie damit in unzulässiger Weise eine tatsächliche Feststellung des Berufungsgerichts an, die auf einer als unbestritten bezeichneten Parteibehauptung beruht. Ebenso setzt sich ihre Ausführung, daß die unterhalb des Förderstollens im Felde der Klägerin noch anstehende Kohle dem Verfügungsrecht der Klägerin entzogen sei, weil insoweit ihr Rechtsvorgänger für die Verpflichtung zum Stehenlassen eines Sicherheitspfeilers eine Geldentschädigung erhalten habe, in Widerspruch mit der Würdigung des tatsächlichen Verhandlungsergebnisses durch den Berufungsrichter, die dahin geht, daß eine solche Abfindung nicht nachgewiesen, sondern die Gegenbehauptung der Klägerin, es sei nur für die beim Bau des Stollens gewonnene Kohle eine Entschädigung gewährt worden, nicht von der Hand zu weisen sei. Es bedarf hiernach keines Eingehens mehr auf die Frage, inwieweit eine solche Abfindung überhaupt der Klägerin entgegengesetzt werden könnte, die ihr Bergwerkseigentum als von ihrem Gründer in der Zwangsversteigerung erworben besitzt.

Nur auf ein eigenes Recht im fremden Felde kann demnach die Beklagte ihren Widerspruch gegen das Räumungsverlangen der Klägerin stützen. Als solches nimmt sie ein Hilfsbaurecht in Anspruch, und zwar in doppelter Weise. Sie führt aus, daß schon das ursprüngliche, für ihre Rechtsvorgängerin bei Anlegung des Förderstollens begründete Recht ihr die Befugnis zur Einrichtung und Unterhaltung des heutigen Sprengstofflagers in dem Stollen gewähre. Erforderlichenfalls behauptet sie aber auch den Neuerwerb eines Hilfsbaurechts mit dem jetzt beanspruchten Inhalt und Umfang auf Grund der Verhandlungen von 1921/1922. Nach beiden Richtungen hat das Berufungsgericht ihrem Anspruch die Anerkennung ohne Rechtsirrtum versagt.

Gegen die Ausführungen, womit das Berufungsgericht unter entsprechender Anwendung der für Grunddienstbarkeiten geltenden Vorschriften das Erlöschen des alten Hilfsbaurechts mit dem dauernden Aufhören der Benutzbarkeit des Stollens für den früheren Zweck als Kohlenförderweg und mit dem dauernden Wegfall des hieraus für den Betrieb des herrschenden Bergwerks sich ergebenden Vorteils begründet, wendet sich kein besonderer Revisionsangriff. Aber auch dann, wenn damit das Hilfsbaurecht als solches nicht schon völlig untergegangen sein sollte, will das Berufungsgericht der Beklagten die Benutzung des Stollens zur Unterbringung eines Sprengstofflagers wegen der anderen Art dieses Verwendungszwecks nicht zugestehen, und keinesfalls will es eine Erweiterung der ursprünglichen Verwendung des Stollens über die Bedürfnisse der Zeche A. hinaus zulassen; denn nur zu deren Vorteil allein habe der alte Förderstollen dienen sollen, die Beklagte aber lagere darin Sprengstoffe nicht nur für den Betrieb der Zeche A., sondern auch für eine ganze Reihe anderer Zechen.

Nach dem unstreitigen Sachverhalt geht die Anlegung des Förderstollens bis auf das Jahr 1864, also in die Zeit vor Erlaß und Inkrafttreten des Allgemeinen Berggesetzes vom 24. Juni 1865 zurück. Eine andere rechtliche Grundlage für den Inhalt des alten Stollenrechts als die hilfsbaurechtlichen Bestimmungen jenes Gesetzes hat jedoch die Beklagte nicht geltend gemacht, und dafür, daß insoweit eine ihr günstigere Beurteilung auf eine andere Grundlage als die Vorschriften des Berggesetzes von 1865 in Verbindung mit denen des allgemeinen bürgerlichen Rechts (wie etwa auf einen besonderen privatrechtlichen Titel) gestützt werden könnte, hat sich auch sonst kein Anhalt ergeben. Nach § 60 Abs. 2 ABG. steht dem Bergwerkseigentümer die Befugnis, im Felde anderer Bergwerkseigentümer Hilfsbaue anzulegen, zu, sofern diese die Wasser- und Wetterlösung oder den vorteilhafteren Betrieb des Bergwerks, für welches die

Anlage gemacht werden soll, bezwecken und der eigene Bergbau des anderen dadurch weder gestört noch gefährdet wird. Zur Begründung dieser Vorschrift ist in den Motiven des Gesetzes (Zeitschr. f. Bergrecht Bd. 6 S. 55flg. [132]) ausgeführt:

Von der deutschrechtlichen notwendigen Servitut, wonach der Bergwerkseigentümer den Eigentümern anderer Bergwerke den Mitgebrauch seiner Grubenbaue gegen eine von der Bergbehörde zu bestimmende Abgabe gestatten muß, sieht der Entwurf in Übereinstimmung mit den Wünschen der Bergbautreibenden gänzlich ab. . . .

Desgleichen beseitigt der Entwurf für die Zukunft das Erbstollenrecht. . . .

Demnach ersetzt der Entwurf die vorerwähnte notwendige Servitut und das Erbstollenrecht durch das den veränderten Bedürfnissen angepaßte Institut der Hilfsbaue. . . .

Das Bedürfnis, dem Bergwerkseigentümer die Anlage von Hilfsbauen (Stollen, Schächten und ähnlichen bergbaulichen Anstalten) außerhalb seines Feldes gesetzlich zu gestatten und zu erleichtern, ergibt sich schon daraus, daß mitunter die Lage oder Ausdehnung eines Grubenfeldes, die Beschaffenheit des Gebirges, das Oberflächenterrain usw. nicht gestatten, eine bergbauliche Anlage innerhalb des Feldes selbst zu machen, sodaß die Ausführung notwendigerweise außerhalb der Feldesgrenzen erfolgen muß.

Indem der § 60 deshalb dem Bergwerkseigentümer kraft seiner Verleihung die Befugnis zur Anlage von Hilfsbauen gibt, unterscheidet derselbe zwischen Hilfsbauen im freien Felde und in den Feldern anderer Bergwerkseigentümer, indem nur im letzteren Falle diese Befugnis gewissen Beschränkungen unterliegen muß. Hier kommt nämlich der Gesichtspunkt der notwendigen Servitut in Betracht. Die gesetzlich auszusprechende Verpflichtung zur Gestattung des Hilfsbaues kann zwar nicht nach zivilrechtlichen Grundsätzen von dem Nachweise unbedingter Notwendigkeit abhängig gemacht werden. Anderseits ist dieselbe aber mit Rücksicht auf den Zweck solcher Hilfsbaue und auf den Schutz des verpflichteten Bergwerks an die zweifache Voraussetzung zu knüpfen, daß einesteils der anzulegende Hilfsbau die Wasser- und Wetterlösung oder den vorteilhafteren Betrieb des berechtigten Bergwerks bezweckt und anderenteils den eigenen Bergbau des belasteten Werkes weder stört noch gefährdet. Unter diesen Beschränkungen kann der Hilfsbau in fremdem Felde um so unbedenklicher gestattet werden, als daraus weder eine Berechtigung zum Mitgebrauche der fremden Grubenbaue erwächst, noch sonst im Betriebe des belasteten Bergwerks Beschränkungen entstehen, und ebensowenig Beschädigungen zu befürchten sind. Überdies legt aber auch der § 62 dem Hilfsbauberechtigten die ausdrückliche Verpflichtung auf, für allen zugefügten Schaden vollständige Entschädigung zu leisten.

Diese Begründung läßt die Schranken, die der Befugnis zur Anlage von Hilfsbauen im fremden Bergwerksfelde gesetzt sein sollten, deutlich erkennen. Sie ergibt als negative Voraussetzung, daß, wennschon nicht der Nachweis unbedingter Notwendigkeit nach zivilrechtlichen Grundsätzen gefordert wurde, so doch ein in der mangelnden Eignung des eigenen Feldes begründetes Bedürfnis zur Inanspruchnahme des fremden Feldes für die beabsichtigte Anlage vorliegen mußte. Nach der positiven Seite wurden aber, unter Beseitigung weitergehender Beschränkungen des früheren Bergrechts, die Belange des hilfsbaupflichtigen Bergwerkseigentümers in doppelter Hinsicht dadurch gewahrt, daß nur für bestimmte Zwecke des berechtigten Bergwerks das Hilfsbaurecht eingeräumt und anderntheils der eigene Bergbau des belasteten Werkes weder gestört noch gefährdet werden durfte. Ist aber hierdurch der Hilfsbau als eine Ausnahmeberechtigung klar gekennzeichnet, so nötigt dies in Zweifelsfällen zu einer einschränkenden Auslegung des Gesetzeswortlauts. In den Worten, daß die Hilfsbaue „die Wasser- und Wetterlösung oder den vorteilhafteren Betrieb des Bergwerks, für welches die Anlage gemacht werden soll", bezwecken müssen, kann dem „vorteilhafteren Betrieb" nicht ein so weitgehender Sinn beigelegt werden, daß darunter eine jede Anlage fiele, die auch nur geeignet sein könnte, das wirtschaftliche Ergebnis des Betriebes des berechtigten Bergwerks irgendwie günstig zu beeinflussen. Der „vorteilhaftere Betrieb" muß hier vielmehr, worauf auch namentlich die in den Motiven erwähnten Beispiele (Stollen, Schächte und ähnliche bergbauliche Anstalten) hinweisen, in der engeren Bedeutung einer unmittelbaren technischen Erleichterung der Abbauführung verstanden werden. In diesem Sinne spricht auch offenbar § 63 ABG. von dem „durch den Hilfsbau zu lösenden" Bergwerke. Anderseits ist das durch die örtliche Lage bedingte Bedürfnis des berechtigten Bergwerks Grundlage und Maßstab für

Art und Umfang des beanspruchten Hilfsbaurechts. Zusammengefaßt ergibt dies, daß das Hilfsbaurecht im Einzelfalle nicht losgelöst von seinen Grundlagen besteht, sondern inhaltlich an den Zweck, zu dem es begründet worden ist, und an das Bedürfnis des herrschenden Bergwerks gebunden bleibt (vgl. auch Zeitschr. f. Bergrecht Bd. 63 S. 153). Dem Berufungsgericht ist hiernach darin beizutreten, daß sich das alte Hilfsbaurecht der Gewerkschaft A. in Ansehung des streitigen Förderstollens mit dem dauernden Aufhören des Bedürfnisses seiner Verwendung zu dem Verkehrszwecke, für den er geschaffen war, erledigt hatte. Die Wiederaufnahme seiner Benutzung zu einem Zwecke völlig anderer Art konnte nicht ohne neue Prüfung des Vorliegens der Voraussetzungen eines Hilfsbaurechts für den neuen Verwendungszweck erfolgen. Zu einer Entscheidung der Frage nach dem rechtlichen Schicksal einer aufgegebenen Hilfsbauanlage im fremden Felde und ihrer Bestandteile (vgl. § 60 Abs. 3, § 163 ABG.) nötigt die Sachlage nicht.

Es kann sich hiernach nur noch fragen, ob etwa die Beklagte auf Grund der Verhandlungen von 1921/1922 eine neues Recht auf Unterhaltung eines Sprengstofflagers in dem streitigen alten Förderstollen, und zwar in dem von ihr beanspruchten Umfange, gegen die Klägerin erworben hat. Vorauszuschicken ist dabei, daß sie ein solches Recht, soweit es über den gesetzlichen Inhalt und die gesetzlichen Schranken des bergrechtlichen Hilfsbaurechts hinausging, mit dinglicher Wirkung auf vertragsmäßiger Grundlage nur unter den Voraussetzungen und nach den Vorschriften erwerben konnte, die das seit dem 1. Januar 1900 geltende Recht für den Erwerb einer Grunddienstbarkeit aufstellt. Denn soweit ein über das gesetzliche Hilfsbaurecht des Allgemeinen Berggesetzes hinausgehendes Recht an fremdem Bergwerkseigentum in Frage käme, würde es sich um die Begründung einer Grunddienstbarkeit zwischen herrschendem und dienendem Bergwerkseigentum handeln (§ 50 Abs. 2 ABG.; §§ 1018, 873 flg. BGB.). Daß aber deren Voraussetzungen — Einigung und Eintragung im Grundbuche — nicht vorliegen, ist unter den Parteien außer Streit.

Was sodann das gesetzliche Hilfsbaurecht anbelangt, so unterliegt es keinem Zweifel, daß das, was die Beklagte hier beansprucht, nämlich die Unterhaltung eines großen Sprengstofflagers im fremden Felde, über den Rahmen des gesetzlichen Hilfsbaurechts schon deshalb weit hinausgeht, weil die Sprengstofflagerung nicht nur für den Bedarf der Zeche A., sondern auch für eine ganze Reihe anderer der Beklagten gehöriger Bergwerke und vielleicht für den Bedarf noch weiterer Betriebe in Anspruch genommen wird. Hierbei wird noch unterstellt, daß die Anlage eines solchen Lagers ohne unmittelbare unterirdische Verbindung mit dem gegenwärtigen Abbau des berechtigten Bergwerks überhaupt unter den Begriff eines Hilfsbaues im gesetzlichen Sinne gebracht werden könnte. Es wird ferner von dem Erfordernis abgesehen, daß ein Bedürfnis besteht, dem im eigenen Felde nicht genügt werden kann.

Auch kann sich die Beklagte weder auf ein Nichtbestreiten des belasteten Bergwerkseigentümers noch auf eine Genehmigung des Oberbergamts im Sinne des § 61 ABG. wirksam berufen. Für den Erwerb einer Hilfsbauberechtigung in den gesetzlichen Grenzen des § 60 ABG. würde allerdings auch heute noch das Nichtbestreiten der Verpflichtung zur Gestattung von seiten des beschwerten Bergwerkseigentümers genügen (vgl. Art. 67 Abs. 1 EG. z. BGB. und wegen der Verdinglichung durch Besitzerwerb § 60 Abs. 3 Satz 2 ABG. in der Fassung des Art. 37 Pr. AG. z. BGB., Art. 6 Abs. 1 Pr. AG. z. ZVG.). Abgesehen von den sonstigen gesetzlichen Voraussetzungen hat aber die Beklagte nach den Feststellungen des Berufungsgerichts auch ein solches Nichtbestreiten nicht nachzuweisen vermocht. Sie macht eine schriftliche Erklärung vom 1. Juli 1920 geltend, welche die frühere Gewerkschaft V. M. G. durch ihren damaligen Grubenvorstand K. abgegeben habe. Aber diese Erklärung hat der Berufungsrichter bedenkenfrei im Sinne einer bloßen widerruflichen Gestattung der Benutzung des Stollens zur Unterbringung eines Sprengstofflagers gegen eine Anerkennungsgebühr ausgelegt, wobei er in den Worten „alten Förderstollen, der als Hilfsbau durch unser Grubenfeld führt", nur eine Bezeichnung der Örtlichkeit, nicht aber eine Kennzeichnung der eingeräumten Befugnis als eines Hilfsbaurechts im Sinne des Gesetzes findet. Ein Nichtbestreitenwollen der Verpflichtung zu — unentgeltlicher — Gestattung ist damit keineswegs festgestellt. Daß diese Auslegung unmöglich wäre oder sonst gegen gesetzliche Regeln verstieße, ist nicht ersichtlich. Sie bindet daher das Revisionsgericht. Soweit die Revision dagegen von neuem einwirft, daß Zweck, Umfang und Kosten der geplanten Anlage mit einer einfachen widerruflichen Erlaubnis unverträglich gewesen seien, wie auch dem Gestattenden in ihn verpflichtender Weise erkennbar gewesen sei, so beachtet sie nicht (wofern es hierauf im Hinblick auf die Grenzen des gesetzlichen Hilfsbaurechts überhaupt ankommt), daß das Berufungsgericht ausdrücklich für nicht erwiesen erklärt, daß K. den Umfang vorausgesehen habe, den die Anlage demnächst erhielt. Er hatte, wie der Vorderrichter unangreifbar feststellt, seine Einwilligungserklärung schon am 1. Juli 1920 abgegeben, zu einer Zeit also, als die Größe der künftigen Anlage noch nicht vorauszusehen war und die Frage ihrer polizeilichen Genehmigung noch offen stand.

Daß aber auch eine behördliche Genehmigung des Sprengstofflagers im hilfsbaurechtlichen Sinne des § 61 ABG. nicht vorliegt, hat das Berufungsgericht ebenfalls ohne Rechtsverstoß dargelegt. Wäre eine solche Entscheidung ergangen, so würde sie allerdings nach jener Gesetzesvorschrift für die Gerichte bindend sein. Aber das Oberbergamt sah, wenn auch zu Unrecht, das Nichtbestreiten eines als hilfsbaupflichtig in Anspruch genommenen Bergwerkseigentümers für nachgewiesen an und war deshalb zu einer Entscheidung im Sinne des § 61 ABG. gar nicht veranlaßt. Es hat denn auch selbst in der dem Oberlandesgericht erteilten Auskunft vom 28. April 1931 seine Genehmigung als eine nur bergpolizeiliche bezeichnet. Dahinstehen kann, ob seine weitere Erklärung, einer näheren Prüfung hinsichtlich des Fortbestehens des alten Hilfsbaurechts habe es wegen der Einwilligungserklärung des K. nicht bedurft, sie wäre aber zweifellos im Falle des Widerspruchs des Hilfsbaupflichtigen erfolgt, mit der Beklagten dahin zu verstehen ist, daß das Oberbergamt sagen wollte, es würde die Genehmigung nach § 61 ABG. erteilt haben. Streng wörtlich ist hier nur ausgesprochen, daß eine nähere Prüfung stattgefunden haben würde. Denn wie das Oberbergamt eintretendenfalls Stellung genommen hätte, ist zur Sache nicht erheblich. Entscheidend ist, daß eine Genehmigung im Sinne des § 61 ABG. tatsächlich nicht erteilt worden ist.

Der Vorwurf, den die Revision dem Berufungsgericht dahin macht, daß es den Zusammenhang der Ereignisse, die mit der bergpolizeilichen Genehmigung des Sprengstofflagers abschlossen, nicht genügend gewürdigt habe, ist gegenüber den auch zu diesem Punkt eingehenden und schlüssigen Ausführungen des angefochtenen Urteils unbegründet. Eine unrichtige Beurteilung der Vorgänge des damaligen Verfahrens ist nirgends erkennbar. Unter Mißbilligung der vom Oberbergamt ursprünglich geäußerten Ansicht, daß es ohne wesentliche Bedeutung sei, ob der seinerzeit als Hilfsbau angelegte Stollen zur Förderung oder als Sprengstofflager verwendet werde, hatte der Preußische Minister für Handel und Gewerbe es nur als auch vom Standpunkt der Bergpolizeibehörde bedenklich bezeichnet, die Genehmigung zur Anlage des Sprengstofflagers für einen Ort zu erteilen, zu dessen Benutzung in solcher Weise der Antragsteller kein Recht habe (Zeitschr. f. Bergrecht Bd. 63 S. 153). Zur Frage des Bestehens eines Hilfsbaurechts selbst Stellung zu nehmen, hatte der Minister aber abgelehnt. Die K.sche Bewilligung vom 1. Juli 1920 war ihm nicht bekannt. Durch die Auffassung des Oberbergamts von dieser Erklärung wurde, da eine Entscheidung nach § 61 ABG. nicht ergangen war, der Berufungsrichter nicht gebunden, wie er auch durch eine etwa damit übereinstimmende Auffassung der Ministerialinstanz nicht gebunden gewesen wäre.

---

27. Kann ein Reichsbeamter den Kinderzuschlag auch für ein über 16 Jahre altes Kind beanspruchen, das sich zur Ausbildung im Geschäfts- oder Gewerbebetrieb der Eltern befindet?

Reichsbesoldungsgesetz vom 16. Dezember 1927 (RGBl. I S. 349) § 14 Abs. 3, § 45 Satz 1. Besoldungsvorschriften vom 12. März 1928 (RBesBl. S. 33) Nr. 68 Abs. 2.

III. Zivilsenat. Urt. v. 28. Juni 1932 i. S. Deutsches Reich (Bekl.) w. St. (Kl.). III 59/32.

I. Landgericht Plauen.
II. Oberlandesgericht Dresden.

Der Kläger war Verwaltungssekretär bei einem Versorgungsamt. Seit dem 1. Februar 1928 befindet er sich im Ruhestand. Er beantragte die Weiterbewilligung des Kinderzuschlags für seinen am 12. April 1914 geborenen Sohn nach Ablauf des 16. Lebensjahrs, weil sich dieser als Lehrling im Geschäft der Mutter noch in der Berufsausbildung befinde. Das Hauptversorgungsamt lehnte den Antrag ab. Die Beschwerde des Klägers wurde vom Reichsarbeitsminister zurückgewiesen. Er macht nunmehr den Anspruch auf Weitergewährung des Kinderzuschlags bis zum vollendeten 21. Lebensjahre seines Sohnes im ordentlichen Rechtsweg geltend und fordert zunächst einen Teilbetrag von 60 RM.

Der Beklagte bestreitet, daß der Sohn des Klägers kaufmännisch ausgebildet werde und daß diese Ausbildung die Arbeitskraft des Kindes ausschließlich oder ganz überwiegend in Anspruch nehme. Sodann bezieht er sich darauf, daß nach Nr. 68 Abs. 2 BesV. die Ausbildung im Hause sowie im Geschäfts- oder Gewerbebetrieb der Eltern nicht als Berufsausbildung im Sinne des Besoldungsgesetzes gelte.

Beide Vorinstanzen haben den Beklagten antragsgemäß verurteilt. Seine Revision wurde zurückgewiesen.

Gründe:

Der Berufungsrichter ist zunächst der Rechtsauffassung, daß § 45 Satz 1 BesG. dem Reichsminister der Finanzen nur die Befugnis gebe, Verwaltungs-, nicht Rechtsverordnungen zu erlassen. Ferner erachtet er die oben inhaltlich wiedergegebene Vorschrift in Nr. 68 Abs. 2 Satz 4 BesV. als über den § 14 BesG. hinausgehend und deshalb insoweit als ungültig. Schließlich kommt er auf Grund der tatsächlichen Umstände des Falls zu der Überzeugung, daß sich der Sohn des Klägers wirklich in der Ausbildung für einen künftig gegen Entgelt auszuübenden Lebensberuf befindet.

Die Ausführungen des Berufungsgerichts lassen keinen Rechtsirrtum erkennen. Es kann keinem Zweifel unterliegen, daß die Vorschrift in § 45 Satz 1 BesG. dem Reichsminister der Finanzen nur den Erlaß von sog. Verwaltungsverordnungen einräumt, wie sie Art. 77 RVerf. im Auge hat. Es sind das im wesentlichen Anweisungen an die Behörden über die von ihnen zu entfaltende Tätigkeit, um Vorschriften eines Gesetzes zur Vollziehung zu bringen (vgl. Laband Staatsrecht des Deutschen Reiches 5. Aufl. 1911 Bd. 2 S. 88). Mithin sind die Besoldungsvorschriften, die in der Einleitung ausdrücklich als Geltungsquelle den § 45 Satz 1 BesG. anführen, keine Rechtsverordnungen, die gleich dem Gesetz für den Staatsbürger verbindliche Rechtsregeln aufstellen, also auch das Reichsgesetz, auf Grund dessen sie ergehen, in seinem Inhalt abändern könnten (vgl. Giese und Poetzsch-Heffter in Anm. 1 zu Art. 77 RVerf.). Hiergegen wendet sich auch im Grunde genommen die Revision nicht.

Sie vertritt jedoch die Ansicht, daß die Bestimmung in Nr. 68 Abs. 2 BesV. dem allgemeinen Gesetzeswillen, wie er in § 14 Abs. 3

BesG. zum Ausdruck gekommen sei, nicht entgegenstehe, sondern gerade den Grundgedanken des Reichsbesoldungsgesetzes verwirkliche. Damit will die Revision offensichtlich in Übereinstimmung mit der Rechtsprechung des Reichsgerichts bleiben, wonach eine Ausführungsvorschrift als Verwaltungsverordnung das Gesetz nicht ändern und einschränken darf, sondern die gesetzliche Vorschrift nur erläutern und in ihren Grenzen ergänzen kann (RGZ. Bd. 56 S. 376 und Bd. 72 S. 257). Dieser Voraussetzung entspricht aber der 4. Satz von Nr. 68 Abs. 2 a. a. O. nicht. Hier wird klar und bestimmt ausgesprochen, daß als Berufsausbildung im Sinne des § 14 Abs. 3 Nr. 1 BesG. nicht anzusehen ist eine Ausbildung im Hause, Geschäft oder Gewerbe der Eltern. Das Gesetz selbst verlangt indes nur, daß sich das Kind in der Ausbildung für einen künftig gegen Entgelt auszuübenden Lebensberuf befindet. Es läßt also offen, ob eine Ausbildung im Geschäftsbetrieb der Eltern als eine ausreichende Voraussetzung für die Gewährung des Kinderzuschlags anzusehen ist. Es will mithin die Frage der Entscheidung im einzelnen Falle überlassen. Dagegen nimmt die Verwaltungsverordnung jede Ausbildung in einem Gewerbebetrieb der Eltern ausdrücklich aus, ohne irgendeine Ausnahme für den Einzelfall zuzulassen. Daß hierdurch die Auslegung im einzelnen Fall eingeschränkt wird, muß ohne weiteres anerkannt werden. Selbst wenn der Revision zugegeben werden könnte, der Sinn des § 14 Abs. 3 BesG. sei gewesen, durch die Weitergewährung des Kinderzuschlags einen Zuschlag für die regelmäßig mit einer solchen Ausbildung verbundenen besonderen Kosten zu gewähren, so ist nicht recht einzusehen, warum diese Erwägung bei der Ausbildung im Geschäft der Eltern nicht Platz greifen solle. Wenn ein Sohn in dem großen Fabrikunternehmen seines Vaters neben einer Reihe Gleichaltriger als Lehrling angestellt wird, ist nicht zu erkennen, warum dieser Fall wesentlich anders liegen soll, als wenn das Unternehmen nicht dem Vater, sondern einem anderen gehört. Der Kommentar von Sölch-Ziegelasch zum Besoldungsgesetz führt in der Anmerkung 6a zu § 14 unter e (S. 200) zu dieser Verwaltungsanordnung als einen von der Verwaltungsbehörde entschiedenen Einzelfall an, daß eine Ausbildung in dem landwirtschaftlichen Betrieb des Großvaters unter bestimmten Voraussetzungen als Berufsausbildung gelten könne. Es ist kein Grund ersichtlich, warum dann ein wesentlicher Unterschied bestehen soll, wenn der landwirtschaftliche Betrieb nicht dem Großvater, sondern dem Vater gehört. Mithin geht die Bestimmung in Nr. 68 Abs. 2 Satz 4 BesV., wonach eine Ausbildung im Betrieb der Eltern niemals als Berufsausbildung anzusehen sei, über Wortlaut und Sinn des Gesetzes in § 14 Abs. 3 Nr. 1 hinaus. Insoweit kann sie daher nicht als bindende Rechtsvorschrift anerkannt werden.

Demgemäß hat das Berufungsgericht mit Recht zur Lösung der Streitfrage ausschließlich die gesetzliche Vorschrift in § 14 Abs. 3 Nr. 1 BesG. herangezogen. Ihre Anwendung auf den vorliegenden Fall beruht auf tatrichterlichen Erwägungen. In ihnen ist kein Rechtsverstoß zu erkennen, der in der Revisionsinstanz verfolgbar wäre.

---

28. Wen trifft die Beweislast dafür, daß Pfandsachen, die der Gerichtsvollzieher im Gewahrsam des Schuldners belassen hatte und die später abhanden gekommen sind, zur Zeit eines vom Gerichtsvollzieher schuldhaft versäumten Versteigerungstermins noch vorhanden waren?

BGB. §§ 249, 839.

III. Zivilsenat. Urt. v. 8. Juli 1932 i. S. Preuß. Staat (Kl.) w. R. (Bekl.). III 395/31.

I. Landgericht Lyck.
II. Oberlandesgericht Königsberg.

Im Februar 1926 hatte der Beklagte als Gerichtsvollzieher im Auftrage der Firma K. & Co. bei dem Gastwirt L. Zigarren im Werte von 5000 RM. gepfändet und im Gewahrsam des Schuldners belassen. Die Versteigerung unterblieb zunächst im Einvernehmen mit der Gläubigerin, die dem Schuldner Ratenzahlung bewilligt hatte. Im Termin vom 14. Oktober 1926 kam es nicht zum Pfandverkauf, weil keine genügenden Gebote abgegeben wurden. Obgleich die Gläubigerin am 10. November 1926 dem Beklagten schrieb, sie bestehe nunmehr auf Durchführung der Zwangsvollstreckung, hielt der Beklagte weder einen auf den 18. November 1926 noch einen auf den 13. Januar 1927 angesetzten Termin ab; auch sonst kümmerte er sich bis zu der am 1. Februar 1927 erfolgten Abgabe seiner Gerichtvollziehergeschäfte nicht weiter um die Pfändung. Am 31. März 1927 wurde durch den Amtsnachfolger des Beklagten festgestellt, daß die gepfändeten Zigarren verschwunden waren. Wann und wie sie abhanden gekommen sind, ist nicht aufgeklärt. Der Schuldner ist seit Ende Oktober 1926 völlig vermögenslos.

Die Gläubigerin hat an ihrer Forderung einen Ausfall von 23,80 RM. erlitten und weiter einen Kostenvorschuß von 40,49 RM. eingebüßt. Der klagende Staat hat ihr diese Beträge mit Zinsen ersetzt, weil er annahm, in dieser Höhe sei ihr infolge schuldhafter Amtspflichtverletzung des Beklagten ein Schaden entstanden. Mit derselben Begründung fordert er im vorliegenden Rechtsstreit vom Beklagten Erstattung von 71,79 RM. Im Gegensatz zum Landgericht hat das Oberlandesgericht die Klage abgewiesen. Die Revision des Klägers hatte keinen Erfolg.

Gründe:

Das Berufungsgericht hat in der Nichtversteigerung der Pfandsachen im Termin vom 18. November 1926 eine schuldhafte Amtspflichtverletzung des Beklagten gesehen. Gleichwohl hat es die Klage abgewiesen, und zwar deshalb, weil kein ursächlicher Zusammenhang dieser Amtspflichtverletzung mit dem Verschwinden der Zigarren erwiesen sei. Es meint, aus der Nichtabhaltung des Termins vom 18. November 1926 könne der Gläubigerin ein Schaden nur dann erwachsen sein, wenn in diesem Zeitpunkt die Zigarren noch vorhanden gewesen seien; denn andernfalls wäre der Schaden der Gläubigerin schon vorher eingetreten gewesen, und zwar endgültig, da eine Nachpfändung bei der damals schon bestehenden Vermögenslosigkeit des Schuldners ausgeschlossen gewesen sei. Zur Klagbegründung gehöre also der Nachweis, daß die Zigarren am 18. November 1926 noch vorhanden gewesen seien; diesen Nachweis habe der Kläger nicht geführt.

Die Revision rügt demgegenüber Verkennung der Beweislast. Sie meint in erster Reihe, es genüge die Feststellung, daß die Zigarren am 14. Oktober 1926 noch vorhanden gewesen seien; die Fortdauer dieses Zustandes bis zum 18. November brauche der Kläger nicht zu beweisen. Vielmehr sei der Beklagte beweispflichtig, wenn er sich darauf berufe, daß die Pfandsachen am 18. November nicht mehr vorhanden gewesen seien. Dieser Beweis sei nicht damit geführt, daß das Nichtvorhandensein für den März 1927 festgestellt sei.

Dem kann nicht beigetreten werden. Eine allgemeine Vermutung, wonach ein bestehender tatsächlicher Zustand bis zum Beweise des Gegenteils als fortbestehend zu gelten hätte, ist nicht anzuerkennen. Für den vorliegenden Fall kommt dazu entscheidend folgende Erwägung: Nach der Rechtsprechung des erkennenden Senats (RGZ. Bd. 120 S. 67) muß ein Beamter, in dessen amtliche Obhut eine Sache gelangt ist, ihren etwa eingetretenen Verlust aufklären; dazu genügt aber der Nachweis, daß das Abhandenkommen der Sache ohne Verschulden des Beamten eingetreten sein kann. Beläßt der Gerichtsvollzieher die von ihm gepfändeten Sachen im Gewahrsam des Schuldners, wie es hier der Beklagte — nach rechtsirrtumsfreier Annahme des Berufungsgerichts ohne Verschulden — getan hat, so gelangen die Pfandsachen überhaupt nicht in seine Obhut; er kann also keinesfalls ungünstiger gestellt werden als ein Beamter in dem erstgedachten Falle. Da sich die Möglichkeit, daß die Pfandsachen ohne Verschulden des Beklagten verschwunden sind, ohne weiteres aus der Sachlage ergibt, so kann ihm ein Entlastungsbeweis überhaupt nicht aufgebürdet werden. Es muß also bei der Grundregel bleiben, daß der Geschädigte alle Voraussetzungen seines Schadensersatzanspruchs beweisen muß. Dazu gehört auch der Nachweis des ursächlichen Zusammenhangs. Dieser ist hier nur dann gegeben, wenn die Zigarren im Zeitpunkt der vom Beklagten begangenen schuldhaften Amtspflichtverletzung, also am 18. November 1926 noch vorhanden waren.

Die Revision will weiter die Grundsätze über den Beweis des ersten Anscheins angewendet haben. Sie meint, es sei prima facie anzunehmen, daß die Pfandstücke erst infolge der Verschleppung der Angelegenheit durch den Beklagten abhanden gekommen seien, da erfahrungsgemäß Vollstreckungsschuldner erst dann eine Beseitigung der Pfandstücke wagten, wenn sie vermuteten, daß sich niemand mehr recht um die Angelegenheit kümmere. Auch dem kann nicht gefolgt werden. Was die Revision vorbringt, besagt bestenfalls, es spreche eine größere Wahrscheinlichkeit dafür, daß die Pfandstücke in einem späteren Abschnitt der schuldhaften Untätigkeit des Beklagten, als daß sie sehr bald nach seiner letzten Anwesenheit am Verwahrungsort der Zigarren (14. Oktober 1926) beiseite gebracht worden seien. Es handelt sich dabei um eine Erwägung, die vielleicht bei der Würdigung der etwa erhobenen Beweise angestellt werden mag. Daß es aber dem regelmäßigen Verlauf der Dinge entspreche, daß die Zigarren erst nach dem 18. November 1926 verschwunden seien, davon kann keine Rede sein.

---

29. 1. Ist ein Unternehmer, mit dem die Hauptfürsorgestelle seit längerer Zeit über seine Verpflichtung zur Einstellung eines Schwerbeschädigten verhandelt, nach Treu und Glauben verpflichtet, den Wohlfahrtsbehörden Mitteilung davon zu machen, wenn er seinen Betrieb auf eine die Zahl 19 nicht mehr übersteigende Anzahl von Arbeitsplätzen einschränkt?

2. Kann die ungerechtfertigte Außerachtlassung einer von dem Schwerbeschädigten-Ausschuß für die Auswahl des Schwerbeschädigten bindend aufgestellten Richtlinie durch die Wohlfahrtsbehörde als Ermessensmißbrauch und damit als eine Amtspflichtverletzung angesehen werden?

3. Zur Frage des ursächlichen Zusammenhangs und des mitwirkenden Verschuldens.

Gesetz über die Beschäftigung Schwerbeschädigter in der Fassung der Bekanntmachung v. 12. Januar 1923 (RGBl. I S. 58) — SchwBG. — § 7 Abs. 2, § 10 Abs. 1, § 13 Abs. 5. RVerf. Art. 131. BGB. §§ 254, 839.

III. Zivilsenat. Urt. v. 8. Juli 1932 i. S. Firma M. (Kl.) w. Stadtgemeinde B. (Bekl.). III 347/31.

I. Landgericht I Berlin.
II. Kammergericht daselbst.

Die Klägerin, die in Berlin ein Düngemittelgeschäft betreibt, beschäftigte in den Jahren 1928 und 1929 stets mehr als 20 ständige Arbeitnehmer, darunter einen Buchhalter, eine Stenotypistin und einen Wagenmeister. Auf Grund einer Betriebsaufnahme wurde die Klägerin am 25. Februar 1929 von der Hauptfürsorgestelle der verklagten Stadtgemeinde aufgefordert, mit Frist von einem Monat die ihr nach dem Schwerbeschädigten-Gesetz obliegende Verpflichtung zur Anstellung eines Schwerbeschädigten zu erfüllen. Nachdem die Klägerin diese Verpflichtung zunächst bestritten hatte, bat sie Anfang Juni 1929 — noch vor Ablauf der bis zum 25. Juli 1929 verlängerten Frist — um Zuweisung eines schwerbeschädigten Kutschers, der täglich mindestens 240 Ztr. Dung verladen könne, und bemühte sich schriftlich bei den

Arbeitsnachweisen um einen solchen Arbeitnehmer, jedoch ohne Erfolg. Als die Klägerin am 9. September 1929 von der Beklagten die Mitteilung erhielt, daß nunmehr gemäß § 7 Abs. 2 SchwBG. zur Zwangseinstellung, und zwar eines Schwerbeschädigten für kaufmännische Tätigkeit, geschritten werden müsse, erwiderte sie am 13. September 1929, daß sie außer den Kutschern, der Stenotypistin und dem Wagenmeister nur einen Buchhalter beschäftige. Dieser sei zugleich als Geschäftsführer tätig und vertrete den Firmeninhaber während dessen Abwesenheit. Die Ersetzung dieses Buchhalters sei daher für den Betrieb unmöglich. Diese Mitteilung führte zu längeren Verhandlungen zwischen den Parteien über eine Ablösung der Einstellungspflicht durch eine Ersatzleistung, insbesondere eine Barzahlung; ein Erfolg wurde jedoch nicht erzielt. Auch zu einer von der Beklagten in Aussicht genommenen Zuweisung eines Schwerbeschädigten für den Posten des Nachtwächters im Betrieb der Klägerin kam es nicht. Die Beklagte lehnte schließlich durch Schreiben vom 14. Januar 1930 die angebotenen Ersatzleistungen ab und erklärte gleichzeitig der Klägerin, daß sie nunmehr einen kaufmännischen Angestellten zwangsweise einstellen müsse. Die hiergegen von der Klägerin am 20. Januar 1930 eingelegte Beschwerde wies der zuständige Schwerbeschädigten-Ausschuß durch Beschluß vom 17. Februar 1930 mit folgender Begründung zurück:

> Die Firma ist nach den Bestimmungen des Schwerbeschädigten-Gesetzes einstellungspflichtig. Die Einstellung eines Schwerbeschädigten als Geschäftsführer im Austausch gegen den jetzt beschäftigten erscheint jedoch nicht zweckmäßig.

Von diesem Beschluß setzte die Beklagte die Klägerin am 1. März 1930 in Kenntnis, ohne jedoch den zweiten Satz der Begründung mitzuteilen. Gegenüber dieser Mitteilung verhielt sich die Klägerin untätig. Am 9. April 1930 verfügte die Beklagte die Zwangseinstellung des Schwerbeschädigten W. als Buchhalter mit Wirkung vom 16. April 1930. Dieser der Klägerin am 11. April 1930 zugestellte Beschluß enthielt über den Inhalt des Zwangsvertrags keine weiteren Angaben. In einem Zusatzbeschluß vom 24. April 1930 wurde das Gehalt des Buchhalters auf monatlich 325 RM. festgesetzt und für die Kündigung der § 66 HGB. für maßgebend erklärt.

Die Klägerin weigerte sich, den Buchhalter W. in ihrem Betrieb zu beschäftigen und ihm Gehalt zu zahlen. Sie wurde darauf von

W. vor dem Arbeitsgericht auf Zahlung des Gehalts für die Zeit vom 16. April bis zum 30. Juni 1930 verklagt und rechtskräftig verurteilt.

Ohne den Wohlfahrtsbehörden der Beklagten davon Mitteilung zu machen, hatte die Klägerin zum 1. Februar 1930 ihre Belegschaft durch Entlassung von Arbeitnehmern auf 19 Personen verringert, und zwar zu dem Zweck, um von der Einstellungspflicht des Schwerbeschädigten-Gesetzes frei zu werden. Der Beklagten hatte sie diesen Personalabbau erst am 11. April 1930 nach Eingang des Zwangszuweisungsbeschlusses und wiederholt am 25. April 1930 mitgeteilt. Es fand daraufhin eine erneute Betriebsbesichtigung im Juni 1930 statt. Hierbei wurde festgestellt, daß die Klägerin seit 1. März 1930 weniger als 20 Arbeitnehmer ständig beschäftigt habe.

Die Klägerin behauptet ferner, dem Buchhalter W. am 15. April 1930 fristlos gekündigt zu haben; mit Schreiben vom 22. Mai 1930 ersuchte sie die Beklagte um Zustimmung zu der fristlosen Kündigung. Die Beklagte erwiderte hierauf am 7. Juli 1930, daß zu einer fristlosen Kündigung ihre Zustimmung nicht erforderlich sei.

In dem Verhalten der Beamten der Beklagten findet die Klägerin eine schuldhafte Verletzung der diesen ihr gegenüber obliegenden Amtspflichten. Mit der Klage macht sie Schadensersatzansprüche geltend, und zwar verlangt sie die Erstattung der an W. gezahlten Gehaltsbeträge, der für diesen entrichteten sozialen Lasten und endlich der ihr durch den Rechtsstreit vor dem Arbeitsgericht entstandenen Kosten.

Die Beklagte bestreitet, daß ihre Beamten sich irgendeiner Amtspflichtverletzung schuldig gemacht hätten, und macht geltend, die Klägerin allein habe ihren Schaden verursacht; denn sie sei verpflichtet gewesen, von der Betriebseinschränkung rechtzeitig Mitteilung zu machen, da sie nach der Zurückweisung ihrer Beschwerde täglich mit einer Zwangszuweisung habe rechnen müssen.

In beiden Vorinstanzen mit der Klage abgewiesen, hat die Klägerin Revision eingelegt, die zur Aufhebung des Berufungsurteils und zur Zurückverweisung führte.

Gründe:

Die Frage, ob die Beamten der Beklagten vor der Zwangseinstellung des Buchhalters W. nach § 7 Abs. 2 SchwBG. erneut hätten prüfen müssen, inwieweit die Voraussetzungen der Zwangszuweisung noch vorlagen, läßt das Berufungsurteil dahingestellt. Denn der Schaden sei — so führt es aus — nicht infolge einer Verletzung dieser Prüfungspflicht der Beklagten eingetreten, sondern infolge der von der Klägerin unterlassenen Mitteilung über die Betriebseinschränkung. Zu dieser Mitteilung sei die Klägerin unter den obwaltenden Umständen verpflichtet gewesen. Etwa ein Jahr lang hätten die Parteien über die Einstellung eines Schwerbeschädigten verhandelt. Während dieser ganzen Zeit hätten beide Streitteile eine ständige Belegschaft von 23 Personen — 3 Angestellte und 20 gewerbliche Arbeiter — zugrundegelegt. Noch in ihrer Beschwerdeschrift vom 20. Januar 1930 sei die Klägerin selbst von dieser Zahl ausgegangen. Wenn sie nachträglich ihre Belegschaft verringerte, so hätte sie sich auch ohne genauere Rechtskenntnisse sagen müssen, daß die Beklagte mit dieser veränderten Sachlage nicht rechnen könne. Daß die Verringerung der Belegschaft ein für die Zwangszuweisung erheblicher Umstand sei, habe die Klägerin gewußt; denn im wesentlichen zu diesem Zwecke habe sie ihre Arbeiterzahl vermindert. Dann sei sie aber schon nach den Grundsätzen von Treu und Glauben im Rechtsverkehr, die auch im öffentlichen Recht Geltung hätten, verpflichtet gewesen, der Beklagten diesen Umstand unverzüglich mitzuteilen. Jeder Zweifel über diese Verpflichtung müsse entfallen, nachdem die Klägerin Anfang März 1930 von der Zurückweisung ihrer Beschwerde Kenntnis erhalten habe; sie habe nunmehr damit rechnen müssen, daß die angedrohte Zwangszuweisung ohne weitere Androhung verwirklicht werden würde. Hätte sie jetzt noch der Beklagten die Betriebseinschränkung mitgeteilt, dann wäre die Zwangszuweisung nach dem zu unterstellenden regelmäßigen Ablauf der Geschehnisse unterblieben. Die Beklagte hätte dann erst die Angaben der Klägerin nachgeprüft; nach dem Geschäftsgang bei der Beklagten wäre diese Prüfung bis Anfang April noch nicht beendet gewesen. Sie hätte erst gegen Ende des Monats März oder zu Anfang des April 1930 vorgenommen werden können und hätte das gleiche Ergebnis gehabt wie die spätere Prüfung, nämlich die Feststellung der Verringerung des Betriebes; diese Feststellung hätte die Beklagte veranlaßt, von der Zwangszuweisung abzusehen. Die Klägerin habe somit die Nichtberücksichtigung ihrer Betriebseinschränkung ausschließlich selbst verursacht, und zwar durch die zu Beginn des Monats März 1930 unterlassene Anzeige an die Beklagte.

Aus dem gleichen Grunde vermöge die Klägerin — so führt das angefochtene Urteil weiter aus — keine Ansprüche auf den Umstand zu stützen, daß die Beklagte entgegen der ausdrücklichen Entscheidung des Schwerbeschädigten-Ausschusses einen Schwerbeschädigten zugewiesen habe, der den einzigen Buchhalter der Klägerin ersetzen sollte. Allerdings habe die Beklagte damit die ihr der Klägerin gegenüber obliegenden Pflichten bei der Auswahl des einzustellenden Schwerbeschädigten verletzt. Wenn auch die Auswahl eine Zweckmäßigkeitsmaßnahme sei und im allgemeinen die Zweckwidrigkeit nur bei Ermessensmißbrauch zur Pflichtwidrigkeit werde, so sei doch im vorliegenden Falle durch die Entscheidung des Schwerbeschädigten-Ausschusses eine bestimmte Richtlinie für die Auswahl gegeben worden. Zur Amtspflicht der Beklagten habe es gehört, wenigstens diese Richtlinie zu beachten. Sie habe also nicht „den jetzt beschäftigten Geschäftsführer" austauschen dürfen, wie sie es getan habe. Auch habe die Klägerin die Beklagte mit Schreiben vom 13. September 1929 auf die besonderen Verhältnisse ihres Betriebes hingewiesen. Aber die Zuweisung des Buchhalters W. liege zeitlich über einen Monat später als der Zeitpunkt, zu dem die von der Klägerin unterlassene Mitteilung über die Betriebseinschränkung hätte eingehen müssen. Hätte die Klägerin diese Mitteilung auch nur annähernd rechtzeitig abgesandt, dann wäre die Zwangszuweisung vom 9. April 1930 unterblieben. Der ursächliche Zusammenhang zwischen dem Fehler der Beklagten bei der Auswahl des Schwerbeschädigten und dem Eintritt des Schadens sei daher nicht gegeben.

Die Revision der Klägerin, die sich in der Hauptsache nur gegen diese beiden Entscheidungsgründe richtet, ist begründet. Zwar ist der Unternehmer, wie das Reichsarbeitsgericht ausgesprochen hat, in der Wahl der Betriebsform und in der Gestaltung seines Betriebes, soweit nicht gesetzliche Beschränkungen entgegenstehen, grundsätzlich frei (RAG. Bd. 11 S. 117). Der Revision kann aber nicht darin beigetreten werden, daß der Klägerin keine Mitteilungspflicht wegen ihrer Betriebseinschränkung obgelegen habe und daß die Unterlassung infolgedessen nicht schuldhaft gewesen sei. Der Berufungsrichter verkennt nicht, daß eine solche Mitteilungspflicht nicht unmittelbar im Gesetz, namentlich nicht in § 10 Abs. 1 und § 13 Abs. 5 SchwBG. begründet ist; sie läßt sich auch, wie der Revision zuzugeben ist, vorliegend weder aus dem Bestehen eines bürgerlichrechtlichen Vertrags zwischen dem Unternehmer und den Wohlfahrtsbehörden noch aus den Rechtsgrundsätzen über unerlaubte Handlungen herleiten. Der Berufungsrichter folgert jedoch eine solche Verpflichtung der Klägerin aus der besonderen Lage des Falles, namentlich aus den lange andauernden Verhandlungen der Parteien über die Verpflichtung der Klägerin zur Einstellung eines Schwerbeschädigten, aus der Tatsache, daß beide Streitteile das Vorhandensein einer die Zahl 19 übersteigenden Anzahl von Arbeitsplätzen bei der Klägerin zugrundegelegt hätten (§ 1 der Ausführungsverordnung zum Gesetz über die Beschäftigung Schwerbeschädigter vom 13. Februar 1924, RGBl. I S. 73), und aus den Grundsätzen von Treu und Glauben, die auch im amtlichen Verkehr zwischen Arbeitgebern und Behörden Anwendung zu finden haben. Diese Annahme des Berufungsgerichts ist rechtlich nicht zu beanstanden, sie wird den Bedürfnissen des Rechtsverkehrs wie den Anforderungen von Treu und Glauben gleichermaßen gerecht.

Die der Klägerin günstige Annahme des Berufungsgerichts, daß die Beamten der Beklagten durch die Zwangszuweisung eines Geschäftsführers an Stelle eines gewerblichen Arbeiters schuldhaft pflichtwidrig gehandelt hätten, kann keinem begründeten Bedenken begegnen. Durch die von dem Vorderrichter zutreffend als bindende Richtlinie angesehene Entscheidung des Schwerbeschädigten-Ausschusses war das an sich freie Ermessen des Landes-Wohlfahrts- und Jugendamts eingeschränkt, und die ungerechtfertigte Abweichung von der Richtlinie stellt einen Ermessensmißbrauch dar (vgl. RGZ. Bd. 121 S. 232).

Gegen die Rechtsgrundsätze über den ursächlichen Zusammenhang verstoßend und daher von Rechtsirrtum beeinflußt erscheint dagegen die Annahme des Berufungsgerichts, daß die unterlassene Mitteilung der Klägerin von der Betriebseinschränkung die alleinige und ausschließliche Ursache für den ihr entstandenen Schaden bilde, und daß zwischen der festgestellten Amtspflichtverletzung von Beamten der Beklagten durch Außerachtlassung der Richtlinie des Schwerbeschädigten-Ausschusses für die Auswahl des Schwerbeschädigten und dem Schadenseintritt kein ursächlicher Zusammenhang bestehe. Die Folgerungen, die das Berufungsgericht aus der mit Recht angenommenen Pflichtverletzung der Klägerin zieht, sind rechtlich einwandfrei, und es läßt sich daher nicht in Zweifel ziehen, daß es, wenn sie von ihrem Personalabbau rechtzeitig der Behörde Mitteilung gemacht hätte, zur Zwangszuweisung des Buchhalters W. und damit zu einer Schädigung der Klägerin nicht gekommen wäre. Der gleiche rechtliche und tatsächliche Erfolg wäre aber eingetreten, wenn die Beamten der Beklagten sich nicht über die Richtlinie des Schwerbeschädigten-Ausschusses hinweggesetzt und dadurch nach der zutreffenden Annahme des Berufungsrichters die ihnen der Klägerin gegenüber obliegende Amtspflicht verletzt hätten oder wenn sie vor der Zwangszuweisung die für diesen Rechtszug zu unterstellende Pflicht zur erneuten Prüfung des Vorhandenseins der Voraussetzungen für eine solche Zwangseinstellung erfüllt hätten. Ob diese Pflicht wirklich besteht, ist dem Schwerbeschädigten-Gesetz gleichfalls nicht unmittelbar zu entnehmen, sondern kann nur nach der besonderen Lage der Umstände beurteilt werden. Die Erörterung darüber ist mithin Sache des Tatrichters, der sich ihr nicht entziehen durfte. Mag die Klägerin immerhin durch Unterlassung der Mitteilung von ihrem Personalabbau die erste und ursprüngliche Bedingung für den Eintritt des schädigenden Ereignisses gesetzt haben, so ist damit die Ursächlichkeit einer Pflichtverletzung durch Beamte der Beklagten für den eingetretenen Schaden nicht ausgeschaltet, sondern es tritt höchstens zu der von der Klägerin gesetzten Bedingung noch eine weitere, von der Beklagten zu vertretende Ursachenreihe in der Richtung auf den gleichen schadenstiftenden Erfolg hinzu. Es kann sich daher nur fragen, inwieweit der Schaden vorwiegend von dem einen oder dem anderen Teile verursacht worden ist und wie nach § 254 BGB. ein beiderseitiges Verschulden abzuwägen ist (vgl. RGUrt. vom 13. November 1931 III 32/31 und vom 5. Januar 1932 III 110/31). Zum mindesten wäre, wenn die Beamten der Beklagten der Klägerin statt eines Buchhalters einen gewerblichen Arbeiter zugewiesen hätten, der Schaden der Klägerin — wenn überhaupt eingetreten — geringer gewesen als durch die Zwangseinstellung des wesentlich höher besoldeten Buchhalters. Es kann daher keinem Zweifel unterliegen, daß die angefochtene Entscheidung auf der unrichtigen Beurteilung des ursächlichen Zusammenhangs beruht.

30. 1. Ist das preußische Gesetz betreffend die Gründung neuer Ansiedlungen in der Provinz Hessen-Nassau vom 11. Juni 1890 revisibel?

2. Hat der Eigentümer, dem die nach § 1 Abs. 1 dieses Gesetzes erforderliche Ansiedlungsgenehmigung zunächst im Interesse der Stadtgemeinde vom Polizeipräsidenten versagt, dann aber auf die Klage im Verwaltungsstreitverfahren erteilt worden ist, gegen die Stadtgemeinde einen Anspruch auf Entschädigung wegen der Nachteile, die ihm aus der ursprünglichen Versagung der Genehmigung erwachsen sind?

Preuß. Gesetz betr. die Gründung neuer Ansiedlungen in der Provinz Hessen-Nassau v. 11. Juni 1890 (GS. S. 173). ZPO. § 549. Verordnung v. 28. September 1879 (RGBl. S. 299). RVerf. Art. 153. Preuß. ALR. Einl. § 75.

V. Zivilsenat. Urt. v. 25. Juni 1932 i. S. Stadtgemeinde Fr. (Bekl.) w. Ehel. K. (Kl.). V 125/32.

I. Landgericht Frankfurt a. M.
II. Oberlandesgericht daselbst.

Im Jahre 1916 kauften die Kläger ein in der Gemarkung P. am sogenannten „Totenweg" liegendes Grundstück und richteten es zum Betriebe einer Gärtnerei ein. Am 19. April 1921 beantragte der klagende Ehemann (im folgenden Kläger genannt) erstmals die Genehmigung zur Ansiedlung auf dem erworbenen Grundstück mit der Begründung, die Errichtung eines Wohnhauses sei für ihn eine Lebensfrage, da er durch fortgesetzte Diebstähle außerordentlich geschädigt werde. Die Beklagte erhob gemäß §§ 2 und 3 des Ansiedlungsgesetzes für Hessen-Nassau vom 11. Juni 1890 Einspruch mit der Begründung, der Totenweg sei kein offener Weg im Sinne dieses Gesetzes, außerdem würden die Interessen der Gemeinde durch den Bau erheblich benachteiligt, da aus der erweiterten Benutzung Ansprüche gegen die Stadt gestellt werden könnten. Nach ergebnislosen Tauschverhandlungen zwischen den Parteien lehnte der Polizeipräsident durch Verfügung vom 28. Februar 1922 die Erteilung der Ansiedlungsgenehmigung aus den im Einspruch der Beklagten vorgebrachten Gründen ab. Die dagegen erhobene Klage wurde vom Bezirksausschuß durch Urteil vom 26. September 1922 mit derselben Begründung abgewiesen. Gegen das Urteil legte der Kläger keine Berufung beim Oberverwaltungsgericht ein.

Anfangs 1924 kam der Kläger, nachdem in der Zwischenzeit wieder erfolglose Tauschverhandlungen stattgefunden hatten, bei der Städtischen Baupolizei um die Erlaubnis zur Errichtung eines massiven Geräteschuppens auf seinem Grundstück ein. Die Bauerlaubnis wurde ihm jedoch durch Verfügung vom 16. Juli 1924 versagt, da deren Erteilung mit den Bestimmungen des § 28 Abs. 1 der Bauordnung vom 4. Juni 1912 in Widerspruch stände. Auf die Klage des Klägers hob der Bezirksausschuß durch Urteil vom 14. Januar 1925 die angefochtene Verfügung auf. Daraufhin wurde dem Kläger am 25. Mai 1925 die Bauerlaubnis erteilt.

Der Kläger führte den Bau nicht aus, sondern beantragte am 25. Oktober 1925 erneut die Erteilung der Ansiedlungsgenehmigung. Durch Verfügung des Polizeipräsidenten vom 8. Januar 1926 wurde auch dieser Antrag unter Bezugnahme auf die früheren Bescheide abgelehnt. Dagegen erhob der Kläger am 18. Januar 1926 Klage im Verwaltungsstreitverfahren. Durch Urteil vom 28. April 1926 wies der Bezirksausschuß die Klage ab. Auf die Berufung des Klägers hob das Oberverwaltungsgericht am 6. Oktober 1927 das Urteil des Bezirksausschusses auf und setzte den Bescheid des Polizeipräsidenten vom 8. Januar 1926 außer Kraft. Am 20. Januar 1928 wurde dem Kläger die Ansiedlungsgenehmigung erteilt.

Zwischenzeitlich hatte der Kläger am 18. und 27. Oktober 1926 die Genehmigung zum Bau von sechs Gewächshäusern beantragt. Die Genehmigung wurde mit Verfügung der Städtischen Baupolizei vom 27. Januar 1927 versagt. Auf die dagegen von ihm erhobene Klage wurde die Verfügung durch Urteil des Bezirksausschusses vom 23. März 1927 aufgehoben.

Am 11. Juli 1927, also ebenfalls noch vor dem Erlaß des erwähnten Urteils des Oberverwaltungsgerichts, wurden durch Beschluß der Städtischen Körperschaften die Fluchtlinien für das Gebiet festgelegt, in dem sich das Grundstück des Klägers befindet. Die erste Offenlegung des Fluchtlinienplans geschah am 25. August 1927. Schon am 26. Juli 1927 war die Genehmigung zur Errichtung von Gewächshäusern zurückgezogen worden, da die Gebäude die inzwischen festgestellten Fluchtlinien überschritten. Auf Grund des Fluchtlinienplans wurde ferner das erneut eingereichte Baugesuch des Klägers vom

21. Januar 1928 mit der Begründung abgelehnt, die in Aussicht genommenen Baulichkeiten (Wohnhaus und Schuppen) überschritten die festgesetzte Fluchtlinie. Daraufhin reichte der Kläger einen neuen Bauplan ein, der für Wohnhaus und Schuppen die Baufluchtlinie einhielt. Auch dieses Gesuch wurde am 27. Februar 1928 abgelehnt, da die Straße, an der die Gebäude errichtet werden sollten, noch nicht entsprechend der Polizeiverordnung vom 13. August 1880 hergestellt sei. Gegen diese Verfügung erhob der Kläger Klage im Verwaltungsstreitverfahren, die am 6. Juni 1928 vom Bezirksausschuß abgewiesen wurde. Dagegen legte er am 10. Juli 1928 Berufung beim Oberverwaltungsgericht ein. Die Entscheidung darüber steht noch aus.

Wegen des Teils des Grundstücks, das in die Fluchtlinie der im Ausbau befindlichen H.-Straße fällt, machte die Beklagte ein Enteignungsverfahren gemäß dem Gesetze über ein vereinfachtes Enteignungsverfahren vom 26. Juli 1922 anhängig. Durch Beschluß des Regierungspräsidenten vom 13. Juli 1929 wurde diese Fläche gegen eine Entschädigung von 15793,80 RM. zu Gunsten der Beklagten enteignet.

Die Kläger behaupten, sie seien durch die Nichtgenehmigung der Ansiedlungs- und Bauanträge nicht in der Lage gewesen, das Grundstück völlig auszunutzen. Die bestmögliche Ausnutzung habe den Bau eines Wohnhauses, eines Geräteschuppens und von Gewächshäusern zur Voraussetzung gehabt. Der Bau der Gewächshäuser und des Schuppens wäre aber nur dann lohnend gewesen, wenn auch das Wohnhaus hätte errichtet werden können. Die Ausführung dieses Bauvorhabens habe die Beklagte deswegen verhindert, um später nicht zu hohe Entschädigungen zahlen zu müssen. Durch ihr Verhalten habe die Beklagte sie genötigt, ihre besonderen Rechte und Vorteile „zum Wohl des gemeinsamen Wesens" aufzuopfern. Der ihnen dadurch erwachsene Schaden bestehe erstens in dem Minderwert der Gärtnerei gegenüber dem Zustande, in dem sie sich befunden hätte, wenn sie in der Ausnutzung ihres Eigentums nicht beschränkt worden wären, ferner darin, daß sie bis zum Zeitpunkte der Feststellung der Fluchtlinien ihren Betrieb nicht einträglich hätten gestalten können. Ersatz dieses Schadens begehren die Kläger auf Grund der Bestimmungen des § 75 Einl. ALR. und des Art. 153 Abs. 2 RVerf. Weiter verlangen sie Erhöhung der ihnen durch den Beschluß des Regierungspräsidenten vom 13. Juli 1929 zugebilligten Enteignungsentschädigung, da der Wert der enteigneten Fläche zu gering veranschlagt und die für die vorläufige Besitzeinweisung der Beklagten festgesetzte Entschädigung (§ 6 des Gesetzes vom 26. Juli 1922) zu niedrig bemessen sei. Die Kläger beantragten demgemäß, die Beklagte zu verurteilen, ihnen über die im Entschädigungsbeschlusse vom 13. Juli 1929 festgesetzte Summe hinaus weitere 150000 RM. zu zahlen.

Die Beklagte bestreitet, die Ansiedlungsgenehmigung einzig mit Rücksicht auf die von ihr bereits in Aussicht genommene spätere Verwendung des Geländes bekämpft zu haben. Vielmehr habe sie sich im Gemeindeinteresse dem Bauvorhaben des Klägers widersetzen müssen, weil die Erteilung einer Ansiedlungsgenehmigung am Totenweg ein wildes Bauen zur Folge gehabt hätte, das sie zu vorzeitigem Straßenbau gezwungen haben würde. Selbst wenn aber die Ansiedlungsgenehmigung ohne weiteres erteilt worden wäre, hätte deshalb doch die Baugenehmigung gemäß § 12 des Fluchtliniengesetzes vom 2. Juli 1875 in Verbindung mit dem Ortsstatut für die Gemeinde P. vom 4. Januar 1900 versagt werden müssen; denn schon seit 1919 sei im Zuge des Totenweges der Bau einer Straße geplant gewesen.

Das Landgericht wies durch Teilurteil die Klage insoweit ab, als sie auf § 75 Einl. ALR. und auf Art. 153 Abs. 2 RVerf. gestützt war. Auf die Berufung der Kläger erklärte das Oberlandesgericht die den Gegenstand dieses Teilurteils bildenden Ansprüche dem Grunde nach für gerechtfertigt. Die Revision der Beklagten führte zur Wiederherstellung des ersten Urteils.

Gründe:

Gegenstand des Berufungsurteils bilden nur diejenigen Schadensersatzansprüche der Kläger, die aus § 75 Einl. ALR. und Art. 153 Abs. 2 RVerf. hergeleitet werden. Es handelt sich also hier nur um den Schaden, der bis zum 25. August 1927, dem Tage der ersten Offenlegung des Fluchtlinienplans, entstanden war. Für die spätere Zeit kommen lediglich die Bestimmungen der §§ 13, 14 des Fluchtliniengesetzes vom 2. Juli 1875 in Verbindung mit den §§ 24flg. des Enteignungsgesetzes vom 11. Juni 1874 sowie § 6 des Gesetzes über ein vereinfachtes Enteignungsverfahren vom 26. Juli 1922 (GS. S. 211) in Frage (vgl. RGZ. Bd. 28 S. 275, Bd. 126 S. 356; RGUrt. vom 30. Januar 1906 VII 214/05, abgedr. PrVerwBl. Bd. 27 S. 648).

Da die Beklagte von ihrem Enteignungsrecht sofort Gebrauch gemacht hat, so trifft für die Zeit nach dem 24. August 1927 der § 13 Abs. 1 Nr. 1 FlLG. zu. Die Gültigkeit dieser Vorschrift ist von Art. 153 Abs. 2 RVerf. nicht berührt worden (RGZ. Bd. 128 S. 33/34).

Was die hier in Betracht kommende Zeit vor dem 25. August 1927 anbelangt, so setzt die Anwendung des § 75 Einl. ALR. ebenso wie die des Art. 153 Abs. 2 RVerf. voraus, daß durch einen staatlichen Hoheitsakt, der sich gegen eine bestimmte Person oder einen bestimmt begrenzten Personenkreis richtet, ein subjektives Recht zu Gunsten eines Dritten entzogen oder beschränkt wird (vgl. RGZ. Bd. 109 S. 319, Bd. 111 S. 130, Bd. 129 S. 148, Bd. 135 S. 308). Und zwar muß es sich, wie gegenüber den Ausführungen der Revision zu betonen ist, bei dem Eingriff in das subjektive Recht um einen rechtmäßigen staatlichen Akt handeln. Andernfalls käme der Tatbestand des Art. 131 RVerf. in Frage (RGZ. Bd. 112 S. 98, Bd. 135 S. 308), worauf die Kläger ihren Anspruch jedoch nicht gründen wollen.

Bis zum 25. August 1927 waren die Kläger an dem von ihnen geplanten Bau eines Wohnhauses dadurch gehindert, daß ihnen die nach § 1 Abs. 1 des Gesetzes betreffend die Gründung neuer Ansiedlungen in der Provinz Hessen-Nassau vom 11. Juni 1890 erforderliche Ansiedlungsgenehmigung auf das erste Gesuch hin versagt und auf das zweite Gesuch nach zunächst erfolgter Ablehnung durch den Polizeipräsidenten und den Bezirksausschuß erst infolge des Urteils des Oberverwaltungsgerichts vom 6. Oktober 1927 am 20. Januar 1928 erteilt worden ist.

Das Oberlandesgericht meint, aus den Gründen des letzterwähnten Urteils ergebe sich, daß die Ansiedlungsgenehmigung auf Grund der Bestimmungen des Ansiedlungsgesetzes nicht hätte versagt werden dürfen. Wenn die Kläger trotzdem durch die Verfügungen des Polizeipräsidenten und die Urteile des Bezirksausschusses an der von ihnen beabsichtigten Ansiedlung in der Zeit bis zum 20. Januar 1928 verhindert worden seien, so seien sie zur Aufopferung eines besonderen, subjektiven, wohlerworbenen Rechtes genötigt worden. Der Vorderrichter geht hiernach davon aus, daß der Eigentümer, soweit nicht nach dem genannten Ansiedlungsgesetze die Voraussetzungen für eine Versagung der Ansiedlungsgenehmigung gegeben sind, auf Grund seines Eigentums ein subjektives Recht auf die Ansiedlung habe, und zwar bereits vor der Erteilung der Ansiedlungsgenehmigung. Er gesteht dieser Genehmigung also keine konstitutive Wirkung zu, sondern mißt ihr nur die deklaratorische Bedeutung einer Feststellung dahin bei, daß ein Versagungsgrund gemäß den Bestimmungen des Ansiedlungsgesetzes nicht gegeben sei.

Es fragt sich zunächst, ob diese Auslegung, die das Berufungsgericht dem Gesetz vom 11. Juni 1890 gegeben hat, vom Revisionsgericht nachgeprüft werden kann oder ob dieses Gesetz gemäß § 549 ZPO. in Verbindung mit § 1 der Verordnung vom 28. September 1879 der Revision unzugänglich ist. Das Gesetz hat formell allerdings nur Geltung für die Provinz Hessen-Nassau. Materiell stimmt es jedoch mit Abschnitt II des Gesetzes betreffend die Verteilung der öffentlichen Lasten bei Grundstücksteilungen und die Gründung neuer Ansiedlungen in den Provinzen Preußen, Brandenburg, Pommern, Posen, Schlesien, Sachsen und Westfalen vom 25. August 1876 (GS. S. 405) in der Fassung vom 10. August 1904 (GS. S. 227) überein. Und zwar handelt es sich nicht um eine bloße Gleichheit zweier in verschiedenen Bezirken geltender Gesetze, sondern das Gesetz vom 11. Juni 1890 hat die preußische Ansiedlungsgesetzgebung in der Provinz Hessen-Nassau eingeführt, wie dies für die Provinz Hannover durch das Gesetz vom 4. Juli 1887 (GS. S. 324) und für die Provinz Schleswig-Holstein durch das Gesetz vom 13. Juni 1888 (GS. S. 243) geschehen war. Demgemäß sind auch diese sämtlichen Ansiedlungsgesetze einheitlich durch das Ergänzungsgesetz vom 16. September 1899 (GS. S. 497) ergänzt worden. Es liegt also eine einheitliche Regelung des Ansiedlungswesens für die genannten preußischen Provinzen vor, und es kann die Revisibilität der in Hessen-Nassau geltenden Bestimmungen nicht aus dem Grunde verneint werden, weil sie nicht durch einen einzigen Akt der Gesetzgebung für alle in Betracht kommenden Provinzen gleichzeitig zum Rechtssatz geworden sind (vgl. RGZ. Bd. 5 S. 361 und S. 405).

Die hiernach zulässige und gebotene Nachprüfung der Auslegung des Gesetzes vom 11. Juni 1890 durch das Berufungsgericht ergibt aber, daß der Standpunkt des Oberlandesgerichts weder dem Wortlaut noch dem Sinne dieses Gesetzes gerecht wird. Schon die Fassung des § 1 weist darauf hin, daß erst durch die Erteilung der Genehmigung das Ansiedlungsrecht erworben wird. Der Zweck des Gesetzes geht dahin, dem planlosen Bauen, namentlich auch in der Nähe von Großstädten, das nach den bisherigen Gesetzen nicht verhindert werden konnte und zu einer erheblichen Gefährdung der öffentlichen Interessen geführt hatte, Einhalt zu tun (vgl. die Begründung des Gesetzes, Drucks. des Herrenhauses Session 1890 Nr. 52, sowie die Ausführungen von Dr. Miquel im Herrenhause, Stenogr. Berichte über die Verhandlungen des Herrenhauses Session 1890 Bd. 1, 9. Sitzung vom 26. April 1890, S. 130flg., 134; ferner OVG. Bd. 30 S. 396). Das Gesetz wollte also gerade den früheren Rechtszustand der schrankenlosen Ansiedlungsfreiheit beseitigen. Es gibt deshalb, abgesehen von den unbedingten Versagungsgründen des § 2, den Gemeinden und gewissen Beteiligten ein Einspruchsrecht, auf Grund dessen unter bestimmten Umständen nach dem pflichtmäßigen Ermessen der Genehmigungsbehörden die Genehmigung versagt werden kann (§ 3). Die Anerkennung dieser fakultativen Versagungsgründe läßt ebenfalls auf den Willen des Gesetzgebers schließen, daß das Ansiedlungsrecht erst durch die Erteilung der Genehmigung entstehen soll. Denn die bloße deklaratorische Feststellung eines bereits bestehenden Rechts kann nicht wohl von dem Ermessen einer Behörde abhängig gemacht werden. Es würde aber auch dem Sinne des Gesetzes, die öffentlichen Belange der Gemeinden zu schützen, geradezu widersprechen, wenn der Gemeinde aus der Tatsache, daß ein von der Genehmigungsbehörde angenommener unbedingter Versagungsgrund im Verwaltungsstreitverfahren nicht festgestellt wird oder daß sie mit einem von der Genehmigungsbehörde anerkannten Einspruch im Verwaltungsstreitverfahren nicht durchdringt, eine erhebliche Entschädigungslast aus dem Grunde erwachsen sollte, weil der Eigentümer bis zur Erteilung der Genehmigung zur Aufopferung eines Rechtes gezwungen worden wäre. Weiter kommt in Betracht, daß das Gesetz dem Eigentümer keinen Entschädigungsanspruch gegen den Eigentümer oder Nutzungsberechtigten eines benachbarten Grundstücks zubilligt, wenn lediglich zum Schutze der Nutzungen dieses Grundstücks die Ansiedlungsgenehmigung gemäß § 3 des Gesetzes versagt worden ist. Erst durch das Ergänzungsgesetz vom 16. September 1899 ist eine Ausnahme für den Fall bestimmt, daß die Ansiedlungsgenehmigung auf Grund des Einspruchs des Besitzers eines Bergwerks versagt worden ist; hier soll der Eigentümer nach den §§ 148 bis 151 des Allgemeinen Berggesetzes vom 24. Juni 1865 entschädigt werden (vgl. Begründung des Gesetzes vom 16. September 1899, Drucks. des Abgeordnetenhauses XIX. Legislatur-Periode I. Session 1899 Nr. 30

S. 14; OVG. Bd. 50 S. 230). Auch hieraus ergibt sich, daß vor Erteilung der Genehmigung das Gesetz kein subjektives Recht zur Ansiedlung anerkennt. Denn andernfalls müßte die Versagung der Genehmigung zum mindesten insoweit, als sie aus einem fakultativen Versagungsgrunde auf den Einspruch eines Einspruchsberechtigten hin erfolgt ist, als Eingriff in ein subjektives Recht des Eigentümers aufgefaßt werden, wodurch ein Entschädigungsanspruch gemäß § 75 Einl. ALR. begründet würde, und es hätte der vorgedachten besonderen Vorschrift für den Bergbau nicht bedurft.

So verstanden steht die Bestimmung des § 1 des Ansiedlungsgesetzes für Hessen-Nassau vom 11. Juni 1890 auch nicht im Widerspruch zu dem geltenden Reichsrecht. Die Freizügigkeit im Sinne des Art. 111 RVerf. wird durch das Erfordernis der Ansiedlungsgenehmigung nicht berührt. Denn das Recht, sich an jedem Orte des Reichs aufzuhalten und niederzulassen, begreift nicht das Recht in sich, schrankenlos eine Ansiedlung zu errichten. Zudem hat das Ansiedlungsgesetz Vorsorge getroffen, daß alle unnötigen Erschwerungen der Ansiedlung vermieden werden, indem die Ansiedlungsgenehmigung nur insoweit versagt werden darf, als wichtige Interessen dies erfordern. Ebensowenig ist Art. 153 RVerf. verletzt. Den Inhalt und die Schranken des Eigentums allgemein zu regeln, ist nach Abs. 1 das. dem Gesetzgeber ausdrücklich vorbehalten. Nach Art. 111 EG.z.BGB. bleiben die landesgesetzlichen Vorschriften unberührt, welche im öffentlichen Interesse das Eigentum in Ansehung tatsächlicher Verfügungen beschränken. Die im § 1 des Ansiedlungsgesetzes für Hessen-Nassau angeordnete Beschränkung betrifft die im Geltungsgebiet des Gesetzes befindlichen Grundstücke, soweit sie außerhalb einer im Zusammenhang gebauten Ortschaft liegen, also einen unbegrenzten Kreis von Grundstücken gleichmäßig; demnach ist mangels eines Einzeleingriffs keine Enteignung im Sinne des Art. 153 Abs. 2 RVerf. gegeben (vgl. Entsch. des Staatsgerichtshofs in RGZ. Bd. 124 Anh. S. 33; ferner RGZ. Bd. 128 S. 28).

Hiernach bestand bis zu der am 20. Januar 1928 erteilten Ansiedlungsgenehmigung für die Kläger überhaupt kein Recht zur Aufführung eines Wohnhauses. Vor der ersten Offenlegung des Fluchtlinienplans haben sie daher ein derartiges Recht nicht zu Gunsten der Beklagten „aufgeopfert". Ob eine solche Aufopferung insoweit vorliegt, als die Kläger an dem Bau des Geräteschuppens und der Gewächshäuser gehindert worden sind, kann dahingestellt bleiben, weil dieser Umstand für den von ihnen behaupteten Schaden nicht ursächlich war. Denn sie haben selbst vorgetragen, daß der Bau des Schuppens und der Gewächshäuser nur dann lohnend gewesen wäre, wenn auch das Wohnhaus hätte errichtet werden dürfen. Demgemäß erweist sich der hier in Frage stehende Klaganspruch als unbegründet, ohne daß es weiter der Prüfung bedarf, ob dem Bauvorhaben der Kläger auch ein ortsstatutarisches, auf § 12 FlLG. beruhendes Bauverbot entgegengestanden hätte . . .

---

31. 1. Muß der Verkauf eines Erbteils auch dann nach § 2371 BGB. beurkundet werden, wenn sogleich die dingliche Übertragung in der durch § 2033 BGB. vorgeschriebenen Form erfolgt?

2. Welche Folgen treten ein, wenn die Beurkundung des Erbschaftskaufvertrags unterbleibt?

3. Zur Anwendung des § 819 Abs. 1 BGB.

BGB. §§ 140, 251, 819, 2033, 2371.

IV. Zivilsenat. Urt. v. 30. Juni 1932 i. S. Frau K. (Bekl.) w. Witwe R. (Kl.). IV 62/32.

I. Landgericht Hannover.
II. Oberlandesgericht Celle.

Die Klägerin ist alleinige Erbin ihres am 9. November 1929 verstorbenen Ehemannes, des Schriftstellers Dr. jur. Eduard R. Dieser und die Beklagte waren zusammen mit drei weiteren Geschwistern je zu einem Fünftel Erben ihres am 29. Dezember 1906 verstorbenen Vaters, des Rentners Eduard R. in H. geworden. Dr. R. und die Beklagte, diese vertreten durch ihren Ehemann, den Generaldirektor K., kamen dahin überein, daß die Beklagte den Erbteil des Dr. R. kaufen sollte. Am 26. Februar 1923 erklärten Dr. R. und K., dieser für sich und als Bevollmächtigter seiner Ehefrau handelnd, zu notariellem Protokoll, daß Dr. R. seinen Anteil am Nachlasse der Beklagten übereigne und bekenne, das Entgelt in voller Höhe durch Verrechnung erhalten zu haben, daß ferner durch die Übertragung des Erbteils die Forderungen des K. an Dr. R. auf Grund von Darlehen und Vorschüssen, die er ihm auf seinen Erbteil gewährt habe, befriedigt seien, sowie daß die von Dr. R. urkundlich bewirkte Verpfändung seines Erbteils an K. mit der Übertragung hinfällig werde. Der Wert wurde von den Vertragschließenden auf 500000 M. angegeben. Einigkeit besteht zwischen den Parteien darüber, daß die notarielle Urkunde nicht den richtigen Gegenwert enthält. Dieser betrug nach Angabe der Klägerin 10 Millionen, nach Angabe der Beklagten 12 Millionen Mark. Der Kaufpreis ist bar bezahlt worden.

Die Klägerin ist der Meinung, daß wegen Verletzung von Formvorschriften und Verstoßes gegen die guten Sitten sowie wegen Wuchers auf seiten der Beklagten kein gültiger Kaufvertrag über den Erbteil zustandegekommen sei. Sie verlangt mit der Klage Feststellung der Nichtigkeit des Kaufvertrags, gegebenenfalls die Feststellung, daß die Übertragung des Erbteils nichtig sei und zurückgefordert werden könne, ferner Verurteilung der Beklagten zur Zahlung von Schadensersatzbeträgen in Höhe von 10500 RM. nebst Zinsen und von 13350 RM. nebst Zinsen sowie zur Einwilligung in die Berichtigung des Grundbuchs von H. Bl. 282 dahin, daß die Klägerin als Anteilsberechtigte in ungeteilter Erbengemeinschaft mit den übrigen Miterben eingetragen werde.

Das Landgericht hat die Klage abgewiesen. Der Berufung der Klägerin teilweise stattgebend hat das Oberlandesgericht festgestellt, daß der zwischen der Beklagten und Dr. R. im Februar 1923 abgeschlossene Erbschaftskaufvertrag nichtig sei. Ferner hat es die Beklagte verurteilt, der Klägerin 6000 RM. mit Zinsen und 13350 RM. mit Zinsen zu zahlen, im übrigen den Erbteil des Ehemannes der Klägerin an sie zurückzuübertragen und in die Berichtigung des Grundbuchs von H. Bl. 282 einzuwilligen dahin, daß der Anteil des Dr. R. auf die Klägerin übergegangen sei.

Die Revision der Beklagten hatte nur zum Teil Erfolg.

Gründe:

Das Berufungsgericht geht davon aus, daß die Verhandlungen zwischen dem Erblasser der Klägerin und der durch ihren Ehemann vertretenen Beklagten im Februar 1923 den Verkauf des Anteils des ersteren am Nachlasse seines Vaters an die Beklagte bezweckten. Eine Beurkundung dieses Kaufvertrags habe nach dem Willen der Vertragschließenden unterbleiben sollen und sei auch nicht erfolgt. Die notarielle Urkunde vom 26. Februar 1923 enthalte nur die dingliche Verfügung über den Anteil nach § 2033 BGB., nicht aber den schuldrechtlichen Kaufvertrag. Der Erbschaftskauf habe nach § 2371 BGB. der gerichtlichen oder notariellen Beurkundung bedurft; der nur mündlich abgeschlossene Kaufvertrag sei daher nichtig. Der Formmangel sei auch durch die formgültige Übertragung des Anteils nicht geheilt worden. Die Nichtigkeit des Grundgeschäfts mache zwar diese Übertragung nicht nichtig. Die Klägerin könne den Anteil aber nach den Vorschriften über die Herausgabe einer ungerechtfertigten Bereicherung zurückfordern, da die Übertragung ohne rechtlichen Grund erfolgt sei.

Daß der Wille der Vertragschließenden auf Überlassung des Erbteils Dr. R.'s an die Beklagte gegen Zahlung eines Entgelts, also auf einen Verkauf des Erbteils gerichtet war, kann nach dem unstreitigen Sachverhalt nicht zweifelhaft sein. Die Revision meint aber, daß die Anwendung des § 2371 BGB. auf die Fälle beschränkt werden müsse, in denen Verpflichtungs- und Erfüllungsgeschäft auseinanderfielen, d. h. das erstere dem letzteren vorangehe. § 2371 könne nicht dahin ausgelegt werden, daß er die notarielle Form, insbesondere die Beurkundung des Kaufpreises, auch dann fordere, wenn die Parteien einen dem Leistungsaustausch vorausgehenden bindenden Vertrag gar nicht wollten; denn damit würde ein dem Gesetz sonst unbekannter Zwang ausgeübt werden, einen schuldrechtlichen Vertrag dem Leistungsaustausch vorangehen zu lassen oder mit ihm zu verbinden.

Diesen Ausführungen der Revision kann nicht beigetreten werden. Die Formvorschrift des § 2371 und die des § 2033 stehen selbständig nebeneinander. Nach § 2371 bedarf ein Vertrag, durch den der Erbe die ihm angefallene Erbschaft verkauft, der gerichtlichen oder notariellen Beurkundung. Dies gilt zufolge des § 1922 Abs. 2 BGB. auch für den Verkauf eines Erbteils. Während nun der Alleinerbe nicht in der Lage ist, den gesamten Nachlaß durch einheitlichen Akt auf den Erbschaftskäufer zu übertragen, gibt § 2033 dem Miterben die Möglichkeit, seine Verpflichtung gegenüber dem Käufer des Erbteils in einem einheitlichen Akt mit dinglicher Wirkung zu erfüllen. Es ist selbstverständlich zulässig, das Verpflichtungsgeschäft und das Verfügungsgeschäft in einer Urkunde zu verbinden. Ob dies der Wille der Vertragschließenden war, ist eine Frage der Auslegung (vgl. WarnRspr. 1915 Nr. 264). Auch im Falle der Verbindung muß aber die einheitliche Urkunde beiden Formerfordernissen Rechnung tragen. Sie muß also sowohl die Bestimmungen des Kaufvertrags, insbesondere die Angabe des Kaufpreises, als auch die dingliche Einigung über den Übergang des Erbteils enthalten. Die Ansicht der Revision, daß dann, wenn die Vertragschließenden sogleich die Übertragung des Erbteils vornähmen, eine Beurkundung des zugrunde liegenden Kaufvertrags nicht erforderlich sei, findet mithin im Gesetz keine Stütze. Auch aus dessen Entstehungsgeschichte kann für diese Ansicht nichts entnommen werden. Die Gründe, die zur Aufnahme der Vorschrift des § 2371 BGB. geführt haben, waren verschiedener Art. Die Formvorschrift wurde einmal deshalb für erforderlich gehalten, weil es sich in der Regel um Gegenstände von besonderem Werte handle und ein Schutz des Verkäufers gegen Übervorteilung geboten sei, zumal da Erbschaftskäufe oft von gewerbsmäßigen Käufern zum Zwecke der Spekulation geschlossen würden. Sodann wurde die Form auch zur Klarstellung des Rechtsverhältnisses und zur Erleichterung des Nachweises des Rechtes des Käufers gegenüber Dritten für wünschenswert gehalten (Prot. II S. 114flg.). Daß der Schutz des Verkäufers gegen Übervorteilung und die Klarstellung des Rechtsverhältnisses dann nicht minder geboten sind, wenn die Parteien ohne vorausgegangene Bindung sogleich zur Übertragung des Erbteils schreiten, als wenn sie zunächst nur eine Verpflichtung zur Übertragung des Erbteils begründen, bedarf keiner näheren Ausführung. Durch die bloße Beurkundung der Erbteilsübertragung würde der Zweck, den der Gesetzgeber mit der Formvorschrift des § 2371 verfolgt hat, nicht oder doch nur unvollkommen erreicht werden. Es steht dieser zwingenden Vorschrift gegenüber auch nicht in der Macht der Vertragschließenden, von der Beurkundung des Kaufes überhaupt abzusehen. Das Unterbleiben dieser Beurkundung hat jedenfalls die Folge, daß es für die Übertragung des Erbteils an einem vom Gesetz anerkannten Rechtsgrunde fehlt. Unerheblich ist es, ob die Parteien von der Beurkundung des Kaufvertrags deshalb abgesehen haben, weil sie sich zunächst noch nicht binden wollten, oder deshalb, weil sie glaubten, daß der mündlich geschlossene Kaufvertrag auch ohne Beurkundung durch formgerechte Übertragung des Erbteils Wirksamkeit erlange. Es kann deshalb auf sich beruhen, ob die Vertragschließenden, wie die Revision für diesen Rechtszug unterstellt haben will, vor dem 26. Februar 1923 eine Bindung nicht gewollt haben oder ob sie sich bereits vorher haben binden wollen und binden zu können geglaubt haben.

Daß der Mangel der Form des § 2371 BGB. nicht durch die Übertragung des Erbteils gemäß § 2033 das. geheilt wird, weil für eine entsprechende Anwendung des § 313 Satz 2 BGB. kein Raum ist, hat der erkennende Senat bereits in RGZ. Bd. 129 S. 123 ausgesprochen. Hieran ist festzuhalten. Die Revision meint, daß die Abgrenzung des Formerfordernisses des § 2371 nicht wohl abweichend von der Abgrenzung des Formerfordernisses in ähnlichen Fällen erfolgen könne, und sie verweist in diesem Zusammenhang auf die Vorschrift des § 15 Abs. 4 GmbHG. Dieser Hinweis geht fehl. Nach Abs. 3 das. bedarf es zur Abtretung von Geschäftsanteilen durch Gesellschafter eines in gerichtlicher oder notarieller Form geschlossenen Vertrags. Abs. 4 bestimmt, daß der gleichen Form auch eine Vereinbarung bedarf, durch welche die Verpflichtung eines Gesellschafters zur Abtretung eines Geschäftsanteils begründet wird, daß jedoch eine ohne diese Form getroffene Vereinbarung durch den nach Maßgabe des Abs. 3 geschlossenen Abtretungsvertrag gültig wird. Hier ist also ausdrücklich vorgeschrieben, daß der formlos geschlossene schuldrechtliche Vertrag durch formgerechten Abschluß des dinglichen Abtretungsvertrags gültig wird. An einer entsprechenden Vorschrift fehlt es aber für die Fälle der §§ 2033, 2371 BGB.

Die Revision macht dem Berufungsrichter sodann noch zum Vorwurf, daß er eine Prüfung unterlassen habe, ob die Parteien, weil sie sich durch die sofortige Zahlung des Kaufpreises für gesichert hielten, die dingliche Wirkung auch für den Fall der Nichtigkeit des schuldrechtlichen Geschäfts gewollt haben. War dies der Fall, so wäre nach der Meinung der Revision die Klage unbegründet. Diese Ausführungen übersehen, daß das Berufungsgericht keineswegs angenommen hat, auch die Übertragung des Erbteils sei nichtig. Vielmehr ist in den Urteilsgründen ausdrücklich hervorgehoben, daß Dr. R. gültig über den Erbteil verfügt habe und daß die Nichtigkeit des schuldrechtlichen Grundgeschäfts diese Verfügung nicht nichtig mache. Daraus folgt aber nicht, daß die Klage unbegründet ist, sondern nur die Verpflichtung der Beklagten zur Rückgewähr des Erbteils nach den Vorschriften über die Herausgabe einer ungerechtfertigten Bereicherung. Dies ist auch der Standpunkt der Klage, wie er den im zweiten Rechtszuge gestellten Anträgen zugrunde liegt. Die von der Revision angezogenen Ausführungen bei Staudinger Anm. 3 Abs. 5 zu § 2371 BGB. nehmen auf das Urteil des erkennenden Senats vom 14. Mai 1925 (WarnRspr. 1925 Nr. 162) Bezug. Dort ist auf Grund des § 139 BGB. ausgesprochen, daß trotz Nichtigkeit des Kaufvertrags die in derselben Urkunde enthaltene Übertragung des Erbteils gültig sei. Dies ist damit begründet worden, daß die Parteien die dingliche Wirkung der Übertragung des Erbrechts auch für den Fall der Nichtigkeit des schuldrechtlichen Vertrags gewollt hätten, weil sie sich durch die sofortige Zahlung des Kaufpreises und die mündliche Vereinbarung für gesichert hielten. Hier liegt ein Fall des § 139 BGB. nicht vor, da die Vertragschließenden nach der Feststellung des Berufungsgerichts eine Beurkundung des schuldrechtlichen Vertrags gar nicht gewollt haben, die Urkunde vom 26. Februar 1923 vielmehr nur das dingliche Rechtsgeschäft enthalten sollte und enthielt. In der genannten Entscheidung ist dann weiter der Standpunkt des damaligen Berufungsgerichts gebilligt worden, daß die an sich gültige Erbteilsübertragung der Rückforderung nach § 812 BGB. unterliege, weil sie eines Rechtsgrundes entbehre. (Nach Zurückweisung einer Verfahrensrüge wird fortgefahren:)

Als rechtsirrig bezeichnet die Revision ferner die Ausführungen des Berufungsgerichts, mit denen es das Vorliegen der Voraussetzungen des § 140 BGB. verneint hat. Danach gilt, wenn ein nichtiges Rechtsgeschäft den Erfordernissen eines anderen Rechtsgeschäfts entspricht, dieses letztere, falls anzunehmen ist, daß dessen Geltung bei Kenntnis der Nichtigkeit gewollt sein würde. Zur Anwendung dieser Vorschrift genügt es, wenn der wirtschaftliche Erfolg, der durch das nichtige Rechtsgeschäft erzielt werden sollte, durch das andere Geschäft wenigstens so weit erreicht wird, daß anzunehmen ist, die Parteien hätten mangels Erzielung des vollen Erfolgs wenigstens die teilweise Verwirklichung ihrer Zwecke gewollt (vgl. RGZ. Bd. 110 S. 392). In Betracht gekommen wäre insoweit die Umdeutung des nichtigen Erbschaftsverkaufs in eine Abtretung der sich bei der Auseinandersetzung für Dr. R. ergebenden Ansprüche. Hierzu war zu ermitteln, ob die Vertragschließenden gegebenenfalls wenigstens eine solche Abtretung gewollt hätten. Das Berufungsgericht hat dies verneint, weil die Rechtswirkungen einer solchen Abtretung zweifelhaft sind (vgl. einerseits RGZ. Bd. 60 S. 131 flg., anderseits u. a. RGRKomm. Anm. 1 zu § 2033 BGB.) und weil die Vertragschließenden eben wegen der Zweifelhaftigkeit des Rechtslage eine bloße Abtretung der sich bei der künftigen Erbauseinandersetzung ergebenden Ansprüche nicht vorgenommen hätten. Insoweit handelt es sich um eine tatsächliche Annahme, die keinen Rechtsirrtum erkennen läßt und daher der Nachprüfung des Revisionsgerichts entzogen ist. Zu der streitigen Frage selbst brauchte das Berufungsgericht keine Stellung zu nehmen.

Der Vorderrichter hat nach alledem rechtsirrtumsfrei angenommen, daß die Übertragung des Erbteils an die Beklagte ohne rechtlichen Grund erfolgt ist. Sie ist daher nach Maßgabe der §§ 812 flg. BGB. zur Herausgabe des Erlangten verpflichtet. Für die Entscheidung über die von der Klägerin erhobenen Leistungsansprüche ist es insbesondere von Bedeutung, ob die Beklagte die Vorschrift des § 819 Abs. 1 BGB. gegen sich gelten lassen muß. Ist dies der Fall, so kann sie sich nicht darauf berufen, daß sie zur Rückübertragung des Erbteils infolge der inzwischen erfolgten Veräußerung an ihre Geschwister nicht mehr imstande sei, denn eine etwaige Unmöglichkeit wäre von ihr zu vertreten. Es liegt auch nicht so, daß die Unmöglichkeit der Wiedererlangung des Erbteils schon jetzt feststände. Zur Herausgabe des Erlangten gehört auch die Mitwirkung der Beklagten dazu, daß die Klägerin im Grundbuch als Miteigentümerin zu ihrem Anteil wieder eingetragen werde (vgl. RGZ. Bd. 112 S. 268; RG. in JW. 1931 S. 2723 Nr. 24).

Zur Frage der Anwendbarkeit des § 819 Abs. 1 BGB. führt das Berufungsgericht aus, daß der Ehemann der Beklagten, wie aus ihrem eigenen Vortrag hervorgehe, von Anfang an den notariellen Vertrag vom 26. Februar 1923 für nichtig gehalten habe, weil in ihm die wahre Kaufsumme verschwiegen gewesen sei. Diese Auffassung sei zwar nicht richtig, denn in der Urkunde, die nur die dingliche Übereignung des Erbteils enthalte, habe der Kaufpreis nicht genannt zu werden brauchen. K. habe aber den Vertrag für nichtig gehalten und sei der Auffassung gewesen, daß an sich Dr. R. zur Übereignung nicht verpflichtet sei. Er habe also gewußt, daß dieser ohne Rechtsgrund leiste. Daß dies Wissen auf einer unrichtigen Grundlage beruht habe, sei gleichgültig. Die Kenntnis ihres Ehemannes als ihres Vertreters müsse die Beklagte gegen sich gelten lassen. Den ihr obliegenden Beweis, daß auch R. beim Abschluß des Vertrags vom 26. Februar 1923 gewußt habe, daß er zur Leistung nicht verpflichtet sei, habe die Beklagte nicht erbracht. Daß K. diesen über die Nichtigkeit belehrt habe, könne durch sein Zeugnis nicht bewiesen werden, denn er sei am Ausgange des Rechtsstreits wirtschaftlich beteiligt, seine Aussage sei daher nicht beweiskräftig. Zudem spreche der Brief des Dr. R. vom 18. April 1925 dafür, daß ihm die Erkenntnis der Nichtigkeit erst später gekommen sei.

Gegen diese Ausführungen erhebt die Revision mehrere Angriffe. Sie hält zunächst die Auffassung des Berufungsgerichts für unrichtig, daß es unerheblich sei, auf Grund welcher Tatsachen K. den Vertrag für nichtig gehalten habe. Die Kenntnis der Tatsachen, aus denen sich der Mangel des rechtlichen Grundes ergebe, genüge zwar nicht (vgl. WarnRspr. 1927 Nr. 91), sie sei aber erforderlich. Außerdem verstoße der Schluß gegen die Denkgesetze, daß K., weil er der Auffassung gewesen sei, an sich sei R. zur Übereignung nicht verpflichtet, gewußt habe, daß dieser ohne Rechtsgrund leiste. Der Umstand, daß R. bei Beginn der notariellen Verhandlung noch nicht rechtlich gebunden gewesen sei, habe nicht ausgeschlossen, daß durch bloße Aufnahme des Kaufpreises in den notariellen Kaufvertrag der Rechtsgrund in dem Vertrage habe geschaffen werden können.

Mit diesem Angriff kann die Revision keinen Erfolg haben. Die Feststellung des Berufungsgerichts, K. habe gewußt, daß an sich R. zur Übereignung nicht verpflichtet sei, daß er also ohne Rechtsgrund leiste, ist tatsächlicher Art. Sie findet im Vortrag der Beklagten eine ausreichende Stütze. Daß sie durch einen Rechtsirrtum beeinflußt sei, kann der Revision nicht zugegeben werden. Die Tatsache, aus welcher K. den Mangel des Rechtsgrundes herleitete, war die, daß im Vertrag vom 26. Februar 1923 der vereinbarte Kaufpreis nicht genannt war. Es läßt sich daher nicht einmal sagen, daß sich K., wie das Berufungsgericht meint, über die den Mangel des Rechtsgrundes ergebenden Tatsachen in einem Irrtum befunden habe. Der Kaufpreis brauchte zwar in dem die dingliche Übereignung des Erbteils enthaltenden Vertrage nicht angeführt zu werden. Wäre er aber genannt worden, so hätte nichts entgegengestanden, in der Urkunde vom 26. Februar 1923 zugleich die der Form des § 2371 BGB. entsprechende Beurkundung des den Rechtsgrund bildenden schuldrechtlichen Geschäfts zu finden. Die Revision führt daher richtig aus, daß durch bloße Aufnahme des Kaufpreises in den notariellen Vertrag durch diesen der Rechtsgrund hätte geschaffen werden können. Das ist aber gerade unterblieben, und das Unterbleiben dieser Beurkundung war nach dem eigenen Vortrag der Beklagten der Grund, aus dem ihr Ehemann, und zwar mit Recht, den Vertrag für der vollen Rechtswirksamkeit entbehrend ansah.

Weiter macht die Revision geltend, die Haftung der Beklagten aus § 819 BGB. entfalle auch deshalb, weil dem Dr. R. der Mangel des rechtlichen Grundes ebenfalls bekannt gewesen sei. Das Berufungsgericht habe den Vortrag der Beklagten nur entweder ganz oder garnicht berücksichtigen dürfen. Behauptet gewesen sei nicht eine einseitige Meinung des K., sondern ein zwischen ihm und R. bestehendes Einverständnis. Wenn daher das Berufungsgericht eine Kenntnis gegen die Beklagte festgestellt habe, so habe es dieselbe Kenntnis auch bezüglich des Ehemannes der Klägerin gegen diese feststellen müssen. Es habe bei der Behandlung der Kenntnis des R. den Verfahrensgrundsatz verletzt, daß eine Behauptung nur dann gegen den Behauptenden verwertet werden dürfe, wenn sie in Übereinstimmung mit den sonstigen Feststellungen des Berufungsgerichts stehe. Aus materiellem Rechtsirrtum habe das Berufungsgericht auch außer acht gelassen, daß die Anwendung des § 819 ferner voraussetze, daß der Empfänger glaube, der Leistende habe den Mangel des rechtlichen Grundes nicht gekannt. Die Haftung aus § 819 setze das Bewußtsein des Empfängers voraus, daß dem Leistenden der Mangel unbekannt sei.

An diesen Ausführungen ist richtig, daß der Empfänger von der strengeren Haftung nach § 819 Abs. 1 BGB. dann verschont bleiben muß, wenn er gewußt oder angenommen hat, daß der Leistende selbst den Mangel des Rechtsgrundes kennt. Beweispflichtig ist hierfür der Empfänger (vgl. Planck § 819 BGB. Anm. Ib 4; RGR-Komm. § 819 Anm. 2a; Staudinger § 819 Anm. I 1c; Prot. II S. 711). . . . (Die Ansicht des Berufungsgerichts, daß dieser Beweis nicht erbracht sei, wird unter Zurückweisung der von der Revision erhobenen Verfahrensrügen gebilligt. Dann wird fortgefahren:)

Teilweise begründet ist die Revision nur insoweit, als sie sich gegen die Höhe der der Beklagten auferlegten Zahlungspflicht richtet. Den Zahlungsanspruch hat die Klägerin zutreffend als Schadensersatzanspruch erhoben. Nach § 819 Abs. 1 BGB. haftet die Beklagte von der Übertragung des Erbteils an, wie wenn der Anspruch auf Rückübertragung zu dieser Zeit rechtshängig geworden wäre. Es gelten daher die Vorschriften des § 292 BGB. in Verb. mit § 989 das. Danach ist die Beklagte für den Schaden verantwortlich, der dadurch entstanden ist, daß infolge ihres Verschuldens der Erbteil verschlechtert worden ist. Als von ihr verschuldete Verschlechterung (vgl. WarnRspr. 1923/24 Nr. 125) ist die unter ihrer Mitwirkung erfolgte Veräußerung der beiden Nachlaßgrundstücke Sch. Nr. 30 und Nr. 30A anzusehen. Für den Schadensersatzanspruch gelten die Vorschriften der §§ 249 flg. BGB. Nach § 251 Abs. 1 das. kann der Gläubiger u. a. dann Entschädigung in Geld verlangen, wenn die Herstellung des früheren Zustandes nicht möglich ist. Daß die Wiederbeschaffung der beiden Grundstücke zum Nachlaß nicht möglich ist, muß bis zum Beweise des Gegenteils angenommen werden (vgl. RGZ. Bd. 31 S. 184, Bd. 47 S. 302; WarnRsp. 1912 Nr. 11). Es trifft hiernach nicht zu, daß die Klägerin, wie die Revision meint, nur die Abtretung der Hypothek verlangen könne, soweit der Kaufpreis durch Bestellung einer Hypothek gesichert worden ist. Sie kann vielmehr in vollem Umfange Entschädigung in Geld fordern. Für die Bemessung der Höhe der Entschädigung ist mangels anderweitiger Darlegungen der Parteien davon auszugehen, daß der für die Grundstücke erzielte Kaufpreis ihrem wirklichen Werte entsprach. Nicht unberücksichtigt durfte aber bleiben, daß der Kaufpreis für das Grundstück Sch. Nr. 30A nicht in vollem Umfange bar bezahlt, sondern zum Teil gestundet und durch Hypothek gesichert worden ist. Es wäre daher zu prüfen gewesen, wie hoch der gegenwärtige Wert dieses Teiles der Kaufpreisforderung ist. Von Bedeutung ist hierfür namentlich der Zeitpunkt der Fälligkeit, die Höhe der Verzinsung sowie das Maß der durch die Hypothek gewährten Sicherheit. Die in Höhe von 6000 RM. ausgesprochene Verurteilung zum Ersatze des durch den Verkauf des Grundstücks Sch. Nr. 30A entstandenen Schadens konnte daher nicht aufrechterhalten werden. Mit Recht rügt die Revision weiter die Übergehung der Behauptung der Beklagten, daß sie für das Grundstück Sch. Nr. 30 nur 23190 GM. erhalten habe. Wären die von der Beklagten in Rechnung gestellten Abzüge berechtigt, so hätte insoweit nur eine Verurteilung zur Zahlung von 11595 RM. — nicht von 13350 RM. — in Frage kommen können. . . .

Soweit hiernach die Beklagte zur Zahlung von 6000 RM. nebst Zinsen und weiterhin zur Zahlung von mehr als 11595 RM. nebst Zinsen verurteilt worden ist, mußte das Urteil aufgehoben und die Sache an das Berufungsgericht zurückverwiesen werden. Im übrigen war die Revision zurückzuweisen.

32. Wird der auf Privatdienstvertrag Angestellte einer zu einem zusammengesetzten Standesamtsbezirk gehörigen Gemeinde dadurch ihr Beamter, daß er auf Vorschlag der Gemeinde von der höheren Verwaltungsbehörde zum stellvertretenden Standesbeamten bestellt wird?

Gesetz über die Beurkundung des Personenstandes und die Eheschließung vom 6. Februar 1875 (RGBl. S. 23) — PStG. — §§ 4, 6.

III. Zivilsenat. Urt. v. 1. Juli 1932 i. S. J. (Kl.) w. Stadtgemeinde G. (Bekl.). III 376/31.

I. Landgericht Greifswald.
II. Oberlandesgericht Stettin.

Der Kläger wurde von der verklagten preußischen Stadtgemeinde auf Privatdienstvertrag beschäftigt und bezog zuletzt eine monatliche Vergütung von 195 RM. Die Beklagte gehört zum Standesamtsbezirk G.-Stadt, dem noch andere Kommunalbezirke angeschlossen sind. Auf Vorschlag des Magistrats der Beklagten bestellte der Regierungspräsident durch Verfügung vom 29. August 1928 den Kläger zum stellvertretenden Standesbeamten dieses Bezirks. Durch Verfügung vom 8. Januar 1929 widerrief er die Bestellung. Am 12. Februar 1929 kündigte die Beklagte dem Kläger das Anstellungsverhältnis unter Einhaltung der vertraglichen Kündigungsfrist zum 1. April 1929. Der Kläger widersprach der Kündigung mit der Begründung, er sei lebenslänglich angestellter Beamter der Beklagten geworden sowohl durch seine Bestellung zum stellvertretenden Standesbeamten als auch durch Übertragung anderer hoheitsrechtlicher Tätigkeiten, namentlich im Bereich des städtischen Meldeamts, Wohnungsamts und Versicherungsamts. Da die Beklagte dem entgegentrat und vom 1. April 1929 ab die Vergütungszahlung einstellte, erhob der Kläger Klage auf Weiterzahlung. Er ist in allen Instanzen unterlegen.

Gründe:

Das Berufungsgericht ist dem Kläger darin gefolgt, daß die Verfügung des Regierungspräsidenten vom 29. August 1928 ihn zum Beamten der Beklagten gemacht habe. Das ist nicht richtig. Zwar ist der Standesbeamte, auch der stellvertretende, wirklicher Beamter im

Sinne des Art. 129 RVerf. Es kann in dieser Beziehung auf das Urteil des erkennenden Senats vom 2. Juli 1915 III 40/15 (WarnRspr. 1915 Nr. 298, auszugsweise Preuß. Verwaltungsblatt Bd. 37 S. 414) verwiesen werden. Der Kläger ist also durch die bezeichnete Verfügung des Regierungspräsidenten zwar Beamter geworden, aber nicht, wie das Berufungsgericht meint, Beamter der Beklagten, sondern unmittelbarer Staatsbeamter.

Bis zum 29. August 1928 war der Kläger nicht Gemeindebeamter, sondern nur Angestellter der Beklagten. Mit rechtlich einwandfreier Begründung hat das Berufungsgericht die Rechtsansicht des Klägers zurückgewiesen, er sei durch Übertragung anderer hoheitsrechtlicher Aufgaben, namentlich im Bereich der von ihm genannten städtischen Ämter, Beamter der Beklagten geworden. Die Revision hat eingewendet, die Führung des Melderegisters diene nicht ausschließlich polizeilichen Zwecken. Das mag richtig sein. Aber das Einwohnermeldewesen ist in Preußen grundsätzlich als polizeiliche Einrichtung geregelt. Wenn das Register daneben auch nichtpolizeilichen Zwecken dienstbar gemacht wird, so wird ihm damit nicht die Eigenschaft einer polizeilichen Einrichtung genommen.

Da es sich um einen zusammengesetzten Standesamtsbezirk im Sinne des § 6 PStG. handelt, konnte die Bestellung des Klägers nur durch den Regierungspräsidenten geschehen. In den Fällen des § 6 hat die höhere Verwaltungsbehörde die Wahl, einen nach § 6 Abs. 2 zur Übernahme des Amts Verpflichteten heranzuziehen oder eine andere nicht zu diesem Kreise gehörige Person zu bestellen. In letzterem Fall wird der Bestellte durch die Bestellung in derselben Weise zum unmittelbaren Staatsbeamten wie der gemäß § 4 Abs. 1 PStG. von der höheren Verwaltungsbehörde bestellte besondere Standesbeamte. Da der Kläger, wie gezeigt, bis dahin nicht Beamter der Beklagten (auch nicht etwa Vorsteher oder anderer Beamter einer der übrigen zum Standesamtsbezirk gehörigen Kommunalverbände) war, konnte er durch die Bestellung von seiten des Regierungspräsidenten nicht Gemeindebeamter, sondern nur unmittelbarer Staatsbeamter werden. Die höhere Verwaltungsbehörde kann nicht durch die Bestellung einer Person, die nicht zum Kreise der in § 6 Abs. 2 PStG. Genannten gehört, diese — wie die Revision sich ausdrückt — zum „kommunalen Standesbeamten" machen.

Es ist auch nicht möglich, wie das Berufungsgericht will, in dem

Vorschlag des Magistrats gegenüber dem Regierungspräsidenten einen Anstellungsakt der Beklagten zu finden. Dieser Vorschlag stellte nur eine innerdienstliche Verwaltungshandlung des Magistrats gegenüber der höheren Verwaltungsbehörde dar. Es ist ferner nicht richtig, wenn die Revision geltend macht, der Magistrat der Beklagten müsse rechtsnotwendig mit diesem Vorschlag den Willen verbunden haben, den Kläger zum Gemeindebeamten zu machen, weil nur auf diesem Wege der Kläger in die rechtliche Lage hätte kommen können, die hoheitsrechtlichen Aufgaben eines Standesbeamten auszuüben. Denn, wie dargelegt, konnte der Kläger die als Grundlage seiner standesamtlichen Tätigkeit notwendige Beamteneigenschaft in der Weise erwerben, daß er kraft Bestellung durch den Regierungspräsidenten unmittelbarer Staatsbeamter wurde.

Ob der Regierungspräsident sich dieser Tragweite seiner Verfügung vom 29. August 1928 bewußt gewesen ist oder ob er gar den Willen gehabt hat, den Kläger zum unmittelbaren Staatsbeamten zu machen, ist ohne Bedeutung. Es kann deshalb dahingestellt bleiben, ob das Berufungsgericht den Mangel eines solchen Willens notwendig daraus schließen mußte, daß der Regierungspräsident in seiner Verfügung ausdrücklich bemerkt hat, eine Entschädigung irgendwelcher Art aus Staatsmitteln werde nicht gewährt. Ein Hindernis für den Erwerb der Staatsbeamteneigenschaft durch den Kläger kann auch nicht, wie die Revision will, darin gefunden werden, daß der Preußische Finanzminister die Bestellung staatlicher Standesbeamten verboten habe. Ein solches lediglich den inneren Verwaltungsdienst betreffendes Verbot kann nicht die verbotswidrige Bestellung ungültig machen. Überdies würde der Regierungspräsident dem finanzpolitischen Zwecke des Verbotes auch durch den ebenerwähnten Hinweis genügt haben, daß eine Entschädigung des Klägers aus Staatsmitteln ausgeschlossen sei.

---

33. 1. Sind die Vorschriften der Notverordnung vom 5. Juni 1931 über die Gewährung von Entschädigung für Fluchtlinienfestsetzungen rechtsgültig, insbesondere auch insoweit, als sie sich auf die Vergangenheit beziehen?

2. Ist nach Inkrafttreten des preußischen Polizeiverwaltungsgesetzes vom 1. Juni 1931 der Rechtsweg noch zulässig für Klagen auf Entschädigung gemäß § 75 Einl.ALR.?

RVerf.Art. 48, 153. Zweite Verordnung des Reichspräsidenten zur Sicherung von Wirtschaft und Finanzen v. 5. Juni 1931 Sechster Teil Kap. III §§ 1,2 (RGBl. I S. 279, 309). Preuß. Fluchtliniengesetz v. 2. Juli 1875 (GS. S. 561) §§ 7,8, 11, 13. Preuß. ALR.Einl. § 75. Preuß. Polizeiverwaltungsgesetz v. 1. Juni 1931 (GS. S. 77) §§ 73, 79.

V. Zivilsenat. Urt. v. 2. Juli 1932 i. S. G. (Kl.) w. Stadtgemeinde H. (Bekl.). V 58/32.

I. Landgericht Bochum.
II. Oberlandesgericht Hamm.

Der Kläger ist Eigentümer eines an der B.straße in H. gelegenen Geschäftshauses. Anfangs 1914 plante er einen Umbau und setzte sich wegen dessen Genehmigung mit der Baupolizei in Verbindung. Am 25. März 1914 beschloß die Stadtverordnetenversammlung auf Antrag des Magistrats die Festsetzung einer Fluchtlinie, durch welche das Hausgrundstück des Klägers angeschnitten wurde. Unter Bezugnahme auf diesen Beschluß beschied ihn die Baupolizeiverwaltung am 28. März 1914 abschlägig. Nachdem sodann der Kläger am 17. April 1914 ein förmliches Baugesuch eingereicht hatte, erhielt er am 23. April 1914 den baupolizeilichen Bescheid, die Entscheidung über das Baugesuch hänge von einer erneuten Prüfung des Magistrats ab, ob die Fluchtlinie aufrechterhalten oder aufgehoben werde. Es fanden dann zwischen dem Kläger und der Beklagten Verhandlungen statt, welche den Plan eines Ankaufs seines Grundstücks umfaßten. Am 27. Juli 1914 schrieb die Beklagte dem Kläger, es seien für die Durchführung der K.-W.straße von der N.straße bis zur B.straße neue Fluchtlinien festgesetzt worden; das Grundstück des Klägers werde hiervon berührt; der Fluchtlinienplan liege vom 25. Juli bis 22. August 1914 zur Einsicht offen. Diese Offenlegung ist auch erfolgt. Eine zweite Offenlegung dieses Planes unterblieb. Im Jahre 1927 wurde eine anderweitige Festsetzung beschlossen, durch welche die 1914 vorgesehene Fluchtlinie erweitert wurde. Dieser neue Plan wurde vom 27. Juli bis 24. August 1927 erstmals offengelegt. Der Kläger erhob Einspruch. Die Offenlegung des endgültig festgestellten Planes geschah in der Zeit vom 2. bis 28. Mai 1928.

Der Kläger macht geltend, durch die im Jahre 1914 erfolgte Versagung der Bauerlaubnis und durch die infolge der zweiten Offenlegung des Fluchtlinienplans im Jahre 1928 eingetretene endgültige Baubeschränkung sei ihm ein erheblicher Schaden entstanden. Er verlangt von der Beklagten Ersatz zu einem Teilbetrage von 10000 RM. Seinen Anspruch stützt er auf § 75 Einl. ALR., Art. 153 Abs. 2 RVerf. und auf die §§ 823flg. BGB.

Das Landgericht hat den Klaganspruch dem Grunde nach für gerechtfertigt erklärt. Auf die Berufung der Beklagten hat das Oberlandesgericht die Klage abgewiesen. Die Revision des Klägers führte zur Aufhebung und Zurückverweisung.

Gründe:

Gegen die Erwägungen, aus denen das Oberlandesgericht eine Haftung der Beklagten nach den Vorschriften über unerlaubte Handlungen verneint, sind Bedenken nicht zu erheben und von der Revision nicht erhoben worden.

Auch soweit der Berufungsrichter dem Kläger mit Rücksicht auf die Bestimmungen der §§ 1, 2 Kap. III des 6. Teils der Notverordnung des Reichspräsidenten vom 5. Juni 1931 die Berufung auf Art. 153 Abs. 2 Satz 2 RVerf. versagt, ist ihm beizutreten. Nach jenen Bestimmungen kann für Enteignungen, die nach dem 13. August 1919 und vor dem 1. April 1933 auf dem Gebiete der Fluchtlinienfestsetzung gemäß landesrechtlichen Vorschriften vollzogen worden sind oder noch vollzogen werden, vorbehaltlich des hier nicht in Betracht kommenden § 3 eine Entschädigung nur verlangt werden, wenn und soweit dies in den landesrechtlichen Vorschriften vorgesehen ist. Für die durch das Fluchtlinienfestsetzungsverfahren eingetretene vorläufige und endgültige Baubeschränkung (§§ 7, 8, 11 des preuß. Fluchtliniengesetzes), die sich nach der Rechtsprechung des Reichsgerichts rechtlich als Teilenteignung darstellt (RGZ. Bd. 128 S. 18 [27, 29], Bd. 132 S. 69 [73]), ist somit nur nach diesem Gesetze Entschädigung zu leisten, auch ist nach § 6 a. a. O. der genannten Notverordnung in Verbindung mit § 14 FlLG. der ordentliche Rechtsweg nur mit der sich aus den §§ 24flg. des preuß. Enteignungsgesetzes vom 11. Juni 1874 ergebenden Maßgabe zulässig. Das Fluchtliniengesetz sieht eine Entschädigungspflicht der Gemeinde aber nur unter den Voraussetzungen der Nr. 1 bis 3 des § 13 vor. Daß diese Voraussetzungen im vorliegenden Falle nicht gegeben sind, hat das Oberlandesgericht einwandfrei festgestellt. Nun meint der Kläger, auf Grund der Auslegung, die der Art. 153 Abs. 2 Satz 1 bis 3 RVerf. in der Rechtsprechung des Reichsgerichts, namentlich in RGZ. Bd. 128 S. 18 und Bd. 132 S. 69 gefunden habe, sei ihm durch die Auferlegung der Baubeschränkung ein im ordentlichen Rechtswege verfolgbarer Entschädigungsanspruch erwachsen, der ihm durch die Notverordnung vom 5. Juni 1931 nicht wieder habe entzogen werden können. Dem kann jedoch nicht beigetreten werden. Nach Art. 48 Abs. 2 RVerf. kann der Reichspräsident, wenn im Deutschen Reiche die öffentliche Sicherheit und Ordnung erheblich gestört oder gefährdet wird, die zur Wiederherstellung der öffentlichen Sicherheit und Ordnung nötigen Maßnahmen treffen. In seinem Recht zur Anordnung von Maßnahmen ist der Reichspräsident nur durch Art. 48 selbst und durch die sonstigen Bestimmungen der Reichsverfassung beschränkt, soweit er nicht nach Art. 48 Abs. 2 gewisse Grundrechte vorübergehend außer Kraft setzen darf. Er ist daher auch zum Erlaß von Rechtsverordnungen ermächtigt (vgl. Entsch. des Staatsgerichtshofs in RGZ. Bd. 134 Anh. S. 27 [43] und die dort angeführten Entscheidungen des Reichsgerichts). Die der Prüfung der ordentlichen Gerichte unterliegende Frage, ob sich eine Notverordnung in den Schranken des Art. 48 RVerf. hält, ist, soweit die angeführten Vorschriften der Notverordnung vom 5. Juni 1931 in Frage stehen, entgegen den Ausführungen der Revision zu bejahen.

Soweit sich die §§ 1, 2 a. a. O. auf die Vergangenheit beziehen, enteignen sie nicht mit rückwirkender Kraft Grundeigentum entschädigungslos, sondern sie entziehen den betroffenen Grundeigentümern zum Wohle der Allgemeinheit einen ihnen aus einer früheren Enteignung erwachsenen Entschädigungsanspruch. Hierbei handelt es sich ebenfalls um eine Enteignung im Sinne des Art. 153 RVerf. Eine Rückwirkung liegt jedoch nicht vor, sondern ein sich im Augenblick des Inkrafttretens der Notverordnung vollziehender Eingriff. Wenn auch nach Abs. 2 Satz 2 das. die Enteignung im Regelfall nur gegen angemessene Entschädigung erfolgen soll, so kann doch durch ein Reichsgesetz etwas anderes bestimmt werden. Als ein Reichsgesetz im Sinne dieser Vorschrift ist aber, wie das Reichsgericht bereits wiederholt ausgesprochen hat, auch eine auf Grund des Art. 48 RVerf. vom Reichspräsidenten erlassene Notverordnung anzusehen (RGSt. Bd. 55 S. 88 [91], Bd. 58 S. 269; RGZ. Bd. 102 S. 161 [165], Bd. 107 S. 370 [375]). Demnach konnte durch die Notverordnung vom 5. Juni 1931 eine entschädigungslose Enteignung in dem vorerörterten Sinne ausgesprochen werden.

Nun handelt es sich allerdings bei den Ansprüchen, gegen die sich der Eingriff der Notverordnung richtet, gerade um solche, die infolge einer früheren Enteignung auf Grund des Art. 153 Abs. 2 Satz 2 RVerf. entstanden waren, und es kann sich fragen, ob das daselbst vorgesehene einfache Reichsgesetz eine Entschädigung auch für bereits vollzogene Enteignungen ausschließen kann oder ob dies nur für die Zukunft möglich ist, während zum Ausschluß der Entschädigung für bereits vollzogene Enteignungen ein verfassungänderndes Reichsgesetz zu fordern wäre. Diese Frage bedarf indes hier keiner Beantwortung. Denn auch wenn man sich auf den strengeren Standpunkt stellt, halten sich die vorgedachten Bestimmungen der Notverordnung vom 5. Juni 1931 innerhalb der durch Art. 48 Abs. 2 RVerf. gesetzten Grenzen. Nach Satz 2 das. ist nämlich der Reichspräsident befugt, vorübergehend das im Art. 153 RVerf. festgesetzte Grundrecht des Eigentums außer Kraft zu setzen. Er braucht dies nicht ausdrücklich und förmlich zu tun, sondern er kann von seiner Befugnis auch in der Weise Gebrauch machen, daß er Vorschriften allgemeiner Art erläßt, die das im Art. 153 RVerf. gewährleistete Grundrecht einschränken oder aufheben (RGSt. Bd. 59 S. 29, Bd. 65 S. 364 [367]). Wenn weiter geltend gemacht wird, die Ermächtigung des Art. 48 Abs. 2 Satz 2 RVerf. erschöpfe sich in einer vorübergehenden Außerkraftsetzung der dort genannten Grundrechte, die vollständige Beseitigung eines bereits entstandenen Anspruchs bedeute aber nicht eine bloße Suspension des Grundrechts, sondern seine Aufhebung, so schlägt auch dieser Einwand nicht durch. Denn die an der angeführten Stelle der Reichsverfassung vorgesehene Suspension bezieht sich nur auf die abstrakten Grundrechte, nicht auf ein konkretes subjektives Recht. Sie hat die Bedeutung, daß sich die vom Reichspräsidenten angeordnete Maßnahme nicht auf dauernde Zeit erstrecken darf; die Folgen der Maßnahme dagegen können nicht wieder zu beseitigende sein (vgl. auch RG. in JW. 1932 S. 1969

Nr. 5). Die Geltung der in Kapitel III des 6. Teils der Notverordnung vom 5. Juni 1931 angeordneten Maßnahmen ist aber, wie sich aus § 1 das. ergibt, nur auf vorübergehende Zeit bestimmt.

Die Frage, ob die vom Reichspräsidenten erlassene Notverordnung zur Wiederherstellung der öffentlichen Sicherheit und Ordnung notwendig war und ob ihr Inhalt diesem Zweck entspricht, unterliegt nicht der Nachprüfung durch die ordentlichen Gerichte, es sei denn, daß sich eine offensichtliche Verkennung der rechtlichen Erfordernisse eines Vorgehens auf Grund des Art. 48 RVerf. oder ein rein willkürlicher Mißbrauch der Ermächtigung des Reichspräsidenten zur Verfolgung ihr völlig fremder Zwecke feststellen ließe (RGSt. Bd. 65 S. 364, Bd. 59 S. 185). Hiervon kann, soweit es sich um die §§ 1, 2 Kap. III des 6. Teils der Notverordnung vom 5. Juni 1931 handelt, nicht die Rede sein. Die Städte, die im Vertrauen auf die Rechtsgültigkeit der maßgebenden landesgesetzlichen Bestimmungen im Interesse des Städtebaus in weitem Umfange durch Fluchtlinienfestsetzungen Beschränkungen des Eigentums an Grundstücken vorgenommen hatten, sahen sich infolge der Entscheidung des Reichsgerichts vom 28. Februar 1930 (RGZ. Bd. 128 S. 18) plötzlich ungeahnten Entschädigungsansprüchen in ganz außerordentlichem Ausmaße ausgesetzt, die für ihre Vermögenslage um so verhängnisvoller waren, als die zunehmende Verschlechterung der wirtschaftlichen Verhältnisse auf der einen Seite einen dauernden Rückgang der Einnahmen aus Steuern usw., auf der anderen Seite ein ständiges Anwachsen der Wohlfahrtslasten verursachte. Es kann daher keinem Zweifel unterliegen, daß zur Verhütung eines finanziellen Zusammenbruchs der Städte und der hieraus drohenden Gefahren für die öffentliche Sicherheit und Ordnung ein schleuniges Eingreifen geboten war (vgl. Entsch. des Staatsgerichtshofs in RGZ. Bd. 135 Anh. S. 30 [36]).

Begründet ist dagegen die Revision insoweit, als das Oberlandesgericht den auf § 75 Einl.ALR. gestützten Klaganspruch wegen Unzulässigkeit des Rechtswegs abgewiesen hat. Es handelt sich hierbei um den Ersatz desjenigen Schadens, den der Kläger dadurch erlitten haben will, daß ihm vor der ersten Offenlegung des Fluchtlinienplans die Erlaubnis zum Umbau seines Hauses versagt worden sein soll (vgl. RGZ. Bd. 28 S. 275, Bd. 126 S. 356; RG. im Pr.VerwBl. Bd. 27 S. 648). Das Oberlandesgericht meint, dieser Anspruch könne seit dem 1. Oktober 1931 im ordentlichen Rechtsweg nicht mehr verfolgt werden, da mit diesem Tage das preußische Gesetz über die Zulässigkeit des Rechtswegs in Beziehung auf polizeiliche Verfügungen vom 11. Mai 1842 (GS. S. 192) durch § 79 Abs. 1 und Abs. 2c des preußischen Polizeiverwaltungsgesetzes vom 1. Juni 1931 außer Kraft gesetzt sei und das letztgenannte Gesetz über die Möglichkeit der Verfolgung von Entschädigungsansprüchen wegen Versagung einer baupolizeilichen Erlaubnis nichts bestimmt habe. Diese Ausführungen halten indessen einer rechtlichen Nachprüfung nicht stand. Daß die Vorschrift des § 75 Einl.ALR. durch das preußische Polizeiverwaltungsgesetz nicht beseitigt worden ist, steht außer Zweifel und wird auch vom Berufungsrichter offenbar angenommen. Für den Anspruch aus dieser Bestimmung ist aber von der Rechtsprechung des Reichsgerichts der Rechtsweg auch dann für zulässig erachtet worden, wenn die Aufopferung nicht durch eine Anordnung der Polizei, sondern durch den Eingriff eines anderen Staatsorgans veranlaßt war, § 4 des Gesetzes vom 11. Mai 1842 also nicht unmittelbar zutraf (vgl. RGZ. Bd. 113 S. 301; WarnRspr. 1910 Nr. 84.) Denn es handelt sich um einen bürgerlichrechtlichen Anspruch, dessen Geltendmachung der ordentlichen Gerichtsbarkeit nur dann entzogen wäre, wenn die Zuständigkeit von Verwaltungsbehörden oder Verwaltungsgerichten besonders begründet wäre (§ 13 GVG; vgl. auch RGUrt. vom 17. Dezember 1927 V 149/27, abgedr. SeuffArch. Bd. 82 S. 156 Nr. 94). Das ist aber nicht der Fall. Dafür, daß das preußische Polizeiverwaltungsgesetz die Zulässigkeit des Rechtswegs für den hier streitigen Anspruch im Gegensatz zu dem früheren Rechtszustand hätte ausschließen wollen, fehlt es an jedem Anhaltspunkte. Gegen eine solche Annahme spricht § 73 dieses Gesetzes.

Hiernach bedarf der Klaganspruch, soweit er auf § 75 Einl. ALR. gegründet wird, der sachlichen Erörterung durch das Berufungsgericht.

---

34. Ist die Anwartschaft eines preußischen Oberschullehrers auf Ausstattung seiner Stelle mit einer Stellenzulage ein im Rechtsweg verfolgbarer Anspruch?

RVerf. Art. 129 Abs. 1 Satz 4.

III. Zivilsenat. Urt. v. 8. Juli 1932 i. S. Preuß. Staat (Bekl.) w. K. (Kl.). III 370/31.

I. Landgericht Magdeburg.
II. Oberlandesgericht Naumburg.

Der Kläger ist planmäßiger Oberschullehrer (Zeichenlehrer) am staatlichen Gymnasium in Q. Nach der preußischen Besoldungsordnung für die planmäßigen unmittelbaren Staatsbeamten (Anlage 1 zum preußischen Besoldungsgesetz vom 17. Dezember 1927, GS. S. 235) gehört seine Stelle zur Besoldungsgruppe A 4a 1. Abteilung. Dort heißt es über ihre Besoldung:

Oberschullehrer ... erhalten die Bezüge der Lehrer ... an den öffentlichen mittleren Schulen — Anhang zur Besoldungsordnung —.

In diesem Anhang (a. a. O. GS. S. 280) sind unter II die Grundgehaltssätze für die endgültig angestellten Lehrer an den öffentlichen mittleren Schulen festgesetzt, jedoch mit dem Zusatz:

Die näheren Vorschriften werden durch ein besonderes Gesetz zur Abänderung des Mittelschullehrer-Diensteinkommensgesetzes getroffen.

Den Bestimmungen in II des Anhangs zur Besoldungsordnung ist eine Fußnote 1 beigefügt (im folgenden kurz „Fußnote"):

Mit Genehmigung der Schulaufsichtsbehörde können für Schulstellen, für deren Inhaber ... besondere Anforderungen vorgeschrieben sind, ruhegehaltsfähige Zulagen gewährt werden.

Das, wie erwähnt, im Anhang zur Besoldungsordnung vorgesehene Gesetz ist als Gesetz über die Dienstbezüge der Lehrer und Lehrerinnen an den öffentlichen nichtstaatlichen mittleren Schulen (Mittelschullehrer-Besoldungsgesetz — MBG.) vom 30. April 1928 (GS. S. 149) ergangen. Es besagt in seinem § 7 Abs. 1:

Die Unterhaltsträger können mit Genehmigung der Schulaufsichtsbehörde für Schulstellen, für deren Inhaber besondere Anforderungen vorgeschrieben sind, nach näherer Vorschrift der Ausführungsbestimmungen zu diesem Gesetz ruhegehaltsfähige Besoldungszuschüsse bewilligen ...

Die hier vorgesehene Ausführungsanweisung ist unter dem 6. Juni 1928 vom Preußischen Minister für Wissenschaft, Kunst und Volksbildung erlassen worden (Sonderbeilage zum Zentralblatt für die gesamte Unterrichtsverwaltung in Preußen 70. Jahrg. 1928 Heft 14).

Der Kläger macht im gegenwärtigen Rechtsstreit geltend, daß für die von ihm bekleidete Stelle die Voraussetzungen vorlägen, unter denen nach den vorstehend wiedergegebenen Vorschriften Besoldungszuschüsse bewilligt werden könnten. Seine Anträge, deren Einzelheiten für diesen Rechtszug ohne Belang sind, hat das Landgericht abgewiesen. Dagegen hat das Oberlandesgericht einem Hilfsantrage des Klägers entsprochen und festgestellt, daß die „Fußnote" bezw. § 7 MBG. auf die Besoldung des Klägers in seiner Stellung als Oberschullehrer an einer staatlichen Anstalt Anwendung findet. Die Revision des Beklagten führte zur Wiederherstellung des landgerichtlichen Urteils.

Gründe:

Die „Fußnote" hatte nur Bedeutung bis zum Erlaß des im Anhang zur Besoldungsordnung unter II angekündigten besonderen Gesetzes. Sie ist also durch § 7 MBG. überholt worden. Der Sinn dieser Vorschrift ergibt sich, soweit nach ihrem Wortlaut überhaupt noch Zweifel möglich sein sollten, klar und eindeutig aus I 5 (Nr. 34 flg.) der Ausführungsanweisung vom 6. Juni 1928. Danach kann der Unterhaltsträger einer öffentlichen nichtstaatlichen mittleren Schule nach freier — nur an die Genehmigung der Schulaufsichtsbehörde gebundener — Entschließung für einzelne Stellen besondere Anforderungen an den Stelleninhaber stellen, die über die für die betreffende Stellenart im allgemeinen gesetzten hinausgehen. Er kann etwa zu dem Nachweis der in wenigstens zwei Fächern abgelegten Mittelschullehrerprüfung noch den Nachweis einer weiteren erheblichen Fortbildung verlangen. In solchem Fall kann der Unterhaltsträger dann für diese Stellen ruhegehaltsfähige Zuschüsse bis zum Höchstbetrag von 800 RM. jährlich, in gewissen Fällen bis zu 1200 RM. jährlich festsetzen.

Der Kläger hat behauptet, an die von ihm verwaltete Stelle seien besondere Anforderungen im Sinn des § 7 MBG. geknüpft und er habe diese Anforderungen erfüllt. Die erste Behauptung ist nach dem Berufungsurteil unbestritten geblieben, die Richtigkeit der letzteren wird vom Vorderrichter unterstellt. Der Kläger meint nun, danach habe er Anwartschaft auf einen Besoldungszuschuß; die Erfüllung dieser Anwartschaft sei bisher lediglich daran gescheitert, daß der zuständige Minister keine Verfügungen über die Bewilligung von Besoldungszuschüssen für Oberschullehrerstellen an staatlichen

Anstalten getroffen habe, weil er der Rechtsansicht sei, § 7 MBG. gelte nicht für diese Stellen. Der Feststellungsantrag des Klägers will diese vermeintlich falsche Rechtsansicht bekämpfen. Es kann dem Kläger zugegeben werden, daß es ihm nicht ausschließlich auf die Beantwortung einer Rechtsfrage ankommt, in welchem Fall die Voraussetzungen des § 256 ZPO. von vornherein verneint werden müßten, daß er vielmehr festgestellt haben will, daß für ihn die Anwartschaft auf einen Besoldungszuschuß nach § 7 MBG. bestehe. Dann aber muß die Klage abgewiesen werden, weil der ordentliche Rechtsweg für ein derartiges Feststellungsbegehren nicht gegeben ist. Art. 129 Abs. 1 Satz 4 RVerf. eröffnet den Rechtsweg nur für vermögensrechtliche Ansprüche der Beamten. Ein Anspruch auf einen Besoldungszuschuß steht aber dem Kläger nach seiner eigenen Auffassung nicht zu, sondern er behauptet nur, die Schulverwaltung habe die rechtliche Möglichkeit, nach ihrem freien Ermessen die Zeichenlehrerstelle am Gymnasium in O. mit einer Stellenzulage auszustatten. Selbst bei dieser Auslegung des zur Entscheidung stehenden Feststellungsantrags kann nicht die Rede davon sein, daß er einen Anspruch des Klägers im Sinn des Art. 129 RVerf. zum Gegenstand habe.

---

35. Wirkt die Wahrung der Nachweisfrist nach § 519 Abs. 6 ZPO. durch einen Berufungskläger auch zu Gunsten eines zweiten Berufungsklägers, der wegen desselben Streitgegenstandes selbständig Berufung eingelegt, die ihm bestimmte Frist aber versäumt hat?

BGB. § 422. ZPO. § 519 Abs. 6, § 519b. GKG. §§ 77, 82, 87.

V. Zivilsenat. Beschl. v. 13. Juli 1932 in der Beschwerdesache S. (Bekl.) w. F. (Kl.) V B 21/32.

I. Landgericht Liegnitz.
II. Oberlandesgericht Breslau.

Die Frage wurde bejaht aus folgenden

Gründen:

Die Klage verlangte von dem Beschwerdeführer und dem Mitbeklagten M. als Gesamtschuldnern Zahlung von 1351,77 RM. nebst

Zinsen. Das Landgericht verurteilte sie nach diesem Antrage. Beide Beklagte legten, ein jeder für sich, rechtzeitig Berufung ein mit dem Antrage, die Klage abzuweisen. Der Vorsitzende des Berufungsgerichts bestimmte zum Nachweis der Zahlung der Prozeßgebühr für die Berufungsinstanz (57 RM.) dem Beklagten S. (Beschwerdeführer) durch Verfügung vom 2. Februar 1932 eine Frist bis zum 15. März, dem Beklagten M. durch Verfügung vom 8. Februar eine Frist bis zum 22. März 1932. M. erbrachte am 27. Februar den Nachweis der Zahlung der erforderten 57 RM. Hingegen ließ S. die ihm gesetzte, durch ein Armenrechtsverfahren vom 9. Februar bis 24. März 1932 gehemmte Frist ablaufen, ohne seinerseits eine Zahlung nachzuweisen. Daraufhin hat das Berufungsgericht durch den jetzt angefochtenen Beschluß die Berufung des Beklagten S. nach § 519 Abs. 6 Satz 3, § 519b ZPO. als unzulässig verworfen. Die hiergegen erhobene sofortige Beschwerde ist begründet.

Die beiden Beklagten waren wie im ersten Rechtszuge so auch in der Berufungsinstanz Streitgenossen. Ihre Berufungen betrafen denselben Streit- und Beschwerdegegenstand. Jeder von ihnen war durch sein Rechtsmittel Schuldner der Prozeßgebühr für die Berufungsinstanz geworden (§ 77 Abs. 1 GKG.). Jedem war also nach § 519 Abs. 6 Satz 1 ZPO. die Nachweisfrist zu bestimmen. Beide hafteten aber für dieselbe von ihnen erforderte Prozeßgebühr als Gesamtschuldner (§ 82 Abs. 1, § 87 GKG.; vgl. Friedländer GKG. S. 440 Anm. 27, 28 und S. 486 Anm. 3; Rittmann-Wenz GKG. 15. Aufl. S. 447 Anm. 3, S. 448 Anm. 4, S. 496 Anm. 4). Daher wirkte nach § 422 Abs. 1 Satz 1 BGB., der auch hier anzuwenden ist (Friedländer a. a. O. S. 459 Anm. 9), die rechtzeitige Zahlung der Gebühr durch den einen auch für den anderen. Die Zahlung des Beklagten M. am 27. Februar 1932 wahrte also zugleich die dem anderen Beklagten gesetzte Nachweisfrist. Mithin war nunmehr auch dem Beklagten S. gegenüber kein Raum mehr für Anwendung des § 519 Abs. 6 Satz 3 ZPO. Das Reichsgericht hat wiederholt anerkannt, daß einer von mehreren als Gesamtschuldner für die Prozeßgebühr haftenden Berufungsklägern durch seine fristgerechte Zahlung die Mitschuldner, denen gegenüber die Nachweisfrist noch läuft, von der Zahlungspflicht befreit, und zwar sogar in Fällen, wo die mehreren denselben Gegenstand betreffenden Berufungen nicht von

Streitgenossen auf derselben Parteiseite, sondern von Prozeßgegnern eingelegt worden waren (RGZ. Bd. 110 S. 366, Bd. 135 S. 19; vgl. auch Stein-Jonas ZPO. 14. Aufl. Bd. 2 S. 41 Anm. V 2c zu § 519). Was aber dort Rechtens war, muß erst recht hier gelten.

---

36. Ist nach preußischem Recht in dem vereinfachten Enteignungsverfahren der Übergang des Eigentums lediglich von der Zahlung oder Hinterlegung der Entschädigungssumme abhängig, die der Regierungspräsident in der geltenden gesetzlichen Währung festgesetzt hat?

Preuß. Verordnung über ein vereinfachtes Enteignungsverfahren in der Fassung der Bekanntmachung vom 31. August 1921 (GS. S. 513) § 6. Preuß. Gesetz über ein vereinfachtes Enteignungsverfahren vom 26. Juli 1922 (GS. S. 211) § 5.

III. Zivilsenat. Urt. v. 17. Juni 1932 i. S. Witwe B. (Kl.) w. Preuß. Staat (Bekl.). III 335/31.

I. Landgericht Naumburg.
II. Oberlandesgericht daselbst.

Der Braunkohlengesellschaft mbH. G. H. wurde unter dem 3. Juli 1920 von der Preußischen Regierung das Recht zur Enteignung einer Anzahl in der Gemarkung R. gelegener Grundstücke verliehen. Darunter befanden sich zwei dem Ehemann der Klägerin Rittergutsbesitzer B. gehörende Parzellen. Die Enteignung geschah demnächst im vereinfachten Enteignungsverfahren nach der durch Bekanntmachung vom 31. August 1921 neugefaßten Verordnung über ein vereinfachtes Enteigungsverfahren. Am 7. September 1922 erfolgte durch den Regierungspräsidenten in M. die Planfeststellung, die Festsetzung der zu zahlenden Entschädigung und der Ausspruch der Enteignung. Die auf 619643 M. festgesetzte Entschädigungssumme wurde erst im Mai 1923 von der Gesellschaft hinterlegt und der hinterlegte Betrag am 10. Juli 1923 an B. überwiesen. Schon vorher hatte dieser Klage gegen die Gesellschaft erhoben mit dem Antrage, sie zur Zahlung von 598444,80 M. nach dem Stande der Mark gegenüber dem Dollarkurs, hilfsweise der Goldparität am 25. Februar 1921 zu verurteilen. Dieser Rechtsstreit zog sich lange hin. Erst am 5. Juli 1929 wurde die Gesellschaft durch rechtskräftig gewordenes Urteil unter Abweisung der Klage im übrigen verurteilt, noch 40380 RM. zu zahlen.

Inzwischen war im Juni 1925 über das Vermögen der Gesellschaft Konkurs eröffnet worden. B. wandte sich daraufhin durch seinen Prozeßbevollmächtigten Justizrat R. am 16. Juli 1925 an den Regierungspräsidenten mit der Bitte um eine Erklärung, daß der Beschluß vom 7. September 1922 nur unter der Voraussetzung und nach Beibringung des Nachweises der Zahlung oder Hinterlegung der im Rechtsweg festzustellenden Entschädigung erlassen sei, und daß, da diese Voraussetzungen nicht gegeben seien, der Beschluß aufzuheben sei und jedenfalls Anträge nach § 33 des preußischen Gesetzes über die Enteignung von Grundeigentum vom 11. Juni 1874 (GS. S. 221) an das Grundbuchamt nicht gestellt würden. Der Regierungspräsident antwortete am 21. Juli 1925, bei der gegenwärtigen Rechts- und Sachlage werde er keinen Antrag an das Amtsgericht gemäß § 33 a. a. O. stellen; nachdem die Hinterlegung seinerzeit durch Verschulden der Unternehmerin in einer den Vorschriften nicht genügenden Weise bewirkt und die hinterlegte Summe gänzlich entwertet sei, fehle es an den nach der genannten Vorschrift erforderlichen Voraussetzungen. Trotz dieses Schreibens ersuchte der Regierungspräsident am 6. März 1926 das Grundbuchamt, die Berichtigung des Grundbuchs gemäß § 33 EnteigG. vorzunehmen, indem er gleichzeitig erklärte, die Hinterlegung der Entschädigungssumme nach den Bestimmungen des Entschädigungsbeschlusses vom 7. September 1922 sei erfolgt und daher nach § 5 des Gesetzes über ein vereinfachtes Enteignungsverfahren vom 26. Juli 1922 das Eigentum an den Grundstücken übergegangen. Gleichzeitig sandte er eine Abschrift des Ersuchens an B. zu Händen des Justizrats R., bei dem sie am 12. März 1926 einging. Dieser wandte sich darauf mit Eingabe vom 16. März 1926 an den Preußischen Minister für Handel und Gewerbe und versuchte, eine Abänderung oder wenigstens eine Aussetzung der Ausführung des Ersuchens vom 6. März 1926 zu erreichen. Die Eintragung durch das Grundbuchamt erfolgte aber bereits am 17. März 1926, sodaß das vom Regierungspräsidenten auf Anordnung des Handelsministers am 6. April 1926 an das Grundbuchamt gerichtete telegraphische

Ersuchen, die Erledigung des Antrags vom 6. März 1926 vorläufig auszusetzen, zu spät kam. Im Oktober 1926 wurde das Konkursverfahren über das Vermögen der Braunkohlengesellschaft G. H. mangels Masse eingestellt. Die hier fraglichen Grundstücke wurden im Wege der Zwangsversteigerung veräußert.

Die Klägerin als Alleinerbin ihres im Laufe des Rechtsstreits verstorbenen Ehemanns nimmt den Preußischen Staat auf Schadensersatz in Anspruch, weil der Regierungspräsident in M. durch sein Ersuchen vom 6. März 1926 in mehrfacher Beziehung seine Amtspflichten fahrlässig verletzt habe. Von ihrem Schaden hat sie einen Teilbetrag eingeklagt. Der Beklagte hat ausgeführt, der Regierungspräsident habe nach den gesetzlichen Bestimmungen gar nicht anders handeln können; jedenfalls treffe ihn bei seiner Entscheidung kein Verschulden.

Die Vorinstanzen haben die Klage abgewiesen. Die Revision der Klägerin war ohne Erfolg.

Gründe:

Die Klage wird auf Amtspflichtverletzung gestützt, die der Regierungspräsident nach Auffassung der Klägerin dadurch begangen haben soll, daß er am 6. März 1926 an das Grundbuchamt das Ersuchen auf Eintragung der Eigentumsänderung gerichtet hat. Die Klägerin findet darin ein Verschulden in dreifacher Richtung:

1. Das Eigentum eines enteigneten Grundstücks gehe nach den Bestimmungen des Gesetzes über ein vereinfachtes Enteignungsverfahren vom 26. Juli 1922 nicht schon nach Zahlung oder Hinterlegung der vorläufigen Entschädigungssumme, sondern erst nach Zahlung oder Hinterlegung der endgültig festgesetzten Summe auf den Unternehmer über.

2. Am 6. März 1926 sei nicht die vom Regierungspräsidenten am 7. September 1922 vorläufig festgesetzte Entschädigungssumme hinterlegt oder gezahlt gewesen; der im Mai 1923 von der Braunkohlengesellschaft G. H. hinterlegte Betrag habe infolge der eingetretenen Geldentwertung nur einen geringen Bruchteil der am 7. September 1922 festgesetzten Entschädigungssumme bedeutet. Das Eigentum sei daher am 6. März 1926 noch nicht auf den Unternehmer übergegangen und der Regierungspräsident nicht berechtigt gewesen, das Grundbuchamt um Eintragung der Eigentumsänderung zu ersuchen.

3. Der Regierungspräsident habe durch sein Schreiben vom 21. Juli 1925 die Zusicherung gegeben, daß er kein Ersuchen gemäß § 33 EnteigG. an das Grundbuchamt richten werde; hieran sei er gebunden gewesen; zum mindesten habe er die Klägerin von einer anderweitigen Stellungnahme rechtzeitig unterrichten müssen.

Der Berufungsrichter hat den ersten Vorwurf für unbegründet erachtet, weil beim vereinfachten Enteignungsverfahren im Gegensatz zum gewöhnlichen Enteignungsverfahren unter der „Entschädigungssumme" nicht die endgültig festgesetzte Entschädigungssumme zu verstehen sei, sondern die vom Regierungspräsidenten festgestellte. Das vereinfachte Enteignungsverfahren habe der beschleunigten Enteignung dienen sollen. Für dringliche Fälle sei aber schon in § 34 EnteigG. vorgesehen gewesen, daß die Enteignung erfolgen solle, sobald die durch den Regierungspräsidenten festgesetzte Entschädigungssumme gezahlt oder hinterlegt wäre. Wenn daher der mit dem vereinfachten Verfahren beabsichtigte Zweck hätte erreicht werden sollen, so könne unter „Entschädigungssumme" im Sinne dieser Bestimmung nur die vom Regierungspräsidenten festgestellte Summe, nicht die womöglich erst in jahrelangem Rechtsstreit ermittelte endgültige Summe gemeint sein.

Diesen Ausführungen ist beizutreten. Der Berufungsrichter geht zwar zu Unrecht von § 5 des Gesetzes über ein vereinfachtes Enteignungsverfahren vom 26. Juli 1922 aus, während sich hier das Enteignungsverfahren nach der vorher in Kraft befindlichen Verordnung in der Fassung der Bekanntmachung vom 31. August 1921 abgespielt hat. Es kommt darauf aber nicht näher an, weil die entscheidende Vorschrift des Gesetzes vom 26. Juli 1922 (§ 5) im Wortlaut mit § 6 der früheren Verordnung übereinstimmt. Sie besagt, daß das Eigentum des enteigneten Grundstücks auf den Unternehmer erst nach Zahlung oder Hinterlegung der Entschädigungssumme übergeht. Wäre unter der Entschädigung hier erst die endgültig gerichtlich festgesetzte zu verstehen, so würde in der Tat das Verfahren in seiner Durchführung verzögert werden. Denn eine Möglichkeit, wie sie § 34 EnteigG. im ordentlichen Enteignungsverfahren gewährt, ist im vereinfachten Verfahren nicht vorgesehen. Hieraus ergibt sich in einleuchtender Weise, daß unter der Entschädigung im Sinne des § 6 der Verordnung nur die verwaltungsseitig festgesetzte Entschädigung verstanden werden kann.

Zu dem zweiten Vorwurf, den die Klage erhebt, hat der Berufungsrichter ausgeführt: Sei unter Entschädigungssumme der vom Regierungspräsidenten festgestellte Betrag zu verstehen, so gehe das Eigentum nach Zahlung oder Hinterlegung dieses Betrages auf den Unternehmer über. Der Regierungspräsident sei trotz der immer stärker einsetzenden Geldentwertung nicht in der Lage gewesen, einen anderen Betrag für die festgestellte Enteignungssumme festzusetzen. Er habe weder in das damals über die Höhe der endgültigen Entschädigung schwebende gerichtliche Verfahren eingreifen können, noch sei er berechtigt gewesen, von sich aus eine anderweitige Feststellung im Sinne einer Aufwertung der ursprünglichen Entschädigungssumme vorzunehmen. Mit der Hinterlegung des in Papiermark festgestellten Betrages im Mai 1923 sei daher trotz der Entwertung des Geldes das Eigentum an den enteigneten Grundstücken auf die Unternehmerin übergegangen. Infolgedessen habe sich auch der Regierungspräsident dem Drängen des Konkursverwalters der Braunkohlengesellschaft G. H. auf Stellung des Ersuchens nach § 33 EnteigG. nicht entziehen können. Es sei unerheblich, daß inzwischen die Erkenntnis platzgegriffen habe, die in der Zeit der Hochinflation geleisteteten Zahlungen seien keine vollständigen Zahlungen gewesen. Denn nach dem maßgebenden Wortlaut des Gesetzes sei es auf die Tatsache der Hinterlegung der festgestellten Summe angekommen.

Diese Auffassung läßt keinen Rechtsirrtum erkennen. Abweichend vom ordentlichen Enteigungsverfahren, in welchem die Hinterlegung oder Zahlung der endgültig festgestellten Entschädigungs- oder Kautionssumme und deren Nachprüfung durch die Verwaltungsbehörde der Enteignungserklärung vorauszugehen hat und der Übergang des Eigentums nach § 44 EnteigG. durch den Zeitpunkt der Zustellung des Enteignungsbeschlusses festgelegt ist, soll im vereinfachten Enteignungsverfahren, in welchem nach § 5 der Verordnung der Enteignungsbeschluß (§ 32 EnteigG.) und der Entschädigungsbeschluß (§ 29 EnteigG.) miteinander verbunden werden, das Eigentum nach § 6 der Verordnung unabhängig von der ausgesprochenen Enteignung nach Zahlung oder Hinterlegung der Entschädigungssumme übergehen. Bei Beurteilung der Frage, wann die Entschädigungssumme im Sinne dieser Bestimmung als gezahlt oder hinterlegt zu gelten hat, kann man nicht die Erwägung maßgebend sein lassen, daß nach der Rechtsprechung die durch die Festsetzung der Entschädigungssumme entstandene Forderung des Enteigneten gegenüber dem Unternehmer eine Wertschuld darstelle, deren infolge zwischenzeitlicher Geldentwertung unvollständige Zahlung auch nach Rechtskraft der verwaltungsseitigen Entschädigungsfeststellung im Rechtswege geltend gemacht werden könne (vgl. RGZ. Bd. 122 S. 110, ferner auch Bd. 115 S. 388 und Bd. 119 S. 28). Denn dann bliebe es zweifelhaft, ob das Eigentum bereits auf Grund einer die Geldentwertung nicht berücksichtigenden unvollständigen Erfüllung dieser Wertschuld übergehen könnte. Man würde dem besonderen Charakter des Enteignungsverfahrens und dem Wesen der Enteignung nicht gerecht, wollte man hier diese rein privatrechtliche Betrachtungsweise maßgebend sein lassen. Das ganze Enteignungsverfahren wird von der Tatsache beherrscht, daß in ihm der Staat kraft der ihm zustehenden Macht durch einen öffentlichrechtlichen Akt dem Unternehmer das Eigentum an den Grundstücken verleiht, deren dieser für sein dem öffentlichen Wohl und Nutzen gewidmetes Unternehmen bedarf (vgl. RGZ. Bd. 61 S. 102). Es kann insoweit dahingestellt bleiben, ob der Enteignungsakt für den Unternehmer ein vollständig neues ursprüngliches Eigentum begründet (das. S. 106) oder ob das Eigentum des Enteigneten — allerdings befreit von allen privatrechtlichen Lasten — auf den Unternehmer übergeht. Entscheidend ist, daß sich der Übergang selbst als Ausfluß eines hoheitsrechtlichen Aktes darstellt. Das gilt in gleicher Weise für die Enteignung im ordentlichen wie für diejenige im vereinfachten Verfahren, in welchem der Übergang des Eigentums vom Gesetz an die Zahlung oder Hinterlegung der verwaltungsseitig festgesetzten Entschädigung geknüpft ist. In beiden Verfahren bildet das nach § 33 EnteigG. an das Grundbuchamt zu stellende Ersuchen um Bewirkung der Eintragung des Eigentumsübergangs den Abschluß der den Enteignungsakt bildenden Tätigkeit der Verwaltungsbehörde. Diese allein hat zu prüfen, ob das Eigentum des enteigneten Grundbesitzes auf den Unternehmer übergegangen ist. Würde man nun dem Regierungspräsidenten das Recht einräumen oder ihm sogar die Pflicht auferlegen, zu prüfen, ob der in einer bestimmten Währung ausgedrückte Entschädigungsbetrag infolge Entwertung dieser Währung keine privatrechtliche Erfüllung der durch die Festsetzung begründeten Wertschuld darstellt, so würde damit ein Rechtszustand geschaffen, welchem der Regierungspräsident trotz seiner geschilderten hoheitsrechtlichen Befugnis nicht in der Lage wäre, den notwendigen Inhalt zu verleihen. Denn die Frage, ob und in welcher Höhe die Wertschuld durch zusätzliche Zahlung getilgt würde, könnte nur in dem privatrechtlichen Verhältnis zwischen dem Enteigneten und dem Unternehmer entschieden werden. Es würde also letztlich die nur der hoheitsrechtlichen Prüfung unterliegende Entschließung des Regierungspräsidenten von einer privatrechtlichen Abmachung oder einer Entscheidung in einem bürgerlichen Rechtsstreit abhängig sein können, in dem beispielsweise eine tatrichterliche Feststellung begehrt würde, daß das Eigentum übergegangen oder nicht übergegangen sei oder erst nach einer gewissen zusätzlichen Zahlung übergehe. Hiermit würde aber der eigenen Entschließung des Regierungspräsidenten, die er auf Grund selbständiger Prüfung der Voraussetzungen des § 6 der Verordnung vom 31. August 1921 (§ 5 des Gesetzes vom 26. Juli 1922) zu treffen hätte, vorgegriffen werden. Jene Vorschrift kann deshalb nur einen formalrechtlichen Charakter haben in dem Sinne, daß lediglich zu prüfen ist, ob die in einer bestimmten Währung festgesetzte Entschädigungssumme geleistet ist oder nicht. Der Regierungspräsident war somit auch im vorliegenden Falle objektiv befugt und auch verpflichtet, nach Hinterlegung der von ihm festgesetzten, in der damaligen gesetzlichen Währung ausgedrückten Entschädigungssumme durch amtliche Handlung das Grundbuchamt um Eintragung zu ersuchen. Die Frage, ob die durch den Entschädigungsfeststellungsbeschluß gleichzeitig festgesetzte Wertschuld getilgt war oder nicht, mußte einer gerichtlichen Entscheidung vorbehalten bleiben, unabhängig von der Durchführung des Enteignungsverfahrens, das erst mit Absendung des Eintragungsersuchens seinen Abschluß finden konnte.

Handelte aber der Regierungspräsident objektiv richtig, indem er auf Grund der im Mai 1923 erfolgten Hinterlegung der festgesetzten Entschädigungssumme das Grundbuchamt um Eintragung des Eigentumsüberganges ersuchte, so kommt es für die Entscheidung nicht mehr darauf an, ob er im Hinblick auf sein Schreiben vom 21. Juli 1925 verpflichtet gewesen wäre, dem Ehemann der Klägerin von der Änderung seiner Auffassung früher, als es geschah, Mitteilung zu machen. Unbedenklich beizutreten ist der Auffassung des Berufungsgerichtes, daß der Regierungspräsident durch sein Schreiben vom 21. Juli 1925 nicht etwa eine Verpflichtung übernommen habe, in jedem Fall im Hinblick auf die Papiermarkzahlung ein Ersuchen an das Grundbuchamt zu unterlassen. Es handelte sich bei diesem Schreiben nur um eine allgemeine Mitteilung der damals vom Regierungspräsidenten vertretenen Auffassung, die ihn nicht einer nochmaligen Prüfung der ganzen Frage überhob, als der Konkursverwalter nunmehr den gegenteiligen Standpunkt vertrat und auf die Erledigung der Eintragung drängte. Jedoch kann es dahinstehen, ob der Regierungspräsident, als er auf Grund der wiederholten Prüfung zu einer anderen Auffassung gelangte, verpflichtet gewesen wäre, vorsorglich frühzeitiger, als er es tat, dem B. von der Absicht Mitteilung zu machen, das Eintragungsersuchen nunmehr doch an das Grundbuchamt zu richten. Denn da der Regierungspräsident — wie das Berufungsgericht ohne Rechtsirrtum darlegt — objektiv richtig gehandelt hat, als er das Eintragungsersuchen an das Grundbuchamt richtete, so wäre anzunehmen, daß B. auch im Wege der Vorstellung an höherer Stelle keinen Erfolg gehabt hätte. Damit würde aber ein Verschulden, das etwa dem Regierungspräsidenten wegen nicht rechtzeitiger Benachrichtigung des B. zur Last zu legen wäre, als Ursache für den mit der Klage geltend gemachten Schaden entfallen.

---

37. 1. Unter welchen Voraussetzungen ist nach § 1 des Gesetzes über die Erstattung von Kriegswohlfahrtsausgaben vom 12. Februar 1931 der Rechtsweg zulässig für Ansprüche aus Darlehen, die an Gemeinden gewährt worden sind?

2. Zur Frage der Aufwertung von Posten eines Sonderkontos, nachdem diese zur Ausgleichung in ein daneben geführtes Kontokorrent übertragen worden sind.

Verordnung über die Erweiterung des Abgeltungsverfahrens für Ansprüche gegen das Reich vom 24. Oktober 1923 (RGBl. I S. 1010) §§ 1, 3. Landessteuergesetz vom 30. März 1920 (RGBl. S. 402) § 59. Finanzausgleichsgesetz vom 23. Juni 1923 (RGBl. I S. 494) § 68 Abs. 1 Nr. 4. Finanzausgleichsgesetz vom 27. April 1926 (RGBl. I S. 203) § 60 Abs. 1 Nr. 4. Gesetz über die Erstattung von Kriegswohlfahrtsausgaben (§ 60 des Finanzausgleichsgesetzes —

Fassung der Bekanntmachung vom 27. April 1926, RGBl. I S. 203) vom 12. Februar 1931 (RGBl. I S. 15) § 1. Runderlaß des Reichsfinanzministers vom 12. Mai 1920 (RMBl. 1931 S. 55). AufwG. § 65.

I. Zivilsenat. Urt. v. 6. Juli 1932 i. S. Stadtgemeinde P. (Bekl.) w. A. D. C. AG. (Kl.). I 335/31.

I. Landgericht Plauen.
II. Oberlandesgericht Dresden.

Die Beklagte war der Klägerin bis zum Jahre 1917 aus gewährten Krediten 12800000 M. schuldig geworden. Über die Schuld wurde bei der Klägerin ein Sonderkonto geführt. Nach erfolgter Kündigung wurde die Summe am 23. Februar 1923 in der Weise zurückgezahlt, daß die Klägerin den Schuldposten auf die laufende Rechnung der Beklagten übertrug, die damals ein größeres Guthaben aufwies.

Die Klägerin verlangt Aufwertung der Schuld auf 25% des Goldmarkbetrages und fordert mit der Klage Zahlung von 100000 GM. nebst Zinsen. Die Beklagte wandte unter Berufung auf die Abgeltungserweiterungs-Verordnung vom 24. Oktober 1923 Unzulässigkeit des Rechtswegs ein, weil sie die Schulden für Rechnung des Reiches für Kriegswohlfahrtszwecke aufgenommen habe. In der Sache selbst stützte sie sich auf § 65 AufwG.

Das Landgericht wies die Klage ab. Das Oberlandesgericht gab ihr statt. Die Revision der Beklagten führte zur Wiederherstellung des ersten Urteils.

Gründe:

Obgleich die Beklagte den Einwand, daß die Vorschriften der Abgeltungserweiterungs-Verordnung vom 24. Oktober 1923 auf den Fall anzuwenden seien, nur hilfsweise erhoben hat, muß er doch an erster Stelle behandelt werden, weil er die Zulässigkeit des Rechtsweges betrifft und daher auch von Amts wegen in jeder Lage des Verfahrens zu prüfen ist.

Nach § 1 der Verordnung wird der Rechtsweg für Ansprüche, die aus der Kriegswirtschaft oder der Kriegsverwaltung herrühren, nicht nur insoweit ausgeschlossen, als sie sich gegen das Reich richten, sondern auch für Ansprüche gegen eine andere Stelle, die für Rechnung des Reichs gehandelt hat. Die Vorfrage, ob sich der Anspruch gegen eine für das Reich handelnde Stelle richtet, unterliegt dabei der Entscheidung der ordentlichen Gerichte. Das ist in RGZ. Bd. 127 S. 362 ausgesprochen worden. Davon abzuweichen bietet die Revision keinen Anlaß. Daß die Beklagte das Darlehen ausdrücklich für Rechnung des Reichs aufgenommen hätte, hat sie selbst nicht behauptet. Es würde allerdings genügen, wenn das Reich die Verpflichtung hätte, der Beklagten die zur Rückzahlung des Darlehns erforderlichen Beträge zur Verfügung zu stellen oder zu erstatten (RGZ. a. a. O. S. 364). Aber auch dafür fehlt es an einer genügenden Unterlage im Vorbringen der Beklagten.

Nach § 3 der erwähnten Verordnung ist die gerichtliche Geltendmachung von Ansprüchen ausgeschlossen, die mit einem nach § 1 abzugeltenden Anspruche in unmittelbarem oder mittelbarem Zusammenhange stehen. Diese Voraussetzung könnte an sich hier zutreffen, da das Darlehen nach Behauptung der Beklagten für Kriegswohlfahrtszwecke aufgenommen worden ist, also mit der Kriegswirtschaft in Zusammenhang stand (§ 12 des Gesetzes betreffend die Unterstützung von Familien in den Dienst eingetretener Mannschaften vom 28. Februar 1888, RGBl. S. 59, in der Fassung des Gesetzes vom 4. August 1914, RGBl. S. 332). In § 59 Abs. 1 Nr. 4 des Landessteuergesetzes vom 30. März 1920, § 68 Abs. 1 Nr. 4 des Finanzausgleichsgesetzes vom 23. Juni 1923 und § 60 Abs. 1 Nr. 4 des Finanzausgleichsgesetzes vom 27. April 1926 ist auch anerkannt, daß das Reich den Gemeinden alle Aufwendungen für Kriegswohlfahrtspflege, soweit sie bisher als beihilfsfähig anerkannt worden sind, zu erstatten hat. In seinem Runderlaß vom 12. Mai 1920 hat der Reichsfinanzminister zu § 59 des Landessteuergesetzes vom 30. März 1920 bestimmt, daß die Gemeinden ermächtigt seien, für Rechnung des Reichs Anleihen bis zur Höhe ihrer Ansprüche aufzunehmen. Diese Anleihen bedurften nach Abs. 4 des § 59 a. a. O. der Zustimmung des Reichsfinanzministers. Um eine solche Anleihe handelt es sich aber im vorliegenden Falle nicht, wie die eigenen Ausführungen der Beklagten ergeben. Die Art des Darlehns ist bedeutsam für die jetzige Verpflichtung des Reichs zur Erstattung. Denn nach § 1 des Gesetzes über die Erstattung von Kriegswohlfahrtsausgaben (§ 60 des Finanzausgleichsgesetzes vom 27. April 1926) vom 12. Februar 1931 erstattet das Reich den Gemeinden auf Grund des § 60 des Finanzausgleichsgesetzes nur die Ausgaben aus auf Mark lautenden Anleihen, die gemäß § 60 Abs. 3 und 4 das. aufgenommen sind und nach der Aufwertungsgesetzgebung der Aufwertung unterliegen. (Die vorgesehenen Ausnahmefälle berühren den vorliegenden Streit nicht.) Durch die Bestimmungen des Gesetzes vom 12. Februar 1931 sollen, wie in der amtlichen Begründung (Reichstagsdrucksache V. Wahlperiode 1930 Nr. 323 S. 3) ausdrücklich hervorgehoben wird, die Erstattungsansprüche der Länder und Gemeinden gegen das Reich aus § 60 des Finanzausgleichsgesetzes (ursprünglich § 59 des Landessteuergesetzes) endgültig umgrenzt werden. Hieraus ergibt sich zweifelsfrei, daß eine Abgeltungspflicht des Reichs im Sinne der §§ 1, 3 der Verordnung vom 24. Oktober 1923 gegenüber der Beklagten nicht mehr besteht, einerseits weil es sich nicht um eine Markanleihe der bezeichneten Art handelt, anderseits weil — wie noch auszuführen sein wird — keine Aufwertungspflicht besteht.

Nach der vorstehend dargelegten Entwicklung der Erstattungspflicht des Reichs muß die Zulässigkeit des Rechtswegs für den mit der Klage geltend gemachten Anspruch für die Zeit seit Inkrafttreten des Gesetzes vom 12. Februar 1931 bejaht werden. Wie bereits erwähnt und in RGZ. Bd. 127 S. 363 im Anschluß an die Urteile vom 17. November 1923 I 234/23 und 30. April 1927 I 5/27 näher ausgeführt worden ist, hat man die Prüfung der Frage, ob nach § 1 der Abgeltungserweiterungs-Verordnung der Anspruch gegen eine für Rechnung des Reichs handelnde Stelle gerichtet ist, und ob nach § 3 der Verordnung Ansprüche Dritter mit einem nach § 1 abzugeltenden Anspruch in mittelbarem oder unmittelbarem Zusammenhange stehen, den ordentlichen Gerichten nicht entzogen. Wie dargelegt worden ist, scheidet § 1 aus. Ferner kann § 3 nicht mehr in Frage kommen, da seit Inkrafttreten des Gesetzes vom 12. Februar 1931 von der Beklagten ein Anspruch gegen das Reich auf Erstattung von Kriegswohlfahrtsausgaben nicht mehr erhoben werden konnte. Besteht ein solcher Anspruch nicht zu Recht, so kann auch der mit der Klage erhobene Anspruch mit ihm nicht mehr im Zusammenhange stehen.

Die gleiche Rechtslage bestand schon am 9. Juni 1931, dem Tage der letzten mündlichen Verhandlung vor dem Berufungsgericht. Mithin konnte schon damals der Klaganspruch gerichtlich geltend gemacht werden. Für die Zeit vor dem Inkrafttreten des Gesetzes vom 12. Februar 1931 hätte — bei Unterstellung der Richtigkeit der Behauptungen der Beklagten — die Zulässigkeit des Rechtswegs wohl verneint werden müssen. Es braucht aber darauf nicht eingegangen zu werden, da die Rechtslage bei der Schlußverhandlung in der Berufungsinstanz maßgebend ist und die Unzulässigkeit des Rechtswegs, die früher bestanden hat, im Laufe des Rechtsstreits geheilt werden kann (vgl. RGZ. Bd. 107 S. 305).

In der Sache selbst ist von entscheidender Bedeutung, ob dem Aufwertungsverlangen der Klägerin § 65 AufwG. entgegensteht. Das Berufungsgericht hat sich sehr eingehend mit der Frage befaßt, ob das von der Klägerin für die hier fragliche Schuld eingerichtete Separatkonto die Eigenschaft eines Kontokorrents oder einer laufenden Rechnung entweder von Anfang an nicht besessen oder doch im Laufe der Zeit verloren habe. Hierauf kommt es aber dann nicht an, wenn die am 23. Februar 1923 erfolgte Übertragung der Darlehnssumme mit den letzten Zinsen auf „laufende Rechnung" allein genügt, um die Anwendung des § 65 AufwG. zu rechtfertigen. Das ist entgegen der Ansicht des Vorderrichters zu bejahen. Der Fall ist wesensgleich demjenigen, der vom erkennenden Senat im Urteil vom 16. April 1930 I 10/30 (abgedr. SeuffArch. Bd. 84 Nr. 175) entschieden worden ist. Ähnliche Grundsätze sind bereits ausgesprochen in Zeiler AufwFälle Nr. 1489 (I. Senat) und Nr. 1691 (IV. Senat). Die Urteile vom 12. Dezember 1931 (HöchstrRechtspr. 1932 Nr. 764) und 19. Oktober 1929 (Ring Bd. 5 S. 57 = Zeiler Nr. 1852) betreffen andere Tatbestände. Die Einstellung eines Anspruchs in ein Kontokorrent oder eine andere laufende Rechnung bewirkt grundsätzlich, daß die Aufwertungsmöglichkeit ausgeschlossen wird. Ausnahmen sind im Gesetz nicht zugelassen. Es ist daher unerheblich, ob die Einstellung deshalb geschieht, um die Tilgung des Anspruchs herbeizuführen. Es trifft nicht zu, daß ein Widerspruch zwischen der Absicht der Parteien, die Schuld zum Erlöschen zu bringen, und der Einstellung in das Kontokorrent bestände. Auch die letztere bringt die Schuld als solche zum Erlöschen, allerdings nicht sofort, sondern erst mit der nächsten Saldoziehung. Diese gesetzliche Folge nehmen aber die Parteien in Kauf, wenn sie statt Barzahlung den Weg der Verrechnung wählen. Ob anders zu entscheiden wäre, wenn im unmittelbaren Anschluß an die Einstellung des Postens die Kontokorrentrechnung selbst abgeschlossen worden wäre, kann dahinstehen, da dieser Fall nicht gegeben ist, sondern das Kontokorrent noch lange Zeit fortgeführt worden ist. Unerheblich ist es weiter, daß die Klägerin den Weg der Übertragung auf laufende Rechnung vermutlich nur deshalb eingeschlagen hat, weil die laufende Rechnung ein die Schuld übersteigendes Guthaben der Beklagten aufwies. Unrichtig ist, daß die Buchung anderenfalls überhaupt nicht hätte stattfinden können. Im übrigen kommt es nicht auf den Beweggrund, sondern allein auf die Tatsache der Buchung an. Es kann auch nicht entgegengehalten werden, daß die Buchung die Einführung eines dem Kontokorrent an sich wesensfremden Postens in dieses bedeute. Ebenso wie im Falle des Urteils vom 16. April 1930 bestanden vielmehr bereits Beziehungen zwischen dem Separatkonto und dem Kontokorrent. Das erstere war ursprünglich vom letzteren abgezweigt worden; auch hatte man ständig die Zinsen aus dem Sonderkonto auf das Kontokorrent übertragen. Da dem Aufwertungsverlangen der Klägerin danach mit Recht § 65 AufwG. entgegengesetzt wird, ist die Klage unbegründet.

---

38. 1. Gehen die §§ 987 flg. BGB. als Sondervorschriften den allgemeinen Vorschriften der §§ 812 flg. daselbst vor?

2. Inwieweit besteht für den Besitzer, der mit der Sache auch gezogene Nutzungen herauszugeben hat, eine Rechnungslegungs- oder Auskunftspflicht?

BGB. §§ 259, 260, 812 flg., 987 flg.

V. Zivilsenat. Urteile vom 5. März und 9. Juli 1932 i. S. W. (Bekl.) w. Frau L. u. Gen. (Kl.). V 74/30.

I. Landgericht Düsseldorf.
II. Oberlandesgericht daselbst.

Zwischen den Parteien war Eigentum und Besitz von Hausgrundstücken in D. streitig gewesen, die der Vater und Erblasser der beiden Klägerinnen durch notariellen, aber behördlich nicht genehmigten Vertrag vom 31. Januar 1923 an die Mutter und Erblasserin des Beklagten verkauft hatte. Nachdem der Beklagte zur

Herausgabe der Grundstücke selbst und zur Einwilligung in die Berichtigung des Grundbuchs auf den Namen der Klägerinnen rechtskräftig verurteilt worden war (vgl. das Teilurteil des erkennenden Senats vom 2. Mai 1931 V 74/30, abgedr. JW. 1931 S. 2900 Nr. 1), blieben die in der Rechtsprechung des Reichsgerichts bisher nicht völlig einheitlich beurteilten Fragen zu entscheiden, ob der Beklagte zur Herausgabe auch der vor Rechtshängigkeit gezogenen Nutzungen der Grundstücke sowie ob er, soweit eine Herausgabepflicht bestand, auch zur Rechnungslegung oder Auskunft über die gezogenen Nutzungen verpflichtet sei. Diese Fragen sind in einem weiteren Teilurteil des Senats vom 5. März 1932 und im Schlußurteil vom 9. Juli 1932 erörtert.

A. Aus den Gründen des Urteils vom 9. Juli 1932:

Der erhobene Anspruch auf Rechnungslegung soll die Durchführung des noch im ersten Rechtsgang anhängigen Anspruchs auf Herauszahlung des sich aus der künftigen Rechnungsaufstellung ergebenden Überschusses der Einnahmen über die Ausgaben der Hausgrundstücke vorbereiten. Er hat daher zur Voraussetzung, daß ein Anspruch der Klägerinnen auf Herausgabe der Nutzungen der Grundstücke für die Zeit vor Rechtshängigkeit überhaupt besteht. In dem von der ungerechtfertigten Bereicherung handelnden 24. Titel des 7. Abschnitts des Rechts der Schuldverhältnisse (2. Buch des Bürgerlichen Gesetzbuchs) bestimmt § 818 Abs. 1, daß sich die Verpflichtung des ungerechtfertigt Bereicherten zur Herausgabe auf die gezogenen Nutzungen erstreckt sowie auf dasjenige, was der Empfänger auf Grund eines erlangten Rechtes oder als Ersatz für die Zerstörung, Beschädigung oder Entziehung des erlangten Gegenstandes erwirbt. Hier ist demnach eine Verpflichtung zur Herausgabe der gezogenen Nutzungen schlechthin und ohne Einschränkung ausgesprochen. Im 4. Titel des vom Eigentum handelnden 3. Abschnitts des Sachenrechts (3. Buch des Bürgerlichen Gesetzbuchs) ist dagegen bei den „Ansprüchen aus dem Eigentume" im Anschluß an die Vorschrift des § 985, daß der Eigentümer vom Besitzer die Herausgabe der Sache verlangen kann, im § 987 über die Herausgabe der Nutzungen als Regel bestimmt, daß der Besitzer dem Eigentümer (nur) die Nutzungen herauszugeben hat, die er nach dem Eintritte der Rechtshängigkeit zieht. Nachdem dann in den folgenden Vorschriften besondere Fälle einer erweiterten Haftung des Besitzers geordnet sind, heißt es im § 993 Abs. 1, daß beim Fehlen der in den §§ 987 bis 992 bezeichneten Voraussetzungen der Besitzer die gezogenen Früchte, soweit sie nach den Regeln einer ordnungsmäßigen Wirtschaft nicht als Ertrag der Sache anzusehen sind, nach den Vorschriften über die Herausgabe einer ungerechtfertigten Bereicherung herauszugeben hat, im übrigen aber weder zur Herausgabe von Nutzungen noch zum Schadensersatz verpflichtet ist. Hiernach ist im Bereiche der Auseinandersetzung zwischen Eigentümer und Besitzer die Herausgabepflicht des Besitzers, von den besonders hervorgehobenen Fällen erweiterter Haftung abgesehen, auf die nach dem Eintritte der Rechtshängigkeit gezogenen Nutzungen beschränkt.

In der Frage des Verhältnisses der in den §§ 987flg. BGB. gegebenen Vorschriften zu der allgemeinen Bestimmung des § 818 Abs. 1 das. ist die Rechtsprechung des Reichsgerichts bisher nicht völlig einheitlich gewesen. In einem Urteil vom 1. April 1912 IV 367/11, abgedr. JW. 1912 S. 690 Nr. 16, (vgl. auch Urt. v. 26. April 1920 IV 508/19, abgedr. WarnRspr. 1920 Nr. 160 und SeuffArch. Bd. 75 Nr. 212) hatte der IV. Zivilsenat ausgeführt, daß die §§ 987flg. Sondervorschriften enthielten, die unter Ausschließung der allgemeinen Vorschriften der §§ 812flg. anzuwenden seien, sobald ihre Voraussetzungen vorlägen. Sei — so heißt es dort weiter — auf Grund der §§ 987flg. BGB. eine eingetretene Vermögensverschiebung nicht auszugleichen, habe also ein Besitzer gezogene Nutzungen nicht herauszugeben oder ein Eigentümer Verwendungen nicht zu ersetzen, dann begründeten die dies vorschreibenden Gesetzesbestimmungen zugleich den rechtlichen Grund für die Vermögenverschiebung, sodaß in einem solchen Falle der Tatbestand einer ungerechtfertigten Bereicherung überhaupt nicht gegeben sei. An dieser Rechtsansicht hat jedoch der IV. Zivilsenat nach seiner neueren Entscheidung vom 23. Juni 1930 IV 251/29 (RGZ. Bd. 129 S. 307)[1]) nur mit Einschränkungen festhalten wollen. Er hat allerdings auch jetzt noch als richtig soviel anerkannt, daß sich, wenn der Eigentümer wirklich mit der Eigentumsklage aus § 985 BGB.

[1]) Vgl. ferner die das. S. 309 angeführten Urteile anderer Zivilsenate, darunter die Urteile des erkennenden Senats vom 28. Juni 1922 V 605/21 (abgedr. WarnRspr. 1922 Nr. 122) und vom 27. Oktober 1926 V 104/26. D. E.

gegen den Besitzer vorgehe, dessen Verpflichtung zur Herausgabe der Nutzungen und seine Ansprüche auf Ersatz von Verwendungen ausschließlich nach den §§ 987 flg. BGB. richteten, und daß der Eigentümer nicht über diese Grenzen hinaus Ansprüche gegen den Besitzer unter dem Gesichtspunkt ungerechtfertigter Bereicherung erheben könne. Ein solcher Fall werde regelmäßig vorliegen, wenn der Besitzer die Sache von einem Dritten erworben habe; denn dann könne der Eigentümer nicht anders als durch den Nachweis seines Eigentums den Besitzer aus seiner Stellung verdrängen. Dagegen sei der Eigentümer keineswegs auf die Eigentumsklage angewiesen, wenn er selbst die Sache dem Besitzer übergeben habe und sie später zurückfordere, weil sich der zugrundeliegende Vertrag als nichtig herausstelle. In Fällen dieser Art stehe dem Eigentümer neben der Eigentumsklage wahlweise die Bereicherungsklage zu, und wenn sich dann (wie nach dem damals gegebenen Sachverhalt) kein Anhalt dafür finde, daß andere als Bereicherungsansprüche erhoben worden seien, so habe die infolge der Nichtigkeit herbeizuführende Ausgleichung von Leistungen und Gegenleistungen der Parteien nur nach Bereicherungsgrundsätzen zu geschehen und sei in Ansehung der gezogenen Nutzungen § 818 Abs. 1 BGB. anzuwenden, während die §§ 987 flg. auszuscheiden hätten.

Gegen diese Unterscheidung erhebt sich das Bedenken, daß sie bei einem Tatbestande, der — wovon der IV. Zivilsenat selbst ausgeht — dem Eigentümer die Wahl zwischen der Eigentums- und der Bereicherungsklage läßt, also bei gleicher tatsächlicher Grundlage den Umfang der dem Eigentümer der Sache wegen der vom Besitzer gezogenen Nutzungen zustehenden Ansprüche abhängig macht von der rechtlichen Natur der erhobenen Klage und damit, falls die Partei selbst sich in dieser Beziehung festzulegen vermieden haben sollte, von deren Auffassung durch den erkennenden Richter. Es steht ihr aber weiter entgegen, daß — mag auch in Ansehung der herauszugebenden Sache selbst mit der Klage bald dinglich das Eigentum des Klägers, bald schuldrechtlich die ungerechtfertigte Bereicherung des Gegners geltend gemacht werden können — doch der Nebenanspruch auf Herausgabe der gezogenen Nutzungen, mindestens soweit es sich um Geldnutzungen handelt, die in das Eigentum des nutzenden Besitzers übergegangen sind, immer schuldrechtlicher Natur ist, sodaß solchenfalls für seinen Umfang nur entweder § 818 Abs. 1 BGB.

oder die insoweit auch schuldrechtlichen Vorschriften der §§ 987flg. das. maßgebend sein dürfen (vgl. Planck BGB. 4. Aufl. vor §§ 987flg. Anm. 2, Bd. III[1] S. 488; Biermann Sachenrecht 3. Aufl. S. 273). Der V. Zivilsenat hat sich hiernach dieser Unterscheidung des IV. Zivilsenats nicht anschließen zu können geglaubt, und auf Anfrage hat auch dieser Senat erklärt, daran nicht festhalten zu wollen. Ebenso will der VI. Zivilsenat, soweit in seinem Urteil vom 24. Oktober 1927 VI 69/27 (vgl. Asch Grundstückskauf 3. Aufl. S. 72, 123 und in JW. 1928 S. 2437 zu Nr. 3 B III) eine abweichende Auffassung zum Ausdruck gelangt sein sollte, diese nicht aufrechterhalten. Als nunmehr einheitliche Auffassung ist hiernach festzustellen: soweit es sich bei der Auseinandersetzung zwischen Eigentümer und Besitzer um den Umfang der Herausgabepflicht des Besitzers in Ansehung der gezogenen Nutzungen handelt, stellen die §§ 987flg. BGB. eine erschöpfende Sonderregelung dar, die den allgemeinen Vorschriften des Bereicherungsrechts in den §§ 812flg. BGB., diese ausschließend, vorgeht. Hierfür spricht auch die Entstehungsgeschichte des Gesetzes. In den Motiven zum Entwurf eines Bürgerlichen Gesetzbuchs Bd. 3 S. 401 ist ausgeführt:

Der erste Absatz des § 930 — jetzt § 993 — enthält eine positive Ausnahme von den Bestimmungen über die Haftung des Besitzers oder des Inhabers aus ungerechtfertigter Bereicherung, sofern die Bereicherung in den Nutzungen besteht, welche der Besitzer oder der Inhaber aus der fremden Sache gezogen hat und welche nach der Vorschrift des § 748 Abs. 1 — jetzt § 818 Abs. 1 — herauszugeben sein würden... Die Vorschrift über die Nichtkondizierbarkeit der von dem Besitzer gezogenen Nutzungen entspricht im wesentlichen dem geltenden Rechte... Die regelmäßige Kondizierbarkeit der von dem Besitzer oder dessen Vertreter in der Ausübung der tatsächlichen Gewalt gezogenen Nutzungen würde zu einer Überspannung des Eigentumsschutzes führen, zu den Vorschriften über den Fruchterwerb des redlichen Besitzers nicht passen und eine schadenbringende Haftung ohne Verschulden des Haftenden eintreten lassen. Aus diesen Gründen läßt der Entwurf nur nach den Ausnahmebestimmungen der folgenden Paragraphen eine Haftung des Besitzers bezw. Inhabers eintreten.

Der so begründete Standpunkt ist auch in den Verhandlungen der zweiten Kommission (vgl. darüber die Protokolle bei Mugdan Bd. 3 S. 677flg.) nicht verlassen worden. Er läßt den Willen des Gesetzgebers erkennen, für das Gebiet der Auseinandersetzung zwischen Eigentümer und Besitzer eine abweichende Regelung der Bereicherungshaftung von ausschließlicher Geltung zu geben. Dieser Wille hat im Gesetze selbst durch die Vorschriften der §§ 987flg. BGB. seinen maßgebenden Ausdruck gefunden. Demgemäß wird die hier vertretene Auffassung auch vom Schrifttum, soweit ersichtlich, einhellig gebilligt (vgl. u. a. Planck und Asch a. a. O.; ferner Staudinger BGB. 9. Aufl. zu § 987 vor Anm. 1; Goldmann-Lilienthal BGB. 1912 II § 51; RGRKomm. 6. Aufl. § 987 Anm. 1; Soergel BGB. 4. Aufl. § 987 Anm. 1; Warneyer BGB. zu § 987; Windscheid-Kipp Bürgerl. Recht 9. Aufl. § 422; Enneccerus-Wolff Sachenrecht § 85; Laturner in der Zeitschr. des DNotV. 1927 S. 185 zu III 2e, S. 186 zu 3b; Kohlmann in LZ. 1929 Sp. 526; auch Werner in JW. 1930 S. 3210 zu Nr. 2). Soweit aber hiernach die Sonderregelung der §§ 987flg. BGB. dem Besitzer die gezogenen Nutzungen beläßt, fehlt es an ungerechtfertigter Vermögensverschiebung und Bereicherung, sodaß aus diesem Grunde die Anwendbarkeit des § 818 Abs. 1 BGB. entfällt.

Zur Frage der Redlichkeit des Besitzes der Erblasserin des Beklagten hat der erkennende Senat schon in seinem ersten Teilurteil vom 2. Mai 1931 die Stellungnahme des Berufungsgerichts gebilligt, wonach für die Zeit bis Oktober 1925 ein Beweis für Bösgläubigkeit der Besitzerin nicht geführt sei. Auch für die weitere Zeit bis zur Klagerhebung im Frühjahr 1926 hat der Berufungsrichter die Bösgläubigkeit bedenkenfrei verneint. Ein anderer Grund als Unredlichkeit des Besitzes, der die Verpflichtung zur Herausgabe auch der vor Rechtshängigkeit gezogenen Nutzungen nach sich ziehen könnte, kommt nicht in Betracht.

B. Aus den Gründen des Urteils vom 5. März 1932:

In Ansehung der Nutzungen, die der Beklagte aus den streitigen Hausgrundstücken seit der Klagerhebung gezogen hat, ist seine Verpflichtung zur Herausgabe sowohl nach § 818 Abs. 1 wie nach § 987 Abs. 1, § 993 BGB. begründet. Insoweit ist auch mit den Vorinstanzen nach der nunmehr übereinstimmenden Meinung des II., des VI. und des erkennenden Zivilsenats des Reichsgerichts eine Auskunftspflicht des Beklagten anzuerkennen, ohne die dem Herausgabeanspruch der Klägerinnen die wirksame Handhabe zur Durchsetzung fehlen würde. Die abweichende Stellungnahme des II. Zivilsenats in den Urteilen vom 30. November 1906 II 247/06 (Gruch. Bd. 51 S. 897) und vom 5. Januar 1912 II 324/11 (JW. 1912 S. 288 Nr. 8), des erkennenden Senats im Urteil vom 1. November 1911 V 131/11 (WarnRspr. 1912 Nr. 14) und des VI. Zivilsenats im Urteil vom 28. Juli 1928 VI 15/28 (JRsch. 1928 Nr. 1982, Recht 1929 Nr. 1848) wird, soweit dort jeder Anspruch auf Auskunft versagt war, nicht aufrechterhalten.

Jedoch erscheint in einem Falle der vorliegenden Art eine so weitgehende Verpflichtung zu förmlicher Rechnungslegung, wie das Berufungsgericht sie dem Beklagten zumutet, nicht gerechtfertigt. Nach dem angefochtenen Urteil soll der Beklagte über die Einnahmen und Ausgaben der vier Hausgrundstücke in kaufmännisch geführten und monatlich getrennten Nachweisen Rechnung legen sowie alle Belege über diese Häuser und über die Einnahmen und Ausgaben vorlegen, namentlich auch die Mietverträge, die Urkunden über Veranlagung und Zahlung der Grunderwerbs- und Hauszinssteuern, die Rechnungen über Ausbesserungen wie überhaupt alle sonstigen zu den Häusern gehörigen Urkunden, monatlich geordnet und nummeriert mit Zahlen, welche zum Vergleich auch in der Rechnungsaufstellung angeführt werden sollen. Eine Rechnungslegungspflicht dieses Umfanges könnte jedoch mit den Vorinstanzen nur auf die Vorschrift des § 259 BGB. gegründet werden, die aber eine Verpflichtung voraussetzt, über eine mit Einnahmen oder Ausgaben verbundene Verwaltung Rechnung abzulegen. Eine solche Rechenschaftspflicht als Verwalter liegt dem Beklagten auch für die Zeit seit Klagerhebung nicht ob; denn wenn er auch von diesem Zeitpunkt ab mit einer Zurückgabe der Grundstücke rechnen mußte, so besaß er sie doch weiter als ihm gehörend und verwaltete sie nicht als fremdes Vermögen, behandelte auch nicht fremde Geschäfte als seine eigenen, obwohl wissend, daß er nicht dazu berechtigt sei (vgl. § 687 Abs. 2, § 681 Satz 2, § 666 BGB.). Dagegen folgt aus seiner Verpflichtung zur Herausgabe der gesamten, seit Klagezustellung gezogenen Nutzungen, die sich als ein Inbegriff von Gegenständen im Sinne des Gesetzes darstellen, seine Auskunftspflicht nach § 260

BGB. Er hat danach den Klägerinnen ein Verzeichnis des Bestandes vorzulegen. Damit ist auch deren Belangen ausreichend gedient. Denn die Verurteilung ist nicht etwa dahin zu verstehen, daß sie sich auf den Nachweis eines im Vermögen des Beklagten noch vorhandenen Bestandes beschränke. Vielmehr hat das Verzeichnis die Gesamtheit der aus den Hausgrundstücken gezogenen, in das Vermögen des Beklagten gelangten Nutzungen zu enthalten, und die Klägerinnen dürfen es dem Beklagten überlassen, demgegenüber eine etwaige gesetzliche Minderung seiner Herausgabepflicht zu begründen.

---

39. Unter welchen Voraussetzungen ist ein Privattestament in Briefform gültig, das mit dem abgekürzten Vornamen unterschrieben ist?

BGB. § 2231 Nr. 2.

IV. Zivilsenat. Urt. v. 11. Juli 1932 i. S. Frau F. (Kl.) w. Fr. (Bekl.). IV 80/32.

I. Landgericht Hamburg.
II. Oberlandesgericht daselbst.

Die Krankenschwester Carola B., ein voreheliches Kind der Klägerin, war mit dem Arzt Dr. Conrad Fr., einem Sohne des Beklagten, jahrelang verlobt. Im Juli 1926 gab sie dem Beklagten ein Darlehen von 20000 RM. Am 12. Juli 1929 nahm sie sich das Leben. Sie hinterließ einen von ihr geschriebenen Brief folgenden Inhalts:

B., den 10. Juli 1929.

Lieber Conny! Jetzt bist Du frei, ich kann ohne Dich nicht leben. Ich wünsche Dir für Dein ganzes Leben das Beste. Danken möchte ich Dir für alles, was Du mir gegeben hast, ich war 4 Jahre ein glücklicher Mensch und damit ist alles bezahlt. — Mein ganzes Vermögen, überhaupt meinen ganzen Besitz, vermache ich Dir. Werde glücklich, das ist mein letzter Wunsch.

Deine Ola.

Die Klägerin ist der Ansicht, daß diese Urkunde nicht als gültiges Privattestament gelten könne, weil die Unterschrift der gesetzlichen Formvorschrift nicht genüge. Sie meint, gesetzliche Erbin ihrer

Tochter geworden zu sein, und verlangt mit der Klage vom Beklagten Rückzahlung des Darlehns von 20000 RM. nebst Zinsen.

Beide Vorinstanzen wiesen die Klage ab. Die Revision der Klägerin führte zur Aufhebung und Zurückverweisung.

Gründe:

Unter eigenhändiger Unterschrift im Sinne des § 2231 Nr. 2 BGB. ist nach allgemeiner Ansicht die Namensunterschrift zu verstehen, zu der die Unterzeichnung mit dem Familiennamen regelmäßig genügt. Der bloße Vorname wird allgemein als ausreichend angesehen, wenn sein alleiniger Gebrauch, wie seinerzeit bei fürstlichen Personen oder kirchlichen Würdenträgern, üblich ist. Eine weitere Ausnahme hat der erkennende Senat in dem Beschluß RGZ. Bd. 87 S. 109 bei Testamenten in Briefform zugelassen, sofern es sich um Schreiben an nahe Angehörige handelt. Damals ist die in solchen Fällen übliche Unterzeichnung mit dem bloßen Vornamen mindestens dann als zulässig und ausreichend angesehen worden, wenn sich aus dem durch die Unterschrift gedeckten Texte des Briefes die Person des Ausstellers für jeden Dritten mit Sicherheit ergibt. Diese Entscheidung hatte das Kammergericht veranlaßt, nicht nur seine frühere Rechtsprechung aufzugeben, die eine Unterzeichnung mit dem Familiennamen — von dem oben erwähnten allgemein anerkannten Ausnahmefall abgesehen — für ein unerläßliches Formerfordernis ansah, sondern sogar über den Standpunkt des erkennenden Senats hinauszugehen und bei Brieftestamenten die Unterschrift mit dem bloßen Vornamen auch dann für genügend zu erklären, wenn sich der Brief nicht an nahe Angehörige richtet und sich aus seinem Text die Persönlichkeit des Unterzeichnenden nicht ergibt, sofern nur keine Bedenken gegen die Vollständigkeit der Vollziehung der Urkunde vorliegen (KGJ. Bd. 48 S. 85, Bd. 50 S. 79; JW. 1916 S. 973 Nr. 1). Der Berufungsrichter hat sich dieser neueren Rechtsprechung des Kammergerichts angeschlossen und demgemäß den hier vorliegenden Brief vom 10. Juli 1929 als gültiges Testament angesehen. Die bei der Unterzeichnung gebrauchte Abkürzung des Vornamens „Ola" stellt er dem Gebrauch des Vornamens Carola gleich.

Die Revision meint, der Brief könne für keinen Fall als Testament angesehen werden, weil er nicht einmal mit dem Vornamen, sondern nur mit einem Kosenamen unterzeichnet sei. Dem kann nicht beigetreten werden. Entspricht ein Brief im übrigen der Formvorschrift des § 2231 Nr. 2 BGB., so reicht es unbedenklich aus, wenn der Vorname nicht vollständig ausgeschrieben, sondern eine der allgemein üblichen Abkürzungen gebraucht ist (z. B. Fritz für Friedrich, Max für Maximilian, Lotte für Charlotte, Else für Elisabeth). Ola ist ein Teil des Vornamens Carola, also kein Kosename, sondern eine eigentliche Abkürzung. Daß die Erblasserin im Krankenhaus meist „Schwester Ola" genannt worden ist, hat die Klägerin nicht bestritten. Das Berufungsgericht sagt ferner, Ola sei eine häufige Abkürzung des Vornamens Carola. Diese Annahme ist tatsächlicher Art und ergibt, daß eine mindestens in der Umgebung der Beteiligten übliche Abkürzung des Vornamens vorliegt, die zur Unterzeichnung ausreicht.

Somit würde nach der Rechtsprechung des Kammergerichts allerdings ein gültiges Testament in Briefform vorhanden sein. Der erkennende Senat vermag aber von dem in RGZ. Bd. 87 S. 109 eingenommenen und in den Urteilen WarnRspr. 1918 Nr. 62 und LZ. 1922 Sp. 293 aufrechterhaltenen Rechtsstandpunkt nicht abzugehen, von dem aus der Brief, so wie er bisher vorliegt, der Formvorschrift des § 2231 Nr. 2 BGB. nicht genügt.

Das Berufungsgericht ist mit dem Kammergericht der Ansicht, nachdem das Reichsgericht einmal die Unterzeichnung eines in Briefform errichteten Testaments mit dem Vornamen über den oben erwähnten Personenkreis hinaus für zulässig erklärt habe, führe die Folgerichtigkeit dahin, die Unterzeichnung mit dem Vornamen ohne Rücksicht auf die Möglichkeit der Persönlichkeitsfeststellung aus dem Brieftext allgemein freizugeben. Die Frage der Identität des Briefschreibers habe mit der Formfrage nichts zu tun. Diese Schlußfolgerung ist nicht zwingend. Formfrage und Identitätsfrage lassen sich nicht scharf scheiden. Das ergibt sich aus folgenden Erwägungen.

Auszugehen ist von der Bedeutung des Namens überhaupt. Der Name ist ein äußeres Kennzeichen der Person zur Unterscheidung von anderen Personen (RGZ. Bd. 91 S. 352). Das gilt grundsätzlich auch dann, wenn der Name häufig vorkommt und für sich allein zur Bestimmung der Person seines Trägers nicht ausreicht. Wenn daher der Gesetzgeber zur Gültigkeit einer urkundlichen

Erklärung die Unterschrift fordert, worunter im Falle des § 2231 Nr. 2 BGB. die eigenhändige Namensunterschrift zu verstehen ist (RGZ. Bd. 110 S. 168, Bd. 134 S. 310), so soll durch diese Formvorschrift nicht nur ein untrügliches Merkmal für den Abschluß der Erklärung begründet, sondern auch ein bestimmter urkundlicher Anhalt für die Person des Ausstellers geschaffen werden (RG. bei Gruch. Bd. 32 S. 118/121; RGSt. Bd. 43 S. 232). Das Formerfordernis der Unterzeichnung mit dem vollen Namen oder wenigstens mit dem Familiennamen muß an sich auch für eigenhändige Testamente in Briefform gelten, da keine Vorschrift besteht, die eine erleichterte Form zuließe, falls der Erblasser seinen letzten Willen in einem Brief niederlegt. Die Erfahrung, daß Briefe an nahe Angehörige gewöhnlich nur mit dem Vornamen unterzeichnet werden, kann daher allein noch nicht ausreichen, um einen solchen Brief als gültiges privatschriftliches Testament anzuerkennen. Will man also einen Brief als ein solches Testament zulassen, so kann das nur unter der Voraussetzung geschehen, daß im einzelnen Falle der Brief in seinem Text einen annähernd ebensolchen Anhalt für die Urheberschaft des Schreibenden bietet, wie wenn er von diesem mindestens mit dem Familiennamen unterzeichnet wäre. Das ist der Sinn des im Beschluß RGZ. Bd. 87 S. 109 aufgestellten Erfordernisses, daß sich aus dem durch die Unterschrift gedeckten Texte der Erklärung die Person des Ausstellers für jeden Dritten, d. h. aus der Urkunde selbst mit Sicherheit ergeben müsse. In diesem Sinne ist an dem bisherigen Rechtsstandpunkt des Senats festzuhalten.

In dem durch den erwähnten Beschluß entschiedenen Falle war im Text des Briefes der Familienname des Briefschreibers ausdrücklich angegeben. Es genügt aber, wenn sich in anderer Weise aus der Urkunde selbst ein bestimmter Anhalt für den Familiennamen oder für die Person des Ausstellers überhaupt ergibt. Ist der Brief an einen Angehörigen gerichtet, so wird regelmäßig aus dem im Text erwähnten Verwandtschaftsverhältnis des Briefschreibers zum Empfänger ein genügend sicherer Schluß auf den Namen des Schreibers gezogen werden können. Die weitere Frage, ob die nur auf dem Umschlag befindliche Anschrift des Briefes als Teil der Urkunde angesehen werden kann, ist grundsätzlich zu bejahen. Nur im geschäftlichen Verkehr ist es üblich, denjenigen im Brief selbst namhaft zu machen, an den sich der Brief richtet. Sonst pflegt man den Empfänger (nebst Bestimmungsort) nur auf dem Umschlag anzugeben. Erst wenn der Brief verschlossen und der Umschlag mit der Anschrift versehen ist, kann die gesamte briefliche Erklärung als abgeschlossen gelten. Der verschlossene und mit Anschrift versehene Brief ist daher regelmäßig als einheitliche Urkunde anzusehen, bei der die Anschrift als durch die Unterschrift des Briefes gedeckt erscheint. Hieraus ergibt sich, daß regelmäßig die Unterzeichnung des Briefes mit dem Vornamen genügen wird, wenn sich aus dem dem Briefinhalt selbst zu entnehmenden Verhältnis zwischen dem Briefschreiber und dem Empfänger ein bestimmter Anhalt für die Persönlichkeit des ersteren ergibt. Das ist bei Briefen an nahe Verwandte der Fall. Auch Briefe zwischen Ehegatten und Verlobten sind unbedenklich hierher zu rechnen.

Diesen Erfordernissen genügt der hier in Rede stehende Brief, wie er dem Berufungsgericht vorgelegen hat, nicht. Die Anrede „Lieber Conny" ergibt keinen Anhalt dafür, wer der Empfänger ist. Es kann daher auch keinerlei Schluß auf die Person der nur mit dem Vornamen unterzeichneten Briefschreiberin gezogen werden. Der Beklagte hat aber behauptet und unter Beweis gestellt, daß sich der Brief in einem verschlossenen Umschlag befunden habe, der von der Erblasserin selbst mit der Anschrift „Dr. Conrad Fr." versehen, also zur Absendung an diesen bestimmt worden sei, und daß man den Brief dann auch abgesandt habe. Die Behauptung ist in diesem Rechtszug als wahr zu unterstellen. Dann läge ein Brief vor, der nach den oben entwickelten Grundsätzen trotz der Unterzeichnung mit dem abgekürzten Vornamen als formgültiges privatschriftliches Testament angesehen werden könnte, weil aus den seinem Inhalt zu entnehmenden Beziehungen zwischen der Briefschreiberin und dem Empfänger ein ausreichender Schluß auf die Person der ersteren gezogen werden könnte. Denn der Brief ergibt mit ausreichender Bestimmtheit, daß die Schreiberin vier Jahre lang mit dem Angeredeten in vertrauten Beziehungen gestanden hat, daß letzterer durch ein Eheversprechen an sie gebunden war und daß sie ihn durch ihren Tod freigeben wollte.

40. 1. Zur Anwendung des § 566 BGB.

2. Wie sind Nebenleistungen bei der Berechnung der vereinbarten Mietermäßigung zu berücksichtigen?

3. Wann ist eine Ermäßigung des Mietzinses lediglich mit Rücksicht auf § 49a des Reichsgesetzes über Mieterschutz und Mieteinigungsämter vereinbart?

Vierte Notverordnung des Reichspräsidenten zur Sicherung von Wirtschaft und Finanzen usw. vom 8. Dezember 1931, Zweiter Teil Kap. III (außerordentliche Kündigung von Mietverträgen) § 2 Nr. 1 (RGBl. I S. 699). Verordnung über die außerordentliche Mietkündigung zum 5. Januar 1932 vom 23. Dezember 1931 (RGBl. I S. 796) Art. 1 Abs. 3.

VIII. Zivilsenat. Urt. v. 11. Juli 1932 i. S. Firma L. & S. (Kl.) w. L. (Bekl.). VIII 202/32.

I. Landgericht I Berlin.
II. Kammergericht daselbst.

Durch Vertrag vom 29. Juni 1928 mietete die Klägerin vom Beklagten Geschäftsräume für die Zeit vom 1. April 1929 bis zum 31. März 1932. Durch einen weiteren Vertrag vom 17. Oktober 1928 wurde die Mietdauer bis zum 31. März 1935 erstreckt; auch verpflichtete sich die Klägerin, neben dem Mietzins, der für das erste Jahr 33000 RM, für das zweite Jahr 34000 RM., für das dritte Jahr 35000 RM. und für jedes der drei folgenden Jahre 40000 RM. betrug, den 100 vom Hundert übersteigenden Gemeindezuschlag zur Grundvermögenssteuer und eine etwaige Lastenerhöhung sowie die Kosten der Sammelheizung und des Fahrstuhlbetriebs anteilig zu tragen. In einem Vergleiche vom 13. Januar 1930 wurden diese Umlagen auf die Hälfte ermäßigt. Im April 1931 begehrte die Klägerin mit einer Klage die Feststellung, daß der Mietzins gemäß § 49a MSchG. zu ermäßigen sei. Nachdem das Gericht die Einholung eines Gutachtens über die Angemessenheit des Mietzinses beschlossen hatte, kam zwischen den Parteien ein Vergleich zustande, der die Mietzinsvereinbarung dahin änderte, daß nunmehr mit Einschluß aller Umlagen die Klägerin für die Zeit vom 1. Oktober 1931 bis zum 31. März 1933 jährlich 31000 RM., für das folgende Jahr 32000 RM. und für das letzte Jahr 33000 RM. zahlen sollte.

Auf Grund der Vierten Notverordnung kündigte die Klägerin mit Schreiben vom 23. Dezember 1931 das Mietverhältnis zum 31. März 1932. Mit ihrer Klage auf Feststellung der Wirksamkeit der Kündigung unterlag sie in allen drei Rechtszügen.

Gründe:

Die Revision rügt zunächst Verletzung der §§ 126, 566 BGB. Sie trägt vor, der zweite Vergleich der Parteien sei nur durch Briefwechsel geschlossen worden und erfülle deshalb die in § 566 geforderte Schriftform nicht. Allerdings hätten die damaligen Prozeßbevollmächtigten dem Gericht in einer gemeinsam unterzeichneten Urkunde den Vergleich mitgeteilt. Dadurch sei der Schriftform jedoch nicht genügt, weil diese Anzeige nicht mit dem Willen unterzeichnet worden sei, damit einen Vertrag abzuschließen. Der Mietvertrag sei deshalb schon wegen des Formmangels zum 31. März 1932 kündbar gewesen. Damit macht die Klägerin im Revisionsverfahren eine neue Tatsache geltend, die nicht zu beachten ist. Bisher hatte keine der Parteien behauptet, daß der Vergleich nur durch Briefwechsel abgeschlossen worden sei. Im übrigen liegt auch nach dem Vorbringen der Revision kein Anhalt dafür vor, daß die von den beiden Prozeßbevollmächtigten unterzeichnete Mitteilung des Inhalts eines als Ergebnis ihres Briefwechsels zustandegekommenen, den Prozeß abschließenden Vergleichs an das Gericht nicht als eine der Form des § 566 BGB. entsprechende und ihren etwaigen bisherigen Mangel behebende Betätigung des Vertragswillens der von den Prozeßbevollmächtigten vertretenen Parteien anzusehen sei. Jedenfalls hatte das Gericht keinen Anlaß, dieser Frage von Amts wegen nachzugehen.

Die Vorinstanzen haben die Zulässigkeit der Kündigung nach der Notverordnung vom 8. Dezember 1931 verneint, da das Kündigungsrecht durch die vereinbarte Mietsenkung ausgeschlossen sei. Das Berufungsgericht geht davon aus, daß Vertragsmiete gegolten habe. Es läßt bei der Vergleichung des früheren mit dem ermäßigten Mietzins aus diesem Grunde die Beträge weg, welche die Klägerin neben dem Mietzins für Heizung und Fahrstuhlbetrieb zu entrichten hatte. Dagegen rechnet es dem Mietzins den Betrag hinzu, den sie auf die Grundvermögenssteuer zu zahlen hatte. Dieses Verfahren rechtfertigt der Vorderrichter mit der Erwägung, daß durch die

Sonderzahlung auf die Steuer keine besondere Leistung des Vermieters wegen der durch sie entstehenden Unkosten abgegolten werde, sondern daß darin eine richtige Erhöhung des Raumentgelts liege. Ein Rechtsverstoß gegen Teil II Kap. III § 2 Nr. 1 der Vierten Notverordnung oder Art. 1 der Verordnung des Reichsjustizministers über die außerordentliche Mietkündigung vom 23. Dezember 1931 ist darin nicht zu erkennen.

Sodann hat der Berufungsrichter die Frage erörtert, ob die Nebenleistungen außer Ansatz gelassen werden können, obwohl zwar bis zur Ermäßigung dafür besondere Zahlungen zu leisten waren, nachher aber eine Festmiete gelten sollte, die alle Umlagen umfaßt. Er erwägt, daß der Bestimmung des § 2 Nr. 1 der Notverordnung entnommen werden könne, das Entgelt für Nebenleistungen solle nur dann außer Betracht bleiben, wenn die Trennung auch in der gesenkten Miete durchgeführt wäre. Dieser Auslegung stehe aber der wirtschaftliche Gedanke und der Wortlaut der Vorschrift entgegen. Nach dem wirtschaftlichen Gedanken der Notverordnung solle dem Mieter das Kündigungsrecht nicht zustehen, wenn das Raumentgelt entsprechend gesenkt worden sei. Die Vereinbarung der Bezahlung von Heizkosten und des Entgelts für andere Nebenleistungen werde ausgeschieden, da diese Zahlungen nur tatsächliche Auslagen des Vermieters deckten. Nach dem Wortlaut des § 2 Nr. 1 sei diese Nichtberücksichtigung der Zahlungen beschränkt auf den Fall, daß gesetzliche Miete gelte oder daß die Nebenkosten bei Vertragsmiete besonders berechnet würden. Der Fall, daß gesetzliche Miete gelte, könne aber nur bis zur Ermäßigung vorliegen, da die Ermäßigungsvereinbarung stets aus der gesetzlichen Miete eine Vertragsmiete mache. Es bestehe deshalb kein Anlaß zu der Annahme, daß es bei Vertragsmiete nicht genüge, wenn die Sonderberechnung für Nebenleistungen nur bis zur Ermäßigungsvereinbarung gegolten habe.

Diesen Ausführungen ist zuzustimmen. Entscheidend ist der Gesichtspunkt, daß der Ausschluß des Kündigungsrechts stets in gleichem Maße gerechtfertigt ist, wenn dem Mieter die ausreichende Ermäßigung zuteil geworden ist. Dieser Erfolg wird aber nicht dadurch beeinträchtigt, daß die Sonderbezahlung von Nebenleistungen zwar bis zur Ermäßigung galt, dann aber in einem einheitlich bezifferten Mietzins aufgegangen ist. Muß hiernach zur Prüfung der

Mietsenkung der frühere Mietzins ohne die Heizungskosten und sonstigen Nebenleistungen mit dem ermäßigten Zinse verglichen werden, so ist es, weil sonst das Maß der Senkung überhaupt nicht erkennbar wird, notwendig, mit dem Berufungsgericht aus dem neu vereinbarten Mietzins die auf dieselben Nebenleistungen entfallenden Beträge auszuscheiden.

Das Kammergericht hat dann tatsächlich festgestellt, daß die dem Mietzins bei der Vergleichung hinzuzurechnenden Steuerumlagen im Jahre 1931 zusammen 1375,80 RM., die nicht zu berücksichtigenden und deshalb von der neu vereinbarten Festmiete abzusetzenden Vergütungen für Nebenleistungen in derselben Zeit mindestens 1300 RM. betragen haben. Es errechnet daraus, daß die Mietsenkung für die Restzeit des Vertrages seit dem 1. April 1932 mehr als 20% betrage. Diese Feststellung greift die Revision nicht an. Der Berufungsrichter hat aber auch die Mietsenkung nachgeprüft, die gemäß dem Vergleiche für die Zeit vom 1. Oktober 1931 bis zum 31. März 1932 eingetreten ist, und kommt zu der Feststellung, daß sie ebenfalls 20% erreiche. Dabei hat er von der für diese Zeit vereinbarten Festmiete wegen der auszuscheidenden Umlagen (Heizungs- und Fahrstuhlkosten, Löhne) 1043,31 RM. abgezogen. Zu dieser Zahl ist er gelangt, indem er die Umlagen der Wintermonate 1930/1931 zugrunde gelegt hat. Dagegen wendet sich die Revision mit dem Einwande, es müsse von dem Jahresbetrag der Unkosten ausgegangen werden, da es sich um deren Verhältnis zur Jahresmiete handle. Demzufolge habe man nur 672,88 RM. abziehen dürfen, sodaß die Minderung unter 20% bleibe. Dieser Angriff richtet sich nur gegen eine tatsächliche Würdigung und ist deshalb unzulässig. Da also für die Zeit vom 1. Oktober 1931 bis zum 31. März 1932 ebenfalls eine Mietsenkung von 20% ohne Rechtsirrtum festgestellt ist, bedarf es keines Eingehens auf die Hilfserwägung des Berufungsgerichts, die dahin geht, daß die Kündigung auch dann nicht ausgeschlossen werde, wenn die Mietsenkung vor dem 1. April 1932 weniger als 20% betrage.

Das Berufungsgericht ist schließlich auf Art. 1 Abs. 3 der Verordnung vom 23. Dezember 1931 eingegangen, wonach eine Ermäßigung der Kündigung nicht entgegensteht, wenn sie lediglich mit Rücksicht auf § 49a des Mieterschutzgesetzes vereinbart worden ist. Es sieht diesen Tatbestand dann als erfüllt an, wenn den Vermieter nur die Rücksicht auf § 49a zur Bewilligung der Herabsetzung bewogen hat; die Beweislast dafür habe der Mieter. Demgegenüber meint die Revision, es komme nur auf die Gründe an, aus welchen der Mieter die Ermäßigung verlangt habe. Diese Auffassung trifft nicht zu. Keinesfalls können die Umstände, die den Vermieter zur Mietminderung bewogen haben, als unbeachtlich gelten; denn Abs. 3 a. a. O. setzt voraus, daß die Vereinbarung lediglich mit Rücksicht auf § 49a MSchG. erfolgt ist. Dieser Tatbestand liegt vor, wenn die Beteiligten, also auch der Vermieter, mit der Vereinbarung erkennbar keinen anderen Zweck verfolgt haben als die Beseitigung des bestehenden oder vermeintlichen Verstoßes gegen § 49a MSchG. Der Beweis, daß der Wuchereinwand für die Vereinbarung entscheidend gewesen sei, liegt dem Mieter ob. Der Berufungsrichter hat den Beweis nicht als geführt angesehen, nachdem er die Umstände des Falles erwogen hat. Diese Entscheidung liegt auf tatsächlichem Gebiet und kann vom Revisionsgericht nicht nachgeprüft werden.

---

41. 1. Kann in der bloßen Ankündigung der Erteilung eines Erbscheins von seiten des Nachlaßrichters eine beschwerdefähige Verfügung liegen?

2. Bedarf ein nach dem Tode des ersten Ehegatten eröffnetes und seinem Inhalt nach verkündetes gemeinschaftliches Testament der nochmaligen Eröffnung und Verkündung nach dem Tode des Überlebenden?

FGG. § 19. BGB. §§ 1944, 2260, 2273.

IV. Zivilsenat. Beschl. v. 14. Juli 1932 in der G.schen Nachlaßsache. IVB 12/32.

I. Amtsgericht Hildesheim.
II. Landgericht daselbst.

Der Sachverhalt ergibt sich aus den

Gründen:

Der Spediteur Louis G. und seine Ehefrau Minna geb. S. in H. errichteten am 12. April 1907 ein privatschriftliches gemeinschaftliches Testament, in dem sie sich gegenseitig zu Alleinerben einsetzten und bestimmten, daß nach ihrem beiderseitigen Ableben ihre beiden Söhne Louis und Otto sich in den Nachlaß gleichmäßig teilen sollten; an deren Stelle sollte für den Fall, daß sie vor den Eltern mit Hinterlassung von Nachkommen sterben würden, diese Nachkommenschaft treten. Nach dem Tode des Ehemannes G. wurde dieses Testament am 22. November 1907 eröffnet und seinem ganzen Inhalt nach verkündet. Der Sohn Louis starb im Mai 1925 ohne Nachkommen. Nachdem die Witwe G. am 19. Dezember 1928 gestorben war, ging am 31. Januar 1929 ein notariell beglaubigtes Schreiben des Otto G. von demselben Tage beim Nachlaßgericht ein, in dem er unter Hinweis auf das gemeinschaftliche Testament der Eltern die Erbschaft ausschlug. Auf die Mitteilung des Nachlaßgerichts, daß die Ausschlagung (einen Tag) nach Ablauf der Frist des § 1944 BGB. eingegangen sei, erwiderte er unter dem 25. Februar 1929 (eingegangen am 28. Februar) u. a., daß er die Annahme der Erbschaft und die Versäumung der Ausschlagungsfrist wegen Irrtums in der Berechnung der Frist auf Grund des § 1956 BGB. unter Wiederholung der Ausschlagung anfechte. Ferner beantragte er zu notariellem Protokoll vom 10. April 1929 unter Bezugnahme auf diese Erklärungen in seiner Eigenschaft als gesetzlicher Vertreter seiner drei minderjährigen Kinder, einen Erbschein dahin zu erteilen, daß diese Nacherben für die Erbschaft des Louis G. bezw. Erben der Witwe Minna G., und zwar zu je einem Drittel geworden seien. Der Antrag wurde vom Nachlaßgericht abgelehnt und die hiergegen erhobene Beschwerde vom Landgericht zurückgewiesen. Die Entscheidungen beider Gerichte beruhen auf der Erwägung, daß die Kinder durch ihren Vater von der Erbfolge ausgeschlossen seien, da dieser die Ausschlagung verspätet erklärt habe und die Anfechtung der Fristversäumung keinen Erfolg haben könne. Die weitere Beschwerde des Otto G. wurde vom Kammergericht aus dem Grunde zurückgewiesen, weil der Antrag vom 10. April 1929 der nötigen Bestimmtheit entbehre, auch auf die unzulässige Bescheinigung zweier Erbfolgefälle in ein und demselben Erbschein hinauslaufe.

Nunmehr beantragte Otto G. zu Protokoll des Nachlaßgerichts vom 23. Mai 1931, einen Erbschein nach der Witwe G., seiner Mutter, dahin zu erteilen, daß diese von ihm beerbt worden sei. Daraufhin legte der Nachlaßrichter an demselben Tage die Blattsammlung der Vormundschaftsabteilung zur Kenntnisnahme vor, wobei er seine

Ansicht dahin aussprach, daß zur Prüfung der Frage, ob Otto G. die Erbschaft wirksam ausgeschlagen habe, seinen Kindern ein Pfleger zu bestellen sei. Nachdem ein solcher bestellt worden war und unter dem 28. September 1931 der Erteilung des beantragten Erbscheins widersprochen hatte, fertigte der Nachlaßrichter zwar unter dem 5. November 1931 die Urschrift eines Erbscheins, wonach Otto G. laut Testament vom 12. April 1907 seine Mutter Minna G. beerbt habe, legte aber die Blattsammlung vor Ausfertigung des Erbscheins dem Vormundschaftsgericht zur Entscheidung darüber vor, ob im Interesse der Kinder der Erbschein mit der Beschwerde angefochten werden solle. Diese Beschwerde wurde vom Pfleger mit der Begründung eingelegt, daß Otto G. wirksam ausgeschlagen habe und demzufolge seine Kinder Erben nach Minna G. geworden seien. Das Landgericht wies die Beschwerde zurück. Die vom Pfleger eingelegte weitere Beschwerde ist vom Kammergericht dem Reichsgericht vorgelegt worden, und zwar mit folgender Begründung:

1. Eine beschwerdefähige Entscheidung des Nachlaßgerichts liege nicht vor. Der Beschwerde zugänglich seien nur solche Verfügungen, die eine auf die Herbeiführung eines Rechtserfolgs gerichtete Anordnung des Gerichts enthielten. Der bei der Verfügung der Herstellung eines Erbscheins in Betracht kommende Rechtserfolg sei die Erteilung einer Ausfertigung des Erbscheins an den darin bezeichneten Erben, damit dieser die Möglichkeit erhalte, davon den Gebrauch zu machen, den das Gesetz mit seinen Bestimmungen über den Erbschein bezwecke. Diesen Erfolg habe das Nachlaßgericht mit der Fertigung des Erbscheinsentwurfs bis auf weiteres aber gerade nicht herbeiführen wollen. Der von ihm entworfene Erbschein habe nicht alsbald in Ausfertigung zum bestimmungsmäßigen Gebrauch an den Erben hinausgehen, sondern so lange lediglich Entwurf bleiben sollen, bis seine Richtigkeit auch von den oberen Instanzen anerkannt worden wäre. Es handle sich hiernach um nichts weiter als um die Ankündigung einer vom Nachlaßgericht nur in Aussicht genommene Maßnahme, deren Durchführung von der Stellungnahme der höheren Instanzen und der Verantwortungsübernahme durch sie habe abhängig sein sollen. Eine derartige Ankündigung unterliege nicht der Anfechtung mit der Beschwerde. Da die Beschwerdeführer dadurch, daß das Landgericht die hiernach unzulässige Beschwerde aus sachlichen Gründen zurückgewiesen habe, nicht beschwert seien, wolle das

Kammergericht die weitere Beschwerde zurückweisen. Es sehe sich aber daran gehindert durch die Entscheidungen des Bayerischen Obersten Landesgerichts in Zivilsachen Bd. 10 S. 208, Bd. 18 S. 180 und Bd. 19 S. 211. Auch in den dort entschiedenen Fällen handle es sich um Beschwerden gegen die bloße Ankündigung in Aussicht genommener Maßnahmen. Das Oberste Landesgericht habe jedoch die Zulässigkeit der Beschwerden nicht in Zweifel gezogen. Angesichts dieses Sachverhalts sei der Fall des § 28 Abs. 2 FGG. gegeben.

2. Das Kammergericht könne auch die Frage der Zulässigkeit der Beschwerde nicht dahingestellt lassen, da es bei sachlicher Prüfung zu einer Rechtsauffassung gelangen würde, die mit einer Entscheidung des Reichsgerichts nicht übereinstimme, also auch für den Fall der Zulässigkeit der Beschwerde die Sache dem Reichsgericht zur Entscheidung vorlegen müsse. Durch das gemeinschaftliche Testament sei Otto G., nachdem die Witwe G. Alleinerbin nach ihrem vorverstorbenen Ehemann geworden und der Sohn Louis G. vor ihr ohne Nachkommen verstorben sei, als alleiniger Erbe seiner Mutter berufen. Sein Antrag, ihm einen entsprechenden Erbschein zu erteilen, hänge also davon ab, ob er die Erbschaft nach seiner Mutter wirksam ausgeschlagen habe. Die sechswöchige Ausschlagungsfrist des § 1944 BGB. sei um einen Tag überschritten. Daß Otto G. schon vor dem Tode der Erblasserin vom wesentlichen Inhalt des Testamentes, also vom Grunde seiner Berufung Kenntnis erlangt, auch den Tod seiner Mutter alsbald erfahren habe, sei vom Landgericht mit bindender Wirkung für das Gericht der weiteren Beschwerde festgestellt worden. Nach der angegebenen Vorschrift beginne die Frist nicht vor der Verkündung des Testaments. Gleichwohl sei die Frist vom Todestage der Witwe G. an zu berechnen; denn das Testament sei bereits vor ihrem Tode, nämlich am 22. November 1907 eröffnet und seinem ganzen Inhalte nach verkündet worden, weil eine Sonderung der beiderseitigen Verfügungen der Ehegatten nicht möglich gewesen sei. Daraus folge, daß das Testament auch bezüglich der von der Ehefrau getroffenen Verfügungen bereits am 22. November 1907 wirksam verkündet worden sei. Da hiernach die Ausschlagungsfrist vom Todestage der Witwe G., d. h. vom 19. Dezember 1928 an zu berechnen sei, so sei sie mit dem 30. Januar 1929 abgelaufen, sodaß die am 31. Januar beim Nachlaßgericht eingegangene Ausschlagungserklärung des Otto G. verspätet sei. (Es wird weiter ausgeführt, daß das Kammergericht

bei Beurteilung der Anfechtung der Versäumung der Ausschlagungsfrist von seiten des Otto G. von der Entscheidung in RGZ. Bd. 58 S. 81 abweichen wolle.)

Die Voraussetzungen, unter denen nach § 28 Abs. 2 FGG. das Reichsgericht zu entscheiden hat, sind gegeben. Der beschließende Senat erachtet aber, abweichend von der Ansicht des Kammergerichts, die Beschwerde für zulässig und die weitere Beschwerde unter anderen als den von diesem vertretenen Gesichtspunkten für begründet.

Zu 1. Die Anfechtbarkeit der Verfügung des Nachlaßgerichts vom 5. November 1931 ist in Übereinstimmung mit den angeführten Beschlüssen des Bayerischen Obersten Landesgerichts zu bejahen. Im allgemeinen wird man allerdings demjenigen, dessen vermeintliche Erbrechte durch die Erteilung eines Erbscheins an einen anderen verletzt werden, ein Beschwerderecht erst dann zuzugestehen haben, wenn der Erbschein erteilt oder wenigstens seine Erteilung angeordnet worden ist. Diese Voraussetzung ist hier nicht gegeben. Das Kammergericht übersieht aber folgendes. In der Verfügung des Nachlaßgerichts, die mit dessen offensichtlichem Einverständnis vom Vormundschaftsgericht dem Pfleger der Kinder des Otto G. mitgeteilt wurde, liegt zugleich die Eröffnung, daß das Nachlaßgericht die Kinder nicht als Erben ansehe und einem etwaigen Antrage des Pflegers, einen Erbschein für die Kinder zu erteilen, keine Folge geben werde. Es entspricht der herrschenden Ansicht, daß auch die Mitteilung einer Rechtsansicht von seiten des Gerichts in einer bestimmten Angelegenheit ein Beschwerderecht begründet, sofern an diese Mitteilung die Eröffnung geknüpft wird, daß das Gericht die auf einer abweichenden Rechtsauffassung beruhenden, bereits angekündigten Anträge ablehnen werde (vgl. Schlegelberger Komm. z. FGG. Anm. 5 Abs. 2 zu § 19 und Nachweise). So liegt der Fall im wesentlichen hier. Daß das Gericht mit dem Antrage des Pflegers, einen Erbschein für die Kinder zu erteilen, rechnen mußte, ergibt sich ohne weiteres aus dessen Eingabe vom 28. September 1931, worin er der Erteilung eines Erbscheins an Otto G. mit der ausdrücklichen Begründung widersprochen hatte, daß die Kinder Erben seien.

Diese Beurteilung entspricht auch den praktischen Bedürfnissen. Ist der Erbschein erst einmal erteilt, so kann durch Verfügungen des durch ihn als Erben Ausgewiesenen beträchtlicher Schaden verursacht werden, bis der andere Teil die Wiedereinziehung des Erbscheins erreicht hat. Übrigens würde auch vom Standpunkt des Kammergerichts aus die Beschwerde gegeben sein, wenn der Nachlaßrichter noch die Ausfertigung und Absendung des Erbscheins verfügt hätte. Wenn er von dieser Verfügung alsbald dem Pfleger Kenntnis gegeben und dieser noch vor der Absendung des Erbscheins an Otto G. Beschwerde eingelegt hätte, so wäre der Nachlaßrichter nach § 24 Abs. 2 FGG. in der Lage gewesen, die Zurückbehaltung und gerichtliche Verwahrung des Erbscheins anzuordnen (vgl. Schlegelberger a. a. O. Anm. 7 Nr. 1 zu § 24 FGG.). Es läßt sich sachlich nicht rechtfertigen, die Beschwerde bloß deswegen nicht zuzulassen, weil der Nachlaßrichter von der Anordnung einer Aushändigung des Erbscheins schon nach dessen Entwurf abgesehen hat. Das Ergebnis wäre schließlich wenig befriedigend, wenn man das Beschwerdeverfahren, zu dem der Pfleger vom Gericht selbst veranlaßt worden ist, als unzulässig ansehen wollte, nachdem es in die letzte Instanz gelangt ist und Kosten verursacht hat.

Zu 2. Zutreffend geht das Kammergericht davon aus, daß durch das gemeinschaftliche Testament vom 12. April 1907 Otto G., nachdem seine Mutter Alleinerbin des verstorbenen Ehemannes geworden und sein Bruder Louis G. vor ihr ohne Nachkommen verstorben war, zum alleinigen Erben seiner Mutter berufen ist. Sein Antrag, ihm einen Erbschein zu erteilen, der ihn als alleinigen Erben seiner verstorbenen Mutter ausweist, wäre also begründet, sofern nicht seine am 31. Januar 1929 beim Nachlaßgericht eingegangene Ausschlagung der Erbschaft wirksam ist.

Nach § 1944 BGB. beginnt die sechswöchige Ausschlagungsfrist mit dem Zeitpunkt, in dem der Erbe vom Anfall und vom Grunde der Berufung Kenntnis erlangt hat. Nach den Feststellungen des Landgerichts hatte Otto G. diese Kenntnis bereits beim Tode seiner Mutter am 19. Dezember 1928 erlangt. Hätte die Ausschlagungsfrist an diesem Tage begonnen, so wäre sie in der Tat um einen Tag überschritten. Nun bestimmt aber § 1944 in Abs. 2 Satz 2, daß die Frist, wenn der Erbe durch Verfügung von Todes wegen berufen ist, nicht vor der Verkündung der Verfügung beginne. Das gemeinschaftliche Testament ist nach dem Tode der Witwe G. nicht verkündet worden. Das Kammergericht ist der Ansicht, daß dieser Umstand auf den Fristbeginn keinen Einfluß habe, weil das Testament bereits nach dem Tode des erstverstorbenen Ehemannes seinem vollen Inhalte nach verkündet worden sei. Es hält jene Testamentsverkündung um deswillen für wirksam, weil nach § 2273 BGB. bei der Eröffnung eines gemeinschaftlichen Testaments die Verkündung auch auf die Verfügungen des überlebenden Ehegatten zu erstrecken sei, soweit sie sich nicht von denen des Verstorbenen sondern lassen, und weil im vorliegenden Falle eine solche Sonderung der beiderseitigen Verfügungen nicht möglich gewesen sei. In der Beurteilung der Trennbarkeit der beiderseitigen Verfügungen will es von seiner früheren Rechtsprechung abgehen, die — übrigens in Übereinstimmung mit dem Bayerischen Obersten Landesgericht — die Vorschrift des § 2273 Satz 1 auf solche gemeinschaftlichen Verfügungen für anwendbar ansah, die nur für den Fall des früheren Todes des überlebenden Ehegatten, also von jedem Ehegatten nur für den Fall seines Überlebens getroffen sind und sonach mit dem Tode des Erstversterbenden bezüglich seiner Person gegenstandslos werden (KGJ. Bd. 24 S. 183, Bd. 31 S. 365, Bd. 34 S. 102, Bd. 35 S. 103/109; Bayer. ObLG. in RJA. Bd. 1 S. 45). Vom Standpunkt dieser Rechtsprechung aus würde es sich fragen, ob nicht im vorliegenden Falle die gemeinschaftliche Verfügung der Ehegatten, daß die beiden Söhne nach dem Tode des letztversterbenden Ehegatten berufen sein sollten, von der Verkündung auszunehmen und demzufolge erst nach dem Tode der Ehefrau zu verkünden gewesen wäre. Ob der früheren oder der jetzigen Rechtsauffassung des Kammergerichts der Vorzug zu geben ist, bedarf indes hier nicht der Entscheidung. Auch wenn man annimmt, daß die beiderseitigen Verfügungen der Eheleute G. sich nicht sondern lassen und daß deshalb das Nachlaßgericht im Jahre 1907 die Verkündung mit Recht auf den Gesamtinhalt des Testaments ausgedehnt hat, kann doch der Ansicht des Kammergerichts nicht beigetreten werden, daß eine nochmalige Testamentseröffnung und Verkündung hinsichtlich der Verfügungen der Ehefrau G. nach deren Tode nicht erforderlich gewesen sei.

Die Frage, ob in solchen Fällen das bereits seinem ganzen Inhalt nach verkündete Testament nach dem Tode des überlebenden Ehegatten wegen der von diesem getroffenen Verfügungen nochmals zu eröffnen und zu verkünden sei, ist in Rechtsprechung und Schrifttum streitig. Sie wird bejaht von Strohal (Erbrecht § 48 Anm. 22), Leonhard (Anm. 4 zu § 2273 BGB.), Staudinger-Herzfelder (Anm. II zu § 2273 BGB.), Kipp (Erbrecht § 29 a. E.), Kretzschmar

(Erbrecht § 48 Nr. 65), Neumann (Sächs. Archiv Bd. 7 S. 292), Mantey (Zeitschr. des DNotV. Bd. 17 S. 429), von den Oberlandesgerichten München (Seuff. Bl. f. Rechtsanwendung Bd. 72 S. 1000), Darmstadt (Hess. Rspr. 1928 S. 22) und in der Hessischen Justizministerial-Verfügung vom 10. Januar 1918 unter 9 (MABl. Nr. 1), verneint von Dernburg (Erbrecht § 89 a. E.), Endemann (Erbrecht § 63 a. E.), Planck (Anm. 5 zu § 2273 BGB.), Paul Meyer (Gemeinschaftliches Testament S. 363), vom Kammergericht (KGJ. Bd. 24 S. B 58, Bd. 53 S. 85, OLG. Bd. 13 S. 278) sowie von den Oberlandesgerichten Hamburg (RJA. Bd. 1 S. 185 = OLG. Bd. 2 S. 63), Rostock (SeuffArch. Bd. 78 Nr. 194), Dresden (Jahrb. f. FG. Bd. 2 S. 160) und Kiel (OLG. Bd. 21 S. 336). Einen vermittelnden Standpunkt nimmt der Kommentar von Reichsgerichtsräten (Anm. 3 zu § 2273) ein, der eine nochmalige Verkündung nur dann für erforderlich hält, wenn beim zweiten Erbfall andere Beteiligte, insbesondere gesetzliche Erben des Überlebenden in Betracht kommen.

Die Streitfrage ist im bejahenden Sinne zu entscheiden. Es herrscht Einigkeit darüber, daß die allgemeinen Vorschriften über die Eröffnung und Verkündung von Testamenten (§§ 2260 flg. BGB.) auch für gemeinschaftliche Testamente gelten, soweit nicht § 2273 etwas anderes bestimmt. Auszugehen ist daher von der allgemeinen Vorschrift des § 2260, wonach eine Testamentseröffnung den Tod des Erblassers voraussetzt. Daraus ergibt sich, daß sich grundsätzlich die nach dem Tode des einen Ehegatten vorzunehmende Eröffnung und Verkündung eines gemeinschaftlichen Testaments nicht auf die Verfügungen des Überlebenden zu erstrecken hat, daß dessen Verfügungen vielmehr erst nach seinem Tode zu verkünden sind. Haben nun die Ehegatten die beiderseitigen Verfügungen so gefaßt, daß sie sich voneinander nicht sondern lassen, so ist eine Verkündung der Verfügungen des Erstverstorbenen ohne gleichzeitige Verkündung der Verfügungen des Überlebenden nicht ausführbar. Mit Rücksicht darauf, daß dies vielfach der Fall sein wird, hätte der Gesetzgeber für gemeinschaftliche Testamente eine einmalige Eröffnung und Verkündung nach dem ersten Todesfall vorschreiben können, wie sie beispielsweise das Preußische Allgemeine Landrecht als Regelfall vorsah (vgl. Dernburg Preuß. Privatrecht Bd. 3 § 215 Anm. 8). Eine solche Vorschrift ist indessen im § 2273 nicht enthalten. Wenn Satz 1 bestimmt, daß die Verfügungen des Überlebenden, soweit sie sich sondern lassen, weder zu verkünden noch sonst zur Kenntnis der Beteiligten zu bringen sind, so ist damit positiv nur das bestätigt, was eigentlich schon aus der allgemeinen Vorschrift des § 2260 folgt, daß nämlich grundsätzlich die Eröffnung und Verkündung auf die Verfügungen des verstorbenen Ehegatten zu beschränken ist und daß die untrennbaren Verfügungen des Überlebenden nur deshalb mit zu verkünden sind, um die Verkündung der Verfügungen des erstverstorbenen Ehegatten zu ermöglichen. Daraus folgt, daß die Mitverkündung, auch wenn sie sich wegen völliger Untrennbarkeit der beiderseitigen Verfügungen auf die des überlebenden Teils in ihrem vollen Umfange erstreckt, hinsichtlich der letzteren keine Verkündung im Sinne des § 2260 BGB. ist, sondern daß sie insoweit nur die Bedeutung eines tatsächlichen Vorgangs hat, mit dem die Rechtsfolgen der Eröffnung und Verkündung nicht verbunden sein können. Das führt zu dem Ergebnis, daß nach dem Tode des überlebenden Ehegatten eine nochmalige Eröffnung und Verkündung vorzunehmen ist, auch wenn bei der ersten Eröffnung der ganze Testamentsinhalt bekannt gegeben wurde.

Dem entsprechen auch die Vorschriften im 2. und 3. Satze des § 2273 BGB. Sie ordnen ohne Ausnahme an, daß von den Verfügungen des verstorbenen Ehegatten eine beglaubigte Abschrift für die Testamentsakten anzufertigen, das Testament selbst aber wieder zu verschließen und in die besondere amtliche Verwahrung zurückzubringen ist. Mit keinem Wort ist angedeutet, daß etwa diese Maßnahmen unterbleiben sollen, falls der gesamte Testamentsinhalt wegen Untrennbarkeit der beiderseitigen Verfügungen verkündet werden muß, und auch aus dem Zusammenhang mit dem ersten Satze läßt sich derartiges nicht folgern. Die hiernach bestimmt angeordnete weitere amtliche Verwahrung der Urschrift des Testaments kann aber nur auf eine nochmalige Eröffnung und Verkündung nach dem Tode des überlebenden Ehegatten abzielen, die somit in jedem Falle vorzunehmen ist.

Die gegenteilige Ansicht, die damit begründet wird, daß eine nochmalige Eröffnung und Verkündung im gedachten Falle zwecklos sei und auf eine leere Förmlichkeit hinauslaufe, beruht auf einer Verkennung des Wesens der Testamentseröffnung. Diese ist — wie im römischen Recht (vgl. Endemann a. a. O. § 69 Anm. 49) — nicht lediglich Ausfluß der Rechte der Beteiligten, sondern eine von Amts wegen vorzunehmende gerichtliche Handlung, die auch dem öffentlichen Interesse dient. Dernburg (Erbrecht § 38 Anm. 4) weist mit Recht auf die Möglichkeit hin, daß das Nachlaßgericht auf Grund der testamentarischen Anordnungen Verfügungen von Amts wegen zu treffen hat, z. B. Einholung der staatlichen Genehmigung einer letztwillig errichteten Stiftung (§ 83 BGB.), Ernennung eines Testamentsvollstreckers (§ 2200 BGB.). Auch der Wahrung der Rechte der Steuerbehörden dient die Testamentseröffnung (§ 27 Abs. 2 Erbschaftssteuergesetz in der Fassung vom 22. August 1925/25. Juni 1931; § 16 AusfBest. dazu vom 13. Juli 1926). Es kann daher nicht entscheidend darauf ankommen, ob die zweite Testamentseröffnung im einzelnen Falle den Beteiligten Vorteile bringt oder nicht. Selbst wenn man aber die Belange der Beteiligten in den Vordergrund stellen wollte, so wird doch jedenfalls regelmäßig die nochmalige Testamentseröffnung und Verkündung nicht zwecklos sein. Es wird häufig vorkommen, daß beim zweiten Erbfall andere Beteiligte in Frage kommen. Wenn der Kommentar von Reichsgerichtsräten a. a. O. die nochmalige Eröffnung und Verkündung nur dann für erforderlich ansieht, wenn diese Voraussetzung gegeben ist, so ist dabei, von den dargelegten grundsätzlichen Bedenken abgesehen, folgendes außer acht gelassen. Nach § 2260 Abs. 1 BGB. ist der Eröffnungstermin zu bestimmen, sobald das Nachlaßgericht vom Tode des Erblassers Kenntnis erlangt. Die gesetzlichen Erben und die sonstigen Beteiligten sollen soweit tunlich geladen werden, woraus erhellt, daß das Gesetz weitläufige Ermittlungen der Beteiligten im Interesse der Beschleunigung vermieden wissen will. Das Nachlaßgericht wird also in den seltensten Fällen nach Eintritt des zweiten Todesfalls beurteilen können, ob andere Beteiligte in Betracht kommen. Auch das läßt eine nochmalige Eröffnung und Verkündung erforderlich erscheinen.

Daß die vom Landgericht festgestellte Kenntnis des Otto G. vom Testamentsinhalt die nochmalige Eröffnung und Verkündung nicht überflüssig machte, bedarf nach dem Gesagten keiner weiteren Darlegung. Das gleiche gilt von der Tatsache, daß das Nachlaßgericht nach der aus Anlaß des Todes des Ehemanns G. vorgenommenen Testamentseröffnung das Testament nicht wieder zur amtlichen Verwahrung zurückgebracht hat und so die Beteiligten die Möglichkeit hatten, vom Testamentsinhalt Kenntnis zu nehmen.

Da das gemeinschaftliche Testament vom 12. April 1907 nach dem Tode der Ehefrau G. bisher nicht verkündet worden ist, hat hiernach der Lauf der Ausschlagungsfrist für Otto G. nach § 1944 Abs. 2 Satz 2 BGB. noch nicht begonnen. Seine Ausschlagung war also rechtzeitig. Auch sonstige Bedenken sind gegen deren Wirksamkeit nicht zu erheben. Ist die Ausschlagungsfrist nicht versäumt, so ist die Anfechtung der vermeintlichen Versäumung gegenstandslos.

Da hiernach der Antrag des Otto G. auf Erteilung eines Erbscheins nach seiner Mutter nicht gerechtfertigt ist, so erweist sich die Beschwerde des Pflegers seiner Kinder als begründet. Der weiteren Beschwerde war mithin stattzugeben.

---

42. Setzt die Anschließung an die Berufung das Vorhandensein der Berufungssumme voraus?

ZPO. §§ 522, 522a.

II. Zivilsenat. Beschl. v. 16. September 1932 i. S. B. Versicherungs-Aktiengesellschaft (Bekl.) w. A. (Kl.). II B 18/32.

I. Landgericht Köln.
II. Oberlandesgericht daselbst.

Die Frage wurde verneint aus folgenden

Gründen:

Durch den angefochtenen Beschluß ist die von der Beklagten gegen das Urteil des Landgerichts vom 31. Mai 1932 eingelegte Anschlußberufung als unzulässig verworfen worden mit der Begründung, die Anschlußberufung sei, weil innerhalb der Berufungsfrist eingelegt, als selbständige anzusehen, als solche aber nur zulässig, wenn der Wert des Beschwerdegegenstandes die Berufungssumme übersteige, was hier nicht der Fall sei. Die sofortige Beschwerde der Beklagten ist zulässig und begründet.

Nach § 522a Abs. 3 ZPO. finden auf die Anschlußberufung die Vorschriften des § 518 Abs. 2, 4, des § 519 Abs. 3, 5 und der §§ 519a, 519b das. entsprechende Anwendung. Dagegen ist die Anwendbarkeit des § 511a ZPO. hier nicht vorgeschrieben, d. h. die Anschlußberufung ist grundsätzlich ohne Rücksicht auf den Wert des Beschwerdegegenstandes zulässig. Dabei macht es keinen Unterschied, ob die Anschließung innerhalb der Berufungsfrist oder nach ihrem Ablauf erfolgt ist. Ist die Hauptberufung zulässig, was hier der Vorderrichter ausdrücklich bejaht, so ist auch die Anschlußberufung stets zulässig, wenn den obenbezeichneten, in § 522a Abs. 3 ZPO. aufgeführten Vorschriften genügt ist.

Der § 522 Abs. 2 ZPO., von dem der angefochtene Beschluß ausgeht, ist dagegen hier ohne Bedeutung. Seine Vorschrift kommt sinngemäß erst dann zur Anwendung, wenn die in § 522 Abs. 1 genannte Voraussetzung gegeben, d. h. die Berufung zurückgenommen oder als unzulässig verworfen worden ist. Erst dann erhebt sich die Frage, ob die Anschlußberufung innerhalb der Berufungsfrist eingelegt wurde und ob sie die anderen Voraussetzungen einer zulässigen Berufung erfüllt, also auch, ob die Berufungssumme erreicht ist. Etwas anderes spricht auch das vom Oberlandesgericht angeführte Urteil RGZ. Bd. 65 S. 78 nicht aus, als daß nach Rücknahme der Revision, wie in dem dort zur Entscheidung stehenden Falle, die Wirksamkeit der Anschlußrevision durch das Vorhandensein der Revisionssumme bedingt werde. Im vorliegenden Falle läuft aber die vom Kläger eingelegte Berufung noch, sodaß sich jede Erwägung darüber erübrigt, unter welchen Voraussetzungen die Anschlußberufung der Beklagten als selbständige Berufung wirksam sein würde.

Die Auffassung des Oberlandesgerichts würde zu dem Ergebnis führen, daß, solange die Berufung weder zurückgenommen noch als unzulässig verworfen wird, die nach Ablauf der Berufungsfrist eingelegte Anschlußberufung ohne Rücksicht auf ihren Beschwerdegegenstand zulässig, dagegen eine innerhalb der Berufungsfrist erklärte Anschließung dann unzulässig wäre, wenn der Beschwerdegegenstand der Anschlußberufung die Berufungssumme nicht erreichte. Daß ein derartig unterschiedliches Ergebnis im höchsten Maße unbillig wäre und der Absicht des Gesetzes zuwiderliefe, liegt auf der Hand.

Das Fehlen eines entsprechenden Wertes des Beschwerdegegenstandes kann deshalb hier die Zulässigkeit der Anschlußberufung nicht beeinträchtigen.

43. Ist, wenn das durch Bergbau beschädigte Gebäude von einem Pächter des Grundstücks errichtet war, die Ersatzpflicht des Bergwerksbesitzers auch dann ausgeschlossen, wenn nur der Grundstückseigentümer die dem Gebäude von dem Bergbau drohende Gefahr zur Zeit der Errichtung kannte oder kennen mußte?

Preuß. Allgem. Berggesetz vom 24. Juni 1865 (GS. S. 705) — ABG. — § 150.

V. Zivilsenat. Urt. v. 17. September 1932 i. S. Gesellschaft mbH. zur Verwertung von Grundbesitz usw. (Kl.) u. Sch. GmbH. (Nebenintervenientin) w. Gewerkschaft Z. V. M. (Bekl.). V 143/32.

I. Landgericht Essen.
II. Oberlandesgericht Hamm.

Die Klägerin, eine Gesellschaft von Mitgliedern der Familie v. W. zum Zwecke der Verwertung von Familiengrundbesitz, klagt, und zwar sowohl aus eigenem Recht als Grundstückseigentümerin wie erforderlichenfalls als Zessionarin der Ansprüche ihrer Pächterin, der Aktiengesellschaft U. in B., und deren Unterpächterin, der Nebenintervenientin, auf Ersatz von Schaden, der ihren Grundstücken durch Bergbau der Beklagten zugefügt worden sei. Es handelt sich um Grundstücke, auf denen in den Jahren 1912/13 das von der Nebenintervenientin betriebene Lichtspielhaus Sch. errichtet worden ist. Nachdem im Laufe des ersten Rechtsgangs das Eigentum an diesen Grundstücken unter Abtretung der Klaganspruche auf die Nebenintervenientin übergegangen war, hatten die Klägerin und die Nebenintervenientin schließlich beantragt, die Beklagte zu verurteilen, an die Nebenintervenientin den auf Grund von Gutachten in Goldmark festzusetzenden Betrag des Schadens zu zahlen, der an jenen Grundstücken nebst den darauf stehenden Gebäulichkeiten durch den Bergbaubetrieb der Beklaglen entstanden sei. Als Teil dieses Schadens hatten sie 7650 GM. nebst Zinsen gefordert; dieser Betrag stellte Kosten dar, welche durch Ausbesserung von Gebäudeschäden erwachsen waren. Unter Abweisung der Klage im übrigen hat das Landgericht die Beklagte zur Zahlung von 6794 GM. nebst Zinsen an die Nebenintervenientin verurteilt. Nur die Beklagte hat hiergegen Berufung eingelegt mit dem Erfolge, daß das Oberlandesgericht die Klage völlig abgewiesen hat. Die von der Klägerin und der Nebenintervenientin eingelegte Revision wurde zurückgewiesen.

Aus den Gründen:

Nach § 150 Abs. 1 ABG. entfällt die an sich nach § 148 das. begründete Schadensersatzpflicht des Bergwerksbesitzers für den Schaden, welcher an Gebäuden oder anderen Anlagen durch den Betrieb des Bergwerks entsteht, wenn solche Anlagen zu einer Zeit errichtet worden sind, wo die ihnen durch den Bergbau drohende Gefahr dem Grundbesitzer bei Anwendung gewöhnlicher Aufmerksamkeit nicht unbekannt bleiben konnte. Gegen vermeintlich rechtsirrige Anwendung dieser Bestimmung richtet sich der erste und vornehmlichste Angriff der Revision. Es wird gerügt, daß das Berufungsgericht bei Prüfung des aus § 150 Abs. 1 ABG. hergeleiteten Einwandes der Beklagten nicht auf die Kenntnis oder das Kennenmüssen des Grundstückspächters abgestellt hat, sondern gegen den erhobenen Schadensersatzanspruch, auch soweit er auf das Recht des Pächters begründet war, die Kenntnis oder das Kennenmüssen des Grundeigentümers in Ansehung der den Gebäuden oder anderen Grundstücksanlagen durch den Bergbau drohenden Gefahr hat entscheiden lassen, obwohl der Grundstückseigentümer (die Klägerin) nicht der Erbauer des beschädigten Gebäudes gewesen war. Das Berufungsgericht hat nicht übersehen, daß in einem dem vorliegenden sich nähernden Falle der erkennende Senat dem Erwerber des Grundstücks die Kenntnis seines Rechtsvorgängers von der Bergschadensgefahr nicht angerechnet hat, obwohl der Erwerber als Käufer zu einer Zeit gebaut hatte, als ihm noch nicht aufgelassen war und das Grundstück sich demnach noch im Eigentum des die Gefahr kennenden Verkäufers befand (Urt. vom 5. Januar 1898 V 198/97, abgedr. in der Zeitschr. f. Bergrecht Bd. 39 S. 221). Jenes Erkenntnis steht aber nach der Meinung des Berufungsrichters einer abweichenden Beurteilung des hier gegebenen Sachverhalts nicht entgegen, weil vorliegendenfalls nach dem Inhalt der geschlossenen Pachtverträge das von der Pächterin zu errichtende Gebäude Eigentum der Verpächterin werden und dieser auch bei Beendigung des Pachtverhältnisses ohne Entschädigung verbleiben sollte, wenngleich der Pächterin für die Dauer der Pacht ein Ankaufsrecht zu bestimmtem Preise eingeräumt war. Daraus, daß hiernach die Klägerin, obschon sie nicht selbst baute, doch Eigentümerin des auf ihrem Grund und Boden und mit ihrer Genehmigung von der Pächterin errichteten Gebäudes wurde, wird gefolgert, daß es für die nach § 150 Abs. 1 ABG. die Entstehung des Bergschadensanspruchs hindernde Kenntnis oder verschuldete Unkenntnis von der Bergbaugefahr auf die Gutgläubigkeit der Klägerin als Grundstückseigentümerin ankomme. In der gleichen Richtung hat aber der Berufungsrichter ferner als der Vorschrift des § 150 Abs. 1 zugrundeliegend den Gesichtspunkt des mitwirkenden Verschuldens verwertet, indem es in dieser Beziehung keinen Unterschied machen könne, ob der Grundstückseigentümer das in sein Eigentum tretende Haus selbst gebaut, ob er sich dazu eines Bauleiters bedient oder ob er einem Dritten die Genehmigung gegeben habe, auf seinem Grund und Boden das Haus zu errichten.

Den Gründen, womit die Revision diese Stellungnahme des Berufungsgerichts als rechtsirrtümlich nachzuweisen sucht, fehlt überzeugende Kraft. In den Fällen eines Eigentumswechsels ist die Vorschrift des § 150 Abs. 1 ABG. durch die Rechtsprechung des Reichsgerichts dahin ausgelegt worden, daß zwar der Rechtsnachfolger, während dessen Besitzzeit der Schade eintrat, sich, wenn schon der Vorgänger gebaut hatte, dessen Kenntnis oder verschuldete Unkenntnis von der Bergbaugefahr entgegenhalten lassen müsse, daß ihm dagegen, wenn er erst selbst in unverschuldeter Unkenntnis gebaut hatte, die Kenntnis seines Rechtsvorgängers nicht schaden dürfe (so besonders RGZ. Bd. 34 S. 268; JW. 1896 S. 309 Nr. 49). Ein Eigentumswechsel hatte im vorliegenden Falle jedenfalls bis zum Eintritt der Schäden, für die mit der Klage Ersatz gefordert wurde, nicht stattgefunden. Die Revision will jedoch die Beachtung der Kenntnis oder verschuldeten Unkenntnis des Grundeigentümers (Klägerin) ebenso ausgeschlossen wissen, wie wenn Schäden an den von der Pächterin errichteten Gebäuden erst während der Besitzzeit eines gutgläubigen Rechtsnachfolgers eingetreten wären. Sie versucht dies mit der bergrechtlichen Rechtsstellung des Pächters zu begründen, der als Nutzungsberechtigter sowohl zu den Grundbesitzern im Sinne der §§ 135, 150 ABG. wie zu den Schadensersatzberechtigten nach §§ 148, 150 das. gehöre. Hierbei wird jedoch übersehen, daß, wenn auch der Pächter zu den Grundbesitzern zählen kann, deren Kenntnis oder verschuldete Unkenntnis von der Bergbaugefahr seinem Ersatzanspruch wegen Beschädigung der von ihm errichteten Gebäude entgegensteht, dadurch doch nicht ausgeschlossen wird, daß neben seinem Wissen oder Nichtwissen auch das des verpachtenden Eigentümers in Betracht kommt. Wie die Rechtsprechung schon in Fällen des Eigentumswechsels anerkannt hat, ist dem § 150 Abs. 1 keine Regelung dahin zu entnehmen, daß immer nur die Kenntnis oder verschuldete Unkenntnis des im Einzelfalle jeweils an sich Ersatzberechtigten von Einfluß sein könne. Daß die Kenntnis oder verschuldete Unkenntnis des Grundeigentümers auch dann zu berücksichtigen ist, wenn der bauende Pächter selbst im Sinne des § 150 Abs. 1 ABG. gutgläubig war, wird vielmehr, wie das Berufungsgericht zutreffend ausgeführt hat, durch den Grundgedanken und Zweck dieser Vorschrift gefordert. Schon in RGZ. Bd. 34 S. 268 ist dargelegt, daß, wie auf der Passivseite nach § 148 ABG. die Haftung unabhängig sei von der Person dessen, der den Schaden verursacht habe, so auch im § 150 das. dem Bergwerkseigentum gewissermaßen das beschädigte Grundstück persönlich gegenübergestellt, die ganze Reihe der Grundbesitzer als eine Person behandelt werde. Zu Gunsten dieser Auffassung wird schon dort (S. 271) auf den ganzen Charakter des Rechtsinstituts und seinen Zweck hingewiesen, indem der Bergwerksbesitzer nicht der Willkür des Grundbesitzers habe preisgegeben werden sollen, wie es der Fall sein würde, wenn sich der schuldhaft Bauende durch Veräußerung des Grundstücks dem Einwand aus § 150 entziehen könnte. Dieser Grundsatz der sachlichen Gegenüberstellung von Bergwerkseigentum und beschädigtem Grundstück ist zwar im Hinblick auf die subjektiven Erfordernisse des Einwands aus § 150 Abs. 1 ABG. zu Gunsten des gutgläubigen Rechtsnachfolgers, der seinerseits erst baute, durchbrochen. Dennoch nötigt nichts dazu, die Kenntnis oder verschuldete Unkenntnis des Grundstückseigentümers auch dort als unbeachtlich auszuschalten, wo der Bauende nicht ein Rechtsnachfolger im Eigentum, sondern bloß ein Pächter ist, der neben dem nicht geschützten Eigentümer steht und zu einer Zeit baut, wo das im Sinne der §§ 148, 150 Abs. 1 ABG. nicht geschützte Eigentum als Grundlage seiner Baubefugnis noch fortbesteht. Wie der Eigentümer, der im Sinne des § 150 Abs. 1 schuldhaft gebaut hat, dem Bergwerksbesitzer den aus dieser Vorschrift herzuleitenden Einwand nicht durch Veräußerung des Grundstücks nehmen kann, so darf diesem der Schutz der Vorschrift auch nicht dadurch entzogen werden, daß während der Fortdauer des Eigentums in der Hand des nicht geschützten Eigentümers an dessen Stelle ein gutgläubiger Pächter baut. Beides würde in gleichem Maße dem mit den Vorschriften des

§ 150 ABG. verfolgten Zweck eines gerechten Ausgleichs der widerstreitenden Belange des Grundstückseigentümers und des Bergwerkseigentümers zuwiderlaufen und eine Umgehung der Absichten des Gesetzes fördern. Allerdings hat in der schon erwähnten Entscheidung vom 5. Januar 1898 der erkennende Senat den bauenden Käufer des Grundstücks trotz des zur Zeit des Baues noch fortbestehenden Eigentums eines die Bergbaugefahr kennenden Verkäufers geschützt. Ob an dieser von Westhoff (Bergbau und Grundbesitz Bd. 1 S. 359) bekämpften Entscheidung festzuhalten sein möchte, kann indessen hier dahingestellt bleiben, denn die Sachlage ist bei dem bauenden Käufer als werdendem Eigentümer eine wesentlich andere als bei dem bauenden Pächter. Ganz besonders hat dies in einem Falle wie dem vorliegenden zu gelten, wo durch die Pachtverträge ausdrücklich festgelegt war, daß die von der Pächterin zu errichtenden Gebäude in das Eigentum der Verpächterin treten und darin auch nach Ablauf des Pachtverhältnisses ohne Entschädigung verbleiben sollten. Der Hinweis der Revision auf das der Pächterin eingeräumte Ankaufsrecht entbehrt der Bedeutung, weil der Bau hier lange, ehe von dem Ankaufsrecht Gebrauch gemacht wurde, vollendet und damit schon zu einer Zeit, als noch der Klägerin das Eigentum zustand, die Grundlage für die Anwendung des § 150 Abs. 1 ABG. geschaffen war. Endlich ist nicht ersichtlich, inwiefern es sich, wie die Revision meint, bei dem Einwande der Beklagten um einen Einwand aus dem Rechte eines Dritten handeln soll. Der Bergwerksbesitzer verfolgt lediglich sein eigenes, ihm aus dem Bauen trotz drohender Bergschadensgefahr erwachsendes Recht. Daß er dieses Recht dem Pächter gegenüber auch auf die Kenntnis oder verschuldete Unkenntnis des Verpächters begründen kann, beruht auf der Abhängigkeit des Rechtes des Pächters vom Rechte des Verpächters, und dem Pächter muß es überlassen bleiben, sich im Rahmen seiner vertraglichen Rechte bei dem Verpächter schadlos zu halten. Ohne Rechtsirrtum hat somit das Berufungsgericht angenommen, daß nach § 150 Abs. 1 ABG. dem Klaganspruch auch die Kenntnis (oder verschuldete Unkenntnis) der verpachtenden Grundstückseigentümerin von der drohenden Bergbaugefahr entgegensteht. (Es folgt die Zurückweisung weiterer Revisionsangriffe.)

44. Zum Begriff der Gebühr im Sinne von § 4 des preußischen Kommunalabgabengesetzes vom 14. Juli 1893.

VIII. Zivilsenat. Urt. v. 19. September 1932 i. S. G. u. Gen. (Kl.) w. Stadtgemeinde Berlin (Bekl.). VIII 218/32.

I. Landgericht I Berlin.
II. Kammergericht daselbst.

Die zwanzig klagenden Fischhändler sind Inhaber von Fischständen in der Berliner Zentralmarkthalle. Wegen des ihnen dort zugeleiteten Wassers hat ihnen die verklagte Stadtgemeinde Zahlungen abgefordert, von denen sie behaupten, daß diese die Selbstkosten der Stadt überstiegen. Die Kläger haben den darüber hinausgehenden Betrag für die Zeit vom 21. März bis 20. April 1931 auf insgesamt 1235,45 RM. berechnet und seine Rückzahlung verlangt, welche die Beklagte verweigert hat. Die Kläger unterlagen in allen drei Rechtszügen.

Gründe:

Landgericht und Kammergericht haben die Zulässigkeit des Rechtswegs verneint. Die Revision bekämpft das als rechtsirrig. Sie ist zwar nach § 547 Nr. 1 ZPO. zulässig, kann jedoch keinen Erfolg haben.

Ohne Rechtsirrtum ist in Übereinstimmung mit den in RGZ. Bd. 99 S. 99/100 entwickelten Gedanken das Berufungsgericht davon ausgegangen, daß die fragliche Markthalle eine Anstalt im Sinne von § 4 des preußischen Kommunalabgabengesetzes vom 14. Juli 1893 (GS. S. 152) — KAG. — ist. Die für sie erlassene Markthallenordnung vom 12. November 1920 bestimmt in § 12, daß „außer den Gebühren für den Verkaufsstand noch das verbrauchte Wasser zu bezahlen" ist. Daraus, daß hiernach nur das verbrauchte Wasser zu bezahlen, daß tägliche Aufnahme des Wasserverbrauchs vorgeschrieben ist und daß ferner das zugeleitete Wasser den städtischen Wasserwerken entnommen wird, will die Revision folgern, es handle sich bei den in Frage stehenden Wassergeldzahlungen nicht, wie die Vorinstanzen angenommen haben, um die Einziehung öffentlich-rechtlicher städtischer Gebühren, deren Erörterung allerdings im Rechtswege nicht angängig sei, sondern die Markthallenverwaltung besorge nur die Abführung der den städtischen Wasserwerken für ihre

Lieferungen privatrechtlich geschuldeten Zahlungen. Daher stehe der Beklagten den Klägern gegenüber nur ein Erstattungsanspruch zu, der im Rechtswege verfolgbar sei. Die Richtigkeit dieser Auffassung ergebe sich auch daraus, daß die Markthallenverwaltung „eine Gewähr für regelmäßige Lieferung" des Wassers ablehne, und daß sich der den Standinhabern abgeforderte Betrag laut amtlicher Bekanntmachung aus Einzelposten für Wassergeld, Entwässerung und Verwaltungskosten zusammensetze. Über letztere herrsche, so erklärt die Revision, kein Streit; deren Betrag sei in der Klageforderung bereits abgesetzt. Was aber darüber hinaus den Klägern abverlangt worden sei und den allgemeinen Wasserpreis, also den Betrag der den Wasserwerken geschuldeten Leistungen übersteige, habe die Beklagte ohne Rechtsgrund eingenommen und daher zurückzuzahlen. Schließlich hat die Revision noch darauf hingewiesen, daß einem anderen Standinhaber ein abweichend berechneter Betrag abgefordert worden sei, woraus ebenfalls erhelle, daß es sich nicht um eine öffentlichrechtliche Gebühr handle, bei der eine so unterschiedliche Behandlung ausgeschlossen sei.

Dem Revisionsvorbringen steht nicht schon die Erwägung entgegen, bereits die Einziehung der fraglichen Beträge durch die als öffentlichrechtlich anzusehende Markthallenbehörde schließe es aus, daß es privatrechtliche Einnahmen seien, die durch sie eingefordert würden (RGZ. Bd. 123 S. 348). Dieser Umstand ist für die Feststellung der Rechtsart jener Beträge nicht entscheidend.

Sie sind veranlaßt durch Wasserlieferung aus den städtischen Wasserwerken, einem Unternehmen der Beklagten, welches nach Lage der Akten als ein gewerbliches im Sinne des § 3 KAG. anzusehen sein mag. Diese Leistungen würden deshalb, wenn nicht weitere Umstände hinzuträten, als privatrechtliche zu gelten haben. Zutreffend haben aber die Vorinstanzen angenommen, daß hier nicht entscheidend ist, wer das in der Markthalle einströmende Wasser liefert, sondern daß der Empfang dieses Wasserzustroms für die Standinhaber der Markthalle eine von ihnen nicht abzulehnende Betätigung ihrer Benutzung dieser von der Beklagten im öffentlichen Interesse unterhaltenen Anstalt ist. Für diese Benutzung darf sie nach § 4 KAG. Gebühren erheben. Nach der Annahme der Vorinstanzen hat sie von dieser Berechtigung Gebrauch gemacht, und zwar durch die vorliegende Regelung, die in dem angeführten § 12 der Markthallenordnung getroffen worden ist. Sie bestimmt, daß die Standinhaber (außer den Gebühren für den Verkaufsstand) das verbrauchte Wasser zu bezahlen haben. Der Preis wird, wie es dort heißt, unter Zugrundelegung der jeweiligen Festsetzungen der Deputation der Städtischen Wasserwerke berechnet und in den Markthallen bekanntgemacht. Eine solche Bekanntmachung ist am 9. Februar 1924 ergangen; sie bestimmt, daß außer dem bisher berechneten Wasserpreise noch „Entwässerungsgebühr" erhoben werde.

Der Hinweis der Beklagten auf die seit Erlaß dieser Bestimmungen abgelaufene Zeit und den infolgedessen gemäß §§ 69 flg. KAG. eingetretenen Rechtsmittelverlust geht schon um deswillen fehl, weil es hierauf bei der gegenwärtig allein zur Entscheidung stehenden Frage der Zulässigkeit des Rechtsweges nicht ankommt. Auch der Gebrauch des Wortes „Gebühr" ist nicht schon entscheidend, denn wenn es selbst, worauf die Beklagte ferner hinweist, privatrechtliche Gebühren vielleicht nicht geben mag (so OVG. Bd. 64 S. 378, anders RGZ. Bd. 83 S. 73), so entscheidet doch nicht allein die von den Organen der Beklagten gewählte Bezeichnung, auch nicht schon deren Absicht oder Ansicht. Entscheidend ist einzig die objektive Rechtslage. Ebenso ist es belanglos, ob die erwähnte Bekanntmachung inzwischen, nämlich am 13. November 1931, durch eine andere ersetzt worden ist, welche angibt, daß für Wasserlieferung einschließlich Vorhaltung der erforderlichen Anlagen 41 RPfg. je Raummeter berechnet werden.

Somit ist auf die weiteren Bedenken einzugehen, welche die Revision gegen die Annahme der Vorinstanzen erhoben hat, daß hier eine Gebühr nach § 4 KAG. vorliege. Gebühr in diesem Sinne ist die von der Beklagten erhobene besondere Vergütung für die Benutzung einer von ihr im öffentlichen Interesse unterhaltenen Veranstaltung, nämlich der Markthalle, und zwar dann, wenn die Vergütung gemäß festgesetzter Norm und zugleich lediglich kraft dieser und dergestalt gefordert werden kann, daß Vertragsmängel nicht geltend gemacht werden können; denn rechtliche Grundlage ist nicht ein Vertrag, sondern die an einen vorgesehenen Tatbestand anknüpfende Betätigung der Machtbefugnis zur Belastung des Beteiligten mit Auflagen (vgl. RGZ. Bd. 49 S. 222, Bd. 58 S. 33, Bd. 83 S. 211, Bd. 99 S. 99/100 und RGUrt. vom 2. Dezember 1909 VI 583/08, abgedr. im Preuß. VerwBl. Bd. 31 S. 650). Diese Erwägung liegt auch der angefochtenen Entscheidung zugrunde. Mit ihr ist daher ohne Rechtsbedenken anzunehmen, daß an sich eine Gebührenforderung in Frage steht. Eine solche ist aber nur dann als vorliegend anzuerkennen, wenn die Norm, auf Grund deren sie erhoben wird, rechtlich nicht zu beanstanden, wenn sie also dem Gesetz entsprechend ergangen ist. Das hat das Berufungsgericht angenommen. Seine Beurteilung ist gemäß § 549 Abs. 1 ZPO. für das Revisionsgericht maßgebend, da nicht ersichtlich ist, daß sie mit einer rechtlich nicht zu billigenden Auffassung revisibeler Bestimmungen verbunden sei (vgl. RGZ. Bd. 109 S. 286).

Auch die sonstigen Beanstandungen der Revision greifen nicht durch. Schon das trifft nicht zu, daß nach § 12 der Markthallenordnung nur der den Wasserwerken geschuldete Betrag eingezogen werden solle oder dürfe. Vielmehr ist dort dieser Betrag keineswegs als schlechthin maßgebend für die von der Beklagten verlangte Vergütung bestimmt, sondern nur entsprechend § 4 Abs. 2 Satz 2 KAG. zur Grundlage der Berechnung gemacht worden. Deshalb gehen die an Einzelheiten der Berechnung geknüpften Folgerungen der Revision rechtlich fehl. Daß das Berufungsgericht in diesem Zusammenhange die auf §§ 4 und 7 KAG. beruhende Rechtslage (vgl. dazu auch das Gesetz vom 24. Juli 1906 zur Deklarierung des Kommunalabgabengesetzes, GS. S. 376) verkannt habe, ist dem Urteil nicht zu entnehmen.

Die Beklagte hat eine Gewährleistung für die tatsächliche Wasserlieferung abgelehnt. Das steht dem Gebührencharakter ihres Anspruchs nicht entgegen. Die Frage könnte nur sein, ob, wenn einmal kein Wasser geliefert worden sein sollte, dennoch die Vergütung verlangt werden könnte. Ob das bejaht werden müßte, kann dahinstehen, da weder festgestellt noch auch nur behauptet worden ist, daß sich ein solcher Fall ereignet habe.

Ferner hat die Revision darauf hingewiesen, daß die Vergütung nicht als Einheitssatz eingefordert worden sei, sondern unter Anführung von Sonderzahlen für Wassergeld, Entwässerungsgebühr und Verwaltungskosten. Das Nebeneinanderbestehen von Benutzungs- und Verwaltungsgebühren ist, wie die Revision selbst nicht verkennt, rechtlich nicht zu beanstanden. Daß Wassergeld und Entwässerungsgebühr zahlenmäßig auseinandergehalten worden sind, zwingt nicht zur Annahme, daß keine Gebühr im hier erörterten Sinne vorliege. Allerdings kann eine derartige Fassung der Einforderung unter Umständen dagegen sprechen, daß es sich um Gebühren handle (vgl.

OVG. Bd. 62 S. 242); hier zwingt jedoch der festgestellte Sachverhalt nicht zu solcher Auffassung, und das Berufungsgericht war rechtlich nicht genötigt, der ihm vorgetragenen Angabe den Glauben zu versagen, daß es sich insoweit lediglich um ein Entgegenkommen der Beklagten behufs Aufklärung der Kläger handle.

Schließlich verweist die Revision darauf, daß die Beklagte einem einzelnen, dem Berufungsgericht genannten Standinhaber nicht den den Klägern abgeforderten Satz, sondern einen anderen, ihm günstigeren berechnet habe; eine so unterschiedliche Behandlung zeige, daß es sich nicht um eine öffentlichrechtliche Gebühr handle, da bei dieser derartiges ausgeschlossen sei. Der Revision ist zuzugeben, daß eine Gebühr als Gegenleistung für eine Gemeindeleistung grundsätzlich gleichmäßig normiert werden muß, für dieselbe Gemeindeleistung also die Gebühr des einen Benutzenden nicht höher als die des anderen bemessen werden darf. Dieser in ständiger Rechtsprechung festgehaltene Grundsatz besagt, soweit er für die Gültigkeit einer Gebührenaufstellung durch Tarif, Ortsgesetz und dergl., also im gegenwärtigen Zusammenhang in Betracht kommt, daß in Fällen gleicher Art die Höhe der Vergütung nicht nach verschiedenen Grundsätzen bemessen werden darf. Daß aber hier die einschlägige Gebührenregelung der Beklagten eine die Pflichtigen ungleich behandelnde Bestimmung enthalte, ist weder dargetan noch ersichtlich. Ob etwa im einzelnen Falle die in Betracht kommende Verwaltungsstelle eine Besserstellung eines einzelnen Pflichtigen hat eintreten lassen, ist für die Gültigkeit einer an sich nicht fehlerhaften Gebührenregelung belanglos. Ob insoweit ein zu beanstandendes Verhalten vorliegt, ist daher für den gegenwärtigen Rechtsstreit unerheblich.

---

45. 1. Werden die in § 107 Abs. 1 GenG. vorgeschriebene öffentliche Bekanntmachung des Termins zur Erklärung über die Vorschußberechnung und die besondere Ladung der in der Berechnung aufgeführten Genossen durch Terminsverkündung ersetzt?

2. Welche Rechtsfolgen treten ein, wenn die öffentliche Terminsbekanntmachung und die besonderen Ladungen unterblieben sind?

3. Über Richtigkeit von Goldmarkumstellungs-Beschlüssen einer Genossenschaft mit beschränkter Haftpflicht.

GenG. §§ 107, 111.

II. Zivilsenat. Urt. v. 20. September 1932 i. S. K. als Verwalter im Konkurs über das Vermögen der E. Einkaufsgenossenschaft für das Baugewerbe eingetr. Gen. m. b. H. (Bekl.) w. B. u. Gen. (Kl.). II 2/32.

I. Landgericht Prenzlau.
II. Kammergericht Berlin.

Die jetzt als Gemeinschuldnerin in Betracht kommende Genossenschaft mit beschränkter Haftpflicht ist im Jahre 1922 errichtet worden. Der Geschäftsanteil betrug ursprünglich 10000 M., die Haftsumme 20000 M. Die Höchstzahl der Geschäftsanteile, mit der sich ein Genosse beteiligen konnte, war auf 50 festgesetzt. Durch Beschluß einer Generalversammlung vom 22. August 1923 ist der Geschäftsanteil auf 1000000 M. erhöht und bestimmt worden, daß die Haftsumme das Doppelte des jeweiligen Geschäftsanteils betragen solle. Ferner ist die Höchstbeteiligungsziffer für Geschäftsanteile neu festgesetzt worden. In einer weiteren Generalversammlung vom 30. Januar 1924 sind folgende Beschlüsse gefaßt worden:

1. In § 30 Abs. 1 des Statuts ist zu streichen 1000000 M. und dafür zu setzen 50 Goldmark = 17,5 g Feingold.
2. § 37 erhält den Zusatz: Die Barauszahlung der Kapitaldividende und Rückvergütung erfolgt erst, nachdem der Genosse mindestens 10 Geschäftsanteile erworben hat. Bis dahin werden die jährlich auf die Dividende und Rückvergütung entfallenden Beträge dem Geschäftsanteilkonto des Genossen gutgeschrieben.
3. Die bisher eingezahlten Geschäftsanteile werden nach dem Dollarstand am Tag des Geldeingangs auf Goldmark umgerechnet und sind bis spätestens 1. März durch Nachzahlung auf volle 50 GM. nach oben abzurunden, soweit nicht 50 GM. bereits überzahlt sind, unter weiterer Anrechnung auf den zweiten Pflichtanteil.
4. Jeder Genosse ist verpflichtet, sich bis zum 1. April mit einem weiteren Geschäftsanteil zu beteiligen, und hat den genannten Betrag von 50 GM. bis dahin einzuzahlen.

Nach dem Tatbestand des Berufungsurteils sind die zu 1 und 2 gefaßten Beschlüsse vom Vorstande der Genossenschaft zu Protokoll der Geschäftsstelle des Registergerichts zur Eintragung im Genossenschaftsregister angemeldet und demnächst auch dort eingetragen worden, nicht aber auch die Beschlüsse zu 3 und 4. Am 15. Juli 1924 beschloß die Generalversammlung: „die von jedem Mitglied bisher übernommenen weiteren Geschäftsanteile in zwei Goldmark-Geschäftsanteile zusammenzulegen." Auch dieser Beschluß gelangte nicht zum Eintrag im Genossenschaftsregister. Durch Generalversammlungs-Beschluß vom 9. Dezember 1924 ist der Geschäftsanteil auf 500 RM. und die Haftsumme auf das Vierfache des jeweiligen Geschäftsanteils erhöht worden. Dieser Beschluß ist im Genossenschaftsregister eingetragen worden.

Unter dem 16. April 1930 ist über die Genossenschaft der Konkurs eröffnet und der Beklagte zum Konkursverwalter ernannt worden. Die zehn Kläger sind als Genossen der Gemeinschuldnerin in die gerichtliche Liste eingetragen. Nachdem der Beklagte eine Vorschußberechnung, in welcher auch die Kläger herangezogen waren, eingereicht hatte, bestimmte das Konkursgericht Termin zur Erklärung über diese Rechnung auf den 28. Juni 1930; der Termin ist öffentlich bekanntgemacht, die in der Berechnung aufgeführten Genossen sind zu diesem Termin besonders geladen worden. In diesem waren aber neben anderen Genossen nur die Kläger B., Schl., G. und Chr. erschienen oder vertreten. Gegen die Vorschußberechnung wurden von verschiedenen Genossen, darunter auch von den genannten vier Klägern Einwendungen erhoben, die sich u. a. gegen die Gültigkeit der Goldmarkumstellung richteten. Das Gericht setzte durch verkündeten Beschluß Verkündungstermin auf den 5. Juli 1930 an. In dem an diesem Tage verkündeten Beschluß wurde eine Berichtigung der Vorschußberechnung angeordnet und zugleich weiterer Termin zur Erklärung über die dementsprechend berichtigte Berechnung auf den 19. Juli 1930 bestimmt. In diesem Termin waren nur die Kläger B. und Schl. vertreten. Sie erhoben Einwendungen auch gegen die berichtigte Vorschußberechnung, indem sie im besonderen die Gültigkeit der Umstellungsbeschlüsse bestritten. Das Konkursgericht wies die Einwendungen zurück und erklärte die Vorschußberechnung für vorläufig vollstreckbar.

Die Kläger B., Schl., L. und V. haben am 9. August 1930, der Kläger G. am 15. August 1930 und die Kläger Chr., Schm., P., E. und A. am 19. August 1930 Anfechtungsklage gemäß § 111 GenG. beim Amtsgericht Prenzlau eingereicht, das die Prozesse an das dortige Landgericht verwiesen hat, wo sie zu gleichzeitiger Verhandlung und Entscheidung verbunden worden sind. Der auf Antrag der Kläger Chr., Schm., P., E. und A. ergangene Verweisungsbeschluß wurde zusammen mit der Klage dieser Kläger dem Beklagten am 10. September 1930 vom Amtsgericht zugestellt; die Klagschriften der anderen fünf Kläger wurden ihm im Verhandlungstermin vor dem Landgericht am 17. Oktober 1930 behändigt.

Die Kläger haben beantragt, ihnen gegenüber die am 19. Juli 1930 für vorläufig vollstreckbar erklärte Vorschußberechnung des Beklagten für unwirksam zu erklären. Sie machen geltend, daß sie zu dem Termin vom 19. Juli 1930 nicht geladen worden seien, daß dieser auch nicht öffentlich bekanntgemacht worden sei und daß schon deshalb die Vorschußberechnung nicht für vorläufig vollstreckbar habe erklärt werden dürfen. Ferner bestreiten die Kläger, daß die Goldmarkumstellung der Genossenschaft gültig und rechtswirksam sei. Der Beklagte hat Klagabweisung beantragt, u. a. die Fristzeitigkeit der Klagerhebung bemängelt und die Gültigkeit der Goldmarkumstellung behauptet.

Das Landgericht hat der Klage stattgegeben, das Kammergericht die Berufung des Beklagten zurückgewiesen. Gegenüber einem Teil der Kläger drang der Beklagte mit seiner Revision deshalb durch, weil deren Klagen als verspätet erhoben angesehen wurden. Gegen die übrigen fünf Kläger blieb die Revision ohne Erfolg aus den nachstehenden

Gründen:

... Bezüglich der Klagen der Kläger Chr., Schm., P., E. und A. rügt die Revision ebenfalls Verletzung des § 111 GenG. Diese Kläger waren in dem zur Erklärung über die Vorschußberechnung anberaumten Termin vom 19. Juli 1930 weder erschienen noch vertreten. Nach § 111 GenG. ist aber die Anfechtungsklage nur statthaft, wenn der Kläger den Anfechtungsgrund im Erklärungstermin geltend gemacht hat oder ihn geltend zu machen ohne sein Verschulden außerstande war. Der Vorderrichter meint, daß es den Klägern, die durchweg Maurer- oder Zimmermeister gewesen seien, nicht zum Verschulden angerechnet werden könne, wenn sie in dem Erklärungstermin die Nichtigkeit der Goldmarkumstellung nicht geltend gemacht hätten. Mit Recht wendet sich die Revision dagegen. Wird einmal unterstellt, daß der Erklärungstermin vom 19. Juli 1930 ordnungsmäßig bekanntgemacht war, dann läge der Fall hier so, daß sich die

Kläger Chr., Schm., P., E. und A. nicht einmal veranlaßt gesehen hätten, auch nur in dem Termin zur Verhandlung über die Vorschußberechnung trotz gehöriger Bekanntgabe zu erscheinen; blieben sie aber solchenfalls fern, so handelten sie auf ihre eigene Gefahr. Wären sie im Termin vom 19. Juli 1930 erschienen, so würden sie Ohrenzeugen davon gewesen sein, daß von mehreren Genossen die Gültigkeit der Umstellung der aus der Geldentwertungszeit herrührenden Papiermarkgeschäftsanteile bestritten wurde. Es ist nicht abzusehen, weshalb sie sich diese von Mitgenossen erhobenen Einwendungen nicht ebenfalls hätten zu eigen machen können, und weshalb sie dazu als Geschäftsleute, die sie sind, ohne ihr Verschulden außerstande gewesen sein sollen. In Wahrheit läge vielmehr der Fall so, daß diese Kläger zu gehöriger Geltendmachung des vom Kammergericht in den Vordergrund geschobenen Einwands um deswillen außerstande gewesen wären, weil sie im Termin ausblieben. Mit diesem Ausbleiben allein können sie aber die Nichtgeltendmachung ihrer Einwendungen nicht entschuldigen.

Anders verhält es sich naturgemäß dann, wenn der Termin vom 19. Juli 1930 nicht gesetzmäßig bekanntgemacht war. Daß die Bekanntgabe des Termins vom 28. Juni 1930 gehörig erfolgt ist, haben die Kläger selbst nicht bestreiten können. Nicht so steht es aber mit dem Termin vom 19. Juli, der zur Erklärung über die berichtigte Vorschußberechnung bestimmt war. Unstreitig ist dieser Termin weder öffentlich bekanntgemacht worden, noch ist dazu eine besondere Ladung der in der Berechnung aufgeführten Genossen erfolgt. Der Beklagte ist der Meinung, daß beides nicht notwendig gewesen sei, weil der Termin vom 19. Juli 1930 in dem zur Verkündung der Entscheidung über die Vollziehbarkeitserklärung bestimmten Termin vom 5. Juli 1930 gemäß § 108 Abs. 2 Satz 2 GenG. bekanntgegeben worden und § 329 ZPO. hier entsprechend anwendbar sei. Dem kann nicht beigetreten werden. Mit der im Termin vom 5. Juli 1930 verkündeten Entscheidung hatte das Konkursgericht die Vorschußberechnung des Konkursverwalters nicht für vorläufig vollstreckbar erklärt, sondern gewisse Richtlinien aufgestellt, an Hand deren die Vorschußberechnung „berichtigt" werden sollte, und gleichzeitig neuen Termin zur Erklärung über die dementsprechend neu aufgemachte Vorschußberechnung auf den 19. Juli 1930 im Wege der Verkündung bestimmt. Diese neu aufzustellende Vorschußberechnung war also diejenige, über welche sich die Genossen gemäß § 107 GenG.

erklären sollten. Der Konkurs der eingetragenen Genossenschaften ist ein Sonderfall des Konkurses juristischer Personen. Soweit das Genossenschaftsgesetz nichts Abweichendes bestimmt, müssen deshalb die Vorschriften der Konkursordnung zur Anwendung kommen. Im Bereich der Konkursordnung gilt aber § 329 ZPO. nicht (vgl. Jaeger Anm. 4 zu § 72 KO.; Mentzel 4. Aufl. Anm. 2 zu § 73 KO.). Ist dem aber so, dann hätte in aller Regel bei Bekanntgabe des neuen Erklärungstermins vom 19. Juli 1930 nach § 107 Abs. 1 Satz 2 GenG. verfahren werden müssen. Die sorgfältige Beachtung dieser Vorschrift ist gerade auch wegen der sehr schweren Nachteile geboten, die mit der Nichtwahrnehmung eines solchen Termins für die Genossen verknüpft sind oder jedenfalls verknüpft sein können. Hinzu kommt noch, daß es sich bei den Mitgliedern der eingetragenen Genossenschaften häufig um Angehörige der minderbemittelten, weniger geschäftskundigen Klassen der Bevölkerung handelt. Ob sich eine öffentliche Bekanntgabe des Termins und besondere Ladungen erübrigt hätten, wenn in der Versammlung vom 28. Juni 1930 angesichts der Mängel der vorgelegten Vorschußberechnung der Erklärungstermin durch sofort verkündete Entscheidung auf den 19. Juli vertagt worden wäre, kann auf sich beruhen (s. auch § 93 Abs. 2 KO.), da dieser Fall hier nicht vorliegt. Hiernach fehlte es wegen des Erklärungstermins vom 19. Juli 1930 an der erforderlichen vorherigen gesetzlichen Bekanntmachung; damit ist aber schon das Ausbleiben der Mitkläger Chr., Schm., P., E. und A. wie auch das Nichtvorbringen der jetzt von ihnen geltend gemachten Anfechtungsgründe ausreichend entschuldigt. In diesem Punkte ist deshalb dem Kammergericht zwar nicht in der Begründung, wohl aber im Ergebnis beizutreten.

Der Berufungsrichter hält sodann, ohne auf die übrigen Anfechtungsgründe einzugehen, den von den Klägern mit geltend gemachten Anfechtungsgrund der Nichtigkeit der Goldmarkumstellung für durchschlagend. Generalversammlungsbeschlüsse einer eingetragenen Genossenschaft sind bezüglich ihrer Auslegung nach der ständigen Rechtsprechung des erkennenden Senats (vgl. z. B. RGZ. Bd. 119 S. 345) der freien Nachprüfung durch das Revisionsgericht zugänglich. Die Revision bittet unter Bezugnahme darauf um Nachprüfung der Auslegung, zu welcher das Kammergericht für die Generalversammlungsbeschlüsse vom 30. Januar 1924 gelangt ist, wie auch um Prüfung der weiteren Frage, ob durch die Nichteintragung der damals zu Nr. 3 und 4 gefaßten Beschlüsse auch die Beschlüsse unter Nr. 1 und 2 hinfällig geworden seien. Dem Vorderrichter ist jedoch in allen diesen Punkten unbedenklich beizutreten. Er verneint, daß eine rechtswirksame Umstellung der Geschäftsanteile und Haftsummen in Gold- oder Rentenmark vorliege. Hierzu stellt er zunächst im Anschluß an die Ausführungen des ersten Richters fest, daß durch die Beschlüsse unter Nr. 3 und 4 als Teil der Umstellung eine Zusammenlegung der bisherigen Papiermark-Geschäftsanteile habe erfolgen sollen. Daß in der Tat eine solche Zusammenlegung als Teil der Umstellung gewollt war und durch die Beschlüsse zu 3 und 4, wenn auch nicht wortdeutlich, so doch sinngemäß zum Ausdruck gekommen ist, unterliegt um so weniger einem rechtlichen Bedenken, als zwischen den Parteien über diesen Punkt Einigkeit besteht. Demnach ist für die weitere rechtliche Beurteilung davon auszugehen, daß die Generalversammlung die Umstellung der Papiermark-Geschäftsanteile und der Haftsumme nicht etwa schlechthin für jeden bisherigen Geschäftsanteil auf 50 GM., für die Haftsumme auf je 100 GM. beschlossen hat, sondern nur mit der weiteren Maßgabe einer Zusammenlegung der „alten" Anteile.

Der erkennende Senat hat in ständiger Rechtsprechung die Zulässigkeit einer solchen Zusammenlegung als Teil der Umstellungsmaßnahmen grundsätzlich bejaht, aber zu ihrer Rechtswirksamkeit die Eintragung im Genossenschaftsregister erfordert (vgl. z. B. RGZ. Bd. 121 S. 251, Bd. 125 S. 143). Weiter hat der Senat im Urteil vom 23. Dezember 1930 II 209/30 ausgeführt, daß es sich bei einer solchen Zusammenlegung nicht um eine derjenigen Satzungsänderungen handle, die, um wirksam zu werden, der unmittelbaren Verlautbarung im Genossenschaftsregister selbst bedürfen, sondern daß insoweit im Genossenschaftsregister selbst eine allgemeine Bezeichnung des Gegenstands des Eintrags genüge und im übrigen auf die Stelle der Registerakten Bezug genommen werden könne, wo sich die Abschrift des betreffenden Generalversammlungsbeschlusses befinde; für Änderungen dieser Art stelle der Eintrag im Register zusammen mit den darin in Bezug genommenen Registerakten die Eintragung im Genossenschaftsregister im Sinn des Gesetzes dar. Der hier in Betracht kommende Registereintrag lautet nun auf Seite 4 in Spalte 6: „§ 30 (Höhe des Geschäftsanteils), § 33 (Höhe der Haftsumme) des Statuts sind durch Generalversammlungsbeschlüsse vom 30. Januar 1924 geändert", und in der Spalte 9 für „Bemerkungen" ist vermerkt: „Die Generalversammlungsbeschlüsse befinden sich auf Bl. 29 der Registerakten." Dort liegt aber u. a. ein Auszug aus dem Generalversammlungs-Protokoll vom 30. Januar 1924, der wohl die Anträge und Beschlüsse zu Nr. 1 und 2 wiedergibt, nicht aber die zu Nr. 3 und 4. Über sie ist dem eingereichten und in Bezug genommenen Protokollauszug der Generalversammlung vom 30. Januar 1924 nichts zu entnehmen; auch die damalige Anmeldung schweigt über sie. Die Sachlage ist also die, daß über den Zusammenlegungsbeschluß weder unmittelbar im Genossenschaftsregister selbst noch in dem darin in Bezug genommenen Aktenstück etwas verlautbart ist. Dem Vorderrichter muß deshalb auch darin beigetreten werden, daß der Zusammenlegungsbeschluß im Genossenschaftsregister entgegen § 16 GenG. nicht eingetragen und deshalb auch nicht rechtswirksam geworden ist (vgl. RGZ. Bd. 121 S. 251/252, Bd. 125 S. 150). Auch später ist es nicht mehr zur Nachholung der Eintragung gekommen; nach Konkurseröffnung war dies, wie der erkennende Senat schon wiederholt ausgesprochen hat, nicht mehr möglich (RGZ. Bd. 125 S. 150).

Das Kammergericht hat weiter in Übereinstimmung mit dem Landgericht und unter Beachtung der Grundsätze, die der erkennende Senat in den soeben genannten Urteilen aufgestellt hat, gefolgert, daß der Zusammenlegungsbeschluß ein wesentliches Stück der Umstellung bildete, ohne das die sonstigen Umstellungsbeschlüsse nicht so, wie geschehen, gefaßt worden wären. Auch diese, im wesentlichen rein tatsächliche Erwägung gibt zu rechtlichen Bedenken keinen Anlaß. Wenn der Vorderrichter daraus in Anwendung des § 139 BGB. weiter herleitet, daß deshalb die Umstellungsbeschlüsse überhaupt und die auf ihnen beruhenden weiteren Beschlüsse hinfällig seien, so ist auch dies rechtlich nicht zu beanstanden; eine solche Auffassung stimmt mit der Rechtsprechung des erkennenden Senats durchaus überein. Die Rechtslage ist hier dieselbe wie in RGZ. Bd. 125 S. 150 flg. Wie dort, so geben auch hier die Einträge im Genossenschaftsregister einen Rechtszustand wieder, der so von der Generalversammlung weder beschlossen noch gewollt war. Daß solchenfalls auch von einer entsprechenden Anwendung der §§ 29, 86, 97 GenG. keine Rede sein kann, ist wiederum schon in RGZ. Bd. 125 S. 150 flg. mit ausführlicher Begründung dargelegt. Hiervon abzugehen liegt kein Anlaß vor.

Auch sonst gibt das angefochtene Urteil zu rechtlichen Bedenken keinen Anlaß. Insbesondere ist an dieser Rechtslage durch den Geschäftsanteilserhöhungs-Beschluß vom 9. Dezember 1924 nichts geändert worden. Er setzte eine rechtsgültige Umstellung voraus, baute auf solcher auf und ist mit ihr hinfällig.

Die Revision des Beklagten konnte demgemäß gegen die Kläger Chr., Schm., P., E. und A. keinen Erfolg haben. Es mußte deshalb dabei verbleiben, daß die Vorschußberechnung diesen Klägern gegenüber für nichtig erklärt ist.

---

46. 1. Muß eine Partei, um sich den Aufhebungsgrund aus § 1041 Abs. 1 Nr. 1 ZPO. zu wahren, auch dann die Unzulässigkeit des schiedsrichterlichen Verfahrens schon in diesem selbst geltend machen, wenn die Unzulässigkeit aus einem Verstoße gegen die guten Sitten hergeleitet wird?

2. Kann ein Schiedsvertrag, der wegen der Zusammensetzung des Schiedsgerichts Bestimmungen enthält, welche die eine Partei benachteiligen, sittenwidrig sein, wenn diese Partei zur Eingehung des Vertrags durch einen von der anderen Partei ausgeübten wirtschaftlichen Druck genötigt wurde?

BGB. § 138. ZPO. § 1041 Abs. 1 Nr. 1.

VII. Zivilsenat. Urt. v. 23. September 1932 i. S. Arbeitsgemeinschaft d. B. B. GmbH. (Bekl.) w. Kohlen- und Koks-Handelsgesellschaft S. mbH. (Kl.). VII 101/32.

I. Landgericht I Berlin.
II. Kammergericht daselbst.

Die klagende Gesellschaft, die in Berlin den Einzelhandel mit Kohlen, auch mit Briketts betreibt, schloß am 17. April 1930 mit der verklagten Gesellschaft einen sogenannten „Teilnehmervertrag". Im § 1 Abs. 1 war der wesentliche Vertragszweck dahin bestimmt, daß sich die Klägerin als „Vertragsteilnehmer" der Beklagten gegenüber verpflichtete, bei dem Vertriebe von Braunkohlenbriketts die von der Beklagten jeweilig festgesetzten Verkaufs- und Preisbestimmungen, Zahlungs- und Lieferungsbedingungen innezuhalten und sich den jeweiligen Kontrollvorschriften zu unterwerfen. Im § 11 ist folgendes bestimmt:

Der Vertragsteilnehmer unterwirft sich für jeden Fall der Zuwiderhandlung gegen diesen Vertrag einer Vertragsstrafe, und zwar bei Zugehörigkeit zur Gruppe Platzhandel (der die Klägerin angehört) bis zur Höhe von 10000 RM. . . ., die von einem Schiedsgericht unter Ausschluß des ordentlichen Rechtsweges festgesetzt wird.

In geeigneten Fällen kann das Schiedsgericht die Vertragsstrafe durch eine Verwarnung oder durch Festsetzung einer unentgeltlichen Lieferung von Braunkohlenbriketts an Bedürftige ersetzen.

Die Vertragsstrafen fließen der „Arb." (Beklagte) zu und dienen zur Deckung ihrer Unkosten.

Die Zusammensetzung des Schiedsgerichts und das schiedsgerichtliche Verfahren ergeben sich aus Anhang I, der einen wesentlichen Bestandteil dieses Vertrages bildet.

Die als Anhang I dem Vertrage beigegebene „Schiedsgerichtsordnung" setzt im § 2 zwei schiedsgerichtliche Instanzen fest. § 3 gibt für das Schiedsgericht erster Instanz folgende Vorschriften:

Das Schiedsgericht besteht aus drei Mitgliedern, dem Vorsitzenden und zwei Beisitzern.

Der Vorsitzende muß ein im Amt befindlicher deutscher Richter vom Range eines Landgerichtsdirektors sein. Der Aufsichtsrat (der verklagten Gesellschaft) bestellt die erforderliche Anzahl von Vorsitzenden; ihre Zuständigkeit ist für bestimmte Zeitdauer nach bestimmten Merkmalen abzugrenzen. In gleicher Weise werden etwa erforderliche Ersatzvorsitzende bestellt.

Die Beisitzer der Schiedsgerichte, die Vertragsteilnehmer der „Arb." sein können, werden durch die Vorsitzenden bestellt und zwar:

für das Schiedsgericht der Gruppe Platzhandel aus einer Vorschlagsliste des Verbandes Berliner Kohlengroßhändler e. V., für das Schiedsgericht der Gruppe Kleinhandel . . .

Diejenigen Vertragsteilnehmer, welche den vorerwähnten Verbänden nicht angeschlossen sind, benennen gemeinschaftlich den Vorsitzenden zu Händen der Geschäftsführung der „Arb." eine Anzahl von Beisitzern.

Wird von diesem Vorschlagsrecht nicht Gebrauch gemacht, so bestellen die Vorsitzenden die Beisitzer, evtl. nach Befragung der Industrie- und Handelskammer Berlin.

Der vom „Schiedsgericht zweiter Instanz" handelnde § 5 sagt in seinem ersten Absatz:

Das Schiedsgericht zweiter Instanz ist in gleicher Weise zusammengesetzt wie das Schiedsgericht erster Instanz; jedoch sind die Personen, die in erster Instanz mitgewirkt haben, von der Mitwirkung in der zweiten Instanz ausgeschlossen.

Auf Antrag der jetzigen Beklagten hat ein nach den Bestimmungen des § 3 a. a. O. zusammengesetztes Schiedsgericht erster Instanz am 24. Juni 1930 die jetzige Klägerin wegen Verstoßes gegen den Teilnehmervertrag zur Zahlung einer Vertragsstrafe von 10000 RM. und zur Tragung der auf 1000 RM. festgesetzten Kosten des Rechtsstreits verurteilt. Das von der jetzigen Klägerin angerufene Schiedsgericht zweiter Instanz hat am 23. Juli 1930 ihre Berufung zurückgewiesen.

Mit der Klage verlangt die Klägerin Aufhebung der Schiedssprüche nach § 1041 Abs. 1 Nr. 1 ZPO. Sie schützt Unverbindlichkeit des zwischen ihr und der Beklagten am 17. April 1930 geschlossenen Vertrages vor; hauptsächlich macht sie geltend, dieser sei nach § 138 Abs. 1 BGB. nichtig.

Das Landgericht wies die Klage ab. Auf die Berufung der Klägerin erkannte das Kammergericht auf Aufhebung der Schiedssprüche vom 24. Juni und 23. Juli 1930. Die Revision der Beklagten blieb erfolglos.

Gründe:

Der Berufungsrichter sieht die im Vertrage der Parteien vom 17. April 1930 enthaltene Schiedsabrede als ein gegen die guten Sitten verstoßendes und deshalb nach § 138 Abs. 1 BGB. nichtiges Rechtsgeschäft an. Dabei stellt er den Satz auf: „Es widerspricht den Grundsätzen, die § 138 BGB. voraussetzen, den so Bedrängten an einer solchen Schiedsabrede, selbst wenn sie im Schiedsverfahren nicht bemängelt worden ist, um die Unzuständigkeit des Schiedsgerichts geltend zu machen, festzuhalten und ihr Wirksamkeit zu verleihen." Hiernach scheint der Vorderrichter zu meinen, der Aufhebungsgrund aus § 1041 Abs. 1 Nr. 1 ZPO. griffe auch dann durch, wenn die Partei die Unverbindlichkeit des Schiedsvertrags und die daraus herzuleitende Unzulässigkeit des schiedsrichterlichen Verfahrens in diesem Verfahren nicht vorgeschützt habe. Eine solche Auffassung würde indes der vom Reichsgericht stets vertretenen Ansicht widerstreiten, daß der Beklagte, der sich ohne Vorbehalt sachlich auf das schiedsrichterliche Verfahren eingelassen hat, dessen Zulässigkeit nicht nachträglich wieder in Frage stellen kann (RGZ. Bd. 27 S. 378, Bd. 29 S. 391/392, Bd. 43 S. 407, Bd. 116 S. 88; Urteile vom 10. Februar 1903 VII 464/02, vom 7. November 1905 VII 62/05, vom 8. Juni 1906 VII 500/05, vom 5. März 1918 VII 411/17). Es kann hierfür keinen Unterschied bedeuten, ob die Unverbindlichkeit des Schiedsvertrags auf einem Verstoße gegen die guten Sitten oder auf anderen Ursachen beruht; denn nach den angeführten Entscheidungen ist in der Unterwerfung des Schiedsbeklagten unter das vom Schiedskläger eingeleitete schiedsrichterliche Verfahren der Abschluß eines neuen Schiedsvertrags zu sehen, sodaß nur ein etwaiger, nach Lage der Dinge kaum vorstellbarer unsittlicher Charakter dieses neuen Vertragsschlusses eine Anwendung des § 138 BGB. rechtfertigen könnte. Sonach kommt es für den vorliegenden Fall, auch wenn man zunächst die Annahme des Berufungsgerichts, die Schiedsabrede in dem „Teilnehmervertrag" sei nichtig, als rechtlich einwandfrei hinnimmt, darauf an, ob die Klägerin als Schiedsbeklagte in dem schiedsrichterlichen Verfahren, auf das sie sich unzweifelhaft, namentlich auch durch Einlegung der Berufung gegen den Schiedsspruch vom 24. Juni 1930 einließ, solche Erklärungen abgegeben hat, die als hinreichend bestimmter Vorbehalt gegenüber der Gültigkeit des Schiedsvertrags gelten könnten. Eine Prüfung in dieser Richtung hat der Vorderrichter von seiner rechtsirrigen Einstellung aus, daß der Punkt unerheblich sei, unterlassen. Die Revision hat in dieser Hinsicht keinen Angriff erhoben, doch hat hier von Amts wegen eine Nachprüfung einzutreten, da es sich nicht um einen verfahrensrechtlichen Verstoß handelt. Der Tatbestand des vorgetragenen Schiedsspruches erster Instanz ergibt indes mit hinreichender Sicherheit, daß die Klägerin als damalige Schiedsbeklagte sogleich vor dem Schiedsgericht den Einwand erhoben hat, daß der Teilnehmervertrag und damit die Schiedsgerichtsordnung nichtig seien. Hat sie aber in solcher Weise dem schiedsrichterlichen Verfahren widersprochen, so kann keinesfalls angenommen werden, daß ihr der Wille innegewohnt habe, einen neuen Schiedsvertrag mit der Gegenpartei einzugehen. Ohne Belang ist dabei, ob die Klägerin (Schiedsbeklagte) vor dem Schiedsgericht für ihre Auffassung von der Nichtigkeit des Schiedsvertrags dieselben Gründe geltend gemacht hat, die sie im gegenwärtigen Rechtsstreit vorträgt.

In der Sache selbst würdigt der Berufungsrichter den von ihm ermittelten Sachverhalt unter der Fragestellung, „ob eine durch übermächtigen wirtschaftlichen Druck, dem sich der einzelne nicht entziehen kann, erzwungene Anerkennung einer Schiedsgerichtsbarkeit, bei der der Vorsitzende von einem Organ des an dem Drucke beteiligten Verbandes bestellt und besoldet wird und die Beisitzer von diesem Vorsitzenden ausgesucht werden, im Sinne des § 138 BGB. den guten Sitten widerstreitet." Wenn der Vorderrichter diese Frage bejaht, so vermag das Revisionsgericht dies nicht zu mißbilligen.

Zwar wendet sich die Revision gegen jene Fragestellung und sucht darzulegen, daß der Einfluß auf die Berufung der Vorsitzenden und der Beisitzer in den Schiedsgerichten beider Instanzen, den sich die Beklagte vertragsmäßig gesichert habe, keine Sittenwidrigkeit bedeute. Diesen Ausführungen käme jedoch nur dann Gewicht zu, wenn das Kammergericht allein daraus, daß in der Schiedsabrede vom 17. April 1930 der Beklagten jener Einfluß zugestanden worden ist, die Sittenwidrigkeit der Vereinbarung folgern wollte. Der erkennende Senat hat namentlich in seinem Urteil vom 12. November 1918 VII 152/18 (abgedr. JW. 1919 S. 109 Nr. 13) sowie im Urteil vom 22. März 1932 VII 265/31 (abgedr. JW. 1932 S. 2151 Nr. 10) dargelegt, daß eine Schiedsgerichtsklausel nicht schon deshalb als unzulässig beanstandet werden kann, weil der einen Partei ein größerer Einfluß auf die Zusammensetzung des Schiedsgerichts eingeräumt ist, wobei hervorgehoben wurde, daß die §§ 1028, 1029 ZPO. ergänzende, nicht zwingende Rechtsnormen sind (vergl. dazu auch RGZ. Bd. 87 S. 185). Im Urteil vom 12. November 1918 hat der Senat auch darauf hingewiesen, daß nach der herrschenden, in RGZ. Bd. 26 S. 373/374 vom III. Zivilsenat gebilligten Meinung das Recht zur Ernennung der Schiedsrichter sogar einer Partei allein oder auch einem Dritten überlassen werden darf. Für diese Rechtsprechung ist ferner hinzuweisen auf RGZ. Bd. 29 S. 319, Bd. 51 S. 392, Bd. 55 S. 326, Bd. 80 S. 191, Bd. 88 S. 395 flg., besonders S. 402, Bd. 90 S. 306, Bd. 93 S. 288, Bd. 113 S. 321 = JW. 1926 S. 2576 Nr. 6 mit Anm. von Wieruszowski; Gruch. Bd. 40 S. 1061 flg.; JW. 1906 S. 396 Nr. 26; WarnRspr. 1910 Nr. 185 (vgl. auch Stein-Jonas ZPO. 14. Aufl. Anm. IIb zu § 1025, Bd. 2 S. 1086 flg.). Der Berufungsrichter beschränkt sich aber nicht auf die mit der Bestellung der Schiedsrichter zusammenhängenden Erwägungen, sondern berücksichtigt namentlich auch die Art, wie der Vertragsschluß zwischen den Parteien zustande kam, und findet den Verstoß gegen die guten Sitten gerade darin, daß die Beklagte durch wirtschaftlichen Druck die Klägerin genötigt hat, sich den für diese ungünstigen Schiedsgerichtsbedingungen zu unterwerfen. Den Ausführungen der Revision, mit denen sie die Annahme bekämpft, daß die Bestimmungen über die Zusammensetzung der Schiedsgerichte (§§ 3 und 5 der Schiedsgerichtsordnung) die Klägerin benachteiligten, kann nicht gefolgt werden.

Die Bestellung der Schiedsgerichtsvorsitzenden, worauf das Hauptgewicht zu legen ist, geschieht danach in der Weise, daß der Aufsichtsrat der Beklagten sie in der erforderlichen Anzahl für eine bestimmte Zeitdauer beruft und ihnen unter Ausschluß sonstiger Bezüge eine feste Besoldung gewährt, die aus der Kasse der Beklagten gezahlt wird. Wenn auch anzuerkennen ist, daß die Bestimmung, wonach die Vorsitzenden im Amte befindliche deutsche Richter vom Range eines Landgerichtsdirektors sein müssen, eine weitreichende Gewähr für eine sachkundige und unparteiische Rechtsprechung bietet, so können dadurch die von der Klägerin vorgebrachten und vom Berufungsrichter geteilten Bedenken doch nicht beseitigt werden. Das Kammergericht gibt diesen Bedenken einen zutreffenden Ausdruck, indem es gegenüber der Bestimmung, welche die an die Persönlichkeit der Schiedsgerichtsvorsitzenden zu stellenden Anforderungen festsetzt, und den Ausführungen der Beklagten dazu bemerkt:

> Daran ist sicher richtig, daß hierdurch, soweit als es unter den obwaltenden Bedingungen möglich ist, für Unbefangenheit gesorgt ist. Aber gerade die obwaltenden Bedingungen sind es, die eine völlige Freiheit und Unbefangenheit auch bei dem Vorsitz durch einen Richter nicht in allen Fällen ausreichend sicherstellen. Es handelt sich nicht um den Vorwurf bewußter Begünstigung der Rechtsprechung gegenüber dem Verbande, sondern um die unbewußte Einstellung im Sinne der Verbandsinteressen, die leicht, je nach der Anschauung, mit den öffentlichen Interessen der Wirtschaft gleichgesetzt werden können.

Dem wäre hinzuzufügen, daß von der Erhebung eines Vorwurfs gegen die in Frage kommenden Personen überhaupt nicht die Rede sein kann. In der großen Mehrzahl der Fälle, vielleicht in allen, wird sich der zum Schiedsgerichtsvorsitzenden bestellte Richter seine innere Freiheit und Unbefangenheit auch dann bewahren, wenn er unter den hier maßgebenden Bedingungen, nämlich durch Abschluß eines Dienstvertrags mit einer der Parteien, zu seiner Tätigkeit berufen wird. Jedoch hierauf kommt es nicht allein an. Die Bestimmungen über die Zusammensetzung der Schiedsgerichte haben vielmehr schon dann als die Klägerin benachteiligend zu gelten, wenn sie ihrerseits bei vernünftiger Würdigung der Verhältnisse die Besorgnis hegen durfte, daß die vom Aufsichtsrat der Beklagten bestellten Vorsitzenden zu deren Gunsten eingestellt sein könnten. Eine solche Besorgnis kann nach Lage der Dinge nicht als ausgeschlossen und auch nicht als gänzlich haltlos erachtet werden. Hierbei fällt namentlich auch die Regelung der geldlichen Bezüge der Vorsitzenden ins Gewicht. Wenn das Kammergericht erwägt, die ihnen von der Beklagten gewährte feste Besoldung stehe unter dem Zeichen eines laufenden Einkommens, das jedenfalls in der heutigen Zeit von erheblicher Bedeutung zu sein pflege und mit dessen Verlust bei einer den Interessen des verklagten Verbandes seiner Meinung nach nicht genügend angepaßten Rechtsprechung unter Umständen gerechnet werden müsse, so vermag der erkennende Senat dem nicht entgegenzutreten. Zum mindesten kann es der Klägerin nicht verdacht werden, wenn sie in dieser Hinsicht Zweifel hegt und daraus Besorgnisse wegen der Unparteilichkeit der Schiedsgerichtsvorsitzenden schöpft.

Neben der Bestellung der Vorsitzenden spielt die Berufung der Beisitzer der Schiedsgerichte nur eine nebensächliche Rolle. Immerhin greift der Vorderrichter auch insofern nicht fehl, als er annimmt, die Übertragung der Befugnis, die zur Mitwirkung bei einem schiedsrichterlichen Verfahren jeweils berufenen Personen auszuwählen, auf die vom Aufsichtsrat der Beklagten bestellten Vorsitzenden verstärke noch die Befürchtungen der Klägerin wegen einer nicht unbefangenen Rechtsprechung. Der Umstand, daß die Vorsitzenden dabei an gewisse Vorschlagslisten gebunden sind, kann das hier zu erhebende Bedenken nicht völlig beseitigen. Auf die Art, wie diese Listen aufgestellt werden, kommt dabei nichts an; deshalb ist der Rüge der Revision, der Berufungsrichter habe die Absätze 4 und 5 des § 3 der Schiedsgerichtsordnung unerörtert gelassen, kein Gewicht beizulegen.

Sonach ist mit dem Vorderrichter anzunehmen, daß die Regelung der Schiedsgerichtsbarkeit in dem „Teilnehmervertrage" und seiner

Anlage der Beklagten einen überwiegenden Einfluß verleiht, durch den sich die Klägerin zu der Überzeugung bestimmt sehen konnte, sie sei dadurch benachteiligt. Hätte sich die Klägerin diesen Bestimmungen in freier Willensentschließung unterworfen, so würde — wie vorher schon erwähnt — ein solcher Schiedsvertrag wohl nicht als sittenwidrig beanstandet werden können. Hier jedoch hat die Klägerin bei Eingehung des Teilnehmervertrags unter einem wirtschaftlichen Zwange gestanden, den die Beklagte gegen sie ausübte. In dieser Hinsicht hat das Kammergericht ausreichende Feststellungen getroffen. Danach betreibt die Klägerin in Berlin ein Platzhandelsgeschäft im Einzelhandel mit Kohlen, wozu sie auch des Bezuges der Braunkohlenmarken des Ostelbischen Kohlensyndikats bedarf, die im Berliner Brikettthandel üblich sind. Der verklagte Verband drohte der Klägerin die Sperre der Lieferung dieser Kohlen an, wenn sie sich nicht durch Abschluß des Teilnehmervertrags mit der Schiedsgerichtsordnung ihm anschließen würde. Indem die Klägerin dies tat, handelte sie also unter dem Zwange, daß ihr andernfalls die Bezugsquellen für die Brikettmarken, deren sie bedurfte, abgeschnitten worden wären. Der Berufungsrichter stellt weiter fest, daß sie unter diesem wirtschaftlichen Drucke auch nicht in der Lage sei, die Mitgliedschaft bei dem verklagten Verbande wieder aufzugeben.

Wenn sich der Vorderrichter nach Feststellung dieser Tatumstände dahin äußert, es brauche im vorliegenden Falle nicht entschieden zu werden, ob der ganze Vertrag zwischen den Parteien nichtig sei, es genüge zur Entscheidung, daß die Schiedsabrede als solche für nichtig zu erachten sei, so ist darin nicht — wie die Revision will — ein Widerspruch zu seiner sonstigen Stellungnahme zu finden. Die Beschränkung auf den Ausspruch über den eigentlichen Streitpunkt des Prozesses entspricht vielmehr durchaus den verfahrensrechtlichen Grundsätzen. Auch sonst bestehen gegen die Anwendung des § 138 Abs. 1 BGB. keine rechtlichen Bedenken. Daß der Berufungsrichter, im Einklang mit der reichsgerichtlichen Rechtsprechung, den in dem Abkommen der Parteien enthaltenen Schiedsvertrag nach seinem in Inhalt, Beweggrund und Zweck sich offenbarenden Gesamtcharakter als sittenwidrig erachtet, ergeben seine Darlegungen mit hinreichender Deutlichkeit. Der erforderliche innere Tatbestand ist freilich hier nur bei der Beklagten verwirklicht; das genügt aber, denn diese hat den wirtschaftlichen Druck, in welchem sich die Unsittlichkeit des Rechtsgeschäfts in erster Reihe verkörpert, gerade gegen die Klägerin ausgeübt. Entscheidend kann auch nicht die Anführung der Revision ins Gewicht fallen, daß hinter der Klägerin der E. Bergwerksverein steht. Trotz der wirtschaftlichen Bedeutung und Kapitalkraft dieses Unternehmens kann es keineswegs als ausgeschlossen gelten, daß das von ihm betriebene oder unterstützte Platzhandelsgeschäft in Ansehung des Berliner Briketthandels gegenüber dem verklagten Verbande als der wirtschaftlich schwächere Teil erscheint, und daß sich die Ausnutzung der diesem Verbande innewohnenden Machtstellung als Verstoß gegen die guten Sitten im Geschäftsleben darstellen kann. Endlich kann für die Entscheidung des Rechtsstreits auch darauf nichts ankommen, ob — wie die Revision behauptet — die Kartellaufsichtsbehörden bisher die rechtliche Wirksamkeit des streitigen Teilnehmervertrags und der darauf beruhenden kartellmäßigen Bindung nicht in Zweifel gezogen haben, um so weniger als nicht feststeht, ob überhaupt eine Prüfung der Bestimmungen in der Schiedsgerichtsordnung von seiten jener Behörden stattgefunden hat. Überdies ist, wie dargelegt, die Sittenwidrigkeit des Rechtsgeschäfts nicht darin zu finden, daß die §§ 3 und 5 der Schiedsgerichtsordnung so, wie geschehen, abgefaßt wurden, sondern darin, daß die Klägerin durch wirtschaftlichen Zwang zur Annahme der so abgefaßten Bestimmungen genötigt wurde. Von den Vorgängen beim Vertragsschluß zwischen den Parteien konnten aber die Kartellaufsichtsbehörden nicht wohl Kenntnis haben.

Nach alledem ist es rechtlich nicht zu beanstanden, daß der Berufungsrichter den Schiedsvertrag zwischen den Parteien gemäß § 138 Abs. 1 BGB. für nichtig ansieht. Das auf dieser Grundlage eingeleitete schiedsrichterliche Verfahren gegen die Klägerin war sonach unzulässig, was zur Folge hat, daß die Klage auf Aufhebung der beiden erlassenen Schiedssprüche nach § 1041 Abs. 1 Nr. 1 ZPO. begründet ist.

---

47. Gehört die Bestimmtheit der einzelnen Leistungen zum Wesen des Leibrentenvertrages und wann ist sie gegeben?

Preuß. Stempelsteuergesetz vom 27. Oktober 1924 Tarifstelle 8.

VII. Zivilsenat. Urt. v. 23. September 1932 i. S. Preuß. Staat (Bekl.) w. v. C.-T. u. Gen. (Kl.). VII 94/32.

I. Landgericht Breslau.
II. Oberlandesgericht daselbst.

Am 20. September 1930 hat der Erstkläger in notariell beglaubigter Urkunde zu Gunsten seines ältesten Sohnes H.-J. v. C. auf das T.sche Familienfideikommiß R. verzichtet. An demselben Tage schloß er mit dem Zweitkläger als dem Generalbevollmächtigten seines vorgenannten Sohnes aus Anlaß jenes Verzichts einen notariellen Vertrag, in welchem sich der Sohn u. a. verpflichtete, seinem Vater auf dessen Lebenszeit neun Zehntel der Reineinnahmen aus R. zu gewähren. Der verklagte Staat ist der Ansicht, daß wegen dieser Abrede der Vertrag nach Tarifst. 8 des preußischen Stempelsteuergesetzes mit 2 v. H. des Kapitalwerts der vereinbarten Leibrente zu versteuern sei. Die Kläger sind gegenteiliger Meinung und haben eine entsprechende Feststellungsklage erhoben. Beide Vorinstanzen haben ihr stattgegeben. Die Revision des Beklagten blieb ohne Erfolg.

Gründe:

Das Oberlandesgericht hat zu Gunsten des Beklagten angenommen, daß den Hauptgegenstand des streitigen Vertrages die Verpflichtung des Fideikommißfolgers zu gewissen Geldleistungen bilde und daß diese Verpflichtung gegen Entgelt übernommen worden sei. Gleichwohl spricht der Vorderrichter dem Vertrage die Eigenschaft eines Leibrentenvertrages im Sinne der Tarifst. 8 StStG. ab, weil die zu leistenden Zahlungen nicht in bestimmter Höhe wiederkehrten. Er führt aus, es sei nur eine Beteiligung am Gewinn eines landwirtschaftlichen Unternehmens vereinbart; werde kein Gewinn erzielt, so sei überhaupt nichts zu zahlen; man könne also nicht einmal von regelmäßiger Wiederkehr der Zahlungen sprechen.

Die Revision sieht hierin ein Überspannen der Anforderungen an die in jener Tarifstelle selbst nicht erwähnte Bestimmtheit der wiederkehrenden Geldzahlungen; objektive Bestimmbarkeit sei ausreichend, gleichmäßige Höhe nicht zu fordern. Die Revision leugnet also nicht, daß die in einem Leibrentenvertrage festgesetzte Rente grundsätzlich „bestimmt" sein muß. Sie irrt aber, wenn sie meint, daß dieses Erfordernis in der Tarifst. 8 nicht zum Ausdruck gelangt sei. Die Stelle spricht von „Leibrenten- und Rentenverträgen", und zu deren Wesen gehört die Bestimmtheit der einzelnen Leistungen. Schon das Preuß. Allgem. Landrecht, das nur den Leibrentenkauf kannte, sagt im § 606 I 11:

> Der Leibrenten-Contract ist ein Vertrag, vermöge dessen sich jemand, gegen Empfang einer Summe Geldes, zur Entrichtung einer bestimmten Abgabe auf die Lebenszeit eines Menschen verpflichtet.

Das Bürgerliche Gesetzbuch hat den Begriff der Leibrente selbst nicht umschrieben, in der Rechtsprechung des Reichsgerichts steht er aber seit langer Zeit fest (vgl. RGZ. Bd. 67 S. 212/213, Bd. 111 S. 287). Danach ist eine Leibrente ein einheitliches nutzbares Recht, das dem Berechtigten für die Lebenszeit eines Menschen eingeräumt ist und dessen Erträge aus fortlaufend wiederkehrenden gleichmäßigen Leistungen in Geld oder vertretbaren Sachen bestehen. Die Leistungen können aber nicht gleichmäßig sein, wenn sie nicht bestimmt sind.

Anzuerkennen ist, daß der stempelrechtliche Begriff der Leibrentenverträge, wie er in der jetzigen Tarifst. 8 umrissen ist, weiter reicht als der des Landrechts und weniger weit als der des Bürgerlichen Gesetzbuches (vgl. darüber Hummel-Specht Stempelsteuergesetz Anm. 2 zu Tarifst. 36 [alt], S. 865). Die Unterschiede liegen aber auf anderen Gebieten, sie betreffen nicht das Erfordernis der Bestimmtheit der Zahlungen. An diesem Erfordernis hat die Rechtsprechung des Reichsgerichts und gerade auch, soweit sie zum Stempelgesetz ergangen ist, seit jeher festgehalten. Schon ein Urteil des IV. Zivilsenats vom 15. Dezember 1879 sagt, ein Leibrentenvertrag sei nicht geschlossen, weil „keine ihrem Betrage nach bestimmt fixierte Rente" vereinbart worden sei. Die Revision hat zu Gunsten ihrer Ansicht eine Bemerkung von Hummel-Specht in Anm. 5 Abs. 2 zu Tarifst. 36 (a. a. O. S. 867) herangezogen. Dort heißt es, „die Geldzahlungen müßten bestimmte sein, entweder in sich oder durch Beziehung auf ein künftiges Ereignis, doch könnten die einzelnen Leistungen in ihren Beträgen wechseln". Das klingt sehr weittragend. Jene Bemerkung beruft sich aber auf ein Urteil des IV. Zivilsenats des Reichsgerichts vom 23. März 1885 IV 399/84. Dieses stellt wiederum das Erfordernis der Bestimmtheit der Abgabe auf, nur hält es mit dieser Bestimmtheit für vereinbar, daß „für die stipulierte Jahresrente in bestimmt vorgesehenen Fällen eine Ermäßigung eintrete". Dem ist lediglich beizupflichten. Die soeben erwähnte Entscheidung bleibt durchaus im Rahmen der sonstigen Rechtsprechung des Reichsgerichts; denn auch nach ihr gehört es grundsätzlich zum Begriff des Leibrentenvertrages, daß eine festbestimmte Leistung vereinbart ist, nur soll sie sich in gewissen vorgesehenen Fällen um wiederum festbestimmte Beträge ermäßigen dürfen. Ob Hummel-Specht mit ihrer Bemerkung über diese Sätze haben hinausgehen wollen, mag dahinstehen. Sollte es der Fall sein, so könnte ihnen nicht gefolgt werden.

Was hier die Beteiligten vereinbart haben, ist ganz etwas anderes, als was das Reichsgericht im Urteil vom 23. März 1885 für zulässig erachtet hat. In dem Vertrage vom 20. September 1930 sind die Einzelleistungen ihrer Höhe nach überhaupt nicht fest bestimmt; es ist nur gesagt, daß sie von künftigen wirtschaftlichen Voraussetzungen, nämlich von der Ergiebigkeit eines Landgutes abhängig sein sollen. Gerade eine solche Abrede hat das Reichsgericht (RGZ. Bd. 67 S. 213) für unvereinbar mit dem Wesen eines Leibrentenvertrages erklärt. In dem dort entschiedenen Falle sollten allerdings die Einzelleistungen ihrer Höhe nach von der Ergiebigkeit einer Anwaltstätigkeit abhängen. Aber es begründet für die hier zu entscheidende Streitfrage keinen Unterschied, ob die Ergiebigkeit eines Landgutes oder die einer Anwaltstätigkeit zum Maßstabe für die Einzelleistungen genommen wird.

Zur Unterstützung ihrer Ansicht hat schließlich die Revision noch geltend gemacht, daß auch im gegebenen Falle der Stempel berechnet werden könne. Gemäß § 6 Abs. 8 StStG. sei die Jahresleistung dem einjährigen Werte der Nutzung gleichzusetzen und dieser auf 4 v. H. des Wertes des Landgutes anzunehmen, welches die Nutzung gewähre. Es kann unerörtert bleiben, ob hier in dieser Weise gerechnet werden dürfte. Jedenfalls vermag, wie auch die Revision nicht verkennt, die bloße Möglichkeit, einen Stempel zu berechnen, seinen Ansatz nicht zu rechtfertigen.

48. 1. Über die Rechtsverhältnisse einer in der Nordsee an der ostfriesischen Küste neu entstehenden Insel.

2. Wer ist nach dem preußischen Wassergesetz Eigentümer einer Anlandung, welche an einer im Fluß gelegenen Insel durch allmähliche Anspülung entsteht?

BGB. § 928 Abs. 2. EG. z. BGB. Art. 65, 190. Preuß. ALR. §§ 225 flg. I 9, §§ 56 flg. II 15, §§ 3, 8 II 16. Preuß. Wassergesetz vom 7. April 1913 (GS. S. 53) — WG. — §§ 2, 14, 17.

V. Zivilsenat. Urt. v. 24. September 1932 i. S. G. Deichacht (Bekl.) w. Preuß. Staat (Kl.). V 97/32.

I. Landgericht Aurich.
II. Oberlandesgericht Celle.

Die verklagte Deichgenossenschaft ist Eigentümerin eines nördlich von Greetsiel in Ostfriesland an der Leybucht verlaufenden Deiches. Im Wasser vor diesem hat sich, etwa von 1870 ab oder auch schon etwas früher, eine allmählich sich vergrößernde Landablagerung erhoben, die sich jetzt als grünbewachsene Marschlandinsel darstellt und „Hauener Hoge" genannt wird. Streitig ist, ob sie von vornherein als Insel entstanden ist oder zunächst als Anlandung am Festland, die erst später durch einen sich neubildenden Wasserlauf — Priel — von diesem abgetrennt wurde. Jede der Parteien nimmt für sich das Eigentum an der Insel, zum mindesten aber ein ausschließliches Aneignungsrecht in Anspruch. Der klagende Staat meint, es handle sich um eine im Meere entstandene Insel, während die Beklagte sie als Anlandung im Flußgebiet der Ems ansieht. Der Kläger begehrte die Feststellung, daß er Eigentümer der Insel sei oder das alleinige Aneignungsrecht habe und daß er allein zum Besitze berechtigt sei; ferner die Verurteilung der Beklagten zur Unterlassung von Eigentums- und Besitzstörung, hilfsweise zur Unterlassung jeder Handlung, durch die der jetzige Zustand der Insel geändert werde.

Nachdem das Landgericht die Klage abgewiesen hatte, erklärte das Oberlandesgericht, unter Klagabweisung im übrigen, den Kläger für alleinberechtigt, sich die Hauener Hoge anzueignen, und verurteilte die Beklagte, sich jeder Handlung zu enthalten, wodurch der jetzige Zustand der Insel geändert werde. Die Revision der Beklagten blieb ohne Erfolg.

Gründe:

Das Berufungsgericht läßt in tatsächlicher Beziehung unentschieden, ob das streitige Land von vornherein als Insel entstanden oder ob es ursprünglich eine Anlandung am Festland gewesen und erst nachträglich zur Insel geworden ist. Dem Standpunkt des Klägers tritt es darin bei, daß die Leybucht, in der die Hauener Hoge entstanden ist, bis zum Inkrafttreten des preußischen Wassergesetzes vom 7. April 1913, dem 1. Mai 1914, nicht zum Flußgebiet der Ems, sondern zur Nordsee gehört habe. Es prüft sodann die Rechtslage für den bis zum 1. Mai 1914 entstandenen Teil der Hauener Hoge, sowohl für den Fall der Entstehung als Insel wie für den einer Anlandung, und weiter die Rechtslage für die nach diesem Zeitpunkt eingetretene Erweiterung der Insel. Dabei kommt der Vorderrichter zu folgenden Ergebnissen:

1. Wegen des bis zum 1. Mai 1914 entstandenen Insellandes:

a) Da das Preuß. Allgem. Landrecht keine Bestimmungen über Eigentumserwerb an Inseln enthalte, die im Meere neu entstehen, so sei in seinem Geltungsbereich eine solche Insel als herrenloses Grundstück zu behandeln. Nach §§ 3, 8 ALR. II 16 habe der Staat ein Aneignungsrecht gehabt. An Stelle dieser Vorschrift sei nach deren Aufhebung durch Art. 89 Nr. 1 preuß. AG. z. BGB. trotz des Vorbehalts für das Landesrecht in Art. 65 EG. z. BGB. die Bestimmung des § 928 Abs. 2 BGB. in Verb. mit Art. 190 EG. z. BGB. getreten. Hiernach könne der Kläger das Eigentum dadurch erwerben, daß er sich als Eigentümer in das Grundbuch eintragen lasse. Diesen Gesetzesbestimmungen würde nach Art. 65 EG. z. BGB. in Verb. mit § 2 des Patents wegen Wiedereinführung des Preuß. Allgem. Landrechts vom 9. September 1814 (GS. S. 89) ostfriesisches Provinzialrecht vorgehen. Da aber solches für im Meer entstehende Inseln nicht festzustellen sei, verbleibe es bei dem nach den Vorschriften des Allgem. Landrechts und des Bürgerlichen Gesetzbuchs begründeten Aneignungsrecht des Staates.

b) Die vorerwähnten Bestimmungen über Eigentumserwerb an herrenlosen Grundstücken durch den Staat würden, weil die Vorschriften der §§ 225 flg. ALR. I 9 „Von der Alluvion" sich nur auf Anlandungen in Flüssen bezögen, auch auf Anlandungen am Meeresufer anzuwenden sein, wenn hier nicht ostfriesisches Provinzialrecht vorginge. Für Meeresanlandungen habe ein solches Recht dahin bestanden, daß diese mit ihrer Entstehung von selber in das Eigentum des Staates fielen. Dies Recht gehe nach § 2 des Patents vom 9. September 1814 dem Landrecht vor, weil letzteres keine Bestimmungen über den Gegenstand enthalte. Als Meeresanlandung würde die Hauener Hoge daher von ihrer Entstehung an Eigentum des Klägers geworden sein.

An diesen Ergebnissen werde nichts dadurch geändert, daß nach dem im preußischen Wassergesetz festgesetzten Endpunkt des Wasserlaufs der Ems die Leybucht ein Teil dieses Flusses sei, daher unter die Herrschaft dieses Gesetzes falle. Die Bestimmung des § 14 WG., daß im Fluß entstehende Inseln dem Eigentümer des Wasserlaufs — hier also zunächst dem Preußischen Staate und nach Übergang der Wasserstraße auf das Reich diesem — als Eigentum zuständen, habe keine rückwirkende Kraft. Vielmehr bleibe die bei Inkrafttreten des Wassergesetzes gegebene Rechtslage bestehen.

2. Bei der Erweiterung der Hauener Hoge seit Inkrafttreten des preußischen Wassergesetzes handle es sich um Anlandungen durch allmähliche Anspülung an eine bereits vorhandene Insel, die entweder als herrenlos dem Aneignungsrecht des Staates unterliege oder in dessen Eigentum stehe. Diese Anlandung teile auf Grund des hier anzuwendenden § 17 WG. die Rechtslage des Ufergrundstücks, an das sie sich anschließe. Deswegen unterliege auch die seit dem 1. Mai 1914 hinzugekommene Anlandungserweiterung entweder dem Aneignungsrecht des Klägers oder sie stehe in dessen Eigentum.

Aus den so gewonnenen Ergebnissen zieht das Oberlandesgericht folgenden Schluß: Die Hauener Hoge sei in ihrem ganzen gegenwärtigen Umfange, wenn sie ursprünglich als Anlandung entstanden sein sollte, Eigentum des Klägers. Wenn sie dagegen als Insel entstanden sein sollte, so sei sie herrenlos und der Kläger zur Aneignung dadurch, daß er sich als Eigentümer im Grundbuch eintragen lasse, berechtigt. Da der Kläger selbst das letztere behaupte, so müsse er dies ihm ungünstigere gegen sich gelten lassen. Er sei daher nicht als Eigentümer der Hauener Hoge anzusehen, wohl aber als aneignungsberechtigt. Das sei auf seinen Antrag unter Abweisung des weitergehenden Begehrens festzustellen. Daß der Kläger bereits Besitz von der Insel ergriffen habe, sei nicht erwiesen. Aber aus seiner Anwartschaft auf das Eigentum folge doch schon in entsprechender Anwendung des § 1004 BGB. seine Befugnis, der Beklagten Handlungen zu untersagen, die sein künftiges Eigentum beeinträchtigen könnten. Die Beklagte sei daher zur Unterlassung solcher Handlungen zu verurteilen.

Die Revision beanstandet die Annahme des Oberlandesgerichts, daß die Hauener Hoge im Meeresgebiet liege, weil sie auf Verletzung des materiellen Rechts und auf ungenügender Berücksichtigung der tatsächlichen Verhältnisse (Verstoß gegen § 286 ZPO.) beruhe. Schon nach der Verordnung des Bundesrats vom 10. November 1899 (RZBl. S. 380) sei die Grenze zwischen Fluß- und Meeresgebiet durch eine die Leybucht als zur Ems gehörig abgrenzende Linie bestimmt worden. Es handle sich um eine Anlandung im Fluß, die der Beklagten als Uferanliegerin gehöre.

Die Revision konnte keinen Erfolg haben.

Da nach Art. 65 EG. z. BGB. die landesgesetzlichen Vorschriften, welche dem Wasserrecht angehören, mit Einschluß der Vorschriften über Anlandungen und entstehende Inseln, unberührt bleiben, so sind die für das betreffende Rechtsgebiet ergangenen landesrechtlichen Vorschriften maßgebend; und zwar für Ostfriesland bis zum Inkrafttreten des preußischen Wassergesetzes das Preuß. Landrecht mit etwa von ihm zugelassenen Provinzialrechtsbestimmungen und die an seine Stelle getretenen Vorschriften des Bürgerlichen Gesetzbuchs. Für die Zeit vom 1. Mai 1914 an kommt aber das Wassergesetz in Betracht. Denn nach der dort bestimmten Abgrenzung des Flußgebietes der Ems von der Nordsee (§ 2 WG. mit Anlageverzeichnis der Wasserläufe erster Ordnung) durch die Verbindungslinie der westlichen Spitze der Westermarsch mit Ostpolder Siel gehört die Leybucht, in der die Hauener Hoge liegt, zum Flußgebiet. Sie unterliegt somit diesem Gesetze. Die Bestimmungen der §§ 14, 17 WG. über Eigentum an neuentstehenden Inseln und Anlandungen haben jedoch keine rückwirkende Kraft. Sie ändern die früher begründete Rechtslage nicht ab (vgl. das Urt. des erk. Senats v. 23. Februar 1929 V 336/27, abgedr. SeuffArch. Bd. 83 Nr. 150 und JW. 1929 S. 1980 Nr. 31). Im Preuß. Landrecht sind besondere Bestimmungen über Eigentumserwerb an Inseln und Anlandungen in Flüssen enthalten (§§ 225 flg. ALR. I 9, §§ 56 flg. das. II 15), während solche für Inseln und Anlandungen im Meere fehlen. Aber es ist nirgends bestimmt, wo der

Fluß endet und das Meer beginnt. Vielmehr ist es im Herrschaftsgebiet des Landrechts Tatfrage, ob ein Gewässer Meer oder Fluß ist (vgl. ObTrib. Bd. 28 S. 314, Bd. 71 S. 223; Gruch. Bd. 52 S. 1214). Diese Frage ist, wie das Berufungsgericht mit Recht bemerkt, nach den für die allgemeine Auffassung maßgebenden natürlichen Verhältnissen zu beurteilen. Dem Vorderrichter ist nicht entgegenzutreten, wenn er dafür, ob das fragliche Gebiet noch zur Ems gehört, entscheidend sein läßt, ob eine Fortwirkung der Flußströmung bemerkbar ist und zugleich einander gegenüberliegende Ufer vorhanden sind, und wenn er bei dem Fehlen des letzteren die Leybucht nicht mehr als zur Ems gehörig, sondern als Meeresgebiet ansieht. Im Landrecht ist bei Regelung der die Flüsse betreffenden Rechtsverhältnisse häufig vom „Flußbett" die Rede, das zwei eingrenzende Ufer voraussetzt. Für diese zur Anwendung der Vorschriften des Landrechts über Eigentumserwerb zu gewinnende Unterscheidung sind Bestimmungen und Anschauungen auf anderen Rechtsgebieten (Schiffahrt, Fischerei), für die ebenfalls die Begriffe „Fluß" und „Meer", dabei auch noch die Unterscheidung zwischen „See" und „Binnengewässern" oder „Küstengewässern" von Bedeutung sind, nicht maßgebend; denn die Abgrenzung zwischen Meer und Fluß ist für sie nicht einheitlich, sondern nach den jeweiligen praktischen Erfordernissen getroffen worden. So kann hier auch nicht die von der Revision erwähnte Bekanntmachung vom 10. November 1899, betr. Ausführungsbestimmungen zum § 25 des Flaggen-Gesetzes vom 22. Juni 1899, herangezogen werden; denn sie regelt nur die Grenzen der Seefahrt für das Flaggenrecht. Auch die nach den praktischen Bedürfnissen der Wasserwirtschaft vorgenommene Abgrenzung der Ems im Wassergesetz erlaubt keinen Rückschluß darauf, wo die Grenze früher nach allgemeiner Auffassung und nach geographischen Begriffen zu ziehen war. Die hierfür maßgebenden Verhältnisse hat das Oberlandesgericht vollständig und sorgfältig gewürdigt. Ein Rechtsirrtum ist bei seiner wesentlich auf tatsächlichem Gebiete liegenden Beurteilung nicht ersichtlich.

Die weiteren Ausführungen des Berufungsgerichts über das rechtliche Schicksal einer im Meere entstandenen Insel oder einer Meeresanlandung begegnen gleichfalls keinem rechtlichen Bedenken. Die herrenlose Insel im Meere konnte sich der Staat nach §§ 3, 8 ALR. II 16 aneignen. Diese Vorschrift ist mit Inkrafttreten des

Bürgerlichen Gesetzbuchs laut Art. 190 EG. z. BGB. durch die des § 928 Abs. 2 BGB. ersetzt worden (vgl. RGZ. Bd. 71 S. 67), wonach der Kläger das Eigentum durch Eintragung im Grundbuch erwerben kann. Sollte es sich aber von vornherein nicht um eine Insel, sondern zunächst um eine Anlandung gehandelt haben, so fehlen auch hierfür besondere landesrechtliche Vorschriften und ist deswegen nach § 2 des zur Wiedereinführung des Landrechts in Ostfriesland ergangenen Patents vom 9. September 1814 das ostfriesische Provinzialrecht anzuwenden. Während nach den vom Reichsgericht nicht nachzuprüfenden Ausführungen des Berufungsrichters ein solches Provinzialrecht für neuentstehende Inseln nicht bestand, hat er für Anlandungen im Meeresgebiet ein solches — unangreifbar — dahin festgestellt, daß diese von selbst, also ohne Aneignungshandlung in das Eigentum des Staates fallen.

Wenn auch diese Rechtsgestaltung für den Teil der Hauener Hoge, der am 1. Mai 1914 vorhanden war, durch das Wassergesetz keine Änderung erfuhr, so steht doch tatsächlich fest, daß sich die Insel seit diesem Zeitpunkt durch allmähliche Anspülung noch erweitert hat. Für diesen Zuwachs gilt das Wassergesetz, weil er erst unter seiner Herrschaft eingetreten ist und weil nach positiver Gesetzesbestimmung die Leybucht seitdem zum Flußgebiet gehört. Für solche Anlandung an Inseln, die im Flusse liegen, könnten § 14 und § 17 WG. in Betracht kommen. Nach jenem bleibt das Eigentum an einer im Wasserlauf hervortretenden Erderhöhung, die nicht mit dem Ufer zusammenhängt — einer Insel —, unverändert; d. h. der bisherige Eigentümer des Wasserlaufs ist auch Eigentümer der Insel. Nach § 17 Abs. 1 gehören durch allmähliche Anspülung entstandene Anlandungen den Anliegern. Die Erläuterungsbücher zum Wassergesetz wollen, soweit sie sich mit der Frage befassen, auf Anlandungen an Inseln nicht den § 17, sondern den § 14 anwenden (Holtz-Kreutz 4. Aufl. § 8 Anm. 3, § 14 Anm. 3, § 17 Anm. 6; Lenhard-Reichau § 14 Anm. 3), weil die in § 17 genannten „Anlieger" nur die Eigentümer von Ufergrundstücken seien, zu denen Inseln nicht gehörten. Holtz-Kreutz erkennen an, daß sich bei dieser Anschauung die Frage des Landanwuchses durch Anlandung an der Insel nicht immer befriedigend lösen lasse. Lenhard-Reichau wollen im Hinblick auf § 119 WG. (Unterhaltungspflicht) die Inseln auch als Ufergrundstücke ansehen (§ 119 Anm. 3). Im vorliegenden Falle würde die Anwendung des § 14 WG., wie das Berufungsgericht darlegt, zur Folge haben, daß die seit dem 1. April 1921 entstandene Anlandungsfläche in das Eigentum des Reichs gefallen wäre, weil das Eigentum am Fluß seit diesem Zeitpunkt von Preußen auf das Reich übergegangen ist (Staatsvertrag vom 31. März/26. September 1921), und daß die in der Zeit vom 1. Mai 1914 bis zum 1. April 1921 entstandene Anlandung Eigentum des Klägers wäre, während der früher entstandene Teil der Insel entweder im Eigentum des Klägers stände oder dessen Aneignungsrecht unterläge. Das Oberlandesgericht führt zutreffend aus, daß eine Gesetzesanwendung mit solcher Schlußziehung nicht richtig sein könne; dies namentlich auch angesichts der praktisch kaum lösbaren Schwierigkeit, festzustellen, wo nun die Grenzlinien der Insel liegen, wie sie am 1. Mai 1914 und am 1. April 1921 vorhanden waren. Der Wortlaut des § 17 Abs. 1 WG. nötigt keineswegs dazu, den Eigentümer eines Inselgrundstücks nicht als Anlieger im Sinne dieser Bestimmung anzusehen; während anderseits § 14 seinem Wortlaute nach nur recht gezwungen auf eine Anlandung anzuwenden sein würde, die keine Insel für sich ist. Es erscheint auch zulässig, zum Zwecke einer vernünftigen Gesetzesanwendung den Begriff „Anlieger" in § 17 Abs. 1 WG. auf den Eigentümer einer Insel zu erstrecken, obschon das in § 8 das., der das Eigentum an Wasserläufen zweiter und dritter Ordnung regelt, nicht der Fall sein mag. Die Gesetzesvorarbeiten ergeben nichts zur Lösung der Frage. Nach dem Preuß. Landrecht, dem das Wassergesetz in seinen Bestimmungen über „Anlandungen" wesentlich folgt, ist eine Anlandung an eine Insel im Fluß wie eine solche an den Flußufern zu behandeln (vgl. Rehbein Entsch. 2. Aufl. Bd. 1 S. 877; Koch bei § 225 ALR. I 9). Nach alledem ist dem Berufungsgericht darin beizutreten, daß die durch allmähliche Anspülung entstehende Inselanlandung gemäß § 17 Abs. 1 WG. dem Rechtsschicksal der ganzen Insel folgt.

Aus diesen Gründen ist die Auffassung des Oberlandesgerichts zu billigen, daß die Hauener Hoge insgesamt, wenn sie ursprünglich als Anlandung am Festlande entstanden und erst später von diesem getrennt sein sollte, dem Kläger zu Eigentum gehört, und daß sie, wenn von vornherein als Insel entstanden, seinem durch Eintragung in das Grundbuch auszuübenden Aneignungsrecht unterliegt. Weil die Beklagte weder im einen noch im anderen Falle irgendwelche Rechte an der Hauener Hoge hat, und der Kläger selbst den ihm ungünstigeren

Fall (Entstehung als Insel) behauptet, so durfte das Berufungsgericht ohne weitere Klärung der Sachlage annehmen, daß der Kläger noch kein Eigentum, wohl aber ein Aneignungsrecht an der Insel habe. Die hieraus gezogenen Urteilsfolgen — die Feststellung, daß der Kläger alleinberechtigt zur Aneignung sei, und die Verurteilung der Beklagten zur Unterlassung von Störungshandlungen — sind rechtlich bedenkenfrei.

---

49. Wird die Verlängerung der Nachweisfrist des § 519 Abs. 6 ZPO. schon durch mündliche Mitteilung an den Antragsteller wirksam?

ZPO. § 329 Abs. 3, § 519 Abs. 6.

VIII. Zivilsenat. Beschl. v. 26. September 1932 i. S. Sch. (Bekl.) w. G. u. Gen. (Kl.). VIII B 30/32.

I. Landgericht Glatz.
II. Oberlandesgericht Breslau.

Der Sachverhalt und die Entscheidung ergeben sich aus den

Gründen:

Der Beklagte und Beschwerdeführer hatte Berufung gegen das Urteil des Landgerichts eingelegt. Der Vorsitzende des Berufungsgerichts hat daraufhin die Frist zum Nachweise der Zahlung der erforderten Prozeßgebühr bis zum 25. Mai 1932 einschließlich gesetzt. Auf den Antrag des Prozeßbevollmächtigten des Beklagten hat der Vorsitzende durch Verfügung vom 25. Mai 1932 die Frist bis zum 26. Juni 1932 verlängert. Der Prozeßbevollmächtigte hat erst am 26. Mai 1932 bescheinigt, daß ihm die Ausfertigung dieser Verfügung zugegangen ist. Nachdem die Zahlung der Prozeßgebühr am letzten Tage der verlängerten Frist nachgewiesen worden war, hat das Berufungsgericht durch den angefochtenen Beschluß die Berufung als unzulässig verworfen, da die Fristverlängerung nicht wirksam geworden sei, denn die Verfügung der Verlängerung sei nicht innerhalb der zu verlängernden Frist dem Prozeßbevollmächtigten zugestellt worden. Mit der sofortigen Beschwerde macht der Beschwerdeführer geltend, seinem Prozeßbevollmächtigten sei die verfügte Verlängerung noch am 25. Mai 1932 fernmündlich von der Geschäftsstelle des Berufungsgerichts mitgeteilt, die Ausfertigung der Verfügung auch in das Fach des Anwalts gelegt worden; von dort sei sie aber erst am folgenden Tage in dessen Kanzlei gelangt.

Die Beschwerde ist nicht begründet, da die verfügte Fristverlängerung nicht in Kraft getreten, der Nachweis der Zahlung der Prozeßgebühr infolgedessen nicht rechtzeitig geführt worden ist. Verlängert der Vorsitzende gemäß § 519 Abs. 6 Satz 2 ZPO. die Nachweisfrist auf den Antrag des Berufungsklägers, so ist seine Verfügung nach § 329 Abs. 3 ZPO. von Amts wegen zuzustellen. Erst mit dieser Zustellung wird sie wirksam. Ist die Zustellung nicht mehr innerhalb der zu verlängernden Frist erfolgt, die Wirkung der Verfügung also nicht eingetreten, so kann sie auch durch spätere Vorgänge nicht mehr eintreten, da eine bereits abgelaufene Frist nicht verlängert werden kann. Im vorliegenden Falle geschah die Zustellung erst am Tage nach dem Fristablauf. Die Berufung ist deshalb mit Recht verworfen worden. Anders wäre nur zu entscheiden, wenn die fernmündliche Mitteilung die nach § 329 Abs. 3 erforderliche Zustellung ersetzen könnte. Im Schrifttum (so zu § 329 ZPO. Stein-Jonas Anm. I, 3; Baumbach Anm. 2b) und auch in Entscheidungen der Oberlandesgerichte (vgl. u. a. JW. 1927 S. 1496) wird allerdings die Ansicht vertreten, die Zustellung sei entbehrlich, wenn die Partei von einer zu ihren Gunsten ergangenen Verfügung auf andere Weise zuverlässige Kenntnis erlangt habe, denn § 329 Abs. 3 ZPO. stelle das Erfordernis der Zustellung nur zum Schutze der Partei auf. Dieser Auffassung ist nicht beizutreten.

In der Entscheidung vom 21. Oktober 1924 (RGZ. Bd. 109 S. 83) fordert der IV. Zivilsenat des Reichsgerichts die Zustellung innerhalb der Frist und läßt nur diejenige an den Prozeßbevollmächtigten, nicht aber eine Zustellung an die Partei selbst genügen. Die Zustellung oder eine gleichwertige Beurkundung innerhalb der Frist halten auch der VI. und der III. Zivilsenat (RGZ. Bd. 96 S. 350 und Bd. 109 S. 341) in Beschlüssen vom 23. Oktober 1919 und vom 16. Dezember 1924 für nötig. In diesen beiden Entscheidungen ist allerdings die Frage offen gelassen, ob die formlose Übergabe der Verfügung oder ihre mündliche Mitteilung dann genügen könnte, wenn über solche

Vorgänge eine amtliche Urkunde aufgenommen worden ist. Diese Frage braucht auch im vorliegenden Falle nicht entschieden zu werden, weil über die vom Beschwerdeführer behauptete fernmündliche Mitteilung keine Urkunde vorhanden ist. Der Beschluß des VI. Zivilsenats vom 14. Dezember 1926 VI B 46/26 (JW. 1927 S. 1481 Nr. 14b) läßt die persönliche Kenntnisnahme des Prozeßbevollmächtigten vom Erlaß der Verfügung nicht genügen. Der VII. Zivilsenat hat im Beschluß vom 26. Februar 1929 VII B 6/29 (JW. 1929 S. 1656 Nr. 14) einer Mitteilung der Fristverlängerung an den Bürovorsteher des Prozeßbevollmächtigten die Bedeutung versagt. Auch der IX. Zivilsenat schließt sich im Beschlusse vom 23. September 1931 IX B 13/31 den erwähnten Entscheidungen RGZ. Bd. 96 S. 350 und Bd. 109 S. 83 an. Die Wirkung einer mündlichen Mitteilung wird noch in zwei Beschlüssen des V. Zivilsenats behandelt. Von diesen betrifft der Beschluß vom 13. Februar 1929 V B 3/29 (WarnRspr. 1929 Nr. 86) den hier nicht gegebenen Sachverhalt, daß die Partei auf die förmliche Zustellung vorher verzichtet hatte. Allerdings ist es im Beschlusse vom 7. März 1925 V B 9/25 (JW. 1925 S. 1491 Nr. 19) unter besonderen Umständen, die aber hier nicht vorliegen, als ausreichend angesehen worden, daß die Verlängerung dem Prozeßbevollmächtigten auf seine Anfrage in der Geschäftsstelle des Gerichts mündlich mitgeteilt worden war. Der beschließende Senat sieht jedoch in der Regel, daß nicht verkündete Beschlüsse oder Verfügungen des Vorsitzenden, die gemäß § 329 Abs. 3 ZPO. zuzustellen sind, erst durch ordnungsmäßige Zustellung Bestand erhalten, ein so dringendes Erfordernis der Rechtssicherheit, daß jedenfalls die Umstände des zur Entscheidung stehenden Falles eine Abweichung nicht zu rechtfertigen vermögen. Nach dem Gesetzesinhalt erscheint es unzulässig und es wäre auch mit dem Schutzzweck für eine der Parteien nicht ausreichend zu rechtfertigen, wollte man das Entstehen der Wirkung einer doch für beide Parteien bedeutsamen Fristerstreckung von einer bloß formlosen Mitteilung abhängig machen und dadurch zugleich die Grenze verwischen, bei der die richterliche Verfügung aufhört, ein innerer, der Abänderung noch zugänglicher Geschäftsvorgang zu sein.

50. 1. Bildet das Verzeichnis der den Militäranwärtern im preußischen Staatsdienste vorbehaltenen Stellen (Anlage M zu den Anstellungsgrundsätzen vom 20. Juni 1907) einen Bestandteil dieser Grundsätze und stellt sein Inhalt, wie diese, im Klagewege verfolgbares objektives Recht dar?

2. Gewährt die Eigenschaft eines Militäranwärters als solche und der Besitz des Zivilversorgungsscheins allein einen Anspruch auf die Übertragung von Beförderungsstellen?

3. Wie ist die Bestimmung in Spalte 4 des preußischen Stellenverzeichnisses auszulegen, das Aufrücken der Militär- und Zivilanwärter in höhere Gruppen erfolge nach der Reihenfolge, die sich aus dem Anteilsverhältnis ergebe?

Grundsätze für die Besetzung der mittleren Kanzlei- und Unterbeamtenstellen bei den Reichs- und Staatsbehörden mit Militäranwärtern und Inhabern des Anstellungsscheins — Anstellungsgrundsätze — vom 20. Juni 1907 (RGBl. S. 317) §§ 4, 7, 8 Abs. 2 u. 3, § 22 Abs. 4 u. 5. Anlage M zu den Anstellungsgrundsätzen (Preuß. MinBl. f. d. innere Verw. 1911 S. 310).

III. Zivilsenat. Urt. v. 27. September 1932 i. S. R. (Kl.) w. Deutsche Reichsbahn-Gesellschaft (Bekl.). III 373/31.

I. Landgericht Stettin.
II. Oberlandesgericht daselbst.

Der Kläger war Militäranwärter und Inhaber des Zivilversorgungsscheins. Am 16. Oktober 1906 trat er als Stationsaspirant in den Dienst der Preußisch-Hessischen Staatseisenbahnverwaltung. Am 1. Mai 1910 wurde er planmäßig angestellt, am 26. August 1921 mit Wirkung vom 1. April 1920 zum Eisenbahninspektor befördert und damit in die Besoldungsgruppe VIII des Reichsbesoldungsgesetzes vom 30. April 1920 eingereiht. Beim Inkrafttreten des Besoldungsgesetzes vom 16. Dezember 1927 wurde der Kläger infolge der Zusammenlegung der Besoldungsgruppen VII und VIII in die neue Eingangsstelle dieser zusammengelegten Gruppe 7 eingestuft. Eine Gehaltsminderung ist für ihn hierdurch nicht eingetreten, sondern sein Diensteinkommen hat sich verbessert.

Der Kläger behauptet, Beamte der Beklagten hätten ihre ihm gegenüber obliegende Amtspflicht dadurch verletzt, daß sie ihn als Militäranwärter bei der Beförderung in eine Oberinspektorstelle übergangen hätten. Nach § 18 des Mannschaftsversorgungsgesetzes vom 31. Mai 1906 (RGBl. S. 593), § 4 der Anstellungsgrundsätze und dem in der Anlage M zu diesen befindlichen Stellenverzeichnis sei mindestens die Hälfte der Stellen der mittleren nichttechnischen Eisenbahnbeamten mit Militäranwärtern zu besetzen. Die Eisenbahndirektion Stettin habe jedoch von den seit 1920 besetzten 203 Oberinspektorstellen 130 mit Zivilanwärtern, dagegen nur 73 mit Militäranwärtern besetzt, diesen seien also 29 Stellen entzogen worden. Auch auf diese neugeschaffenen Oberinspektorstellen seien die Anstellungsgrundsätze anzuwenden, da diese Stellen denen der Obersekretäre alter Ordnung gleichständen und gleichwertige Dienstleistungen erforderten. Dadurch, daß die Beklagte die Anstellungsgrundsätze nicht auf ihn angewendet und ihn nicht zum Oberinspektor befördert habe, habe sie seine wohlerworbenen Rechte verletzt. Seit 1920 stehe fest, daß er für die schwierigsten Stellen des mittleren Dienstes geeignet sei, gleichwohl befinde er sich in der Eingangsstelle des mittleren Dienstes. Die Oberinspektoren bekleideten aber nicht einmal die schwierigsten Stellen, sondern dafür seien die Amtmänner bestimmt. Die Beförderung bei der Eisenbahnverwaltung sei allgemein nach dem Dienstalter erfolgt; da er zu den ältesten Anwärtern gehöre, hätte er, wenn das den Militäranwärtern vorbehaltene Anteilsverhältnis gewahrt worden wäre, längst eine Beförderungsstelle erhalten müssen. Als Schaden beansprucht der Kläger den Unterschied zwischen seinen jetzigen Bezügen und demjenigen Diensteinkommen, das er als Oberinspektor erhalten würde.

Die Beklagte bestreitet, daß einer ihrer Beamten sich einer Amtspflichtverletzung dem Kläger gegenüber schuldig gemacht habe, und macht geltend, er habe nach den Anstellungsgrundsätzen keinen Anspruch auf Übertragung von Beförderungsstellen. Im Stellenverzeichnis (Anlage M) seien zwar Beförderungsstellen aufgeführt, es handle sich jedoch hierbei um ein freiwilliges Entgegenkommen der Eisenbahnbehörde. Die Oberinspektorstellen seien neugeschaffene Beförderungsstellen, auf die sich das Stellenverzeichnis nicht beziehe. Dem Kläger sei allerdings die Eignung zuerkannt, die schwierigsten Stellen des mittleren Dienstes zu versehen, daraus folge aber nicht, daß ihm eine Beförderungsstelle als Oberinspektor hätte übertragen werden müssen. Dies sei lediglich eine Frage des pflichtmäßigen Ermessens der Dienstbehörde.

In beiden vorderen Rechtszügen wurde die Klage abgewiesen. Auch die Revision des Klägers hatte keinen Erfolg.

Aus den Gründen:

Der Kläger stützt seinen Schadensersatzanspruch im Rechtszug der Revision überwiegend auf die Behauptung, Beamte der Beklagten hätten den § 18 des Mannschaftsversorgungsgesetzes vom 31. Mai 1906, die Anstellungsgrundsätze von 1907 und das als Anlage M bezeichnete Verzeichnis der den Militäranwärtern im preußischen Staatsdienst vorbehaltenen Stellen dadurch verletzt, daß sie ihn als Militäranwärter bei der Beförderung in eine Oberinspektorstelle übergangen, daß sie hierdurch ihren ihm gegenüber bestehenden Amtspflichten zuwidergehandelt und die Beklagte zum Ersatz des ihm entstandenen Schadens verpflichtet hätten. Es ist daher in erster Reihe zu prüfen, ob die erwähnten Bestimmungen eine Rechtsgrundlage für den mit der Klage geltend gemachten Anspruch abzugeben geeignet sind. Daß die reichsrechtlichen Anstellungsgrundsätze nicht nur Regelungen des inneren Dienstes, sog. Verwaltungsanweisungen, sondern im Klagewege verfolgbares objektives Recht darstellen, ist ständige Rechtsprechung (RGZ. Bd. 48 S. 84, Bd. 57 S. 120, Bd. 132 S. 236). Der hier zur Entscheidung stehende Anspruch läßt sich jedoch aus ihnen nicht herleiten.

Die Beklagte hat während des ganzen Rechtsstreits gleichbleibend geltend gemacht, der Kläger habe als Militäranwärter nach den Anstellungsgrundsätzen von 1907 keinen Anspruch auf vorzugsweise Übertragung von Beförderungsstellen. Dieser Standpunkt erscheint gerechtfertigt. Ausschlaggebend hierfür sind die Vorschriften in § 22 Abs. 4 der Anstellungsgrundsätze, woselbst bestimmt ist, das Aufrücken in höhere Diensteinnahmen und die Beförderung in Stellen höherer Klasse erfolge lediglich nach den für die einzelnen Dienstzweige maßgebenden Bestimmungen; der Besitz des Zivilversorgungsscheins oder des Anstellungsscheins begründe dabei keinen Anspruch auf Bevorzugung. Der gleiche Gedanke kommt in der für die Inhaber des Anstellungsscheins geltenden Bestimmung des § 22 Abs. 5 zum Ausdruck, in Beziehung auf die Beförderung in Stellen des mittleren Dienstes oder des Kanzleidienstes seien Inhaber des Anstellungsscheins oder etatsmäßig angestellte ehemalige Inhaber dieses Scheines lediglich als nichtversorgungsberechtigte Zivilpersonen anzusehen.

Damit ist in zweifelsfreier Weise ausgesprochen, daß die Eigenschaft als Militäranwärter als solche und der Besitz des Zivilversorgungsscheins allein keinen Anspruch auf die Übertragung von Beförderungsstellen gewährt, daß vielmehr bei dem Aufrücken in gehobene Stellen des mittleren Beamtendienstes der Militäranwärter keine Bevorzugung gegenüber den anderen Stellenanwärtern genießt, sondern mit diesen in freiem Wettbewerb steht, also für die Beförderungsstelle nur dann in Betracht kommt, wenn er nach den für die einzelnen Dienstzweige maßgebenden Bestimmungen — heute nach dem Leistungsgrundsatz — den Anforderungen für die Stelle in jeder Beziehung genügt. So ist denn auch in den Erläuterungen des Bundesrats zu den Anstellungsgrundsätzen (RZBl. 1907 S. 344) unter VI ausdrücklich erwähnt, daß die Bestimmung in § 9 Abs. 1, wonach die den Militäranwärtern vorbehaltenen Stellen mit anderen Personen nicht besetzt werden dürfen, der Anwendung der Bestimmung in § 22 Abs. 4 nicht entgegensteht.

Aus dem Schreiben des Reichsamts des Inneren vom 1. Juni 1911 betreffend die Verzeichnisse der den Militäranwärtern vorbehaltenen Stellen läßt sich für den Standpunkt des Klägers nichts herleiten. Wenn auch in diesem Schreiben unter a im Gegensatz zu dem Rechtsstandpunkt der Beklagten gesagt ist, unter „Stellen" im Sinne der §§ 4 und 7 der Anstellungsgrundsätze seien auch die nur im Wege des Aufrückens oder der Beförderung erreichbaren Stellen zu verstehen, so wird doch unter d ausdrücklich auf § 22 Abs. 4 das. hingewiesen und ausgeführt, daß die Anstellungsbehörden es danach in der Hand hätten, einen Militäranwärter, der die maßgebenden Verwaltungsbestimmungen nicht erfülle, von der Beförderung auszuschließen. Zur Begründung dieser Annahme wird noch angegeben, die Stelle sei dem betreffenden Militäranwärter dann nicht zugänglich, bleibe aber den Militäranwärtern vorbehalten.

Nun gewinnt allerdings der Anspruch des Klägers auf den ersten Anschein eine gewisse Berechtigung dadurch, daß in dem Verzeichnis der den Militäranwärtern im preußischen Staatsdienst vorbehaltenen Stellen — Anlage M — in Spalte 4 unter „Bemerkungen" bestimmt ist: „Das Aufrücken der Militär- und Zivilanwärter in höhere Gruppen erfolgt nach der Reihenfolge, die sich aus dem Anteilsverhältnis ergibt." Zutreffend nimmt der Berufungsrichter an, daß die Anlage M — wenn auch von einer Landesbehörde ausgehend — doch auf Grund der §§ 7 und 8 Abs. 2 der Anstellungsgrundsätze erlassen ist, daß sie daher einen Bestandteil dieser Grundsätze bildet, und daß eine Verletzung ihrer Bestimmungen in gleicher Weise zu bewerten wäre wie eine Verletzung der Anstellungsgrundsätze selbst. Wenn aber der Kläger diese Bemerkung in Verbindung mit der Bestimmung in Spalte 2, daß die betreffenden Stellen den Militäranwärtern mindestens je zur Hälfte vorbehalten sind, dahin ausgelegt wissen will, daß die Besetzung dieser Beförderungsstellen in unabänderbarem Wechsel zwischen Militär- und Zivilanwärtern erfolgen müsse, daß, wenn die Gruppe der Militäranwärter an der Reihe sei, unbedingt der dienstälteste Stellenbewerber dieser Gruppe zu entnehmen sei und daß dem dienstältesten Militäranwärter stets der Vorzug auch vor besser qualifizierten Zivilanwärtern gebühre, so kann dem nicht beigetreten werden. Damit würde sich die Preußische Staatsregierung in Widerspruch mit den Bestimmungen des § 22 Abs. 4 der Anstellungsgrundsätze, aber auch mit dem Leistungsgrundsatz gesetzt haben, wonach für die Verleihung von Beförderungsstellen in Besoldungsgruppe IX nicht das Dienstalter des Beamten, sondern allein praktische Bewährung und nachgewiesene Fähigkeit zur Wahrnehmung der schwierigsten Stellen maßgebend sein sollen (vgl. jetzt Ausführungserlaß des Reichsverkehrsministeriums zum Nachtragshaushalt 1920 vom 4. Juni 1921). Daß bei Herausgabe des preußischen Stellenverzeichnisses ein Abweichen von den erörterten Grundsätzen nach der einen oder anderen Richtung beabsichtigt gewesen sei, dafür fehlt jeder Anhalt. Es kann daher nur angenommen werden, daß die Erfüllung der in § 22 Abs. 4 gestellten Bedingungen selbstverständliche Voraussetzung auch für das Aufrücken in die in der Anlage M verzeichneten Beförderungsstellen bleiben, daß also kein Anspruch auf Bevorzugung des Militäranwärters bestehen solle, wenn ihm die Eignung für die gehobene Stellung fehle. Die Rechtslage ist daher keine andere als nach der Fußnote zu dem Verzeichnis der den Militäranwärtern im Reichsdienste vorbehaltenen Stellen (Anlage F zu den Anstellungsgrundsätzen a. a. O. S. 331), wo von Stellen die Rede ist, die den Militäranwärtern vorbehalten, aber regelmäßig nur im Wege des Aufrückens oder der Beförderung zugänglich sind.

Was nun aber die Frage betrifft, ob der Kläger bei Besetzungen von Stellen eines Oberinspektors jeweils nach der praktischen Bewährung und nachgewiesenen Fähigkeit als der tüchtigste und geeignetste Bewerber um diese Beförderungsstelle in Betracht kam, so ist dies eine reine Ermessensfrage, die bisher von der vorgesetzten Dienstbehörde des Klägers verneint wurde. Ohne erkennbaren Rechtsirrtum legt das Berufungsgericht dar, daß bei der Beurteilung dieser Frage von einer Willkür oder einem auch nur fahrlässig-schuldhaften Ermessensmißbrauch der Verwaltungsbehörden keine Rede sein könne. Dabei werden die Richtlinien beachtet, die in der Rechtsprechung für die Nachprüfung von Ermessensentscheidungen der Verwaltungsbehörden durch die Gerichte aufgestellt worden sind (RGZ. Bd. 121 S. 232, Bd. 126 S. 166, Bd. 135 S. 117). . . .

---

51. Hat das zunächst höhere Gericht das zuständige Berufungsgericht zu bestimmen, wenn infolge einer Änderung der Gerichtssprengel sich ein Grundstück über die Grenzen zweier Oberlandesgerichtsbezirke erstreckt?

ZPO. § 36 Nr. 4. Verordnung des Bayerischen Gesamtministeriums vom 15. Februar 1932 (Bayer. Staatsanzeiger Nr. 39).

VI. Zivilsenat. Beschl. v. 29. September 1932 i. S. Sch. (Kl.) w. M. (Bekl.). VI B 13/32.

I. Landgericht Straubing.
II. Oberlandesgericht München.

Die Frage wurde bejaht aus den nachstehenden, den Sachverhalt ergebenden

Gründen:

Der Kläger und seine Ehefrau kauften im März 1930 von den Eheleuten W. deren Grundbesitz in P., eingetragen im Grundbuch des Amtsgerichts Straubing. Für das Restkaufgeld von 14650 RM. bestellten die Käufer Hypothek ohne Brief an den gekauften Grundstücken. Zugleich unterwarfen sie sich der sofortigen Zwangsvollstreckung in der Weise, daß die Zwangsvollstreckung auch gegen den jeweiligen Eigentümer der Pfandgrundstücke zulässig sein sollte. Die Hypothek ist mit der dinglichen Unterwerfungsklausel im Grundbuch eingetragen worden. Die Kaufgeldrestforderung wurde nebst der Hypothek im Februar 1931 an den Beklagten abgetreten, der in G.,

Amtsgerichtsbezirk Mallersdorf, wohnt. Auf seinen Antrag wurde ihm eine vollstreckbare Ausfertigung aus der Kaufurkunde erteilt und ferner das Amtsgericht Straubing als Vollstreckungsgericht bestimmt.

Der Kläger verlangt, daß die Zwangsvollstreckung aus der Kaufurkunde für unzulässig erklärt werde; er ist aber mit seiner Klage durch Urteil des Landgerichts Straubing vom 10. März 1932 abgewiesen worden. Gegen das am 1. April 1932 zugestellte Urteil hat er am 14. April beim Oberlandesgericht München Berufung eingelegt und sie dann begründet. Das Oberlandesgericht München hat durch Beschluß vom 2. Juni 1932 die Berufung als unzulässig verworfen, weil es sich für unzuständig hält. Gegen diesen Beschluß hat der Kläger rechtzeitig die sofortige Beschwerde (§ 519b Abs. 2 ZPO.) eingelegt. Das Rechtsmittel ist begründet.

Durch die bayerische Verordnung zum Vollzug des Staatshaushalts vom 30. Oktober 1931 (GVBl. S. 309) ist unter andern das Landgericht Straubing mit Wirkung vom 1. April 1932 aufgehoben worden. Zu Ausführung dieser Verordnung hat das Gesamtministerium durch Verordnung vom 15. Februar 1932 von dem Bezirk des Landgerichts Straubing die Bezirke der Amtsgerichte Landau an der Isar und Mallersdorf dem Landgericht Landshut, die übrigen Amtsgerichtsbezirke dem Landgericht Regensburg zugeteilt. Nun ist dem Landgericht Regensburg das Oberlandesgericht Nürnberg übergeordnet, während das Landgericht Landshut zum Bezirk des Oberlandesgerichts München gehört. Mit dieser Aufteilung des Landgerichts Straubing hat sich das Reichsgericht bereits in dem Beschluß vom 11. Juli 1932 VIII B 23/32 (abgedruckt in diesem Bande S. 113) beschäftigt. Dort ist näher dargelegt, daß der Zeitpunkt der Einlegung der Berufung — nicht etwa der des Erlasses des landgerichtlichen Urteils — für die Zuständigkeit des Berufungsgerichts maßgebend sei. Daran ist festzuhalten. Die gegenteiligen Ausführungen der Beschwerde geben keinen Anlaß zu einer anderen Beurteilung der Zuständigkeitsfrage dahin, daß für die am 14. April eingelegte Berufung das Oberlandesgericht München zuständig geblieben sei, weil das frühere Landgericht Straubing vor dem 1. April 1932 zum Bezirk dieses Oberlandesgerichts gehört habe. Für den erwähnten Fall hat das Reichsgericht die Ansicht des Oberlandesgerichts München gebilligt, wobei ausschließlich das Landgericht Regensburg und das Oberlandesgericht Nürnberg in Betracht kamen, weil die Beklagten in dem Amtsgerichtsbezirk Bogen ihren Wohnsitz hatten. Es bleibt daher zu untersuchen, ob im jetzigen Falle aus dem Rechtsstreit örtliche Beziehungen zu entnehmen sind, welche mit Sicherheit auf die Zuständigkeit des Oberlandesgerichts München oder auf die des Oberlandesgerichts Nürnberg hinweisen.

Zutreffend geht der angefochtene Beschluß davon aus, daß, wenn sich der Eigentümer der sofortigen Zwangsvollstreckung aus der Urkunde in der Weise unterworfen hat, daß die Zwangsvollstreckung gegen den jeweiligen Eigentümer zulässig sein soll, für die Vollstreckungsgegenklage das Gericht ausschließlich zuständig ist, in dessen Bezirk das Grundstück belegen ist (§ 800 Abs. 3, § 802 ZPO.). Irrig ist dagegen die Meinung des Berufungsgerichts, die Zuständigkeit des Landgerichts Regensburg und damit die des Oberlandesgerichts Nürnberg sei ohne weiteres begründet, weil der Hauptteil der belasteten Grundstücke zum Amtsgericht Straubing gehöre, während nur eine Wiese in der Steuergemeinde H., Amtsgerichtsbezirk Mallersdorf (jetzt Landgerichtsbezirk Landshut), liege, die dem Grundbesitz in P. (jetzt Landgerichtsbezirk Regensburg) im Grundbuch zugeschrieben sei. Die Eintragung mehrerer Parzellen auf einem Grundbuchblatt begründet zwar die Einheitlichkeit der so verbundenen Grundstücke, ist aber nicht maßgeblich für den dinglichen Gerichtsstand. Hierfür entscheidet nach § 800 Abs. 3 ZPO. ebenso wie nach § 24 das. allein der Ort der belegenen Sache, wie sich unmittelbar aus dem Gesetze ergibt, auch vom Reichsgericht anerkannt worden ist (RGZ. Bd. 86 S. 278). Abzulehnen ist der Gedanke der Beschwerde, es seien die Oberlandesgerichte München und Nürnberg nebeneinander zuständig, sodaß etwa der Kläger die Wahl zwischen den beiden Berufungsgerichten hätte (§ 35 ZPO.). Vielmehr hat das im Instanzenzuge zunächst höhere Gericht das zuständige Gericht zu bestimmen, wenn das Grundstück in den Bezirken verschiedener Gerichte liegt (§ 36 Nr. 4 ZPO.). Zwar spricht diese Vorschrift nach ihrem Wortlaut nur von dem Falle, wenn die Klage im dinglichen Gerichtsstande erhoben werden soll. Nach Sinn und Zweck des Gesetzes muß es aber rechtsähnlich gelten, wenn sich infolge einer Änderung der Gerichtssprengel das Grundstück über die Grenzen zweier Oberlandesgerichtsbezirke erstreckt, während diese Schwierigkeit bei der Klagerhebung noch nicht bestand. Keinesfalls kann man die etwa anzunehmende Lücke im Gesetze, wie es der Berufungsrichter will, in der Weise ausfüllen, daß man einen Grundsatz aufstellt, der dem Wortlaut und Inhalt des § 36 Nr. 4 ZPO. zuwiderläuft. Denn die Vorschrift unterscheidet nicht nach der Größe der Grundstücksteile. Jener Grundsatz des Berufungsgerichts würde den § 36 Nr. 4 ZPO. überhaupt entbehrlich machen, abgesehen von dem kaum denkbaren Falle, daß die Bezirksgrenze das Grundstück in zwei genau gleiche Teile zerschneidet.

Der hier vertretene Standpunkt wird gestützt durch die amtliche Begründung zu den §§ 36 und 37 des Entwurfs zur Zivilprozeßordnung von 1874, welche Paragraphen unverändert Gesetz geworden sind und noch heute in der ursprünglichen Fassung gelten (Reichstag 1874 II. Legisl.-Per., II. Session Drucks. Nr. 6; Hahn Materialien zur ZPO. Bd. 1 S. 159). Dort heißt es: „Der § 36 kann selbstverständlich in einem anhängigen Prozesse unter Umständen erst in höherer Instanz eintreten." Man hat nur nicht für nötig gehalten, das ausdrücklich im Gesetz zu sagen, wie solches in einzelnen Landesentwürfen vorgesehen war. In den vorhergehenden Absätzen der amtlichen Begründung wird folgendes ausgeführt: einige Entwürfe der Länder gäben dem Kläger das Wahlrecht unter mehreren konkurrierenden Gerichten; dagegen spreche aber durchgreifend, daß eine einseitige Begünstigung des Klägers zum Nachteil des Beklagten in den Fällen des § 36 Nr. 3 und 4 nicht angängig sei und daß eine derartige Vorschrift sich auch sonst nicht empfehle. Ferner wird dargelegt: beim Zusammentreffen mehrerer Gerichte der belegenen Sache verweise Baden den Rechtsstreit vor dasjenige Gericht, in dessen Bezirk nach Maßgabe des Steueranschlags sich der größte Teil des Streitgegenstandes befinde; diese Regelung sei umständlich und passe nicht für alle Länder, sodaß das Verfahren des Entwurfs vorzuziehen sei. Bei der weiteren Durchberatung des Entwurfs zur Zivilprozeßordnung hat niemand den Ausführungen der amtlichen Begründung widersprochen. Die bayerischen Verordnungen enthalten keine Übergangsbestimmung wegen des dinglichen Gerichtsstandes; eine Abweichung von § 36 Nr. 4 ZPO. hätten sie auch nicht wirksam vorschreiben können (Art. 7 Nr. 3, Art. 13 RVerf.).

Ist nach alledem § 36 Nr. 4 ZPO. auf den gegebenen Fall anwendbar, so ist in Ermanglung der Bestimmung des Gerichts keines der beiden in Frage kommenden Berufungsgerichte zuständig (vgl. RGZ. Bd. 86 S. 280). Bei dieser Sachlage ist es geboten, den angefochtenen Beschluß aufzuheben, um dem Kläger Gelegenheit zu geben, beim Bayerischen Obersten Landesgericht den Antrag gemäß § 36 Nr. 4, § 37 ZPO. nachzuholen. Dabei geht der beschließende Senat von der Möglichkeit aus, daß dem Kläger die Wiedereinsetzung gegen den Ablauf der Berufungsfrist gewährt werde (§§ 233, 234 Abs. 2 ZPO.). Denn da ein seltener Fall zur Entscheidung steht, der bis dahin in Rechtsprechung und Schrifttum nicht geklärt war, so wird die irrige Rechtsansicht dem Prozeßbevollmächtigten des Klägers nicht zum Verschulden im Sinne des § 232 Abs. 2 ZPO. anzurechnen sein.

---

52. 1. Hat eine Rückentwicklung der längst zur Beschaffenheitsangabe gewordenen und als solche von der Rechtsprechung anerkannten Bezeichnung „Steinhäger" zur ursprünglichen Herkunftsangabe stattgefunden?

2. Unter welchen Voraussetzungen wäre solche Rückentwicklung anzunehmen?

UnlWG. §§ 3, 5. Gesetz über das Branntweinmonopol — BranntwMonG. — v. 8. April 1922 (RGBl. I S. 405) § 102 Abs. 2.

II. Zivilsenat. Urt. v. 30. September 1932 i. S. Offene Handelsges. in Firma F. W. Wippermann (Bekl.) w. Offene Handelsges. in Firma H. W. Schlichte (Kl.). II 474/31.

I. Landgericht Detmold.
II. Oberlandesgericht Celle.

Die Klägerin, welche die älteste und größte unter den heute in Steinhagen (Westfalen) bestehenden Steinhäger-Brennereien betreibt, bringt — ebenso wie es die anderen dortigen Brennereien tun — ihren unter Verwendung von Wacholderbeeren hergestellten Trinkbranntwein unter der Bezeichnung „Steinhäger" in den Handel. In den letzten Jahren läßt sie allerdings dieses Wort als Kennzeichnung ihres Erzeugnisses gegenüber ihrem Firmennamen „Schlichte" mehr in den Hintergrund treten. Die Beklagte hat ihren Sitz in Lemgo (Lippe-Detmold) und stellt dort neben anderen alkoholhaltigen Getränken auch Wacholderbranntwein her, den sie, ebenso wie zahlreiche andere außerhalb Steinhagens befindliche Brennereien, gleichfalls als „Steinhäger" bezeichnet. Der Aufdruck ihrer Flaschenschilder auf den auch von ihr verwendeten bekannten großen braunen Steinkrügen lautet: „Bester doppelt gebrannter Steinhäger von F. W. Wippermann. Steinhägerbrennerei Lemgo. Einzige in Lippe bestehende Steinhäger-Brennerei."

Die Klägerin beanstandet — soweit ihre Klage für die Revisionsinstanz noch in Betracht kommt — die Bezeichnung „Steinhäger" für den in Lemgo hergestellten Trinkbranntwein der Beklagten, da sich das Wort vom Gattungsnamen, zu dem es allmählich geworden sei, zur Herkunftsbezeichnung zurückentwickelt habe. Sie verlangt daher aus §§ 1 und 3 UnlWG. von der Beklagten Unterlassung der Verwendung der Bezeichnungen „Steinhäger" und „bester Steinhäger."

Nachdem das Landgericht die Klage insoweit abgewiesen hatte, verurteilte das von der Klägerin angerufene Oberlandesgericht die Beklagte antragsgemäß. Die Revision der Beklagten führte zur Wiederherstellung des landgerichtlichen Urteils.

Gründe:

Gegenstand des Streits der Parteien ist jetzt nur noch der Klaganspruch auf Unterlassung des Gebrauchs der Bezeichnung „Steinhäger" und „bester Steinhäger" für den Trinkbranntwein, den die Beklagte unter Verwendung von Wacholderbeeren nicht in Steinhagen, sondern in Lemgo herstellt. Die Klägerin sieht im Gebrauch dieser Bezeichnungen eine Verletzung der §§ 1 und 3 UnlWG. Die Befugnis der Klägerin als einer der verschiedenen Steinhäger-Brennereien in Steinhagen zur Geltendmachung dieses Unterlassungsanspruchs beruht auf der Vorschrift des § 13 Abs. 1 UnlWG. über die außerordentliche Klagebefugnis von Gewerbetreibenden, welche Waren gleicher oder verwandter Art herstellen oder in den geschäftlichen Verkehr bringen. Denn die Klägerin ist durch die von ihr beanstandete Verwendung jener Bezeichnungen von seiten der Beklagten nicht unmittelbar betroffen. Das wäre sie nur dann, wenn sie durch diese Verwendung in einem etwaigen Individualrecht auf alleinigen Gebrauch dieses Wortes für ihre Ware verletzt würde. Das ist jedoch nicht der Fall. Die Klägerin würde von dem Verhalten der Beklagten nicht anders berührt als jeder andere der verschiedenen Steinhäger-Fabrikanten in Steinhagen, falls die Bezeichnung „Steinhäger" eine Herkunftsangabe ist, wie sie behauptet. Der Unterlassungsanspruch kann nach § 13 Abs. 1 UnlWG. sachrechtlich nur auf die §§ 1 und 3 das. gestützt werden. Da es nach Lage der Sache an jedem Anhalt für einen Verstoß der Beklagten gegen § 1 UnlWG. fehlt, bleibt nur die Möglichkeit einer Verletzung des § 3. Die Klägerin behauptet eine solche, indem sie in der Bezeichnung „Steinhäger" und daher auch „bester Steinhäger" eine Herkunftsangabe findet, deren Benutzung für Trinkbranntwein, der außerhalb Steinhagens unter Verwendung von Wacholderbeeren hergestellt ist, eine unwahre Angabe über die Beschaffenheit oder über den Ursprung der Ware darstelle, die bei der Wertschätzung des echten Steinhägers im Verkehr den Anschein eines besonders günstigen Angebots erwecke. Nach Ansicht der Beklagten ist jedoch die Bezeichnung „Steinhäger" längst zur Beschaffenheitsangabe (Warengattungsname) für solchen Trinkbranntwein geworden, der unter Verwendung von Wacholderlutter aus vergorener Wacholdermaische hergestellt ist wie der ihrige, ohne Rücksicht darauf, ob das in Steinhagen oder an einem anderen Ort geschehen ist. Die Klägerin verkennt nicht, daß die Bezeichnung ihren ursprünglichen Charakter als Herkunftsangabe im Laufe der Zeit verloren hat und zur Beschaffenheitsangabe geworden ist. Dieser Vorgang ist in der Rechtsprechung der Instanzgerichte auf Grund der hierfür maßgebenden Verkehrsanschauung häufig festgestellt worden; die hiergegen erhobenen Beanstandungen hat das Revisionsgericht regelmäßig zurückgewiesen (vgl. z. B. die Urteile des erkennenden Senats vom 9. Januar 1914 in M. u. W. XIII S. 441, auch in GRUR. 1915 S. 204, vom 4. Dezember 1923 in M. u. W. XXIII S. 163 und vom 29. Oktober 1926 in M. u. W. XXVI S. 148). Das Schrifttum steht auf gleichem Standpunkt (vgl. Rosenthal 8. Aufl. 1930 Anm. 4a zu § 5 UnlWG.; Callmann 1929 Anm. 7 Nr. 5 u. 2. Aufl. [1932] Anm. 3, 10 zu § 5 UnlWG.). Die Klägerin behauptet aber, daß sich die Beschaffenheitsangabe wieder zur Herkunftsbezeichnung zurückentwickelt habe. Auf diesen Umstand stützt sie ihren Unterlassungsanspruch.

Der Berufungsrichter sieht in diesem Vorbringen der Klägerin eine ausreichende Begründung für ihren Anspruch. Er hat zunächst die Frage geprüft und ebenso wie das Landgericht verneint, ob etwa die Vorschrift des § 102 Abs. 2 BranntwMonG. vom 8. April 1922 den Charakter der Bezeichnung „Steinhäger" als einer Beschaffenheitsangabe gesetzlich festgelegt habe. Ferner hat der Vorderrichter, soweit es das Landgericht nicht schon getan hatte, von sämtlichen deutschen

Industrie- und Handelskammern Auskünfte darüber eingeholt, ob die Händler, die Inhaber von Gaststätten und die Verbraucher zur Zeit „Steinhäger" als Herkunfts- oder als Beschaffenheitsangabe betrachten. Er hat dann zwar grundsätzlich den beschränkten Beweiswert der Auskünfte von Handelskammern hervorgehoben, aber doch aus den beigezogenen „die volle Überzeugung gewonnen", daß mehr als der dritte Teil der Abnehmerkreise die Bezeichnung „Steinhäger" zur Zeit als Herkunftsbezeichnung auffasse, wenn auch nicht zu verkennen sei, daß diese Frage in allen Teilen des Reiches verschieden beantwortet werde. Daraufhin glaubt der Berufungsrichter feststellen zu können, daß „sich das Wort ‚Steinhäger' zur Herkunftsbezeichnung zurückentwickelt hat" und daß die Kennzeichnung des in Lemgo von der Beklagten hergestellten Wacholderbranntweins als „Steinhäger" eine unrichtige Angabe im Sinne des § 3 UnlWG. darstelle, ebenso die Bezeichnung „bester Steinhäger". Auf Grund dessen verurteilt er — im Gegensatz zum Landgericht — die Beklagte zur Unterlassung des Gebrauchs dieser Bezeichnungen.

Diese Begründung des Berufungsurteils wird mit Recht von der Revision beanstandet. Zutreffend wird zwar angenommen, daß die Frage, ob die Bezeichnung „Steinhäger" Herkunfts- oder Beschaffenheitsangabe sei, nicht durch die Vorschrift des § 102 Abs. 2 BranntwMonG. entschieden werde, auf die sich auch die Revision wieder beruft. Der Zweck der dortigen Bestimmung:

> Unter der Bezeichnung „Steinhäger" darf nur Trinkbranntwein in den Verkehr gebracht werden, der ausschließlich durch Abtrieb unter Verwendung von Wacholderlutter aus vergorener Wacholderbeermaische hergestellt ist

geht selbstverständlich nicht dahin, die Streitfrage der Parteien zu entscheiden, ob die Bezeichnung „Steinhäger" Herkunfts- oder Beschaffenheitsangabe ist. Für die Entscheidung dieser Frage, für welche die Verkehrsanschauung maßgebend ist und deren gesetzliche Regelung daher schon an sich höchst auffallend wäre, ist in dem Branntweinmonopol-Gesetz nach dem Zweck, zu dessen Erreichung dieses Gesetz geschaffen ist, naturgemäß kein Raum. Soweit es neben seinem eigentlichen Zweck der Schaffung eines Reichsmonopols für Branntwein und der Regelung der aus der besonderen Art, wie dieses Monopol gestaltet ist, sich ergebenden Fragen Bestimmungen enthält, in denen man auch die Absicht des Gesetzes finden könnte, dem Publikum und den Mitbewerbern Schutz vor unlauterem Wettbewerb zu gewähren, handelt es sich nach dem ganzen Zweck des Gesetzes doch nur um einen Schutz in bezug auf die Herstellung (Zusammensetzung) der betreffenden Sorten Trinkbranntwein. Von diesem Standpunkt aus wird in § 102 Abs. 2 a. a. O. für einen solchen Branntwein, der unter der Bezeichnung „Steinhäger" in den Verkehr gebracht wird, ein Mindestmaß von Anforderungen an die Herstellung festgesetzt. In einem Falle, wo diese nicht erfüllt sein sollten, könnte aus diesem Grunde die Bezeichnung „Steinhäger" wegen unwahrer Angabe über die Beschaffenheit der Ware aus § 3, unter Umständen auch aus § 1 UnlWG. als unzulässig beanstandet werden. Aus der Vorschrift des § 102 Abs. 2 BranntwMonG. folgt aber keineswegs umgekehrt, daß jeder Trinkbranntwein, der dem dort für „Steinhäger" festgesetzten Mindestmaß von Anforderungen in bezug auf seine Herstellung entspricht, unter allen Umständen die Bezeichnung „Steinhäger" führen dürfe. Soweit für diese Frage noch andere Gesichtspunkte als die Art der Herstellung maßgebend sind, bleiben sie von der oben wiedergegebenen Vorschrift des Branntweinmonopol-Gesetzes vollkommen unberührt bestehen. Die gleiche Ansicht, wenn auch ohne ausführliche Begründung, hat der erkennende Senat bereits in den beiden Urteilen vom 19. Oktober 1928 II 47/28 und II 53/28 (abgedr. M. u. W. XXIX S. 28 und S. 65 sowie JW. 1929 S. 1217 Nr. 25) vertreten, wo die jetzige Klägerin ebenfalls Prozeßpartei war.

Aber der Unterlassungsanspruch ist aus anderen Gründen nicht gegeben. Die Beklagte hatte bereits in der Klagebeantwortung behauptet, daß sie sich seit Jahrzehnten, spätestens seit den 80er Jahren des vorigen Jahrhunderts der Bezeichnung „Steinhäger" für ihren in Lemgo hergestellten Wacholdertrinkbranntwein auf den Schildern der Flaschen und Steinkrüge und sonst bediene. Die Klägerin hatte in ihrer Replik nur als unbekannt bestritten, daß sich die Beklagte, wie diese weiter behauptet hatte, auch das früher ebenfalls streitige, für die Revisionsinstanz nicht mehr in Betracht kommende Adlerbild verwendet habe. Auch die Aussagen der im ersten Rechtszuge eidlich vernommenen Zeugen H., D. und W., von denen die beiden ersten (jetzt 72 und 77 Jahre alt) als frühere Angestellte der Beklagten, W. als ihr früherer Lehrling, Angestellter und jetziger Lagermeister über die hier in Betracht kommenden Verhältnisse bei der

Beklagten während eines sehr langen Zeitraums genaue Kenntnis haben, bestätigen deren Behauptung. Danach reicht die Verwendung der Bezeichnung „Steinhäger" und „bester Steinhäger" durch die Beklagte für ihren Wacholder-Trinkbranntwein auf den Schildern ihrer Flaschen und Krüge (neben der dortigen Angabe ihrer Firma und ihres Sitzes in Lemgo) zurück sogar bis in den Anfang der 70er Jahre des 19. Jahrhunderts. Hat sich die Beklagte hiernach jener Bezeichnungen für ihren in Lemgo hergestellten Wacholder-Trinkbranntwein jahrzehntelang bedient, und zwar auch nach Ansicht der Klägerin sehr lange Zeit hindurch in Übereinstimmung mit der vom Verkehr und von der ihm folgenden Rechtsprechung vertretenen Auffassung, daß dieses Wort den ursprünglichen Charakter der Herkunftsangabe verloren habe und zur Beschaffenheitsangabe geworden sei, so hat sie einen — sogar redlich erworbenen — wertvollen Besitzstand an dieser Bezeichnung für ihr Erzeugnis erlangt. Dieser schützt sie vor der Unterlassungsklage, die auf mißbräuchliche Verwendung der angeblich wieder zur Herkunftsangabe gewordenen Bezeichnung gestützt wird. Der Jahrzehnte alte Besitzstand begründet ein Recht, zum mindesten ein schutzwürdiges Rechtsgut, das diesen Charakter nicht dadurch wieder verlieren und zu einem Verhalten unlauteren Wettbewerbs werden kann, daß sich etwa das Wort „Steinhäger" wieder zu seiner ursprünglichen Bedeutung einer Herkunftsbezeichnung zurückentwickeln sollte, die es infolge seiner Entwicklung zur Gattungsbezeichnung längst verloren hat. Der von der Klägerin und in Übereinstimmung mit ihr vom Berufungsgericht vertretene gegenteilige Standpunkt ist auch unvereinbar mit den notwendigen Anforderungen an die Rechtssicherheit. Es ist schlechterdings ausgeschlossen, eine Jahrzehnte hindurch in Übereinstimmung mit der höchstrichterlichen Rechtsprechung geschehene Übung plötzlich als unlauteren Wettbewerb anzusehen und aus diesem Grunde für unzulässig zu erklären. Dabei mag bemerkt werden, daß es sich keineswegs nur um das Verhalten der Beklagten handelt; denn die Klägerin hat diese als ein verhältnismäßig kleines Unternehmen unter den zahlreichen, auch bedeutenderen Steinhäger-Brennereien außerhalb Steinhagens (noch mindestens 15) zunächst nur herausgegriffen. Unter diesen Steinhäger-Brennereien, die ihren Sitz nicht in Steinhagen haben, befinden sich außer der Beklagten noch andere alte Unternehmen, die sich des Namens „Steinhäger" seit langem zur Bezeichnung ihres Wacholder-Trinkbranntweins auf den Schildern ihrer Flaschen und Krüge und sonst im Geschäftsverkehr bedienen. Dabei mag nur verwiesen werden auf die Steinhäger-Brennerei in Firma H. C. König in Gütersloh i. Westf. Gerade diese ist nach der Feststellung in der vom erkennenden Senat durch das Urteil vom 19. Oktober 1928 II 47/28 (M. u. W. XXIX S. 65 [66]) bestätigten Entscheidung des damaligen Berufungsgerichts (Oberlandesgerichts Hamm) „die älteste Brennerei überhaupt, die den sogenannten Steinhäger herstellt", während die auch damals klagende Klägerin nach der weiteren dortigen Feststellung „nur die älteste unter den heute in Steinhagen befindlichen Brennereien ist". Die wirtschaftlichen Folgen eines gegen die Beklagte als eine außerhalb des kleinen Ortes Steinhagen ansässige Brennerei etwa ergehenden Verbots, sich in Zukunft weiter der Bezeichnung „Steinhäger" für ihren Wacholder-Trinkbranntwein zu bedienen wegen inzwischen erfolgter Rückentwicklung dieser Bezeichnung zur Herkunftsangabe, würde sämtliche außerhalb Steinhagens befindliche Brennereien des sog. „Steinhäger" treffen ohne Rücksicht darauf, daß auch sie zum Teil alteingesessene Unternehmen sind, die sich ebenfalls seit langer Zeit jener Bezeichnung für ihre Erzeugnisse bedienen. Diese gesamte Industrie würde so gut wie vernichtet werden, weil ihr Absatz, der sich naturgemäß auf der altgewohnten Bezeichnung aufgebaut hat und dauernd weiter von ihrer Verwendung abhängt, im Falle eines Verbots dieser Bezeichnung mit größter Wahrscheinlichkeit lahmgelegt werden, zum mindesten schwere Einbuße erleiden würde. Der Hauptnutznießer eines solchen Verbots aber wäre die Klägerin als größte der in Steinhagen ansässigen Brennereien; für sie würde in nicht zu ferner Zeit praktisch geradezu eine Monopolstellung für Herstellung und Vertrieb von „Steinhäger" geschaffen, für die sie an sich keine andere Begründung aufzuweisen hätte, als daß sie ihren Sitz in dem Städtchen Steinhagen hat.

Das Berufungsgericht sieht kein Hindernis für seine Auffassung in dem wertvollen Besitzstand an der Bezeichnung „Steinhäger", den die Beklagte durch den jahrzehntelang im Einklang mit der Verkehrsanschauung und der Rechtsprechung geübten Gebrauch erworben hat. Seiner Ansicht nach „muß die Zerstörung erheblicher Anlagewerte nun einmal hingenommen werden". In der Fortsetzung ihrer alten Übung durch die Beklagte sieht das Berufungsgericht ohne Rücksicht darauf nunmehr unlauteren Wettbewerb im Sinne des § 3 UnlWG.

einfach deshalb, weil sich inzwischen diese längst zur Beschaffenheitsangabe gewordene Bezeichnung wieder zurück zur Herkunftsangabe entwickelt habe. Das ist nach der vorstehenden Darlegung rechtlich verfehlt. Eine solche Rückentwicklung könnte, wenn sie tatsächlich eingetreten wäre, ihre rechtlichen Wirkungen nur gegenüber einer neu aufgenommenen Anwendung der fraglichen Bezeichnung durch solche Unternehmungen ausüben, die entweder überhaupt erst nach abgeschlossener Rückentwicklung gegründet worden sind oder zwar schon vorher bestanden, aber die fragliche Bezeichnung erst später aufgenommen haben. Das wäre nur dann anders, wenn etwa eine Gesetzesänderung eingetreten wäre dahin, daß von Inkrafttreten des neuen Gesetzes oder von einem in ihm bestimmten anderen Zeitpunkte ab alle einen Ortsnamen enthaltenden Bezeichnungen, einschließlich der bereits zu Beschaffenheitsangaben gewordenen, als Herkunftsangaben anzusehen seien mit der Rechtsfolge, daß eine andere Verwendungsart ausnahmslos unzulässig sei. Eine solche gesetzliche Bestimmung besteht jedoch nicht. Es ist auch nicht einzusehen, weshalb hier — wie die Klägerin in der Revisionsinstanz geltend macht — der Gesichtspunkt des alten, jahrzehntelang bestehenden Besitzstandes der Beklagten an der Verwendung der beanstandeten Bezeichnung nicht anwendbar sein sollte. Unrichtig ist die Ansicht der Klägerin, es fehle an einem Individualrecht der Beklagten insofern, als durch ihren Gebrauch der fraglichen Bezeichnung die Interessen der Gesamtheit verletzt würden, da nach der Feststellung des Berufungsgerichts anzunehmen sei, daß mindestens ein Drittel der Mitbewerber und des Publikums durch die Bezeichnung der Beklagten getäuscht werde. Die Klägerin übersieht, daß hier, im Gegensatz zu den beiden von ihr angeführten Urteilen des erkennenden Senats betreffend die „Holländische Kakao- und Schokoladenfabriken Bensdorp & Co." und die Bezeichnung „Holländische Schokolade" dieser Firma (M. u. W. XXIX S. 271 und XXXII S. 338), der den Besitzstand der Beklagten begründende jahrzehntelange Gebrauch der Bezeichnung in vollster Übereinstimmung mit der sie als Beschaffenheitsangabe ansehenden Rechtsprechung geschehen ist. Deshalb bedurfte es für die Entscheidung des vorliegenden Falles überhaupt nicht der Feststellung, ob sich tatsächlich — der Behauptung der Klägerin entsprechend — die Bezeichnung „Steinhäger" von der langjährigen Beschaffenheitsangabe wieder zur Herkunftsangabe zurückentwickelt hat. Der Unterlassungsanspruch ist daher auf alle Fälle unbegründet, und zwar auch wegen der Bezeichnung „bester Steinhäger"; denn für diese kann nichts anderes gelten als für die Bezeichnung „Steinhäger" allein. Anders wäre es bei Zusätzen wie „echter" oder „Original", die nach der Rechtsprechung des erkennenden Senats die Bezeichnung zu einer Herkunftsangabe machen. Die Ansicht Rosenthals (Anm. 4a zu § 5 UnlWG.), daß auch der Zusatz „bester" die Bezeichnung zur Herkunftsangabe mache, beruht auf mißverständlicher Auffassung einer Bemerkung in dem von ihm dort angeführten Urteil des erkennenden Senats vom 9. Januar 1914 in GRUR. 1915 S. 204.

In Wahrheit hat aber die von der Klägerin behauptete und vom Berufungsgericht angenommene Rückbildung des Wortes „Steinhäger" zur ursprünglichen Herkunftsbezeichnung gar nicht stattgefunden. Die gegenteilige Feststellung des Berufungsgerichts beruht auf rechtsirrigen Voraussetzungen und kann daher keinen Bestand haben.

Die Frage der Rückentwicklung einer ursprünglichen Herkunftsangabe, deren Entwicklung zum Gattungsnamen nach der Verkehrsauffassung — die hier sogar durch die feste Rechtsprechung (zuletzt noch durch die schon angeführten Urteile des erkennenden Senats vom 4. Dezember 1923 und vom 29. Oktober 1926) unter Zustimmung des Schrifttums (Rosenthal 8. Aufl. 1930 Anm. 4a zu § 5 UnlWG.; Callmann 2. Aufl. [1932] Anm. 3, 10 zu § 5 UnlWG.) bestätigt wurde — als längst abgeschlossen anzusehen ist, wieder zurück zur Herkunftsbezeichnung ist wegen ihrer in den meisten Fällen — so auch hier — über den einzelnen zur Entscheidung stehenden Streitfall hinausreichenden schwerwiegenden Folgen von größter grundsätzlicher Bedeutung. Der Verkehr, insbesondere in den Herstellerkreisen, hat sich auf die so geschaffene Lage eingestellt und ist hierzu berechtigt; seine ihr entsprechende, wegen der hier in Frage kommenden Bezeichnung „Steinhäger" feststehende jahrzehntelange Übung ist auch durch die Rechtsprechung des höchsten Gerichts gutgeheißen. Diese reicht bis fast zum Ende des Jahres 1926. In den beiden späteren, schon angeführten Entscheidungen des erkennenden Senats vom 19. Oktober 1928 bedurfte es einer Stellungnahme zu der Frage, ob die Bezeichnung „Steinhäger" eine Beschaffenheits- oder eine Herkunftsangabe sei, deshalb nicht, weil nach der dortigen Ausführung, die mit der sonstigen Rechtsprechung des Senats auf diesem

Gebiet übereinstimmt, die Bezeichnung durch den damals verwendeten Zusatz „echter" wieder zu dem wird, was sie ursprünglich war, nämlich zur Herkunftsbezeichnung. Angesichts dieses fast bis zum Ende des Jahres 1926 durch die Rechtsprechung bestätigten Zustandes, wonach die Bezeichnung „Steinhäger" allgemein als Beschaffenheitsangabe für einen unter Verwendung von Wacholderbeeren hergestellten Trinkbranntwein gilt, und mit Rücksicht auf die dargelegten überaus schwerwiegenden wirtschaftlichen Folgen einer plötzlich entgegengesetzten Auffassung nicht nur für einen einzelnen Betrieb, sondern für eine ganze durchaus berechtigt entstandene Industrie, nicht zuletzt auch im Interesse der Rechtssicherheit überhaupt müssen an den der Klägerin obliegenden Beweis der von ihr behaupteten Rückbildung des Gattungsnamens zum Herkunftsbegriff die strengsten Anforderungen gestellt werden. Dazu hätte es in erster Linie der Darlegung der Klägerin bedurft, daß sie, vielleicht auch die übrigen fünf Steinhäger-Brennereien in Steinhagen, durch großzügigste Aufklärungsarbeit in der Öffentlichkeit, besonders seit Ende 1926, das Publikum im ganzen Deutschen Reich etwa dahin belehrt hätten, daß der auch an vielen Orten außerhalb Steinhagens hergestellte, ebenfalls als „Steinhäger" bezeichnete Wacholder-Trinkbranntwein seine Bezeichnung erhalten habe wegen der Ähnlichkeit des Geschmacks mit dem in dem Städtchen Steinhagen hergestellten, wo er von alters her gebrannt und zu besonderer Vollkommenheit mit Hilfe alter Rezepte und dergl. entwickelt worden sei und auch jetzt noch in gleicher hervorragender Beschaffenheit hergestellt werde; deshalb solle man beim Einkauf von „Steinhäger" darauf achten, nur ein solches Erzeugnis zu erhalten, das in Steinhagen hergestellt worden sei. Von einem solchen Vorgehen, sei es einheitlich von seiten der Brennereien in Steinhagen, sei es von ihr allein, hat aber die Klägerin gar nichts behauptet. Tatsächlich ist auch das Gegenteil der Fall. Nicht nur haben sich die Brennereien in Steinhagen — die Klägerin einerseits und die fünf anderen anderseits — gegenseitig bekämpft wegen unlauterer Reklame (§§ 1 und 3 UnlWG.), sondern die Klägerin hat sogar alles getan, um das Wort „Steinhäger" in den Hintergrund zu drängen. Sie hat zunächst in weit verbreiteten Zeitungsanzeigen und Plakaten etwa seit 1927 die Aufforderung an das Publikum gerichtet: „Fordern Sie nicht ‚Steinhäger', sondern ‚Schlichte'!" Später hat sie diese Aufforderung noch durch den Zusatz erläutert:

„Weshalb? Weil Sie nur dann die Gewähr haben, den erwiesenermaßen bevorzugtesten echten Steinhäger zu erhalten“ (vgl. das angeführte Urt. des Senats vom 19. Oktober 1928 II 53/28 in M. u. W. XXIX S. 28). Außerdem bezeichnet die Klägerin, wie ihre Flaschenschilder dartun, ihr eigenes Erzeugnis, ihrer vorstehenden Aufforderung entsprechend, seit längerer Zeit überhaupt nicht mehr als „Steinhäger“, während ihre Warenzeichen dieses Wort als Schlagwort enthalten. Vielmehr tragen ihre Flaschenschilder den Namen „Schlichte“ als Schlagwort, während das Wort „Steinhäger“ als Bezeichnung der Ware vom Flaschenschild ganz verschwunden ist und nur im unteren Teile des letzteren in wenig auffallender Schrift die Ortsangabe „Steinhagen“ steht. Sowohl durch jene Aufforderung an das Publikum wie auch durch den ihr im Ergebnis entsprechenden Aufdruck auf ihren Flaschenschildern hat die Klägerin gegenüber der auch von ihr anerkannten Verkehrsauffassung des Wortes „Steinhäger“ als einer freien Beschaffenheitsangabe ihrem Erzeugnis ein unterscheidendes Merkmal unter Verzicht auf dieses Wort geben wollen und tatsächlich gegeben. Wie sich bei solcher Sachlage die von der Klägerin ohne jede tatsächliche Unterlage behauptete Rückentwicklung dieser längst zum Gattungsnamen gewordenen Bezeichnung zur ursprünglichen Herkunftsangabe vollzogen haben sollte, erscheint ganz unerfindlich. Es fehlt an jedem Anhalt für den Anlaß zu einer solchen Umbildung des Wortes nach der hierfür maßgebenden Verkehrsanschauung und über den Zeitpunkt, wann das geschehen sein sollte. Dabei mag auch darauf hingewiesen werden, daß das erwähnte Schrifttum, welches die Umwandlung des Wortes „Steinhäger“ von der ursprünglichen Herkunfts- zur Beschaffenheitsangabe als längst abgeschlossen bezeichnet — die Kommentare von Callmann und Rosenthal zum Gesetz gegen den unlauteren Wettbewerb — aus den Jahren 1929 und 1932, also aus der allerjüngsten Zeit stammen.

Der Berufungsrichter berücksichtigt in keiner Weise jene von vornherein bestehenden schwersten Bedenken gegen eine angebliche Rückbildung des Wortes, zumal innerhalb des ganz kurzen Zeitraums von drei bis vier Jahren seit dem seine Bedeutung als Beschaffenheitsangabe bestätigenden letzten Urteil des erkennenden Senats bis zur letzten mündlichen Verhandlung. Er behandelt die Frage im Beweisbeschluß und in den Entscheidungsgründen so, als ob es sich nicht um eine angebliche Rückentwicklung einer seit langer Zeit zum feststehenden Gattungsnamen gewordenen ursprünglichen Herkunftsbezeichnung, sondern um die erstmalige Prüfung der Frage handelte, ob das Wort „Steinhäger" nach der Verkehrsanschauung Herkunfts- oder Beschaffenheitsangabe ist. Deshalb ist auch das Ergebnis der Auskünfte der befragten Industrie- und Handelskammern, auf Grund dessen das Berufungsgericht die angebliche Rückbildung als bewiesen ansieht, als Grundlage für diese Annahme ganz ungeeignet, wobei der bekannte und vom Berufungsgericht selbst hervorgehobene beschränkte Beweiswert der Auskünfte der Handelskammern sogar außer Betracht bleiben kann. Mit demselben Recht, mit dem der Vorderrichter auf Grund jener Auskünfte die Rückentwicklung der Bezeichnung zur Herkunftsangabe glaubt feststellen zu können, weil „ein beachtlicher Teil" der Abnehmer, nämlich ein reichliches Drittel sie zur Zeit so auffasse, könnte umgekehrt festgestellt werden, daß das Wort „Steinhäger" nach der Verkehrsanschauung ein Gattungsname sei oder geblieben sei, weil fast zwei Drittel, also ein beachtlicher Teil der Abnehmer, das Wort noch als solchen ansehen. Daß es sich um eine angebliche Rückbildung der seit langer Zeit als Gattungsname für Trinkbranntweine mit Wacholdergeschmack geltenden Bezeichnung wieder zur ursprünglichen Herkunftsangabe handeln soll, ist den befragten Stellen nach der Fassung des Beweisbeschlusses in keiner Weise bewußt geworden. Dafür, daß ein Wechsel in ihrer Auffassung über die Bedeutung der Bezeichnung „Steinhäger" eingetreten sei, fehlt es daher an jedem Anhalt. Die jetzt vom Berufungsgericht als „beachtlicher Teil" für die Rückentwicklung verwertete Abnehmermenge in Höhe eines reichlichen Drittels ist vermutlich die gleiche, die seinerzeit die Annahme nicht hindern konnte, daß sich die Bezeichnung nach der Verkehrsanschauung von der Herkunfts- zur Beschaffenheitsangabe entwickelt habe.

Die Feststellung des Berufungsgerichts, daß sich das Wort „Steinhäger" zur Herkunftsbezeichnung zurückentwickelt habe, beruht somit auf rechtsirriger Grundlage und kann daher keinen Bestand haben. Das auf Abweisung der Klage lautende Urteil des Landgerichts ist demnach wiederherzustellen.

53. Bedarf es der Form des § 313 BGB., wenn sich nach Übereignung des Grundstücks der Verkäufer auf Verlangen des Käufers mit der Wandlung einverstanden erklärt?

BGB. §§ 313, 465.

VI. Zivilsenat. Urt. v. 3. Oktober 1932 i. S. G. als Verwalter im Konkurse über das Vermögen der S. B. GmbH. (Kl.) w. S. B.-Genossenschaft e. G. m. b. H. (Bekl.). VI 157/32.

I. Landgericht Arnsberg.
II. Oberlandesgericht Hamm.

Die S. B. GmbH. führte auf Bestellung der verklagten Baugenossenschaft Bauten aus. Nach den im Schreiben der Beklagten vom 31. August 1927 niedergelegten Vertragsbedingungen war diese berechtigt, „laut Sondervertrag" von der Vergütung gewisse Beträge einzubehalten. Dieser Sondervertrag war am 15. August 1927 geschlossen worden und ging darauf zurück, daß die Beklagte von der S. B. GmbH. ein Grundstück gekauft und übereignet erhalten, wegen einer Baubeschränkung aber Wandelung des Kaufes begehrt hatte. In dem Vertrage vom 15. August 1927 hatte sich die S. B. GmbG. verpflichtet, das Grundstück zurückzunehmen und den gezahlten Kaufpreis dergestalt zurückzugewähren, daß die Beklagte entsprechende Beträge von den Abschlagszahlungen für die in Aussicht genommenen Bauten einbehalten sollte. Demgemäß behielt die Beklagte 11000 RM. ein, wodurch der Grundstückskaufpreis nebst Zinsen gedeckt war. Diese 11000 RM. nebst Zinsen verlangte der zum Konkursverwalter der S. B. GmbG. bestellte Kläger als Rest der Werkvergütung, weil die Beklagte in Wahrheit keinen Anspruch auf Rückzahlung des Grundstückskaufpreises gehabt habe, der Vertrag vom 15. August 1927 überdies mangels der Form des § 313 BGB. nichtig sei. Hilfsweise wurde die Klage auf ungerechtfertigte Bereicherung gestützt. Die Beklagte machte demgegenüber geltend, daß der Abzug schon nach dem Werkvertrage selbst berechtigt, ihr Wandlungsbegehren aber auch begründet gewesen sei und der Vertrag vom 15. August 1927 keiner Form bedurft habe, zumal da sie vorher den Grundstückskaufvertrag und die Auflassung wegen arglistiger Täuschung angefochten habe. Übrigens berief sie sich darauf, daß der Kläger die Abrechnung unter Abzug der 11000 RM. als richtig anerkannt habe. Der Kläger bestritt die Behauptungen über arglistige Täuschung, Anfechtung und Anerkenntnis und erhob im zweiten Rechtszuge die Replik der Verjährung.

Beide Vorinstanzen wiesen die Klage ab. Die Revision des Klägers blieb erfolglos.

Gründe:

Das Berufungsgericht sieht in der Abmachung über die Einbehaltung eines Teiles der Werkvergütung einen Aufrechnungsvertrag und erklärt diesen für rechtsgültig. Es läßt die Behauptungen der Beklagten über arglistige Täuschung beim Grundstückskauf und über Anfechtung dahingestellt, erachtet aber für bewiesen, daß ein erheblicher Teil des gekauften Grundstücks nach dem städtischen, auf Grund des Fluchtliniengesetzes festgestellten Bebauungsplane von einem Bauverbote betroffen worden sei. Es sieht darin im Einklange mit der neueren Rechtsprechung des Reichsgerichts (RGZ. Bd. 131 S. 348) einen Sachmangel und nimmt daher an, daß die Beklagte mit Recht die Wandlung verlangt, die S. B. GmbH. sich aber in dem Abkommen vom 15. August 1927 mit der Wandlung einverstanden erklärt habe, womit diese gemäß § 465 BGB. vollzogen gewesen sei. Daraus folgert das Berufungsgericht, daß beide Teile zur gegenseitigen Rückgewähr der gemachten Leistungen verpflichtet seien, ohne daß wegen der Verpflichtung der Beklagten zur Rückgewähr des bereits übereigneten Grundstücks die Form des § 313 BGB. habe beobachtet werden müssen.

Hier setzt der Angriff der Revision ein. Sie meint, wenn man schon das Übereinkommen über die Wandelung bei einem bereits übereigneten Grundstücke nicht für formbedürftig halte, so könne das doch nur gelten, wo der „nackte Austausch der bewirkten Leistungen" vereinbart, nicht aber, wo darüber hinaus ein Vergleich geschlossen werde. Das sei hier geschehen. Denn es habe schon Streit über die Berechtigung des Wandlungsbegehrens bestanden, und die Verkäuferin habe sich damit nur mit Rücksicht auf den ihr zugesicherten Bauauftrag einverstanden erklärt. Es handle sich also um einen gegenseitigen Vertrag, welcher der Form des § 313 BGB. bedurft habe.

Der Revisionsangriff ist unbegründet. Im Schrifttum ist streitig, ob die Vollziehung der Wandlung nach § 465 BGB. der Form des § 313 BGB. bedarf, wenn die Wandlung ein bereits übereignetes Grundstück betrifft. Der bejahenden Meinung von Eccius (Gruch. Bd. 43 S. 328) hat sich Staudinger (BGB. § 465 Anm. III 1c) angeschlossen. Für Formfreiheit sind Neumann (§ 465 Anm. 3a); Planck (§ 465 Anm. 2a α); RGRKomm. § 465 Anm. 2; Oertmann (BGB. § 313 Anm. 2c β); Thiele (Archiv für zivilistische Praxis Bd. 93 S. 421). Das Reichsgericht hat, soweit ersichtlich, zu der Frage noch nicht unmittelbar Stellung genommen. Im Urteil des V. Zivilsenats vom 6. Mai 1908 V 426/07 (WarnRspr. 1908 Nr. 449) ist aber ausgesprochen, daß eine Herabsetzung des Grundstückskaufpreises, die sonst vor der Auflassung nur in der Form des § 313 BGB. vereinbart werden kann, dann keiner Form bedarf, wenn der Verkäufer auf Grund eines berechtigten Minderungsverlangens des Käufers in sie willigt. Diese Ansicht wird zutreffend damit begründet, daß die Preisherabsetzung in solchem Falle keine selbständige Bedeutung hat. Folgerichtig muß die Anwendung des § 313 BGB. auch da ausscheiden, wo die Vollziehung der Wandlung ein bereits übereignetes Grundstück trifft. Denn auch in solchem Falle hat die Rückübereignungspflicht des Käufers keine selbständige Bedeutung; sie ist nur, wie das Berufungsgericht treffend bemerkt, die gesetzliche Folge der berechtigten Wandlung; die Einverständniserklärung des Verkäufers begründet diese Pflicht nicht erst, sondern macht nur die Wandlung unabänderlich. Die Sache liegt für die Frage des Formerfordernisses ähnlich wie bei der gesetzlichen Übereignungspflicht des Beauftragten (RGRKomm. § 313 Anm. 1), und es kommt nicht darauf an, daß die Rückübereignungspflicht der Beklagten im Vertrage vom 15. August 1927 nicht einmal ausdrücklich ausgesprochen, sondern nur im Wege der Auslegung vom Berufungsrichter darin gefunden worden ist.

Ist somit grundsätzlich von der Formfreiheit auszugehen, so kann der Revision nicht zugegeben werden, daß die Abmachung vom 15. August 1927 etwas enthalten habe, was über die Vollziehung der Wandlung hinausgegangen sei. Es mag sein, daß die S. B. GmbH. ihr Einverständnis nur darum erklärt hat, weil ihr die Rückgewähr des Kaufpreises durch das Abkommen erleichtert wurde. Unrichtig ist aber, daß ihr das Abkommen bereits einen Anspruch auf Erteilung eines Bauauftrages gegeben habe. Dazu war es in diesem Punkte viel zu unbestimmt. Die Beklagte hatte sich zwar in § 4 bereit erklärt, der S. B. GmbH. „einen Teil der Neubauarbeiten an der F.straße zu Konkurrenzpreisen zu übertragen" und bei Unterschrift des Vertrages den Bauauftrag zu erteilen. Hätte sie das aber nicht getan, so wäre ein Gericht imstande gewesen, den Umfang des Bauauftrages zu bestimmen (vgl. RGZ. Bd. 124 S. 83). Es bedurfte auch keines solchen Anspruchs. Der Beklagten gebot schon ihr eigenes Interesse, dem Abkommen gemäß zu verfahren; denn andernfalls hätte sie keine wirtschaftliche Aussicht und, nachdem das Abkommen einmal getroffen war, auch keine rechtliche Möglichkeit gehabt, den Wert des gezahlten Kaufpreises zurückzuerhalten. Das Abkommen enthielt also darüber hinaus, daß sich die S. B. GmbH. mit der Wandelung einverstanden erklärte, nichts weiter als eine Regelung der Art, in welcher sie den Kaufpreis zu ihrer Erleichterung zurückgewähren sollte. Diese Regelung konnte für das Abkommen keine Formpflicht begründen. Zugleich war eine etwaige Verjährung durch das Abkommen erledigt (§ 222 Abs. 2 Satz 2 BGB.).

Danach hat die Beklagte die 11000 RM. mit Recht einbehalten und ist, wie das Berufungsgericht zutreffend angenommen hat, auf Grund der vollzogenen Wandlung auch ihrerseits verpflichtet, das Grundstück zurückzugewähren. Von einer ungerechtfertigten Bereicherung der Beklagten kann nach den getroffenen Vereinbarungen keine Rede sein.

---

54. Steht bei einem „unter Vorbehalt der Musterkonvenienz" geschlossenen Handelskauf die Übersendung der Muster der Übergabe der Ware gleich, sodaß Schweigen des Käufers als Billigung gilt?

BGB. §§ 495, 496.

II. Zivilsenat. Urt. v. 4. Oktober 1932 i. S. D. AG. (Bekl.) w. M. & S. GmbH. (Kl.). II 79/32.

I. Landgericht Liegnitz.
II. Oberlandesgericht Breslau.

Die Beklagte kaufte am 5. September 1929 von der Klägerin „220 bis 240000 Liter 1928er Apfelwein, ca. 6 Vol.% Alkohol, garantiert reine, blanke, gesunde Ware zu 27,50 RM. je 100 Liter, unter Vorbehalt der Musterkonvenienz". Nachdem am 7. September 1929 die Proben bei ihr eingegangen waren, teilte die Beklagte durch einen am 16. September aufgegebenen, der Klägerin am 17. September zugegangenen Brief vom 14. September 1929 mit, daß die Proben nicht ihren Beifall gefunden hätten, die Qualität des Weines sage ihr nicht zu, der Wein sei trübe angekommen, setze ab und zeige verhältnismäßig viele Flocken. Die Klägerin betrachtete diese Ablehnung als verspätet, bestand auf Erfüllung des Kaufs und ließ am 21. Februar 1930 die Ware nach Androhung gemäß § 373 HGB. versteigern. Sie fordert mit der Klage 38199,45 RM. samt Zinsen als Schadensersatz. Die Beklagte hält den Kaufvertrag angesichts ihrer Erklärung vom 14. September 1929 für hinfällig und macht geltend, weder die Proben noch der Wein selbst hätten den Vertragsbedingungen entsprochen.

Das Landgericht hat die Klage abgewiesen, das Oberlandesgericht dagegen den Klaganspruch dem Grunde nach für gerechtfertigt erklärt. Die Revision der Beklagten führte zur Wiederherstellung des landgerichtlichen Urteils.

Gründe:

Das Berufungsgericht nimmt auf Grund der Beweisaufnahme an, die Vertragsparteien seien bei Abschluß ihres Kaufabkommens darüber einig gewesen, daß die Untersuchung der Apfelweinmuster durch die Beklagte und deren Erklärung dazu, wenn auch nicht in terminlich bestimmter Frist, so doch so schnell als möglich habe geschehen müssen, daß der Bescheid in ihrem der Klägerin erst am 17. September 1929 zugegangenen Briefe verspätet gewesen sei und die Beklagte sich danach so behandeln lassen müsse, wie wenn sie die Muster genehmigt habe. Da die Ware dem Muster entsprochen habe, sei die Beklagte verpflichtet gewesen, sie abzunehmen; demgemäß sei der Schadensersatzanspruch der Klägerin dem Grunde nach gerechtfertigt.

Die rechtlichen Erwägungen des angefochtenen Urteils werden von der Revision mit Grund beanstandet. Das „unter Vorbehalt der Musterkonvenienz" geschlossene Geschäft der Parteien stellt sich als ein Kauf dar, der dadurch aufschiebend bedingt war, daß die der Beklagten übermittelten Muster deren Beifall fanden, mithin als ein Kauf auf Probe im Sinne von § 495 BGB. Dabei bestand keine Verpflichtung der Beklagten, die Muster, falls sie den Bedingungen des Vertrages wegen Beschaffenheit des Apfelweins entsprachen, zu genehmigen, sondern die Entschließung über Billigung oder Ablehnung der Muster lag völlig in ihrem freien Belieben. Die Klägerin geht danach fehl, wenn sie auf den streitigen Vertrag für die Erklärung über die Muster die Grundsätze des normalen, unbedingten Handelskaufs über die Unverzüglichkeit der Mängelrüge übertragen will. Rechtliche Bedenken gegen die Wirksamkeit des Vertrages bestehen an sich nicht, nur liegt es im Wesen solcher in ihrer Durchführung vom Willen des bedingt Berechtigten abhängiger Geschäfte, daß dessen Wille, den Vertrag unbedingt zu machen, dem anderen Teil gegenüber in Erscheinung treten muß (vgl. RGZ. Bd. 72 S. 385, Bd. 94 S. 297, Bd. 104 S. 100). Das Berufungsgericht sieht nun das Stillschweigen der Beklagten während der ihr zur Erklärung einzuräumenden Frist als Billigung der Muster an, indem es die Bestimmung in § 496 Satz 2 BGB. heranzieht. Mit Recht hat aber schon das Landgericht darauf hingewiesen, daß im vorliegenden Falle nicht die Übergabe der Ware erfolgt ist, die § 496 Satz 2 voraussetzt, wenn das Schweigen des Käufers als Billigung des Gegenstandes gelten soll. Diese Vorschrift stellt sich als eine Sonderregelung dar, die von dem erwähnten Grundsatz der Notwendigkeit einer Erklärung des bedingt Berechtigten abweicht und nicht ohne weiteres auf den vorliegenden Fall übertragen werden kann. Mit der angenommenen Billigung im Sinne jener Vorschrift ist nicht nur der Kauf unbedingt geworden, sondern zugleich auch die Leistung des Verkäufers als bewirkt anzusehen, während im Streitfalle, wo die beiderseitigen Leistungen noch ausstanden, die Entscheidung der Beklagten gerade der Feststellung galt, ob diese Leistungen zu bewirken waren. Hat der Verkäufer seine Ware bereits in die Hand des Käufers auf Probe gegeben, so rechtfertigen in der Tat vernünftige Erwägungen und die Rücksicht auf Treu und Glauben im Interesse des Verkäufers die Bindung des sich nicht rechtzeitig oder überhaupt nicht erklärenden Käufers, da eben bereits Erfüllung von der einen Seite vorliegt (vgl. Motive z. BGB. Bd. 2 S. 336). Für die hier gegebene Sachlage scheiden aber solche Erwägungen aus, da kein Grund ersichtlich ist, aus dem hier das Schweigen der Beklagten mit einer ähnlichen Rechtsfolge ausgestattet werden müßte. Der erste Entwurf zum Bürgerlichen Gesetzbuch erklärte in § 473 das Unterlassen einer fristzeitigen Äußerung des auf Probe kaufenden Käufers einer nicht übergebenen Ware ausdrücklich als Mißbilligung, und die jetzige nur sprachlich anders gewählte Fassung des Gesetzes hat nach dem Inhalt der Protokolle (Bd. 2 S. 78) daran nichts ändern wollen. Wenn die

Klägerin die Geltung des § 496 Satz 2 BGB. für den Streitfall damit zu begründen versucht, daß das auf Probe übersandte Muster die Ware vertrete, deren Übergabe mithin als erfolgt gelten müsse, so kann davon keine Rede sein. Denn die Probeflaschen waren nach dem Vertragsinhalt weiter nichts als Beschaffenheitsmuster der später zu liefernden Ware, nicht aber die Vertragsleistung selbst oder auch nur ein Teil davon, da erst von ihrer Billigung der Eintritt der Erfüllungspflicht abhängen sollte. In welcher Form die Erklärung der Beklagten, die Muster billigen oder ablehnen zu wollen, erfolgen mußte oder konnte, war nur nach den allgemeinen Grundsätzen über rechtsgeschäftliche Erklärungen zu beurteilen. Ausdrückliche Erklärung war also nicht erforderlich, wenn sich aus den Umständen der Wille der Beklagten für die Klägerin schlüssig ergab. Der Vertrag enthielt über die Form der Erklärung nichts. Ein schlüssiges Verhalten lag im Schweigen der Beklagten an sich nicht; denn auch § 496 BGB. behandelt für den Fall des Kaufes auf Probe Schweigen des Käufers als Ablehnung, wenn die Ware noch nicht übergeben war. Die Auffassung des Vorderrichters, daß Treu und Glauben die Deutung des Schweigens der Beklagten im Sinne der Billigung der Muster erforderten, ist abzulehnen. Auch die Wiedergabe der Beweisergebnisse im Berufungsurteil bietet dafür keinen Anhalt, daß etwa diese Deutung nach Ansicht der Vorinstanz als Vertragsinhalt anzunehmen wäre. Im Gegenteil ist, da der Kauf eben mit der Bedingung der Billigung der Muster abgeschlossen war, zu erfordern, daß die Billigung zweifelsfrei zum Ausdruck kam; denn nur dann war Klarheit über die Wirksamkeit des Abschlusses geschaffen, die in Anbetracht seines großen Umfangs besonders geboten war. Daß die Beklagte die Muster ablehnte, erhellte aus ihrem Schreiben vom 14. September 1929. Mag dieses auch nach der vom Berufungsgericht angenommenen Pflicht der Beklagten zu unverzüglicher Stellungnahme keine rechtzeitige Erklärung gewesen sein, so ist doch angesichts seines Inhalts die Deutung ihres Schweigens als Billigung der Muster um so weniger gerechtfertigt. Lag sonach aber bis zum Fristablauf kein Verhalten der Beklagten vor, das eindeutig auf eine solche Billigung hinwies, so fehlt es mangels ergänzender gesetzlicher Vorschriften überhaupt an einer Billigungserklärung von ihrer Seite, und es ist somit infolge Nichteintritts der aufschiebenden Bedingung der Kaufvertrag hinfällig geworden. Es bedarf danach keiner Erörterung darüber, ob die ablehnende Erklärung der Beklagten den mündlichen Parteiberedungen entsprechend noch als rechtzeitig anzusehen gewesen wäre, ferner ob eine etwa anzunehmende Billigung der Muster durch die Beklagte die Bemängelung der von ihr als vertragswidrig bezeichneten Ware nicht ausgeschlossen hätte (vgl. RGUrt. vom 22. Juni 1912 I 39/12, abgedr. WarnRspr. 1912 Nr. 381). Vielmehr erweist sich der von der Klägerin verfolgte Schadensersatzanspruch ohne weiteres als nicht gerechtfertigt.

---

55. Ist der Inhalt eines Durchkonnossements über eine See- und anschließende Binnenschiffs-Beförderung für denjenigen maßgebend, der an Stelle der Reederei des Seeschiffes auf Grund des Durchkonnossements die Waren aus dem Seeschiff in das Binnenschiff umgeladen und das für das Binnenschiff gezeichnete Flußkonnossement (Ladeschein) in Empfang genommen hat?

HGB. § 651.

I. Zivilsenat. Urt. v. 5. Oktober 1932 i. S. Firma J. O. & Zoons (Bekl.) w. Firma B. (Kl.). I 115/32.

I. Landgericht Duisburg, Kammer für Handelssachen.
II. Oberlandesgericht Düsseldorf.

Die Klägerin schloß am 28. November 1929 in Rostock einen Frachtvertrag ab mit einem Schiffsmakler M. über die Beförderung von Weizen, den sie an die Firma P. in Düsseldorf verkauft hatte, von Rostock nach Rotterdam zwecks Weiterbeförderung im Rheinschiff nach Düsseldorf. Sie zahlte an den Schiffsmakler die ganze Fracht von Rostock nach Düsseldorf. Das die Beförderung der Ware von Rostock nach Rotterdam mit dem Dampfer „Toussika" und weiter mit Rheinschiff von Rotterdam nach Düsseldorf betreffende Konnossement vom 14. Dezember 1929 wurde von dem Schiffsmakler unterzeichnet mit: „für die beteiligten Reedereien F. M. Reederei". Dieses Konnossement indossierte die Klägerin in blanko an die Firma P. in Düsseldorf und händigte es gegen Zahlung des Kaufpreises für den Weizen an sie aus. In Rotterdam veranlaßte die Beklagte, angeblich gegen Zahlung der bis dahin entstandenen Fracht an den Schiffer der „Toussika", die Umladung der Ware aus dem Seeschiff in das Rheinschiff „Lajo" und unterschrieb den die Beförderung von Rotterdam nach Düsseldorf betreffenden Ladeschein (Rheinkonnossement) vom 27. Dezember 1929 als „die Agentur" der Firma L. & Cie. AG. für diese als die Kahneignerin, Verladerin und Frachtführerin. Das Rheinkonnossement blieb im Besitz der Beklagten, die darin als „Absender" bezeichnet ist. Nach Ankunft der Ware in Düsseldorf wollte die Beklagte, da M. das von der Klägerin gezahlte Frachtgeld nicht an sie abgeliefert hatte, den Ladeschein (Rheinkonnossement) sowie die Ware an die Firma P. als die legitimierte Inhaberin des Seekonnossements (Durchkonnossements) nur ausliefern gegen Zahlung von 5172,89 holländischen Gulden als Frachtgeld für die streitige Beförderung und für die Beförderung von zwei früher ebenfalls von M. an die Firma P. verfrachteten Ladungen Weizen. Die Firma P. zahlte den verlangten Betrag unter Vorbehalt der Rückforderung und erhielt darauf das Rheinkonnossement sowie die Ware. Sie hat alle ihre Rechte aus dieser unter Vorbehalt geleisteten Zahlung an die Klägerin abgetreten. Dementsprechend verlangt diese jetzt von der Beklagten die Rückzahlung des genannten Betrags nebst Zinsen oder eines entsprechenden Reichsmarkbetrags.

Das Landgericht gab der Klage nur zum Teil statt, das Oberlandesgericht entsprach ihr vollständig. Die Revision der Beklagten blieb erfolglos.

Gründe:

Zutreffend geht das Berufungsgericht davon aus, daß es entscheidend darauf ankommt, welche Rechte die Rechtsvorgängerin der Klägerin, die Firma P., als legitimierte Inhaberin des Konnossements auf Auslieferung der Ware hatte. Das Berufungsgericht wendet deutsches Recht an. Auch dies ist im Ergebnis nicht zu beanstanden, wenngleich im Berufungsurteil dafür auf hier nicht maßgebliche frachtrechtliche Verhältnisse Bezug genommen wird. Denn die den dortigen Erwägungen zugrunde liegenden tatsächlichen Feststellungen zeigen, daß sich die Beteiligten für die mit der Konnossementsausstellung zusammenhängenden und aus ihr ergebenden Rechtsverhältnisse dem deutschen Recht unterworfen haben (vgl. Schaps Seerecht 2. Aufl. § 642 HGB. Anm. 28 flg.). Die Beklagte hat denn auch in der Revisionsinstanz gegen die Anwendung deutschen Rechts keine Einwendungen erhoben, sondern selbst ihre Revision auf Verletzung materiellen deutschen Rechts (§ 651 HGB.) gestützt.

Das Konnossement nimmt auf den „Frachtvertrag vom 28. November 1929" Bezug. Das ist der zwischen M. „als Agenten der Eigner des Dampfers Toussika" und der Klägerin geschlossene Vertrag vom 28. November 1929. Hierin ist ausdrücklich darauf hingewiesen, daß Durchkonnossemente (through-bills of lading) Rostock-Düsseldorf ausgestellt seien. Demgemäß ist das Konnossement, das an sich auf das Schiff „Toussika", Schiffer S. C., lautet, „für die beteiligten Reedereien" unterzeichnet, und zwar durch M. mit dem Zusatz „Reederei". Der Inhalt des Konnossements vom 14. Dezember 1929 ist zwar nicht ganz klar und eindeutig. Er ergibt aber zur Genüge, daß es sich, wie der Vorderrichter angenommen hat, um ein durchgehendes Konnossement für die Beförderung der Ware von Rostock über Rotterdam (mit Umladung daselbst) nach Düsseldorf handelt (s. Schaps a. a. O. § 651 HGB. Anm. 24 bis 28). Auf Grund dieses Konnossements hat der Schiffer des Dampfers „Toussika" die Güter an Bord seines Schiffes genommen, von Rostock nach Rotterdam befördert und dort zur Weiterbeförderung nach Düsseldorf an den Kahn „Lajo" abgegeben. Damit ist die vom Berufungsgericht nicht ausdrücklich festgestellte, aber ersichtlich angenommene und seinen Erwägungen zugrunde gelegte Befugnis des M. (der auch als „Charterer" der „Toussika" mit der Reederei dieses Schiffes die Zeitcharter vom 28. November 1929 geschlossen hat — Schaps a. a. O. § 642 Anm. 15 a. E.; § 651 Anm. 12 —) zur Ausstellung des Konnossements für den Dampfer „Toussika" genügend begründet (Schaps a. a. O. § 642 Anm. 15). Übrigens scheint auch die Beklagte diese Vollmacht des M. für den Dampfer „Toussika" nicht bestritten zu haben und bestreiten zu wollen. . . . (Wird ausgeführt.)

Nach dem Durchkonnossement hatte an sich die Reederei der „Toussika", die Firma Sch., St. & Co. in Kopenhagen, die Ware in Rotterdam umzuladen, das für das Rheinschiff „Lajo" gezeichnete Rheinkonnossement vom 27. Dezember 1929 in Empfang zu nehmen und dieses Konnossement (Ladeschein) an den durch das Seekonnossement (Durchkonnossement) legitimierten Empfänger der Ware zu übergeben (Schaps a. a. O. § 651 Anm. 25). Tatsächlich ist in der Weise verfahren worden, daß die Beklagte in Rotterdam die Umladung der Ware von der „Toussika" auf das Rheinschiff „Lajo" veranlaßt und den Ladeschein (Rheinkonnossement) vom 27. Dezember 1929 für die Verladerin, die Firma L. & Cie. AG., als deren „Agentur" ausgestellt hat (s. §§ 72 flg. BinnenschiffG.). In diesem Ladeschein ist angegeben, daß die genannte Verladerin die Ware von der Beklagten empfangen habe. In welcher Weise die Beklagte in Rotterdam die Umladung der Ware veranlaßt und dabei den Besitz daran erlangt hat, ist vom Vorderrichter nicht näher festgestellt worden. Seine Ausführungen zeigen aber, daß dies auf Grund des Durchkonnossements vom 14. Dezember 1929 — in welchem die Beklagte als Meldeadresse für Rotterdam aufgeführt war — geschehen ist. Sie ergeben, daß demgemäß die Beklagte für die Reederei der „Toussika" diese Umladung in Rotterdam vollzogen hat, die an sich im Verhältnis zu dem als legitimierter Inhaber des Durchkonnossements ausgewiesenen Empfänger zur Umladung verpflichtet war. Danach mußte auch im Verhältnis zu dem genannten Konnossementsinhaber die Beklagte mit der Ware und dem darüber ausgestellten Ladeschein (Rheinkonnossement) so verfahren, wie dies an sich der Reederei der „Toussika" oblag. Zutreffend hat der Berufungsrichter angenommen, daß nach dem Inhalt des Durchkonnossements keinerlei Frachtansprüche auf der Ware gegenüber dem legitimierten Inhaber des Durchkonnossements ruhten, und zwar, wie das Konnossement zweifelsfrei ergibt, für die ganze Beförderung bis Düsseldorf, sodaß diesem ohne Rücksicht auf etwaige Frachtforderungen, mochten sie aus der gegenwärtigen oder aus anderen Beförderungen herrühren, die Ware am Bestimmungsort Düsseldorf ausgehändigt werden mußte (HGB. §§ 645 flg.; Schaps a. a. O. § 651 Anm. 2, 12). Denn die im Durchkonnossement enthaltene Klausel „franko Fracht" geht als besondere Vorschrift der Bestimmung vor: „Die Weiterbeförderung ab Rotterdam nach Düsseldorf erfolgt auf Grund der Bedingungen der am Weitertransport beteiligten und durch die Firma J. O. & Zoons (die Beklagte) vertretenen Reederei und/oder Transportgesellschaft." Ebenso geht sie der gleichfalls im Konnossement enthaltenen Bezugnahme auf den Frachtvertrag vom 28. November 1929 (zwischen M. und der Klägerin) vor. Dieser Inhalt des Durchkonnossements war im Verhältnis zu seinem legitimierten Inhaber sowohl für die Beklagte als auch für die von ihr vertretene Firma L. & Cie. AG. als die Verladerin der Ware ab Rotterdam insofern maßgebend, als die letzteren beide nur auf Grund des Durchkonnossements in den Besitz der Ware gelangt waren und nur auf Grund dieses Papiers die Ware von Rotterdam nach Düsseldorf weiterbefördern durften. So enthält denn auch, wie das Berufungsgericht mit Recht hervorgehoben hat, der Ladeschein (Rheinkonnossement) die Klausel „Fracht von — franko“ und „Nachnahme von — keiner“ (Schaps a. a. O. § 651 Anm. 25, 2 flg.). Auch hier geht diese Klausel als Sondervorschrift den im Ladeschein angeführten und in Bezug genommenen allgemeinen Bedingungen vor. Dieser Ladeschein ist nach den Feststellungen des Berufungsgerichts von der Beklagten für die Verladerin, die Firma L. & Cie. AG., ausgestellt und von dieser der Beklagten als der darin angeführten Absenderin der Ware übergeben oder überlassen worden. Wie dargelegt, war die Beklagte an Stelle der insofern von ihr vertretenen Reederei der „Toussika“ verpflichtet, gemäß dem Durchkonnossement dessen legitimiertem Inhaber den Ladeschein (Rheinkonnossement) ohne irgendeinen Frachtvorbehalt auszuhändigen. Es kann also dahingestellt bleiben, ob der Schiffsmakler M. das Durchkonnossement nicht nur für die Reederei der „Toussika“, sondern auch für die Firma L. & Cie. AG. als Verladerin auf das Rheinschiff „Lajo“ oder für die Beklagte gezeichnet hat und zeichnen durfte.

Da nach alledem die Rechtsvorgängerin der Klägerin als legitimierte Inhaberin des Durchkonnossements einen Anspruch auf unentgeltliche Aushändigung des Rheinkonnossements und Auslieferung der Ware in Düsseldorf hatte, ist der Klaganspruch begründet. Der Frachtvertrag über die Beförderung der Ware von Rostock über Rotterdam nach Düsseldorf ist nicht etwa zustandegekommen zwischen der Klägerin und der Beklagten, sondern abgeschlossen hat ihn mit der Klägerin der Schiffsmakler M., sei es im eigenen Namen, sei es für die Reederei der „Toussika“. Daher kann die Beklagte aus diesem Frachtvertrag grundsätzlich keine Ansprüche gegen die Klägerin herleiten.

---

56. 1. Kann durch die Satzung einer Gesellschaft mbH. die Gesellschafterversammlung als Gesellschaftsorgan beseitigt werden?

2. Kann die Satzung uneinheitliche Stimmabgabe eines Gesellschafters mit mehrfachem Stimmrecht in der Gesellschafterversammlung zulassen?

3. Über die Verpflichtung des Beauftragten zur Herausgabe des aus der Geschäftsführung Erlangten.

GmbHG. §§ 45, 46, 47, 53. BGB. § 667.

II. Zivilsenat. Urt. v. 11. Oktober 1932 i. S. D. (Bekl.) w. Stadtgemeinde St. (Kl.). II 482/31.

I. Landgericht Stendal.
II. Oberlandesgericht Naumburg.

Durch notariellen Gründungsvertrag vom 16. Dezember 1924 haben die klagende Stadtgemeinde und die Th. G. Aktiengesellschaft in L. (= ThGAG.) unter der Firma A. Gas-, Wasser- und Elektrizitätswerke GmbH. (= AGWE.) ein gemischt-wirtschaftliches Unternehmen mit dem Sitz in St. gegründet, dessen Gegenstand die Versorgung der Bevölkerung mit Gas, Elektrizität und Wasser war; zu diesem Behuf sollte es die stadteigenen Gas-, Wasser- und Elektrizitätswerke betreiben. Das Stammkapital war auf 100000 RM. festgesetzt, wovon die Klägerin 74000 RM., die ThGAG. 26000 RM. übernahm. Unter Ziff. 6 des Gesellschaftsvertrags ist bestimmt:

„Gesellschafterversammlung.

Die Gesellschafter fassen ihre Beschlüsse in Gesellschafterversammlungen . . . Die Gesellschafter entsenden in die Gesellschafterversammlung 9 Vertreter; die Stadt ernennt 6, die ThGAG. 3 Vertreter; gegenseitige Stellvertretung ist zulässig. Die Ernennung erfolgt auf Widerruf. Legt ein Vertreter der Gesellschafter sein Amt nieder oder scheidet er aus sonstigen Gründen aus, so ist unverzüglich ein anderer Vertreter zu benennen. Die Gesellschafter haben Namen und Anschriften ihrer Vertreter gegenseitig bekannt zu geben."

Ziff. 7 der Satzung befaßt sich mit dem Vorsitz, Ziff. 8 mit der Geschäftsordnung, Ziff. 9 mit der Einberufung der nach Ziff. 6 gebildeten „Gesellschafterversammlung". In Ziff. 9 Abs. 2 heißt es, daß die „Gesellschafterversammlung" beschlußfähig sei, wenn mindestens 7 Gesellschaftervertreter anwesend oder vertreten seien; nach Abs. 4 daselbst bedürfen die Beschlüsse der „Gesellschafterversammlung" der einfachen Mehrheit der anwesenden bezw. vertretenen Stimmen, soweit nicht Gesetz oder Satzung etwas anderes vorschreibt. In der folgenden Ziff. 10 wird dann die Zuständigkeit der „Gesellschafterversammlung" geregelt und deren Genehmigung auch weithin zu Maßnahmen der Geschäftsführung für erforderlich erklärt. Nach Ziff. 14 Abs. 2 der Satzung wird ein etwaiger Reingewinn der Gesellschaft mbH. unter die Gesellschafter dergestalt verteilt, daß die

Klägerin 74, die ThGAG. 26 Teile erhält. Zur Veräußerung der Geschäftsanteile an Dritte ist die Genehmigung der „Gesellschafterversammlung" erforderlich. Über eine Vergütung der Tätigkeit der Gesellschaftervertreter enthält die Satzung nichts.

Die Klägerin bestimmte als Gesellschaftervertreter neben ihrem Oberbürgermeister und einem besoldeten Magistratsmitglied vier von der Stadtverordnetenversammlung gewählte Stadtverordnete, darunter den Beklagten. Die Gesellschaftervertreter haben sodann in einer Gesellschafterversammlung vom 25. November 1925 beschlossen, daß an sie Vergütungen in Höhe von 10% der jährlichen Gesamtausschüttungen der Gesellschaft mbH. an die Klägerin und die ThGAG. zu zahlen seien. Diese Ausschüttungen erschöpften sich nicht in dem zur Verteilung gelangenden Jahresreingewinn, sondern umfaßten auch weitere Zahlungen, welche die Gesellschaft an ihre Gesellschafter für gewisse besondere Leistungen zu machen hatte. Auf Grund jenes Beschlusses vom 25. November 1925 hat der Beklagte von 1925 bis 1929 mindestens 13000 RM. von der Gesellschaft bezogen. Die Klägerin, deren Organe, abgesehen von den sechs Gesellschaftervertretern, erst im Jahre 1929 von diesen Zahlungen etwas erfuhren, verlangt vom Beklagten Herausgabe der 13000 RM. nebst Zinsen seit dem 1. April 1929. Sie stützt ihre Klage auf die rechtlichen Gesichtspunkte des Auftrags, des Schadensersatzes wegen schuldhaft vertragswidrigen Verhaltens und der ungerechtfertigten Bereicherung. Der Beklagte hat Klagabweisung beantragt und widerklageweise Feststellung dahin begehrt, daß der Klägerin Zahlungsansprüche gegen ihn nicht zuständen.

Das Landgericht hat unter Abweisung der Widerklage nach dem Klagantrag erkannt, das Oberlandesgericht die Berufung des Beklagten zurückgewiesen. Auch seine Revision wurde zurückgewiesen aus nachstehenden

Gründen:

1. Die Zulässigkeit des Rechtswegs unterliegt zur Klage und Widerklage keinem Bedenken.

2. Der Vorderrichter ist zur Verurteilung nach dem Klagantrag und zur Abweisung der Widerklage gelangt auf Grund der Erwägung, daß der Beklagte in der Gesellschafterversammlung der AGWE. als „Vertreter" der Klägerin kraft deren Auftrags in Tätigkeit getreten sei. Aus diesem Auftragsverhältnis leitet sodann der Berufungs-

richter unter Bezugnahme auf § 667 BGB. die Verpflichtung des Beklagten zur Herausgabe des aus der Geschäftsbesorgung Erlangten her, wozu er die diesem von der AGWE. gezahlte Vergütung für die Vertretertätigkeit rechnet. Weiterhin hat er den Klaganspruch aber auch unter dem rechtlichen Gesichtspunkt des Schadensersatzes wegen schuldhafter Verletzung der dem Beklagten aus dem Auftragsverhältnis der Klägerin gegenüber obliegenden Vertragspflichten bejaht.

Die Revision rügt Verletzung der §§ 45, 52 GmbHG., des § 133 BGB. und des § 286 ZPO.

3. Sie macht dem angefochtenen Urteil in erster Linie zum Vorwurf, daß es die rechtliche Stellung des Beklagten als Gesellschaftervertreters so, wie sie sich aus der Satzung der Gesellschaft mbH. ergebe, verkenne und deshalb auch zu einer rechtlich verfehlten Beurteilung der Rechtsbeziehungen der Parteien untereinander gelange. Nach Ansicht der Revision, die sie durch eine Reihe von Einzelausführungen des näheren zu begründen sucht, sind die sog. „Gesellschaftervertreter" nicht etwa Versammlungs-Bevollmächtigte des Gesellschafters, der sie berufen hat, sondern ernannte Mitglieder eines durch die Satzung geschaffenen besonderen Gesellschaftsorgans.

Dem kann nicht beigetreten werden. Gewiß ist es rechtlich möglich, daß durch die Satzung ein Gesellschaftsorgan ins Leben gerufen wird, dem in weitem Umfang nicht nur Aufgaben und Befugnisse, die nach der gesetzlichen Regel der Gesellschafterversammlung zustehen, sondern auch Obliegenheiten der Geschäftsführung überwiesen werden. § 45 GmbHG. gibt insoweit der Selbstverwaltung der Gesellschafter weithin freien Spielraum. Auch die Zusammensetzung eines solchen besonderen Organs, die Ernennung und Abberufung seiner Mitglieder, die Verteilung und Ausübung ihres Stimmrechts ist der satzungsmäßigen Regelung überlassen. So kann z. B. das Ernennungs- und Abberufungsrecht bezüglich der Organmitglieder den einzelnen Gesellschaftern als gesellschafterliches „Sonderrecht" eingeräumt werden. Freilich können einem solchen Organ nicht etwa alle Befugnisse der Gesellschafterversammlung übertragen werden, so z. B. keinesfalls die Beschlußfassung über Satzungsänderungen (s. § 53 Abs. 1 GmbHG. und Brodmann GmbHG. Anm. 1b zu § 46 und Anm. 3 zu § 53; Scholz GmbHG. Anm. I zu § 45 und Anm. II 1 zu § 53; Feine bei Ehrenberg Handbuch des gesamten Handelsrechts Bd. III 3 S. 597). Insofern kann durch die

Satzung die Gesellschafterversammlung als Gesellschaftsorgan nicht schlechthin beseitigt werden. Gegenteilige Satzungsbestimmungen wären nichtig. So bleibt also die Gesellschafterversammlung als Gesellschaftsorgan jedenfalls mit dem Aufgabenkreis erhalten und bestehen, der von dem Gesetz zwingend ihr allein vorbehalten ist. Welche Aufgaben dies noch außer der Beschlußfassung über Satzungsänderungen sind, braucht hier nicht entschieden zu werden. Ob nun im vorliegenden Fall in dem bezeichneten Rahmen neben der Gesellschafterversammlung ein weiteres besonderes Organ geschaffen wurde, ist eine Frage der Satzungsauslegung. Gegenstand der Auslegung ist die Satzung einer juristischen Person. Das Revisionsgericht ist deshalb an eigener freier Auslegung rechtlich nicht behindert. Dabei muß allerdings beachtet werden, daß, weil es sich um formbedürftige Erklärungen handelt, die wesentlichen Bestandteile dieser Erklärungen noch in der Urkunde selbst zu erkennen sein müssen, weil sonst die urkundliche Form den Inhalt nicht deckt (s. z. B. RGZ. Bd. 79 S. 418 [422]), und daß, weil die Satzung auch für das Verhältnis der Gesellschaft zu Dritten maßgeblich ist, nur eine aus der Satzungsurkunde selbst zu gewinnende Auslegung über deren Wortlaut hinaus rechtlich möglich ist (vgl. RGZ. Bd. 101 S. 246).

In der Satzung der AGWE. ist nun ausdrücklich jedenfalls nirgends von der Schaffung eines besonderen, neben und an die Stelle der Gesellschafterversammlung tretenden Organs die Rede. Das kann der Beklagte auch gar nicht behaupten. Im Gegenteil werden in den Ziffern 5 bis 10 der Satzung, die sich mit der „Gliederung der Gesellschaft", also ihrem organisatorischen Aufbau befassen, nur zwei Gesellschaftsorgane genannt und deren Aufgabenkreis geregelt, nämlich die Geschäftsführer und die „Gesellschafterversammlung". Von einem weiteren Organ ist auch sonst nirgends die Rede. Angesichts dessen muß der Beklagte den Standpunkt vertreten, daß das, was die Satzung fort und fort als die „Gesellschafterversammlung" bezeichnet, in Wahrheit eben gerade nicht die Gesellschafterversammlung im Rechtssinn, sondern ein anderes, besonderes Organ, nämlich eine Art „Verwaltungsrat" sei. Nun mag sein, daß sich, wenn der sonstige Inhalt der Satzung für eine dahin gehende Auslegung greifbare Anhaltspunkte bieten würde, aus der bloßen Bezeichnung des Sonderorgans als „Gesellschafterversammlung" noch kein durchschlagender Grund gegen die Behauptung des Beklagten herleiten ließe. Allein es ist immerhin darauf hinzuweisen, daß es dann, wenn die Gründer der Gesellschaft wirklich ein solches besonderes Gesellschaftsorgan hätten schaffen wollen, nicht recht verständlich ist, weshalb sie dem in der Satzung nicht unzweideutig Ausdruck verliehen und dem angeblichen Sonderorgan eine Bezeichnung gegeben haben, die vom Gesetz einem anderen Gesellschaftsorgan beigelegt ist. Nirgends ist sodann in der Satzung davon die Rede, daß etwa das gesetzliche Organ der Gesellschafterversammlung ausgeschaltet oder auf einen bestimmten Aufgabenkreis beschränkt sein sollte. Nach der Satzung fehlt überhaupt jeder Anhalt dafür, daß auch nur an die Möglichkeit gedacht worden wäre, daß neben den Geschäftsführern und der sog. „Gesellschafterversammlung" noch ein weiteres Organ, nämlich die „Gesellschafterversammlung im Rechtssinn" vorhanden sein solle und bestehen könne. Die mit „Gesellschafterversammlung" überschriebene Ziff. 6 der Satzung beginnt weiter mit den Worten: „Die Gesellschafter fassen ihre Beschlüsse in Gesellschafterversammlungen." Das ist beinahe wörtlich dem § 48 Abs. 1 GmbHG. entnommen. Sieht man zunächst einmal von der besonderen Organisation der Gesellschafterversammlung ab, so deckt sich auch sonst, und zwar zum Teil wiederum wörtlich, die satzungsmäßige Regelung der „Gesellschafterversammlung" mit der gesetzlichen Ordnung. Mit einer Ausnahme sind z. B. alle Gegenstände, die das Gesetz der Beschlußfassung der Gesellschafterversammlung zuweist, in der Satzung dem Organ übertragen, das im Einklang mit dem Gesetz als „Gesellschafterversammlung" bezeichnet ist. Nicht mit angeführt ist nur die Beschlußfassung über Rückzahlung von Nachschüssen (§ 46 Nr. 3 GmbHG.); indessen findet dies ohne weiteres darin seine Erklärung, daß der Gesellschaftsvertrag Nachschüsse überhaupt nicht vorsieht. Im übrigen heißt es in Abs. 1 der Ziff. 10 des Gesellschaftsvertrags, die sich mit der „Zuständigkeit der Gesellschafterversammlung" befaßt, noch ausdrücklich, daß der Beschlußfassung der „Gesellschafterversammlung" unterliegen „insbesondere, soweit nicht durch Gesetz ... das schon geregelt ist ..." Die Aufzählung der Obliegenheiten der Gesellschafterversammlung in der Satzung ist also gar keine abschließende, sondern es wird ausdrücklich insofern weiter auf die gesetzliche Regelung verwiesen. Daß durch die Satzung der gesetzliche Aufgabenkreis der „Gesellschafterversammlung" erweitert worden ist, daß ihr Obliegenheiten der Geschäftsführung überwiesen sind, ist kein Beweisgrund dafür, daß es sich bei dem satzungsmäßig als „Gesellschafterversammlung" bezeichneten Organ um etwas anderes handelte, als was das Gesetz eben auch so benannt hat. Auch der Umstand, daß ein Teil der durch die Satzung der „Gesellschafterversammlung" zugewiesenen Angelegenheiten sonst gewöhnlich in den Geschäftskreis eines satzungsmäßig berufenen Aufsichtsrats fällt, rechtfertigt entfernt noch nicht die Auslegung, daß man es hier in der Tat bei der „Gesellschafterversammlung" mit einem besonderen, erst durch die Satzung geschaffenen Organ zu tun hat.

Das einzige wirklich erhebliche Bedenken läßt sich aus der Stimmrechtsregelung in der „Gesellschafterversammlung" herleiten (Ziff. 6 und 9). Gewiß nicht deshalb, weil die Verteilung der Stimmen macht abweichend von § 47 GmbHG. geregelt ist. Denn insoweit ist der Selbstverwaltung der Gesellschafter wiederum vom Gesetz freiester Spielraum gelassen (§ 45 Abs. 2 GmbHG.). Es ist ferner unbedenklich für zulässig zu erachten, daß der Gesellschaftsvertrag die Vertretung eines Gesellschafters durch mehrere Bevollmächtigte gestatten kann. Gewiß kann alsdann, wenn dem Gesellschafter nur eine Stimme zusteht, mit ihr rechtswirksam auch nur von einem Bevollmächtigten abgestimmt werden. Hier sind aber der Klägerin als der einen Gesellschafterin sechs und der ThGAG. als der anderen Gesellschafterin drei Stimmen zugewiesen. Aus Ziff. 9 Abs. 2 und 4 der Satzung ergibt sich nun mit aller Sicherheit, daß die Stimmen eines und desselben Gesellschafters nicht bloß einheitlich, sondern unter sich zwiespältig sollten abgegeben werden dürfen. Darüber sind auch die Parteien einig. Weil eine solche uneinheitliche Stimmabgabe durch einen Gesellschafter unzulässig sei, folgert Brodmann (HRZBl. 1930 S. 267 flg. [269]), daß die „Gesellschafterversammlung" hier nur bestehen könne, wenn sie nicht das sein solle, was das Gesetz unter diesem Ausdruck verstehe. Es ist richtig, daß sich, wenn sich unter der Bezeichnung „Gesellschafterversammlung" hier ein besonderes, durch die Satzung erst geschaffenes Organ verbergen würde, irgendwelche Bedenken gegen eine solche verschiedene Stimmabgabe der von dem einen und anderen der Gesellschafter ernannten „Vertreter" nicht erheben ließen. Die Rechtslage wäre dann insoweit grundsätzlich keine andere, als wenn es sich um die Abstimmung der Mitglieder eines durch die Satzung geschaffenen Aufsichtsrats handeln würde, die nicht von der Gesellschafterversammlung gewählt, sondern satzungsgemäß von den einzelnen Gesellschaftern zu ihrem Amt berufen würden. Die Annahme eines solchen

Sonderorgans würde aber, wie auch Brodmann nicht verkennt, keineswegs eine restlose Lösung der hier auftauchenden Fragen bedeuten. Denn dann würde eben neben dieses Sonderorgan in Gestalt der von den Gesellschaftern selbst gebildeten „eigentlichen" Gesellschafterversammlung ein drittes Organ treten mit dem Aufgabenkreis, der zwingend von dem Gesetz dieser Versammlung ausschließlich vorbehalten ist, ein Organ, dem gerade einer der für die Belange der Gesellschafter allerwichtigsten Beschlußfassungsgegenstände, nämlich die Beschlußfassung über Satzungsänderungen zukäme, und über die Verteilung der Stimmenmacht in dieser Versammlung würde es an jeder satzungsmäßigen Regelung fehlen. Es würde daher insoweit bei der gesetzlichen Regel sein Bewenden haben. Wie schon hervorgehoben, bietet aber der Inhalt der Satzung keinerlei Anhaltspunkte dafür, daß die Gründer an ein solches drittes Gesellschaftsorgan auch nur gedacht hätten. Abgesehen davon kann Brodmann aber auch im Ausgangspunkt, daß nämlich die uneinheitliche Stimmabgabe eines Gesellschafters, der über mehrere Stimmen verfügt, schlechthin unzulässig sei, nicht beigetreten werden.

Der erkennende Senat hat allerdings in RGZ. Bd. 118 S. 67 die Frage bejaht, ob ein Aktionär mit mehreren eigenen Aktien in der Generalversammlung nur einheitlich abstimmen könne. Dies war auch die damals im Schrifttum weit überwiegende Ansicht; gegenteiliger Meinung waren Horrwitz Recht der Generalversammlungen S. 138/139, Bernicken in JW. 1926 S. 2881 unter 6a, Sänger in ZHR. 1927 S. 213flg. Inzwischen ist diese Rechtsfrage im Schrifttum weiter erörtert worden. So insbesondere von Klausing in der Schrift „Uneinheitliche Ausübung mehrerer Stimmen durch Einzelpersonen und Verbände". Er gelangt zu dem Ergebnis, daß eine uneinheitliche Abstimmung für Körperschaften und sonstige Verbandspersonen zuzulassen sei, wenn ausnahmsweise schutzwürdige Interessen an einer solchen Abstimmung beständen, vorausgesetzt, daß es sich um eine mehrfache Beteiligung, nicht nur um mehrfaches Stimmrecht handle (s. z. B. S. 115). Im übrigen teilt er im Ergebnis die in RGZ. Bd. 118 S. 67 vertretene Rechtsauffassung. Viel weiter als Klausing geht Flechtheim im Bankarchiv Bd. 28 S. 418flg. Er will, und zwar schlechthin jedem Aktionär oder Gesellschafter einer Gesellschaft mbH., auch wenn er nur über eine Aktie oder einen Geschäftsanteil verfügt, bei mehrfacher Stimmberechtigung die

Möglichkeit uneinheitlicher Stimmabgabe zugestehen, und zwar gleichviel, ob im gegebenen Fall „ausnahmsweise" schutzwürdige Interessen an einer solchen Abstimmung vorliegen (vgl. ferner Walter Horrwitz in ZHR. 1930 S. 24 flg. und J. von Gierke Handelsrecht 3. Aufl. S. 335/336). Es ist nicht zu verkennen, daß durch diese Erörterungen manche beachtenswerte neue Gesichtspunkte herausgearbeitet worden sind. Insbesondere ist zuzugeben, daß Fälle denkbar sind, wo sich für die Möglichkeit uneinheitlicher Stimmabgabe vernünftige und schutzwürdige Interessen anführen lassen. Es braucht jedoch hier zu der Frage als solcher umd im allgemeinen nicht abschließend Stellung genommen zu werden. Auch kann es auf sich beruhen, wie es sich damit bei der Aktiengesellschaft verhält. Denn jetzt handelt es sich nicht um eine solche, sondern um eine Gesellschaft mbH. Gewiß wird auch bei ihr im Schrifttum noch überwiegend die Zulässigkeit uneinheitlicher Stimmabgabe durch einen Gesellschafter in der Gesellschafterversammlung verneint (s. z. B. Hachenburg Anm. 5, 6 zu § 47 GmbHG.; Scholz a. a. O. Anm. II 1f [S. 579]; Brodmann GmbHG. Anm. 1d zu § 47; Liebmann-Sänger Anm. 11 zu § 47 GmbHG.; Neukamp-Becker Anm. 3 zu § 47 GmbHG.; s. auch Sänger in ZHR. 1927 S. 216 letzter Absatz). Allein schon dem Urteil des erkennenden Senats RGZ. Bd. 124 S. 371 liegt eine andere Auffassung zugrunde. Wenn ferner die Satzung einer Gesellschaft mbH. die Möglichkeit einer solchen uneinheitlichen Abstimmung ausdrücklich oder stillschweigend vorsieht und gestattet, so besteht vollends kein genügender Anlaß, einer solchen Stimmrechtsregelung die rechtliche Anerkennung zu versagen. Gerade in Hinsicht auf das Stimmrecht und dessen Ausübung hat das Gesetz bei der Gesellschaft mbH. der Satzung weitesten Spielraum gelassen. Es ist sogar, und zwar überwiegend im Schrifttum die Ansicht vertreten worden, daß Geschäftsanteile ohne Stimmrecht statthaft seien (J. von Gierke a. a. O. S. 424 oben; Scholz a. a. O. Anm. II 2 zu § 47 GmbHG.; Hachenburg ebenda Anm. 7; ebenso Liebmann-Sänger Anm. 3). Es ist ferner jedenfalls möglich, daß im praktischen Ergebnis wenigstens derselbe Erfolg, nämlich die Zulassung solcher uneinheitlichen Stimmabgabe bei der Gesellschaft mbH., durch Schaffung eines besonderen Organs („Vertreterversammlung") erreicht werden kann. Endlich ist zuzugeben, daß gerade bei dieser Gesellschaftsform eine solche uneinheitliche Stimmabgabe durch die

Interessenlage gerechtfertigt sein kann, so namentlich im Falle von Treuhandverhältnissen für mehrere Berechtigte. Dabei kann freilich die Zulassung einer derartigen Abstimmung nicht davon abhängig sein, daß auch noch im Einzelfall ein berechtigtes Interesse dargetan wird. Damit würde in das Abstimmungsverfahren, das klare und einfache Verhältnisse erheischt, ein unerträgliches Element der Unsicherheit und Ungewißheit getragen. Es kann ferner keine unterschiedliche Behandlung Platz greifen je nachdem, ob ein Gesellschafter über mehrere Geschäftsanteile verfügt oder ob ihm nur auf Grund eines und desselben Anteils eine Mehrheit von Stimmen zusteht. Letzteres trifft hier zu. Die Satzung läßt keinen Zweifel übrig, daß gerade auch für diesen Fall uneinheitliche Abstimmung statthaft sein soll. Gegen die hier vertretene Ansicht ist auch aus § 18 Abs. 1 GmbHG. kein stichhaltiger Beweisgrund herzuleiten. Gewiß ist dort bestimmt, daß, wenn ein Geschäftsanteil mehreren Mitberechtigten zusteht, sie die Rechte aus demselben nur gemeinschaftlich ausüben können. Damit ist aber nur gemeinschaftliche Ausübung der Rechte vorgeschrieben und diese Bestimmung gilt gleichviel, ob mit dem Geschäftsanteil eine oder mehrere Stimmen verbunden sind. Handelt es sich um einen mehrstimmberechtigten Geschäftsanteil, so ist die gemeinschaftliche Ausübung der Rechte auch damit vereinbar, daß die Berechtigten mehrere Vertreter bestellen, von denen jeder nicht einen einzelnen Berechtigten, sondern alle zusammen vertritt. Dabei wird dann in der Regel einheitlich gestimmt werden; fallen aber einmal die Stimmen auseinander, so folgt aus § 18 Abs. 1 GmbHG. immer noch nicht, daß sie deshalb ungültig sein müßten.

Nach alledem kann es sich nicht darum handeln, daß die Stimmrechtsregelung der Satzung nur dann Gültigkeit haben könnte, wenn die „Gesellschafterversammlung" in Wirklichkeit nicht das vom Gesetz so benannte Gesellschaftsorgan wäre. Vielmehr liegt der Fall so, daß gerade, wenn sich hier die satzungsmäßige „Gesellschafterversammlung" mit dem vom Gesetz gleicherweise bezeichneten Gesellschaftsorgan deckt, die satzungsmäßige Stimmrechtsordnung rechtlichen Bedenken nicht unterliegt, und darüber hinaus die Gesellschaft so, wie es auch nach der Satzung offenbar sein sollte, nur zwei Gesellschaftsorgane, nämlich die Geschäftsführer und die Gesellschafterversammlung besitzt. Alles was die Revision sonst gegen eine solche Auslegung ins Feld führt, ist nicht stichhaltig. Es besteht schlechterdings kein Hindernis dagegen, daß der Bevollmächtigte eines Gesellschafters auch andere Gesellschafter oder Gesellschafterbevollmächtigte „vertritt". Ebenso kann die Satzung einer Gesellschaft mbH. Abstimmung nach Köpfen statt nach Kapitalbeteiligung vorsehen, und wiederum ist es unbedenklich zulässig, daß der Gesellschafterversammlung durch die Satzung Aufgaben der Geschäftsführung zugewiesen werden. All dies ist um so weniger auffällig, als es sich hier um ein gemischt-wirtschaftliches Unternehmen und eine aus nur zwei Gesellschaftern, einer Stadtgemeinde und einer Aktiengesellschaft, gebildete Gesellschaft handelt. Im übrigen bietet weder der Wortlaut noch der Inhalt der Satzung einen genügend deutlichen, aus der Urkunde selbst ersichtlichen Anhaltspunkt dafür, daß mit der „Gesellschafterversammlung" etwas anderes gemeint war, als was das Gesetz selbst so nennt. Daran scheitern alle weiteren Ausführungen der Revision zu diesem Streitpunkt.

4. Ist aber die Gesellschafterversammlung der Satzung im Rechtssinn die Gesellschafterversammlung des Gesetzes, dann folgt daraus ohne weiteres, daß die Gesellschaftervertreter nichts anderes sind und sein können als die stimmbevollmächtigten Stellvertreter desjenigen Gesellschafters, der sie berufen, d. h. zur Wahrnehmung seiner Gesellschafterrechte in der Gesellschafterversammlung bevollmächtigt hat. Der Inhalt der Satzung enthält nichts, was dem widersprechen würde. Es ist eben gerade nicht so, daß die „Gesellschaftervertreter" als solche Träger eines gesellschafterlichen Amts sind, wie sie es z. B. als Mitglieder eines Aufsichtsrats wären. Damit scheitert auch der Konstruktionsversuch der Revision, die darzulegen versucht, daß sich der in der Berufung zum Gesellschaftervertreter liegende „Auftrag" der Klägerin an den Beklagten darauf beschränkt habe, mit der Gesellschaft mbH. einen Dienstvertrag abzuschließen. Vielmehr ging der „Auftrag" unzweifelhaft dahin, daß der Beklagte als „Gesellschaftervertreter" die Rechte und Befugnisse der Klägerin in der Gesellschafterversammlung wahrzunehmen und auszuüben und damit dieses „Geschäft" für sie zu erledigen habe. Ob er dabei nach eigenem pflichtmäßigen Ermessen sollte handeln können und dürfen oder ob er sich insoweit vorher Anweisungen zu holen hatte, ist rechtlich ohne Belang. Jedenfalls enthält die Satzung wiederum keinerlei Anhaltspunkte dafür, daß die Erteilung solcher Anweisungen von seiten der Gesellschafter an ihre Bevollmächtigten unzulässig sein

sollte. Das jederzeitige freie Widerrufsrecht der Gesellschafter, wie es in der Satzung festgelegt ist, spricht auch durchaus nicht für, sondern gegen die vom Beklagten vertretene Auffassung.

Waren die Gesellschaftervertreter nicht Träger eines gesellschafterlichen Amtes, so traten sie durch die Stimmrechtsbevollmächtigung auch nicht in andere und weitere Rechtsbeziehungen zu der Gesellschaft mbH., als sie sich eben aus der Stimmvollmacht selbst ergaben; insbesondere war mit der Gesellschaft kein Dienstvertrag geschlossen, der ihnen einen Anspruch auf Entlohnung gegen sie verliehen hätte. Die „Gesellschaftervertreter" standen vielmehr der Gesellschaft im allgemeinen nicht anders gegenüber als irgendein sonstiger Stimmrechtsbevollmächtigter eines Gesellschafters. Eine Besonderheit ergibt sich allerdings ohne weiteres aus der satzungsmäßigen Regelung, nämlich die, daß für die Vollmacht der Gesellschaftervertreter dem anderen Gesellschafter und der Gesellschaft gegenüber nach Inhalt und Umfang nur die Grenzen gelten, die auch den Gesellschaftern selbst gezogen sind; die Gesellschaftervertreter haben insofern die gleiche Rechtsstellung, wie wenn jeder einzelne mit einer Vollmachtsurkunde ausgestattet wäre, die nach keiner Richtung eine Beschränkung der Stimmrechtsvollmacht enthielte. Dies ist nicht ohne Belang für die Frage der Gültigkeit des Beschlusses vom 25. November 1925. Insoweit greift vorab § 181 BGB. nicht ein, da die Abstimmung, wenn überhaupt ein Rechtsgeschäft, so jedenfalls eine einseitige, nicht empfangsbedürftige Willenserklärung darstellt. Ebensowenig ist an eine Anwendung des § 47 Abs. 4 Satz 2 GmbHG. zu denken, weil es sich nicht um ein Rechtsgeschäft mit den Gesellschafterinnen handelt. Der Beschluß selbst ist seinem Inhalt nach an und für sich sittlich „indifferent". Entgegen Heymann und Bergmann (ZHR. Bd. 97 S. 82) kann deshalb der Beschluß nach der ständigen Rechtsprechung des Senats (RGZ. Bd. 131 S. 145) nicht wegen Sittenwidrigkeit für nichtig erachtet werden. Eine Anfechtung endlich ist ausgeschlossen, weil der Beschluß einstimmig gefaßt ist und keine der Gesellschafterinnen widersprochen hat. Es ist auch nicht einmal behauptet, daß gegen den Beschluß Anfechtungsklage erhoben, geschweige denn siegreich durchgeführt worden wäre. Bleibt die Frage, ob der Beschluß etwa wegen Vollmachtsüberschreitung durch die Bevollmächtigten der Stadtgemeinde ungültig ist. Dies nehmen Heymann-Bergmann a. a. O. S. 81 an. Dem kann aber im

Hinblick darauf, daß, wie schon dargelegt, die Vollmacht nach außen inhaltlich und gegenständlich nur durch die Machtbefugnisse der Gesellschafter selbst beschränkt war, ebenfalls nicht beigetreten werden. Danach muß die Gültigkeit des Beschlusses vom 25. November 1925 angenommen werden. Ob die Stadtvertreter im Innenverhältnis zur Stadt ihre Vertragspflichten durch die damalige Abstimmung verletzt haben, ist so, wie die Dinge hier liegen, für die Gültigkeit des Beschlusses selbst ohne Bedeutung.

5. Der Vorderrichter sieht das der Stimmrechtsvollmacht der Stadtvertreter zugrunde liegende Rechtsverhältnis zur Klägerin als Auftrag an, indem er die Entgeltlichkeit der Dienstleistung verneint. Dagegen sind, wenn die den Bevollmächtigten der Stadt obliegende Geschäftsbesorgung eine unentgeltliche war, keine rechtlichen Bedenken zu erheben. Über die Frage der Entgeltlichkeit oder Unentgeltlichkeit der Tätigkeit der Stimmrechtsbevollmächtigten schweigt nun zunächst die Satzung der Gesellschaft mbH. völlig. Es bestand in der Tat auch keine Veranlassung, diesen Punkt in der Satzung einer Regelung zu unterziehen. Durch die Stimmrechtsvollmacht wurde keinerlei Vertragsverhältnis zwischen der Gesellschaft mbH. und den Stimmbevollmächtigten begründet. Die Frage, ob diese Tätigkeit entlohnt werden sollte oder nicht, war ein Bestandteil des der Bevollmächtigung zugrunde liegenden „kausalen" Rechtsverhältnisses zwischen Vollmachtgeber und Bevollmächtigten, das mit der Regelung der gesellschafterlichen Verhältnisse überhaupt nichts zu tun hatte. Gewiß ist richtig, daß — wie die Revision ausführt — in der Satzung auch darüber keine Bestimmung getroffen ist, daß die zu entsendenden „Vertreter" irgendeine besondere Eigenschaft haben, insbesondere Angehörige des Magistrats, der Stadtverordnetenversammlung oder Beamte der Stadt oder Vorstandsmitglieder oder Angestellte der ThGAG. sein müßten. Es mag auch sein, daß die Gründer der Gesellschaft bei der Gründung darüber einig waren, daß beliebige dritte Personen mit der Aufgabe der Stimmrechtsführung für die Gesellschafter in der Gesellschafterversammlung betraut werden könnten. Die Auswahl der „Gesellschaftervertreter" sollte eben ganz dem einzelnen Gesellschafter anheimgegeben sein. Gerade deshalb kann daraus, daß etwa die Stimmrechtsbevollmächtigten der ThGAG. nach den zwischen dieser und ihnen getroffenen Vereinbarungen Anspruch auf Entlohnung für ihre Tätigkeit haben sollten, keinerlei

Schluß in der Richtung gezogen werden, daß gleiches nun auch für die Stadtvertreter gelten müßte. Ohne Belang ist ferner, wie es sich etwa mit Vergütungsansprüchen solcher Personen verhielte, die zu der Stadt nicht in einem der besonderen Verhältnisse stehen, wie es bei dem Beklagten und den übrigen Stadtvertretern durch ihre Eigenschaft als Mitglieder der Stadtverordnetenversammlung oder des Magistrats der Fall ist. Gerade dieser Umstand kann bei Prüfung der Frage der Entgeltlichkeit keinesfalls außer Betracht bleiben. Die gegenteilige Ansicht der Revision ist rechtsirrtümlich. Der Beklagte kann sodann selbst nicht behaupten, daß zwischen ihm oder einem der übrigen Stadtvertreter und der Stadtgemeinde vor, bei oder nach der Berufung zu Stimmrechtsbevollmächtigten wegen einer Vergütung für diese Tätigkeit irgend etwas vereinbart oder deswegen auch nur verhandelt worden sei. Ganz mit Recht verwertet weiter das Berufungsgericht in diesem Zusammenhang die Verhältnisse, wie sie vor der Gründung der Gesellschaft mbH. lagen, und deren „Entstehungsgeschichte". Was die Revision dagegen einwendet, beruht auf der rechtsirrtümlichen Auffassung, der den Stimmbevollmächtigten erteilte Auftrag sei auf Abschluß eines Dienstvertrags mit der Gesellschaft gerichtet gewesen. Ebensowenig kann zur Begründung eines Vergütungsanspruchs angeführt werden, daß die Stimmbevollmächtigten für die „pflichtmäßige Erfüllung ihrer Obliegenheiten der Gesellschaft selbst gegenüber eine eigene Verantwortung" getroffen habe. Davon kann gar keine Rede sein. Eine solche Haftung der Gesellschaft gegenüber bestand gerade nicht, weil die Stimmrechtsbevollmächtigten weder Träger eines Gesellschaftsamts waren, noch sonst zu der Gesellschaft in einem Rechtsverhältnis standen, aus dem sich eine derartige Verantwortlichkeit herleiten ließe. Auch im übrigen sind die einschlägigen Ausführungen des Berufungsgerichts rechtlich durchaus bedenkenfrei. Es fehlt an jeder Unterlage dafür, daß bei gemischt-wirtschaftlichen Unternehmungen im Falle der Betrauung von Angehörigen der Kollegien oder des Beamtenkörpers des beteiligten öffentlichrechtlichen Verbandes mit der Wahrnehmung seiner gesellschaftlichen Befugnisse und Interessen in der Gesellschafterversammlung der Auftraggeber etwa verkehrsüblicherweise den Beauftragten für diese ihre Tätigkeit eine Vergütung gewährte. Erfahrungsgemäß geschieht auch die Umwandlung ursprünglich öffentlicher „Regiebetriebe" in solche gemischt-wirtschaftlichen Charakters mit zu dem Zweck der „Rationalisierung", Vereinfachung und Verbilligung der Betriebskosten; dazu gehört die Entlastung der öffentlichen Hand von den mit einem solchen Betriebe und dessen Überwachung verbundenen persönlichen Aufwendungen. Hinzu kommt hier im besonderen noch, daß durch die Satzung (Ziff. 13) ohnehin der ThGAG. hinsichtlich der verantwortlichen Beaufsichtigung der technischen und kaufmännischen Führung des Unternehmens besondere Verpflichtungen auferlegt sind. Nach alledem ist die Frage der Entgeltlichkeit der Tätigkeit der „Stadtvertreter" vom Berufungsrichter rechtlich einwandfrei verneint worden.

6. Nicht anders verhält es sich aber auch mit der Bejahung der Herausgabepflicht des Beklagten wegen der Bezüge, die er nach dem Beschluß der „Gesellschafterversammlung" vom 25. November 1925 empfangen hat. Diese Verpflichtung folgt ohne weiteres aus § 667 BGB. Der Beklagte hatte als Stimmrechtsbevollmächtigter der Klägerin deren Belange aus der gesellschafterlichen Beteiligung an der Gesellschaft mbH. wahrzunehmen; in Ausübung der ihm hiernach anvertrauten Befugnisse und in Erfüllung der sich hieraus für ihn ergebenden Verpflichtungen hatte er in der Gesellschafterversammlung abzustimmen. Mit durch seine Stimme und die der übrigen „Stadtvertreter" ist der Beschluß vom 25. November 1925 über die Vergütung zustandegekommen, den die Stadtvertreter angesichts ihrer Stimmenübermacht ohne weiteres hätten verhindern können. Der Beschluß verstieß sachlich unbestreitbar gegen das Gesellschafterinteresse der Stadtgemeinde; wurde doch dadurch die Gesellschaft mbH. mit einem verhältnismäßig recht erheblichen Aufwand belastet, der für das wirtschaftliche Ergebnis keineswegs bedeutungslos war. Das liegt und lag offen zutage. Insofern haben die Stadtvertreter unzweifelhaft das ihnen anvertraute Fremdinteresse dem eigenen hintangesetzt. Um so weniger besteht ein Bedenken gegen die Erstreckung der Herausgabepflicht auf die ihnen aus dem Gesellschafterversammlungs-Beschluß so zugeflossenen Bezüge an die Klägerin als ihre Auftraggeberin (vgl. RGZ. Bd. 96 S. 53, Bd. 99 S. 31). Was die Revision dagegen vorbringt, schlägt nicht durch.

7. Ist der Klaganspruch aber schon aus § 667 BGB. gerechtfertigt, so kann unerörtert bleiben, ob und inwieweit er sich auch mit Erfolg herleiten ließe aus dem Gesichtspunkt des Schadensersatzes wegen schuldhafter Verletzung der sich aus dem Auftragsverhältnis

für den Beklagten ergebenden Verpflichtungen. Nur darauf mag noch hingewiesen werden, daß der Gesellschaft mbH., da der Beschluß vom 25. November 1925 rechtsgültig ist, Ansprüche wegen der Bezüge gegen den Beklagten überhaupt nicht zustehen.

---

57. Ist der Vormund verpflichtet, auf Stückekonto gutgeschriebene Inhaberpapiere des Mündels zu hinterlegen?

BGB. §§ 1814, 1815, 1833 Abs. 1.

IV. Zivilsenat. Urt. v. 29. September 1932 i. S. F. (Bekl.) w. Witwe L. (Kl.). IV 131/32.

I. Landgericht II Berlin.
II. Kammergericht daselbst.

Der Beklagte war vom 26. November 1923 bis 10. Dezember 1924 Vormund der damals wegen Geisteskrankheit entmündigten Klägerin. Deren Ende 1921 verstorbener und von ihr beerbter Vater, Bankier C., hatte durch das Bankhaus K. eine Anzahl Aktien gekauft und sie bei diesem auf Stückekonto stehen lassen. Am 19. Juni 1924 wurde über das Vermögen des Bankhauses das Konkursverfahren eröffnet. In diesem meldete die Klägerin eine Wertersatzforderung an, für die sie nur in Höhe von 20 v. H. befriedigt wurde. Sie wirft dem Beklagten vor, daß er seine Pflicht als Vormund schuldhaft verletzt habe, indem er es unterließ, die Papiere sofort nach seinem Amtsantritt von dem Bankhaus fortzunehmen und sie entsprechend dem § 1814 BGB. bei der Reichsbank zu hinterlegen. Sie verlangt vom Beklagten als Schadensersatz Zahlung von 2307 RM. und wegen des Verlustes bestimmter Papiermarkaktien die Lieferung angeblich an deren Stelle getretener Goldmarkaktien.

Das Landgericht hat die Klage abgewiesen. Das Kammergericht hat dagegen den Anspruch dem Grunde nach für gerechtfertigt erklärt. Die Revision des Beklagten führte zur Aufhebung und Zurückverweisung.

Gründe:

Das Berufungsgericht tritt der Auffassung der Klägerin bei, daß der Beklagte der zwingenden Vorschrift des § 1814 BGB. zuwidergehandelt habe. Unerheblich sei, daß C. die Aktien auf Stückekonto belassen und daß auch der Amtsvorgänger des Beklagten hieran nichts geändert habe. Der Beklagte sei verpflichtet gewesen, die von ihm bei seinem Amtsantritt vorgefundene gesetzwidrige Verwahrungsart aufzuheben. Die Papiere hätten zwar nicht im Eigentum der Klägerin gestanden; der Tatbestand des § 1814 BGB. treffe deswegen nicht unmittelbar zu. Die Gutschrift auf Stückekonto stelle jedoch keine besondere Art der Vermögensanlage dar, sondern sei nur eine besondere Form der Verwahrung von Inhaberpapieren. Wer sich Aktien anschaffe und sie auf Stückekonto gutschreiben lasse, betrachte die Aktien selbst, nicht seinen Lieferungsanspruch an die Bank als eigentliche Vermögensanlage. Deswegen sei die Vorschrift des § 1814 BGB. auch auf diesen Fall anzuwenden, zumal da die Gutschrift auf Stückekonto eine besonders gefährliche Art der Bankverwahrung von Inhaberpapieren sei. Der Beklagte habe daher die unbedingte Pflicht gehabt, das Stückekonto beim Bankhaus K. aufzuheben und die Papiere nach § 1814 BGB. zu hinterlegen oder nach § 1815 das. zu verfahren. Zum mindesten hätte er die Zusendung eines Stückeverzeichnisses und so die Übereignung der Papiere herbeiführen müssen. Das Bankhaus wäre auch, wie festgestellt wird, noch nach dem Amtsantritt des Beklagten in der Lage gewesen, die Papiere auszufolgen oder sie der Klägerin zu übereignen.

Diese Ausführungen geben in mehrfacher Hinsicht zu rechtlichen Beanstandungen Anlaß. Zunächst ist es nicht ganz folgerichtig, wenn das Berufungsgericht aus der Hinterlegungsvorschrift des § 1814 BGB. ableitet, daß der Beklagte jedenfalls verpflichtet gewesen sei, die Einreichung eines Stückeverzeichnisses zu verlangen und für dessen unverzügliche Übersendung zu sorgen. Mit der Absendung des Stückeverzeichnisses hätte zwar die Bank nach § 7 Abs. 1 DepG. das Eigentum an den Aktien auf die Klägerin übertragen. Die Aktien wären aber in der Verwahrung der Bank verblieben. Geändert hätte sich nur die Art der Verwahrung. An Stelle der bisherigen uneigentlichen Verwahrung, des irregulären Depots, wäre eine eigentliche Verwahrung, ein reguläres Depot mit den besonderen nach § 7 Abs. 2 in Verb. mit § 1 DepG. dem Verwahrer auferlegten Verpflichtungen getreten. Die Herbeiführung dieses Rechtszustandes dient aber anderen Zwecken als die Hinterlegung nach § 1814 BGB. Sie bildet auch für diese keine notwendige Vorbereitungshandlung. Die Vornahme der Hinterlegung nach § 1814 erforderte die Aufhebung der Verwahrung durch das Bankhaus. Aus einer dem Beklagten obliegenden Hinterlegungspflicht könnte daher nur gefolgert werden, daß er die Aktien bei dem Bankhause abheben mußte, um so nicht nur für die Klägerin das Eigentum, sondern auch für sich den unmittelbaren Besitz zu erlangen. Nicht zutreffend ist auch, wenn das Berufungsgericht die besondere Gefährlichkeit des Verbleibens der Papiere auf Stückekonto darin findet, daß der Klägerin im Falle der Zahlungsunfähigkeit der Bank nur eine gewöhnliche Konkursforderung zustand. Nach § 7a DepG. hatte die Klägerin für ihre nur schuldrechtliche Forderung ein Konkursvorrecht. Dieses konnte, falls sich bei der Konkurseröffnung eine ausreichende Anzahl Aktien gleicher Gattungen in der Masse vorfanden, denselben wirtschaftlichen Wert haben wie das Aussonderungsrecht, das die Klägerin bei Übersendung eines Stückeverzeichnisses gehabt hätte. Die Gefahr bestand daher vor allem darin, daß das Bankhaus über die für C. angeschafften Aktien oder über gleichartige Aktien anderer Kunden verfügte, ohne für entsprechenden Ersatz zu sorgen. Es ist sogar zweifelhaft, ob diese Gefahr bei Übersendung eines Stückeverzeichnisses ausgeschlossen gewesen wäre. Das Bankhaus war nicht nur zahlungsunfähig geworden, sondern sein letzter Inhaber hatte sich auch Verfehlungen zuschulden kommen lassen, die zu seiner strafgerichtlichen Verurteilung geführt haben. Nach der Behauptung des Beklagten hatte er Veruntreuungen begangen.

Ursächlich für den Verlust, den die Klägerin erlitten hat, war auch nicht die Unterlassung der Hinterlegung, sondern schon allein der Umstand, daß sich der Beklagte die Papiere nicht von der Bank ausfolgen ließ. Auch wenn er die Papiere selbst in Händen behalten hätte, würde die Klägerin vor den Folgen des Zusammenbruchs des Bankhauses geschützt worden sein. Es steht also in Frage, ob der Beklagte zur Vorbereitung der Hinterlegung gemäß § 1814 BGB. verpflichtet war, die Papiere von dem Bankhause fortzunehmen.

Diese Vorschrift setzt voraus, daß die Wertpapiere zum Vermögen des Mündels gehören. Bei der Entmündigung der Klägerin wie auch noch beim Amtsantritt des Beklagten gehörten aber zum Vermögen der Klägerin nicht die Aktien selbst, sondern nur schuldrechtliche Ansprüche auf deren Übereignung. Wirtschaftlich betrachtet mögen allerdings Wertpapiere, die auf Stückekonto gutgeschrieben sind, bereits als zum Vermögen des Berechtigten gehörig angesehen werden können. Rechtlich geht es aber nicht an, das Eigentum an Wertpapieren ihrer Gutschrift auf Stückekonto schlechthin gleichzusetzen. Gerade deswegen ist in einzelnen gesetzlichen Bestimmungen eine solche Gleichsetzung ausdrücklich erfolgt (vgl. § 230a HGB., § 63 Abs. 2 des Reichsbewertungsgesetzes in der Fassung der Anpassungsverordnung vom 23. Dezember 1931 — RGBl. I S. 779 —, § 9 der Devisenverordnung vom 23. Mai 1932).

Sinn und Zweck der Vorschrift des § 1814 BGB. ist, den Mündel gegen eine etwaige Untreue des Vormundes und die Gefahr eines zufälligen Verlustes der durch den Vormund selbst verwahrten Papiere zu schützen (Mot. Bd. 4 S. 1129). Hier aber handelt es sich um eine ganz anders geartete Gefahr. Sie lag nicht in der Person des Vormundes und der Verwahrung durch ihn, sondern darin, daß der Klägerin nur ein schuldrechtlicher Anspruch zustand und Schuldnerin dieses Anspruchs eine Privatbank war. Zur Beseitigung dieser Gefahr bedurfte es, wie bereits hervorgehoben, gar nicht einer Hinterlegung. Hierzu genügte, daß der Beklagte die Papiere bei der Bank abhob und selbst in Besitz nahm. Der in § 1814 BGB. dem Vormund auferlegten Hinterlegungspflicht entsprechen die Vorschriften der §§ 1806 flg. BGB. Nach diesen hat der Vormund zum Vermögen des Mündels gehöriges Geld in bestimmter Weise anzulegen. Auch hiernach ist er nicht verpflichtet, eine vorgefundene anderweitige Vermögensanlage flüssig zu machen, um dann das erhaltene Bargeld entsprechend den gegebenen Vorschriften anzulegen. Ebenso steht es im vorliegenden Falle. Zu einer Umwandlung der vorgefundenen Vermögensanlage der Klägerin bei dem Bankhaus K. in eine solche, die dem § 1814 BGB. oder dem § 1815 das. entsprach, war der Beklagte nicht schon durch diese Vorschriften verpflichtet. Er war daher auch nicht ohne weiteres gehalten, die Papiere dem Bankhause abzufordern, um sie dann der Hinterlegung zuzuführen. Eine solche Verpflichtung konnte sich allerdings aus den Umständen des Falles ergeben. Die Grundlage für diese Verpflichtung würde aber nicht die Vorschrift des § 1814 BGB. bilden, sondern die allgemeine Vorschrift des § 1793 BGB., durch die dem Vormund die Sorge für das Vermögen des Mündels auferlegt ist. Hiernach bestimmt sich auch, ob der Beklagte zur Einforderung eines Stückeverzeichnisses verpflichtet war. Nach dieser Richtung hat das Berufungsgericht das Verhalten des Beklagten noch nicht geprüft.

---

58. 1. Ist der Rechtsweg zulässig für Ansprüche, die sich aus dem Abschlusse eines Vertrags wegen Übertragung eines Domänenfideikommisses auf den Staat ergeben?

2. Zur Anwendung der §§ 264, 270 ZPO.

3. Zur Auslegung des § 549 Abs. 1 ZPO.

4. Über das Verhältnis der dinglichen Ansprüche zum Bereicherungsanspruch.

5. Über den Unterschied zwischen privatem Familienfideikommiß und Hausgut. Wer ist deren Eigentümer?

6. Sind auch nach gemeinem Sachsenrecht die Rechte der Anwärter am Familienfideikommiß dinglicher Art?

7. Zur vormundschaftsgerichtlichen Genehmigung.

8. Zur Auslegung der §§ 311, 313 BGB.

9. Zur Anwendung von § 273 Abs. 3, § 1000 BGB.

BGB. §§ 139, 140, 273, 311, 313, 812, 818, 894, 985, 986, 1000, 1812, 1821, 1822, 1828, 1829, 1909, 1915. GVG. § 13. ZPO. §§ 264, 270, 549 Abs. 1.

VI. Zivilsenat. Urt. v. 9. Juli 1932 i. S. Land Thüringen (Bekl.) w. Herzog Ernst von Sachsen-Altenburg (Kl.). VI 205/32.

I. Landgericht Altenburg.
II. Oberlandesgericht Jena.

Das vormalige Herzogtum Sachsen-Altenburg erhielt unter dem 29. April 1831 ein Grundgesetz, das zugleich Bestimmungen über das Hausrecht der Altenburger Zweiglinie des Sachsen-Ernestinischen Fürstenhauses enthält (auszugsweise im Abdruck bei Schulze Hausgesetze der regierenden Deutschen Fürstenhäuser Bd. 3 S. 43). Der § 18 Abs. 1 Satz 1 das. lautet:

> Das jetzige und künftige Domänenvermögen an Gebäuden, Kammergütern, Waldungen, liegenden Gründen, Erbzinsen, Lehngeldern und anderen aus der Grundherrlichkeit fließenden Renten und Gerechtsamen usw. auch Regalien, ist Eigentum des Herzoglichen Hauses und erbt in demselben, nach den Bestimmungen des § 3, fort.

Der § 3 lautet:

> Der jetzige Bestand des Landes, der Domänen und Schlösser — (mit Ausnahme der vom jetzigen Regenten oder dessen Nach-

folgern aus Schatullmitteln etwa geschehenen oder künftig geschehenden Anschaffungen) — erbt ungeschmälert in der Staatserbfolge der Herzoglichen Speziallinie Sachsen-Altenburg fort. Unter keinem Vorwande kann jemals ein — nicht erweislich aus solchen Schatullmitteln erworbener — Teil, wenn er auch noch so gering wäre, während der Dauer des jetzigen Spezialhauses zu Gunsten eines Allodialerben gegen den Regierungsnachfolger in Anspruch genommen werden . . .

Nach § 13 besteht für die Nachfolge in der Regierung Primogeniturordnung nach den Grundsätzen der agnatischen Linealfolge.

Nachdem durch den Vertrag vom 29. März 1849 und das Gesetz vom 18. März 1854 die Bestimmungen des Grundgesetzes über das Eigentum des Herzoglichen Hauses am Domänenvermögen abgeändert worden waren (Schulze a. a. O. S. 49; ausführliche Darstellung bei Albrecht Domänenwesen im Herzogtum Sachsen-Altenburg), erging am 29. April 1874 das Gesetz, die definitive Regulierung der Rechtsverhältnisse am Domänenvermögen betreffend (Altenb. GS. S. 9, Abdruck bei Schulze a. a. O. S. 308). Nach § 1 dieses Gesetzes wird das gesamte Domänenvermögen dergestalt geteilt, daß davon zwei Drittel das Herzogliche Haus und ein Drittel das Land „zu ausschließlichem Eigentum" erhält. Der § 4 lautet:

a) Der Anteil Unseres Herzoglichen Hauses am Domänenvermögen wird volles Privateigentum desselben und hat unter dem Namen „Domänen-Fideikommiß des Herzoglichen Hauses Sachsen-Altenburg" die Eigenschaft eines Haus- und Familienfideikommisses.

b) Solange ein Glied des Gesamthauses Sachsen-Gotha kraft landes- und hausgesetzlicher Erbfolge über das Herzogtum Sachsen-Altenburg regiert, stehen ihm die Rechte des Fideikommißbesitzers (Nutzungseigentümers) daran zu . . .

Die §§ 18 bis 21 enthalten Vorschriften über die Unveräußerlichkeit und Unverpfändbarkeit des Domänenfideikommisses ohne Genehmigung der Landschaft und über dessen Verwaltung. § 22 verbietet die Auflösung des Familienfideikommisses solange, als ein Glied des Gesamthauses Sachsen-Gotha kraft gesetzlicher Sukzession über das Herzogtum Sachsen-Altenburg regiert. Die §§ 23 und 25 bestimmen:

§ 23. a) Das Domänen-Fideikommiß hat die Eigenschaft einer juristischen Person . . .

b) Dasselbe wird gerichtlich und außergerichtlich durch eine von dem regierenden Herzog zu bestellende Fideikommißverwaltung vertreten, welche nach dessen Anordnungen das Fideikommißvermögen verwaltet . . .

§ 25. Falls unser Herzogliches Haus oder das Gesamthaus Sachsen-Gotha aufhören sollte, über das Herzogtum Sachsen-Altenburg zu regieren, treten die sämtlichen in den §§ 18 bis 24 vorstehenden besonderen Bestimmungen wie nicht minder die Bestimmung unter b) in § 4 außer Kraft und dagegen für alle Verhältnisse, insbesondere auch für die Fideikommiß-Sukzession, die bezüglichen Bestimmungen der Hausgesetze, eventuell des Landesrechts an ihre Stelle . . .

Bis zum November 1918 war der Kläger regierender Herzog von Sachsen-Altenburg. Nach seiner Thronentsagung begannen alsbald Verhandlungen zwischen den Vertretern des Klägers und denen des Freistaates Sachsen-Altenburg, dessen Rechtsnachfolger das verklagte Land geworden ist, mit dem Ziele, eine Vereinbarung über das dem Herzoglichen Hause im Gesetz von 1874 zugeteilte Domänenvermögen herbeizuführen. Nach längeren Verhandlungen kam am 6./14. Juni 1919 ein Vertrag zustande, welchen die Sachsen-Altenburgische Landesversammlung am 5. Juni 1919 einstimmig genehmigt hatte. Seine hier hauptsächlich in Betracht kommenden Bestimmungen lauten:

Zwischen dem bisher regierenden Herzog Ernst II. von Sachsen-Altenburg, zugleich als Vertreter des Herzoglichen Hauses Sachsen-Altenburg, und dem Freistaate Sachsen-Altenburg, vertreten durch das Staatsministerium in Altenburg, ist mit Zustimmung der Sachsen-Altenburgischen Landesversammlung der folgende Vertrag abgeschlossen worden.

§ 1. Die Vertragschließenden gehen davon aus, daß durch die Thronentsagung des bisher regierenden Herzogs Ernst II. von Sachsen-Altenburg der § 25 des Gesetzes . . . vom 29. April 1874 in Kraft getreten ist und der Herzog und das Herzogliche Haus die unbeschränkte Verfügung über das bisherige Domänenfideikommiß des Herzoglichen Hauses erlangt haben.

§ 2. Das gesamte zum Domänenfideikommiß des Herzoglichen Hauses gehörige Vermögen, insbesondere . . ., mit Ausnahme eines

Teiles der Wertpapiere, Hypotheken oder Schuldbuchforderungen in Höhe von 4800000 M., geht mit der Vollziehung des Vertrags auf den Freistaat Sachsen-Altenburg mit allen Rechten, aber auch mit allen darauf ruhenden Lasten und Verpflichtungen ... eigentümlich über ...

§ 3. Die Eigentum des Herzogs verbleibenden 4800000 M. an Wertpapieren, Hypotheken oder Schuldbuchforderungen sind zum Kurswerte vom 1. Juli 1919 nach Wahl des Herzogs aus den vorhandenen zum Domänenfideikommiß gehörigen Werten auszusondern.

§ 4. Dem Herzog wird als Entschädigung für den Verzicht auf seine und des Herzoglichen Hauses Ansprüche eine einmalige Abfindungssumme von 5200000 M. gewährt.

Weitere 2000000 M. werden zur Errichtung einer Stiftung (für Wohlfahrtspflege) bestimmt ...

Die 5200000 M. werden durch das Staatsministerium bis zum 14. Juni 1919 für den Herzog an die ... Bank in ... überwiesen mit der Maßgabe, daß der Herzog erst dann über den Betrag verfügen darf, wenn er den Vertrag in rechtsgültiger Form unterschrieben hat. Die Freigabe des Betrags ist der Bank durch den die Vertragsunterschrift beurkundenden Richter unmittelbar nach der Beurkundung anzuzeigen.

Der Herzog hat aus dem Abwurfe dieser Abfindung von 5200000 M. alle Leistungen zu bestreiten, die von ihm nach § 5b des Gesetzes ... vom 29. April 1874 gegenüber der Herzogin und den beiderseitigen Nachkommen aus den Erträgnissen des Domänenfideikommisses zu erfüllen sind.

§ 7. Der Freistaat Sachsen-Altenburg überläßt dem Herzog aus dem übernommenen Domänenfideikommißvermögen schuldenfrei das Schloß Fröhliche Wiederkunft mit Garten ..., weiter vom Forstreviere Hummelshain den ... Waldteil Rieseneck ..., endlich in der Stadt Altenburg ... (gewisse Baulichkeiten) ... zu freiem und unbeschränktem Eigentume ...

§ 11. Dem Herzoge steht das freie Wohn- und Nutzungsrecht für sich und seine Familie am Prinzenpalais, Torhaus und Verwaltungsgebäude des Schlosses in Altenburg ... auf seine eigene Lebenszeit zu ...

§ 15. Die Einrichtungsgegenstände, welche die Schlösser in Altenburg, Eisenberg und Hummelshain in dieser ihrer Eigenschaft kennzeichnen, sind in diesen Schlössern zu belassen; alle übrigen Einrichtungsgegenstände bleiben Eigentum des Herzogs und des Herzoglichen Hauses . . .

§ 20. Die Parteien verpflichten sich, diejenigen Erklärungen in der gehörigen Form abzustellen, die notwendig sind, um die zur Erfüllung des Vertrags erforderlichen Verlautbarungen im Grundbuche zu bewirken.

§ 21. Der Herzog bevollmächtigt für sich und das Herzogliche Haus den Geheimen Hofkammerrat Dr. A. in Altenburg, der Freistaat Sachsen-Altenburg, vertreten durch das Staatsministerium, bevollmächtigt den Vorstand des Staatsministeriums, Abteilung der Finanzen, in Altenburg oder dessen amtlichen Stellvertreter, die Auflassung der im Vertrage bezeichneten Grundstücke usw. zu erklären, die sonstigen zur Ausführung des Vertrages notwendigen Erklärungen abzustellen und Geld und Geldeswert auszuantworten und in Empfang zu nehmen.

Der Vertrag wurde zunächst von den fünf Mitgliedern des Staatsministeriums unter Beidrückung des Amtssiegels unterzeichnet.

Kommissar für die Rechtsangelegenheiten des Herzoglichen Hauses war der Landgerichtsrat Dr. F. in Altenburg. Dieser erhielt unter dem 20. Mai 1919 vom Staatsministerium den Auftrag, für die minderjährigen Söhne des Klägers, den am 13. Mai 1900 geborenen Prinzen Georg Moritz und den am 15. Mai 1905 geborenen Prinzen Friedrich Ernst, einen Pfleger zu bestellen, „da diese aus eigenem Recht Anwartschaft auf die Nachfolge in die Nutznießung und Verwaltung des Domänenfideikommißvermögens haben dürften und es deshalb notwendig erscheine, ihre Zustimmung zu diesem Vertrage durch einen Pfleger erklären zu lassen". Dem Auftragschreiben war ein Abdruck der Vertragsgrundzüge beigelegt, dessen Ziffer 9 dahin lautet:

Der Herzog sowohl als auch der Staat behalten sich endgültige Genehmigung dieses Abkommens vor, bis der Wortlaut des abzuschließenden notariellen oder gerichtlichen Vertrages vorliegt.

Am 31. Mai 1919 verpflichtete F. den von Dr. Sch., dem Vorstande der Finanzabteilung des Staatsministeriums, vorgeschlagenen Oberhofmarschall v. B. als Pfleger für die beiden Prinzen. Nach der Bestallung umfaßte sein Wirkungskreis die Erklärung der Zustimmung der Prinzen zu dem Vertrage über die vermögensrechtliche Auseinandersetzung zwischen dem Freistaat Sachsen-Altenburg und dem früher regierenden Herzog. Am 14. Juni 1919 fuhr F. unter Mitnahme der beiden von den Mitgliedern des Ministeriums unterschriebenen Vertragsschriften nach Berlin. Diese wurden hier vom Kläger und vom Pfleger unterzeichnet und F. setzte auf eine der Vertragsschriften folgendes Protokoll:

Gegenwärtig:

Landgerichtsrat Dr. F. aus Altenburg, Kommissar für die Rechtsangelegenheiten des Herzogl. Hauses.

Berlin, den 14. Juni 1919 erklärten S. Hoheit der bisher regierende Herzog Ernst II. von Sachsen-Altenburg

und

als Pfleger für dessen beide minderjährigen Söhne Herr Oberhofmarschall W. v. B. aus Altenburg:

Wir bekennen uns zum Inhalt des vorstehenden Vertrags vom 6. und 14. Juni 1919. In dessen § 7 ist ein Schreibfehler . . .

Unsere Unterschrift unter diesem Vertrag haben wir je eigenhändig bewirkt.

Vorgelesen, genehmigt, unterschrieben.

(Amtssiegel.) (Drei Unterschriften.)

Der Vertrag wurde nicht in der Gesetzsammlung veröffentlicht. Bei der Vorbereitung der Auflassungsverhandlungen vermißten einige Grundbuchrichter den Nachweis der Erteilung der vormundschaftsgerichtlichen Genehmigung und teilten dies dem Ministerium mit, das F. hiervon in Kenntnis setzte. Darauf schickte F. am 30. Juli 1919 an das Ministerium eine Urkunde, inhalts deren er als Kommissar für die Rechtsangelegenheiten des Herzoglichen Hauses zu den Erklärungen des v. B. als Pflegers der beiden Prinzen betreffs der vermögensrechtlichen Auseinandersetzung zwischen dem Kläger und dem Freistaat Sachsen-Altenburg die obervormundschaftliche Genehmigung erteilte. Abschriften dieser Urkunde sandte das Ministerium an die Grundbuchämter. Darauf — zum Teil auch schon vorher — gaben Sch. und A. die Auflassungserklärungen im Juli und August

1919 ab und der Freistaat wurde als Eigentümer des Grundbesitzes des Domänenfideikommisses eingetragen, soweit die Grundstücke im Altenburger Gebiet lagen. Dagegen wurden ein Feldgrundstück von etwa 1 Morgen Größe und das Bergwerkseigentum an etwa 17000 Morgen, die im preußischen Amtsgerichtsbezirk Schönlanke liegen und auf den Namen des Domänenfideikommisses eingetragen stehen, nicht mit aufgelassen.

Am 24. März 1924 focht der Kläger dem Thüringischen Ministerium gegenüber den Vertrag vom 6./14. Juni 1919 wegen Drohung und Irrtums an und erhob im Januar 1925 Klage. Sein ursprünglicher Antrag ging dahin, den Beklagten zur Erteilung seiner Einwilligung dazu zu verurteilen, daß das Grundbuch von Altenburg bezüglich eines näher bezeichneten Grundstücks dahin berichtigt werde, daß an Stelle des Beklagten das Domänenfideikommiß des Herzoglichen Hauses Sachsen-Altenburg als Eigentümer eingetragen werde. Seine Sachbefugnis leitete der Kläger einmal daraus her, daß er Chef des Herzoglichen Hauses und als solcher zu dessen Vertretung in Sachen des Hausfideikommisses berechtigt sei, und ferner daraus, daß er als Vertragspartei an dem Vertrage vom 6./14. Juni 1919 beteiligt sei. Die Klage war anfänglich nur auf Sittenwidrigkeit und Nichtigkeit des Vertrags wegen Drohung und Irrtums sowie darauf gestützt, daß die Agnaten der Häuser Sachsen-Meiningen und Sachsen-Gotha dem Vertrage nicht zugestimmt hätten.

Der Beklagte erhob in erster Reihe die Einrede der Unzulässigkeit des Rechtswegs. Diese Einrede wurde jedoch durch die Urteile des Landgerichts vom 16. April 1925 und des Oberlandesgerichts vom 29. Juni 1925 dem ursprünglichen Klagantrag gegenüber rechtskräftig verworfen.

Darauf erweiterte der Kläger seinen Klagantrag, indem er noch Herausgabe des bezeichneten Grundstücks an sich begehrte, und gründete seine Klagansprüche auch darauf, daß der Vertrag von 1919 nicht formgerecht (§§ 311, 313 BGB.) beurkundet worden sei, weil F., der übrigens nach der Thronentsagung des Klägers überhaupt nicht mehr und jedenfalls nicht in Berlin ohne Genehmigung des dortigen Amtsgerichts habe tätig werden dürfen, nur die Erklärungen des Klägers und des Pflegers, nicht aber die der Vertreter des Freistaates Sachsen-Altenburg beurkundet und den Vertrag nicht vorgelesen habe. Ferner habe F. die vormundschaftsgerichtliche Genehmigung nicht wirksam erteilt, und endlich hätte, wie der Kläger im zweiten Rechtszuge noch geltend gemacht hat, für die beiden Prinzen je ein Pfleger bestellt werden müssen.

Der Beklagte hat die Einrede der Unzulässigkeit des Rechtswegs aufrechterhalten und den neu vorgebrachten Klagegründen gegenüber Klagänderung gerügt. Er ist sämtlichen Klagegründen entgegengetreten. Insbesondere beruft er sich darauf, daß der etwaige Formmangel durch Auflassung und Eintragung (§ 313 Satz 2 BGB.) geheilt worden sei. Wenn der Kläger geltend mache, daß das eine Grundstück und das Bergwerkseigentum im Bezirk Schönlanke nicht aufgelassen worden seien, so handle es sich hier um sehr geringfügige Werte, die überdies mit dem Altenburger Grundbesitz in keinem wirtschaftlichen Zusammenhang ständen. Hilfsweise macht der Beklagte ein Zurückbehaltungsrecht wegen aller der Leistungen geltend, die er und sein Rechtsvorgänger auf Grund des Vertrags von 1919 gemacht haben; den Wert dieser Leistungen, die zum Teil bis in die Jahre 1930 und 1931 erfolgt sind, gibt der Beklagte, indem er auch Aufwertungsansprüche erhebt, auf insgesamt 12696173,14 RM. an.

Das Landgericht hat durch Urteil vom 9. Juli 1930 die Klage abgewiesen.

Im zweiten Rechtszuge hat der Kläger folgende Anträge auf Verurteilung des Beklagten gestellt:

1. zu bewilligen, daß die Grundbücher von Altenburg und von Trockenborn und Wolfersdorf hinsichtlich näher bezeichneter vier Grundstücke so berichtigt werden, daß an Stelle des Beklagten das Domänenfideikommiß des Herzoglichen Hauses Sachsen-Altenburg eingetragen werde,
2. diese Grundstücke an den Kläger als Vertreter des Fideikommisses herauszugeben,
3. sie von etwaigen Lasten zu befreien, die nach der Umschreibung auf den Staat Sachsen-Altenburg eingetragen sind,
4. über die Nutzung Rechnung zu legen, die der Beklagte und sein Rechtsvorgänger aus diesen Grundstücken gezogen haben, und diese Nutzung herauszugeben.

Hilfsweise hat sich der Kläger zur Sicherheitsleistung bereit erklärt, um das Zurückbehaltungsrecht des Beklagten abzuwenden.

Das Oberlandesgericht hat durch Teilurteil vom 18. Januar 1932 nach den Anträgen zu 1 und 2 erkannt, jedoch nur Zug um Zug gegen

10000 RM. Sicherheit, die der Kläger zu leisten hat und die nicht durch Bürgen geschehen kann.

Die Revision des Beklagten hatte keinen Erfolg.

Gründe:

I. In verfahrensrechtlicher Beziehung hält die Revision an der Auffassung des Beklagten fest, daß der Rechtsweg (§ 13 GVG.) unzulässig sei und daß den nicht bereits in der Klageschrift vorgebrachten Klagegründen gegenüber die Einrede der Klagänderung (§ 264 ZPO.) durchgreife. In beiden Punkten kann den Ausführungen der Revision nicht gefolgt werden.

1. Wie die Revision nicht verkennt, ist über die Einrede der Unzulässigkeit des Rechtswegs insoweit bereits rechtskräftig (§ 322 ZPO.) entschieden, als es sich um den schon in der Klageschrift erhobenen Anspruch handelt. Im übrigen aber ist der Auffassung des Oberlandesgerichts, daß der Rechtsweg gegeben sei, auch in der Begründung, wie sie in dem Zwischenurteil vom 29. Juni 1925 und in dem angefochtenen Urteil niedergelegt ist, lediglich beizutreten. Danach ist durch das irrevisible (§ 549 Abs. 1 ZPO.) sachsen-altenburgische Gesetz vom 29. April 1874 das volle Privateigentum des Herzoglichen Hauses an dem diesem überwiesenen Teile des Domänenvermögens anerkannt worden (vgl. den ähnlichen in dem Beschluß des Reichsgerichts RGZ. Bd. 111 S. 123 beurteilten Fall des Sachsen-Gothaischen Domänenfideikommisses). Dieses Privateigentum ist dem Herzoglichen Hause nicht durch ein Gesetz (vgl. das Urteil RGZ. Bd. 136 S. 211 betreffend das Lippesche Domanium) oder im Wege des Enteignungsverfahrens oder in einem sonstigen öffentlichrechtlichen Verfahren entzogen worden, in welchem der Freistaat Sachsen-Altenburg kraft obrigkeitlicher Gewalt im Wege des Befehls dem Kläger gegenübergetreten wäre, sondern dieser und der Freistaat als Fiskus haben einen privatrechtlichen Vertrag, bei dem sie sich im Verkehr des Privatrechts als gleichberechtigt gegenüberstanden, zwecks Übertragung des Domänenfideikommisses auf den Staat geschlossen und demnächst die zur Ausführung dieses Vertrages erforderlichen Rechtshandlungen ebenfalls in den Formen des Privatrechts vorgenommen. Für die aus einem solchen Rechtsverhältnis sich ergebenden Ansprüche ist der Rechtsweg zulässig (RGZ. Bd. 93 S. 258, Bd. 102 S. 252, Bd. 105 S. 37 und S. 278, Bd. 125 S. 400). Ein

Staatsvertrag im Sinne eines Vertrages des öffentlichen Rechts, wie dies die Revision annimmt, kommt bei dem Vertrage vom Juni 1919 nicht in Betracht, dies um so weniger, als nach der Feststellung des Berufungsrichters der Freistaat Sachsen-Altenburg den Weg der gütlichen Einigung mit dem Kläger und des Vertragsschlusses absichtlich gewählt hat und als in § 1 des Vertrags die Vertragschließenden ausdrücklich davon ausgegangen sind, daß auf Grund des § 25 des Gesetzes von 1874 der Kläger und das Herzogliche Haus die — durch §§ 18 bis 22 das. nicht mehr beschränkte — Verfügung über das Domänenfideikommiß erlangt hätten. Auch die weitere Behandlung der Sache durch das Staatsministerium, insbesondere die Herbeiführung der Bestellung des Pflegers für die Prinzen und der vormundschaftsgerichtlichen Genehmigung, ergeben zwingend, daß sich der Staat ausschließlich auf den Bahnen des Privatrechts hat halten wollen und gehalten hat.

2. Der Berufungsrichter nimmt an, das Landgericht habe die etwa vorliegende Klagänderung als sachdienlich zugelassen (§ 264 ZPO.). Diese Auslegung des landgerichtlichen Urteils ist bedenklich. Das Urteil erklärt nämlich ausdrücklich, es könne dahingestellt bleiben, ob die etwaige Klagänderung als sachdienlich zu erachten sei; denn die Klage sei sachlich unbegründet. Eine solche Begründung ist schon im Hinblick auf die Zweifel, die sich für die Frage der Tragweite (§ 322 ZPO.) des Urteils ergeben, prozeßrechtlich verfehlt. Ob die Klagänderung zuzulassen sei, bildet die Vorfrage, von deren Beantwortung es abhängt, ob sich das Gericht im Rahmen des schwebenden Rechtsstreits mit dem geänderten Klagegrund sachlich befassen darf (RGZ. Bd. 53 S. 36, Bd. 75 S. 265, weitere Nachweisungen bei Sydow-Busch Anm. 1 zu § 268 ZPO.). Das Berufungsgericht hätte diesen Verfahrensmangel zum Anlaß nehmen können, das erste Urteil aufzuheben und die Sache in die Vorinstanz zurückzuverweisen (§ 539 ZPO.). Aber die Entscheidung hierüber stand in seinem freien Ermessen, das in der Revisionsinstanz nicht nachprüfbar ist (vgl. u. a. RGZ. Bd. 77 S. 138, Bd. 93 S. 155). Nun hat sich freilich der Berufungsrichter gemäß § 270 ZPO. an die vermeintliche Entscheidung des Landgerichts, die Klagänderung sei zuzulassen, für gebunden erachtet und diese Ansicht traf nicht zu. Allein er fügt bei, das Landgericht habe, indem es die Klagänderung für sachdienlich erklärt habe, sein freies Ermessen richtig angewendet; denn es liege durchaus im

Interesse beider Parteien, daß die Ungewißheit über den Ausgang des schon jahrelang schwebenden Rechtsstreits baldigst behoben und über alle die Gültigkeit des Vertrags betreffenden Fragen einheitlich in einem Urteil entschieden werde. Dadurch, daß der Vorderrichter dem Landgericht bescheinigt hat, dieses habe die Klagänderung mit Recht zugelassen, hat er mit aller Klarheit zum Ausdruck gebracht, daß er seinerseits die Klagänderung für sachdienlich auch dann erachtet hätte, wenn er sich nicht durch § 270 ZPO. an die Entscheidung des Landgerichts gebunden geglaubt hätte. An die hierin liegende Zulassung der Klagänderung, zu der das Berufungsgericht auch dann befugt gewesen wäre, wenn das Landgericht deren Zulassung abgelehnt hätte, ist das Revisionsgericht gebunden (§ 270 ZPO.).

II. In der Sache selbst weist das angefochtene Urteil die sämtlichen in der Klageschrift geltend gemachten Klagegründe als unbegründet zurück. Zu diesen dem Beklagten günstigen Ausführungen ist nur folgendes zu bemerken. . . . Wenn der Berufungsrichter die Zustimmung der Agnaten der beiden anderen Linien des Sachsen-Ernestinischen Gesamthauses zu dem Vertrage von 1919 für nicht erforderlich erklärt hat, so ist seine Entscheidung insoweit durch § 549 Abs. 1 ZPO. der Nachprüfung in der Revisionsinstanz entzogen. Denn sie beruht ausschließlich auf der Anwendung der Hausgesetze des genannten Fürstenhauses, insbesondere der Regimentsverfassung vom 9. November 1672 (Abdruck bei Schulze a. a. O. S. 121), und thüringischer Landesgesetze. Alle diese Normen galten oder gelten nur in den ehemaligen thüringischen Einzelstaaten oder in einzelnen von ihnen und zum Teil in einem Teile Bayerns (Koburg) und Teilen preußischer Provinzen (Sachsen und Hessen-Nassau). Daher sind, nachdem die thüringischen Einzelstaaten — von Koburg abgesehen — im Freistaat Thüringen aufgegangen sind, jetzt die Voraussetzungen nicht mehr gegeben, von denen § 1 der Verordnung vom 28. September 1879 (RGBl. S. 299) die Revisibilität landesgesetzlicher Bestimmungen abhängig macht. Auf den gegenwärtigen Zeitpunkt kommt es aber entscheidend an (vgl. RGZ. Bd. 117 S. 274). Zu prüfen bleibt daher nur, ob das Berufungsurteil zur Frage der Erforderlichkeit jener Zustimmung Vorschriften des allgemeinen deutschen Privatfürstenrechts (Art. 57 EG. z. BGB., vgl. RGZ. Bd. 109 S. 14) verletzt hat; denn dieses Recht ist für familien- und vermögensrechtliche Angelegenheiten durch Art. 109 RVerf. nicht aufgehoben

(RGZ. Bd. 101 S. 185, Bd. 124 S. 121, vgl. auch Bd. 103 S. 192) und — im Gegensatz zu den Hausverfassungen des in Art. 58 EG. z. BGB. bezeichneten hohen Adels (RGZ. Bd. 43 S. 412, Bd. 101 S. 180, Bd. 124 S. 128; JW. 1902 S. 422 Nr. 22) — revisibel (RGZ. Bd. 12 S. 428, Bd. 18 S. 198). Ein solcher Rechtsirrtum ist indessen im Berufungsurteil nicht ersichtlich.

III. Es sind vorab zwei Fragen zu erörtern, welche für die Entscheidung im Rahmen des angefochtenen Teilurteils von grundlegender Bedeutung sind, nämlich die rechtliche Natur der vom Berufungsrichter bisher beschiedenen beiden Klaganspruche und die Sachbefugnis des Klägers.

1. Sowohl der Sachvortrag des Klägers als auch seine Anträge zu 1 und 2 ergeben, daß er einmal die — dinglichen — Ansprüche auf Herausgabe (§ 985 BGB.) und auf Grundbuchberichtigung (§ 894 BGB., vgl. dazu RGZ. Bd. 53 S. 377, Bd. 60 S. 264) und ferner die — schuldrechtlichen — Ansprüche auf Grund ungerechtfertigter Bereicherung (§ 812 BGB.) mit den gleichen Zielen erhebt. Entsprechend der strengen Sonderung zwischen dem schuldrechtlichen Grundgeschäft und dem dinglichen Erfüllungsgeschäft (vgl. RGZ. Bd. 75 S. 73, Bd. 78 S. 375; RGRKomm. Erl. 1c zu § 125 BGB.), der Verfügung (RGZ. Bd. 90 S. 399, Bd. 92 S. 35, Bd. 94 S. 82, Bd. 111 S. 250, Bd. 119 S. 337, Bd. 124 S. 327, Bd. 126 S. 160), und der Unabhängigkeit des Erfüllungsgeschäfts vom Grundgeschäft (RGZ. Bd. 63 S. 184, Bd. 68 S. 99, Bd. 104 S. 103, Bd. 106 S. 307) sind die dinglichen und die schuldrechtlichen Klaganspruche zu 1 und 2 einer gesonderten Betrachtung zu unterziehen. Wenn auch die rechtliche Möglichkeit des Nebeneinanderbestehens der Klagen aus §§ 985, 894 BGB. einerseits und aus § 812 BGB. anderseits zum mindesten in gewissem Umfang anzuerkennen ist (RGZ. Bd. 51 S. 422, Bd. 108 S. 332, Bd. 112 S. 268, Bd. 129 S. 311), so sind die Ansprüche in ihren Voraussetzungen und ihren Wirkungen doch verschieden.

a) Da eine etwaige Nichtigkeit des Vertrags vom Juni 1919 die Nichtigkeit der Auflassungserklärungen vom Juli und August 1919 nicht nach sich ziehen würde (RGZ. Bd. 104 S. 104 und S. 299, Bd. 134 S. 86), so muß der Kläger, will er mit seinen dinglichen Ansprüchen durchdringen, in Widerlegung der Vermutung des § 891 BGB. den Beweis führen, daß die Auflassungserklärungen nichtig sind. Gelingt dem Kläger dieser Beweis, so steht dem Beklagten der Nachweis offen, daß der Vertrag vom Juni 1919 die Veräußerer bindet. Denn ist dies der Fall, so muß die Einrede der verkauften und übergebenen Sache (§ 986 BGB.) zur Abweisung der Eigentumsklage (RGZ. Bd. 129 S. 370 nebst Nachw.) und die Einrede der allgemeinen Arglist zur Abweisung der Grundbuchberichtigungsklage (RGZ. Bd. 78 S. 377, Bd. 80 S. 321, Bd. 81 S. 291) führen.

b) Ist der Vertrag vom Juni 1919 nichtig, so sind die — schuldrechtlichen — Bereicherungsansprüche an sich begründet. Aber ihr Umfang ist verschieden, je nachdem das Grundstückseigentum auf den Beklagten übergegangen ist oder nicht. Ersterenfalls bildet ihren Gegenstand die Wiederverschaffung des Eigentums, auch des grundbuchmäßigen, die nicht nur in der Form des auf Rückauflassung der Grundstücke gerichteten Klagantrags, sondern nach der Rechtsprechung (RGZ. Bd. 112 S. 268; vgl. auch RGRKomm. Erl. 2 a. E. zu § 894 BGB.) auch geltend gemacht werden kann in der Form des auf Erteilung der Zustimmung zur Grundbuchumschreibung gerichteten Klagantrags; letzterenfalls ist die Wiedereinräumung des Besitzes und die Berichtigung des Grundbuchs Gegenstand des Bereicherungsanspruchs (vgl. RGRKomm. Erl. 1b zu § 125 BGB.). Gegenüber den Bereicherungsansprüchen — wie auch, was unter Nr. VI noch besonders zu erörtern sein wird, gegenüber den dinglichen Ansprüchen — erhebt der Beklagte die Einrede des Zurückbehaltungsrechts (§§ 273, 1000 BGB.). Mit diesem Ausdruck ist den Bereicherungsansprüchen gegenüber das Vorbringen rechtlich nicht zutreffend gekennzeichnet. Denn die Leistungen, welche der aus § 812 BGB. in Anspruch Genommene seinerseits im Zusammenhang mit der ohne Rechtsgrund erfolgten Vermögensverschiebung gemacht hat, mindern von vornherein den Wert der Bereicherung; ein Zurückbehaltungsrecht kommt daher wegen der Leistungen des Bereicherten ebensowenig in Frage wie eine Aufrechnung; der Bereicherungsanspruch ist vielmehr deshalb von vornherein in sich beschränkt. Diese Grundsätze, die sich aus der insbesondere auf § 818 BGB. gestützten Saldotheorie ergeben, hat das Reichsgericht in ständiger Rechtsprechung festgehalten (vgl. u. a. RGZ. Bd. 54 S. 141, Bd. 60 S. 293, Bd. 71 S. 402, Bd. 72 S. 3, Bd. 83 S. 160, Bd. 86 S. 344, Bd. 94 S. 255, Bd. 101 S. 390, Bd. 105 S. 31, Bd. 106 S. 7, Bd. 117 S. 113, Bd. 118 S. 188, Bd. 129 S. 310; RGRKomm.

Erl. 7, 8 zu § 818 BGB., auch Erl. 1 Abs. 7 zu § 142 BGB.). Nun hat zwar der Kläger aus dem Gesichtspunkt der Bereicherung einen Anspruch auf Rückgewähr der in den Anträgen zu 1 und 2 bezeichneten Grundstücke in Natur erhoben und er war, da die Leistungen beider Parteien ungleichartig sind (Grundstücke einerseits, Geldzahlungen anderseits), befugt, sein Rückforderungsrecht zunächst ohne Berücksichtigung der Leistungen des Beklagten geltend zu machen. Da aber der Beklagte den Wert der Bereicherung mindernde Leistungen behauptete, so mußte der Kläger — unter der bisher vom Berufungsgericht überhaupt nicht erörterten Voraussetzung, daß solche Leistungen erfolgt sind — seinen Anspruch unter Aufrechterhaltung seines Rückforderungsanspruchs in Natur auf den Überschuß richten (vgl. die vorher angeführte Rechtsprechung) oder mit anderen Worten: er kann nur Zug um Zug gegen Befriedigung des Beklagten wegen dessen Leistungen die Rückgewähr der Grundstücke verlangen. Nun mag, wenn gleichartige Leistungen in Frage stehen, die Erhebung einer Teilklage auf Grund des § 812 BGB. zulässig sein und der Bereicherungskläger den Beklagten wegen der von diesem gemachten Leistungen — anders als bei der Aufrechnung (RGZ. Bd. 66 S. 266, Bd. 80 S. 394, Bd. 129 S. 65) — unter Umständen auf den nicht eingeklagten Teil seines Bereicherungsanspruchs verweisen können (RG. im „Recht" 1918 Nr. 701). Bei ungleichartigen Leistungen aber begegnet die Zulassung einer Teilklage wegen des einheitlichen, von vornherein in sich beschränkten Bereicherungsgesamtanspruchs schon an sich und im vorliegenden Falle um so mehr Bedenken, als dem Beklagten ein Vermögensinbegriff, darunter an Aktiven Grundbesitz, Wertpapiere, Mobiliar und an Passiven unter anderen die Pflicht zur Erfüllung der mit den Beamten des Klägers geschlossenen Verträge übertragen worden ist und der Beklagte an Übernahmepreis, Personallasten, Aufwendungen auf die Grundstücke usw. rund 12700000 RM. ausgegeben haben will, wovon allerdings die Einnahmen in Abzug zu bringen sein werden. Jedenfalls durfte ein Urteil auf die Teilklage erst erlassen werden, nachdem klargestellt war, in welchem Umfang eine Vermögensvermehrung auf seiten des Beklagten vorliegt (RGZ. Bd. 54 S. 142). Da es hieran fehlt, kann das Revisionsgericht keine sachliche Entscheidung über den Bereicherungsanspruch des Klägers treffen. Der erkennende Senat hat sich demnach auf die Prüfung der Frage zu beschränken, ob das angefochtene Urteil auf Grund der §§ 985, 894 BGB. aufrechterhalten werden kann. Ist dies der Fall, so werden berechtigte Belange keiner der Parteien verletzt, wenn die Frage offen bleibt, ob dem Kläger die Klagansprüche zu 1 und 2 auch aus dem Gesichtspunkt der Bereicherung hätten zuerkannt werden können.

2. Seine Sachbefugnis kann der Kläger, zum mindesten wegen der dinglichen Ansprüche, nicht daraus herleiten, daß er Vertragspartei des Vertrags vom Juni 1919 ist. Denn die dinglichen Ansprüche stehen dem Eigentümer zu und Eigentümer des Domänenfideikommisses war und ist der Kläger nicht. Ob er als Nutzungsberechtigter („Nutzungseigentümer", vgl. § 4 zu b des Landesgesetzes von 1874, außer Kraft gesetzt durch § 25 das.) die dinglichen Klagen hätte erheben können oder ob dem rechtliche Bedenken — etwa aus § 986 BGB. oder aus dem Gesichtspunkt der Arglist — entgegenstehen würden, kann auf sich beruhen. Denn abgesehen davon, daß schon im Hinblick auf die Fassung des Klagantrags zu 2 Zweifel daran bestehen, ob der Kläger in seiner Eigenschaft als Nutzungsberechtigter hat klagen wollen, so ergibt sich die Klagebefugnis des Klägers jedenfalls daraus, daß er der gesetzliche Vertreter des Domänenfideikommisses ist (vgl. Rosin in Iherings Jahrb. Bd. 32 S. 463). Diese juristische Person ist die Eigentümerin des Domänenfideikommisses und mithin im Falle der Begründetheit der von ihr behaupteten dinglichen Ansprüche Eigentümerin der streitigen Grundstücke. Daß sie noch heute besteht und der Kläger zu ihrer Vertretung befugt ist, hat der Berufungsrichter in Auslegung des irrevisiblen Gesetzes von 1874 für das Revisionsgericht bindend festgestellt. Auch das Berufungsgericht hält den Kläger in seiner Eigenschaft als gesetzlichen Vertreter des Domänenfideikommisses für zur Sache berechtigt.

IV. Ob die von A. namens des Klägers und des Herzoglichen Hauses abgegebenen Auflassungserklärungen vom Juli und August 1919 wirksam sind und demnach das Eigentum an dem zum Domänenfideikommiß gehörigen Grundbesitz auf den Rechtsvorgänger des Beklagten übergegangen ist, hängt von der Entscheidung folgender Fragen ab.

1. Daß der Kläger an sich für seine Person auch bei Ungültigkeit des Vertrags vom Juni 1919 im übrigen an die in § 21 das. dem A. erteilte Auflassungsvollmacht gebunden sein würde, nimmt der Vorderrichter auf Grund tatrichterlicher Erwägungen ohne Rechts-

irrtum an (vgl. RGZ. Bd. 94 S. 150, Bd. 103 S. 301, Bd. 104 S. 104 und S. 298, Bd. 114 S. 353), indem er zutreffend berücksichtigt, daß die Nichtigkeit des kausalen Veräußerungsgeschäfts nicht ohne weiteres (§ 139 BGB.) die Nichtigkeit der darin erteilten Auflassungsvollmacht nach sich zieht, und indem er weiter darauf verweist, daß der Kläger durch sein jahrelanges Schweigen die Auflassungserklärungen des A. genehmigt haben würde (§ 177 Abs. 1, § 182 Abs. 2 BGB.). Aber der Kläger war nicht der Eigentümer des Grundbesitzes, dies war vielmehr das Domänenfideikommiß, und der Kläger bloß dessen gesetzlicher Vertreter; nur in dieser Eigenschaft konnte er dem A. Auflassungsvollmacht für den Grundstückseigentümer erteilen. Es fragt sich, ob diese Vollmacht und die Auflassungserklärungen des A. das Domänenfideikommiß binden.

2. Das Berufungsgericht betrachtet das Domänenfideikommiß als ein — privates — Familienfideikommiß, also nicht als Hausgut (vgl. über den Unterschied u. a. Motive zum BGB. in Mugdan Materialien Bd. 1 S. 21 bis 25; Begründung zum preußischen Fideikommißgesetzentwurf vom Jahre 1913, Anlagen zu den stenographischen Berichten über die Verhandlungen des Preußischen Herrenhauses Session 1914/15 Nr. 5 S. 64 bis 66, 181 bis 186; Rehm Modernes Fürstenrecht § 36; Rosin a. a. O. S. 340 flg. §§ 4, 5; Oertmann Die standesherrliche Autonomie S. 91; Kohler Deutsches Privatfürstenrecht §§ 69, 78; Heffter Sonderrechte der souveränen und der mediatisierten Häuser § 93; Loening Autonomie der standesherrlichen Häuser S. 129 flg.; Beseler Über die Stellung des Bürgerlichen Gesetzbuches zu dem Familienrecht des hohen Adels, insbesondere in § 4; auch RGZ. Bd. 18 S. 198, Bd. 26 S. 154 und Entscheidung des Reichsfinanzhofs in JW. 1931 S. 3477 Nr. 2 [3479]). Diese Auffassung des Berufungsgerichts könnte an sich Bedenken begegnen, da das Domänenfideikommiß nicht durch ein Rechtsgeschäft des Stifters, sondern durch ein Gesetz ins Leben getreten und aus dem ehemaligen Kammergut, zum mindesten zum großen Teil, hervorgegangen ist. Rechtsgebilde dieser Art haben in aller Regel als Hausgüter zu gelten, die im Eigentum der als korporative Genossenschaft (juristische Person) zusammengefaßten Familie des hohen Adels stehen (vgl. Rosin a. a. O. S. 346). Ferner irrt der Berufungsrichter in seiner Annahme, daß nach dem Preußischen Allgemeinen Landrecht das Eigentum am Familienfideikommißvermögen der fideikommiß-

berechtigten Familie als juristischer Person zustehe. Diese Auffassung wird im Schrifttum nur vereinzelt vertreten (vgl. u. a. Förster-Eccius Preuß. Privatrecht Bd. 4 § 240 gegen Schluß; Ramdohr Familienfideikommiß S. 556). Die überwiegende Lehrmeinung und vor allem die preußische Praxis stehen auf dem zutreffenden Standpunkt, daß — gerade im Gegensatz zum Hausgut (vgl. die vorerwähnte Begründung zum preußischen Fideikommißgesetzentwurf S. 181; Seelmann-Klässel Recht der Familienfideikommisse S. 88; Kohler a. a. O. S. 218) — der Fideikommißbesitzer, und nicht die fideikommißberechtigte Familie als juristische Person, Eigentümer des Fideikommißvermögens ist und letzteres ein Sondervermögen des Fideikommißbesitzers bildet (RGZ. Bd. 110 S. 310, Bd. 132 S. 355 = JW. 1931 S. 3427 Nr. 2 nebst den Bemerkungen von Kübler, vgl. auch RGZ. Bd. 54 S. 402; ferner Rechtsentscheid des Preußischen Landesamts für Familiengüter Nr. 57 bei Kübler-Beutner Auflösung der Familiengüter in Preußen S. 190 und die mehrerwähnte Begründung S. 79 zu § 21). Allein der Berufungsrichter stützt seine Meinung, daß das Domänenfideikommiß als Familienfideikommiß anzusehen sei, ausschließlich auf das nach den Art. 57, 59 EG. z. BGB. maßgebende Landesrecht, nämlich das Gesetz von 1874 und dessen Entstehungsgeschichte. Er hätte dabei gegebenenfalls auch noch darauf hinweisen können, daß es vielleicht dem Herzoglichen Hause nach den Erfahrungen, die nach Erlaß des Grundgesetzes von 1831 mit den Landständen wegen der Eigentumsfrage am Domänenvermögen gemacht wurden, gerade darauf angekommen ist, bei der Aufteilung dieses Vermögens zwischen dem Fürstenhause und dem Lande den dem ersteren zufallenden Teil auf eine rein privatrechtliche Grundlage zu stellen und unter Lösung jeder Beziehung zu dem ehemaligen Kammergut ein privates Familienfideikommiß zu gründen. In jedem Falle ist jene Auffassung des Berufungsgerichts in der Revisionsinstanz nicht nachprüfbar (§ 549 Abs. 1 ZPO.), und überdies würde die Rechtsnatur des Domänenfideikommisses die Entscheidung der Frage, ob die dem A. erteilte Auflassungsvollmacht das Domänenfideikommiß bindet, im Ergebnis nicht beeinflussen.

3. Mit Recht gehen das Berufungsgericht und offenbar auch der Beklagte davon aus, daß die dem Kläger zustehende gesetzliche Vertretungsmacht nicht so weit reichte, das gesamte Vermögen des Domänenfideikommisses zu veräußern und noch dazu vollends,

worauf es indessen nicht entscheidend ankommt, die Gegenleistung des Erwerbers in vollem Umfang — von einem Teile der Schloßeinrichtung abgesehen — in sein Allodvermögen zu überführen, das Fideikommiß also aufzuheben und die Anwärter um ihre hieran bestehenden Rechte zu bringen (vgl. für das preußische Recht § 1 des Familienschlußgesetzes vom 15. Februar 1840, GS. S. 20). Denn zum Wesen des Fideikommisses gehört dessen — wenigstens dem Grundsatz nach bestehende — Unveräußerlichkeit so sehr, daß bei einer dem Besitzer nachgelassenen allgemeinen Veräußerungsbefugnis ein Familienfideikommiß überhaupt nicht vorliegen würde (vgl. Lewis Recht des Familienfideikommisses S. 222). Dieses Veräußerungsverbot hat grundsätzlich dingliche Wirkung (RGZ. Bd. 98 S. 313); wird es vom Fideikommißbesitzer übertreten, so steht zum mindesten den Anwärtern, die der Veräußerung nicht zugestimmt haben (vgl. RGZ. Bd. 124 S. 131, aber auch die mehrerwähnte Begründung S. 58), die Revokationsklage zu, gleichviel ob man annehmen will, daß dieses Klagerecht schon vom Zeitpunkt der Veräußerung ab oder erst bei Eintritt des Folgefalls gelte (vgl. das Nähere bei Rosin a. a. O. S. 323 flg.). Nun waren hier nach der Feststellung des Berufungsgerichts im Juni 1919 aus der Altenburger Zweiglinie nur zwei Anwärter vorhanden; beide waren damals noch minderjährig, und ihr gesetzlicher Vertreter war als ihr Vater der Kläger. Sie mußten der im Vertrage vom Juni 1919 vorgesehenen Verfügung über das Fideikommißvermögen zustimmen, wenn letztere ihnen gegenüber wirksam werden sollte; einen mit den Rechten der beiden Prinzen belasteten Vermögensübergang wollten zudem die Vertragsparteien nicht, wie das angefochtene Urteil in rechtlich zutreffender Anwendung des § 139 BGB. annimmt. Zur Entschließung über die Erteilung der Zustimmung namens der Prinzen hat der Landgerichtsrat Dr. F. als die — wie der Berufungsrichter nach irrevisiblen Landesgesetzen feststellt — zuständige Stelle einen Pfleger in der Person des Oberhofmarschalls v. B. gemäß § 1909 BGB. bestellt. Da nach der weiteren Feststellung des Vorderrichters der Kläger mit der Pflegerbestellung einverstanden war, so erübrigt sich schon deshalb jede Prüfung, ob diese zu Recht erfolgt ist; im übrigen sind die Prozeßgerichte zu dieser Prüfung auch gar nicht befugt (vgl. RGZ. Bd. 81 S. 212; RGRKomm. Erl. 2 zu § 1774 BGB.). Daher war nun nicht mehr der Kläger, sondern v. B. für die Erteilung der Zustimmung zuständig (§ 1628 BGB.). Dieser hat seine Zustimmung zu dem Vertrage und damit auch zu der dem A. erteilten Auflassungsvollmacht und den von ihm abgegebenen Auflassungen erklärt.

4. Weiter ist aber zu fragen, ob die Zustimmung des Pflegers allein ausreichte oder ob nicht noch die Genehmigung des — zuständigen — Vormundschaftsgerichts hinzukommen mußte. Ist letzteres der Fall, so war, da sich das Rechtsgeschäft in den Fällen der §§ 1821 flg., 1812 Abs. 3 BGB. aus den Erklärungen des Vormundes (oder Pflegers, § 1915 Abs. 1 das.) und des Vormundschaftsgerichts zusammensetzt (RGRKomm. Erl. 1 zu § 1821 BGB.), das Rechtsgeschäft also durch die Erklärung des Pflegers allein nicht geschlossen werden kann, die Zustimmung des v. B. nicht genügend, um die Prinzen an die von A. auf Grund der Vollmacht abgegebenen Auflassungserklärungen zu binden. Vielmehr trat ein Zustand schwebender Unwirksamkeit ein, bis entweder das Vormundschaftsgericht oder die Prinzen nach erlangter Volljährigkeit das Rechtsgeschäft genehmigten oder ablehnten.

a) Das Berufungsgericht stellt zunächst in Auslegung des irrevisiblen Landesgrundgesetzes vom 29. April 1831 fest, daß dieses keine Bestimmung über die Entbehrlichkeit der vormundschaftsgerichtlichen Genehmigung in Fällen enthält, wo nach bürgerlichem Recht eine solche erforderlich ist. Aber auch im allgemeinen deutschen Privatfürstenrecht läßt sich keine grundsätzliche Regelung dieser Frage nachweisen (vgl. die angeführten Werke von Rehm, Oertmann, Kohler, Heffter, Loening), sodaß es dahingestellt bleiben kann, ob ein solcher Grundsatz mit Art. 109 RVerf. vereinbar wäre. Auch die Revision, welche anscheinend den gegenteiligen Standpunkt vertritt, hat nichts angegeben, was auf eine Rechtsnorm solchen Inhalts schließen lassen könnte.

b) Nach dem hiernach (Art. 57 EG. z. BGB.) anzuwendenden bürgerlichen Recht bestand das Erfordernis der vormundschaftsgerichtlichen Genehmigung. Da das aus dem Wesen des Familienfideikommisses folgende Veräußerungsverbot dinglicher Natur ist, so wird hieraus mit Recht — wenigstens überwiegend — von der Rechtsprechung und im Schrifttum sowohl für das Preußische Allgemeine Landrecht (vgl. u. a. RGZ. Bd. 30 S. 389; Förster-Eccius a. a. O. Bd. 4 § 242 unter III bei Note 42, auch unter I bei Note 20; a. M. Ramdohr a. a. O. S. 553) wie auch für das gemeine Recht (vgl. u. a.

RGZ. Bd. 98 S. 313; Dernburg Bürgerl. Recht Bd. 3 § 126 unter II 3; Wolff Sachenrecht § 94 unter III; Beseler Deutsches Privatrecht § 181 bei Note 24 und 28; insbesondere Rosin a. a. O. S. 359 bei Note 30 und S. 362 unter c; auch Heffter a. a. O. S. 441 flg.) die Folgerung gezogen, daß den Anwärtern dingliche Rechte an dem Fideikommißvermögen zustehen, und es kann hierfür keinen Unterschied machen, ob dessen Eigentümer eine natürliche oder, wie im vorliegenden Fall, eine juristische Person ist. Der Berufungsrichter nimmt an, daß diese Rechtslage für das im ehemaligen Herzogtum Sachsen-Altenburg geltende (vgl. Hesse Altenburgisches Privatrecht Einleitung § 4; Böckel Landesprivatrecht der Thüringischen Staaten S. 628; Neubauer Zusammenstellungen des in Deutschland geltenden Rechts betr. Stammgüter usw. S. 7, 8) gemeine sächsische Recht die gleiche sei wie in den vorbezeichneten Rechtsgebieten, ohne indessen diese Ansicht näher zu begründen. Da das gemeine Sachsenrecht — gemein im Gegensatz zu orts- und landesgesetzlichen Sonderbestimmungen (Böckel a. a. O. S. 4), insbesondere den Decisionen und Konstitutionen der Sächsischen Kurfürsten (Beseler a. a. O. § 45 unter A I c) — zum mindesten im ehemaligen Königreich Sachsen, im ehemaligen Herzogtum Anhalt und in den östlichen und nördlichen Thüringischen Einzelstaaten in Geltung war (vgl. Böckel a. a. O. S. 4; Haubold Königlich Sächsisches Privatrecht § 8), so steht seine Revisibilität außer Zweifel (WarnRspr. 1912 Nr. 258; RG. bei Gruch. Bd. 63 S. 763 nebst Nachweisungen). Wenn nun auch in dem einschlägigen Schrifttum (vgl. u. a. Böckel a. a. O. § 92; Hesse a. a. O. § 321; Heimbach Partikuläres Privatrecht der zu den Oberappellationsgerichten zu Jena und Zerbst vereinten Länder Bd. 1 § 325; Haubold a. a. O. §§ 394, 395; Emminghaus Pandekten des gemeinen sächsischen Rechts S. 167 bis 172) und der dem Revisionsgericht bekannt gewordenen Rechtsprechung (vgl. das bei Emminghaus a. a. O. S. 172 unter III abgedruckte Urteil des Oberappellationsgerichts Jena vom Jahre 1833) für das gemeine Sachsenrecht der Grundsatz nicht ausdrücklich ausgesprochen ist, daß die Rechte der Anwärter dinglichen Charakter haben, so wird diesen doch, soweit die Frage behandelt ist, die Revokationsklage zugesprochen und so mittelbar ein dingliches Recht der Anwärter anerkannt. Entscheidend aber kommt in Betracht, daß der Sachsenspiegel, die Grundlage des gemeinen Sachsenrechts, in Buch I Art. 52 § 1 die Bestimmung enthält, niemand dürfe ohne der Erben Erlaubnis sein „Eigen“ (ererbten Grundbesitz) vergaben, tue er es dennoch, so könnten die Erben das Gut mittels Klage von dem Besitzer herausverlangen und an sich nehmen, gleich als ob der Veräußerer gestorben wäre und ihnen das Gut hinterlassen hätte. Diese das Beispruchsrecht der Erben anerkennende Vorschrift bildet gerade eine der wesentlichen gesetzlichen, deutschrechtlichen Grundlagen für die den Fideikomm ßanwärtern zustehende — dingliche — Revokationsklage (vgl. Rosin a. a. O. S. 331) und damit für die Auffassung, daß den Anwärtern dingliche Rechte am Familienfideikommiß zustehen. Dafür, daß diese Grundanschauung gerade in der Fortbildung des gemeinen Sachsenrechts im Gegensatz zum gemeinen Recht durch die Rechtsprechung aufgegeben worden wäre, erhellt nicht das mindeste. Daher ergibt sich für den vorliegenden Fall die Notwendigkeit der vormundschaftsgerichtlichen Genehmigung aus § 1821 Abs. 1 Nr. 1 BGB. Dem steht nicht die Rechtsprechung entgegen, daß es der vormundschaftsgerichtlichen Genehmigung dann nicht bedarf, wenn über Grundstücke einer offenen Handelsgesellschaft oder einer Gesellschaft mit beschränkter Haftung verfügt werden soll, an denen ein Minderjähriger beteiligt ist (vgl. RGZ. Bd. 54 S. 278, Bd. 133 S. 7, auch Bd. 65 S. 227, Bd. 115 S. 176, Bd. 122 S. 370). Denn das Fideikommißvermögen ist mit einem Veräußerungsverbot zu Gunsten der — hier minderjährigen — Anwärter belastet. An der dinglichen Natur der Rechte der Anwärter bestehen hiernach keine begründeten Zweifel. Aber selbst andernfalls würde vielleicht an dem Ergebnis nichts geändert werden, daß zur Verfügung des Pflegers der minderjährigen Prinzen über das Domänenfideikommiß die Genehmigung des Vormundschaftsgerichts erforderlich war. Denn dann würde die Anwendbarkeit der Nummern 1 und 13 des § 1822 BGB. — vielleicht auch der Nr. 12 das. und der allgemeinen Bestimmung des § 1812 Abs. 3 BGB. — in Frage kommen können. § 1822 Nr. 1 schreibt die vormundschaftsgerichtliche Genehmigung für die Verfügung des Vormundes über den Anteil des Mündels an einer Erbschaft vor; der dieser Vorschrift zugrunde liegende Rechtsgedanke könnte zur entsprechenden Anwendung auf die Verfügung über die Fideikommißanwartschaftsrechte eines Mündels führen, da ihm diese das — bedingte und betagte — Recht auf den Besitz und die Nutzungen des Fideikommisses, einer Erbschaft im weiteren Sinn, gewähren. Aber auch an § 1822 Nr. 13 wäre zu denken; denn durch die Veräußerung des Fideikommißvermögens würde der Mündel die Sicherstellung für jenes Recht aufgeben. Diese Fragen mögen indessen auf sich beruhen.

c) Daß F. die vormundschaftsgerichtliche Genehmigung zu der dem A. erteilten Auflassungsvollmacht nicht wirksam erklärt hat, stellt das Berufungsgericht auf Grund der Würdigung des Beweisergebnisses fest (§ 561 Abs. 2, § 286 ZPO.) und seine Rechtsausführungen hierzu lassen in allen für die Entscheidung wesentlichen Punkten nirgends einen Irrtum erkennen. Es genügt, im einzelnen auf Folgendes hinzuweisen. Zwar hätte F. vielleicht schon auf Grund der freilich noch recht unbestimmten „Vertragsgrundzüge" unter der Bedingung, daß der endgültige Vertrag diesen Grundzügen entsprechen werde (vgl. RGZ. Bd. 85 S. 421), und jedenfalls nach Vorliegen des Vertragsentwurfs den Pfleger im voraus zur Erteilung der Auflassungsvollmacht ermächtigen können. Aber als Erteilung der vormundschaftsgerichtlichen Genehmigung kann der bloße dem Pfleger erteilte Rat, den Vertrag zu unterschreiben, nicht gewertet werden, mag er auch in der vom Berufungsgericht festgestellten, eine starke Verkennung der einem Pfleger obliegenden Rechte und Pflichten zeigenden Form: „Wenn v. B. nicht unterschreibe, so werde eben ein anderer zur Unterschrift bereiter Pfleger bestellt" gegeben worden sein. Denn die Erteilung der Genehmigung durch das Vormundschaftsgericht stellt zugleich einen obrigkeitlichen Akt und ein privatrechtliches Rechtsgeschäft dar (RGZ. Bd. 71 S. 170) und hat in beiden Eigenschaften zur Voraussetzung, daß der Richter den Willen hat, die Genehmigung zu erklären. Davon kann aber hier keine Rede sein. Denn nach der Feststellung des angefochtenen Urteils ist F. erst durch das einige Wochen nach der Beurkundung des Vertrags ihm zugegangene Schreiben des Staatsministeriums darüber aufgeklärt worden, daß die vormundschaftsgerichtliche Genehmigung erforderlich war. Dann kann er aber auch nicht vorher den Genehmigungswillen gehabt und diesen, insbesondere auch nicht stillschweigend — was an sich zulässig gewesen wäre (vgl. RGZ. Bd. 59 S. 278, Bd. 114 S. 38, Bd. 115 S. 176, Bd. 130 S. 150) — dem Pfleger zur Kenntnis gebracht haben. Auch das weitere Erfordernis könnte dann nicht erfüllt sein, daß der Richter dem Vormund erkennbar machen muß, daß er die vormundschaftsgerichtliche Genehmigung erteile. Daß hiernach und überdies auch schon rechtsgrundsätzlich in dem Wortlaut der dem

Pfleger erteilten Bestallung diese Genehmigung nicht gefunden werden kann, bedarf kaum der Hervorhebung. Vergeblich beruft sich die Revision unter Bezugnahme auf § 415 ZPO. auf den Bericht des F. an das Finanzministerium vom 5. Juni 1930. Denn dieser etwa als öffentliche Urkunde (§ 415 Abs. 1 ZPO.) anzusehenden Erklärung gegenüber war der Gegenbeweis zulässig (Abs. 2 das.) und diesen hat der Berufungsrichter als geführt erachtet. Die Genehmigungsurkunde vom 30. Juli 1919 ist ohne Bedeutung, weil sie nicht dem Pfleger durch F. zur Kenntnis gebracht worden ist (§ 1828 BGB.). Überdies aber hat nach der Feststellung des Berufungsurteils v. B. diese Genehmigung nicht den Vertretern des Freistaats Sachsen-Altenburg mitgeteilt, wie dies nach § 1829 Abs. 1 Satz 2 BGB. — und zwar durch rechtsgeschäftliche Erklärung (vgl. Bayer. ObLG. in LZ. 1918 Sp. 58 Nr. 1) — erforderlich gewesen wäre, und dafür, daß etwa der Pfleger den A. oder eine dritte Person bevollmächtigt hätte, die Genehmigung des F. für ihn in Empfang zu nehmen und sie dem Vertragsgegner mitzuteilen (vgl. WarnRspr. 1922 Nr. 98), fehlt es nach dem festgestellten Sachverhalt an jedem Anhalt. Nach allen diesen Richtungen hat die Revision auch keine Bedenken erhoben.

d) Dafür, daß der Kläger als etwaiger Obervormund (Vormundschaftsgericht) der minderjährigen Mitglieder des Herzoglichen Hauses die Erklärungen des Pflegers der beiden Prinzen genehmigt hätte, ist nach dem festgestellten Sachverhalt nichts hervorgetreten. Die für das allgemeine Privatfürstenrecht wenig geklärte (vgl. Rehm a. a. O. S. 125, auch S. 375, 447; Loening a. a. O. S. 125; Heffter a. a. O. §§ 82, 86, 87; Oertmann a. a. O. S. 138; Kohler a. a. O. §§ 64, 65) Frage, ob und inwieweit den ehemals regierenden Fürsten obervormundschaftliche Befugnisse hinsichtlich ihrer Familienmitglieder zustehen und ob ferner das Fortbestehen dieser Befugnisse mit Art. 109 RVerf. vereinbar sein würde, kann daher auf sich beruhen. Auch zu diesem Punkte sind Revisionsbeschwerden nicht geltend gemacht.

e) Die Feststellungen des Vorderrichters lassen seine Auffassung rechtlich bedenkenfrei erscheinen, daß die beiden Prinzen nach erlangter Volljährigkeit ihre Genehmigung zu dem Vertrage vom Juni 1919, also insbesondere auch zu der Verfügung über das Domänenfideikommiß verweigert haben (§ 1829 Abs. 3 BGB.). Damit ist diese Verfügung hinfällig geworden.

f) Ob etwa der Kläger infolge der thüringischen Fideikommißauflösungs-Gesetzgebung (vgl. u. a. § 14 der Verordnung vom 8. Juli 1924, Gesetzsammlung für Thüringen S. 309) Eigentümer des Domänenfideikommißvermögens geworden ist oder es noch werden könnte, ist vom Revisionsgericht nicht zu erörtern, da es sich um irrevisible Landesgesetze handelt. Damit erübrigt sich die Prüfung der Fragen, ob gegebenenfalls die Anwendung des § 185 Abs. 2 BGB. in Betracht käme und ob alsdann der Kläger für seine Person Bereicherungsansprüche erheben könnte.

V. Sind hiernach die Klagansprüche zu 1 und 2 an sich begründet (vgl. wegen des Anspruchs aus § 894 BGB. bei fehlender vormundschaftsgerichtlicher Genehmigung RGRKomm. Erl. 1 zu § 1821 BGB.), so ist weiter zu prüfen, ob der Beklagte aus dem der Veräußerung zugrunde liegenden Rechtsgeschäft Einwendungen herleiten kann. Dies ist nicht der Fall. Denn der schuldrechtliche Teil des Vertrags vom Juni 1919 ist sowohl nach § 311 BGB. wie auch nach § 313 das. formnichtig, und überdies ist er mangels wirksamer vormundschaftsgerichtlicher Genehmigung hinfällig.

1. Der Vertrag vom Juni 1919 ist nicht formgerecht beurkundet. Denn die Erklärungen der Vertreter des Freistaates Sachsen-Altenburg sind überhaupt nicht gerichtlich oder notariell oder von einer nach Landesrecht zulässigerweise bestellten besonderen Urkundsperson beurkundet worden (§ 128 BGB.). Ferner hat F. zwar das Protokoll vom 14. Juni 1919, nicht aber den diesem als Anlage beigefügten Vertrag vorgelesen, wie dies nach den zwingenden Formvorschriften in §§ 176, 177 FGG. hätte geschehen müssen (RGZ. Bd. 54 S. 196, Bd. 61 S. 148, Bd. 72 S. 415); diese Nichtverlesung stellt das angefochtene Urteil ausdrücklich fest. Die Revision macht aber geltend, der Vorderrichter hätte prüfen müssen, ob nicht nach den Hausgesetzen des Altenburger Herzogshauses oder den Landesgesetzen die Mitglieder dieses Hauses gemäß Art. 57 EG.z.BGB. von der Beobachtung aller Formvorschriften bei ihren rechtsgeschäftlichen Erklärungen befreit seien und ob sich hieraus nicht auch die gleiche Befreiung für den Vertragsgegner ergebe. Dieser Revisionsangriff ist gemäß § 549 Abs. 1 ZPO. unzulässig. Denn das angefochtene Urteil hat eine solche irrevisible Bestimmung nicht angeführt und dadurch zum Ausdruck gebracht, daß eine solche entweder nicht besteht oder auf den vorliegenden Fall nicht anwendbar ist; auch nach dieser

negativen Seite ist die Entscheidung der Nachprüfung in der Revisionsinstanz entzogen (vgl. Sydow-Busch Anm. 4 zu § 549 ZPO.). Eine Bestimmung jenes Inhalts im allgemeinen Privatfürstenrecht gibt es nicht, sodaß es unentschieden bleiben kann, ob sie mit dem Inkrafttreten des Bürgerlichen Gesetzbuches hinsichtlich der Vorschriften in § 313 (§§ 873, 925) BGB. außer Kraft getreten sein würde (vgl. RGZ. Bd. 136 S. 219). Im übrigen kommt es auf das von der Revision angeregte Bedenken vielleicht auch gar nicht an, weil die Vertragsparteien in § 4 Abs. 3 Satz 2 des Vertrags (vgl. auch schon Ziffer 9 der mehrerwähnten Vertragsgrundzüge) richterliche Beurkundung des Vertrags besonders vereinbart haben (§ 154 Abs. 2 BGB.).

2. Nach § 311 BGB. bedarf ein Vertrag, durch den sich der eine Teil zur Übertragung seines gegenwärtigen Vermögens verpflichtet, der gerichtlichen oder notariellen Beurkundung. Diese Vorschrift erleidet zwar dann keine Anwendung, wenn sich jemand zur Übertragung eines fremden Vermögens (RGZ. Bd. 79 S. 284) oder seines Sondervermögens, z. B. des Fideikommißvermögens, im Gegensatz zu seinem gesamten Vermögen (SeuffArch. Bd. 75 Nr. 148) verpflichtet, wohl aber dann, wenn eine juristische Person die Verpflichtung zur Übertragung ihres Vermögens eingeht (RGZ. Bd. 69 S. 283, Bd. 76 S. 1, Bd. 124 S. 294). In rechtlich nicht zu beanstandender Auslegung (§§ 133, 157 BGB.) hat das Berufungsgericht, wie dem Zusammenhang der Urteilsgründe zu entnehmen ist und von der Revision nicht verkannt wird, angenommen, daß das Domänenfideikommiß, also eine juristische Person, vertreten durch den Kläger, „zugleich namens des Herzoglichen Hauses", in dem Vertrage vom Juni 1919 die Verpflichtung zur Übertragung seines Vermögens auf den Freistaat Sachsen-Altenburg übernommen hat. Der Vertrag führt als Vertragspartei auf seiten des Veräußerers zwar den Herzog mit dem erwähnten Zusatz auf und sagt nicht ausdrücklich, daß er auch als gesetzlicher Vertreter des Domänenfideikommisses auftrete. Aber da dieses als juristische Person formell der Eigentümer war, wenn auch wirtschaftlich das Vermögen des Fideikommisses dem Herzoglichen Hause gehörte, so entspricht die Auslegung, daß der Kläger seine Erklärungen namens des Domänenfideikommisses abgegeben habe, dem Willen der Vertragsparteien, deren Absicht dahin ging, diejenige Person als Veräußerer handeln zu lassen, die als Eigentümer des

zu übertragenden Vermögens zur Ausführung des Vertrags am ehesten in der Lage war. Ob der Kläger daneben auch noch für sich und das Herzogliche Haus persönlich die Verpflichtung zur Vermögensübertragung bezüglich des Domänenfideikommisses übernommen hat, ist hier nicht zu untersuchen. Anscheinend sind die Vertragsparteien bei der Fassung der Eingangsworte des Vertrags von der — nach der Ansicht des Oberlandesgerichts unzutreffenden — Auffassung ausgegangen, daß mit dem Eintritt des in § 25 des Landesgesetzes von 1874 vorgesehenen Falles das Domänenfideikommiß als juristische Person zu bestehen aufgehört habe und nunmehr dessen Vermögen auch rechtlich Fideikommißvermögen des Herzogshauses geworden sei (vgl. § 1 des Vertrags). Was die Revision gegen die Auslegung des Berufungsrichters im einzelnen unter Hinweis auf die §§ 1, 3, 7, 13, 15, 20 des Vertrags vorbringt, ist nicht geeignet, einen Verstoß gegen die §§ 133, 157 BGB. oder gegen die Denkgesetze aufzuzeigen. Im übrigen ist aber auch gar nicht einzusehen, was für den Beklagten gewonnen wäre, wenn seine Auslegung zuträfe, daß sich der Kläger für seine Person — und vielleicht für das Herzogliche Haus — zur Übertragung des Domänenfideikommißvermögens verpflichtet habe. Dann könnten zwar vielleicht gegen den Kläger und gegen das Herzogliche Haus schuldrechtliche Ansprüche auf Erfüllung des nicht nach § 311 BGB. nichtigen Vertrags erhoben werden. Aber diese Ansprüche könnte der Beklagte nicht den begründeten dinglichen Ansprüchen des Domänenfideikommisses entgegenhalten, die der Kläger als dessen gesetzlicher Vertreter einklagt. Hiernach greift § 311 BGB. ein, sofern die weitere Voraussetzung zutrifft, daß sich das Domänenfideikommiß zur Übertragung seines gesamten Vermögens im ganzen verpflichtet hat, wobei es nach anerkannter Rechtsprechung (vgl. u. a. RGZ. Bd. 69 S. 289, Bd. 123 S. 54) keinen Unterschied macht, ob einzelne Gegenstände von verhältnismäßig untergeordneter Bedeutung — wie hier etwa ein Teil der Schloßeinrichtung — von der Übertragung ausgenommen werden. Daß diese Voraussetzung hier gegeben ist, stellt der Berufungsrichter auf Grund rechtlich unbedenklicher Auslegung des Vertrags fest. Insbesondere weist er zutreffend darauf hin, daß die in § 2 und § 3 des Vertrags behandelten 4800000 M. nur in der Weise entsprechend dem Willen der Vertragsparteien aus dem Vermögen des Domänenfideikommisses in das persönliche Eigentum des Klägers gelangen konnten, daß sie zunächst dem Beklagten als Erwerber mitübertragen und alsdann von diesem dem Kläger übereignet wurden. Diese unklaren Bestimmungen — vgl. dazu die zutreffende Fassung des § 7 wegen der an den Kläger zu übereignenden Grundstücke — hat das Berufungsgericht mithin so ausgelegt, wie sie — wenn überhaupt — nach dem Vertragswillen hätten bei Bestand bleiben können. Auch die dem Domänenfideikommiß zugeschlagenen 2700000 M. oder 6000000 M. Ersparnisse und die ihm ferner einverleibten weiteren Fideikommißvermögen des Herzogshauses wurden nach dem klaren Wortlaut des § 2 des Vertrags („das gesamte zum Domänenfideikommiß gehörige Vermögen") von der Verpflichtungserklärung des Veräußerers umfaßt. Wenn sich die Vertragsparteien später dahin geeinigt haben, daß jene Werte dem Kläger persönlich belassen oder, richtig gekennzeichnet, ihm vom Freistaat Sachsen-Altenburg übertragen wurden, so wird dadurch an dem rechtlichen Charakter des Vertrags als eines solchen nach § 311 BGB. nichts geändert, wie der Vorderrichter zutreffend ausführt. Ob der Kläger und die Prinzen sonst noch Vermögen besessen haben, ist ohne jeden Belang. Eine Heilung des sich aus § 311 BGB. ergebenden Formmangels durch Auflassung und Eintragung (§ 313 Satz 2 BGB.) würde nur dann für den veräußerten Grundbesitz in Betracht kommen, wenn die Ausnahmevorschrift des § 139 BGB. platzgriffe, wie in dem Falle RGZ. Bd. 61 S. 285. Den hierfür dem Beklagten obliegenden Beweis sieht indessen das Berufungsgericht ohne Rechtsverstoß als nicht erbracht an. Bleibt es aber bei der Regelbestimmung des § 139 BGB., so kommt schon deshalb die Anwendung des § 140 BGB., entgegen den Ausführungen der Revision, nicht in Frage. Denn dann kann nicht angenommen werden, daß die Vertragsparteien bei Kenntnis der Nichtigkeit des Vertrags auf Grund des § 311 BGB. einen Grundstücksveräußerungsvertrag gewollt haben würden.

3. Aber auch nach § 313 Satz 1 BGB. war der Vertrag insoweit, als sich der Veräußerer zur Übertragung des Grundbesitzes des Domänenfideikommisses verpflichtete, formbedürftig, und mangels Wahrung dieser Form ist er nach § 125 BGB. insoweit nichtig. Ob sich der Kläger für seine Person, d. h. ohne jede Rücksicht auf seine Beziehungen zu dem Domänenfideikommiß, dem Erwerber gegenüber zur Verschaffung des Eigentums an dem streitigen Grundbesitz in dem Vertrage hat verpflichten wollen, wie die Revision als möglich hinstellt, bedarf keiner Entscheidung; übrigens würde auch in diesem Falle die

Formbedürftigkeit des Vertrags von dessen Auslegung abhängen (RGZ. Bd. 68 S. 262, Bd. 77 S. 131). Denn die etwaigen schuldrechtlichen Ansprüche des Beklagten gegen den Kläger persönlich würden die dinglichen Ansprüche des durch den Kläger vertretenen Domänenfideikommisses nicht beseitigen. Was die Revision in diesem Zusammenhange weiter vorträgt, ist daher unbeachtlich. Insbesondere ist nicht ersichtlich, wie dem Beklagten auf dem Wege des § 140 BGB. geholfen werden könnte. In Frage kommt daher nur, ob etwa der Formmangel des vom Kläger als dem Vertreter des Domänenfideikommisses geschlossenen Grundstücksveräußerungsvertrages geheilt worden ist, falls dies überhaupt im Hinblick auf §§ 311, 139 BGB. möglich war. Dies hängt davon ab, ob den im Juli und August 1919 abgegebenen Auflassungserklärungen in Verbindung mit den Eigentumsumschreibungen heilende Kraft zukam (§ 313 Satz 2 BGB.). Dies ist nicht der Fall.

a) Unstreitig sind ein kleines Feldgrundstück, ferner aber auch das Bergwerkseigentum an etwa 17000 Morgen, die sämtlich in Preußen liegen und auf den Namen des Domänenfideikommisses eingetragen stehen, an den Freistaat Sachsen-Altenburg nicht mit aufgelassen worden. Zur Übertragung des Bergwerkseigentums hätte es der Auflassung (und Eintragung) nach § 50 des preußischen Allgemeinen Berggesetzes vom 24. Juni 1865 in der Fassung des Art. 37 Nr. I Abs. 2, 3 AG. z. BGB. bedurft. Demnach ist der Vertrag vom Juni 1919 in Ansehung des Grundbesitzes noch nicht vollständig erfüllt; bei nur teilweiser Erfüllung ist aber § 313 Satz 2 BGB. unanwendbar (vgl. RGZ. Bd. 56 S. 386, Bd. 60 S. 340, Bd. 78 S. 44). Gegenüber dieser Rechtsprechung sind in neuerer Zeit Zweifel dahin geäußert worden, ob § 313 Satz 2 BGB. nicht dann doch eingreife, wenn entweder die nicht aufgelassenen Parzellen bedeutungslos im Verhältnis zu den übrigen sind (RGZ. Bd. 111 S. 244) oder wenn nach § 139 BGB. anzunehmen ist, daß die Parteien den Veräußerungsvertrag auch ohne die nicht aufgelassenen Grundstücke geschlossen haben würden (RGZ. Bd. 133 S. 294). Einer Stellungnahme zu diesen Zweifeln bedarf es hier nicht. Denn der Vorderrichter zieht namentlich aus der Aussage des sachverständigen Zeugen Bergrat S., der den Wert des Bergwerkseigentums an den 17000 Morgen im Jahre 1923 auf 1265000 Friedensmark — nach der Auffassung des Berufungsrichters nicht grob unrichtig zu hoch —

geschätzt hat, den Schluß, daß es sich bei dem Bergwerkseigentum nicht um einen verhältnismäßig unerheblichen Teil des Grundbesitzes des Domänenfideikommisses handle. Unter näherer Würdigung des Sachverhalts kommt er zu dem Ergebnis, es sei nicht bewiesen, daß der Freistaat Sachsen-Altenburg den Vertrag vom Juni 1919, so wie geschehen, geschlossen haben würde, wenn die Kohlenfelder von der Übertragung ausgeschlossen worden wären. Was die Revision demgegenüber ausführt, bewegt sich im wesentlichen auf dem der Nachprüfung in der Revisionsinstanz verschlossenen Tatsachengebiet. Ein Rechtsverstoß oder — wie die Revision ferner meint — eine Verletzung des § 286 ZPO. tritt in den Ausführungen des angefochtenen Urteils zu diesen Punkten nicht zutage. Insbesondere stand es im freien Ermessen des Vorderrichters, sich seine Überzeugung vom Werte der Kohlenfelder auf Grund der Aussage des S. zu bilden; zur Zuziehung eines Sachverständigen war das Gericht nicht verpflichtet (§ 404 ZPO.). Daß das Bergwerkseigentum dem Domänenfideikommiß zugeschlagen worden ist, scheint unstreitig zu sein und ist vom Berufungsgericht festgestellt, wird auch von der Revision nicht in Zweifel gezogen. Es muß daher für die Revisionsinstanz davon ausgegangen werden, daß entweder die nach Preußischem Allgemeinen Landrecht als dem Recht der belegenen Sache (RGZ. Bd. 80 S. 293, Bd. 98 S. 309) für die Errichtung von Familienfideikommissen bestehenden Formvorschriften (Verlautbarung der Stiftungsurkunde, §§ 62, 63, 29 ALR. II 4, und gegebenenfalls Einholung der landesherrlichen Genehmigung, § 56 das.) bei der Einverleibung der Herrschaft Behla in das Domänenfideikommiß beobachtet worden sind oder daß die Preußische Regierung ausdrücklich oder stillschweigend von der Beobachtung dieser Formvorschriften Abstand genommen hat (vgl. hierzu die mehrerwähnte Begründung S. 182, 183).

b) Die Auflassung kann nur dann heilende Kraft im Sinne des § 313 Satz 2 BGB. ausüben, wenn sie wirksam erfolgt ist (vgl. u. a. RGZ. Bd. 94 S. 150, Bd. 110 S. 321, Bd. 111 S. 244). An einer solchen wirksamen Auflassung fehlt es hier. Denn dazu wäre erforderlich gewesen, daß A., der als Bevollmächtigter des Domänenfideikommisses die Auflassungen erklärte, diese Erklärungen wirksam abgegeben hätte. Das war nicht der Fall. Denn da die vormundschaftsgerichtliche Genehmigung zu den Erklärungen des Pflegers v. B. fehlte, so waren die von A. namens der Prinzen abgegebenen Auflassungserklärungen schwebend unwirksam, und dadurch, daß die Prinzen die nachträgliche Zustimmung zu den Rechtsgeschäften verweigerten, wurde dieser Zustand endgültig im Sinne der Ungültigkeit der Auflassung beseitigt.

4. Aus den gleichen Gründen ist die — schwebend unwirksame — Bindung des Domänenfideikommisses an den Grundstücksveräußerungsvertrag erloschen; denn es mangelte an der vormundschaftsgerichtlichen Genehmigung. Eine solche war nach § 1821 Abs. 1 Nr. 3 BGB. und, wenn die Rechte der Anwärter nach gemeinem Sachsenrecht des dinglichen Charakters entbehren würden, vielleicht nach § 1822 Nr. 1 und 13 das. erforderlich. Denn da die Anwärterrechte der Prinzen nicht auf einem Rechtsgeschäft des Fideikommißstifters, sondern auf den Landesgesetzen von 1831 und 1874 beruhen, so könnte hier § 1822 Nr. 1 deshalb sinngemäß anwendbar sein, weil die Prinzen, jedenfalls der erstgeborene, durch den Vertrag vom Juni 1919 zur Verfügung über ihren künftigen gesetzlichen Erbteil verpflichtet wurden. Aber auch § 1822 Nr. 13 könnte in Frage kommen, insofern als der Vertrag die Prinzen zur Aufgabe einer Sicherheit für ihre Anwärterrechte verpflichtete. Auch diese Fragen können indessen auf sich beruhen (vgl. oben IV 4b am Schluß).

VI. Was endlich das vom Beklagten bisher ungenügend dargelegte Zurückbehaltungsrecht anlangt, so läßt sich nicht verkennen, daß die von der Revision nicht besonders beanstandete Behandlung dieses Einwandes durch das Berufungsgericht nach mehreren Richtungen zu rechtlichen Bedenken Anlaß geben könnte. Der erkennende Senat hat jedoch diese Bedenken deshalb nicht für durchgreifend erachtet, weil die Beurteilung des Vorderrichters letzten Endes auf eine tatrichterliche Würdigung des Sachverhalts hinausläuft und nach den besonderen Umständen des Falles den Grundsätzen von Treu und Glauben (§ 242 BGB.) und damit dem allgemeinen Rechtsgedanken, dessen Ausfluß die Sonderbestimmungen in §§ 273, 1000 BGB. sind, nicht widerspricht. Im einzelnen ist hierzu Folgendes zu bemerken. Anerkannten Rechtens ist, daß dem Herausgabeanspruch und nicht minder auch dem dinglichen Grundbuchberichtigungsanspruch gegenüber (RGZ. Bd. 72 S. 66, Bd. 114 S. 268, auch Bd. 86 S. 346, Bd. 108 S. 336) das Zurückbehaltungsrecht ausgeübt werden kann, daß es auch Teilklagen entgegengesetzt werden darf (RG. in JW. 1912 S. 139 Nr. 13) und daß auch in Fällen letzterer Art der

Beklagte das Zurückbehaltungsrecht der Regel nach wegen seiner gesamten Ansprüche geltendzumachen befugt ist. Aber der Sicherungszweck, dem das Zurückbehaltungsrecht, auch das in § 1000 BGB. bestimmte, dient, und die Rücksichtnahme auf die Billigkeit setzen der Ausdehnung jenes Rechtes Schranken (RGZ. Bd. 61 S. 133, Bd. 85 S. 138), wie sich auch aus der einem verwandten Rechtsgebiet angehörigen Vorschrift des § 320 Abs. 2 BGB. ergibt. Ist der Beklagte wegen seiner Gegenansprüche bereits in anderer Weise, insbesondere durch den Besitz der dem Domänenfideikommiß gehörigen Sachen, die ihm dieses vorläufig beläßt, genügend gesichert, so muß er sich, falls nicht besondere Umstände entgegenstehen, gefallen lassen, daß ihn der Kläger auf die Gegenstände verweist, deren Herausgabe er vorerst nicht verlangt. Einen Fall dieser Art sieht der Berufungsrichter hier wenigstens dann als gegeben an, wenn der Kläger Sicherheit in Höhe von 10000 RM. und damit in Höhe des Wertes leistet, den die in den Klaganträgen bezeichneten Grundstücke höchstens haben. Darin liegt kein Rechtsverstoß. Denn der in Thüringen gelegene Grundbesitz des Domänenfideikommisses umfaßt nach der Feststellung des Urteils außer einzelnen Grundstücken und Schlössern 1100 ha landwirtschaftlich genutzter Fläche und 12000 ha Forst. Anderseits gehen von den vom Beklagten auf rund 12700000 RM. berechneten Gegenforderungen etwa 2150000 RM. für an den Kläger persönlich geleistete Zahlungen ab, wegen deren Rückerstattung sich der Beklagte nicht an das Domänenfideikommiß halten kann (vgl. RGZ. Bd. 110 S. 309, Bd. 132 S. 359), und ferner die mutmaßlich sehr beträchtlichen Einnahmen, die der Beklagte und sein Rechtsvorgänger während ihrer Besitzzeit aus dem Grundbesitz erzielt haben. Demgegenüber spielen die herausverlangten Grundstücke mit einem Werte von höchstens 10000 RM. keine erhebliche Rolle. Dafür, daß etwa durch die Herausgabe dieser Grundstücke der Wert des übrigen Grundbesitzes beeinträchtigt oder dessen Bewirtschaftung erschwert würde, erhellt nichts, wird auch vom Beklagten nichts geltend gemacht. Zudem hat das Berufungsgericht nicht nur die Vollstreckung des Urteils, sondern in den Gründen sogar die Erteilung der vollstreckbaren Urteilsausfertigung von dem Nachweise der Hinterlegung der angeordneten Sicherheit abhängig gemacht. Damit ist den berechtigten Belangen des Beklagten genügend Rechnung getragen. Insbesondere setzt zwar die Abwendung der Ausübung des Zurückbehaltungsrechts gemäß § 273 Abs. 3 BGB., dessen Vorschriften auf das in § 1000 BGB. geregelte Zurückbehaltungsrecht entsprechend anwendbar sind, der Regel nach Sicherheitsleistung durch den Gläubiger voraus, sodaß das Erbieten zur Sicherheitsleistung nicht genügt (RGUrt. vom 9. Februar 1909 II 236/08, auszugsweise abgedruckt bei Soergel Rechtsprechung 1909 zu § 273 BGB. unter Nr. 7). Je nach den Umständen ist es jedoch nicht unzulässig, die Vollstreckung des Urteils, wie es hier geschehen ist, von dem vorgängigen Nachweise der erfolgten Sicherheitsleistung durch den Gläubiger abhängig zu machen (vgl. RGZ. Bd. 119 S. 170). Wenn ferner auch regelmäßig der Betrag der Sicherheit nicht nach dem Werte der herausverlangten Sache, sondern so bemessen werden muß, daß der Schuldner wegen des vollen Betrags seiner berechtigten Gegenansprüche gedeckt ist (RGZ. Bd. 119 S. 169; RG. in LZ. 1928 Sp. 1387 Nr. 6), so können im Einzelfalle doch die Umstände so liegen, daß sich der Schuldner — namentlich dann, wenn er durch ihm schon anderweit zustehende Sicherungsmittel ausreichend gesichert ist — mit einer Sicherheit in Höhe des Wertes der herausverlangten Sachen nach Treu und Glauben begnügen muß. Einen Fall dieser Art sieht der Berufungsrichter hier ohne Rechtsirrtum als gegeben an. Bei dem Bereicherungsanspruch dagegen kommt, wie oben unter III 1b des näheren dargelegt ist, ein solches Verfahren nicht in Betracht, weil dieser Anspruch von vornherein nur auf den Überschuß geht und bei ihm die für das Zurückbehaltungsrecht maßgebenden Grundsätze, insbesondere auch § 273 Abs. 3 BGB. unanwendbar sind. Obgleich hiernach die Behandlung des Zurückbehaltungsrechts im Berufungsurteil nicht zu dessen Aufhebung führt, so sei doch darauf hingewiesen, daß der Erlaß weiterer Teilurteile nach Art des vorliegenden eine nähere Klarstellung der oben dargelegten maßgebenden Gesichtspunkte erfordern würde. Im übrigen wird sich nach der Auffassung des Revisionsgerichts das Rechtsverhältnis der Parteien im Wege der Erhebung von Teilklagen und des Erlasses von Teilurteilen einer sachgemäßen Lösung schwerlich entgegenführen lassen, dies um so weniger, als sich nach der bisherigen Sachlage nicht übersehen läßt, ob nicht die Bereicherungsklage den Kläger im Endergebnis günstiger stellen würde als die dinglichen Klagen, die Bereicherungsklage aber eine ziffernmäßige Errechnung der Gegenansprüche des Beklagten voraussetzt.

---

59. Kann in der Zustimmung zur Verfügung eines Anderen eine eigene Verfügung gefunden werden?

BGB. § 816.

IV. Zivilsenat. Urt. v. 10. Oktober 1932 i. S. Firma F. & Co. (Bekl.) w. F. Th. AG. (Kl.). IV 232/32.

I. Landgericht Magdeburg.
II. Oberlandesgericht Naumburg.

Die Klägerin hatte eine größere Menge Sojabohnenschrot bei der Firma B. & St. eingelagert, die ihrerseits einen Teil dieses Lagergutes im Gewicht von 183 Tonnen der Firma G. R. zur Aufbewahrung gab. Durch Vertrag vom 15. November 1929 übereignete die Firma B. & St. zur Sicherung eines ihr gewährten Kredits von 90000 RM. der Beklagten 313 Tonnen des Lagergutes. Die Übergabe wurde dadurch ersetzt, daß bezüglich des an die Firma G. R. weitergegebenen Postens der Herausgabeanspruch abgetreten und wegen des Restes von 130 Tonnen eine Verwahrung zu Gunsten der Beklagten vereinbart wurde. Im Einverständnis mit der letzteren hat die Firma B. & St. beide Posten weiterveräußert. Den Erlös von 40685,48 RM. erhielt die Beklagte zur Abdeckung des gewährten Kredits.

Die Klägerin ist der Meinung, daß die Beklagte als Nichtberechtigte über das Lagergut verfügt habe, und verlangt Herausgabe des an sie gezahlten Veräußerungserlöses im Teilbetrage von 6100 RM. nebst Zinsen. Das Landgericht hat demgemäß erkannt. Es nimmt an, daß der Klaganspruch schon durch die Weiterveräußerung der im Lager der Firma B. & St. verbliebenen 130 Tonnen gerechtfertigt sei. Die Berufung der Beklagten wurde zurückgewiesen. Auf ihre Revision wurde die Klage abgewiesen.

Gründe:

Das Berufungsgericht führt zunächst aus: Die Beklagte habe durch den Sicherungsübereignungsvertrag vom 15. November 1929 das Eigentum an den im unmittelbaren Besitz der Firma B. & St. verbliebenen 130 Tonnen nicht erlangt, weil die hierzu nach § 933

BGB. erforderliche Übergabe nicht erfolgt sei. Die Klägerin sei also zunächst noch Eigentümerin dieses Teiles des Lagergutes geblieben. Sie habe aber dann ihr Eigentum dadurch verloren, daß die Firma B. & St. das Lagergut an gutgläubige Dritte weiterveräußerte. Insoweit sind die Ausführungen des Berufungsgerichts bedenkenfrei. Sie werden auch von der Revision nicht angegriffen.

Mit Recht wendet sich diese aber gegen die weitere Annahme des Berufungsgerichts, daß die Beklagte es gewesen sei, die über das Eigentum der Klägerin verfügt habe. Die Verfügung, durch welche die Klägerin ihr Eigentum verlor, war die Veräußerung an gutgläubige Dritte. Diese geschah aber durch die Firma B. & St. Sie nahm die Veräußerung im eigenen Namen vor; sie war es auch, welche die Veräußerungsbedingungen und die Höhe des Kaufpreises bestimmte. Das Berufungsgericht hat dies nicht verkannt. Es meint gleichwohl, die Beklagte als die Verfügende ansehen zu können, weil sie ihre Zustimmung zur Veräußerung gegeben und mit der Firma B. & St. vereinbart habe, daß der Erlös ihr zugute kommen solle. Dadurch aber, daß die Beklagte der Veräußerung der Waren durch die Firma B. & St. zustimmte, wurde sie nicht selbst diejenige, die über die Waren verfügte. Noch weniger konnte sie es dadurch werden, daß ihr die Firma B. & St. versprach, ihr den Erlös der Veräußerung zuzuwenden. Allerdings kann auch eine bloße Zustimmung zur Rechtshandlung eines Anderen die maßgebliche Verfügung enthalten. Dies trifft dann zu, wenn ein Nichtberechtigter über einen Gegenstand verfügt und der Berechtigte hierzu seine Einwilligung gegeben hat (§ 185 BGB.). Die Beklagte war aber nicht die Berechtigte; sie glaubte es nur zu sein. Diejenige Rechtshandlung, die den Eigentumsverlust der Klägerin herbeiführte, war allein die Veräußerung durch die Firma B. & St. Der im Urteil des erkennenden Senats vom 23. März 1912 (JW. 1912 S. 584 Nr. 5) behandelte Fall lag anders. Dort geschah die Veräußerung durch einen Einlagerer, nicht durch den Lagerhalter.

Wenn das Berufungsgericht weiter meint, eine ausdehnende Auslegung des § 816 BGB. sei deswegen geboten, weil sonst der Klägerin überhaupt kein Anspruch zustehe, so trifft auch diese Erwägung nicht zu. Die Firma B. & St. hat nicht nur den widerrechtlichen Eingriff in das Eigentum der Klägerin vorgenommen.

Sie ist auch diejenige, die durch diesen Eingriff etwas erlangt hat; denn sie hat den Anspruch auf Zahlung des Kaufpreises erworben und auch den Kaufpreis im Sinne des § 816 BGB. erlangt. Er wurde zwar nicht an sie selbst ausgezahlt, wohl aber für sie an die Beklagte. Die Firma B. & St. war es daher auch, die durch die von ihr vorgenommene Verfügung bereichert wurde, indem ihre Zahlung an die Beklagte ihre Kreditschuld minderte.

Aus dem Ausgeführten ergibt sich zugleich, daß auch die Weiterveräußerung der bei der Firma G. R. eingelagerten Ware den eingeklagten Teilanspruch nicht zu stützen vermag. Er entfällt ohne weiteres, wenn die Beklagte durch die Abtretung des Herausgabeanspruchs nach § 934 BGB. Eigentümerin der Ware geworden ist. War das Eigentum der Klägerin aber erhalten geblieben und hat sie dieses erst durch die Weiterveräußerung verloren, so schlägt auch hier § 816 BGB. nicht ein, weil eben nicht die Beklagte veräußert hat, sondern die Firma B. & St.

---

60. Liegt ein einheitliches, nach dem Tarife des preußischen Stempelsteuergesetzes steuerpflichtiges Rechtsgeschäft, nämlich ein Pachtvertrag, vor, wenn sich der Erteiler einer nicht ausschließlichen Lizenz verpflichtet, den Lizenzträger bei der Einarbeitung und der Ausübung des Verfahrens zu unterstützen und ihn auch später auf eintretende Verbesserungen und Veränderungen aufmerksam zu machen?

Preuß. Stempelsteuergesetz vom 27. Oktober 1924 § 10 Abs. 3, Tarifstellen 10 II Abs. 1 zu c, 18 Nr. 2.

VII. Zivilsenat. Urt. v. 18. Oktober 1932 i. S. M. GmbH. (Kl.) w. Preuß. Staat (Bekl.). VII 132/32.

I. Landgericht I Berlin.
II. Kammergericht daselbst.

Die Klägerin hat mit fünf Firmen Lizenzverträge abgeschlossen, durch die sie ihnen eine nicht ausschließliche Lizenz auf ihr erteilte

Schutzrechte zur Herstellung künstlicher Oberflächen eingeräumt hat. In § 11 der Verträge ist die Klägerin die Verpflichtung eingegangen, die Firmen bei der Einarbeitung und der Ausübung des Druckverfahrens „nach Möglichkeit" zu unterstützen und sie auch später auf eintretende Verbesserungen und Veränderungen im Verfahren aufmerksam zu machen. Weiter haben dort auch die Firmen ihrerseits die Verpflichtung übernommen, der Klägerin Verbesserungen des Verfahrens mitzuteilen.

Der Beklagte hat nach Tarifst. 10 II Abs. 1 zu c des preußischen Stempelsteuergesetzes vom 27. Oktober 1924 für die Verträge die dort für „sonstige Pachtverträge jeder Art" mit $^3/_{10}$ v. H. des Pachtzinses bestimmte Stempelsteuer eingezogen. Die Klägerin meint, damit sei ein Drittel zuviel erhoben, da ein Drittel der Gegenleistung auf die in § 11 der Verträge übernommene Verpflichtung zur Hilfeleistung entfalle. Sie verlangt daher Rückzahlung von 306,92 RM., ist aber mit diesem Anspruch in allen Rechtszügen unterlegen.

Aus den Gründen:

... Nach RGZ. Bd. 76 S. 235, Bd. 90 S. 162 (164), Bd. 115 S. 20, Bd. 116 S. 82/83 ist die entgeltliche, nicht ausschließliche Lizenzgewährung grundsätzlich Rechtspacht, bei der dem Lizenzträger der Gebrauch der Erfindung sowie ihre Nutzung durch Gewinnung von Einkommen gestattet wird. Die Annahme, der Lizenzvertrag sei kein Pachtvertrag, sondern ein Vertrag eigener Art, auf den nur gewisse Grundsätze des Pachtvertrags entsprechend anzuwenden seien, ist abzulehnen, wenn es auch richtig ist, daß bei Anwendung der Rechtsregeln über die Pacht der Eigenart des Lizenzvertrags und dem Parteiwillen Rechnung zu tragen ist (vgl. RGZ. Bd. 122 S. 73 bis 75). Ebensowenig kann der Umstand allein, daß sich hier auch die Lizenzträger verpflichtet hatten, der Klägerin Verbesserungen des Verfahrens mitzuteilen, den rechtlichen Charakter der Verträge als Pachtverträge ändern und zu ihrer Beurteilung als Gesellschaftsverträge führen.

Nach § 581 BGB. ist der Verpächter verpflichtet, dem Pächter den Gebrauch des verpachteten Gegenstandes und den Genuß der Früchte zu gewähren, soweit sie nach den Regeln einer ordnungsmäßigen Wirtschaft als Ertrag anzusehen sind. Diese Pflicht kann sowohl bei der Miete wie auch bei der Pacht durch Nebenabreden näher ausgestaltet werden, so bei der Verpachtung von Kühlräumen durch die Verpflichtung des Verpächters zur Lieferung der erforderlichen Kaltluft (RG. in JW. 1913 S. 639 Nr. 2) und bei der Vermietung oder Verpachtung von Räumen, deren Belichtung, Beheizung oder Versorgung mit elektrischem Strom der Vermieter oder Verpächter übernimmt. Gegenstand des Vertrages ist dann die Gewährung abgekühlter, belichteter, beheizter oder mit elektrischem Strom versehener Räume, ohne daß durch diese Nebenverpflichtung der Rechtscharakter der Pacht oder Miete verändert wird oder ein Nebenvertrag, etwa Kauf- oder Werkvertrag wegen der Belieferung mit Kaltluft, Licht, Wärme oder Strom, anzunehmen ist. In gleicher Weise kann bei einem Lizenzvertrage die Verpflichtung des Verpächters zur Gebrauchsgewährung dadurch eine eigentümliche, die Vertragsart nicht ändernde Ausgestaltung erfahren, daß sich der Verpächter verpflichtet, den Pächter bei der Einarbeitung zu belehren und bei der Ausübung der Lizenz nach Möglichkeit zu unterstützen sowie ihn später auch auf Verbesserungen des Verfahrens aufmerksam zu machen. An diesem vom erkennenden Senat bereits in RGZ. Bd. 90 S. 162 (164) ausgesprochenen Grundsatz ist festzuhalten. Die von der Revision befürwortete Annahme eines Dienstvertrags als eines keiner anderen Tarifstelle unterliegenden Nebenvertrags über sonstige vermögensrechtliche Leistungen nach Tarifst. 18 Nr. 2 StStG. ist danach hinsichtlich der in § 11 der Verträge bedungenen Nebenverpflichtungen abzulehnen. Der Berufungsrichter konnte deshalb den Fall des § 10 Abs. 3 StStG. als gegeben annehmen; denn die einzelnen in der Urkunde enthaltenen Geschäfte stellen sich als Bestandteile eines einheitlichen, nach dem Tarif steuerpflichtigen Geschäfts, nämlich eines Pachtvertrags, dar. Wenn die Revision demgegenüber darauf hinweist, es handle sich um Leistungen, die kein geschäftliches Unternehmen ohne Entgelt mache, so mag das zutreffen. Aber dieses Entgelt bekommt die Klägerin eben in Gestalt des Pachtzinses und nicht in einer besonderen Vergütung für geleistete Dienste.

Anhang:

Entscheidungen des Staatsgerichtshofs.

1.

In der verfassungsrechtlichen Streitsache

der Fraktionen des Lippischen Landtages

1. **der Deutschnationalen Volkspartei, Landesverband Lippe,**
2. **der Deutschen Volkspartei, Landesverband Lippe,**
3. **der Landvolk- und Mittelstandsfraktion, Landesverband Lippe,**

Antragstellerinnen,

gegen

die Lippische Landesregierung,

Antragsgegnerin,

— StGH. 1/30 —

hat der Staatsgerichtshof für das Deutsche Reich in der Sitzung vom 18. Juni 1932 beschlossen:

Die Streitsache wird für erledigt erklärt.

Gründe:

Das Lippische Landespräsidium, das nach Art. 25 der Verfassung des Landes Lippe vom 21. Dezember 1920 die Landesregierung führt und mit dem 1. April 1932 die Bezeichnung „Landesregierung" angenommen hat, hatte in den Jahren 1922 bis 1927 mehrfach mit Zustimmung des Landtags Geschäftsanteile eines in Lippe in der Form einer Gesellschaft mit beschränkter Haftung betriebenen Sand- und Tonwerks erworben, deren Gesellschafter das Land schon vorher als Rechtsnachfolger des Fürstlichen Domaniums war. Sein im

Oktober 1929 gestellter Antrag, dem Erwerbe weiterer 423 Anteile vom Fabrikbesitzer S. die im Kaufvertrage vorbehaltene Zustimmung zu erteilen, konnte nicht erledigt werden, weil die neun Angehörigen der jetzt klagenden Fraktionen in mehreren Sitzungen des Landtags dessen Beschlußunfähigkeit durch ihr Fernbleiben herbeiführten. Während der Verhandlungen über diesen Antrag teilte das Landespräsidium dem Landtag am 15. November 1929 einen Vertrag über den Erwerb weiterer Anteile im Nennwert von 14000 RM. vom Direktor a. D. B. mit, indem es beifügte, daß die erforderlichen Mittel den Erträgen der forstwirtschaftlichen Überhiebe entnommen würden, und um Mitteilung bat, wenn der Landtag Bedenken haben sollte. Die Antragstellerinnen verhinderten eine Beschlußfassung auch über dieses Schreiben durch ihr Ausbleiben in den Sitzungen vom 28. November 1929 und riefen danach den Staatsgerichtshof mit dem Antrag an:

> festzustellen, daß der ohne die Zustimmung des Landtags vorgenommene Erwerb dieser 14 Anteile verfassungswidrig sei und daß der Ankauf vom Landtage mit einer Mehrheit von 14 Stimmen, zumindest aber mit einfacher Mehrheit habe genehmigt werden müssen.

Sie beriefen sich darauf, daß nach Art. 46, 50 LVerf. alle Einnahmen und Ausgaben des Landes in den jährlich vor dem 1. April durch ein Gesetz festzustellenden Voranschlag der Landkasse einzustellen und die Mittel für besondere nachträglich hervortretende Bedürfnisse gesondert beim Landtag anzufordern seien. Außerdem entspreche der Ankauf nicht der Vorschrift des Art. 52 LVerf., nach der das Landesvermögen in seinen wesentlichen Bestandteilen zu erhalten und so zu verwenden sei, daß ein dauernder Ertrag gesichert werde, und wonach von dieser Regel nur mit Zustimmung des Landtags, zu Gunsten eines privatwirtschaftlichen Betriebs oder einer Privatperson aber nur dann abgewichen werden dürfe, wenn mindestens 14 Abgeordnete sich dafür erklärten.

Die Antragsgegnerin bestritt die Befugnis der Antragstellerinnen zur Anrufung des Staatsgerichtshofs sowie das Erfordernis der Genehmigung des Landtags zum Ankauf der Anteile. Aus Art. 52 LVerf. lasse sich dieses Erfordernis nicht herleiten, weil die Anteile einen dauernden Ertrag versprächen und eine gleichwertige Anlage der Erlöse aus den Überhieben der Forstverwaltung darstellten. Art. 46 und Art. 50 das. aber träfen nicht zu, weil es sich nicht um laufende Ausgaben, sondern um die Umsetzung von Bestandteilen des Landesvermögens handle, außerdem die Einnahmen und Ausgaben der Forstverwaltung nicht in den Haushaltsplan der Landkasse, sondern in einen Sonderhaushaltsplan eingestellt würden, von dem nur der Überschuß im Haushaltsplan der Landkasse erscheine und der Beschlußfassung des Landtags unterliege. Ferner habe der Forstverwaltung zur Zeit des Ankaufs aus Rücklagen früherer Jahre ein Betrag von 32299,99 RM., also mehr als die zum Ankauf erforderliche Summe von 21000 RM., zur Verfügung gestanden und habe sie damals auch schon auf eine Mehreinnahme aus dem Wirtschaftsjahr 1928/29 rechnen können, die ihr die überplanmäßige Zuführung von 62425 RM. an den Rücklagefonds gestattet habe.

Die Antragstellerinnen widersprachen allen diesen Ausführungen.

Nachdem die Angelegenheit in zahlreichen Schriftsätzen und in den mündlichen Verhandlungen vom 21. November 1930 und 13. Februar 1932 eingehend erörtert worden war, erklärten die Parteien am Schlusse der letzteren Verhandlung, daß sie eine vergleichsweise Erledigung des Streites nicht für ausgeschlossen hielten und um Aussetzung der Entscheidung auf zwei Wochen bäten. Gegen Ende dieser Frist beantragten die Antragstellerinnen zu 1 und 3 am 24. Februar 1932, das Urteil zu erlassen, weil die Vergleichsverhandlungen bei ihnen nicht den Eindruck aufkommen ließen, daß eine Verständigung möglich sei. Dagegen teilte die Antragsgegnerin mit, es sei im Hauptausschuß des Landtags am 23. Februar 1932 vereinbart worden, daß sie dem Landtag, der am 2. März 1932 zusammentrete, den Entwurf einer Haushalts- und Kassenordnung unterbreiten solle, durch den die streitig gewordenen haushaltsrechtlichen Fragen geregelt würden; es sei hierbei von den Antragstellerinnen, die selbst vorher auf diesen Weg zur Beseitigung der Meinungsverschiedenheit hingewiesen hätten, kein Vorbehalt gemacht worden, und sie gebe trotz des seitdem von zwei von den Antragstellerinnen geäußerten Verlangens nach Erlaß des Urteils die Hoffnung auf einen Ausgleich nicht auf. Den Antragstellerinnen wurde dieses Schreiben der Antragsgegnerin am 1. März 1932 vom Vorsitzenden mitgeteilt, und sie wurden unter Hervorhebung der Vorteile der darin bezeichneten Art der Erledigung für die künftige Behandlung und Entwicklung der Haushaltsfragen des Landes gebeten, sich innerhalb dreier Wochen von neuem zu äußern, ob es nach dem weiteren Gang der Verhandlungen noch eines Urteilsspruchs bedürfe. Am 21. März 1932 zeigte die Antragsgegnerin demnächst an, daß die Haushalts- und Kassenordnung vom Landtag einmütig verabschiedet worden sei, am 12. April weiter, daß sie den Antragstellerinnen den Vorschlag unterbreitet habe, die Genehmigung des Landtags zum Ankaufe der B.schen Anteile nachträglich förmlich einzuholen. Die Antragstellerin zu 1 beantragte dagegen am 14. April, das Urteil zu verkünden, weil ein Vergleich zwischen ihr und der Antragsgegnerin aus Gründen, die „bedeutungslos" seien, nicht möglich sei.

Bei dieser Sachlage wurden sämtliche Antragstellerinnen am 21. April 1932 unter Wiedergabe der Darstellung der Antragsgegnerin vom Stande der Verhandlungen um erneute Erwägung und Stellungnahme gebeten, indem ihnen dargelegt wurde, daß die sachlichen Streitpunkte sämtlich erledigt zu sein schienen und ein praktisches Interesse an einem Urteilsspruch auch aus der Äußerung der Antragstellerin zu 1 nicht zu ersehen sei. Hierauf erklärte die Antragstellerin zu 2 am 24. April, indem sie die Darstellung der Antragsgegnerin bestätigte, daß für sie die Sache erledigt sei und sie auf eine Entscheidung verzichte. Von den beiden anderen Antragstellerinnen wurde keine Gegenäußerung abgegeben. Die Antragsstellerin zu 1 erwiderte lediglich am 3. Mai 1932 auf die durch die Antragstellerin zu 2 veranlaßte aufklärende Mitteilung des Vorsitzenden, daß im staatsgerichtlichen Verfahren weder ein Ansatz von Gerichtskosten noch eine Erstattung von Parteikosten stattfinde, diese Frage sei für sie unerheblich. Von der Antragsgegnerin wurde noch das die Haushalts- und Kassenordnung vom 11. März 1932 enthaltende Stück Nr. 11 der Lippischen Gesetzsammlung und eine Abschrift des am 28. April 1932 an den Landtag gerichteten Antrags auf nachträgliche Zustimmung zum Erwerbe der B.schen und einiger anderer Anteile an dem Sand- und Tonwerke vorgelegt. Ferner teilte sie am 10. Mai 1932 mit, daß diese Genehmigung am 9. dess. Mts. mit Mehrheit bei Anwesenheit von 15 Abgeordneten erteilt worden sei.

Durch die Nachsuchung und Erteilung der Genehmigung des Landtags zum Ankaufe der B.schen Geschäftsanteile ist der Antrag, diesen Ankauf wegen Fehlens der Genehmigung für verfassungswidrig zu erklären, gegenstandslos geworden. Eine tatsächlich dem Antrage widersprechende Haltung der Antragsgegnerin besteht jetzt nicht mehr, und die etwa noch vorhandene Meinungsverschiedenheit darüber, ob die Zustimmung schon früher hätte nachgesucht werden müssen und ob bis zur nachträglichen Genehmigung ein verfassungswidriges Verhalten der Antragsgegnerin bestand, hat nur geschichtliche oder rechtswissenschaftliche Bedeutung, stellt aber keine Verfassungsstreitigkeit dar. Daß der Landtag die Genehmigung nicht mit der in den Fällen des Art. 52 Abs. 2 LVerf. erforderlichen Mehrheit erteilt hat, ist belanglos, weil in der letzten Verhandlung die Antragstellerinnen selbst das Vorliegen der Voraussetzungen dieser Vorschrift nicht mehr behauptet haben, vielmehr nur noch über die Notwendigkeit der Genehmigung überhaupt gestritten worden ist. Es kann übrigens keinem Zweifel unterliegen, daß der Ankauf nicht, wie jene Vorschrift voraussetzt, zu Gunsten eines privatwirtschaftlichen Betriebes oder einer Privatperson erfolgt ist. Die zum Teil sehr weitgreifenden allgemeinen haushaltsrechtlichen Fragen, die aus Anlaß des somit als erledigt zu erachtenden Streitfalls über den Ankauf der B.schen Anteile zur Erörterung gelangt sind, hätten allerdings wegen ihrer Bedeutung für andere Fälle und für die gesamte Geschäftsgebarung der Forstverwaltung auch weiterhin den Gegenstand eines Verfassungsstreits bilden können. Sie sind aber ihrerseits durch die Verabschiedung der Haushalts- und Kassenordnung, namentlich durch deren § 3 Satz 2, § 7, § 9 Abs. 3, §§ 21, 43, auf eine formell neue Grundlage gestellt worden, sodaß eine Entscheidung über den Antrag auch insoweit jeder praktischen Bedeutung für die Zukunft entbehren würde. Die Antragstellerinnen haben denn auch zum Teil anerkannt, daß die Verfassungsstreitigkeit erledigt ist, zum Teil durch ihr Schweigen auf das Schreiben vom 21. April 1932 zu erkennen gegeben, daß sie irgendein praktisches Interesse an dem Urteilsspruch nicht darzutun vermögen. Die Streitsache ist daher für erledigt zu erklären, da der Verfassungsstreit nach jeder Richtung gegenstandlos geworden ist.

2.

In der verfassungsrechtlichen Streitsache

der Fraktion der Nationalsozialistischen Deutschen Arbeiterpartei im Hessischen Landtage,

Antragstellerin,

gegen

das Hessische Gesamtministerium,

Antragsgegner,

wegen Feststellung, daß der bisherige Minister des Innern Wilhelm Leuschner durch Abberufung aus dem Gesamtministerium ausgeschieden sei, (StGH. 2/32)

hat der Staatsgerichtshof für das Deutsche Reich in der nicht öffentlichen Sitzung am 21. Juni 1932 ohne vorangegangene mündliche Verhandlung beschlossen:

Der Hessische Minister des Innern Leuschner hat durch den Beschluß des Hessischen Landtags vom 11. Dezember 1931, die sofortige Abberufung des Ministers Leuschner zu verlangen, seine Eigenschaft als Mitglied des Hessischen Gesamtministeriums nicht verloren; es besteht auch keine Verpflichtung, ihn aus seinem Amt abzuberufen.

Gründe:

I.

In der Sitzung des Hessischen Landtags vom 14. Februar 1928 ist der Landtagsabgeordnete Adelung zum Hessischen Staatspräsidenten gewählt worden. Er hat den Landtagsabgeordneten Leuschner zum Minister des Innern berufen. Diese Berufung hat die Bestätigung des Landtags gefunden. Am 15. November 1931 ist ein neuer Hessischer Landtag gewählt worden. In der ersten Sitzung dieses Landtags am 8. Dezember 1931 hat der Staatspräsident den Rücktritt des Gesamtministeriums erklärt und hinzugefügt, daß es gemäß Art. 38 Abs. 2 der Hessischen Verfassung die Staatsgeschäfte so lange fortführen werde, bis der Landtag den Staatspräsidenten neu gewählt und die von ihm berufenen Mitglieder des Gesamtministeriums bestätigt habe. Ein Staatspräsident ist bisher nicht gewählt worden. Der Landtag hat die Wahl bis zur Klärung der politischen Lage in Hessen zurückgestellt. Das zurückgetretene Gesamtministerium führt daher die Regierung als Geschäftsministerium weiter. Es besteht aus dem Staatspräsidenten und Minister für Kultus und Bildungswesen Dr. h. c. Adelung, dem Finanz- und Justizminister Kirnberger und dem Minister des Innern Leuschner. In dem neuen Landtag ist ein Antrag der Fraktion der

Nationalsozialistischen Deutschen Arbeiterpartei dahin eingebracht worden, der Landtag wolle beschließen „Der Landtag verlangt die sofortige Abberufung des Ministers des Innern Leuschner". Der Antrag ist in der Sitzung vom 11. Dezember 1931 angenommen worden. Die Regierung hat es abgelehnt, diesem Antrag zu entsprechen. Eine Abberufung des Ministers Leuschner ist bisher nicht erfolgt und nicht beabsichtigt. Er führt die Geschäfte des Ministers des Innern fort. Die am 15. November 1931 erfolgte Wahl des Hessischen Landtags ist durch Entscheidung des Hessischen Staatsgerichtshofs vom 9. Mai 1932 auf Grund des Art. 32 Abs. 1 und des Art. 48 Abs. 2 des hessischen Landtagswahlgesetzes in der Fassung der Bekanntmachung vom 10. September 1931 (HessRegBl. S. 135) für ungültig erklärt worden, weil der Landeswahlausschuß einen Wahlvorschlag der Reichspartei des Deutschen Mittelstandes (Wirtschaftspartei) zu Unrecht nicht zugelassen habe.

Die Fraktion der Nationalsozialistischen Deutschen Arbeiterpartei im Hessischen Landtag hat im Februar 1932 bei dem Staatsgerichtshof für das Deutsche Reich gegen das Hessische Gesamtministerium beantragt, zu erkennen:

1. Es wird festgestellt, daß der bisherige Minister des Innern Wilhelm Leuschner durch Abberufung gemäß Art. 38 Abs. 3 der Hessischen Verfassung aus dem Gesamtministerium ausgeschieden ist;

2. die Staatskasse trägt die Kosten des Verfahrens;

und hilfsweise statt des Antrags zu 1:

Es wird festgestellt, daß das Hessische Gesamtministerium bzw. dessen Vorsitzender gemäß Art. 38 Abs. 3 der Hessischen Verfassung verpflichtet ist, den bisherigen Hessischen Minister des Innern Wilhelm Leuschner auf Grund des Landtagsbeschlusses vom 11. Dezember 1931 aus seinem Amte abzuberufen.

Das Hessische Gesamtministerium hat dagegen gebeten:

Der Staatsgerichtshof möge entscheiden: Der Minister des Innern Leuschner hat durch den Beschluß des Hessischen Landtags vom 11. Dezember 1931 „Der Landtag verlangt die sofortige Abberufung des Ministers Leuschner" seine Eigenschaft als Mitglied des Hessischen Gesamtministeriums nicht verloren;

und ferner:

feststellen, daß die in dem Hilfsantrag bezeichnete Verpflichtung der Hessischen Regierung nicht obliege.

Zur Begründung ihrer Anträge hat die Antragstellerin ausgeführt: Infolge des Beschlusses des Landtages vom 11. Dezember 1931 sei der Minister Leuschner gemäß Art. 38 Abs. 3 der Hessischen Verfassung aus dem Gesamtministerium ausgeschieden, da diese Vorschrift, wie sich aus ihrer Entstehungsgeschichte, dem Aufbau und Wortlaut des Artikels ergebe, auch auf die Mitglieder eines Geschäftsministeriums anwendbar sei. Diese Auslegung der Bestimmung entspreche auch ihrem vernünftigen Sinn und dem parlamentarischen Grundprinzip der Verfassung, nach dem der Landtag die Möglichkeit haben müsse, sich eines Ministers zu entledigen, dessen Amtsführung ihm unerträglich zu sein scheine. Nach der Abberufung eines einzelnen Ministers könnten die Staatsgeschäfte von den übrigen weitergeführt werden. Sei der Minister Leuschner aber nicht schon infolge des Landtagsbeschlusses aus dem Gesamtministerium ausgeschieden, so sei doch jedenfalls infolge dieses Beschlusses das Gesamtministerium oder dessen Vorsitzender verpflichtet, ihn aus seinem Amt abzuberufen.

Das Hessische Gesamtministerium hat erwidert:

Die Hessische Verfassung kenne zwei Möglichkeiten der Beendigung des Ministerverhältnisses, den Rücktritt und die Abberufung. Beide würden zwar durch eine Entschließung des Landtags ausgelöst, aber nicht unmittelbar herbeigeführt. Letzteres geschehe vielmehr durch die Rücktrittserklärung des Ministers oder durch die Abberufung seitens des Staatspräsidenten. Der Landtag könne nur die Abberufung verlangen, d. h. an die Regierung das Ersuchen richten, daß der Staatspräsident oder das Gesamtministerium den Minister abberufe. Daraus folge, daß der Hauptantrag der Antragstellerin unbegründet, der Gegenantrag dazu aber begründet sei. Im übrigen spreche der Landtagsbeschluß auch nicht selbst die Abberufung des Ministers Leuschner aus, sondern verlange nur seine Abberufung.

Dadurch, daß die am 15. November 1931 erfolgte Wahl des Hessischen Landtags für ungültig erklärt worden sei, habe der Beschluß des Landtags vom 11. Dezember 1931 zwar seine Gültigkeit nicht verloren. Seit der Ungültigkeitserklärung sei aber die Regierung jedenfalls nicht mehr verpflichtet, den Beschluß auszuführen, wenn bis dahin eine solche Pflicht bestanden haben sollte. Das folge aus dem Grundsatz, daß mit dem Ablauf der Landtagsdauer oder mit der Auflösung des Landtags, in dem sie eingebracht seien, alle Vorlagen, Anträge, Anfragen, Eingaben und Beschwerden für erledigt zu erachten seien, auch wenn über sie noch nicht endgültig beschlossen sei. Dieser Grundsatz sei nicht nur in Art. 83 der Geschäftsordnung des Hessischen Landtags, sondern auch in Art. 25 der Verfassung festgelegt.

Dem Verlangen des Landtags nach der Abberufung des Ministers Leuschner habe von der Regierung aber auch nicht entsprochen werden dürfen, weil es dem Art. 38 Abs. 2 der Hessischen Verfassung zuwiderlaufe. Aus der Begründung zum Verfassungsentwurf gehe hervor, daß das Verlangen der Abberufung nach Art. 38 Abs. 3 der Verfassung nur die Bedeutung einer auf den einzelnen Minister bezüglichen Mißtrauenserklärung habe, wie sie in Absatz 1 mit Bezug auf das Gesamtministerium vorgesehen sei. Die Abberufung eines geschäftsführenden Ministers würde dem Sinn dieser Einrichtung widerstreiten. Die Eigenart eines Geschäftsministeriums bestehe darin, daß es vorher ein parlamentarisches Ministerium gewesen sei und daß ihm die Volksvertretung ihr Vertrauen entzogen habe. Es sei daher begrifflich unmöglich, ihm nochmals das Vertrauen zu entziehen, das es nicht mehr besitze. Mit der Erklärung des Rücktritts endige das Ministeramt. Wenn die Hessische Verfassung in Art. 38 Abs. 2 das zurückgetretene Gesamtministerium verpflichte, die Staatsgeschäfte vorläufig, d. h. bis zur Bildung einer neuen parlamentarischen Regierung, fortzuführen, so bedeute das, daß die zurückgetretenen Minister durch diese Verfassungsvorschrift selbständig und selbsttätig von neuem ins Amt gerufen würden mit der Maßgabe, daß es sich um eine bloße Geschäftsführung handle, die mit der Bildung einer parlamentarischen Regierung endige. Die Rechtslage sei nicht etwa die, daß der Rücktritt des parlamentarischen Kabinetts unter der aufschiebenden Bedingung des Zustandekommens einer neuen parlamentarischen Regierung und unter der Befristung bis zu diesem Zeitpunkt erklärt worden sei. Die Amtstätigkeit der Geschäftsminister sei daher verfassungsrechtlich keine Fortsetzung der Ausübung des parlamentarischen Ministeramts und bedürfe des Vertrauens des Landtags nicht. Die Badische und die Württembergische Verfassung, die für die Hessische vorbildlich gewesen seien, zeigten, daß die Befugnis des Landtags zur Abberufung der Minister sich nicht auf die Mitglieder der Geschäftsregierungen beziehe. Gleiches gelte für die Bayerische, die Preußische, die Sächsische und die Thüringische Verfassung. Wenn für die Hessische Verfassung etwas anderes hätte gelten sollen, so wäre das in der Begründung des Verfassungsentwurfs und bei seiner gesetzgeberischen Behandlung nicht unerwähnt geblieben. Dies um so mehr, als darin ein Übergewicht des Landtags über die Regierung zum Ausdruck gelangt wäre, das den Grundgedanken der Hessischen Verfassung widerspreche, die in den Artikeln 3, 4 und 5 als ausübende Organe der vom Volke ausgehenden Staatsgewalt den Landtag und die Regierung als grundsätzlich gleichberechtigt nebeneinander stelle. Das parlamentarische Prinzip rechtfertige eine Ausnahme hiervon im Sinne des Übergewichts des Landtags bei der Bildung und Abberufung der parlamentarischen Regierung. Wo aber das parlamentarische Prinzip ausgeschaltet sei, liege kein Grund vor, eine Abhängigkeit der Regierung vom Landtag anzunehmen. Bei der Bildung der Geschäftsregierung ergebe sich dies aus Art. 38 Abs. 2 der Verfassung, wonach die Vollmacht der Geschäftsregierung unmittelbar durch die Verfassung und nicht durch den Landtag gegeben sei. Bei Erlaß der Verfassung habe man auch Schwierigkeiten der Regierungsbildung, wie sie in einigen Ländern in den letzten beiden Jahren aufgetreten seien, nicht vorausgesehen, sondern angenommen, daß die Tätigkeit eines Geschäftsministeriums nur kurze Zeit dauern werde. Art. 38 Abs. 2 mache keinen Unterschied, je nachdem der Rücktritt des Gesamtministeriums durch eine Mißtrauenserklärung des Landtags erzwungen oder freiwillig erfolgt sei. Eine solche Unterscheidung würde auch nicht gerechtfertigt sein, zumal in dem vorliegenden Falle nicht, in dem der Ausfall der Landtagswahlen die Veranlassung zum Rücktritt gegeben habe. Die entgegengesetzte Annahme würde dazu führen, dem Landtage das Recht zu einem Eingriff in die vollziehende Gewalt zu gestatten, die verfassungsrechtlich der Regierung und nicht dem Landtage zustehe. Sie würde aber auch sonst unannehmbare Ergebnisse haben. Der Landtag würde danach die Abberufung aller Geschäftsminister fordern können, sodaß dann eine geschäftsführende Regierung nicht mehr vorhanden sei, ein Zustand, den Art. 38 Abs. 2 der Verfassung gerade vermeiden wolle und der dem Staatsinteresse zuwiderlaufe. Sei man der Ansicht, daß nach Art. 38 Abs. 3 das. mindestens ein geschäftsführender Minister im Amte belassen werden müsse, so würde das der Verfassung nicht entsprechen, da die geschäftsführende ebenso wie die parlamentarische Regierung nach Art. 38 Abs. 2 ein Kollegium sein müsse. Ein abberufener Geschäftsminister könne auch nicht mehr ersetzt werden. Zwar bestehe nach Art. 37 Abs. 2 Satz 2 HessVerf. die Möglichkeit, daß der Staatspräsident, solange er nicht abberufen sei, einen neuen Minister berufe. Die Verfassung verlange aber außer der Berufung auch noch die Bestätigung durch den Landtag. Erfolge sie, so würde das Gesamtministerium aus Ministern zusammengesetzt sein, die das Vertrauen des Landtags verloren hätten, und aus anderen, die es besäßen. Das würde der Natur eines Geschäftsministeriums zuwiderlaufen und die Einheitlichkeit der Staatsleitung unmöglich machen. Die Vertretung eines abberufenen Ministers durch einen Beamten würde sich nur auf die Ressortverwaltung beziehen können; Sitz und Stimme im Gesamtministerium würde ein solcher Beamter nicht haben. Auch ein Geschäftsminister sei nämlich der Volksvertretung wie ein parlamentarischer Minister verantwortlich. Bei der Ansicht der Antragstellerin würde das Vorhandensein eines obersten kollegialen, aus Ministern bestehenden Organs der Staatsleitung vereitelt werden können. Das liege nicht im Sinne der Verfassung.

Für eine Kostenentscheidung sei im Verfahren vor dem Staatsgerichtshof kein Raum.

Die Antragstellerin ist diesen Ausführungen entgegengetreten.

II.

Die Parteien streiten darüber, ob der Hessische Minister des Innern Leuschner infolge des Landtagsbeschlusses vom 11. Dezember 1931 aus dem Gesamtministerium ausgeschieden oder doch aus seinem Amt abzuberufen ist oder nicht. Sie stützen ihre Auffassung auf Bestimmungen der Hessischen Verfassung, die sie verschieden auslegen. Danach handelt es sich um eine Verfassungsstreitigkeit innerhalb eines Landes im Sinne des Art. 19 Abs. 1 RVerf. In Hessen besteht kein Gericht zur Erledigung dieser Streitigkeit. Das Land hat zwar einen eigenen Staatsgerichtshof nach dem Gesetz vom 13. Mai 1921 (HessRegBl. S. 99). Seine Zuständigkeit ist aber beschränkt auf die Fälle des Art. 27 Abs. 2 und der Art. 47 bis 52 der Hessischen Verfassung (Anfechtung einer Landtagswahl, Streit über Verlust der Mitgliedschaft zum Landtag, Anklagen gegen die Mitglieder des Gesamtministeriums) und auf den Fall des Art. 32 des Gesetzes über Volksbegehren und Volksabstimmung vom 17. März 1921 — HessRegBl. S. 60 — (Anfechtung einer Volksabstimmung). Ein anderer Gerichtshof des Reichs ist nicht zuständig. Hiernach ist die Zuständigkeit des Staatsgerichtshofs für das Deutsche Reich gegeben.

Nach feststehender Rechtsprechung des Staatsgerichtshofs sind beide Parteien parteifähig. Die Sachbefugnis einer Landtagsfraktion in einem Falle wie dem vorliegenden ist anzuerkennen. Nach der Entscheidung des Staatsgerichtshofs vom 24. Juni 1930 (RGZ. Bd. 129 Anh. S. 1 [8] = Lammers-Simons Bd. 4 S. 175 [181]) muß die Sachbefugnis politischer Fraktionen in jedem einzelnen Falle besonders geprüft werden von der Grundlage aus, daß sie als Vereinigungen von Mitgliedern der Volksvertretung gesetzlich zur Teilnahme an der staatlichen Willensbildung berufen sind. Einer der dort im besonderen behandelten Fälle liegt hier nicht vor. Die Antragstellerin stützt sich auf Art. 38 Abs. 3 HessVerf., wonach der Landtag jederzeit die Abberufung einzelner Mitglieder des Gesamtministeriums verlangen kann. Deshalb läßt sich aber nicht sagen, daß die Antragstellerin ihre Sachbefugnis aus einem lediglich dem Landtag als solchem zukommenden Recht herleite, wie es das Überwachungsrecht des Preußischen Landtags gemäß Art. 29 Abs. 1 Satz 1 PrVerf. ist. Die Sachlage ist vielmehr die, daß die Antragstellerin im Hessischen Landtag einen Antrag eingebracht hat, der vom Landtag angenommen worden ist, und sie will festgestellt wissen, daß dies das Ausscheiden des Ministers Leuschner aus dem Gesamtministerium zur Folge gehabt habe oder doch durch seine Abberufung haben müsse. Diese Befugnis kann ihr nicht abgesprochen werden.

Ebensowenig ist zu bezweifeln, daß die Antragstellerin mit Recht das Hessische Gesamtministerium als ihren Gegner im vorliegenden Streit in Anspruch nimmt.

III.

1. Der Staatsgerichtshof hält sich seiner Pflicht, über die gestellten Anträge zu entscheiden, nicht dadurch für überhoben, daß die am 15. November 1931 erfolgte Wahl des Hessischen Landtags, während dessen Tagung der Antrag, die sofortige Abberufung des Ministers Leuschner zu verlangen, angenommen wurde, durch Entscheidung des Hessischen Staatsgerichtshofs vom 9. Mai 1932 für ungültig erklärt worden ist.

2. Dem ersten Hauptantrage der Antragstellerin liegt die Ansicht zugrunde, daß die Annahme des Fraktionsantrages durch den Landtag

das Ausscheiden des Ministers Leuschner aus dem Gesamtministerium unmittelbar zur Folge gehabt habe. Das kann nicht als zutreffend angesehen werden. Einmal weil der vom Landtag angenommene Antrag nur dahin ging, die sofortige Abberufung des Ministers Leuschner zu verlangen, und dann und hauptsächlich, weil die Ansicht der Antragstellerin in der Hessischen Verfassung keine Stütze findet.

Nach Art. 38 Abs. 3 HessVerf. kann der Landtag jederzeit die Abberufung einzelner Mitglieder des Gesamtministeriums verlangen. Das kann nur bedeuten, daß der Landtag von dem Staatspräsidenten, der nach Art. 37 Abs. 2 Satz 2 das. die Mitglieder des Gesamtministeriums zu berufen hat, die Abberufung einzelner Mitglieder des Gesamtministeriums beanspruchen kann. Der Minister bleibt danach im Amte, solange ihn der Staatspräsident nicht abberufen hat.

Auch nach der Reichsverfassung hat die Entziehung des Vertrauens durch den Reichstag gemäß Art. 54 RVerf. nicht die Folge, daß damit der Minister ohne weiteres sein Amt verliert. Die Vorschrift geht nur dahin, daß er zurücktreten muß, wenn ihm das Vertrauen entzogen wird. Es bedarf also noch einer Willensentschließung des Ministers, und dieser ist weder verpflichtet noch berechtigt, sich seines Amtes einseitig zu entledigen, sondern er muß bei dem Reichspräsidenten seine Entlassung beantragen (vgl. Anschütz Die Verfassung des Deutschen Reichs 11. Aufl. Art. 54 Anm. 4, 5).

Hiernach erweist sich der erste Hauptantrag der Antragstellerin als unbegründet, der Gegenantrag dazu als begründet.

3. Das Hessische Gesamtministerium ist zurückgetreten und führt seitdem gemäß Art. 38 Abs. 2 HessVerf. als sog. Geschäftsministerium die Staatsgeschäfte so lange fort, bis der Landtag den Staatspräsidenten neu gewählt und die von ihm berufenen Mitglieder des Gesamtministeriums bestätigt hat. Die Parteien streiten darüber, ob der Landtag die Abberufung einzelner Minister eines solchen Ministeriums verlangen kann. Die Antragstellerin, die das behauptet, hat den Wortlaut des Art. 38 Abs. 3 das. für sich; denn dieser bestimmt allgemein, daß der Landtag jederzeit die Abberufung einzelner Mitglieder des Gesamtministeriums verlangen kann. Bei der Auslegung dieser Bestimmung ist auf das Wort „jederzeit" kein besonderes Gewicht zu legen. Entscheidend ist vielmehr, ob im Sinne dieser Bestimmung eine Geschäftsregierung als Gesamtministerium an-

zusprechen ist. Hierauf deutet die Reihenfolge hin, in der die Bestimmungen des Art. 38 HessVerf. angeordnet sind, indem sich Absatz 3 nicht unmittelbar an den Absatz 1 anschließt, der das Gesamtministerium vor seinem Rücktritt betrifft, sondern an Absatz 2, der von dem Geschäftsministerium handelt. Die Antragstellerin beruft sich auch hierauf. Beide Parteien glauben ferner, ihre entgegengesetzte Auslegung durch die Entstehungsgeschichte der Verfassungsvorschrift stützen zu können. Die Antragstellerin weist darauf hin, daß der Absatz 3 des Art. 38 nachträglich an seiner gegenwärtigen Stelle eingefügt worden sei, woraus sie entnehmen zu können meint, daß sich diese Vorschrift auf beide Arten von Regierungen beziehen solle. Ferner sieht sie als bedeutsam an, daß die im ersten Entwurf enthaltene Bestimmung über die Pflicht zur Ersetzung eines abberufenen Ministers, die ihrer Ansicht nach bei einem geschäftsführenden Ministerium nicht möglich ist, später wieder gestrichen worden sei. Der Antragsgegner beruft sich auf eine Stelle in der Begründung zum Verfassungsentwurf. Aus der Entstehungsgeschichte läßt sich indessen nichts Wesentliches herleiten.

Im Entwurf einer hessischen Verfassung (Drucksache Nr. 237 des I. Landtags [Verfassunggebende Volkskammer der Republik Hessen] 1919) lautete Art. 38:

Abs. 1: Die Mitglieder des Gesamtministeriums bedürfen gemäß Art. 17 Abs. 1 der Reichsverfassung zu ihrer Amtsführung des Vertrauens der Volkskammer. Versagt die Volkskammer durch einen ausdrücklichen Beschluß dem Gesamtministerium das Vertrauen, so tritt es zurück.

Abs. 2: Wenn das Gesamtministerium zurücktritt, so muß es die Staatsgeschäfte solange fortführen, bis die Volkskammer den neuen Staatspräsidenten gewählt und die von ihm berufenen Mitglieder des neuen Gesamtministeriums bestätigt hat.

Abs. 3: Die Volkskammer kann jederzeit die Abberufung einzelner Mitglieder des Gesamtministeriums verlangen.

Hiernach entspricht Art. 38 des Verfassungsentwurfs nach Inhalt und Aufbau dem Art. 38 der Verfassung. In allen hier wesentlichen Punkten lauteten auch § 65 des der Drucksache Nr. 237 als Anlage I beigefügten Entwurfs einer hessischen Verfassung und Art. 57 des dieser Drucksache als Anlage III beigefügten Entwurfs einer hessischen Verfassung nach den von Professor Dr. Gmelin zu dem Kommissionsentwurf gemachten Abänderungsvorschlägen ebenso. Alle diese Entwürfe enthielten also bereits den hier in Betracht kommenden Absatz 3. In keinem von ihnen findet sich eine Bestimmung über die Pflicht zur Ersetzung eines abberufenen Ministers. Die Antragstellerin meint demnach jedenfalls den Entwurf eines Ministerialbeamten, der nicht vorliegt und auch wohl nicht gedruckt worden ist. Nun ist die Entstehungsgeschichte eines Gesetzes für dessen Auslegung stets nur mit großer Vorsicht zu verwerten, aus einer Arbeit aber, die im Schoße des Ministeriums geblieben ist, kann regelmäßig überhaupt nichts gefolgert werden.

In der Begründung zu dem Entwurf einer hessischen Verfassung (Drucksache 237) heißt es auf Seite 12:

> Nach Art. 17 Abs. 1 der Reichsverfassung bedarf das Ministerium des Vertrauens der Volksvertretung. Verliert es dieses Vertrauen, so muß es zurücktreten. Damit nicht das gesamte Ministerium jedesmal zurückzutreten gezwungen ist, wenn nur das eine oder das andere seiner Mitglieder das Vertrauen verloren hat, ist zugelassen, daß die Volkskammer auch die Abberufung einzelner Mitglieder des Ministeriums verlangen kann.

Hier ist also Absatz 3 lediglich zum Absatz 1 in Beziehung gesetzt worden. Daraus kann aber nicht ohne weiteres geschlossen werden, daß der Landtag nicht befugt sein soll, die Abberufung einzelner Minister eines Geschäftsministeriums zu verlangen, zumal in der Begründung von der Fortführung der Geschäfte durch ein zurückgetretenes Ministerium (Abs. 2) überhaupt nicht die Rede ist.

4. Dem Antragsgegner ist aber aus folgenden Erwägungen im wesentlichen beizupflichten.

Das Hessische Gesamtministerium ist zurückgetreten — und zwar unbedingt und unbefristet — und führt die Geschäfte seitdem gemäß Art. 38 Abs. 2 HessVerf. als Geschäftsregierung weiter. Für die Rechtsstellung einer solchen Regierung ist es ohne Bedeutung, ob das Gesamtministerium, wie hier, freiwillig zurückgetreten ist oder weil ihm der Landtag das Vertrauen versagt hat. Den letzteren Fall betrifft Art. 38 Abs. 1 der Verfassung. Abs. 2 das. bezieht sich nicht nur darauf, sondern regelt allgemein die Stellung eines zurückgetretenen Gesamtministeriums, und zwar dahin, daß es die Staatsgeschäfte solange fortführen muß, bis der Landtag den Staatspräsidenten neu gewählt und die von ihm berufenen Mitglieder des

Gesamtministeriums bestätigt hat. Art. 38 Abs. 2 trifft aber auch den Fall, daß der Landtag dem Gesamtministerium das Vertrauen versagt hat. Daraus folgt, daß die Geschäftsregierung des Vertrauens des Landtags nicht bedarf. Bei ihm muß daher die Entziehung des Vertrauens — und etwas anderes bedeutet das Verlangen des Landtags nach Abberufung nicht — ohne rechtliche Folgen bleiben, gleichviel ob es sich auf das Gesamtministerium als solches oder nur auf einzelne seiner Mitglieder bezieht. Recht und Pflicht der Geschäftsregierung zur Fortführung der Staatsgeschäfte beruhen unmittelbar auf dem Gesetz, nämlich auf Art. 38 Abs. 2 HessVerf., und diese Regelung hat ganz offensichtlich ihren Grund in dem Bestreben, die notwendige Staatsleitung auch in dem Falle zu sichern, daß das Gesamtministerium nicht mehr das Vertrauen des Landtags genießt oder aus einem anderen Grunde zurückgetreten ist. Dieser Zweck würde vereitelt werden können, wenn der Landtag berechtigt sein würde, die Abberufung einzelner Mitglieder der Geschäftsregierung zu verlangen, zumal da auf diese Weise nacheinander sämtliche Mitglieder der Geschäftsregierung abberufen werden könnten. Die Geschäftsregierung soll eben vom Landtag unabhängig sein. Das ist trotz der Grundeinstellung der Hessischen Verfassung erklärlich, weil die Tätigkeit einer solchen Regierung unter regelmäßigen Verhältnissen nur für eine kurze Übergangszeit in Frage kommen kann. Schwierigkeiten der Regierungsbildung, wie sie in einigen Ländern in der letzten Zeit aufgetreten sind, hat man, wie der Antragsgegner zutreffend bemerkt, bei Erlaß der Verfassungen des Jahres 1919 anscheinend nicht vorausgesehen.

Die weiteren Gründe, die der Antragsgegner für seine Ansicht anführt, bedürfen keiner Erörterung.

5. Nach § 29 Abs. 1 und Abs. 2 Satz 1 des Gesetzes über den Staatsgerichtshof vom 9. Juli 1921 (RGBl. S. 905) ist das Verfahren vor dem Staatsgerichtshof gebührenfrei und werden die Auslagen der Beteiligten nicht erstattet. Hiernach ist für die von der Antragstellerin beantragte Kostenentscheidung kein Raum.

Demgemäß erweist sich auch der zweite Hauptantrag und der Hilfsantrag der Antragstellerin als unbegründet, der zu diesem Hilfsantrag gestellte Gegenantrag des Antragsgegners dagegen als gerechtfertigt.

3.

In der verfassungsrechtlichen Streitsache

der Fraktion der Deutschnationalen Volkspartei im Preußischen Landtage,

Antragstellerin,

gegen

1. **das Land Preußen,**
2. **das Preußische Staatsministerium,**

Antragsgegner,

wegen Feststellung der Verfassungswidrigkeit der Spar-Notverordnung des Preußischen Staatsministeriums vom 12. September 1931 (StGH. 10/31)

hat der Staatsgerichtshof für das Deutsche Reich auf die mündliche Verhandlung vom 17. und 18. Juni am 20. Juni 1932 für Recht erkannt:

In der preußischen Verordnung zur Durchführung der Verordnung des Reichspräsidenten vom 24. August 1931 (RGBl. I S. 453) und des § 7 Abs. 2 im Kapitel I des Zweiten Teiles der Verordnung des Reichspräsidenten vom 5. Juni 1931 (RGBl. I S. 279), Sparverordnung, vom 12. September 1931 (GS. S. 179) sind folgende Vorschriften verfassungswidrig:

1. die Vorschriften im Kapitel IV des Zweiten Teiles über die Lehrer an den wissenschaftlichen Hochschulen,
2. die Vorschrift im § 5b des Kapitels V des Zweiten Teiles über die Rückwirkung der Vorschrift im § 2 Ziffer 1 desselben Kapitels betreffend den Begriff des Dienstunfalls im Polizeibeamtengesetz,
3. die Vorschrift im § 2 des Kapitels VIII des Zweiten Teiles über Versetzung in ein anderes Amt, soweit sie die Pflicht zur Annahme eines Amtes von geringerem Range begründet,
4. die Vorschriften im § 1 des Kapitels II des Vierten Teiles, soweit sie solche beim Inkrafttreten der Vorschriften bereits im Amte stehende Beamte berühren, deren Aufgabenkreis mit dem eines unmittelbaren Staatsbeamten nicht unmittelbar vergleichbar ist,

5. die Vorschrift im § 2 Abs. 1 Satz 2 desselben Kapitels, soweit sie, abgesehen von den im § 4 vorgesehenen Fällen und dem Falle einer Änderung der Bezüge der unmittelbaren Staatsbeamten, Änderungen der Bezüge oder der Einreihung beim Inkrafttreten der Vorschrift bereits im Dienste stehender Beamten zuläßt.

Die Anträge, auch die Bestimmungen des Vierten Teiles für Gemeinden und Gemeindeverbände in weiterem Umfang, als im ersten Satze geschehen, und die Vorschriften im § 1 von Kap. VIII des Zweiten Teiles über die Begründung des Beamtenverhältnisses für verfassungswidrig zu erklären, werden zurückgewiesen.

Gründe:

I.

Nach dem Erlasse des Teilurteils vom 15. März 1932 (RGZ. Bd. 135 Anh. S. 30), aus dessen Abschnitt I sich die Sach- und Streitlage im allgemeinen ergibt, trugen die Parteien hinsichtlich der allein noch zur Entscheidung stehenden Frage der Verfassungsmäßigkeit der Sparverordnung vom 12. September 1931 (GS. S. 179) in Ergänzung der früher geltend gemachten Gesichtspunkte noch folgendes vor.

1. Zu den Vorschriften im Kap. IV des Zweiten Teiles über die Lehrer an den wissenschaftlichen Hochschulen führte die Antragstellerin aus, die Entpflichtung (Emeritierung) sei durch den Ausschluß dieser Lehrer von den Beamtenpensionsgesetzen, noch deutlicher durch die die Entpflichtung voraussetzenden Bestimmungen im § 22a des Gesetzes vom 20. Mai 1882/17. Dezember 1920, § 2 PrBesG. vom 17. Dezember 1927 und im Gesetz vom 29. März 1930 als Einrichtung des bestehenden Rechts anerkannt und in den Satzungen der Hochschulen an Stelle der Versetzung in den Ruhestand ausdrücklich vorgeschrieben. Ihre Beseitigung und die Ersetzung des vollen Gehalts durch ein nach allgemeinen Sätzen zu berechnendes Ruhegehalt verletze daher bei den bereits im Amte stehenden Professoren ein wohlerworbenes Recht; das gleiche gelte hinsichtlich der bereits entpflichteten Professoren von dem im § 4 des Kap. IV des Zweiten Teiles vorgeschriebenen zehnprozentigen Abzuge von den Emeritatsbezügen. Da der Entpflichtete, anders als ein Ruhestandsbeamter, die mit seinem

Amte verbundenen Rechte zum größten Teile behalte, namentlich berechtigt bleibe, über alle Wissensgebiete Vorlesungen zu halten, an den Sitzungen des Senats und der Fakultät, wenn auch nur mit beratender Stimme, teilzunehmen und zu den Doktorprüfungen zugezogen zu werden, so liege auch ein unzulässiger Eingriff in die gesamte sonstige Rechtsstellung vor, der zudem durch Ersparnisrücksichten in keiner Weise gerechtfertigt werden könne. Ersparnisrücksichten träfen aber auch bei der Ersetzung des Emeritatsgehalts durch eine Pension nicht zu, weil in den nächsten Jahren nur eine ganz geringe Zahl von Professoren in den Ruhestand überzutreten haben werde, zudem der Staat bei Berufungen die verschlechterten Aussichten für die Zeit des Ruhestandes durch höhere Gehaltszusagen werde ausgleichen müssen. Ferner werde der Staat vielfach früher als jetzt zum Ersatz in den Ruhestand übertretender Professoren schreiten müssen, weil diese nicht, wie bisher die Emeritierten, geneigt sein würden, ihre Vorlesungen fortzusetzen. Die Weitergewährung des vollen Gehalts nach der Entpflichtung rechtfertige sich bei den Professoren auch finanziell deshalb, weil von dieser Zeit ab die einen wesentlichen Teil ihrer Einnahmen bildenden Vorlesungs- und Prüfungsgebühren wegfielen oder doch beträchtlich zu sinken pflegten. Daß die Gehälter der Professoren seit dem Kriege mehr als die der früher gleichstehenden Beamten erhöht, zugleich aber infolge des Anwachsens der Studentenzahl ihre Nebeneinnahmen, trotz der Einführung der Abzüge an den vollen Gehältern, mindestens gleich geblieben seien, treffe nicht zu. Die durchschnittliche Gesamteinnahme der Ordinarien an Besoldungs- und Vorlesungsgeldern sei gegenüber der Vorkriegszeit, beispielsweise in Kiel, nur um 20 v. H. gestiegen, was etwa der durchschnittlichen Erhöhung der Bezüge von gleichstehenden Beamten entspreche. Zudem sei die Studentenzahl keineswegs an allen Universitäten gestiegen, sodaß die Einnahmen an Vorlesungsgeldern infolge der Abzüge stellenweise erheblich gesunken seien. Die Maßnahme wirke sich demgemäß durchaus ungleichmäßig aus, und für die Professoren, die noch nicht die Mindestpensionszeit zurückgelegt hätten, führe sie zu vollständiger Entrechtung; auch die anderen liefen vielfach Gefahr, die an sich ihrer Tätigkeitsdauer entsprechende Höchstpension deshalb nicht zu erreichen, weil die Anrechnung der an nichtpreußischen Universitäten oder in freien Berufen zugebrachten Zeit nicht gesichert sei. Durch den Hinweis auf das Pensionsrecht der an den wissenschaftlichen Anstalten des Reichs angestellten Gelehrten lasse sich die Änderung nicht rechtfertigen, weil diese nur als Forscher, nicht auch als Lehrer tätig und deshalb den Hochschullehrern nicht gleichzubewerten seien. Der Änderungsvorbehalt des § 39 PrBesG. treffe nicht zu, weil er sich nicht auf die Art der Berechnung der Ruhegehaltsversorgung beziehe. Zudem beeinträchtige die Beseitigung der Entpflichtung den auch unter Annahme der Anwendbarkeit des Änderungsvorbehalts unantastbaren standesgemäßen Unterhalt der Professorenschaft, weil die jüngeren Professoren für den Fall der Inaktivierung um weit mehr als ein Viertel der ihnen nach bestehendem Recht zukommenden Bezüge verkürzt würden, alle aber, neben dem bei den anderen Pensionären allein in Betracht kommenden Unterschiede zwischen Gehalt und Pension, die Vorlesungs- und Prüfungseinnahmen einbüßten.

Die Antragsgegner erwiderten, die Maßnahme werde schon 1933 und in den folgenden Jahren für je 40 Professoren, die die Altersgrenze erreichten, in Betracht kommen, und zwar außer durch den Minderbezug von 25% des Gehalts auch durch Anrechnung des Arbeitseinkommens. Der Unterschied zwischen den Aufgaben der Hochschullehrer und der Mitglieder der wissenschaftlichen Reichsanstalten schließe die Gleichbewertung nicht aus, mithin auch nicht die gleiche Bemessung der Bezüge, die zunächst für die Ruhestandszeit durchgeführt werden solle. Ein wohlerworbenes Recht auf die Entpflichtung lasse sich weder aus den Universitätssatzungen noch aus den unter Bezugnahme auf diese oder das frühere Herkommen gegebenen Zusicherungen herleiten. Die Satzungen könnten vom Staatsministerium nach Art. 82 PrVerf. in Verbindung mit § 68 PrALR. II 12 jederzeit geändert werden, und die bei der Anstellung erteilten Zusicherungen begründeten keine rechtliche, sondern nur eine moralische Bindung. Bei den Professoren an den technischen Hochschulen könne von einem Recht am Amte angesichts des Beschlusses des Staatsministeriums vom 28. April 1921, der der Gewährung der Entpflichtung zugrunde liege, vollends keine Rede sein. Das durchschnittliche Besoldungseinkommen der Universitätsprofessoren einschließlich der Entpflichteten habe 1913 in Berlin 6500, an den anderen Universitäten 5500 M., 1930 dagegen allgemein 11100 RM. betragen, dabei sei trotz der Abzüge und des Erlasses von Kolleggeldern eine wesentliche Verschlechterung der Einnahmen aus solchen nicht eingetreten, da im Jahre 1930 auf 900 planmäßige Professoren 4 Millionen RM. entfallen seien, im Jahre 1913 aber die Ordinarien in Berlin 7700, an den anderen Universitäten 4077, die Extraordinarien 2835 bzw. 1935 M. durchschnittlich bezogen hätten. Auch die Einnahme an Prüfungsgebühren habe nicht abgenommen, da die Ermäßigung der Gebührensätze durch die Zunahme der Zahl der Prüflinge ausgeglichen worden sei. Zudem sei die Lage der Professoren in der Sparverordnung noch durch Einführung der Ruhegehaltsfähigkeit der gewährleisteten Mindesteinnahmen an Unterrichtsgeldern bis zum Betrage von 1000 RM. verbessert worden, während die Zahlungen aus solchen Garantien zwischen 1924 und 1930 von 356000 auf 625000 RM. jährlich gestiegen seien. Es sei hiernach geboten gewesen, die gegen die Vorkriegszeit übersteigerten Bezüge auf ein der allgemeinen Notlage entsprechendes Maß herabzusetzen, und hierzu sei mit der Beseitigung der Sondereinrichtung der Emeritierung ein Anfang gemacht worden. Für eine angemessene Berücksichtigung außerpreußischer Dienstzeiten bei der Bemessung der Pension sei durch die Ermächtigung des Wissenschaftsministers zu Vorstufungen vorgesorgt. Bei den etwa vor Erreichung der Mindestpensionszeit ausscheidenden Professoren komme äußerstenfalls die Entscheidung des Reichsgerichts vom 10. Juli 1931 in Betracht. Hinsichtlich der nicht den Betrag der staatlichen Bezüge betreffenden Wirkungen der Entpflichtung wurde zunächst ausgeführt, sie würden durch die Vorschriften der Sparverordnung nicht berührt, da insbesondere die Fortdauer des Vorlesungsrechts nicht vom Rechte am Lehramt, sondern von der auch den Privatdozenten und Honorarprofessoren zustehenden venia legendi abhänge und in einem seit der Sparverordnung ergangenen Ministerialerlaß ausdrücklich anerkannt worden sei. Ferner wurde geltend gemacht, die Regelung der Rechtslage der Entpflichteten stehe insoweit lediglich der Ministerialinstanz auf Grund ihrer Befugnis zur Änderung der Satzungen zu. In der Schlußverhandlung wurde aber von einem der Vertreter der Antragsgegner erklärt, der § 1 des in Rede stehenden Kapitels der Sparverordnung solle mit seinem ersten Satze festlegen, daß die Erreichung der Altersgrenze für die Hochschullehrer nicht mehr die Entpflichtung, sondern den Übertritt in die Stellung der Ruhestandsbeamten zur Folge habe; mit dem zweiten Satze der Bestimmung werde die dieser Änderung der allgemeinen Rechtsstellung entsprechende Änderung der Bezüge noch besonders angeordnet.

Die Antragstellerin entgegnete, daß das Recht der beamteten Hochschullehrer zur Abhaltung von Vorlesungen nicht auf die ihnen vor der Anstellung erteilte, ihrem Umfange nach weniger weitgehende venia legendi zurückgeführt werden könne, bemängelte die von den Antragsgegnern angegebenen Zahlen zum Teil als ungenau und führte aus, daß die gesetzlichen Besoldungssätze der Hochschullehrer vor dem Kriege anerkanntermaßen unzulänglich gewesen und die Ansprüche an ihre Tätigkeit seitdem gestiegen seien.

2. Zu den Vorschriften über die Begründung des Beamtenverhältnisses (Zweiter Teil Kap. VIII § 1) wies die Antragstellerin darauf hin, daß die Erklärung der Antragsgegner, die Vorschriften sollten den Rechtssatz nicht antasten, daß hoheitliche Verrichtungen nur Berufsbeamten übertragen werden dürften, die durch den Wortlaut geschaffene Möglichkeit solcher Übertragungen nicht beseitige.

3. Zu den Vorschriften über Änderungen des Polizeibeamtengesetzes vom 31. Juni 1927 (Zweiter Teil Kap. V §§ 2, 5) gaben die Antragsgegner auf Befragen die Erläuterung, daß durch die Vorschrift im § 2 Nr. 2 die Anwendbarkeit des § 1 Abs. 5 des Beamten-Unfallfürsorgegesetzes vom 2. Juni 1902 gemäß § 28 Abs. 1 Satz 1 des Polizeibeamtengesetzes nicht berührt werde, wie sich aus Nr. 5 der Durchführungsbestimmungen vom 17. November 1931 (MinBl. f. d. inn. Verw. Sp. 1182) ergebe.

4. Wegen der Bestimmungen über die Verpflichtung der Inhaber aufgehobener Planstellen zur Übernahme von Ämtern geringeren Ranges führte die Antragstellerin noch die Entscheidung des preußischen Oberverwaltungsgerichts vom 21. Juni 1928 an, nach der der Rang noch eine Einrichtung des preußischen Beamtenrechts sei. Die Antragsgegner machten geltend, daß die Vorschrift zu Gunsten der Beamten wirke, indem sie Versetzungen in den Ruhestand verhüte.

5. Hinsichtlich der Kommunalbeamten (Vierter Teil Kap. II) erläuterte die Antragstellerin ihren Antrag dahin, daß namentlich die nach Ansicht der Regierungsvertreter im § 2 Abs. 1 Satz 2 enthaltene Befugnis des „Verwaltungsorgans" der Gemeinden und Gemeindeverbände zur Änderung der Dienstbezüge und der Einreihung der Beamten und die erneute Nachprüfung derjenigen

Gehaltsfestsetzungen gegen den Grundsatz der Unverletzlichkeit der wohlerworbenen Beamtenrechte verstoße, deren Bewilligung gemäß § 43 Abs. 4 PrBesG. durch Nichtbeanstandung seitens der Aufsichtsbehörde oder durch Abweisung ihrer Beanstandung endgültig geworden sei. Die Vorschrift des § 2 Abs. 1 Satz 2 bedeute nicht jene von den Regierungsvertretern angenommene Befugnis, sondern nur die Ausstattung der Verwaltungsorgane der Verbände mit der Zuständigkeit zu den auf Grund anderer Vorschriften der Verordnung etwa zulässigen Änderungen der Bezüge. Jedenfalls wäre die Vorschrift bei gegenteiliger Auslegung mit dem Grundsatze der Sicherstellung der Beamtenschaft unvereinbar und gegenüber dem bisherigen für das Anstellungsverhältnis der bereits im Dienste stehenden Beamten geltenden Rechte eine Neuerung, da eine Pflicht der Anstellungsverbände, einen solchen Vorbehalt in ihre Besoldungsregelungen aufzunehmen, aus den §§ 43 Abs. 1 und 39 PrBesG. sich nicht habe entnehmen lassen, noch weniger aus diesen Vorschriften zu folgern sei, daß die Beamten derjenigen Verbände, deren Besoldungsordnungen keine solche Bestimmung enthielten, als unter einem Vorbehalte dieses Inhalts angestellt gälten. Hinsichtlich der leitenden Kommunalbeamten, für die nicht § 43 Abs. 4 PrBesG., sondern die Vorschriften der Städteordnungen (z. B. § 64 StOÖ.) maßgebend seien, verstoße die Nachprüfung deshalb gegen die Unverletzlichkeit der erworbenen Rechte, weil die Genehmigung des Bezirksausschusses jede weitere Nachprüfung ausschließe. Die diesen Beamten mit jener Genehmigung gegebenen Zusicherungen begründeten, gleichviel, ob man in ihnen öffentlichrechtliche Verträge oder einen zweiseitigen oder selbst einen einseitigen Verwaltungsakt sehe, ebenso wie eine Anstellung auf Grund einer Besoldungsordnung, wohlerworbene Rechte; auch eine Pflicht der Anstellungsverbände, die Bezüge dieser Beamten bestimmten Gruppen von Staatsbeamten anzupassen, bestehe nicht, weil § 43 Abs. 1 und 2 sich nur auf unmittelbar vergleichbare Beamtengruppen beziehe und die leitenden Kommunalbeamten mit keiner Gruppe von Staatsbeamten unmittelbar vergleichbar seien. Letzteres sei in den Ausführungsbestimmungen des Innenministers vom 27. Januar 1928 zum Besoldungsgesetz vom 17. Dezember 1927, ebenso wie auf Grund des früheren Besoldungsgesetzes in den Anweisungen vom 2. August und 6. Oktober 1920, anerkannt und als Auffassung des Gesetzgebers dem Art. VI § 1

Abs. 1 des „Änderungsgesetzes" vom 24. März 1931 sowie dessen Begründung und den Ausführungen des Regierungsvertreters im Hauptausschuß des Landtages zu entnehmen.

Die Antragsgegner traten diesen Auffassungen mit der Ausführung entgegen, daß zu den nach § 43 Abs. 1 PrBesG., wie übrigens auch schon nach dem Gleichstellungsgesetz vom 8. Juli 1920, in die Besoldungsordnungen der Gemeinden und Gemeindeverbände entsprechend zu übernehmenden Grundsätzen auch der Änderungsvorbehalt des § 39 gehöre und daß selbst eine ausdrückliche Genehmigung der Besoldungsordnungen durch die Aufsichtsbehörde ein wohlerworbenes Recht auf Weiterbezug eines nicht rechtmäßig bewilligten, weil die Bezüge gleichzubewertender Staatsbeamten übersteigenden, Diensteinkommens für einen Kommunalbeamten nicht begründen könne. Die Richtlinien vom 1. März 1922 und die Ausführungsbestimmungen vom 27. Januar 1928 hätten einmal nur einen Teil der leitenden Kommunalbeamten als nicht unmittelbar vergleichbar bezeichnet, sodann die Pflicht der Selbstverwaltungsverbände nicht beseitigt, auch die Bezüge dieser Beamten dem Gesamtniveau der Staatsbeamten anzupassen. Das Gesetz vom 24. März 1931 habe lediglich die durch diese Ausführungsanweisungen entstandenen Verschiedenheiten der Handhabung durch eine Klarstellung der Rechtslage beheben wollen. Die Zusicherungen aber begründeten keine wohlerworbenen Rechte, weil sie nur einseitige Verwaltungsakte seien, die auf Grund von Vorbesprechungen mit regelmäßig nicht einmal vertretungsberechtigten Personen ergingen, und Treu und Glauben könne in Zeiten der Not einer Herabsetzung der Bezüge der bestbesoldeten Beamten auf ein immerhin erträgliches Maß nicht entgegengehalten werden.

6. In mehreren Schriftsätzen sowie in der mündlichen Verhandlung vom 14. und 15. März 1932 hatte die Antragstellerin auch die Zulässigkeit der im Ersten Teile der Sparverordnung verfügten Umstufungen und Besoldungskürzungen beanstandet, weil der vom Staatsministerium dafür angerufene Änderungsvorbehalt des § 39 PrBesG. dem im Art. 129 Abs. 1 Satz 3 RVerf. aufgestellten Grundsatze der Unverletzlichkeit der wohlerworbenen Beamtenrechte widerspreche und deshalb ungültig sei, äußerstenfalls aber nur insoweit haltbar sei, als es sich um verhältnismäßige Herabsetzung der Bezüge aller Beamten handle. In der Schlußverhandlung erklärte die Antrag-

stellerin jedoch, daß sie einen besondern Antrag, jene Bestimmungen aus diesen Gründen für verfassungswidrig zu erklären, nicht stelle. Sie beantragte zwar auch jetzt in erster Linie, die Unvereinbarkeit der gesamten Sparverordnung mit dem Art. 48 RVerf. auszusprechen, erläuterte diesen Antrag aber dahin, daß sie mit ihm nur eine Prüfung darüber veranlassen wolle, ob der Erlaß der Sparverordnung durch das Staatsministerium aus den von ihr geltend gemachten allgemeinen Gesichtspunkten gemäß dem Art. 48 RVerf. zulässig gewesen sei. Für den Fall der Bejahung dieser Frage durch den Staatsgerichtshof beantragte sie, auszusprechen:

1. Die preußische sogenannte Sparverordnung vom 12. September 1931 steht jedenfalls in ihrem Kapitel IV des Zweiten Teiles mit Art. 129 Abs. 1 Satz 3 und Abs. 2 RVerf. in Widerspruch, und zwar im § 4 überhaupt, in den übrigen Paragraphen in deren Anwendung auf die vor dem 1. Oktober 1931 angestellten beamteten Hochschullehrer. Außerdem steht § 1 Satz 1 als über die Ermächtigung des Reichspräsidenten hinausgehend in vollem Umfange mit Art. 55 PrVerf. in Widerspruch.
2. Die preußische sogenannte Sparverordnung vom 12. September 1931 steht in ihrem § 5b des Kapitels V des Zweiten Teiles mit Art. 129 Abs. 1 Satz 3 RVerf. in Widerspruch, soweit sich § 5b auf § 2 Ziffer 1 bezieht.
3. Die preußische sogenannte Sparverordnung vom 12. September 1931 steht in ihrem § 1 des Kapitels VIII des Zweiten Teiles mit Art. 129 und Art. 131 RVerf. in Widerspruch.
4. Die preußische sogenannte Sparverordnung vom 12. September 1931 steht in ihrem § 2 des Kapitels VIII des Zweiten Teiles mit Art. 129 Abs. 1 Satz 3 und Abs. 2 RVerf. insoweit in Widerspruch, als sie die Beamten nötigt, auch ein Amt von geringerem Range wahrzunehmen.
5. Die preußische Sparverordnung vom 12. September 1931 steht in ihren §§ 1—7 des Kap. II und in ihrem Kap. I des Vierten Teiles einschließlich der beigefügten Richtlinien mit Art. 127 und Art. 129 Abs. 1 Satz 3 RVerf. insofern in Widerspruch, als sie zu Ungunsten der bei ihrem Inkrafttreten im Dienste befindlichen Kommunalbeamten und -angestellten solche Änderungen in der Besoldung vornimmt, anordnet oder gestattet, die weder durch

§ 43 Abs. 1 Satz 2 PrBesG. (staatsbeamtlichen Angleichungsvorbehalt) noch durch § 43 Abs. 4 (materiellen aufsichtsbehördlichen Änderungsvorbehalt) noch durch einen etwa rechtsgültig vorhandenen, ausdrücklichen kommunalen Änderungsvorbehalt überhaupt oder in diesem Maße gedeckt sind.

II.

1. Daß der zur Entscheidung stehende Streit über die Verfassungsmäßigkeit von Bestimmungen der Sparverordnung eine Verfassungsstreitigkeit innerhalb des Landes Preußen und der Staatsgerichtshof zu deren Entscheidung zuständig ist, sowie daß die Antragstellerin befugt ist, den Staatsgerichtshof in diesem Streite anzurufen, muß aus den gleichen Gründen bejaht werden, aus denen diese Fragen mit Bezug auf die Landtagswahlverordnung vom 12. September 1931 im Teilurteil vom 15. März 1932 unter II bejaht worden sind. Der Hauptantrag der Antragstellerin ist aber nicht geeignet, den Gegenstand einer Entscheidung des Staatsgerichtshofs zu bilden. Die Antragstellerin will mit diesem Antrage nach den Erläuterungen, die sie zu ihm gegeben hat, einen Ausspruch über die Unvereinbarkeit der gesamten Sparverordnung mit dem Art. 48 RVerf. nur für den Fall erreichen, daß sich diese Unvereinbarkeit aus den von ihr auch bezüglich der Landtagswahlverordnung geltend gemachten allgemeinen Gesichtspunkten (Überschreitung der in den Verordnungen des Reichspräsidenten vom 5. Juni und 24. August 1931 den Landesregierungen erteilten Ermächtigung, Verfassungswidrigkeit dieser Verordnungen des Reichspräsidenten und Hinausgreifen der preußischen Verordnungen über die Dauer des Notstandes) ergeben würde. Über eine so bedingte oder beschränkte Anfechtung der Gültigkeit einer Vorschrift kann der Staatsgerichtshof nicht entscheiden, weil den Gegenstand einer Verfassungsstreitigkeit nur die Verfassungsmäßigkeit von Staatsakten, nicht aber einzelne von den für die Verfassungsmäßigkeit in Betracht kommenden rechtswissenschaftlichen Fragen bilden können. Der Staatsgerichtshof muß seine Entscheidung daher auf den die Verfassungswidrigkeit bestimmter Vorschriften der Sparverordnung betreffenden Hilfsantrag beschränken. Bei der Prüfung dieses Antrags sind jene allgemeinen Fragen, auf deren Beantwortung der Hauptantrag abzielt, ohnehin in erster Linie ins Auge zu fassen.

2. Aus den in der Begründung zum Teilurteil vom 15. März 1932 (unter III) dargelegten Erwägungen ist die Gültigkeit der Verordnung des Reichspräsidenten vom 24. August 1931 nicht zu bezweifeln; die gleichen Gründe müssen zur Anerkennung der Gültigkeit der Verordnung vom 5. Juni 1931 führen. Auch hinsichtlich der Frage der Begrenzung der auf Grund dieser Verordnungen statthaften Maßnahmen auf die Dauer des gegenwärtigen Notstandes treffen die im Teilurteil (unter III) für die Landtagswahlverordnung aufgestellten Gesichtspunkte für die angefochtenen Bestimmungen der Sparverordnung gleichermaßen zu. Danach kann es der Verfassungsmäßigkeit dieser Bestimmungen nicht entgegenstehen, wenn etwa ein Teil von ihnen seine volle Wirkung erst im Falle des Fortbestehens über das laufende und das nächstfolgende Rechnungsjahr entfalten wird. Denn einmal ist bei der Gestaltung der deutschen öffentlichen Finanzen eine Behebung der Notlage kaum auf anderem Wege als durch Zusammenwirken zahlreicher an sich kleiner Ersparnisse zu erreichen, sodann ist nicht abzusehen, ob die gegenwärtige Notlage der öffentlichen Finanzen nicht in ähnlicher Weise wie jetzt noch eine Reihe von Jahren andauern wird, und muß eine nicht allzu kurzsichtige Beurteilung auch eine finanzielle Entlastung der nahen Zukunft als mittelbare Erleichterung der Gegenwart anerkennen. Das weitere Bedenken, daß die verfügten Maßnahmen so tiefe Eingriffe in bestehende Einrichtungen enthielten, daß die Wiederherstellung des bisherigen Zustandes, wenn die Neuregelung nicht nach Beendigung des Notstandes von der ordentlichen Gesetzgebung übernommen werde, die größten Schwierigkeiten verursachen müsse, kann gleichfalls nicht durchschlagen. Ob die Beseitigung der Wirkungen von Notmaßnahmen nur mit größeren oder geringeren Schwierigkeiten oder überhaupt nicht möglich sein wird, ist eine reine Zweckmäßigkeitsfrage, deren Beurteilung ausschließlich dem Ermessen der für die Anordnung zuständigen Stelle überlassen werden muß. Auch in Verbindung miteinander könnten diese zwei Einwendungen nur dann eine Ungültigkeitserklärung rechtfertigen, wenn eine Erleichterung der gegenwärtigen Finanzlage von den angeordneten Maßnahmen offensichtlich nur in ganz unerheblichem Maße zu erwarten wäre, sie dagegen tiefgreifende und schwer zu beseitigende Dauerwirkungen zur Folge hätten.

Ob die einzelnen Bestimmungen sich im Rahmen der den Landesregierungen vom Reichspräsidenten erteilten Ermächtigung zu Ersparnismaßnahmen halten, wird im folgenden für jede von ihnen besonders geprüft werden.

III.

1. Das Wesen der Entpflichtung (Emeritierung) der Lehrer an den wissenschaftlichen Hochschulen, deren Beseitigung durch die Vorschriften im Kap. IV des Zweiten Teiles der Sparverordnung eine der Hauptbeschwerden der Antragstellerin bildet, besteht darin, daß diese Beamten bei Eintritt ihrer Dienstunfähigkeit oder Erreichung der Altersgrenze nicht wie andere der Rechte und Pflichten ihrer Amtsstellung entkleidet und mit einem auf einen Teilbetrag ihres Diensteinkommens bemessenen Ruhegehalt abgefunden, sondern nur von den Pflichten ihres Amtes entbunden werden, dagegen das Recht zur Ausübung des wichtigsten Teiles ihrer Amtsverrichtungen, der Vorlesungen, und den Anspruch auf ihr volles Gehalt behalten. Die Auffassung der Antragsgegner, daß diese beschränkte Art der Zurruhesetzung, insbesondere der Weiterbezug des Gehalts, deshalb nicht den Gegenstand eines wohlerworbenen Rechtes bilde, weil sie nur auf Herkommen, nicht auf Gesetz beruhe, ist nicht stichhaltig. Die eigenartige Fortsetzung des Dienstverhältnisses der Hochschulprofessoren nach ihrer Befreiung von den Amtspflichten beruhte allerdings anfänglich nur auf einer Übung. Diese ist aber dadurch, daß jene Professoren von den für die übrigen Beamten bestimmten Pensionierungsvorschriften im Beamtenpensionsreglement vom 30. April 1825 und in den Beamtenpensionsgesetzen vom 28. Mai 1846 und 27. März 1872 ausgenommen wurden, stillschweigend und durch § 2 Abs. 2 des Gesetzes betr. Einführung einer Altersgrenze vom 15. Dezember 1920 (GS. S. 621) ausdrücklich anerkannt und in den seit 1923 erlassenen neuen Universitätssatzungen (besonders Kiel vom 17. November 1928, §15) näher bestimmt worden. Wenn die Antragsgegner jetzt aufstellen, das Staatsministerium sei zur Änderung der Satzungen der Hochschulen auch ohne die Ermächtigung durch die Verordnung des Reichspräsidenten befugt gewesen, so geht dies schon deshalb fehl, weil die angefochtenen Vorschriften ohne Berufung auf das Satzungsrecht des Staatsministeriums und ohne die bei Änderungen der Satzungen vorgeschriebene Anhörung der Universitäten (vgl. Wende Grundlagen

des preußischen Hochschulrechts S. 27/28) erlassen, vielmehr in die ausdrücklich auf Grund der Verordnung des Reichspräsidenten erlassene Sparverordnung aufgenommen worden sind. In dieser Hinsicht läßt sich auch zwischen den Lehrern der technischen und der anderen wissenschaftlichen Hochschulen kein Unterschied begründen. Denn auch soweit die Lehrer an technischen Hochschulen vor der Ausdehnung der Entpflichtung auf sie angestellt worden waren, haben sie durch diese nachträglich vorgenommene Ausdehnung ein wohlerworbenes Recht auf diese Art einer beschränkten Fortsetzung des Dienstverhältnisses erhalten. Der Einwand ist aber auch deshalb hinfällig, weil wohlerworbene Rechte von Beamten, wie das Landgericht I in Berlin, 14. Zivilkammer, in seiner in Abschrift hier vorliegenden Entscheidung vom 26. April 1932 (214 O. 6/32) über die Klage eines pensionierten Universitätsprofessors zutreffend ausgeführt hat, nicht nur durch Gesetz, sondern auch durch Vertrag oder den mit Bezug auf rechtsgültige Vorschriften erfolgten Verwaltungsakt der Anstellung erworben werden können.

Die Vorschriften im Kap. IV des Zweiten Teiles der Sparverordnung greifen in diese Rechtsstellung der Hochschullehrer nicht nur insofern ein, als sie für künftige, nach bisherigem Rechte eine Entpflichtung bedingende Fälle den Anspruch auf Weiterbezug des vollen Gehalts durch einen Pensionsanspruch ersetzen (§ 1 Satz 2) und den Gehaltsbezug der beim Inkrafttreten der Verordnung bereits entpflichteten Hochschullehrer um 10% kürzen (§ 4). Vielmehr bestimmt der an der Spitze des Kapitels stehende § 1 Satz 1 nach seinem Wortlaut und nach der von den Antragsgegnern in der Schlußverhandlung vertretenen Auslegung, daß an die Stelle der für die Entpflichtung kennzeichnenden bloßen Befreiung von den Amtspflichten die Versetzung in den Ruhestand tritt, die begriffsmäßig das Recht auf die Amtsausübung aufhebt und auch im übrigen die Beamteneigenschaft beseitigt. Die weiteren Bestimmungen über die Herabsetzung der Bezüge stellen sich nach der Fassung der Verordnung als Folgerungen aus dieser Änderung der Rechtsstellung dar und stehen mit ihr auch sachlich insofern in einem notwendigen Zusammenhang, als bei der Bemessung des Diensteinkommens der Hochschullehrer der Aufwand beträchtlich ins Gewicht fällt, der ihnen durch ihre Forschungs- und Lehrtätigkeit persönlich erwächst und der auch nach der Entpflichtung zur wirksamen Ausnutzung des Rechtes auf

Amtsausübung notwendig bleibt. Die Vorschriften verletzen somit in ihrem wesentlichsten und grundlegenden Teile das Recht der Hochschullehrer, in den Fällen, in denen andere Beamte in den Ruhestand versetzt werden, nur von ihren Amtspflichten befreit zu werden und die Befugnis zur Ausübung ihres Amtes zu behalten. Hieran ändert es nichts, daß der Preußische Minister für Wissenschaft, Kunst und Volksbildung in einem Erlasse vom 29. Dezember 1931 den auf Grund des streitigen § 1 in den Ruhestand versetzten Hochschullehrern das Recht, weiterhin Vorlesungen zu halten, zuerkannt hat. Da die Versetzung in den Ruhestand die weitere Amtsausübung begrifflich ausschließt, so hat diese Verwaltungsverordnung nur die Bedeutung einer jederzeit widerruflichen Duldung, die das durch die Rechtsvorschrift des § 1 verletzte Recht nicht wiederherstellt oder gegen eine künftige abweichende Stellungnahme der Verwaltung sichert.

Aus der Vorschrift des § 39 PrBesG. vom 17. Dezember 1927, wonach die durch dieses Gesetz geregelten Bezüge durch einfaches Gesetz geändert werden können, läßt sich der Eingriff in das eigenartig ausgestaltete Recht der Hochschullehrer am Amte, das nach dem Vorstehenden als ein wohlerworbenes Recht im Sinne des Art. 129 Abs. 1 Satz 3 RVerf. anzusehen ist, nicht rechtfertigen. Wenn ein solcher Änderungsvorbehalt, was hier dahingestellt bleiben kann, überhaupt mit jener Verfassungsvorschrift vereinbar ist, so bezieht er sich doch keinesfalls auf Rechte, die, wie das Recht der Hochschullehrer auf fortdauernde Amtsausübung, nur mittelbar für die gesetzliche Regelung der Bezüge von Bedeutung sind. Er betrifft überhaupt nur Änderungen der Beträge der Diensteinkommen und Ruhegehälter, nicht aber Änderungen der Vorschriften über die Voraussetzungen, unter denen an Stelle des Diensteinkommens ein Ruhegehalt zu gewähren ist. Denn diese Voraussetzungen sind nicht im preußischen Besoldungsgesetz geregelt, sondern auch seit dessen Erlaß nach dem Beamtenpensionsgesetz vom 27. März 1872 nebst seinen Änderungen vom 27. Mai 1907, 17. Dezember 1920 und 21. November 1922 zu bestimmen, das im Besoldungsgesetz nur durch dessen § 29 in einer hier nicht in Betracht kommenden Beziehung geändert worden ist.

Unzutreffend ist auch die Ausführung der Antragsgegner, daß die Beseitigung der Entpflichtung weniger weitgehende Wirkungen habe, als die Einführung einer Altersgrenze, die nach der Rechtsprechung des Reichsgerichts auch bei Beamten, für die sie die volle Versetzung in den Ruhestand zur Folge habe, nicht gegen deren etwaiges wohlerworbenes Recht auf lebenslängliches Verbleiben im Amte verstoße. Die Einführung einer Altersgrenze ist in dem in RGZ. Bd. 104 S. 58 veröffentlichten Urteil aus dem Gesichtspunkte als zulässig erachtet worden, weil die lebenslängliche Anstellung nicht das Recht auf Belassung im Amte bis zum Tode oder bis zur vollen Dienstunfähigkeit bedeute, sondern die Aufstellung allgemeiner Regeln über den Eintritt der Dienstunfähigkeit nicht ausschließe, sofern diese Regelung nur mit der allgemeinen Lebenserfahrung nicht im Widerspruch stehe; die Altersgrenze wird also als eine unwiderlegbare Rechtsvermutung über den Eintritt der Dienstunfähigkeit aufgefaßt. Die Ersetzung der Entpflichtung durch Versetzung in den Ruhestand läßt sich aber nicht in solchem oder ähnlichem Sinne als Vorschrift über die Voraussetzungen des Rücktritts vom Amte deuten, enthält vielmehr unzweifelhaft eine Beschränkung der aus diesem Rücktritt, ohne Rücksicht auf dessen Anlaß, folgenden Rechtsstellung. Der Hinweis der Antragsgegner auf die dem allgemeinen Ruhestandsrechte der Reichsbeamten unterstehenden Mitglieder der wissenschaftlichen Anstalten des Reiches, die den Hochschullehrern gleichzubewerten seien, kann die Beseitigung des Sonderrechts dieser letzteren hinsichtlich der bereits angestellten Hochschullehrer gleichfalls nicht rechtfertigen, schon deshalb nicht, weil die Gleichstellungsvorschrift der Zweiten Gehaltskürzungsverordnung des Reichspräsidenten die wohlerworbenen Beamtenrechte ausdrücklich vorbehält (s. Kap. I des Zweiten Teiles der Notverordnung vom 5. Juni 1931 § 7 Abs. 3), übrigens auch diese Vorschrift nur die Gleichstellung der Bezüge, nicht die Gleichstellung der sonstigen Rechtsverhältnisse der Beamten betrifft.

Ist nach dem allem die Bestimmung über die Ersetzung der Entpflichtung durch Versetzung in den Ruhestand hinsichtlich der beim Inkrafttreten der Verordnung bereits im Amte stehenden Hochschullehrer mit der Vorschrift des Art. 129 Abs. 1 Satz 3 RVerf. über den Schutz der wohlerworbenen Rechte der Beamten unvereinbar, so muß der vorhin dargelegte Zusammenhang jener Bestimmung mit den Bestimmungen über die Ersetzung des Emeritatsgehalts durch eine Pension auch die Verfassungswidrigkeit dieser letzteren Bestimmungen für diejenigen Hochschullehrer herbeiziehen, die sich beim

Inkrafttreten der Verordnung bereits im Amte befinden. Ebenso hat jener Zusammenhang auch die Verfassungswidrigkeit der Vorschrift des § 4 über die Kürzung der Bezüge der beim Inkrafttreten der Verordnung bereits entpflichteten Hochschullehrer zur Folge. Bei den erst nach dem Inkrafttreten der Verordnung zur Anstellung gelangenden Hochschullehrern kommt eine Verletzung wohlerworbener Rechte durch die umstrittenen Vorschriften nicht in Frage. Mit Bezug auf diese durfte aber die Beseitigung der Entpflichtung deshalb nicht in der Sparverordnung ausgesprochen werden, weil von ihr jedenfalls insoweit eine irgendwie nennenswerte Ersparnis in absehbarer Zeit nicht zu erwarten war. Die Aufhebung des Rechtes der Hochschullehrer zur fortdauernden Amtsausübung nach der Befreiung von den Amtspflichten ist an und für sich nicht geeignet, Ersparnisse zu ermöglichen, und die als ihre Folge angeordnete Ersetzung des vollen Gehalts durch eine Pension kann bei den Hochschullehrern, die erst nach dem Inkrafttreten der Verordnung angestellt werden, erst in so ferner Zukunft in einer irgendwie erheblichen Zahl von Fällen wirksam werden, daß sie als Ersparnismaßnahme für die Gegenwart nicht ernsthaft in Betracht zu ziehen ist. Sind hiernach in Kap. IV des Zweiten Teiles die Vorschriften der §§ 1 und 4 ihrem ganzen Umfange nach für verfassungswidrig zu erklären, so muß die Ungültigkeit auch die anderen Vorschriften dieses Kapitels treffen, da sie nur zur Ergänzung jener Vorschriften bestimmt sind.

2. Auch die Vorschrift im § 5b vom Kap. V des Zweiten Teiles, wonach die im § 2 Nr. 1 desselben Kapitels gegebene Begriffsbestimmung des Dienstunfalls von Polizeibeamten auf den 1. Juli 1927, den Tag des Inkrafttretens des Polizeibeamtengesetzes, zurückwirken soll, geht über den Zweck der Ersparnisse und damit über die den Landesregierungen in der Notverordnung vom 24. August 1931 erteilte Ermächtigung hinaus. Es mag zugegeben werden, daß diese Begriffsbestimmung eine zutreffendere Abgrenzung enthält, als die in § 28 Abs. 1 Satz 2 des Polizeibeamtengesetzes aufgestellte, die sie rückwirkend ersetzen soll, und daß sie der Auslegung entspricht, die eine berichtigende Rechtsprechung des Reichsversorgungsgerichts dieser Vorschrift hat zuteil werden lassen, daß die Rückwirkungsvorschrift also den vor dem Inkrafttreten der Verordnung von Unfällen betroffenen Polizeibeamten nichts nimmt, was sie nach der herrschenden

Gesetzesauslegung rechtmäßig zu beanspruchen hatten. Eben wegen jener ständigen Rechtsprechung der obersten zuständigen Stelle läßt sich aber nicht annehmen, daß die Bearbeitung der auf unzutreffenden, zuweitgehenden Auffassungen des Unfallbegriffs beruhenden Anforderungen den Behörden noch so erhebliche Kosten und Aufwendungen verursachen kann, daß die klarstellende Verordnung, die jene Anforderungen gleichfalls nicht ohne weiteres sämtlich beseitigen dürfte, eine irgendwie nennenswerte Ersparnis bedeutet.

3. Nicht begründet ist dagegen der dritte Einzelantrag der Antragstellerin, die Vorschrift im § 1 von Kap. VIII des Zweiten Teiles der Sparverordnung für verfassungswidrig zu erklären, nach der das Beamtenverhältnis im Staate und den nachgeordneten öffentlichrechtlichen Körperschaften nur durch Aushändigung einer die Worte „unter Berufung in das Beamtenverhältnis" enthaltenden Urkunde begründet wird und die tatsächliche Übertragung einer mit obrigkeitlichen Verrichtungen verbundenen Tätigkeit dazu nicht ausreicht. Die Artikel 129 und 131 RVerf., deren Bestimmungen diese Vorschrift nach der Meinung der Antragstellerin widersprechen soll, setzen zwar das Vorhandensein in öffentlichrechtlichem Dienstverhältnisse stehender Berufsbeamter im Reich, den Ländern und den anderen öffentlichrechtlichen Körperschaften voraus, bestimmen aber nichts über die Begründung jenes Dienstverhältnisses. Art. 10 Nr. 3 RVerf. behält dem Reiche das Recht vor, Grundsätze für das Recht der Beamten aller öffentlichen Körperschaften aufzustellen, und nach Art. 128 Abs. 3 das. sollen die Grundlagen des Beamtenverhältnisses durch Reichsgesetz geregelt werden. Bis jetzt hat sich das Reich dieser Aufgabe aber nur in Ansehung seiner eigenen Beamten unterzogen. Die Länder sind daher nach Art. 12 RVerf. zur Regelung der Verhältnisse ihrer eigenen Beamten und der Beamten der ihnen nachgeordneten öffentlichrechtlichen Körperschaften befugt. Wenn Art. 129 das. eine gesetzliche Regelung der Zeitdauer des Beamtenverhältnisses, des Ruhegehalts, der Hinterbliebenenversorgung, der vorläufigen Amtsenthebung und der Versetzung in den Ruhestand oder in ein geringer besoldetes Amt noch besonders vorsieht, wenn ferner Art. 131 Abs. 2 die nähere Regelung der Haftung des Anstellungsverbandes für seine Beamten dem zuständigen Gesetzgeber vorbehält, so kann hieraus keinesfalls geschlossen werden, daß die hier nicht besonders erwähnte Regelung der Begründung des

Beamtenverhältnisses dem „zuständigen Gesetzgeber", d. h. bis zur reichsgesetzlichen Regelung dem Landesgesetzgeber, abweichend von den Vorschriften der Art. 10 Nr. 3 und 12 RVerf., entzogen sein solle. Ob sich etwa aus dem Gesamtinhalte des Art. 129, insbesondere aus seinem den Schutz der wohlerworbenen Beamtenrechte aussprechenden Abs. 1 Satz 3 ein Verfassungsgrundsatz herleiten läßt, wonach obrigkeitliche Verrichtungen nur Berufsbeamten übertragen werden dürfen, kann hier dahingestellt bleiben. Auch wenn ein Verfassungsgrundsatz dieses Inhalts anzuerkennen sein sollte, würde sich aus ihm nur die Unzulässigkeit gegen ihn verstoßender Betrauungen von anderen Angestellten mit derartigen Verrichtungen, nicht aber die Entstehung des Beamtenverhältnisses aus einer solchen unzulässigen Betrauung als verfassungsmäßig gebotene Folge ergeben.

Auch in der Rechtsprechung des Reichsgerichts, auf die sich die Antragstellerin beruft, wird nirgends aufgestellt, daß die Reichsverfassung dem Landesgesetzgeber die Regelung der Begründung des Beamtenverhältnisses entziehe oder ihn in dieser Regelung dahin beschränke, daß der Übertragung obrigkeitlicher Befugnisse die Folge der Entstehung eines solchen Verhältnisses reichsverfassungsmäßig nicht versagt werden könne. In den Urteilen vom 10. Juli 1920 und 11. Oktober 1929 (RGZ. Bd. 99 S. 265 und Bd. 125 S. 420) hat der III. Zivilsenat allerdings in weiterer Ausführung einer schon vor Erlaß der jetzigen Reichsverfassung in RGZ. Bd. 89 S. 294 getanen Äußerung ausgesprochen, der Gesetzgeber würde etwas Unmögliches und Undurchführbares verlangt haben, wenn er mit dem § 1 PrKBG. die Kundgebung des Anstellungswillens durch Übertragung obrigkeitlicher Dienstverrichtungen hätte ausschließen wollen. Einen Versuch, diese Auffassung aus Bestimmungen der Reichsverfassung über das Beamtenverhältnis zu begründen oder mit deren Art. 102 über die Unterordnung des Richters unter den Gesetzgeber zu vereinbaren, hat der III. Zivilsenat aber nicht unternommen. Vielmehr hat er sich in seiner Entscheidung vom 29. September 1931 (RGZ. Bd. 134 S. 17) gegen die „Unterstellung" verwahrt, daß er sich an ein ordnungsmäßig erlassenes Gesetz nicht gebunden halte, und nachzuweisen versucht, daß § 1 PrKBG. den Vollzug einer Beamtenanstellung durch schlüssige Handlungen nicht ausschließen wolle, wie er auch schon in seinen Entscheidungen vom 24. November 1922 und 20. November 1925 (RGZ. Bd. 106 S. 17

und Bd. 112 S. 126) die Annahme eines privatrechtlichen Vertragsverhältnisses bei Angestellten, denen nur nebenher obrigkeitliche Befugnisse zugeteilt sind, aus den zutreffenden preußischen Landesgesetzen begründet hat.

Die angefochtene Vorschrift verletzt auch nicht etwa wohlerworbene Rechte aus den vor ihrem Inkrafttreten entstandenen Dienstverhältnissen, da sie nach § 4 des Kapitels erst mit dem 1. Oktober 1931 in Kraft gesetzt worden ist, also keine rückwirkende Anwendung beansprucht, wie auch das Reichsgericht am Schlusse der oben erwähnten Entscheidung vom 29. September 1931 anerkennt. Eine Verletzung sachlicher Vorschriften der Reichsverfassung ist daher in ihr ebensowenig zu finden wie eine Überschreitung der Zuständigkeit der Landesgesetzgebung. Die in der Verhandlung angeregten Zweifel, ob sie eine Ersparnis zur Folge habe, also durch die den Landesregierungen erteilte Ermächtigung gedeckt werde, erledigen sich durch die Ausführungen in der Begründung zu dem von der Reichsregierung am 2. Februar 1932 dem Reichsrat unterbreiteten Gesetzentwurf über den gleichen Gegenstand (s. Drucks. des Reichsrats Nr. 14/32). In dieser Begründung wird die Zahl der beteiligten Angestellten auf Hunderttausende und die bei Durchführung der Grundsätze der Reichsgerichtsentscheidungen vom 10. Juli 1920 und 11. Oktober 1929 zu gewärtigende Mehrausgabe öffentlicher Verbände auf mehr als eine Milliarde RM. geschätzt. Hierbei wird allerdings davon ausgegangen, daß der neue Gesetzentwurf rückwirkende Kraft haben soll. Aber auch wenn man für die Sparverordnung wegen des Fehlens der Rückwirkung eine entsprechend geringere Ersparnis annimmt und bei den Zahlenangaben jener Regierungsvorlage eine gewisse Überschätzung für möglich hält, bleibt eine sehr ansehnliche Ersparnis für die nächsten Jahre zu erwarten, zumal da die fortschreitende Vereinfachung der öffentlichen Verwaltungen zahlreiche Entlassungen auch von neuerdings angenommenen oder neuerdings mit hoheitlichen Verrichtungen betrauten Vertragsangestellten für die nächsten Jahre möglich erscheinen läßt.

4. Die im vierten Einzelantrag der Antragstellerin beanstandete Vorschrift im § 2 von Kap. VIII des Zweiten Teiles muß in der Tat verfassungsrechtlichen Bedenken begegnen. Nach ihr sollen die Beamten, mit Ausnahme der richterlichen Beamten und der Lehrer an den wissenschaftlichen Hochschulen, sowie die Lehrpersonen ver-

pflichtet sein, wenn ihre Planstelle in Wegfall kommt, jedes ihrer Vorbildung entsprechende Amt, auch wenn es mit einem geringeren Diensteinkommen verbunden ist, unter gleichzeitiger Anweisung des neuen Dienstwohnsitzes anzunehmen, wobei sie aber die Amtsbezeichnung und das Diensteinkommen, das sie bei dem Verbleiben in der bisherigen Planstelle bezogen hätten, behalten sollen. Wie die Antragstellerin mit Recht ausführt, wird hiermit die Versetzung in ein Amt von geringerem Range zugelassen, ohne daß dabei für die Wahrung des Ranges, der dem Beamten beim Verbleiben in seiner bisherigen Stelle zugestanden hätte, vorgesorgt würde. Daß zwischen den Beamten auch nach Aufhebung der früheren Rangklassen ein Rangverhältnis insofern besteht, als ihre Amtsstellung nach ihrer Bedeutung und dem Ansehen, das sie dem Inhaber verleiht, verschieden und nicht durchweg nach Maßgabe des Betrags des Diensteinkommens bewertet wird, muß im Einklange mit den Entscheidungen des Reichsgerichts RGZ. Bd. 107 S. 1 und Bd. 122 S. 10 und des Preußischen Oberverwaltungsgerichts vom 21. Juni 1928 (Reichs- u. Pr. VerwBl. 1929 S. 842) zugegeben werden. In diesen Entscheidungen ist auch anerkannt, daß dem Beamten ein wohlerworbenes Recht auf seinen Rang zusteht und dieses durch landesgesetzlich zugelassene Verwaltungsmaßnahmen nicht verletzt werden darf. Daß die Notlage des Staates ihn hindere, für Fälle der vorliegenden Art das Geeignete zur Wahrung des Ranges ebenso vorzukehren wie dies zur Wahrung des Diensteinkommens und der Amtsbezeichnung in der Verordnung geschehen ist, läßt sich nicht behaupten und wird auch von den Antragsgegnern nicht behauptet. Der Einwand, daß es sich nicht um eine Versetzung in ein anderes Amt, sondern um eine die Vermeidung von Versetzungen in den Wartestand bezweckende Übergangsmaßnahme handle, ist hinfällig, weil die Maßnahme die Begriffsmerkmale der Versetzung in ein anderes Amt nicht dadurch verliert, daß sie den von der Einziehung einer großen Zahl von Planstellen betroffenen Beamten den Übergang in die dadurch geschaffene Lage erleichtern soll. Das in der Vorschrift aufgestellte Erfordernis des Einvernehmens zwischen dem Fachminister und dem Finanzminister, auf das die Antragsgegner hinweisen, bietet keine ausreichende Sicherung für die bedrohten wohlerworbenen Rechte. Der Einwand, daß die Vorschrift zu Gunsten der Beamten wirke, weil sie sonst notwendige Versetzungen in den Wartestand entbehrlich mache, hält deshalb nicht Stich, weil dem Beamten die Entschließung, ob er eine Versetzung in den Wartestand unter Beibehaltung seines Ranges der Versetzung in ein niedrigeres Amt vorzieht, nicht genommen werden darf. Die Vorschrift muß sonach in Ansehung der bei ihrem Inkrafttreten bereits im Dienste stehenden Beamten wegen Verletzung ihrer wohlerworbenen Rechte für verfassungswidrig erklärt werden. In der Beschränkung auf die erst nach ihrem Inkrafttreten zur Anstellung gelangenden Beamten stellt sie sich als Überschreitung der den Landesregierungen erteilten Ermächtigung dar, weil nicht ersichtlich ist, wie bei diesen Beamten die Voraussetzungen der Vorschrift in absehbarer Zeit in einer so erheblichen Zahl von Fällen eintreten könnten, daß von der Maßnahme eine irgendwie nennenswerte Ersparnis zu erwarten wäre.

5. Mit ihrem Einzelantrage 5 will die Antragstellerin diejenigen im Kap. I und Kap. II §§ 1 bis 7 des Vierten Teiles der Sparverordnung zu Ungunsten der beim Inkrafttreten dieser Vorschriften im Dienste befindlichen Kommunalbeamten und Kommunal-Angestellten vorgenommenen oder zugelassenen Änderungen für verfassungswidrig erklärt sehen, die „weder durch den staatsbeamtlichen Angleichungsvorbehalt des § 43 Abs. 1 PrBesG. noch durch den materiellen aufsichtsbehördlichen Änderungsvorbehalt des § 43 Abs. 4 noch durch einen etwa rechtsgültig vorhandenen, ausdrücklichen kommunalen Änderungsvorbehalt überhaupt oder in diesem Maße gedeckt sind." Als aus diesem Gesichtspunkte verfassungswidrig bezeichnet sie in ihren Ausführungen namentlich die im Kap. II § 1 enthaltenen Verschärfungen der Vorschriften über die Angleichung der Bezüge der Kommunalbeamten und Kommunalangestellten an die der staatlichen Beamten und Angestellten und die in den §§ 3 und 4 angeordneten Änderungen der hierauf bezüglichen Verfahrensvorschriften, die Unterstellung der nach ihrem Aufgabenkreise mit keiner Gruppe von Staatsbeamten unmittelbar vergleichbaren Kommunalbeamten unter die gleichen Vorschriften und die aus dem § 2 Abs. 1 Satz 2 etwa zu entnehmende Ermächtigung der Verwaltungsorgane der Gemeinden und Gemeindeverbände, Änderungen der Dienstbezüge, des Wartegeldes und Ruhegehalts ihrer Beamten und der Versorgung von deren Hinterbliebenen, ebenso Änderungen der Einreihung der Beamten in die Gruppen der Besoldungsordnung durch Beschluß vorzunehmen.

Diese Beanstandung ist zunächst hinsichtlich der Angestellten und Anwärter der Gemeinden und Gemeindeverbände deshalb nicht gerechtfertigt, weil sich der Schutz des von der Antragstellerin in erster Linie angerufenen Art. 129 Abs. 1 Satz 3 RVerf. auf die Rechte der durch Privatvertrag angenommenen Angestellten nicht erstreckt, auch soweit diese, wie § 1 Abs. 4 des in Rede stehenden Kap. II zu seiner Anwendbarkeit voraussetzt, ständig angestellt und nach einem Beschlusse der Gemeinde oder des Gemeindeverbandes den Beamten gleichzuachten sind. Die weitere Ausführung, daß ein Verstoß gegen den im Art. 152 RVerf. ausgesprochenen Grundsatz der Vertragsfreiheit und gegen das im Art. 127 das. gewährleistete Recht der Selbstverwaltung vorliege, geht schon deshalb fehl, weil Vertragsfreiheit nach Art. 152 und das Recht der Selbstverwaltung nach Art. 127 nur „nach Maßgabe der Gesetze" oder „innerhalb der Schranken der Gesetze" gelten. Als Gesetze müssen auch die gesetzmäßigen Notverordnungen des Reichspräsidenten mindestens im Sinne dieser und ähnlicher Grundrechtsbestimmungen angesehen werden (RGSt. Bd. 58 S. 270; Anschütz RVerf. 10. Aufl. Anm. auf S. 251; Poetzsch-Heffter RVerf. 3. Aufl. Anm. 11 zu Art. 48; Haentzschel in Zeitschr. f. öffentl. Recht Bd. 5 S. 207; vgl. auch Thoma im Handbuch des deutschen Staatsrechts Bd. 2 S. 226 und Grau ebenda S. 286 Anm. 30). Das gleiche muß für den vorliegenden Fall hinsichtlich der von den Landesbehörden kraft Ermächtigung des Reichspräsidenten erlassenen Verordnungen gelten. Mit Bezug auf den Art. 152 kommt hierbei noch besonders in Betracht, daß die Verordnung des Reichspräsidenten vom 24. August 1931 ausdrücklich die Ermächtigung enthält, auch in Vertragsrechte, die Personalausgaben betreffen, einzugreifen. Demgemäß sind die Gleichstellungsvorschriften der Sparverordnung für den Inhalt der Privatanstellungsverträge der Gemeinden und Gemeindeverbände maßgebend. Ihrer Gültigkeit stehen auch die Vorschriften des Art. 153 RVerf. über die Enteignung nicht etwa hinsichtlich der schon im Dienste stehenden Angestellten entgegen, weil dieser Artikel zu denjenigen gehört, welche nach Art. 48 Abs. 2 das. durch Notverordnungen ganz oder teilweise außer Kraft gesetzt werden können.

Auch bezüglich der Beamten der Gemeinden und Gemeindeverbände, soweit sie bestimmten Gruppen von Staatsbeamten unmittelbar vergleichbar sind, kann in der Gleichstellungsvorschrift des Kap. II § 1 und den daran anschließenden Verfahrensvorschriften keine Verletzung verfassungsmäßig geschützter, wohlerworbener Rechte gefunden werden. Wie die Antragstellerin nicht übersieht, waren die kommunalen Körperschaften bereits durch § 43 PrBesG. vom 17. Dezember 1927 verpflichtet worden, die Bezüge ihrer Beamten unter Berücksichtigung der örtlichen Verhältnisse so zu regeln, daß sie den Grundsätzen dieses Gesetzes entsprachen. Eine im wesenlichen gleiche Vorschrift enthielt, wie die Antragsgegner richtig erwähnen, schon das Gesetz vom 8. Juli 1920 betr. vorläufige Regelung verschiedener Punkte des Gemeindebeamtenrechts (GS. S. 383) in seinem § 1. Wenn die im Gesetz von 1927 (nicht auch im Gesetz von 1920) enthaltenen Worte „unter Berücksichtigung der örtlichen Verhältnisse" in der Sparverordnung weggelassen worden sind, so kann hierin eine Verschärfung des Sinnes der Vorschrift nicht gefunden werden, da einmal die Frage, welchen Staatsbeamten gewisse Beamte einer Gemeinde „gleichzubewerten" sind, sich stets nur unter Berücksichtigung der örtlichen Verhältnisse entscheiden lassen wird, sodann aber auch die in Ausführung der Verordnung erlassenen und mit ihr veröffentlichten „Richtlinien" vielfach auf die Verschiedenheit der örtlichen Verhältnisse Bezug nehmen. Eine beträchtliche Verschärfung haben allerdings die Verfahrensvorschriften zur Durchsetzung der Gleichstellung erfahren. Nach den Gesetzen von 1920 (§ 3) und 1927 (§ 43 Abs. 4) konnten die Aufsichtsbehörden in Fällen erheblicher Verletzung der Gesetzesvorschriften über die Gleichstellung, auch nach Genehmigung der Besoldungsordnung der Gemeinde, verlangen, daß eine entsprechende Regelung der einzelnen Festsetzung erfolge, und hatten dann im Falle eines Widerspruchs die Beschlußbehörden (Kreis- oder Bezirksausschuß) zu entscheiden. Nach §§ 3, 4 der Sparverordung hat dagegen die Aufsichtsbehörde die von dem Verwaltungsorgan der Gemeinde nach erneuter Prüfung vorzunehmende Besoldungsregelung ihrerseits nachzuprüfen und gegebenenfalls selbst zu ändern, vorbehaltlich der die Wirksamkeit dieser Änderung nicht aufschiebenden Anrufung des Landesschiedsgerichts durch das Verwaltungsorgan. Indessen bedeutet diese Änderung der Verfahrensvorschriften, die nur die bessere Durchsetzung der im wesentlichen unveränderten sachlichen Vorschriften über die Gleichstellung bezweckt, keinen Eingriff in wohlerworbene Rechte. Schon nach dem bisherigen Rechte stand den Gemeindebeamten das ihnen von der Gemeinde zugebilligte Gehalt nur unter der Aussicht auf eine Überprüfung durch die Aufsichtsbehörde zu, sodaß sie mit der Möglichkeit einer Herabsetzung rechnen mußten; es bestanden daher für sie keine wohlerworbenen Rechte auf den gesetzwidrig gewährten Betrag (vgl. RGZ. Bd. 132 S. 122 [127, 128]). Von einem Rechte des Beamten oder der Gemeinde auf Nichtverbesserung des Verfahrens zur Verhütung gesetzwidriger Gehaltsausgaben kann vollends keine Rede sein.

Eine Verletzung eines wohlerworbenen Beamtenrechts ist auch nicht daraus zu entnehmen, daß die Aufsichtsbehörde nach dem früheren Rechte Beanstandungen nur bei „erheblichen Überhöhungen" einlegen konnte, nach § 3 des in Rede stehenden Kapitels der Sparverordnung aber bei jeder Überhöhung ändernd eingreifen kann. Welche Überhöhungen als „erheblich" anzusehen sind, ist eine Ermessensfrage, und völlig unerhebliche Überhöhungen dürften von der Aufsichtsbehörde auch unter der Herrschaft der Sparverordnung schwerlich beanstandet werden. Mindestens dürften solche Beanstandungen vom Landesschiedsgericht nicht gebilligt werden, äußerstenfalls aber würden sie auch die Rechte der betroffenen Beamten nur ganz unerheblich beeinträchtigen. Die Vorschriften verstoßen hinsichtlich der mit bestimmten Gruppen von Staatsbeamten unmittelbar vergleichbaren Kommunalbeamten auch insoweit nicht gegen Art. 129 RVerf., als sie auf Fälle Anwendung beanspruchen, in denen eine nach § 3 des Gesetzes vom 8. Juli 1920 oder § 43 Abs. 4 des Gesetzes vom 17. Dezember 1927 von der Aufsichtsbehörde erhobene Beanstandung auf Widerspruch des Anstellungsverbandes von der Beschlußbehörde zurückgewiesen oder innerhalb angemessener Frist keine Beanstandung erfolgt oder die Besoldungsfestsetzung ausdrücklich genehmigt worden war. Für den zweiten von diesen Fällen hat der III. Zivilsenat allerdings in seiner Entscheidung vom 17. März 1931 (RGZ. Bd. 132 S. 122 [127]) ausgesprochen, er könne vielleicht Anlaß geben, in einer späteren Beanstandung einen Verstoß gegen Treu und Glauben zu finden. Dieser Satz läßt aber die bezeichnete Frage offen und bildet auch nicht die Grundlage der Entscheidung, die ausschließlich die Frage betrifft und bejaht, ob eine nachträglich, nach mehr als acht Monaten erfolgte Beanstandung einer vorbehaltlosen Einstufung durch die Aufsichtsbehörde die Einstellung der kraft der Einstufung zustehenden Zahlungen rechtfertige. An Bezügen, die ein Anstellungsverband einem gesetzlichen Verbote zuwider bewilligt, kann ein wohlerworbenes Recht zumal dann nicht entstehen, wenn dieses Verbot dem Empfänger der Bezüge bekannt ist, wie dies hinsichtlich des Verbots der Bewilligung die Bezüge gleichzubewertender Staatsbeamten übersteigender Besoldungen bei den in Betracht kommenden Beamten als Regel angenommen werden darf und auch vom Reichsgericht (a. a. O.) angenommen worden ist. An solchen verbotswidrigen Bezügen kann auch durch die Genehmigung der Aufsichtsbehörde oder die Versäumung oder Zurückweisung ihrer Beanstandungen ein wohlerworbenes Recht nicht begründet werden, denn das Beanstandungsrecht ist der Aufsichtsbehörde gegeben, um eine Änderung verbotswidriger Gehaltsfestsetzungen baldigst zu ermöglichen, nicht aber damit seine versehentliche Nichtausübung oder eine irrtümliche Zurückweisung durch die Spruchbehörden die verbotswidrig festgesetzten Ansprüche unangreifbar mache. Wenn der Staat also auf Grund neuer Vorschriften, die er zur besseren Durchsetzung der vorgeschriebenen Gleichstellung an Stelle der bisherigen, nicht hinlänglich wirksamen Verfahrens- und Zuständigkeitsvorschriften erlassen hat, eine erneute Nachprüfung auch der nicht oder erfolglos beanstandeten Festsetzungen anordnet, so verletzt er keine wohlerworbenen Rechte.

Eine besondere, abweichende Rechtslage besteht aber bei denjenigen Beamten der Gemeinden und Gemeindeverbände, deren Aufgabenkreis mit dem keines unmittelbaren Staatsbeamten unmittelbar vergleichbar ist. Den Antragsgegnern kann nicht zugegeben werden, daß die Bemessung der Bezüge dieser Beamten ebenso wie die der anderen Gemeindebeamten durch die Gesetze vom 8. Juli 1920 und 17. Dezember 1927 an den Betrag des Diensteinkommens gleichzubewertender unmittelbarer Staatsbeamten gebunden und dem dort vorgesehenen Beanstandungsrechte der Aufsichtsbehörde unterworfen worden sei. Diese Gesetzesvorschriften sind von den Verwaltungsbehörden in ständiger, mit ihrem Wortlaut und Sinn wohl vereinbarer Übung stets dahin verstanden worden, daß sie eine Beschränkung auf den Betrag des Diensteinkommens bestimmter Gruppen von Staatsbeamten nur für die Bezüge derjenigen Kommunalbeamten verlangen, denen bestimmte Staatsbeamte unmittelbar gleichzubewerten sind; insbesondere ist von den zuständigen Staatsministern in den Ausführungsanweisungen vom 2. August 1920 und 6. Oktober 1920 (MinBl. f. d. inn. Verw. S. 322 und 361) zum Gesetz vom 8. Juli 1920 und in den eine Ergänzung des gegenwärtigen Besoldungsgesetzes bildenden Ausführungsbestimmungen vom 27. Januar 1928 (MinBl. f. d. inn. Verw. Sp. 72) ausgesprochen worden, daß die leitenden Kommunalbeamten nicht mit bestimmten Staatsbeamten als unmittelbar vergleichbar anzusehen seien und die Eigenart ihrer Ämter eine besondere Bewertung verlange. Auch der Gesetzgeber hat diese Auffassung gebilligt. Er hat erst im Art. VI § 1 des Änderungsgesetzes vom 24. März 1931 (GS. S. 25) eine besondere Bestimmung getroffen, wonach § 43 des Besoldungsgesetzes auch auf solche Beamte, deren Aufgabenkreis dem eines unmittelbaren Staatsbeamten nicht unmittelbar vergleichbar ist, dann Anwendung zu finden hat, wenn ihre Bezüge im Hinblick auf die der unmittelbaren Staatsbeamten offensichtlich unangemessen sind. Nun könnte die Überschrift dieses Gesetzes („Gesetz zur Verlängerung und Änderung des Preußischen Ausführungsgesetzes zum Finanzausgleichsgesetz ... sowie zur Auslegung des § 43 des Preußischen Besoldungsgesetzes ... Änderungsgesetz 1931") allerdings vielleicht für die jetzt von den Antragsgegnern vertretene Auffassung verwertet werden, daß es nur die Beseitigung von Zweifeln über die Tragweite des § 43, nicht eine Ausdehnung des Anwendungsbereichs dieser Bestimmung bezwecke. Aber das Gegenteil ergibt sich, abgesehen von dem Wortlaute der Vorschrift, aus dem die Rückwirkung ausschließenden, vielmehr das Inkrafttreten mit dem Tage der Verkündung anordnenden Art. VII des Gesetzes und aus den Ausführungen der Begründung, daß die Staatsregierung es „angesichts der Opfer, die von der gesamten Beamtenschaft gefordert werden mußten, für unabweislich halte, auch die Besoldungen solcher Kommunalbeamten jetzt auf ihre Angemessenheit nachzuprüfen". Der § 43 soll nach dem Änderungsgesetz aber auch nicht einmal unbeschränkt Platz greifen, sondern nur in den Fällen offensichtlicher Unangemessenheit der Bezüge der nicht unmittelbar vergleichbaren Kommunalbeamten, und bei der Beurteilung dieser Frage sollen die Bezüge der unmittelbaren Staatsbeamten nur im allgemeinen herangezogen werden. Auch die Befugnisse der Aufsichtsbehörde werden in einer vom § 43 Abs. 4 PrBesG. teilweise abweichenden Weise geregelt.

Im Vergleiche zu diesen Bestimmungen des Änderungsgesetzes, deren Verfassungsmäßigkeit von keiner Seite in Zweifel gesetzt, daher vom Staatsgerichtshof nicht nachzuprüfen ist, stellt nun die Sparverordnung einen erheblich weitergehenden Eingriff in die Rechte der mit keinem Staatsbeamten unmittelbar vergleichbaren Kommunalbeamten dar. Sie untersagt die Überschreitung der Bezüge gleichzubewertender Staatsbeamter, und die auf ihr fußenden Richtlinien setzen die Höchstgrenze nach den Sätzen bestimmter Beamtengruppen, ausnahmsweise nach den Sätzen mehrerer Beamtengruppen oder (z. B. für den Oberbürgermeister von Berlin) nach dem Mittelsatze zweier Besoldungsgruppen (B 2, B 3) fest. Dagegen hatte das Änderungsgesetz nur bei offensichtlich unangemessener Überschreitung der nach dem allgemeinen Stande der Beamtenbesoldungen und der Besonderheiten des Amtes sich ergebenden Beträge ein Einschreiten der Aufsichtsbehörde gestattet, im übrigen aber volle Berücksichtigung der Eigenart der Persönlichkeit und ihrer Leistungen zugelassen. Dieser Unterschied wird auch nicht dadurch aufgehoben, daß der Art. VI § 1 des Änderungsgesetzes ebenso wie die Sparverordnung den Erlaß von Richtlinien durch die obersten Landesbehörden gestattete. Denn die im Änderungsgesetze vorgesehenen Richtlinien müßten dessen Grundsätzen entsprechen, der Berücksichtigung der persönlichen Verhältnisse also erheblich weiteren Spielraum lassen als diejenigen, die auf Grund der starren Gleichstellungsvorschriften der Sparverordnung zugleich mit dieser verkündet worden sind.

Ob die in Rede stehenden Kommunalbeamten etwa ebenso wie alle anderen Beamten und neben der etwa auf Grund des Änderungsgesetzes schon vorgenommenen oder noch vorzunehmenden Herabsetzung offensichtlich unangemessener Bezüge eine verhältnismäßige Kürzung ihres Diensteinkommens trotz der Unverletzlichkeit ihres wohlerworbenen Beamtenrechts (mit Rücksicht auf die Notlage des Staates oder ihres Anstellungsverbandes) hinnehmen müßten, kann dahingestellt bleiben. Denn die angefochtene Vorschrift nimmt keine solche verhältnismäßige Kürzung vor, sondern entzieht einseitig den bisher wegen der Eigenart ihrer Stellung besonders behandelten Beamten diese Sonderbehandlung, ungeachtet der bereits auf Grund des Änderungsgesetzes bewirkten oder zu bewirkenden Beseitigung übersteigerter Festsetzungen. Der im § 39 PrBesG. enthaltene Änderungsvorbehalt kommt zur Rechtfertigung dieser Maßnahme, gleichviel ob er im übrigen als verfassungsrechtlich zulässig anzusehen ist, schon deshalb nicht in Betracht, weil er sich nur auf die in jenem Gesetze bestimmten Besoldungen, Wartegelder und Ruhegehälter bezieht.

Ob im § 2 Abs. 1 Satz 2 des Kapitels II den Verwaltungsorganen der Gemeinden und Gemeindeverbände in der Tat die nach Ansicht der Antragstellerin mit Art. 129 Abs. 1 Satz 3 RVerf. unvereinbare Befugnis verliehen worden ist, die Bezüge und die Einreihung der Beamten jederzeit zu ändern, kann zweifelhaft sein. Wortlaut und Zusammenhang der Vorschrift lassen auch die Auslegung zu, daß die Vorschrift das Verwaltungsorgan nur an Stelle der bisher zuständigen Organe für diejenigen Änderungen als zuständig bezeichne, die auf Grund des § 4 der Verordnung zum Zwecke der Angleichung an die Bezüge der Staatsbeamten oder gemäß § 1 im Falle neuer Änderungen dieser letzteren Bezüge vorzunehmen sind. Die Antragsgegner selbst wollen die Vorschrift aber dahin verstanden wissen, daß das Verwaltungsorgan, d. h. in den Städten hauptsächlich der Bürgermeister (Oberbürgermeister) oder der Magistrat, in den Landgemeinden und weiteren Verbänden die entsprechenden, mit der laufenden Verwaltung und der Vertretung nach außen betrauten Organe, jederzeit und unabhängig von einem jener besonderen Anlässe zu Änderungen der Besoldungsordnungen, der Einreihung und der Einzelfestsetzungen befugt sein sollen, wobei nur die im Abs. 3 des § 2 vorgesehene Genehmigung der Aufsichtsbehörde vorbehalten sein soll, die nach dieser Bestimmung zu versagen ist, wenn die Beschlüsse des Verwaltungsorgans den Grundsätzen des § 1 nicht entsprechen oder die Bezüge in einem augenfälligen Mißverhältnisse zu den Bezügen gleichzubewertender Staatsbeamten stehen würden. Diesen Sinn legt auch der Preußische Minister des Innern in seinem Erlasse vom 22. Januar 1932 (MinBl. f. d. inn. Verw. Sp. 56) der Vorschrift bei; es muß daher mit einer entsprechenden Handhabung gerechnet werden.

Ein solcher Änderungsvorbehalt bedeutet nun aber, wie die Antragstellerin mit Recht ausführt, die völlige Außerkraftsetzung des Verfassungsrechtsschutzes der wohlerworbenen Rechte der Beamten für die Bezüge der Kommunalbeamten. Deren wirtschaftliche Lebensbelange werden dadurch in weitem Umfang in das Ermessen des gesetzlichen Vertreters des Dienstgebers gestellt, da die Genehmigung der Aufsichtsbehörde und die für deren Versagung gegebene Anweisung keine Sicherheit gegen sehr erhebliche Herabdrückungen einzelner Gruppen der Beamten in den ihnen gewährten Bezügen bieten. Die Ansicht der Antragsgegner, daß die Vorschrift sachlich keine Neuerung bedeute, sondern die Verbände schon nach § 43 Abs. 1 Satz 1 in Verbindung mit § 39 PrBesG. vom 17. Dezember 1927 verpflichtet gewesen seien, einen solchen Änderungsvorbehalt in ihre Besoldungsordnungen aufzunehmen, kann nicht geteilt werden, obgleich ein Ministerialerlaß vom 27. Dezember 1929 (MinBl. f. d. inn. Verw. 1930 Sp. 19) jene Vorschriften in diesem Sinne auslegt. Eine Änderung der Bezüge der Kommunalbeamten durch den Verband sieht § 43 Abs. 1 Satz 2 vor, indem er, die allgemeine Gleichstellungsvorschrift des vorhergehenden Satzes erläuternd, bestimmt, daß gesetzliche Änderungen der Bezüge der unmittelbaren Staatsbeamten, die auf Grund des Änderungsvorbehalts des § 39 erfolgen, von den Verbänden entsprechend vorzunehmen seien. Die weitergehende Pflicht der Verbände zur Aufnahme eines allgemeinen, nicht durch Änderungen der Bezüge der Staatsbeamten bedingten Vorbehalts in ihre Besoldungsordnungen glauben die Antragsgegner daraus folgern zu können, daß die nach § 43 Abs. 1 Satz 1 von den Verbänden vorzunehmende Regelung den Grundsätzen des Besoldungsgesetzes habe entsprechen müssen, zu denen auch der Änderungsvorbehalt des § 39 gehöre. Wie die Antragstellerin aber mit Recht ausführt, behält § 39 PrBesG. die Befugnis zur Änderung der gesetzlichen Besoldungsgesetze dem Gesetzgeber als solchem vor, nicht dem Vertreter des Staates in seinen Beziehungen zum Beamten. Seine entsprechende Anwendung auf die Kommunalbeamten kann daher auch nicht eine Befugnis der die Beamtenbezüge regelnden Behörde oder irgendeines anderen Organs des Anstellungsverbandes zu deren jederzeitiger Änderung ergeben. Der Unterschied fällt um so mehr ins Gewicht, als nunmehr die Sparverordnung die Befugnis zur Regelung der Bezüge von der allenfalls den gesetzgebenden Körperschaften des Staates entsprechenden Kommunalversammlung auf das Verwaltungsorgan überträgt, dessen Stellung im Staate die Regierung, nicht die gesetzgebenden Körperschaften einnehmen. Auch der weitere Einwand der Antragstellerin wird als begründet erachtet werden müssen, daß zu den nach § 43 Abs. 1 Satz 1 in die kommunalen Besoldungsregelungen in entsprechender Form aufzunehmenden Grundsätzen der Staatsbesoldungsregelung der

Änderungsvorbehalt des § 39 überhaupt nicht gehört. Einmal ist nach dem Wortlaut und Zusammenhang des § 43 Abs. 1 Satz 1 PrBesG. bei der darin von den Gemeinden und Gemeindeverbänden verlangten Anpassung ihrer Besoldungsregelung an die der Staatsbeamten nur an die Regelung der Höhe der Bezüge, nicht an die Gestaltung des Rechtsanspruchs auf die Bezüge gedacht. Sodann ist aber auch nicht abzusehen, was den Staat veranlaßt haben könnte, den Anstellungsverbänden bei Auferlegung der Pflicht zur Übernahme der von ihm für seine Beamten vorzunehmenden Änderungen auch das Recht zu geben, diese Bezüge nach ihrer Gleichstellung mit denen der Staatsbeamten aus eigenem Entschlusse beliebig zu ändern. Zum allerwenigsten hätte ein so völlig neuer und verfassungsrechtlich bedenklicher Rechtssatz, wenn seine Einführung wirklich gewollt gewesen wäre, eines klaren Ausdrucks im Gesetze bedurft. Die Bestimmung enthält daher, soweit sie die bei ihrem Inkrafttreten im Dienste stehenden Beamten betrifft und Änderungen ihrer Bezüge oder ihrer Einreihung durch das Verwaltungsorgan, abgesehen von den Fällen des § 4 oder einer entsprechenden Änderung der Bezüge oder der Einreihung der gleichzubewertenden unmittelbaren Staatsbeamten, zuläßt, einen Verstoß gegen Art. 129 Abs. 2 Satz 3 RVerf. Ob ein solcher Verstoß etwa auch hinsichtlich der erst nach dem Inkrafttreten der Verordnung in den Dienst tretenden Beamten insofern anzuerkennen ist, als die Gewährung eines beliebig abänderbaren Diensteinkommens mit jener Verfassungsvorschrift überhaupt unvereinbar wäre, braucht nicht geprüft zu werden, weil die Antragstellerin einen Ausspruch über die Verfassungswidrigkeit nur hinsichtlich der im Dienste stehenden Beamten begehrt hat. Ebensowenig bedarf es weiteren Eingehens auf die Streitfrage, ob der von den Antragsgegnern in Bezug genommene Änderungsvorbehalt des § 39 PrBesG. für die Staatsbeamten gültig ist, da sich die Entscheidung schon daraus rechtfertigt, daß § 43 desselben Gesetzes keinesfalls eine Pflicht der Gemeinden und Gemeindeverbände begründete, eine entsprechende Bestimmung oder gar einen Änderungsvorbehalt zu Gunsten eines von ihren Organen in ihre Besoldungsordnungen aufzunehmen.

4.

In der verfassungsrechtlichen Streitsache

der Fraktion der Deutschnationalen Volkspartei im Preußischen Landtage,

Antragstellerin,

gegen

1. **den Preußischen Landtag, vertreten durch seinen Präsidenten,**
2. **das Preußische Staatsministerium,**

Antragsgegner,

wegen Feststellung der Verfassungswidrigkeit von Bestimmungen des preußischen Polizeiverwaltungsgesetzes vom 1. Juni 1931 (StGH. 9/31)

hat der Staatsgerichtshof für das Deutsche Reich auf die mündliche Verhandlung vom 20. Juni am 21. Juni 1932 für Recht erkannt:

Der Antrag wird zurückgewiesen.

Gründe:

A.

Die Antragstellerin, nach deren Auffassung die Bestimmungen des preußischen Polizeiverwaltungsgesetzes (PVG.) vom 1. Juni 1931 (GS. S. 77) mit der Reichsverfassung nicht durchweg vereinbar sind, hat beantragt:

das Polizeiverwaltungsgesetz insoweit für unvereinbar mit Art. 105 Satz 2 RVerf., § 413 StPO. zu erklären, als es gegen die ohne besondere Androhung erfolgte Festsetzung des in Polizeiverordnungen vorgesehenen Zwangsgeldes und der ebenso vorgesehenen Zwangshaft (PVG. §§ 33, 55, 56, 76) die Anrufung der ordentlichen Gerichte ausschließt.

Hiermit verletze das Polizeiverwaltungsgesetz, so führt die Antragstellerin aus, die Bestimmung des Art. 105 RVerf., daß niemand seinem gesetzlichen Richter entzogen werden dürfe. Daß sich in der Preußischen Verfassung eine entsprechende ausdrückliche Vorschrift nicht finde, stelle die Natur des von ihr anhängig gemachten Verfahrens als einer Verfassungsstreitigkeit innerhalb eines Landes im Sinne des Art. 19 RVerf. nicht in Frage, weil es sich um eine das Landesverfassungsrecht ergänzende Norm der Reichsverfassung handle. Der Verstoß gegen das Verfassungsrecht liege im gegebenen Falle darin, daß die als ungültig und verfassungswidrig angefochtenen landesgesetzlichen Bestimmungen die gerichtliche Zuständigkeit zwar nicht durch einen „Einzelakt" — was heißen soll: für einen oder mehrere bestimmte Einzelfälle — änderten, sie aber änderten, obwohl ein höherer, nämlich ein dem Reichsrecht angehöriger Rechtssatz (§ 413 StPO.) entgegenstehe.

Das Zwangsgeld und die ersatzweise dafür eintretende Zwangshaft, die in Polizeiverordnungen angedroht würden (§§ 33, 76 PVG.), seien Strafen im Sinne des Strafgesetzbuches und der Strafprozeßordnung. Es sei unerfindlich, wodurch sich die Festsetzung von Zwangsgeld von der Verhängung einer Strafe durch polizeiliche Strafverfügung unterscheide. Allerdings sei die Ortspolizeibehörde nach dem Polizeiverwaltungsgesetz zur Festsetzung von Zwangsgeld nicht verpflichtet, ja sie sei im Falle des § 33 Abs. 3 nicht einmal befugt, diese Maßnahme zu ergreifen. Indessen gehöre die Strafpflicht nicht zum Wesen der Strafe; besonders nicht seit dem Inkrafttreten des § 153 Abs. 1 StPO.

Die Polizeiverordnungen seien also Strafgesetze im materiellen Sinne, und für das Verfahren anläßlich der durch einschlägige Zuwiderhandlungen veranlaßten polizeilichen Verfügungen, in denen eine darin angedrohte Strafe festgesetzt werde, sei § 413 StPO. maßgebend. Dieser Auffassung stehe § 13 GVG. nicht entgegen, der vielmehr durch § 413 StPO. eingeengt werde. Ebensowenig lasse sich gegen sie aus Art. II der Verordnung über Vermögensstrafen und Bußen vom 6. Februar 1924 (RGBl. I S. 44) ein Bedenken herleiten. Abgesehen davon, daß diese eine bloße Gelegenheitsverordnung sei, beweise ihr Art. II nur, daß es neben Kriminalstrafen auch Zwangs- und Ordnungsstrafen gebe. Zwangsstrafen könnten aber nur durch Einzelverfügung angedroht werden, und Ordnungsstrafen könne der Landesgesetzgeber nur dort einführen, wo man sie bisher gefunden habe, nämlich bei besonderen Gewaltverhältnissen, wie Dienstgewalt, Anstaltsgewalt, Verbandsgewalt, Sitzungsgewalt. Wo ein solches besonderes Gewaltverhältnis nicht vorliege, könne es sich nur um eine „echte" Strafe handeln, der man ihr Wesen durch Bezeichnungen wie Ordnungsstrafe oder Zwangsgeld nicht nehme.

Die beanstandete Regelung im Polizeiverwaltungsgesetz widerstreite übrigens nicht nur einer ausdrücklichen Verfassungsbestimmung; sie bedeute vielmehr auch sachlich einen Rückschritt, indem sie den Beteiligten die Rechtsverfolgung erschwere und, den teilweise politisch zusammengesetzten Bezirksausschuß als letzte Tatsacheninstanz aufstellend, die Rechtsschutzgarantieen gefährde.

Der Präsident des Preußischen Landtages hat sich zur Sache selbst nicht geäußert, sondern sich auf die Erklärung beschränkt, daß der Landtag in dem vorliegenden Verfahren nicht Antragsgegner sein könne. Als solche kämen außer der Landesbehörde, d. h. dem Preußischen Staatsministerium, höchstens die Fraktionen in Betracht, die in entgegengesetztem Sinne wie die Antragstellerin abgestimmt hätten.

Das Preußische Staatsministerium hat beantragt:

die Klage abzuweisen.

Es erklärt, die Parteifähigkeit der Antragstellerin und ihre zum Nachweise der Zuständigkeit des Staatsgerichtshofs aufgestellte Behauptung, daß es sich um eine verfassungsrechtliche Streitigkeit im Sinne des Art. 19 RVerf. handle, würden nicht bestritten. Immerhin legt es dar, von dem Standpunkt der Antragstellerin aus, daß die Festsetzung des Zwangsgeldes auf Grund einer Polizeiverordnung die Verhängung einer Übertretungsstrafe bedeute, lasse sich nur eine Verletzung des § 413 StPO. behaupten, nicht aber eine Verletzung des Art. 105 RVerf., in dem das Verfahren bei Übertretungsstrafen nicht geregelt werde. Die Auffassung, daß jedes einem einfachen Reichsgesetz widersprechende Landesgesetz im Hinblick auf Art. 13 Abs. 1 RVerf. auch dieser widerspreche, sei unhaltbar.

Zur Sache selbst äußert sich das Staatsministerium dahin:

Die von der Antragstellerin beanstandete Regelung verstoße gegen keine reichsrechtliche Bestimmung. Gesetzlicher Richter im Sinne des Art. 105 RVerf. sei der Verwaltungsrichter so gut wie der ordentliche Richter, der landesgesetzlich berufene nicht minder wie der reichsgesetzlich bestimmte.

Die Polizeiverordnung sei nicht ein Institut des Strafrechts, sondern ein Institut des Polizeirechts, auf dessen Gebiet dem Reiche nach Art. 9 RVerf. nur die Bedarfsgesetzgebung zustehe. Einen reichsrechtlichen Begriff der Polizeiverordnung gebe es nicht. Nach preußischem Recht bedeute sie im Gegensatz zu den an bestimmte

Personen oder an einen bestimmten Personenkreis ergehenden polizeilichen Verfügungen ein polizeiliches Gebot oder Verbot, das für eine unbestimmte Anzahl von Fällen an eine unbestimmte Anzahl von Personen gerichtet sei (§§ 24, 40 PVG.). Die rechtlichen Voraussetzungen, die Zuständigkeit zum Erlaß und der auf Tun oder Unterlassen gerichtete Inhalt dieser beiden Arten von Polizeibefehlen seien im wesentlichen die gleichen. Dem pflichtmäßigen Ermessen der Polizeibehörden sei es anheimgegeben, sich je nach Lage der Verhältnisse des einen oder des anderen Mittels zu bedienen. Folgerichtig sei daher für beide Arten von Polizeibefehlen auch das gleiche Druckmittel vorgesehen, das der früheren, allgemein für zulässig gehaltenen sogenannten Geldstrafe des § 132 des Landesverwaltungsgesetzes genau entspreche. Es fehle an einem stichhaltigen Grund für die von der Antragstellerin gemachte Unterscheidung, wonach das Zwangsgeld bei polizeilichen Verfügungen zulässig sei, bei Polizeiverordnungen aber nicht. Individualandrohung sei schon unter der zeitlichen Herrschaft des § 132 LVG. nicht begriffliche Voraussetzung für die Anwendung eines polizeilichen Zwangsmittels gewesen. Daß das Landesverwaltungsgesetz allgemein für die Zuwiderhandlung gegen Polizeiverordnungen Übertretungsstrafen vorgesehen habe, sei eine zufällige und änderungsfähige positive landesrechtliche Anordnung gewesen. Die Abgrenzung zwischen kriminellem und polizeilichem Unrecht sei zwar begrifflich schwierig; dies hindere den Gesetzgeber aber nicht, sie entsprechend längst von der Wissenschaft erhobenen Forderungen zu unternehmen. Rechtspolitisch bedeute das einen Fortschritt in verschiedener Hinsicht.

Dem geltenden Reichsrecht sei der Unterschied zwischen Kriminalstrafen und anderen, insbesondere Zwangs- und Ordnungsstrafen geläufig. Unter Strafgesetzen verstehe § 413 StPO. nur solche, die Kriminalstrafe androhten. Aus der Entstehungsgeschichte des Polizeiverwaltungsgesetzes ergebe sich, daß der Gesetzgeber den Polizeiverordnungen gerade dieses Merkmal habe nehmen wollen. Das sei ihm auch gelungen. Das Zwangsgeld sei als Exekutivstrafe ausgestaltet, wobei es keinen Unterschied mache, ob eine Polizeiverordnung, die nach dem Gesetz stets für eine unbestimmte Zahl von Fällen erlassen werde, ein Tun oder ein Unterlassen verlange. Soweit ausnahmsweise eine künftige Nichtbefolgung der Polizeiverordnung durch den Beteiligten nicht in Frage komme, dürfe das Zwangsgeld nach § 33 Abs. 3 PVG. nicht festgesetzt werden. Werde das Zwangsgeld ohne vorherige besondere Androhung festgesetzt (§ 33 Abs. 2 das.), so solle es die Person, die erkannt habe oder erkennen mußte, daß ihr Verhalten die öffentliche Sicherheit oder Ordnung gefährde, und die also eine in ihr lebende Ordnungsnorm verletzt habe, dazu veranlassen, daß sie ihr in Zukunft Folge leiste.

Stelle man sich aber auf den Standpunkt, daß das Zwangsgeld nie oder nicht immer die Bedeutung eines Mittels zur Erzwingung künftigen Verhaltens, sondern die eines Sühnemittels habe, so wäre es als nicht kriminelle Ordnungsstrafe anzusehen, und zwar würde es in diesem Falle den sogenannten Ungebühr- oder Ungehorsamsstrafen entsprechen, die sich mehrfach im Reichsrecht und im Landesrecht fänden. Dabei sei nicht vorausgesetzt, daß sie im Rahmen bestimmter Gewaltverhältnisse verhängt würden, sondern es komme wesentlich nur darauf an, daß sie sich inhaltlich von der Kriminalstrafe deutlich abhöben, was hier der Fall sei. Denn das Zwangsgeld sei eine mildere Maßregel als eine Kriminalstrafe. Übrigens bestehe ein derartiges Gewaltverhältnis auch zwischen der verordnenden Ortspolizei und dem durch ihre Verordnungen betroffenen Personenkreis. Die Verordnung vom 6. Februar 1924 über Vermögensstrafen und Bußen gehe übereinstimmend mit dem Schrifttum in ihrem Art. II davon aus, daß der Landesgesetzgeber Zwangs- und insbesondere auch Ordnungsstrafen androhen dürfe. Auf diesem Boden ständen ferner der Entwurf eines Einführungsgesetzes zum Allgemeinen Deutschen Strafgesetzbuch und zum Strafvollzugsgesetz und seine Begründung.

Die Antragstellerin ist diesen Ausführungen mit dem Bemerken entgegengetreten, daß die angefochtenen Bestimmungen jedem Unbefangenen erkennbar auf Gesetzesumgehung — d. h. Umgehung des in Art. 105 Satz 2 RVerf. aufgestellten Verbots — hinausliefen. Der Unterschied zwischen der im Einzelfall durch Verwaltungsakt angedrohten Zwangsstrafe und der durch Rechtssatz angedrohten Polizeistrafe sei wissenschaftlich gesichert. Die von dem Staatsministerium erwähnten Unterschiede zwischen Zwangsgeld und „echter" Strafe seien zu geringfügig, als daß von einer Wesensverschiedenheit der beiden Rechtsnachteile gesprochen werden könne. Mit dem Hinweise auf die Verordnung über Vermögensstrafen und Bußen vom 6. Februar 1924 lasse sich die Auffassung nicht begründen, daß das Zwangsgeld eine reichsrechtlich zulässige Ordnungsstrafe sei, bei deren Festsetzung ohne Verletzung des Art. 105 RVerf. ein von den Bestimmungen der §§ 413flg. StPO. abweichender Rechtszug landesgesetzlich eingerichtet werden dürfe. Außerhalb besonderer Gewaltverhältnisse seien denn auch bisher derartige Ordnungsstrafen durch Reichsgesetz wohl kaum und durch Landesgesetz jedenfalls noch nicht eingeführt worden. Im übrigen begegne die Annahme, daß es sich bei dem Zwangsgeld um eine nicht kriminelle Ordnungsstrafe handle, schwer lösbaren Schwierigkeiten, z. B. hinsichtlich der Frage der Idealkonkurrenz.

Die Preußische Staatsregierung ist demgegenüber auf ihrem Standpunkt stehen geblieben.

Die Reichsminister des Innern und der Justiz haben es in einer zu dieser Sache schriftlich abgegebenen Meinungsäußerung als zweifelhaft bezeichnet, ob eine Verfassungsstreitigkeit innerhalb eines Landes, nämlich ein Streit wegen einer behaupteten Verletzung des Art. 105 RVerf., oder nicht vielmehr nur ein Streit darüber vorliege, ob die landesrechtlichen Bestimmungen der §§ 33, 55, 56 PVG. dem § 413 StPO. widersprächen.

In der Sache selbst sind die beiden Reichsminister dem Preußischen Staatsministerium darin beigetreten, daß die beanstandeten Vorschriften des Polizeiverwaltungsgesetzes dem Reichsrecht nicht widersprächen, und zwar weder, soweit das Zwangsgeld als reines polizeiliches Beugemittel zur Erzwingung eines künftigen Verhaltens vorgesehen sei, noch auch, soweit es sich als Strafmittel zur Sühne eines vergangenen Verhaltens darstelle. Nach der Ausgestaltung der Bestimmungen über das Zwangsgeld im Polizeiverwaltungsgesetz sei es jedenfalls keine Kriminalstrafe. Da sich aber anderseits die §§ 413flg. StPO. nur auf Strafsachen bezögen, bei denen es sich um die Verhängung krimineller Strafen handle, so ständen die auf Verhängung von Zwangsgeld sich beziehenden Vorschriften des Polizeiverwaltungsgesetzes mit dem Reichsrecht in Einklang.

B.

1. Wie allgemein anerkannt ist, richtet sich das Verbot des Art. 105 RVerf., jemanden seinem gesetzlichen Richter zu entziehen, nicht allein an die Verwaltungsbehörden, sondern auch an den Gesetzgeber. In dieser Hinsicht findet es seine natürliche Grenze aber daran, daß die Bestimmung des gesetzlichen Richters durch das Gesetz zu erfolgen

hat. Darüber besteht kein Streit, daß der Gesetzgeber, dessen rechtlichem Machtbereich die Bestimmung der richterlichen Zuständigkeit unterfällt, sie grundsätzlich mit der Wirkung ändern kann, daß sogar schon gerichtlich anhängige Verfahren an den neu bestimmten Richter überzuleiten sind. Nur an eine Schranke ist dieser — der zuständige — Gesetzgeber hierbei gebunden: Er darf die bestehenden gerichtlichen Zuständigkeiten nicht aus unsachlichen Gesichtspunkten willkürlich verschieben. Dieses Verbot berührt sich aufs engste mit dem der Ausnahmegerichte, d. h. von Gerichten zur Aburteilung eines Einzelfalles oder einer Mehrzahl von bestimmten Einzelfällen. Die Bestellung von Ausnahmegerichten ist der praktisch wichtigste Fall der Richterentziehung.

Dieser weitgehenden Befugnisse, den Jurisdiktionsbereich der Gerichte zu ordnen, erfreut sich aber nur der zuständige Gesetzgeber. Soweit die Zuständigkeit der Gerichte reichsrechtlich geordnet ist, ist es der Landesgesetzgebung versagt, sie zu ändern.

Der Antragstellerin ist in ihrer Auffassung beizutreten, daß gesetzlicher Richter im Sinne des Art. 105 RVerf. nur der durch eine gültige gesetzliche Bestimmung berufene sei.

Wenn nun aber ein Antragsteller einen Sachverhalt vorträgt, der — seine Richtigkeit vorausgesetzt — den Schluß rechtfertigt, daß eine andere höchste Landesstelle verfassungsrechtliche Bestimmungen verletzt habe, so liegt eine Verfassungsstreitigkeit innerhalb eines Landes im Sinne des Art. 19 RVerf. vor, wobei es keinen Unterschied macht, ob diese Bestimmungen unmittelbar dem Landesrecht oder zunächst dem Reichsrecht angehören, das Landesverfassungsrecht aber ergänzen. Ein Fall dieser Art ist hier gegeben. Indem vorgetragen wird, der preußische Landesgesetzgeber habe unter Verletzung der Vorschrift des § 413 StPO. gegenüber der Festsetzung einer in den Strafgesetzen angedrohten Strafe für gewisse Fälle den Antrag auf Entscheidung durch die ordentlichen Gerichte ausgeschlossen, wird behauptet, der Landesgesetzgeber habe die künftig von derartigen Festsetzungen Betroffenen ihrem gesetzlichen Richter entzogen und damit einen Verstoß gegen den — die Preußische Verfassung ergänzenden — Art. 105 RVerf. begangen.

Auch die übrigen Voraussetzungen des Art. 19 RVerf., erster Fall, sind gegeben. Ein anderer zur Entscheidung berufener Gerichtshof des Reichs oder Preußens besteht nicht. Daß das Preußische Staatsministerium gemäß Art. 13 Abs. 2 RVerf. das Reichsgericht anrufen könnte, beseitigt die Zuständigkeit des Staatsgerichtshofs nicht (RGZ. Bd. 128 Anh. S. 1 [5] = Lammers-Simons Bd. 4 S. 131 [135], RGZ. Bd. 133 Anh. S. 15 [23] = Lammers-Simons Bd. 4 S. 233 [239]).

Gegen die Sachbefugnis der Antragstellerin bestehen keine Bedenken (vgl. RGZ. Bd. 129 Anh. S. 1 [8] = Lammers-Simons Bd. 4 S. 175 [181], Bd. 133 Anh. S. 15 [23] = Lammers-Simons Bd. 4 S. 233 [239]). Was die Passivlegitimation betrifft, so ist nur darauf hinzuweisen, daß das Preußische Staatsministerium in seiner Eigenschaft als Vertreter des Landes Preußen als Antragsgegner bezeichnet und daß insofern gegen die Sachbefugnis dieses Antragsgegners rechtlich nichts einzuwenden ist.

2. Die §§ 413flg. StPO. beziehen sich nach dem Wortlaut des Gesetzes auf die Strafverfolgung von Übertretungen. Darunter sind, wie sich von selbst versteht, aber auch in den Motiven zum Entwurf einer Strafprozeßordnung ausdrücklich hervorgehoben ist, Übertretungen im Sinne des § 1 StGB. zu verstehen, also eine bestimmte, und zwar die leichteste Art der mit Kriminalstrafe bedrohten Handlungen. Bei gewissen geringfügigen Gesetzesverletzungen den Polizeibehörden die Befugnis zu einer, wenn auch nur vorläufigen Festsetzung der Strafe beizulegen, erschien einerseits aus Zweckmäßigkeitsgründen wünschenswert, anderseits unbedenklich, sofern nur gegen polizeiliche Strafverfügungen allgemein der Antrag auf rechtliches Gehör gestattet würde. Der hierfür zuständige Richter ist in den angezogenen Vorschriften der Strafprozeßordnung bestimmt. Eine abweichende Regelung durch die Landesgesetzgebung würde nach dem oben Ausgeführten unzulässig und verfassungswidrig sein. Über den Rechtszug in Angelegenheiten, die nicht kriminell strafbare Handlungen betreffen, enthalten dagegen die Strafprozeßordnung und die sich auf die Strafrechtspflege beziehenden Vorschriften des Gerichtsverfassungsgesetzes keine Bestimmungen. Hieraus ergibt sich, daß der Klagantrag begründet oder unbegründet ist, je nachdem, ob das bei Nichtbefolgung von Polizeiverordnungen festzusetzende Zwangsgeld und die gegebenenfalls an seine Stelle tretende Zwangshaft als Kriminalstrafe anzusehen sind oder nicht.

In Polizeisachen beschränkt sich die Zuständigkeit des Reichs auf die Bedarfsgesetzgebung (Art. 9 Nr. 2 RVerf.). Soweit das Reich sie nicht ausgeübt hat, ist die Landesgesetzgebung zuständig geblieben. Über den Begriff und den wesentlichen Inhalt der Polizeiverordnungen hat das Reich gesetzliche Bestimmungen nicht erlassen, insbesondere auch im allgemeinen nicht über die Sanktionen, die der Nichtbeachtung von Polizeiverordnungen entgegenwirken sollen. Wohl gibt es Blankettgesetze des Reichs, die Zuwiderhandlungen gegen solche mit Kriminalstrafe bedrohen. Soweit derartige Polizeiverordnungen bei Inkrafttreten des Polizeiverwaltungsgesetzes schon erlassen waren, werden bei ihrer Nichtbefolgung Zwangsgeld und Zwangshaft nicht verhängt (§ 76 Abs. 2 PVG.). Praktisch ebenso liegt es bei dergleichen Polizeiverordnungen, die erst nach dem Inkrafttreten des Polizeiverwaltungsgesetzes erlassen werden (vergl. die Ausführungsbestimmungen vom 1. Oktober 1931 zu § 33 PVG. Ziffer 1 Abs. 1, MinBl. f. d. inn. Verw. Sp. 923).

Aus dem Reichsrecht und aus der Reichsverfassung lassen sich also Bedenken dagegen nicht herleiten, daß ein Land davon absieht, Zuwiderhandlungen gegen seine Polizeiverordnungen mit repressiven, insbesondere kriminellen Strafen zu bedrohen. Bei dem Erlaß des Polizeiverwaltungsgesetzes ging nun das Bestreben der Staatsregierung und der Parlamentsmehrheit unzweifelhaft dahin, bei Polizeiverordnungen, soweit sie nicht Blankettgesetze ausfüllen, die Repressivstrafe durch polizeiliche Zwangsmaßregeln zu ersetzen. Nur hinsichtlich der Polizeiverordnungen der Minister sollte dieser Gedanke nicht restlos verwirklicht werden und ist er nicht verwirklicht worden (§ 33 Abs. 1 Satz 4 PVG.). Das gekennzeichnete Bestreben kommt zunächst dadurch zum Ausdruck, daß das Gesetz an den einschlägigen Stellen nicht von Strafe, sondern von „Zwangsgeld" und „Zwangshaft" redet. § 33 Abs. 1 erklärt sodann die Androhung des im § 55 Abs. 1 und 3 PVG. vorgesehenen Zwangsgeldes und der im § 56 das. vorgesehenen Ersatzzwangsmittel in Polizeiverordnungen für zulässig, also von Rechtsfolgen, die, wie auch die Antragstellerin nicht bestreitet, nicht Kriminalstrafen, sondern Zwangsmittel sind, wenn sie festgesetzt werden, um die Befolgung polizeilicher Verfügungen durchzusetzen. Ferner wird dieses Bestreben durch die Entstehungsgeschichte eindeutig klargestellt. Insoweit kommen insbesondere in Betracht:

Landtagsdrucksache Nr. 5933 3. Wahlperiode 1. Tagung 1928/31, Begründung des Gesetzentwurfs Allgemeiner Teil Spalte 23: „Die vorgesehenen Reformen ..... umfassen insbesondere die .....

Durchführung der Polizeiverordnungen durch polizeiliche Zwangsmittel an Stelle von Übertretungsstrafen";

Begründung zu Abschnitt VII Sp. 33: „Im § 32 — richtig 33 — ist vorgesehen, daß in einer Polizeiverordnung für den Fall der Zuwiderhandlung ... nur polizeiliche Zwangsmittel — Zwangsgeld, Zwangshaft — angedroht werden können";

Begründung zu Abschnitt IX zu den §§ 55 und 56 Sp. 44: „An Stelle des (in § 132 des Landesverwaltungsgesetzes enthaltenen) Ausdrucks „Geldstrafe" ist der Ausdruck „Zwangsgeld" gesetzt, um dem im Publikum weitverbreiteten und eingewurzelten Irrtum entgegenzuwirken, daß das polizeiliche Zwangsmittel der Exekutivstrafe und die eigentliche Kriminalstrafe dasselbe seien."

Aus dem über die Gesetzesvorlage erstatteten Bericht des Ausschusses für Verfassungsfragen, Landtagsdrucksache Nr. 7081, sind bemerkenswert die mit Vorstehendem übereinstimmenden Ausführungen des Berichterstatters in Sp. 8, 12, eines Beauftragten des Justizministers in Sp. 71 („Der Entwurf schlage unter Billigung der gesamten Wissenschaft vor, die Zahl der Strafen dadurch zu verringern, daß man eine besondere Art von Unrecht, das Polizeiunrecht oder Verwaltungsunrecht, schaffe, das grundsätzlich nicht mit Strafe geahndet werden solle. Dadurch werde es erforderlich, die Begriffe Zwangsgeld und Zwangshaft einzuführen, die mit Strafe nichts mehr zu tun hätten"), eines oppositionellen Ausschußmitgliedes in Sp. 111, das erklärte, für seine politischen Freunde würde das Gesetz unannehmbar sein, wenn nicht an die Stelle des Begriffs „Zwangsgeld" wieder die „Geldstrafe" trete, eines Beauftragten des Ministers des Innern in Sp. 111, der meinte, es handle sich um so geringfügige Ordnungswidrigkeiten, daß die Androhung einer Übertretungsstrafe als zu schwer erscheine.

Aus der Beratung des Landtagsplenums — 233. und 234. Sitzung vom 6. und 7. Mai 1931 — kommen die Ausführungen des Berichterstatters Dr. Hamburger in Sp. 20308, der Abgeordneten Verhülsdoek in Sp. 20329, Hauff in Sp. 20334, 20336 und 20338, Haas in Sp. 20380 und Hestermann in Sp. 20385, 20386 in Betracht, die sich übereinstimmend dahin geäußert haben, daß es sich bei dem Zwangsgeld nicht um eine Kriminalstrafe handle, während der oppositionelle Abgeordnete Hallensleben in Sp. 20416, 20417 den gegenteiligen Standpunkt vertreten hat.

Schon in der Sitzung des Staatsrats vom 15. Januar 1931 — Niederschrift Sp. 30, 37 — hatten der Berichterstatter und der Beauftragte des Ministers des Innern dargelegt, daß die in den Polizeiverordnungen anzudrohenden Sanktionen — Zwangsgeld und Zwangshaft — nur polizeiliche Zwangsmittel und nicht Übertretungsstrafen seien. Die aus der Entstehungsgeschichte somit zweifelsfrei hervorgehende Absicht des Gesetzgebers, die Befolgung von Polizeiverordnungen — abgesehen von der obenerwähnten, auf Polizeiverordnungen der Minister sich beziehenden Ausnahme — nicht mehr wie bisher durch Androhung von Kriminalstrafen, sondern anderweit zu gewährleisten, ergibt nun allerdings noch nicht, daß Zwangsgeld und Zwangshaft, wenn sie gemäß § 33 PVG. angedroht und festgesetzt werden, von einer Kriminalstrafe wesensverschiedene „Zwangsmittel" seien. Nicht auf die Absicht des Gesetzgebers und den reinen Wortsinn einzelner von ihm gewählter technischer Bezeichnungen kommt es entscheidend an; vielmehr ist das Wesen des Zwangsgeldes und seiner Ersatzmittel vor allem aus den ihre Anwendung betreffenden gesetzlichen Bestimmungen zu entnehmen.

Ihrem Inhalt nach weisen das Zwangsgeld und die Zwangshaft keinen greifbaren Unterschied von den entsprechenden Kriminalstrafen auf. Hier wie dort handelt es sich um Geldzahlung und einfache Freiheitsentziehung. Außerdem tritt eine weitere Übereinstimmung zutage. Auch die Androhung und die Festsetzung einer Kriminalstrafe bedeuten die Ausübung eines psychologischen Zwanges, weil die Aussicht, gegebenenfalls ein Strafübel erdulden zu müssen, zur Verstärkung der sonstigen Hemmungsvorstellungen der Volksgenossen gegen die Verletzung des Staatswillens zu dienen geeignet ist. Es fragt sich indessen, ob das Zwangsgeld und seine Ersatzmittel auch alle sonstigen wesentlichen Merkmale von Kriminalstrafen aufweisen. Diese Frage aber muß im Hinblick auf die im Polizeiverwaltungsgesetz getroffene positive Regelung der hierzu einschlägigen Fragen verneint werden.

Mit dem Wesen jeder Strafe und vor allem dem der Kriminalstrafe ist der durch sie verfolgte Zweck unlöslich verbunden. Gerade bei ihr sind aber die maßgebenden Vorstellungen über den Strafzweck bis in die neueste Zeit im Fluß geblieben. Während früher der Vergeltungs- und Sühnegedanke bei weitem das Feld beherrschte, sind neuerdings der Abschreckungs-, der Besserungs- und der Sicherungszweck neben ihm mehr und mehr in den Vordergrund getreten.

Diese Wandlung der Anschauungen hat auch vielfach ihren Niederschlag in gesetzlichen Bestimmungen gefunden; so in der Ausdehnung des Opportunitätsprinzips (vgl. § 6 des Jugendgerichtsgesetzes vom 16. Februar 1923; § 153 StPO.; Sechster Teil Kap. I § 2 der Verordnung des Reichspräsidenten vom 6. Oktober 1931, RGBl. I S. 537). Der Zweck der Kriminalstrafe ist also nach heutiger Vorstellung kein einheitlicher, sondern ein zusammengesetzter. Ferner läßt sich auch nicht sagen, daß die verschiedenen Strafzwecke bei allen Strafgesetzen dieselbe verhältnismäßige Bedeutung hätten. Wenn z. B. der Sühnegedanke bei schweren Verbrechen auch heute noch eine hervorragende Rolle spielt, so ist er bei den kleinen Verfehlungen des Alltags, den vielfach so genannten Polizeiübertretungen, merklich zurückgedrängt. Hier soll die Strafdrohung nicht sowohl eine gerechte Vergeltung oder die Sühne eines begangenen Unrechts ermöglichen, als vielmehr hauptsächlich dem Zweck der Aufrechterhaltung der öffentlichen Sicherheit und Ordnung dienen.

Dies schließt aber nicht aus, daß auch gegenwärtig noch nach geltendem Recht die Sühne einen wesentlichen Bestandteil des Zwecks der Kriminalstrafe bildet. Das gilt für das Kriminalstrafrecht in seinem gesamten Umfange. Mag also bei geringfügigen Straftaten der Sühnegedanke mehr oder weniger in den Hintergrund treten, in keinem Falle darf ihn der rechtsprechende Richter völlig ausscheiden, wenn er die Strafe festsetzt und insbesondere die nach § 27b StGB. ihm obliegende Prüfung vornimmt. Hierüber ist sich die höchstrichterliche Rechtsprechung einig; vgl. u. a. RGSt. Bd. 58 S. 106 (109), Bd. 61 S. 417 sowie das Urteil des Kammergerichts vom 22. März 1932, abgedruckt JW. 1932 S. 1774. Auch auf die Begründung zu Art. 13 des Entwurfs eines Einführungsgesetzes zum Allgemeinen Deutschen Strafgesetzbuch und zum Strafvollzugsgesetz kann an dieser Stelle hingewiesen werden. Wenn also ein Landesgesetz den zuständigen Stellen untersagt, bei der Festsetzung bestimmter einzelne Volksgenossen treffender Nachteile den Sühnegedanken zu berücksichtigen, indem es ihnen vorschreibt, sich bei ihren Maßnahmen lediglich von anderen, dem Gedanken der Vergeltung fernliegenden Erwägungen leiten zu lassen, so folgt daraus für die Natur dieser Maßnahmen, daß sie keine Kriminalstrafen im Sinne des Strafgesetzbuches, der Strafprozeßordnung, des Gerichtsverfassungsgesetzes und ihrer Einführungsgesetze sind.

Die grundlegende Bestimmung über den Aufgabenkreis der Polizeibehörden trifft der § 14 PVG. Hiernach haben sie, soweit ihnen nicht durch Gesetz noch besondere, hier nicht in Betracht kommende Aufgaben übertragen werden, die nach pflichtmäßigem Ermessen notwendigen Maßnahmen zu treffen, um von der Allgemeinheit oder dem einzelnen Gefahren abzuwehren, durch die die öffentliche Sicherheit oder Ordnung bedroht wird. Dadurch werden der polizeilichen Betätigung auch in der hier zur Erörterung stehenden Richtung Schranken gezogen, und zwar in doppelter Hinsicht: einerseits darf die Behörde Polizeiverordnungen nur zur Abwehr von Gefahren erlassen und anderseits darf sie das in ihnen angedrohte Zwangsgeld nur festsetzen, wenn und soweit das zur Abwehr von Gefahren erforderlich ist. Sie darf es also nicht festsetzen, um eine Schuld zu sühnen. Vergeltung zu üben, ist die Polizei, soweit es sich um die Festsetzung von Zwangsgeld handelt, nach dem im Gesetz verlautbarten Willen des Gesetzgebers nicht berufen. Eben hieraus ergibt sich ein grundlegender Unterschied zwischen dem Zwangsmittel und einer Kriminalstrafe. Bei der Verhängung einer Strafe kommt es vor allem auf das in der Vergangenheit liegende Verhalten des Täters, durch das er den gesetzlichen Tatbestand verwirklicht hat, auf das Maß seiner Schuld und auf den Umfang des angerichteten Schadens an. Diese Umstände haben nicht allein für den Schuldspruch, sondern auch für die Strafzumessung — hier allerdings neben anderen Erwägungen, die sich auf die Gegenwart und die Zukunft beziehen — ihre volle Bedeutung zu beanspruchen. Die Tätigkeit der Polizeibehörde bei Festsetzung des Zwangsgeldes wird nach § 33 Abs. 1 PVG. freilich auch durch ein der Vergangenheit angehöriges Ereignis, nämlich durch die Nichtbefolgung einer Polizeiverordnung ausgelöst. Dieses Ereignis bedeutet für die Polizei aber nur den äußeren Anlaß zum Einschreiten und eine Vorbedingung für die Entfaltung der durch § 14 ihr vorgeschriebenen Tätigkeit der Gefahrabwendung. Wo keine Gefahr zukünftiger Nichtbeachtung der Polizeiverordnung besteht, ist nach der im Gesetz — und zwar schon durch § 14 — mit genügender Deutlichkeit zum Ausdruck gekommenen Willensmeinung des Gesetzgebers die Festsetzung von Zwangsgeld und Zwangshaft gemäß § 33 PVG. unzulässig. Jener Zweckgedanke hat für sie allein bestimmend zu sein sowohl bei der Frage, ob überhaupt, wie bei der weiteren Frage, in welcher Höhe anläßlich der Nichtbefolgung des Polizeibefehls Zwangsgeld festzusetzen ist. Anders als bei der Kriminalstrafe ist die in § 33 PVG. erfolgte Anknüpfung des polizeilichen Zwanges an eine vorausgegangene Nichtbefolgung der Polizeiverordnung nicht die begrifflich notwendige, sondern eine aus praktischen Erwägungen zweckmäßig erscheinende Lösung. Sie beruht auf dem Gedanken, daß nach der Lebenserfahrung eine zukünftige Verletzung bestimmter zwecks Aufrechterhaltung der öffentlichen Ordnung und Sicherheit zu beachtender Regeln vorbehaltlich der Nachprüfung im Einzelfalle gerade von seiten dessen zu befürchten ist, der sich auch bisher nicht daran gehalten hat. Daß der Gesetzgeber im § 33 Abs. 2 a.a.O. auf Gesichtspunkte abgestellt hat, die auch fahrlässiges Verhalten in Betracht ziehen, ist das Ergebnis von Zweckmäßigkeitserwägungen, das, wie noch darzulegen, dem Wesen der Maßregel als einer Gefahrenvorbeugung nicht widerspricht.

Hiergegen läßt sich nicht geltend machen, daß im Einzelfalle oder doch in der Mehrzahl der Einzelfälle nicht in die äußere Erscheinung treten werde, ob die das Zwangsgeld festsetzende Polizeibehörde zu der Festsetzung überhaupt und ferner zur Festsetzung in der ausgesprochenen Höhe unter völliger Ausschaltung des dem Polizeirecht fernliegenden Vergeltungsgedankens lediglich behufs Wahrung der nach § 14 PVG. ihr anvertrauten Belange geschritten sei. Maßgebend ist der grundsätzliche Standpunkt des Gesetzes und die im Gesetz der Polizei gegebene Richtschnur, nicht aber die Frage, ob sich die Polizei in jedem Falle daran halten werde. Sollte sich in einem Verfahren das Gegenteil ergeben, also z. B. ersichtlich werden, daß die Polizei, obgleich zur Sicherung der künftigen Beobachtung der Polizeiverordnung ein Einschreiten überhaupt nicht erforderlich gewesen wäre oder die Festsetzung eines Zwangsgeldes in geringer Höhe genügt habe würde, im Hinblick auf ein aus gewissen Umständen, etwa aus der verwerflichen Gesinnung des Betroffenen, vermeintlich herzuleitendes Sühnebedürfnis den Höchstbetrag des Zwangsgeldes festgesetzt hätte, so würde diese Festsetzung der Aufhebung im Rechtsmittelzuge unterliegen.

Eine Unterstützung der hier über die rechtliche Natur des Zwangsgeldes und der Zwangshaft vertretenen Anschauung ist dem § 33 Abs. 3 PVG. zu entnehmen. Diese Bestimmung war in der Regierungsvorlage nicht enthalten, sondern sie ist anläßlich eines von einem Vertreter der Minderheit während der Ausschußberatung gestellten Antrags, den ein Regierungsbeauftragter als überflüssig bezeichnet hatte, aufgenommen worden (Landtagsdrucksache Nr. 7081 Sp. 70, 72, 73, 74). Bei der Prüfung ihrer rechtlichen Bedeutung kommt es nicht entscheidend darauf an, ob sich der Antragsteller zutreffende Vorstellungen von der Bedeutung der sonstigen im Gesetz über das Zwangsgeld enthaltenen Bestimmungen gemacht und aus welchen Gründen er mit seinen Parteifreunden auf die Aufnahme der Bestimmung in das Gesetz hingewirkt hat. Wesentlich ist vielmehr, daß sie mit dem Grundgedanken und dem positiven Inhalt des § 14 PVG. in Einklang steht und ihn in seiner Anwendung auf die Festsetzung des Zwangsgeldes wiederholend betont. Nach dem Wortlaut des § 33 Abs. 3 das. ist von einem polizeilichen Eingreifen abzusehen in Fällen, in denen ein schutzwürdiges Interesse weder verletzt noch bedroht wird. Die Polizeibehörde hat demzufolge ihre Entschließung darüber, ob und in welcher Höhe ein Zwangsgeld festzusetzen ist, ausschließlich nach Lage der gegenwärtigen Umstände zu treffen; sie hat lediglich zu prüfen, ob der zur Zeit ihrer Entschließung gegebene Zustand eine Verletzung der von ihr zu schützenden Interessen oder die Gefahr ihrer zukünftigen Verletzung begründet. Abzulehnen ist somit die im Schrifttum und in der Rechtsprechung hervorgetretene Meinung, daß es für die Festsetzung eines Zwangsmittels genüge, wenn eine Verletzung in der Vergangenheit eingetreten, inzwischen aber behoben sei und die Gefahr einer zukünftigen Verletzung nicht mehr bestehe. Bei der angezogenen Vorschrift handelt es sich auch nicht um eine reine Verfahrensnorm, sondern um eine Bestimmung des sachlichen Inhalts der polizeilichen Befugnisse. Beachtlich ist hierbei ferner, daß, wie sich aus dem Wortlaut des § 33 Abs. 3 PVG. und aus dem Zusammenhange des Gesetzes ergibt, die Polizei, anders als die Strafverfolgungsbehörden nach § 153 StPO., zu der Verhängung des Zwangsgeldes nicht schon dann übergehen darf, wenn ihr das aus irgendwelchen Gründen, z. B. aus Gründen der Generalprävention, im öffentlichen Interesse zu liegen scheint, sondern daß sie sich bei der Verhängung streng an die ihrer Tätigkeit im allgemeinen gezogene Grenze, nämlich die Beseitigung gegenwärtiger polizeiwidriger Zustände und für die Zukunft drohender Gefahren zu halten hat.

Aus dem bisher Dargelegten geht hervor, daß die von dem Gesetzgeber gewählten Bezeichnungen „Zwangsgeld" und „Zwangshaft" dem Wesen der Maßnahmen gerecht werden. Der Gesetzgeber hat nicht nur Bezeichnungen vermieden, die auf die Androhung einer

Kriminalstrafe hinweisen würden, sondern er hat auch sachlich eine Regelung getroffen, durch die in rechtlich einwandfreier Weise in dem von ihm beabsichtigten Umfange die früher geübte Anwendung von Kriminalstrafen in Polizeiverordnungen durch ein Zwangsmittelsystem ersetzt wird. Ob es gerechtfertigt und zweckmäßig ist, das Zwangsgeld und die Zwangshaft des Polizeiverwaltungsgesetzes, wie sie dem Gesetzgeber vorgeschwebt haben und nach der hier vertretenen Auffassung auch wirklich von ihm eingeführt worden sind, als Zwangsstrafen zu bezeichnen, ist nicht von entscheidender Bedeutung. Der Ausdruck „Strafe" wird im täglichen Leben und auch in der Gesetzessprache in sehr verschiedenem Sinne gebraucht. Wenn man unter einer Strafe ein Übel versteht, das einer Person anläßlich eines Verhaltens zugefügt wird, das ein ihr übergeordneter Machtträger aus irgendwelchen Gründen nicht billigt, so ist auch das Zwangsgeld eine Strafe. Daß auch in der Gesetzessprache Maßnahmen, die keine Kriminalstrafen, sondern Zwangsmittel sind, als Strafen bezeichnet werden, ergibt sich z. B. aus § 132 des preußischen Landesverwaltungsgesetzes und aus Art. II der Verordnung über Vermögensstrafen und Bußen vom 6. Februar 1924. Für die vorliegende Entscheidung genügt jedenfalls der Nachweis, daß das Zwangsgeld und seine Ersatzmittel nicht Kriminalstrafen sind. Daß innerhalb der Strafen im weiteren Sinne die Erzwingungsstrafen eine gesonderte Stellung einnehmen, wird auch in der Begründung zu Art. 58, 59 des Entwurfs eines Einführungsgesetzes zum Allgemeinen Deutschen Strafgesetzbuch und zum Strafvollzugsgesetz mit Recht hervorgehoben. Hier heißt es, daß sich bei einem Vergleich mit den verschiedenen Arten der repressiven Strafen, also den Strafen im engeren Sinne, ergibt, daß „die sog. Erzwingungsstrafen oder Zwangsstrafen mit den kriminellen und nichtkriminellen Strafen nicht viel mehr als den Namen gemeinsam haben und ihrem inneren Wesen nach als Mittel des staatlichen Erfüllungszwanges dem Verwaltungsrecht angehören."

Aus § 33 Abs. 2 PVG. lassen sich durchgreifende Bedenken gegen diese Anschauung nicht herleiten. Aus der Vorschrift ergibt sich, daß Zwangsgeld wegen Nichtbefolgung einer Polizeiverordnung unter Umständen auch ohne vorherige besondere Androhung festgesetzt werden darf, nämlich dann, wenn der Betroffene die Polizeiwidrigkeit seines Verhaltens kannte oder kennen mußte. Es ist die Meinung vertreten worden, daß eine solche Regelung mit dem Wesen eines polizeilichen Zwanges unvereinbar sei, weil die Anwendung eines Zwangs- oder Beugemittels begrifflich nur dann in Frage komme, wenn dem Betroffenen vorher bekanntgegeben worden sei, welches Verhalten von ihm verlangt werde. Dieser Meinung ist nicht beizupflichten. Dem Gesetzgeber, der ermöglichen will, daß die Befolgung polizeilicher Gebote oder Verbote durch Ankündigung polizeilichen Zwanges gesichert wird, ist es nicht verwehrt, vorzuschreiben, daß eine Ankündigung gegenüber der Allgemeinheit genügt und eine vorherige besondere Bekanntgabe an den einzelnen nicht die Voraussetzung des Einschreitens bildet.

Auffallen kann, daß nach § 55 Abs. 4 PVG. hinsichtlich der Beitreibung des wegen Verletzung polizeilicher Gebote festgesetzten Zwangsgeldes nach Beseitigung des polizeiwidrigen Zustandes ein Unterschied gemacht wird, je nachdem ob das Zwangsmittel auf Grund des § 33 das. ohne vorherige besondere Androhung festgesetzt ist oder nicht. Praktisch läuft das im wesentlichen auf den Unterschied hinaus, ob der betreffende Polizeibefehl in einer Polizeiverordnung oder in einer polizeilichen Verfügung enthalten ist. Diese unterschiedliche Behandlung läßt sich aber auch praktisch begründen. Die Polizeiverordnungen werden für eine unbestimmte Anzahl von Fällen erlassen (§ 24 PVG.), die polizeilichen Verfügungen dagegen, die meistens nur eine vorübergehende Regelung treffen wollen, meist für bestimmte Fälle oder für eine bestimmte Anzahl von Fällen. Hat jemand ein durch eine solche Verfügung ihm auferlegtes Gebot nicht rechtzeitig, aber nachträglich erfüllt und damit den polizeiwidrigen Zustand beseitigt, so würde eine weitere — durch Beitreibung zu betätigende — Zwangsausübung im allgemeinen gegenstandslos und zwecklos sein. Ist dagegen eine Polizeiverordnung verletzt worden, so wird regelmäßig die Gefahr ihrer wiederholten Verletzung für die noch unbestimmten künftigen Fälle gegeben sein, in denen sie gleichfalls in Betracht kommt. Selbst wenn aber eine befriedigende Erklärung für die verschiedenartige Regelung dieses Punktes für das Gebiet der Polizeiverordnungen einerseits, der polizeilichen Verfügungen anderseits nicht zu finden wäre, so wäre damit das Gewicht der vorbezeichneten, dem Gesetz entnommenen Gründe nicht erschüttert, die dazu nötigen, dem Zwangsgeld die Eigenschaft einer Kriminalstrafe abzusprechen. Es würde sich dann nur zeigen, daß der Gesetzgeber die aus seiner in dem Gesetz verwirklichten grundsätzlichen Auffassung sich ergebenden Folgerungen nicht restlos gezogen hat. Derartige Anomalien, die z. B. auf fiskalischen Erwägungen beruhen können, über die einzelne Ausnahmebestimmung hinaus das Wesen der Sache aber nicht weiter beeinflussen, finden sich auch in anderen Gesetzen. So würde es z. B. nicht angehen, aus § 30 StGB., der den nicht schuldigen Erben zwingt, sich die Beitreibung einer Geldstrafe gegen den Nachlaß gefallen zu lassen, die Rechtsauffassung herzuleiten, daß die Geldstrafe des Strafgesetzbuches keine kriminelle, ein strafbares Verschulden ahndende Strafe sei.

Auch aus § 76 Abs. 2 PVG. läßt sich nichts gegen die Annahme herleiten, daß das Zwangsgeld keine Kriminalstrafe sei. Hier ist bestimmt, daß Polizeiverordnungen, deren Übertretung in Gesetzen mit Strafe bedroht ist, unberührt bleiben. Welche Gründe den Gesetzgeber veranlaßt haben, es in den dort bezeichneten Fällen bei der bisherigen Rechtslage zu belassen, also die Androhung von Zwangsgeld und Zwangshaft zu vermeiden, geht aus der Entstehungsgeschichte nicht klar hervor. Selbst wenn die Erklärung darin zu finden sein sollte, daß sich der preußische Gesetzgeber darüber zweifelhaft war, ob er befugt sei, die Zwangsmittel auch auf die Gebiete der bisher in Gesetzen mit Übertretungsstrafen bedrohten Handlungen auszudehnen, würde daraus für die rechtliche Natur des Zwangsgeldes nichts gefolgert werden können.

Nach dem Ausgeführten sind das im Polizeiverwaltungsgesetz vorgesehene Zwangsgeld und seine Ersatzmittel nicht als Kriminalstrafen, sondern als polizeiliche Zwangsmittel anzusehen. Die §§ 413 flg. StPO. beziehen sich nur auf mit Kriminalstrafen bedrohte Handlungen. Den Rechtszug bei der Anwendung polizeilicher Zwangsmittel zu bestimmen, ist Sache der Landesgesetzgebung. Ein Verstoß gegen Art. 105 RVerf. kann ihr dabei unter Bezugnahme auf die §§ 413 flg. StPO. nicht zum Vorwurf gemacht werden.

Aus diesen Gründen rechtfertigt sich die Zurückweisung des gestellten Antrags.

5.

In der verfassungsrechtlichen Streitsache

1. **des Landes Preußen**, vertreten durch das Preußische Staatsministerium,

2. **der Zentrumsfraktion im Preußischen Landtage,**

3. **der Fraktion der Sozialdemokratischen Partei Deutschlands im Preußischen Landtage,**

Antragsteller,

gegen

das Deutsche Reich,

Antragsgegner,

wegen Verfassungswidrigkeit der Einsetzung eines Reichskommissars für das Land Preußen (StGH. 15/32)

hat der Staatsgerichtshof für das Deutsche Reich auf Grund der mündlichen Verhandlung vom 23. am 25. Juli 1932 für Recht erkannt:

Die Anträge auf Erlaß einer einstweiligen Verfügung werden zurückgewiesen.

Gründe:

A.

Der Reichspräsident hat durch Verordnung vom 20. Juli 1932 (RGBl. I S. 377) auf Grund des Art. 48 Abs. 1 und 2 RVerf. zur Wiederherstellung der öffentlichen Sicherheit und Ordnung im Gebiet des Landes Preußen den Reichskanzler zum Reichskommissar für das Land Preußen bestellt und bestimmt, welche Befugnisse ihm und den von ihm mit der Führung der Preußischen Ministerien betrauten Personen in dieser Eigenschaft zustehen sollen. Auf Grund dieser Verordnung hat der Reichskanzler den Ministerpräsidenten Dr. Braun und den Minister des Innern Severing ihres Amtes enthoben, die Dienstgeschäfte des Preußischen Ministerpräsidenten übernommen und mit der Führung des Preußischen Ministeriums des Innern als Kommissar des Reichs den Oberbürgermeister Dr. Bracht betraut. Die übrigen Preußischen Staatsminister hat der Reichskanzler von der Führung der laufenden Geschäfte ihres Geschäftsbereichs als Staatsminister enthoben. Mit der Führung dieser Geschäfte sind teils die in den betreffenden Ministerien schon bisher als Staatssekretäre tätigen, teils andere Beamte beauftragt worden. Weiter ist eine Reihe von politischen Ministerial-, Provinzial- und Lokalbeamten einstweilen in den Ruhestand versetzt und die Erledigung ihrer Dienstgeschäfte anderen Beamten übertragen, ferner die Stelle des Polizeipräsidenten in Berlin anderweit endgültig besetzt worden.

Die Antragsteller bestreiten die Verfassungsmäßigkeit der Verordnung vom 20. Juli 1932 und haben dementsprechend beantragt:

zu erkennen, daß die durch Verordnung des Reichspräsidenten vorgenommene Einsetzung eines Reichskommissars in Preußen mit der Reichsverfassung nicht im Einklang stehe.

Nach ihrer Ansicht liegen weder die Voraussetzungen des 1. Absatzes noch die des 2. Absatzes des Art. 48 RVerf. vor. Von einer Nichterfüllung der dem Lande Preußen nach der Reichsverfassung oder den Reichsgesetzen obliegenden Pflichten könne nicht die Rede sein. Zu einer Wiederherstellung der öffentlichen Sicherheit und Ordnung in Preußen sei die Einsetzung eines Reichskommissars nicht nötig. Insbesondere sei dadurch, daß in Preußen bisher eine geschäftsführende Regierung tätig gewesen sei, die öffentliche Sicherheit und Ordnung nicht gestört oder gefährdet oder Art. 17 RVerf. verletzt worden. Auch die vor einiger Zeit vorgenommene Änderung der auf die Wahl des Ministerpräsidenten sich beziehenden Bestimmungen in der Geschäftsordnung des Landtags und die Finanzlage in Preußen könnten die beanstandete Maßnahme, die nicht auf der Ausübung pflichtmäßigen Ermessens, sondern auf Willkür beruhe, nicht rechtfertigen.

Zugleich haben das Land Preußen und die ihm beigetretenen Fraktionen des Zentrums und der Sozialdemokratischen Partei Deutschlands im Preußischen Landtage beantragt:

im Wege der einstweiligen Verfügung anzuordnen, daß sich der durch Verordnung des Reichspräsidenten für das Land Preußen eingesetzte Reichskommissar einstweilen jeder Dienstausübung zu enthalten habe.

Zur Begründung dieses Antrags haben sie in ihren schriftlichen Darlegungen geltend gemacht, daß bei den unausbleiblichen widersprechenden Anordnungen des Reichskommissars und des Staatsministeriums eine geordnete Verwaltungstätigkeit in Preußen ohne die beantragte vorläufige Regelung nicht mehr möglich sein werde. Durch die von ihnen erstrebte einstweilige Verfügung werde der Entscheidung in der Hauptsache nicht vorgegriffen und ebensowenig würden durch sie Interessen des Antragsgegners verletzt werden, die den Belangen der Antragsteller an ihrem Erlaß gleichwertig gegenüberständen.

In dem zur mündlichen Verhandlung über den Antrag auf Erlaß der einstweiligen Verfügung bestimmten Termine hat das Preußische Staatsministerium den Antrag dahin abgeändert:

die durch die Ausnahmeverordnung vom 20. Juli 1932 und ihre Durchführung entstandene rechtliche und tatsächliche Lage einstweilig zu regeln und dabei insbesondere zu bestimmen:

1. daß die Reichskommissare sich nicht als Preußischer Ministerpräsident oder Preußischer Staatsminister oder Mitglied der Preußischen Landesregierung bezeichnen dürfen;

2. daß sie den Preußischen Staatsministern nicht die Eigenschaft als Staatsminister absprechen dürfen;

3. daß sie und ihre Vertreter nicht ohne Vollmacht der Staatsminister Preußen im Reichsrat vertreten oder den Mitgliedern der Preußischen Staatsregierung das Recht zur Vertretung Preußens im Reichsrat und zur Instruktion der Reichsratsbevollmächtigten entziehen dürfen;

4. daß sie auch Beamtenernennungen und -absetzungen mit dauernder Wirkung nicht vornehmen dürfen.

Die Vertreter der beiden antragstellenden Landtagsfraktionen haben dagegen in der mündlichen Verhandlung den Antrag auf Erlaß einer einstweiligen Verfügung in der ursprünglichen Form aufrechterhalten.

Der Antragsgegner hat die Zurückweisung beider auf die einstweilige Verfügung sich beziehenden Anträge beantragt. Er hat dargelegt, daß eine ihnen entsprechende Anordnung der Entscheidung in der Sache selbst vorgreifen, daß ferner eine Teilung der vollziehenden Gewalt, wie sie der neugefaßte Antrag erstrebe, zudem eine erhebliche Erschwerung und Verwirrung in der Führung der Staatsgeschäfte hervorrufen werde.

B.

Der Staatsgerichtshof hat wiederholt ausgesprochen, daß er grundsätzlich die Befugnis in Anspruch nimmt, im Laufe eines gemäß Art. 19 RVerf. zwischen verschiedenen Ländern oder zwischen dem Reiche und einem Lande anhängig gewordenen Verfahrens vorläufige Anordnungen zu treffen. An dieser Auffassung wird festgehalten.

Die Zuständigkeit des Staatsgerichtshofs für die Hauptsache ist gegeben, weil es sich um eine Streitigkeit nicht privatrechtlicher Art zwischen dem Reich und einem Lande handelt, für die ein anderer Gerichtshof des Reichs nicht zuständig ist.

Ferner ist davon auszugehen, daß die antragstellenden bisherigen Preußischen Staatsminister befugt sind, unter den gegenwärtigen Umständen das Land Preußen zu vertreten. Allerdings sind die Mitglieder des Preußischen Staatsministeriums, in deren Namen die Klage geführt wird, ihres Amtes oder wenigstens ihrer Amtsfunktionen enthoben. Diese Enthebung ist aber in Durchführung der Verordnung des Reichspräsidenten vom 20. Juli 1932 erfolgt, und eben um die Rechtsgültigkeit dieser Verordnung handelt es sich in dem vorliegenden Verfahren. Es treffen demnach auch für die Frage der gesetzlichen Vertretung des Landes Preußen die Erwägungen zu, aus denen der Staatsgerichtshof in dem Streitverfahren wegen der Eingemeindungen im Westen Preußens — RGZ. Bd. 126 Anh. S. 14 (21) = Lammers-Simons Bd. 2 S. 99 (105, 106) — zu der Auffassung gelangt ist, daß die Rechtspersönlichkeit der Gemeinden für das Streitverfahren, in dem es sich um die Gültigkeit der das Dasein dieser Gemeinden vernichtenden Vorschriften handelte, als fortbestehend zu gelten habe.

Der Staatsgerichtshof hat schon in seiner bisherigen Rechtsprechung die Auffassung vertreten, daß eine von ihm zu erlassende einstweilige Verfügung die endgültige Entscheidung nicht vorweg nehmen darf und insbesondere nicht auf der Grundlage ergehen kann, daß der Staatsgerichtshof sich den Rechtsstandpunkt des einen oder des anderen der streitenden Teile vorläufig zu eigen macht. Dem Wesen und der Bedeutung des Staatsgerichtshofs würde es nicht entsprechen, wenn er sich auf Grund einer vorläufigen Prüfung zu einer Rechtsansicht bekennen wollte, die er nach gründlicherer Erwägung bei der Entscheidung zur Hauptsache wieder aufgeben müßte; vgl. RGZ. Bd. 126 Anh. S. 1 (7, 8) = Lammers-Simons Bd. 2 S. 72 (79) = Bumke Ausgewählte Entscheidungen 1. Heft S. 15, 16; RGZ. Bd. 129 Anh. S. 28 (31) = Lammers-Simons Bd. 4 S. 95 (99). Mit diesem Vorbehalt ist es zulässig, eine einstweilige Verfügung zu erlassen, wenn dies zwecks Regelung eines einstweiligen Zustandes zur Abwendung wesentlicher Nachteile nötig erscheint. Das Ziel einer solchen vorübergehenden Regelung ist, ein möglichst vereinfachtes, reibungsloses, die Belange beider Teile schonendes Verhältnis ihrer wechselseitigen Beziehungen bis zur Endentscheidung herbeizuführen. Angesichts dieses Zweckes der einstweiligen Verfügungen erscheint es dem Staatsgerichtshof nicht angängig, die von dem Lande Preußen begehrte Verfügung entsprechend dem in der mündlichen Verhandlung neu gefaßten Antrage zu erlassen. Prüft man ihn zunächst in seinen Einzelheiten, so ergibt sich, daß er darauf hinausläuft, die Regierungsgewalt in Preußen solle vorläufig zwischen den Reichskommissaren und den bisherigen Ministern geteilt werden. Die mündliche Verhandlung hat keinen Zweifel darüber gelassen, daß mit den Ziffern 1 und 2 des Antrages nicht nur angestrebt wird, die Frage zu regeln, wie sich der Reichskommissar und die von ihm eingesetzten Kommissare des Reichs und wie sich die ihres Amtes oder ihrer Amtsfunktionen enthobenen Minister zu bezeichnen haben. So verstanden würde auch kaum verständlich sein, wie hier ein besonders dringendes Bedürfnis einer vorläufigen Regelung bestehen könnte. Schon dieser Teil des Antrages zielt vielmehr dahin, eine

Teilung der Staatsgewalt in Preußen zwischen dem Reichskommissar und den von ihm eingesetzten Kommissaren einerseits, den jetzt klagenden Preußischen Staatsministern anderseits herbeizuführen. Daß dies der Sinn des Antrags in seiner Gesamtheit ist, geht mit besonderer Klarheit aus der Ziffer 3 hervor, die das Recht der Vertretung Preußens im Reichsrat den jetzt klagenden Ministern belassen will, also anstrebt, die Befugnisse des Reichskommissars nach einer wesentlichen Richtung hin zu beschränken. Denselben Sinn hat auch die Ziffer 4, die dahin zu deuten ist, daß Beamtenernennungen und -absetzungen mit dauernder Wirkung nicht nur dem Reichskommissar und den von ihm berufenen Kommissaren entzogen bleiben, sondern auch den bisherigen Ministern vorbehalten werden sollen. Prüft man nun die Frage, ob die hier begehrte Regelung geeignet ist, die von den Antragstellern beklagten Reibungen und Schwierigkeiten zu verringern, so ergibt sich, daß dieser Erfolg nicht zu erwarten steht. Gerade eine solche Spaltung der Staatsgewalt in Preußen würde nach der Auffassung des Staatsgerichtshofs unter den gegebenen Umständen in besonderem Maße geeignet sein, eine Verwirrung im Staatsleben herbeizuführen. Auch der Vertreter des Reichs hat darauf hingewiesen, daß eine derartige Aufteilung der Staatsgewalt nach der Auffassung der Reichsregierung eine unerträgliche Lage herbeiführen würde. Nun befindet sich in dem neugefaßten Antrage allerdings auch noch das Verlangen, die durch die Verordnung entstandene Lage im Wege der einstweiligen Verfügung einstweilen zu regeln, also ein scheinbar ganz allgemein gehaltenes Begehren. Aber der Zusammenhang dieses Einleitungssatzes mit den dann aufgestellten Einzelforderungen und der Gang der Erörterungen vor dem Staatsgerichtshof haben keinen Zweifel darüber lassen können, daß hier nicht noch andere, nicht näher bezeichnete Wege einer vorläufigen Regelung angedeutet werden sollen, sondern daß auch diese einleitende Formel nur in dem Sinne verstanden werden kann, der Staatsgerichtshof möge eine Teilung der Gewalt vornehmen. Von seinem grundsätzlichen Standpunkt aus kann er daher diesen Anträgen nicht entsprechen.

Der Staatsgerichtshof hat sich, wie in früheren Fällen, auch die Frage vorgelegt, ob er seinerseits irgendeinen Weg erkennen könne, um den von den Antragstellern vorgebrachten Beschwerden abzuhelfen, ohne der Entscheidung in der Hauptsache vorzugreifen und ohne die Nachteile heraufzubeschwören, die nach seiner Auffassung die Folge einer einstweiligen Regelung im Sinne der vorstehend behandelten Anträge sein würden. Er vermag einen solchen Weg nicht zu erkennen.

Gegenüber dem von den Fraktionen des Zentrums und der Sozialdemokratischen Partei im Preußischen Landtage aufrechterhaltenen ursprünglichen, den Erlaß der einstweiligen Verfügung betreffenden Antrage erhob sich zunächst die auch in der mündlichen Verhandlung erörterte Frage, ob diese beiden Fraktionen legitimiert sind, in dem vorliegenden Verfahren als Antragsteller aufzutreten. Der Staatsgerichtshof hat zu dieser Frage keine Stellung genommen. Er will die Entscheidung hierüber der Entscheidung zur Hauptsache vorbehalten. Diesen Standpunkt konnte er einnehmen, weil sich aus dem schon oben Ausgeführten ergibt, daß dem Antrage der Fraktionen aus sachlichen Gründen nicht entsprochen werden kann.

Nach diesem Antrage soll dem für das Land Preußen eingesetzten Reichskommissar bis zur Entscheidung in der Hauptsache jede Dienstausübung untersagt werden. Der Antrag läuft also darauf hinaus, daß durch eine vorläufige Anordnung des Staatsgerichtshofs die Verordnung des Reichspräsidenten bis auf weiteres wirkungslos gemacht werden soll. Eine einstweilige Verfügung dieser Art würde bedeuten, daß der Staatsgerichtshof die vom Reichspräsidenten in der Verordnung vom 20. Juli 1932 getroffene Anordnung nicht für dringlich erachtet. Für eine solche Entschließung fehlen dem Staatsgerichtshof im gegenwärtigen Zeitpunkt, in dem er über die Gründe für das Vorgehen des Reichspräsidenten nicht unterrichtet ist, die erforderlichen Grundlagen. Ohne diese Grundlagen dem Antrage der Fraktionen zu entsprechen, würde mit der Stellung und den Aufgaben des Staatsgerichtshofs unvereinbar sein.

Hiernach waren die Anträge auf Erlaß einer einstweiligen Verfügung zurückzuweisen.

Register.

Die Zahlen bedeuten die Seiten.

A. Sachregister.

A

B

I

K

L

M

R

T

U

B. Gesetzesregister.

1. Reichsrecht.

b. Einführungsgesetz zum Bürgerlichen Gesetzbuch.

c. Handelsgesetzbuch von 1897.

d. Gerichtsverfassungsgesetz.

e. Zivilprozeßordnung.

2. Landesrecht.

Sachsen.

Sachsen-Altenburg.

Thüringen.

3. Gemeines Recht.

Deutsche Rechtsquellen.

Der Sachsenspiegel.

C. Zusammenstellung der Entscheidungen nach der Zeitfolge.

Seite

Entscheidungen des Staatsgerichtshofs.

Zusammenstellung
der
im 137. Bande
mitgeteilten Entscheidungen
nach
Oberlandesgerichtsbezirken

(bei Sprungrevisionen und bei Beschwerden in Angelegenheiten der freiwilligen Gerichtsbarkeit nach Landgerichtsbezirken).

Die Zahlen bezeichnen die Nummern der Entscheidungen.

Berlin	1. 2. 10. 29. 40. 44. 45. 46. 57. 60.
Breslau	20. 35. 47. 49. 54.
Celle	3. 31. 48. 52.
Dresden	5. 27. 37.
Düsseldorf	38. 55.
Frankfurt a. M.	30.
Hamburg	9. 21. 39.
Hamm	4. 15. 26. 33. 43. 53.
Jena	58.
Köln	23. 24. 42.
Königsberg	28.
Marienwerder	19.
München	22. 25. 51.
Naumburg a. S.	8. 13. 16. 17. 34. 36. 56. 59.
Rostock	14.
Stettin	18. 32. 50.
Stuttgart	7.

Landgericht I Berlin	12.
Landgericht Elbing	6.
Landgericht Hildesheim	41.
Reichspatentamt	11.
Staatsgerichtshof. Anhang	1*. 2*. 3*. 4*. 5*.

Berichtigungen.

Hundertdreißigster Band

S. 252 Z. 3 von oben statt: „S. 2044" lies: „S. 2944".

Hundertsechsunddreißigster Band

S. 260 Z. 21 von oben statt: „Außenstände" lies: „Warenschulden".

Hundertsiebenunddreißigster Band

S. 286 Z. 8 von unten ist „sich" zu streichen.
S. 22* Z. 18 von oben statt: „Juni" lies: „Juli"

FSC
www.fsc.org
MIX
Papier | Fördert gute Waldnutzung
FSC® C083411

Kolibri 360 GmbH
Ferdinand-Jühlke-Straße 7
99095 Erfurt, Deutschland
produktsicherheit@kolibri360.de